“十二五”国家重点图书出版规划项目

 中国社会科学院创新工程学术出版资助项目

总主编：金 碚

经济管理学科前沿研究报告系列丛书

THE FRONTIER RESEARCH REPORT ON
DISCIPLINE OF
INTERNATIONAL TRADE

桑百川 李计广 主 编

国际贸易学学科前沿研究报告

经济管理出版社
ECONOMY & MANAGEMENT PUBLISHING HOUSE

图书在版编目（CIP）数据

国际贸易学学科前沿研究报告（2012~2013）/桑百川，李计广主编.—北京：经济管理出版社，2017.5

ISBN 978-7-5096-5207-7

Ⅰ.①国⋯　Ⅱ.①桑⋯ ②李⋯　Ⅲ.①国际贸易—学科发展—研究报告　Ⅳ.①F74

中国版本图书馆 CIP 数据核字（2017）第 148574 号

组稿编辑：张永美
责任编辑：张永美　赵亚荣
责任印制：黄章平
责任校对：王淑卿

出版发行：经济管理出版社
　　　　　（北京市海淀区北蜂窝 8 号中雅大厦 A 座 11 层　100038）
网　　　址：www. E - mp. com. cn
电　　　话：（010）51915602
印　　　刷：三河市海波印务有限公司
经　　　销：新华书店
开　　　本：787mm×1092mm/16
印　　　张：33.5
字　　　数：774 千字
版　　　次：2017 年 8 月第 1 版　　2017 年 8 月第 1 次印刷
书　　　号：ISBN 978-7-5096-5207-7
定　　　价：99.00 元

《经济管理学科前沿研究报告》
专家委员会

主　任：李京文

副主任：金　碚　黄群慧　黄速建　吕本富

专家委员会委员（按姓氏笔画排序）：

方开泰	毛程连	王方华	王立彦	王重鸣	王　健	王浦劭	包　政
史　丹	左美云	石　勘	刘　怡	刘戒骄	刘　勇	刘伟强	刘秉链
刘金全	刘曼红	刘湘丽	吕　政	吕　铁	吕本富	孙玉栋	孙建敏
朱　玲	朱立言	何　瑛	宋　常	张　晓	张文杰	张世贤	张占斌
张玉利	张屹山	张晓山	张康之	李　平	李　周	李　晓	李子奈
李小北	李仁君	李兆前	李京文	李国平	李春瑜	李海峥	李海舰
李维安	李　群	杜莹芬	杨　杜	杨开忠	杨世伟	杨冠琼	杨春河
杨瑞龙	汪　平	汪同三	沈志渔	沈满洪	肖慈方	芮明杰	辛　暖
陈　耀	陈传明	陈国权	陈国清	陈　宪	周小虎	周文斌	周治忍
周晓明	林国强	罗仲伟	郑海航	金　碚	洪银兴	胡乃武	荆林波
贺　强	赵顺龙	赵景华	赵曙明	项保华	夏杰长	席酉民	徐二明
徐向艺	徐宏玲	徐晋涛	涂　平	秦荣生	袁　卫	郭国庆	高　闯
符国群	黄泰岩	黄速建	黄群慧	曾湘泉	程　伟	董纪昌	董克用
韩文科	赖德胜	雷　达	廖元和	蔡　昉	潘家华	薛　澜	魏一明
魏后凯							

序　言

为了落实中国社会科学院哲学社会科学创新工程的实施，加快建设哲学社会科学创新体系，实现中国社会科学院成为马克思主义的坚强阵地、党中央国务院的思想库和智囊团、哲学社会科学的最高殿堂的定位要求，提升中国社会科学院在国际、国内哲学社会科学领域的话语权和影响力，加快中国社会科学院哲学社会科学学科建设，推进哲学社会科学的繁荣发展具有重大意义。

旨在准确把握经济和管理学科前沿发展状况，评估各学科发展近况，及时跟踪国内外学科发展的最新动态，准确把握学科前沿，引领学科发展方向，积极推进学科建设，特组织中国社会科学院和全国重点大学的专家学者研究撰写《经济管理学科前沿研究报告》。本系列报告的研究和出版得到了国家新闻出版广电总局的支持和肯定，特将本系列报告丛书列为"十二五"国家重点图书出版项目。

《经济管理学科前沿研究报告》包括经济学和管理学两大学科。经济学包括能源经济学、旅游经济学、服务经济学、农业经济学、国际经济合作、世界经济、资源与环境经济学、区域经济学、财政学、金融学、产业经济学、国际贸易学、劳动经济学、数量经济学、统计学。管理学包括工商管理学科、公共管理学科、管理科学与工程三个学科。工商管理学科包括管理学、创新管理、战略管理、技术管理与技术创新、公司治理、会计与审计、财务管理、市场营销、人力资源管理、组织行为学、企业信息管理、物流供应链管理、创业与中小企业管理等学科及研究方向；公共管理学科包括公共行政学、公共政策学、政府绩效管理学、公共部门战略管理学、城市管理学、危机管理学、公共部门经济学、电子政务学、社会保障学、政治学、公共政策与政府管理等学科及研究方向；管理科学与工程包括工程管理、电子商务、管理心理与行为、管理系统工程、信息系统与管理、数据科学、智能制造与运营等学科及研究方向。

《经济管理学科前沿研究报告》依托中国社会科学院独特的学术地位和超前的研究优势，撰写出具有一流水准的哲学社会科学前沿报告，致力于体现以下特点：

（1）前沿性。本系列报告能体现国内外学科发展的最新前沿动态，包括各学术领域内的最新理论观点和方法、热点问题及重大理论创新。

（2）系统性。本系列报告囊括学科发展的所有范畴和领域。一方面，学科覆盖具有全面性，包括本年度不同学科的科研成果、理论发展、科研队伍的建设，以及某学科发展过程中具有的优势和存在的问题；另一方面，就各学科而言，还将涉及该学科下的各个二级学科，既包括学科的传统范畴，也包括新兴领域。

（3）权威性。本系列报告由各个学科内长期从事理论研究的专家、学者主编和组织本领域内一流的专家、学者进行撰写，无疑将是各学科内的权威学术研究。

（4）文献性。本系列报告不仅系统总结和评价了每年各个学科的发展历程，还提炼了各学科学术发展进程中的重大问题、重大事件及重要学术成果，因此具有工具书式的资料性，为哲学社会科学研究的进一步发展奠定了新的基础。

《经济管理学科前沿研究报告》全面体现了经济、管理学科及研究方向本年度国内外的发展状况、最新动态、重要理论观点、前沿问题、热点问题等。该系列报告包括经济学、管理学一级学科和二级学科以及一些重要的研究方向，其中经济学科及研究方向15个，管理学科及研究方向45个。该系列丛书按年度撰写出版60部学科前沿报告，成为系统研究的年度连续出版物。这项工作虽然是学术研究的一项基础工作，但意义十分重大。要想做好这项工作，需要大量的组织、协调、研究工作，更需要专家学者付出大量的时间和艰苦的努力，在此，特向参与本研究的院内外专家、学者和参与出版工作的同人表示由衷的敬意和感谢。相信在大家的齐心努力下，会进一步推动中国对经济学和管理学学科建设的研究，同时，也希望本系列报告的连续出版能提升我国经济和管理学科的研究水平。

金 碚

2014 年 5 月

前　言

　　《国际贸易学学科前沿研究报告（2012~2013）》梳理了国际贸易学2012~2013年间的最新研究文献，总结了国际贸易学学科的重要学术成果，为国际贸易学领域的研究人员提供了一份概要式的参考资料，希望能够以此促进我国国际贸易学学科的交流与发展。

　　我们收集了2012~2013年发表在国内外重要期刊上的大量文献，并进行了系统回顾、总结和评述，以期能够反映国内外国际贸易学的最新研究进展和研究成果。从2012~2013年出版的顶级期刊和专著中精选了64篇英文文献、30篇中文文献，以及30本英文专著和28本中文专著，并对这些文献进行了简要介绍。本书还整理了2012~2013年国际贸易学领域的英文文献索引和中文文献索引，相关文献均来自中英文核心期刊。中英文文献和索引较大程度上反映了国际贸易学领域的研究热点和研究主题，以资能为相关研究人员提供参考。

　　本书的编写离不开报告组成员的积极参与和辛苦劳动。其中，韩翠茹、毛伟杰收集和整理了大量的中文文献资料，黄漓江、邓寅、王园园收集并翻译了全部的英文文献资料，张彩云撰写了国内外研究综述，李计广、王园园、韩翠茹细致且耐心地完成了编辑和校对工作。在此对报告组成员付出的努力表示衷心的感谢！报告组成员对国际贸易学领域的最新发展进行了较为系统的梳理，希望凝聚着他们共同努力的这本书能够为我国国际贸易学领域的研究贡献绵薄之力。

　　由于书稿编写要求和编写者水平的限制，本书只是介绍了有关国内外国际贸易学研究动态的部分文献，所选文献难以覆盖该学科的全部内容，书中的观点和评述有待国际贸易学领域各位同人的批评指正。

桑百川

2016年5月30日

目 录

第一章 国际贸易学学科
2012～2013 年国内外研究综述

第一节 国内研究综述

2012～2013 年国际贸易领域国内研究文献的重点主题有七个：异质性企业贸易、全球价值链、货物贸易、服务贸易、利用外资和对外投资、区域经济一体化和贸易摩擦。

一、异质性企业贸易

陈勇兵、李燕和周世民（2012）估计了中国企业的出口持续时间，结果发现持续时间均值不到两年，中位值为三年，且存在明显的负时间依存性；还考察了出口持续时间的决定因素，发现企业层面的特征会对持续时间产生显著影响。同时，企业出口持续时间存在显著的区域和所有制差异。[①] 黄玖立和冼国明（2012）基于新新贸易理论和世界银行提供的企业调查数据库，考察了影响中国企业进入国内区域市场行为的因素，发现在控制了双边地理距离和销售省市区的市场规模以及多个维度的固定效应之后，企业进入国内区域市场的可能性随着其生产率水平的提高而增大。[②] 刘晴和郑基超（2013）将异质性外资企业的转型决策引入标准异质性企业贸易模型，从贸易成本角度阐释了异质性外商投资企业技术选择的理论机制，发现过度的可变贸易成本补贴会减小低效率企业转型激励，而适度的研发补贴却能鼓励外资企业转型升级。[③]

二、全球价值链

李昕和徐滇庆（2012）对 2007 年我国实际外贸依存度及其失衡度进行重估，发现

---

① 陈勇兵，李燕，周世民. 中国企业出口持续事件及其决定因素 [J]. 经济研究，2012（7）.
② 黄玖立，冼国明. 企业异质性与区域间贸易：中国企业市场进入的微观证据 [J]. 世界经济，2012（4）.
③ 刘晴，郑基超. 贸易成本、技术选择和外资出口企业转型——基于异质性企业贸易理论的视角 [J]. 财贸经济，2013（7）.

2007 年中国的外贸依存度从官方统计的 68.02% 下调为 31.59%，外贸失衡度也从官方统计的 10.13% 下调为 2.11%，得出结论，所谓"中国操纵汇率"的指责是毫无根据的。[①] 唐东波（2012）在关联产业的垂直分工理论框架下研究了中国的贸易政策如何影响国内相关产业的发展，并基于全球价值链视角估算了加工贸易和一般贸易的出口价值构成，以反映国内产业的深化程度。[②] 高敬峰（2013）借鉴 Fally（2011）和 Antràs 等（2012）关于生产和出口价值链长度的计算原则，提出了分行业出口价值链长度的三种方法。[③] 马涛和刘仕国（2013）阐释了增加值贸易核算的理念、产生机制和测度目的，并基于 OECD 和 WTO 创建的增加值贸易数据库，分析了全球价值链对新型国际分工、贸易格局以及就业跨境转移的影响；还评估了增加值贸易核算架构下中国外贸的利得和失衡程度，廓清了中国在全球贸易失衡中的责任。[④] 张杰、陈志远和刘元春（2013）从微观层面对中国企业出口国内附加值率（DVAR）进行测算，发现中国出口的 DVAR 从 2000 年的 0.49 上升到 2006 年的 0.57；加工贸易的 DVAR 显著低于一般贸易，外资企业 DVAR 显著低于本土企业；生产技术复杂程度高的行业具有较低的出口 DVAR；推动中国出口 DVAR 上升的主要动力是民营企业与从事加工贸易的外资企业。进一步的机制分析发现，FDI 进入是导致加工贸易与外资企业 DVAR 上升的重要因素，这可能反映出中国并未获得真正的贸易利得；对发展中国家和新兴国家的出口有利于我国出口 DVAR 的提升。[⑤]

三、货物贸易

裴长洪（2013）研究了一国经济增长在增速与减速的不同背景下，进口贸易结构发生变化的一般规律，以及两者间的相互关系，发现经济增长与进口贸易结构变化存在着明确的正向关联性，优化进口贸易结构是改善经济供给面的重要内容。[⑥] 苏庆义（2013）构建了分解要素禀赋和技术差异对贸易结构贡献度的理论框架，发现要素禀赋对各国出口结构和贸易结构的贡献度最高，绝对技术差异次之，相对技术差异最小。[⑦] 杜传忠和张丽（2013）基于国际垂直专业化分工的视角，构建了一套测算出口品国内技术复杂度（DTS）的新方法，发现中国出口品国内技术复杂度总体上呈现出稳步增长的态势，但其与出口品全部技术复杂度（WTS）之间的差距呈逐步扩大趋势，出口品国内技术复杂度变化呈现出明显的行业差异性和地区差异性。[⑧] 贺平（2012）对有关"动态时间—路径问

① 李昕，徐滇庆. 中国外贸依存度和失衡度的重新估算 [J]. 中国社会科学，2012（1）.
② 唐东波. 贸易政策与产业发展：基于全球价值链视角的分析 [J]. 管理世界，2012（12）.
③ 高敬峰. 中国出口价值链演化及其内在机理剖析 [J]. 财贸经济，2013（4）.
④ 马涛，刘仕国. 全球价值链下的增加值贸易核算及其影响 [J]. 国际经济评论，2013（4）.
⑤ 张杰，陈志远，刘元春. 中国出口国内附加值的测算与变化机制 [J]. 经济研究，2013（10）.
⑥ 裴长洪. 进口贸易结构与经济增长：规律与启示 [J]. 经济研究，2013（7）.
⑦ 苏庆义. 贸易结构决定因素的分解：理论与经验研究 [J]. 世界经济，2013（6）.
⑧ 杜传忠，张丽. 中国工业制成品出口的国内技术复杂度测算及其动态变迁——基于国际垂直专业化分工的视角 [J]. 中国工业经济，2013（12）.

题"的各方观点进行了梳理。① 毛其淋和盛斌（2013）实证考察了中国贸易自由化对企业出口动态影响的显著性与程度，发现贸易自由化不仅显著促进了企业的出口参与决策，而且提高了已有出口企业的出口强度，同时发现，贸易自由化更多的是通过集约边际影响中国的出口增长。②

四、服务贸易

隆国强（2012）认为，新形势下，不断增强我国服务贸易国际竞争力，是我国对外贸易转型升级的重要内容，对于转变经济发展方式、推动经济结构优化升级，也具有重大战略意义。③ 王子先（2012）从多个角度分析了服务贸易的作用，认为服务贸易不仅可以拉动服务业、促进经济增长、促进技术进步与自主创新、促进制造业转型升级，而且有利于加快我国向服务经济转型的进程，推进我国的改革开放。④ 张艳、唐宜红和周默涵（2013）通过建立理论模型分析了服务贸易自由化如何通过服务任务的外包效应、重组效应和技术促进效应影响制造业企业的生产效率，发现服务贸易自由化促进了制造业企业生产率的提高。⑤ 戴翔和金碚（2013）通过实证研究分析了2004～2011年间服务贸易进口技术含量对我国工业经济发展方式的影响，发现服务贸易进口技术含量对我国工业经济发展方式转变具有显著的促进作用。⑥

五、利用外资和对外投资

对外直接投资领域，田巍和余淼杰（2012）考察了企业生产率与其直接对外投资的关系，发现生产率越高的企业对外直接投资的概率越大，对外直接投资的量越大，目的国的收入水平高低对企业投资与否的决定没有显著的影响。⑦ 罗伟和葛顺奇（2013）在异质性水平型跨国公司理论的基础上，引入资本需求，构建出适宜分析对外直接投资存量区位分布的理论模型。⑧ 田素华和杨烨超（2012）分析了企业从事国际经营活动时区位选择的决定因素，并分时期和分地区研究了影响FDI进入中国区位变动的决定因素。结果得出

① 贺平. 地区主义还是多边主义：贸易自由化的路径之争 [J]. 当代亚太，2012（6）.

② 毛其淋，盛斌. 贸易自由化、企业异质性与出口动态——来自中国微观企业数据的证据 [J]. 管理世界，2013（3）.

③ 隆国强. 我国服务贸易的结构演化与未来战略 [J]. 国际贸易，2012（10）.

④ 王子先. 服务贸易新角色：经济增长、技术进步和产业升级的综合性引擎 [J]. 国际贸易，2012（6）.

⑤ 张艳，唐宜红，周默涵. 服务贸易自由化是否提高了制造业企业生产效率 [J]. 世界经济，2013（11）.

⑥ 戴翔，金碚. 服务贸易进口技术含量与中国工业经济发展方式转变 [J]. 管理世界，2013（9）.

⑦ 田巍，余淼杰. 企业生产率和企业"走出去"对外直接投资：基于企业层面数据的实证研究 [J]. 经济学，2012（2）.

⑧ 罗伟，葛顺奇. 中国对外直接投资区位分布及其决定因素——基于水平型投资的研究 [J]. 经济学（季刊），2013（4）.

1992 年和 2002 年是 FDI 进入中国区位变动的两个转折点，FDI 进入中国的地区集聚效应显著，实行税收优惠政策对东部地区 FDI 进入的推动作用明显，对中部和西部地区 FDI 进入的推动作用不明显等结论。[①] 崔凡和赵忠秀（2013）总结了当前投资体制的新特点，提出中国应主张基于肯定清单的准入前国民待遇的投资自由化谈判方式，并以此推动渐进的投资自由化的战略建设。[②] 林治洪、陈岩和秦学志（2012）通过实证分析发现，宏观调控力度和政府参与企业程度直接影响企业对外投资，通过调节不同类型的资源与对外投资的关系对企业对外投资起间接的促进作用。作者认为，中国企业需要利用母国制度优势来克服竞争性资源占有方面的劣势，进而实现国际化战略目标。[③]

利用外资领域，宗芳宇、路江涌和武常岐（2012）建立了关于双边投资协定、东道国制度环境与母国制度对发展中国家企业对外投资区位选择作用的研究框架，发现双边投资协定能够促进企业到签约国投资，替补东道国制度的缺位，弥补母国制度支持的不均衡性等。[④] 许和连和邓玉萍（2012）质疑了外商投资导致中国环境污染的论断，并通过构建环境污染综合指数，运用探索性空间数据分析方法证明了 FDI 高值集聚区一般是我国环境污染的低值集聚区，FDI 低值集聚区却是我国环境污染的高值集聚区，即 FDI 在地理上的集群有利于改善我国的环境污染。[⑤]

六、区域经济一体化

区域经济一体化既是当今世界经济发展的重要潮流，也是我国对外开放和经济发展的战略布局。从研究的现状来看，跨太平洋关系协定（TPP）和区域合作受到我国学者的高度关注。李向阳（2012）认为，TPP 是美国"回归亚太"战略的重要组成部分，一旦 TPP 成为现实，APEC 首当其冲将可能会被架空。对中国而言，被排除在 TPP 之外不仅意味着将受到"排他性效应"的冲击，而且过去十年中国所致力推动的东亚区域经济合作进程也有可能因此而发生逆转，这将是中国崛起过程中面临的一次重大挑战。[⑥] 沈铭辉（2012）从中国视角分析了 TPP 的成本收益，发现经济小国或许能够从 TPP 中获益，但是对大国而言，TPP 基本没有经济价值。TPP 只是美国应对东亚合作、获得非传统经济利益的工具。得出结论：长期内，中国克服 TPP 负面影响的根本途径是扩大内需；中期内则

① 田素华，杨烨超. FDI 进入中国区位变动的决定因素：基于 G－D 模型的经验研究 [J]. 世界经济，2012（11）.

② 崔凡，赵忠秀. 当前国际投资体制的新特点与中国的战略 [J]. 国际经济评论，2013（2）.

③ 林治洪，陈岩，秦学志. 中国对外投资决定因素——基于整合资源观与制度视角的实证分析 [J]. 管理世界，2012（8）.

④ 宗芳宇，路江涌，武常岐. 双边投资协定、制度环境和企业对外直接投资区位选择 [J]. 经济研究，2012（5）.

⑤ 许和连，邓玉萍. 外商直接投资导致了中国的环境污染吗？——基于中国省际面板数据的空间计量研究 [J]. 管理世界，2012（2）.

⑥ 李向阳. 跨太平洋伙伴关系协定：中国崛起过程中的重大挑战 [J]. 国际经济评论，2012（2）.

需要与日本共同推动实现东亚合作，确保中国在整个 TPP 博弈中获得次优结果。① 张蕴岭（2013）分析了新形势下中国参与和推进东北亚区域合作的战略性思考与选择，认为中国应该把推动中日韩合作作为重点，务实参与和推进次区域合作，从整体上规划与推动东北亚地区的合作。②

七、贸易摩擦

贸易摩擦领域的国内研究主要集中在反倾销和反补贴两个方面。王孝松和谢申祥（2013）以 Grossman 和 Helpman 的"保护待售"模型为理论基础，使用 1999~2009 年案件层面的数据，定量分析印度对华反倾销税裁定的影响因素，揭示中印经济冲突的微观形成机制。③ 沈国兵（2012）针对显性比较优势与美国对中国产品反倾销的贸易效应问题，基于 10 分位贸易品进行统计分析和 GMM 分析，发现显性比较优势不是中国产品遭受美国反倾销的必要条件和原罪，美国对中国产品反倾销调查带来负向贸易效应，课征终裁反倾销税产生不利的贸易效应，显性比较优势上升显著地促进了美国从中国进口产品，它与美国对中国产品反倾销交互项产生正向贸易效应，中国涉案产品 RCA 强度能够削减同期内美国从非被诉方产品的进口转移，尽管跨期内已失去削减贸易转移的功效。因此，坚守中国制造业的显性比较优势是重要的，它将继续支撑中国经济的可持续增长。④ 张晓涛（2012）对 1995~2010 年间我国出口产品遭受反补贴调查和被实施反补贴措施的情况进行了分析，从政治、经济、法律制度三个角度剖析了美国对中国产品发起反补贴调查的原因，使用 Probit 方法实证分析了美国国际贸易委员会对华反补贴决策的影响因素。⑤

第二节　国外研究综述

2012~2013 年国际贸易领域国外研究文献的重点研究主题有六个：异质性企业贸易、全球价值链、贸易自由化、服务贸易、外国直接投资和 FTA。在这些领域中，异质性企业贸易是学术的最前沿，引领国际贸易研究和理论发展的方向，积聚了大量的研究文献。与此同时，服务贸易、贸易自由化、全球价值链、外国直接投资和 FTA 也是 2012 年和 2013 年国际贸易研究的重点和热点，存在较多的研究文献。

---

① 沈铭辉. 跨太平洋关系协议（TPP）的成本收益分析：中国的视角 [J]. 当代亚太, 2012 (1).
② 张蕴岭. 中国参与和推动东北亚区域经济合作的战略 [J]. 东北亚论坛, 2013 (1).
③ 王孝松, 谢申祥. 发展中大国间贸易摩擦的微观形成机制——以印度对华反倾销为例 [J]. 中国社会科学, 2013 (9).
④ 沈国兵. 显性比较优势与美国对中国产品反倾销的贸易效应 [J]. 世界经济, 2012 (12).
⑤ 张晓涛. 我国出口产品遭受反补贴措施原因的实证分析——以美国为例 [J]. 管理世界, 2012 (2).

一、异质性企业贸易

（一）异质性企业的贸易行为选择

异质性企业贸易行为选择方面的文献，主要集中于出口产品价格和质量的选择、出口目的地的选择、出口产品种类的选择三个方面。Mary Amiti 和 Amit K. Khandelwal（2013）研究证明了生产高质量的产品经常被视为出口成功和经济发展的前提条件。通过对涵盖56个国家的10000种出口到美国的产品进行实证研究分析，发现关税下降使得国内市场的竞争更加激烈，从而促使企业提高产品质量。[1] Manova Kali 和 Zhang Zhiwei（2012）使用中国海关的数据，发现在企业—产品层面上，中国的出口企业在更富裕的、规模更大的、地理距离更远的和遥远度更低的目的地国制定更高的出口价格，而且企业的出口收入与出口价格正相关。进一步研究还发现，出口规模更大的企业同时也从国外进口更昂贵的原材料。因此，他们认为，更成功的出口企业使用更优质的原材料生产更高品质的产品，而且向不同市场出口具有品质差异的产品种类。[2] Kristian Behrens、Gregory Corcos 和 Giordano Mion（2013）使用比利时的微观数据，分析了比利时进出口下降的主因是销售量的下降和产品单价的下跌，而不是公司、贸易伙伴和贸易品数量的下降，从而得出结论：贸易品的需求下降是危机的主要诱因。[3] Brambilla Irene、Lederman Daniel 和 Porto Guido（2012）使用出口目的地解释企业行为，他们发现企业出口产品到高收入国家与该企业技术劳动的收入提高的相关性更低，可能的原因是国内市场和低收入国家的出口市场存在相似性。[4] Crinò Rosario 和 Epifani Paolo（2012）使用意大利数据，通过实证分析发现意大利企业的生产效率和低收入目的地的出口份额之间存在稳健的负相关关系，还预测到公司的研发强度与低收入目的地的出口份额存在负相关关系，因此建议高品质的企业将销售集中在高收入市场。[5] Ferrantino Michael J.、Liu Xuepeng 和 Wang Zhi（2012）使用中国和美国之间的贸易数据进行分析，发现美国统计的进口值与中国统计的出口值差距显著，证明国际贸易中偷税行为的存在，不同的产品分类是诱因，并且得出结论：高差异化产品较低差

① Mary Amiti, Amit K. Khandelwal. Import Competition and Quality Upgrading [J]. The Review of Economics and Statistics, 2013（5）.

② Manova Kali, Zhang Zhiwei. Export Prices across Firms and Destinations [J]. The Quarterly Journal of Economics, 2012（2）.

③ Kristian Behrens, Gregory Corcos, Giordano Mion. Trade Crisis? What Trade Crisis? [J]. The Review of Economics and Statistics, 2013（5）.

④ Brambilla Irene, Lederman Daniel, Porto Guido. Exports, Export Destinations, and Skills [J]. American Economic Review, 2012（12）.

⑤ Crinò Rosario, Epifani Paolo. Productivity, Quality and Export Behavior [J]. The Economic Journal, 2012（12）.

异化产品偷逃关税更为普遍，谎报价格更为明显。[1]

（二）贸易和贸易开放的效应

有关异质性企业贸易和贸易开放相应的研究主要分析贸易给企业带来的影响。例如，Jan De Loecker（2013）采用斯洛文尼亚企业的数据进行实证研究，发现企业进入出口市场将大幅提高生产率。[2] Fabling Richard 和 Sanderson Lynda（2013）研究了制造企业准备进入及进入出口市场后生产率的动态变化，并分析了出口对于企业生产率的影响，发现了正向激励作用；进一步的分析揭示，出口对企业生产率的正效应表现为三个方面：企业的出口自我选择效应、进入出口市场之后的学习效应，以及出口—投资联合决策效应。[3]

（三）在异质性企业贸易模型框架下分析贸易政策措施变动的影响

其主要指汇率变动、融资约束、反倾销等政策措施变动对异质性企业贸易的影响。相关文献有：Manova（2013）通过理论和实证分析研究了信贷约束对异质性企业贸易的影响，发现20%～25%的信贷约束对企业贸易的影响是由总产出的下降引起的。Yi Lu、Zhigang Tao 和 Yan Zhang（2012）使用中国出口商2000～2006年的月度出口成交数据来研究中国出口商对美国反倾销调查的应对。结果发现，反倾销调查对贸易的抑制效应主要在于出口数量减少，而且发现，出口数量减少得多的是生产力较低的出口商，这些出口商往往是单一产品直接出口。[4]

（四）其他有关异质性企业贸易的现象及其解释

主要文献有：Robert Koopman、Zhi Wang 和 Shangjin Wei（2012）将一国总出口拆分为加工贸易和一般贸易，在此基础上对中国出口产品的附加值重新进行了测算，结果表明，虽然中国出口产品的国内附加值由加入 WTO 前的50%上升到了2007年的60%，但在加工贸易占主导地位的高技术行业，中国出口产品的国内附加值仅有30%左右。[5] Timothy J. Kehoe 和 Kim J. Ruhl（2013）使用1900个出口国特定虚拟变量来研究双边商品贸易变化，发现"最新交易的货物"贸易的提高，是贸易增长的重要因素，以此解释了北

① Ferrantino Michael J., Liu Xuepeng, Wang Zhi. Evasion Behaviors of Exporters and Importers: Evidence from the U. S. – China Trade Data Discrepancy [J]. Journal of International Economics, 2012 (1).

② Jan De Loecker. Detecting Learning by Exporting [J]. American Economic Journal, 2013 (5).

③ Fabling Richard, Sanderson Lynda. Exporting and Firm Performance: Market Entry, Investment and Expansion [J]. Journal of International Economics, 2013 (3).

④ Yi Lu, Zhigang Tao, Yan Zhang. How Do Exporters Respond to Antidumping Investigations? [J]. Journal of International Economics, 2012 (5).

⑤ Robert Koopman, Zhi Wang, Shangjin Wei. Estimating Domestic Content in Exports When Processing Trade is Pervasive [J]. Journal of Development Economics, 2012 (9).

美自由贸易协定国家10%的贸易增长，以及美国和智利、中国和韩国之间26%的贸易增长。① Arnaud Costinot、Dave Donaldson 和 Ivana Komunjer（2012）推导出双边出口对相对生产率的弹性是6.53，即相对技术差异是贸易结构的重要影响因素。② Massimo Riccaboni、Alessandro Rossi 和 Stefano Schiavo（2013）认为，因特网的拓扑结构可以用于描述数字经济规模和国家信息技术外包，分析了数字服务贸易网络的拓扑结构，并将其与传统的国家间产品贸易流通进行了比较。③

二、全球价值链

全球价值链是近年来国际经济贸易研究的重点领域，主要包括对垂直专业化、附加值贸易的分解核算，对全球价值链模式选择及效应的研究等。Arnaud Costinot、Jonathan Vogel 和 Su Wang（2013）将全球供应链的基本理论予以发展，解释了垂直专业化分工如何塑造国家间相互依存关系的问题。④ Zhi Wang、Shangjin Wei 和 Kunfu Zhu（2013）将库普曼等提出的出口贸易增加值分解框架的方法推广到了约翰逊和诺盖拉的行业、双边、双边—行业三个层面，把出口价值进一步细分为16项，成为迄今最为精细的出口贸易增加值的分解方法。⑤ Robert C. Johnson 和 Guillermo Noguera（2012）使用全球贸易分析项目（GTAP）数据，提出附加值出口（VAX，即国内附加值最终被外国吸收的部分）的概念与度量方法，对各国附加值贸易进行了实证分析。⑥ Antràs Pol 和 Chor Davin（2013）构建出口上游度来测度全球价值链的物理地位，即各经济体在何种环节进行生产，得出结论：如果产业上游度高，则说明该产业离最终需求较远；如果产业上游度低，则说明该产业离最终需求近；如果产业上游度是1，则说明该产业直接被用来作为最终需求。⑦ Richard Baldwin 和 Anthony J. Venables（2013）指出，生产中每个环节在空间上的分散程度是由国际成本差异以及生产环节协同定位的收益来确定的，而它们的相互作用依赖于各阶段间的

① Timothy J. Kehoe，Kim J. Ruhl. How Important is the New Goods Margin in International Trade？［J］. Journal of Political Economy，2013（4）.

② Arnaud Costinot，Dave Donaldson，Ivana Komunjer. What Goods Do Countries Trade？A Quantitative Exploration of Ricardo's Ideas［J］. Review of Economic Studies，2012，79（2）.

③ Massimo Riccaboni，Alessandro Rossi，Stefano Schiavo. Global Networks of Trade and Bits［J］. Journal of Economic Interaction and Coordination，2013（4）.

④ Arnaud Costinot，Jonathan Vogel，Su Wang. An Elementary Theory of Global Supply Chains［J］. The Review of Economic Studies，2013（1）.

⑤ Zhi Wang，Shangjin Wei，Kunfu Zhu. Quantifying International Production Sharing at the Bilateral and Sector Levels［J］. NBER Working Paper Series，2013（11）.

⑥ Robert C. Johnson，Guillermo Noguera. Accounting for Intermediates：Production Sharing and Trade in Value Added［J］. Journal of International Economics，2012（3）.

⑦ Antràs Pol，Chor Davin. Organizing the Global Value Chain［J］. Econometrica，2013（11）.

技术合作关系。① J. Bradford Jensen、Dennis P. Quinn 和 Stephen Weymouth（2013）检验了在全球供应链中公司的参与程度，以此来解释为何进口竞争加剧且本币被低估，美国公司的保护主义要求却下降。②

三、贸易自由化

贸易自由化是国际贸易文献中的一个重要组成部分，主要研究包括福利效应、对收入的影响、对集约和扩展边际的影响，还包括与企业绩效、经济改革关系研究等。

其中，对收入的影响研究较为广泛。Andreas Billmeier 和 Tommaso Nannicini（2013）使用控制变量法探究了经济自由化对实际人均 GDP 的影响，结果发现在大部分地区经济自由化对 GDP 存在积极的促进作用。③ Abdul Jalil（2012）运用库兹涅茨曲线框架，检验了对外开放与收入不平等之间的关系，再次证实了库兹涅茨假说，随着对外开放程度的提高，收入不平等先增加，然后在某个临界值之后开始下降。④ Natalia Ramondo 和 Andres Rodriguez - Clare（2013）量化了产生于贸易与跨国生产的对外开放的收益，得出结论：来自贸易的收益是仅存在贸易的模型所计算的收益的两倍，而来自跨国生产的收益略低于仅存在跨国生产的模型所计算的收益。⑤ Costas Arkolakis、Arnaud Costinot 和 Andres Rodriguez - Clare（2012）提出了过去十年微观数据对国际贸易研究的重要影响，探讨了对新微观层面问题的回答如何影响对"从贸易获得的福利收益有多大"这一古老核心问题的回答，得出初步结论：迄今为止，没有太多。⑥ Jun Han、Runjuan Liu 和 Junsen Zhang（2012）特别考虑了邓小平南方谈话和中国加入 WTO 这两个标志性事件，发现邓小平南方谈话后没有明显的收入不平等的现象，贸易自由化促进了教育对收入的影响，其中 WTO 提高了大学教育溢出。⑦ Kristian Behrens 和 Yasusada Murata（2012）分析了贸易对国家间和国家内产品多样化、竞争效应和收入差异的影响，得出结论：贸易对产品多样化的影响取决于国家在世界收入分布中的相对位置，产品种类在低收入国家增加，在高收入国

① Richard Baldwin, Anthony J. Venables. Spiders and Snakes: Off - shoring and Agglomeration in the Global Economy [J]. Journal of International Economics, 2013 (7).

② J. Bradford Jensen, Dennis P. Quinn, Stephen Weymouth. Global Supply Chains, Currency Undervaluation, and Firm Protectionist Demands [J]. NBER Working Paper Series, 2013 (7).

③ Andreas Billmeier, Tommaso Nannicini. Assessing Economic Liberalization Episodes: A Synthetic Control Approach [J]. Review of Economics and Statistics, 2013 (7).

④ Abdul Jalil. Modeling Income Inequality and Openness in the Framework of Kuznets Curve: New Evidence from China [J]. Economic Modelling, 2012 (3).

⑤ Natalia Ramondo, Andres Rodriguez - Clare. Trade, Multinational Production, and the Gains from Openness [J]. Journal of Political Economy, 2013 (4).

⑥ Costas Arkolakis, Arnaud Costinot, Andres Rodriguez - Clare. New Trade Models, Same Old Gains? [J]. American Economic Review, 2012 (2).

⑦ Jun Han, Runjuan Liu, Junsen Zhang. Globalization and Wage Inequality: Evidence from Urban China [J]. Journal of International Economics, 2012 (7).

家减少等。[1]

此外，Lone Christiansen、Martin Schindler 和 Thierry Tressel（2013）将经济表现与国内金融、贸易和资本账户这三类经济改革之间的关系进行联合评估。结果发现，国内金融改革和贸易改革与经济增长具有稳健的相关性，但是这种相关性仅存在于中等收入国家。相反，资本账户自由化与经济增长之间不存在系统的正相关关系。此外，在中等收入国家，国内金融改革对经济增长的影响归因于全要素生产率增长，而非更高的总投资。进一步分析表明，充分发展的产权是获得金融和贸易改革收益的先决条件。[2] Kamal Saggi、Alan Woodland 和 Halis Murat Yildiz（2013）比较了贸易自由化两种策略的均衡结果。在双边贸易策略中，国家通过关税同盟、多边贸易或自给自足选择是否自由化贸易。多边贸易策略是双边贸易策略的约束形式，因为国家不能缔结关税同盟，仅能够实施非歧视性的贸易自由化。当国家具有相同的禀赋时，全球自由贸易是两种策略唯一的稳定均衡。当存在禀赋差异时，本文分离了选择缔结关税同盟有助于多边贸易自由化的情形以及选择缔结关税同盟不利于多边贸易自由化的情形。[3] Brian K. Kovak（2013）还开发了一个区域经济的特定要素模型，为使用行业贸易政策变化的加权平均值测算贸易自由化区域效应提供了理论基础。[4] Jin Wang（2013）通过比较早期与后期创建的经济特区的变化，估计了经济特区对地区经济的影响，发现，经济特区规划不仅增加了外商直接投资，而且没有挤出国内投资，并且具有多个经济特区的城市比只有一个经济特区的城市受到的影响更大。[5] Amit K. Khandelwal、Peter K. Schott 和 Shangjin Wei（2013）发现，一国面临的进口竞争可以显著地影响该国产品质量的改善速度，具体来说，贸易自由化使得本国靠近世界先进水平的产品出现质量升级，而抑制本国远离世界先进水平的产品进行质量升级。[6]

四、服务贸易

针对服务贸易的研究文献主要集中于服务贸易竞争力的影响因素研究、服务贸易自由化程度的研究、与服务贸易相关的政策规制的研究等。Azmat Gani 和 Michael D. Clemes（2013）以 OECD 低中高收入国家为研究对象，分析了国内商业环境对服务贸易收支的影

① Kristian Behrens, Yasusada Murata. Globalization and Individual Gains from Trade [J]. Journal of Monetary Economics, 2012（12）.

② Lone Christiansen, Martin Schindler, Thierry Tressel. Growth and Structural Reforms: A New Assessment [J]. Journal of International Economics, 2013（3）.

③ Kamal Saggi, Alan Woodland, Halis Murat Yildiz. On the Relationship between Preferential and Multilateral Trade Liberalization: The Case of Customs Unions [J]. American Economic Journal: Microeconomics, 2013（2）.

④ Brian K. Kovak. Regional Effects of Trade Reform: What is the Correct Measure of Liberalization? [J]. American Economic Review, 2013（8）.

⑤ Jin Wang. The Economic Impact of Special Economic Zones: Evidence from Chinese Municipalities [J]. Journal of Development Economics, 2013（3）.

⑥ Amit K. Khandelwal, Peter K. Schott, Shangjin Wei. Trade Liberalization and Embedded Institutional Reform: Evidence from Chinese Exporters [J]. American Economic Review, 2013（10）.

响。结果显示，合同的实施时间与高收入国家的出口和中高收入国家的进口负相关，企业的注册时间与中低收入国家的服务贸易进口负相关，互联网的应用和法律政策的实施与中低收入国家服务贸易的进口正相关，国内收入的增加也会带动中低收入国家服务贸易的进口，关税则与中低收入国家的服务贸易负相关。① Erik van der Marel 和 Ben Shepherd（2013）使用"世界银行服务贸易限制性指数"测算政府规制对跨境服务贸易的影响，发现政策障碍与服务贸易、商业和金融领域的服务贸易负相关。由此得出，除批发贸易与连锁贸易外，政策规制会给其他所有服务贸易部门带来负面影响，以及区域贸易协定有推进服务贸易倾向的结论。② Gene M. Grossman 和 Esteban Rossi－Hansberg（2012）建立了一种在资源禀赋与技术能力相似，但规模不同的国家间进行工序贸易的理论，发现如果国家间仅存在规模差距，则规模越大的国家，工资越高，产成品产量越高。如果离岸成本足够低，但国家间规模差距不大，则规模越小的国家工资越高，产量越高。③ Amelie Guillin（2013）认为，将区域贸易协定按贸易自由化程度进行分类，能够衡量其"深度"和特性。他使用1999～2007年固定样本数据建立了一个引力模型，用以评估服务贸易与区域协定之间的关系，得出结论：在区域贸易协定中，只有覆盖了服务的贸易协定才对服务贸易具有显著效应；产业类别和目录越深入，协定国的内部贸易越多。④ VDM Erik（2012）的研究表明，服务贸易（包括进入管制、内向FDI存量和流量、外国附属机构销售）对服务业TFP存在直接影响，但一旦引入规制变量（包括进入管制、边境后规制、FDI限制），这种影响便被抑制。即是服务规制而不是服务贸易对服务业TFP增长存在显著的负面影响，更高的限制措施会带来更低的生产率，且与技术前沿相距更远的服务部门的负面影响更大。这表明，服务贸易和针对服务贸易的各种管制对TFP的影响存在差异。⑤ Pol Antras 和 Robert W. Staiger（2012）首创了面向服务外包的贸易协定学说，得出结论，离岸服务外包的兴起将越发导致各国政府将重心依赖于传统GATT/WTO的概念及规则，诸如市场准入、互惠、无歧视，来解决与贸易相关的问题。⑥ Zhijun Sheng 和 Kuo Wang（2012）的研究表明，中国服务贸易取得了快速发展，但问题并存，为适应国际服务贸易发展新趋势，需采取相应的对策，以促进服务贸易高水平发展，并提出加快发展服务业、完善服务贸易法律制度和管理体制、加强人员培训等。⑦ Kwok Tong Soo（2012）的研究针

① Azmat Gani, Michael D. Clemes. Modeling the Effect of the Domestic Business Environment on Services Trade [J]. Economic Modelling, 2013 (9).

② Erik van der Marel, Ben Shepherd. Services Trade, Regulation and Regional Integration: Evidence from Sectoral Data [J]. The World Economy, 2013 (11).

③ Gene M. Grossman, Esteban Rossi－Hansberg. Task Trade between Similar Countries [J]. Econometrica, 2012(3).

④ Amelie Guillin. Trade in Services and Regional Trade Agreements: Do Negotiations on Services Have to Be Specific? [J]. The World Economy, 2013 (11).

⑤ VDM Erik. Trade in Services and TFP: The Role of Regulation [J]. The World Economy, 2012 (11).

⑥ Pol Antras, Robert W. Staiger. Offshoring and the Role of Trade Agreements [J]. American Economic Review, 2012 (12).

⑦ Zhijun Sheng, Kuo Wang. Research on the Problems and Countermeasures of China's Service Trade in the New Era [J]. International Journal of Financial Research, 2012 (10).

对中国及印度商业服务领域的国际贸易，不仅细致地分析了两个国家的服务贸易数据，还考虑了服务贸易扩张产生的更广泛的影响，表示，两个国家的未来发展均倚重于服务贸易，因此对两个国家发展服务贸易的当前情况的更好理解，有助于政府实行合适的政策。① S. Miroudot、J. Sauvage 和 B. Shepherd（2013）通过实证研究发现，服务贸易成本比货物贸易成本更高，有时甚至是后者的 2～3 倍，而且在过去的 10 年中，服务贸易成本已相对稳定，而货物贸易成本降幅明显。研究还发现，即使在推出众多促进服务贸易发展的措施的区域联合体，比如欧盟，其区域内不同国家间贸易成本仍呈现很大异质性。总体建议未来政策致力于减少服务业监管，促进服务贸易的便利化。② Adlung、Rudolf 和 Soprana Marta（2013）考虑服务贸易中包括中小企业在内的特定供货商群体的贸易诉求，研究了针对该类群体的潜在贸易政策与执行条款，从中小企业的角度，提出了强化政策透明度、推进贸易协定自由化，以及规则制定充分授权等行动指南。③ Adlung、Rudolf 和 Miroudot Sébastien（2012）针对 66 个 RTA 中 80000 项分部门承诺的"GATS－"特征进行了分析归纳，并就 WTO 应如何减少甚至消除区域贸易安排中出现的"GATS－"现象给出了对策建议。④ Bhattacharya Rudrani、Patnaik Ila 和 Shah Ajay（2012）对服务企业的出口与 OFDI 行为进行了建模，其关键特征是：远距离生产的服务导致消费者效用函数中的风险。如果这种风险为零，而运输成本不为零，则这一模型变为 Helpman 等（2004）的模型，最有效率的企业将从事 OFDI，模型预测最没有效率的企业将在国外投资，他们采用印度的软件服务企业数据，印证了这一理论预测。⑤

五、外国直接投资

针对外国直接投资，国外学者主要从资本供给、技术溢出、国民福利等方面进行研究。Denis Medvedev（2012）使用综合性的特惠贸易协定的面板数据集考察了特惠贸易协定对成员国外国直接投资净流入的影响，得出结论：特惠贸易协定身份与外国直接投资净流入正相关，而且随着特惠贸易协定国家的市场规模及其与东道国距离的增加，外国直接投资的收益逐渐增加。⑥ William W. Olney（2013）检测了"全球化导致了逐底竞争"的假说，并提供了经验证据：减少就业保护法规导致外国直接投资增加，而且，就业保护法

① Kwok Tong Soo. Services Trade in China and India［J］. International Journal of China Studies，2012（4）.

② S. Miroudot，J. Sauvage，B. Shepherd. Measuring the Cost of International Trade in Services［J］. World Trade Review，2013（10）.

③ Adlung，Rudolf，Soprana Marta. SMEs in Services Trade—A GATS Perspective［J］. Intereconomics，2013（1）.

④ Adlung，Rudolf，Miroudot Sébastien. Poison in the Wine? Tracing GATS－minus Commitments in Regional Trade Agreements［J］. Journal of World Trade，2012（10）.

⑤ Bhattacharya Rudrani，Patnaik Ila，Shah Ajay. Export Versus FDI in Services［J］. The World Economy，2012（1）.

⑥ Denis Medvedev. Beyond Trade：The Impact of Preferential Trade Agreements on FDI Inflows［J］. World Development，2012（1）.

律的变化对外国直接投资的相对流动形式具有较大影响。[1] Steven Poelhekke 和 Frederick van der Ploeg（2013）考察了自然资源对不同类型外国直接投资的影响，发现资源型外国直接投资是垂直型的，然而非资源型外国直接投资是出口分化类型的。[2] Yong Wang（2013）提出了一个政治经济学模型来解释为什么财政分权通过内生政策对外国直接投资流入具有非线性影响，他认为，过度的政策分权会损害中央政府的激励，然而财政分权不足致使地方政府易于被贸易保护主义者的特定利益集团控制。[3] Joze P. Damijan、Matija Rojec、Boris Majcen 和 Mark Knell 论证了直接技术转移和溢出的重要性，发现水平溢出在过去 10 年间变得越来越重要，还发现来自外国所有者的直接效应和来自外国企业的溢出较大程度上取决于个体企业的吸收能力和生产力水平。[4] Yin He 和 Keith E. Maskus（2012）开发了一个内生创新和外国直接投资的一般均衡模型。在基准模型中，北方企业借助局部的溢出进行创新，部分新产品通过外国直接投资被转移到南方生产。南方模仿风险增加减少了这些新产品比例。在扩展模型中，作者假设南方创新的成本更高，这带来了南方和北方的无效率的专业化生产，并且减少了全球的经济增长。然而，这产生了外国直接投资与本地模仿之间的"倒 U 型"关系。若存在对北方创新的逆向知识溢出，则将会在一定程度上维持全球的生产率和经济增长。[5] Ellen R. McGrattan（2012）证明了如果国家处于向外国直接投资开放转型中，则缺乏与理论相一致的经验证据。[6] Torfinn Harding 和 Beata S. Javorcik（2012）的研究表明，吸引外国直接投资为提高发展中国家的出口产品质量提供了潜力。此外，针对 FDI 的外文文献、出版物中，也不乏对中国 FDI 的研究。[7] Yasheng Huang 和 Heiwai Tang（2012）通过对比中国和印度的经济改革，探索不同改革路径如何影响外国投资企业和国内企业对东道国商业环境的感受，发现不同类型所有制企业在感知上的差异与两国所采取的外国直接投资政策的潜在分化路径是一致的。[8] Yasheng Huang、Li Jin 和 Yi Qian（2013）在企业层面分析了华人种族关系网的影响，发现在中国境内，华人种族的外国直接投资企业事实上逊色于非华人种族的外国直接投资企

① William W. Olney. A Race to the Bottom? Employment Protection and Foreign Direct Investment［J］. Journal of International Economics，2013（11）.

② Steven Poelhekke，Frederick van der Ploeg. Do Natural Resources Attract Nonresource FDI？［J］. Review of Economics and Statistics，2013（7）.

③ Yong Wang. Fiscal Decentralization，Endogenous Policies，and Foreign Direct Investment：Theory and Evidence from China and India［J］. Journal of Development Economics，2013（7）.

④ Joze P. Damijan，Matija Rojec，Boris Majcen，Mark Knell. Impact of Firm Heterogeneity on Direct and Spillover Effects of FDI：Micro‐evidence from Ten Transition Countries［J］. Journal of Comparative Economics，2013（8）.

⑤ Yin He，Keith E. Maskus. Southern Innovation and Reverse Knowledge Spillovers：A Dynamic FDI Model［J］. International Economic Review，2012（2）.

⑥ Ellen R. McGrattan. Transition to FDI Openness：Reconciling Theory and Evidence［J］. Review of Economic Dynamics，2012（10）.

⑦ Torfinn Harding，Beata S. Javorcik. Foreign Direct Investment and Export Upgrading［J］. Review of Economics and Statistics，2012（11）.

⑧ Yasheng Huang，Heiwai Tang. FDI Policies in China and India：Evidence from Firm Surveys［J］. World Economy，2012（1）.

业，还发现华人种族企业的绩效随时间而变差。[1] Xinpeng Xu 和 Sheng Yu（2012）使用企业普查数据，考察了外国直接投资的溢出效应对 2000～2003 年中国国内制造业企业的影响，发现外国直接投资的正向溢出产生于国内企业购买上游外国企业高质量中间品或设备的前向联系，还发现国内企业从外国直接投资获益的程度显著不同。[2] Tang Sumei、Selvanathan Eliyathamby A. 和 Selvanathan Saroja（2012）在 *China's Economic Miracle：Does FDI Matter?* 中分析了外国直接投资在中国的影响，结果显示对中国经济的发展起到了正向作用，不但没有挤出国内投资，反而还通过补充国内投资刺激了经济增长。

六、FTA

Richard Baldwin 和 Dany Jaimovich（2012）检验了"同多米诺骨牌效应般蔓延的区域主义部分由'防御性'自由贸易协定驱使"，"自由贸易协定是为了降低由第三方国家建立的自由贸易协定所带来的歧视而签订的"等理论。[3] Leila Baghdadi、Inmaculada Martinez – Zarzoso 和 Habib Zitouna（2013）分析了附有环境保护条款的自由贸易协定是否能影响到相对/绝对污染水平，发现，只有有环境协调政策的自由贸易协定才会影响相对和绝对的污染水平。[4] Monika Mrázová、David Vines 和 Ben Zissimos（2012）比较了受到和未受到第 24 条规定限制的海关联盟的结构，得出第 24 号条款降低了贸易壁垒，从而提高了世界福利，但同时，第 24 条规定可能对世界福利是"有害"的。[5] João Tovar Jalles（2012）评估了区域贸易协定、贸易一体化与经济增长之间的关系，回答了一国（或一区域中国家）的既有贸易政策如何影响一国国内的经济增长，南亚以及东南亚的发展中国家是应该加强区域贸易协定还是走向广泛自由化等问题，得出结论：单一国家的开放或其邻国的开放都不会影响到本国的经济增长，而区域贸易协定的影响亦不明确。[6] Jeffrey H. Bergstrand 和 Peter Egger（2012）使用与解释最惠国贸易协定相同的定性模型，对双边投资协定的经济决定因素以及不同国家间的双边投资协定的相似性展开第一次系统性的经验分析。[7] Pol Antras 和 Robert W. Staiger（2013）基于政治学—经济学的视角，解释了欧洲联盟的机构

① Yasheng Huang, Li Jin, Yi Qian. Does Ethnicity Pay? Evidence from Overseas Chinese FDI in China［J］. Review of Economics and Statistics, 2013（7）.

② Xinpeng Xu, Sheng Yu. Productivity Spillovers from Foreign Direct Investment：Firm – Level Evidence from China［J］. World Development, 2012（1）.

③ Richard Baldwin, Dany Jaimovich. Are Free Trade Agreements Contagious? ［J］. Journal of International Economics, 2012（9）.

④ Leila Baghdadi, Inmaculada Martinez – Zarzoso, Habib Zitouna. Are RTA Agreements with Environmental Provisions Reducing Emissions? ［J］. Journal of International Economics, 2013（7）.

⑤ Monika Mrázová, David Vines, Ben Zissimos. Is the GATT/WTO's Article XXIV Bad? ［J］. Journal of International Economics, 2012（8）.

⑥ João Tovar Jalles. Openness, Regional Trade Agreements and Growth：Evidence from Asia［J］. Asian Economic Journal, 2012（3）.

⑦ Jeffrey H. Bergstrand, Peter Egger. What Determines BITs? ［J］. Journal of International Economics, 2012（11）.

成立的原因、欧洲一体化的目的和决定性因素、欧洲一体化真正意味着什么等问题。[①] Mohamed Aslam（2012）探讨了东盟—中国自由贸易区对东盟贸易的影响，并对东盟成员国相对于中国在哪些方面具有竞争力提供了一些想法。[②] Montej Abida（2013）认为，区域一体化协定可能成为区域转移的战略，是违反自由贸易规则的。区域集团应在使国际贸易游戏更加公平的基础上制定控制行为以及贸易政策。[③] Sangkyom Kim、Innwon Park 和 Soonchan Park（2013）通过实证研究分析了亚洲—太平洋自由贸易区是否能满足建立起产生积极充分的净贸易创造效应的贸易集团的条件。结果显示，亚太自贸区提高参与环太平洋的各经济体福利的潜力巨大，并将推动区域经济增长。[④] Srinivasa Madhur（2013）认为，中日韩自由贸易协议对这三国以及整个世界性多边贸易都将带来深远影响。基于重重障碍，三国应遵循双轨制的方法，中国和韩国的双边自由贸易协定快速完成，这三个国家继续对中日韩自贸区在一个稳定的轨道间进行谈判。[⑤] Rahul Sen、Sadhana Srivastava 和 Gail Pacheco（2013）的研究发现，在亚洲这一轮新的区域主义盛行的最早阶段，相比于双边最惠国贸易协定，诸边最惠国贸易协定对刺激"东盟 +6"集团国家的贸易方面具有更为显著的影响。[⑥]

[①] Pol Antras, Robert W. Staiger. What is European Integration Really About? A Political Guide for Economists [J]. Journal of Economic Perspectives, 2013（6）.

[②] Mohamed Aslam. The Impact of ASEAN – China Free Trade Area Agreement on ASEAN's Manufacturing Industry [J]. International Journal of China Studies, 2012（4）.

[③] Montej Abida. The Regional Integration Agreements: A New Face of Protectionism [J]. International Journal of Economics and Finance, 2013（3）.

[④] Sangkyom Kim, Innwon Park, Soonchan Park. A Free Trade Area of the Asia Pacific（FTAAP）: Is It Desirable?[J]. Journal of East Asian Economic Integration, 2013（3）.

[⑤] Srinivasa Madhur. China – Japan – Korea FTA: A Dual Track Approach to a Trilateral Agreement [J]. Journal of Economic Integration, 2013（9）.

[⑥] Rahul Sen, Sadhana Srivastava, Gail Pacheco. The Early Effects of Preferential Trade Agreements on Intra – regional Trade within ASEAN + 6 Members [J]. Journal of Southeast Asian Economics, 2013（12）.

第二章　国际贸易学学科
2012～2013 年期刊论文精选

第一节

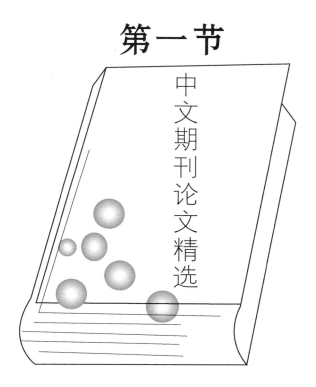

中文期刊论文精选

企业异质性与区域间贸易：
中国企业市场进入的微观证据[*]

黄玖立　冼国明

（南开大学跨国公司研究中心，天津　300071）

【摘　要】区域间贸易的微观基础是企业的地区市场销售行为。给定贸易成本和市场规模，企业能否进入区域市场在很大程度上取决于自身的异质特征。基于新近发展的新新贸易理论和世界银行提供的一个独特企业调查数据库，本文考察了影响中国企业进入国内区域市场行为的因素。回归估计显示，在控制了双边地理距离和销售省市区的市场规模以及多个维度的固定效应之后，企业进入国内区域市场的可能性随着其生产率水平的提高而增大。此外，我们还考察了企业的规模、资本密集度、所有制、年龄、出口和广告行为的影响。

【关键词】企业异质性；生产率；市场进入；贸易成本

一、引　言

传统的贸易理论（如要素禀赋理论）中并没有明确刻画企业，取而代之的是联系投入和产出的行业生产函数。在规模报酬不变的假设下，单个企业的边界也是不确定的。新贸易理论虽然假设存在许多垄断竞争型企业（Krugman，1980），但是各个企业之间除了在产品种类上存在差异之外，其他方面并无不同。按照新贸易理论，各个企业除了供应本国市场之外，还向其他所有国家出口。然而，Bernard 和 Jensen（1995，

---

　　* 本文选自《世界经济》2012 年第 4 期。

　　本文得到中央高校基本科研业务费专项资金（NKZXB10110）的资助。本文初稿入选第十届中国经济学年会（河南郑州）。作者感谢陆铭、钱学锋等提出的建设性意见。文责自负。

1999）以及 Bernard 等（2007）基于美国企业普查数据研究发现，即便是在同一国家的同一行业，企业之间也存在着非常显著的行为差异，出口企业只占较小比重，出口企业的出口额占企业总产出的比重也并不高。他们还发现，出口企业在生产率、规模等诸多方面系统地优于非出口企业。随着各国微观数据可得性的改善，类似的企业层面研究日渐增多。Wagner（2007）对在 1995~2004 年发表的、基于 33 个经济体的 45 项微观计量研究进行了全面总结后确认，出口企业比非出口企业具有更高的生产率水平。ISGEP（2008）使用设定相同的估计模型考察了包括中国在内的 14 个国家的企业生产率与出口的关系后发现，无论是在发达国家还是发展中国家，出口企业均比非出口企业具有相对更高的生产率水平。此外，这些研究还发现，出口企业与非出口企业之间的生产率差异在企业出口之前业已存在。换句话说，是生产率较高的企业"自我选择"（Self - selection）进入国外市场，而不是企业通过"出口中学习"（Learning by Exporting）提高了生产率（Wagner, 2007; ISGEP, 2008）。ISGEP（2008）关于中国 1998~2005 年企业数据的研究显示，在控制了规模、工资等企业特征之后，中国出口企业的人均销售额比非出口企业约高出 15.7%，即使进一步控制了各个企业之间不随时间变化的固定效应，这一差距仍高达 10.9%。Aw 和 Hwang（1995）对中国台湾地区电子产品制造商的研究发现，与非出口企业相比，出口企业不仅规模更大，而且生产率水平也更高。

根据众多经验研究发现的共同特征，Melitz（2003）在 Krugman（1980）的基础上发展了一个包含企业异质性的理论模型。该模型中，不仅企业的边际成本随着生产率的提高而下降，而且企业还需支付固定的生产成本，出口更需要支付额外的固定成本和可变成本。在这样的假设条件下，生产率水平就成为决定企业市场销售行为的关键因素：只有那些生产率较高的企业才能出口；生产率次之但高于特定阈值的企业选择留在国内市场；生产率低于阈值的企业由于无法盈利，只能退出市场不再生产。根据 Melitz 模型，贸易自由化能够提高行业的阈值生产率水平，从而具有资源配置效应。以 Melitz（2003）为代表的强调企业异质性的理论被称为"新新贸易理论"。在 Melitz（2003）的基础上，Helpman 等（2008）考察了市场进入管制、进出口国宗教信仰相似度等固定成本对企业出口行为的影响，有效地解决了双边贸易流量中的零值问题。Chaney（2008）考察了可变贸易成本对企业出口行为的影响，不仅给引力模型提供了全新的微观基础，也使得 Melitz 模型能够很好地应用于双边贸易关系研究。根据 Chaney（2008）的研究，如果行业内企业的生产率水平服从普遍存在的帕累托分布，则地理距离等可变贸易成本将只会影响出口企业数或产品数，对企业的平均出口量并不会产生影响。

与跨国贸易相似，一国国内的区域间贸易同样需要克服各种固定和可变的贸易成本，从而要求"出口"到国内其他地区的企业具有更高的生产率水平。基于这一逻辑，本文将验证中国企业的生产率水平对其国内区域市场进入行为的影响，即给定贸易成本和市场规模，是不是生产率水平较高的企业更有可能进入特定的区域市场？

本研究的现实背景是中国省市区间存在贸易壁垒，它给我们提供了一个类似国际贸易研究的空间结构。中国改革开放之后，经济建设取得了令人瞩目的成就，但区域间的市场一体化仍然较为滞后，区域间的贸易成本较高。贸易壁垒或成本是取得商品所要付出的、除了生产商品的边际成本之外的所有成本。它既包括克服政策性壁垒的必要支出或损失，也包括克服地理距离必需的开支，包括运费和时间价值（Anderson and van Wincoop，2004）。区域间贸易成本的第一个来源是区际运输成本。中国交通基础设施发展虽然较快，但路网密度仍然很低。公路虽然是货物运输的重要途径，但公路的建设投资和运营管理机制较为混乱，突出的表现就是收费站林立。此外，公路上超载、随意罚款的恶性循环常常造成车辆拥堵，有时竟迟滞数天，严重影响了运输时间和效率。据估计，中国西部省会城市成都到东部上海约1448千米公路里程的运输费用竟与上海到美国加州长滩的海运费用大体相当（Treece and Webb，2004）。地方保护主义是区域间贸易成本的另一来源。出于保护本地产业的目的，地方政府倾向于采取或明或暗的手法阻止和打击外地企业，使外地企业付出额外的代价。对于那些直接关乎地方税收的产业，如饮料、医药和烟草等行业，地方保护的影响更为明显。根据 Poncet（2003）的研究，中国省市区间贸易壁垒产生的边界效应接近甚至高于欧盟各国之间或美国与加拿大之间的边界效应。较高的区域间贸易壁垒使得中国区域间贸易呈现明显的区域内偏向。根据国家信息中心（2005）提供的1997年全国各大经济区域的投入产出数据可知，区域内贸易的偏向程度严重。虽然西北地区和中部地区的区域内贸易占这些地区国内贸易总量的比例最小，但也在75%以上。比例最高的东北地区甚至接近90%。国务院发展研究中心课题组（2006）基于增值税数据的研究发现，从2003年6月到2005年6月，中国各省市区的省内贸易量是其与其他省市区之间省际贸易量的1.36倍。

区域间贸易的微观基础是企业的地区市场销售行为。面对区域间贸易壁垒，企业要在全国范围内销售其产品，必须为每个"零碎"的地方性小市场支付一定的进入成本（包括广告、推销和疏通关系等），这些"零碎"的市场进入成本加总得到的总成本将是非常巨大的（朱希伟等，2005）。在现有研究的基础上，本文的经验研究将证实，给定区域间贸易成本，企业的生产率水平是影响中国企业进入国内区域市场从而影响区域间贸易的重要因素之一。作为本文研究对象的区域市场为中国31个省市自治区层次（以下简称"省市区"）的市场。与跨国经验研究相比，中国各省市区在法律制度、语言和文化上基本相同，能够避免跨国经验研究需要面对的模型识别难题。具体地，本文使用世界银行提供的一个独特的企业调查数据库考察这一问题。据我们掌握的文献，目前尚无企业层面关于中国区域间贸易的研究。本文的结构安排如下：第二部分介绍数据来源并进行初步比较分析，第三部分是关于估计模型、变量和内生性问题的详细说明，第四部分报告并分析估计结果，第五部分总结全文。

二、数据来源和初步比较

（一）数据说明

本文数据来自世界银行2003年对中国经营环境所做的抽样调查，全部被调查企业共计2400家。每家企业的问卷有两份：一份为企业的高级经理人（Senior Manager）设计，要求填写企业的总体情况、创新、认证、市场环境、与客户和供应商及政府之间的关系、公司治理结构、税收等信息；另一份为企业的会计（Accountant）或人事经理（Personnel Manager）设计，要求填写企业财务、股权结构、人力资本和融资结构等相关信息。第一张问卷要求填写企业在2002年的信息，第二张问卷中的大部分问题要求回溯至2000年。

空间上，这些企业分布在中国16个省市区的18个城市，其中东中西部城市各六个。六个东部城市为本溪、大连、杭州、江门、深圳、温州；六个中部城市为长春、长沙、哈尔滨、南昌、武汉、郑州；六个西部城市为重庆、贵阳、昆明、兰州、南宁、西安。行业上，这些企业分布在十个制造业部门和四个服务业部门。鉴于制造业产品具有特定的物理属性，对双边贸易成本敏感，而服务业产品销售的影响因素较为复杂，因此本文只选取了制造业企业进行考察。这些部门（企业数）分别为衣服和皮革制品（353）、电子设备（185）、电子零部件制造（276）、家用电子产品（63）、汽车和汽车零部件（358）、食品加工（71）、化学产品和药品（66）、生物技术产品和中药（36）、冶金产品（158）、交通运输设备（50）。

我们的样本只包括产品外销到至少一个外省市区市场的企业，不包括仅在本省或本市范围内销售的企业。进一步剔除了少数有问题的企业，本文的样本共有1076家制造业企业。本文的被解释变量是某企业是否进入特定省市区市场的二元变量（Entry，以下简称"是否进入"），如本溪的X企业是否进入山东市场？是为1，否为0。对应的调查问卷上的问题是"贵公司销售产品至外省吗"。如果填"是"，则要求进一步在一张中国省市区列表中标识出具体的地区。该问题由企业的高级经理人填写（属第一份问卷），只有一年数据。显然，被解释变量"是否进入"具有"企业—省市区市场"两个方面的维度。剔除这些企业所属的16个省市区，我们在逻辑上可以得到33340个（＝1076×31－16）潜在观测值。然而，由于一些被调查人没有填写完整，少数观测值缺失，我们有32242个实际样本点。表1分省市区市场报告了企业市场进入变量"是否进入"的空间分布。全部省市区合计共有1251个"进入"（即Entry＝1）样本点，占样本总数的38.8％。从各个省市区分别来看，产品销往广东、山东、四川等省市区的企业比重较高，其中有产品销往广东的制造业企业有531家，占样本企业总数的53.05％。北京、江苏、河北、上海也是样本企业较为频繁的销售市场。相反，产品销往西藏、海南、青海、宁夏等偏远省区的企业较少，其中有产品销往西藏的企业仅有 171 家，占样本企业总数的 15.9%，产品销往海南的企业有 268 家，占样本企业总数的 25%。

表 1　各个省市区市场中的观测值分布

省市区	观测值（个）	"进入"（Entry = 1）		"不进入"（Entry = 0）	
		观测值（个）	比重（%）	观测值（个）	比重（%）
广东	1001	531	53.05	470	46.95
山东	1075	535	49.77	540	50.23
四川	1074	526	48.98	548	51.02
北京	1076	526	48.88	550	51.12
江苏	1076	508	47.21	568	52.79
河北	1075	481	44.74	594	55.26
上海	1075	479	44.56	596	55.44
湖南	1009	444	44	565	56
湖北	984	431	43.8	553	56.2
河南	1018	443	43.52	575	56.48
辽宁	998	421	42.18	577	57.82
浙江	963	403	41.85	560	58.15
重庆	987	407	41.24	580	58.76
陕西	993	402	40.48	591	59.52
福建	1076	435	40.43	641	59.57
山西	1074	424	39.48	650	60.52
广西	1021	401	39.28	620	60.72
安徽	1076	422	39.22	654	60.78
天津	1074	410	38.18	664	61.82
黑龙江	1024	384	37.5	640	62.5
云南	1014	375	36.98	639	63.02
贵州	1005	368	36.62	637	63.38
江西	1013	367	36.23	646	63.77
吉林	995	359	36.08	636	63.92
内蒙古	1074	364	33.89	710	66.11
新疆	1073	355	33.08	718	66.92
甘肃	1019	309	30.32	710	69.68
宁夏	1075	288	26.79	787	73.21
青海	1075	282	26.23	793	73.77
海南	1075	268	24.93	807	75.07
西藏	1075	171	15.91	904	84.09
省市区合计	32242	12519	38.828	19723	61.172

资料来源：作者的计算。

表 2 报告了各个制造业部门中观测值的分布。"生物技术产品和中药"是各个部门中"进入"（即 Entry = 1）观测值所占比重最高的，为 70.83%。"汽车和汽车零部件"部门共有 8552 个观测值，是各个部门中最多的，其中"进入"的观测值数有 3700 个，占比为 43.26%。"交通运输设备"部门的观测值最少，共有 150 个，其中只有 36 个"进入"观测值，占比为 24%。

表 2　各部门中的观测值分布

行业	观测值（个）	"进入"（Entry = 1）		"不进入"（Entry = 0）	
		观测值（个）	比重（%）	观测值（个）	比重（%）
生物技术产品和中药	960	680	70.83	280	29.17
家用电子产品	1378	682	49.49	696	50.51
电子设备	4228	2088	49.39	2140	50.61
汽车和汽车零部件	8552	3700	43.26	4852	56.74
电子零部件制造	6478	2406	37.14	4072	62.86
化学产品和药品	1379	474	34.37	905	65.63
衣服和皮革制品	4769	1326	27.8	3443	72.2
食品加工	1438	374	26.01	1064	73.99
冶金产品	2910	753	25.88	2157	74.12
交通运输设备	150	36	24	114	76
部门合计	32242	12519	38.83	19723	61.17

资料来源：作者的计算。

（二）企业生产率特征及其市场进入行为的初步比较

为了使分析结果更加稳健，我们使用三个不同的生产率测度指标：人均销售（Sales）、人均增加值（VA）和全要素生产率（TFP）。Sales 定义为 1999～2002 年产品销售收入与雇员人数比例（单位：千元/人）的平均值。VA 定义为增加值（产品销售收入减去中间投入）与雇员人数的比例（单位：千元/人）。TFP 的测算使用了 Levinsohn 和 Petrin（2003）的估计方法，其关键是使用中间投入作为生产率冲击的代理变量进行广义矩估计（GMM），以得到企业生产率的无偏估计量。由于中间投入数据始于 2000 年，VA 和 TFP 数据均为 2000～2002 年三年的平均值。

由于不少企业并没有报告中间投入，VA 和 TFP 两个指标的数据缺失较多，而 Sales 指标能够提供较多的有效样本。事实上，这三个衡量生产率的指标是高度一致的。图 1 报告了样本企业 Sales、VA 和 TFP 的散点图，三个变量均取自然对数。显然，lnSales 与其他两个变量高度正相关，观测值分布在拟合直线附近。计算结果显示，lnSales 与 lnVA 的相关系数为 0.811，与 lnTFP 的相关系数为 0.811，lnVA 与 lnTFP 的相关系数为 0.765。

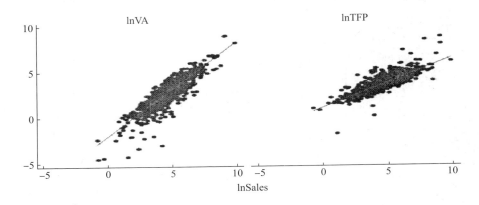

图 1　样本企业 Sales、VA 和 TFP 的散点图

表 3 报告了与"进入"和"不进入"观测值相对应的生产率指标的描述性统计值。需要特别注意的是，本文的企业与样本观测值是一对多的关系，企业均为有外省市区销售记录的企业，"不进入"仅仅指没有进入特定省市区市场。由于各个变量已取自然对数，两个子样本之间的均值和中值的差异可近似表示其百分比差异。简单的比较表明，"进入"样本对应着更高的生产率水平。"进入"和"不进入"样本对应的人均销售额分别约为 11.8 万元和 7.1 万元，前者比后者高出约 66%；"进入"和"不进入"样本对应的人均增加值分别约为 2.4 万元和 1.2 万元，前者比后者高出约 100%；"进入"和"不进入"样本对应的全要素生产率分别约为 4.7 万元和 3.1 万元，前者比后者高出约 51%。然而，影响企业区域市场进入的行为因素有很多，要回答前文提出的问题，我们还需借助严格的回归分析。

表 3　"进入"和"不进入"观测值对应的企业生产率

生产率指标	观测值	均值	中值	标准差	观测值
lnSales	"不进入"（Entry = 0）	4.269	4.305	1.365	18919
	"进入"（Entry = 1）	4.774	4.689	1.369	12093
lnVA	"不进入"（Entry = 0）	2.510	2.629	1.580	17333
	"进入"（Entry = 1）	3.188	3.219	1.530	11401
lnTFP	"不进入"（Entry = 0）	3.433	3.404	0.845	17409
	"进入"（Entry = 1）	3.846	3.816	0.967	11234

三、估计模型和内生性问题

（一）估计模型

从估计方法上，本文的被解释变量"是否进入"（Entry）是标准的二元变量，适合采用 Probit 模型和 Logit 模型等二元响应模型进行估计，我们选择 Probit 模型。在解释变量的选择上，根据新新贸易理论及其经验研究，除了本文最为关心的生产率水平指标以及文献强调的企业规模和要素密度之外（Bernard et al.，2007），还应包括影响企业的区域市场进入行为的固定成本变量（Helpman et al.，2008）和可变成本变量（Chaney，2008）以及衡量目标市场购买能力的市场规模变量（Eaton et al.，2011）。特别地，根据前文分析，要准确估计生产率对市场进入行为的影响，必须要很好地控制中国区域间的贸易成本。本文借鉴现有文献的做法，用双边地理距离表示运输成本，另加一组满秩的省市区市场虚拟变量表示各省市区特定的市场规模和贸易阻力。具体地，我们的被解释变量是城市 C 部门 I 行业中的企业 i "是否进入"目标省市区 j 的二元变量（$Entry_j^i$），具有企业和目标市场两个维度，其市场进入的可能性可以表述为以下累积概率的形式：

$$P(Entry_j^i = 1 \mid \vec{X}) = \Phi(\beta_1 \ln(Prty_i) + \beta_2 \ln(Scale_i) + \beta_3 \ln(KLR_i) + \beta_4 \ln(Distance_{Cj}) + \beta_5 Border_{Cj} + Z\gamma + \lambda_C + \eta_I), \quad \forall i \in C \text{ 且 } i \in I \tag{1}$$

其中，$Prty_i$ 为企业 i 的生产率水平，用前文计算得到的人均销售、人均增加值和 TFP 分别表示。Scale 为企业规模，我们用企业的雇员人数表示，定义为 1999～2002 年 4 年企业平均的雇员人数。KLR 为企业的资本密集度即资本劳动比，定义为 2000～2002 年企业固定资产账面价值除以各年雇员人数的平均值。

Distance 和 Border 控制双边贸易成本，是标准的引力模型类变量。其中，Distance 为产销地之间的地理距离，我们取企业 i 所在城市 C 与销售市场省市区 j 的省会城市之间的球面距离。Border 为企业所在省市区与目标省市区 j 是否接壤的虚拟变量。λ_C 和 η_I 分别为企业所在城市的固定效应和所属行业的固定效应。

Z 为其他控制变量向量，即影响企业市场进入行为的其他因素。按数据的维度，控制变量可分为两类。

第一类是具有企业维度的变量，即随着企业的变化而变化的变量，数据全部来自世界银行问卷调查。这些控制变量具体包括：

（1）企业的所有制形式。我们定义了"是否为国有企业"（SOE）与"是否为外资企业"（FDI）两个虚拟变量，其中外资企业包括中外合资企业和跨国公司的分支或子公司。这样，企业所有制形式的基础类别即为国内的非国有企业。在转型期的中国，国有企业往往具有一定的制度优势，而外资企业往往对国外市场更加熟悉。这自然会影响企业的国内市场进入行为。

（2）出口密度（Export）及其平方项（Export_sq）。出口密度定义为企业的对外贸易出口总额占其产品销售收入中的比重，以控制企业的国外市场销售行为对其国内市场进入的影响。平方项用于捕捉可能存在的非线性关系。企业进入国外市场（出口）和国内地区市场的决策应是同时做出的，根据新新贸易理论，企业的出口也是由生产率水平决定的。

（3）广告（AD）。广告能够有效增强消费者对产品的了解，是企业促进产品销售、扩大销售范围的营销手段之一。对于企业而言，广告支出属于沉没成本，与其生产率水平有关。考虑到企业可以同时选择多种广告形式，我们取为企业发布广告的形式数。问卷中对应的问题是"贵公司是否通过以下形式进行广告宣传？"要求被调查者在互联网、报纸、广告牌、杂志、电视、收音机六种形式中选择。

（4）企业的年龄（Age），定义为2002减去企业成立的年份。企业能够经营多年而不退出行业，本身即是具有较高生产率水平的特征。同时，历史较长的企业往往具有一定的声誉和品牌，在区域市场进入上具有一定的优势。但是，历史较长的企业的经营可能趋向保守，销售渠道固定，开拓新地区市场的意愿往往不足。

第二类是具有销售市场维度的变量，控制省市区市场对企业进入行为的影响。本文采取两种处理办法：一是如前文所述在方程中加入一组满秩的销售省市区的固定效应。这样，所有具有省市区市场维度的变量均可由这些固定效应线性组合而成。二是提取影响企业市场进入行为的主要变量，包括以下三个变量：

（1）省市区市场的经济规模或购买能力（Y），具体取为1992~2002年各省市区名义地区生产总值的平均值。根据Melitz（2003）的研究，进口国的市场规模越大，出口企业得到的利润越多，从而要求生产率的阈值也就越低（Eaton et al.，2011）。地区生产总值数据取自《中国统计年鉴》。

（2）省市区市场的人均购买力水平（YP），表示省市区市场的人均购买能力，也刻画省市区市场的经济发展阶段。人均收入水平越高，购买能力往往也越高。我们取1992~2002年各省市区人均名义地区生产总值的平均值。数据来源于《中国统计年鉴》。

（3）省市区市场到海岸线的距离（Codistance），控制目标市场的空间区位。一方面，相对于中西部，东部沿海省市区的产业链条完整或与国外产业联系密切，对跨省市区贸易的依赖相对较弱；另一方面，东部沿海省市区的购买力虽然较强，但市场竞争程度也相对较高。我们取各省市区省会城市到海岸线的距离，构成规则参见黄玖立和李坤望（2006）的研究。

（二）生产率的内生性问题及其处理

以上估计中，我们想要考察的是企业层面的生产率水平对其进入中国31个省市区市场可能性的影响。但本文数据是横截面数据，市场进入变量没有时间维度，因此我们并不清楚企业进入某外省市场的具体年份，从而无法如 ISGEP（2008）等众多研究那样通过时间差异甄别生产率与市场进入的先后顺序。这样，生产率变量仍然有可能存在内生性问题。归结起来，生产率变量的内生性有两个主要来源。

内生性的来源之一是估计模型可能存在遗漏变量的问题。通过固定效应，我们控制了企业所在城市、所属行业以及销售目标市场（31 个省市区）的异质性，但我们的估计模型仍然有可能遗漏同时影响企业生产率与其市场进入行为的变量。比如某些企业有可能拥有管理经验丰富同时富有进取心的高级管理人员，这些管理者不仅善于经营（从而能够提高企业的生产率水平），而且市场扩张的欲望也比较强烈（从而企业进入外省市区市场的概率也会因此提高）。我们也可假想企业在问卷调查期间遇到了持续正面（或负面）的外部冲击，它在提高（或降低）企业生产率的同时也会提高（或降低）企业进入省外市场的可能性。然而，由于问卷中的问题有限，我们无法控制这种差异性。内生性的另一来源是国内市场进入对生产率的反向作用。虽然现有研究认为是生产率影响企业出口，反过来的影响不显著，但国内市场对生产率的影响并不同于出口。如 Corcos 等（2010）对欧洲各地区之间贸易与生产率的关系研究显示，国内贸易对生产率的促进作用远远超过出口。事实上，随着新市场的开辟，企业可以在充分利用现有生产能力的同时，避免扩大原市场销售时不得不采取的降价等促销策略。这无疑能够提高企业的生产率水平。

如果存在内生性，则生产率的估计结果是有偏和非一致的。对于横截面样本，我们只能采取工具变量估计，关键就是寻找一个与生产率相关但与市场进入行为无直接关系的变量作为工具变量。幸运的是，世界银行的问卷调查提供了企业其他维度的特征。我们选取了四个指标，包括雇员的技能比重（Skill）、是否分包的虚拟变量（Subcontract）、是否位于工业园区的虚拟变量（Indpark）以及企业是否经过质量认证的虚拟变量（Certification），其中 Skill 定义为工程技术人员、管理人员和服务人员在企业总雇员中所占的比重，Certification 为企业是否经过国家级及以上层次的质量认证。选取理由如下：①雇员的技能比重。中国的企业已摆脱改革初期粗放式发展的道路，企业之间的竞争越来越表现为人才竞争。给定其他条件，企业雇员中的技能比重越高，生产率水平也越高。②是否分包。外包能够在更大的空间范围内优化资源配置。通过外包，企业可以节约生产成本、提高效率，从而提高进入市场的可能性。③是否位于工业园区。位于工业园区的企业不仅能够获得特殊优惠政策，而且园区的企业一般分布较为密集，上下游产业联系较为便捷，知识溢出和信息共享更为可能。④是否经过质量认证。经过质量认证的企业，其生产管理更加规范科学，生产效率一般也会更高。从逻辑上，这些变量是外生的，即只影响企业的生产率水平，与误差项并不相关，从而不直接影响企业的外省市场进入行为，是企业生产率变量的理想工具变量。

以上解释变量除了虚拟变量、离散型变量和比重变量之外，其他变量均取自然对数。表 4 报告了以上各个变量的描述性统计特征。

表4 变量的描述统计量

变量	含义	观测值	Mean	Std. Dev.	Min	Max
被解释变量						
Entry#	市场进入	32242	0.388	0.487	0	1
企业特征变量						
lnSales	人均销售取对数	1035	4.466	1.389	−1.503	9.784
lnVA	人均增加值取对数	959	2.780	1.597	−4.546	8.998
lnTFP	TFP取对数	956	3.595	0.919	−1.815	8.800
lnScale	雇员人数取对数	1075	5.265	1.404	0.000	9.972
lnKLR	资本劳动比取对数	1064	4.026	1.411	−3.419	9.268
SOE#	是否为国有企业	1076	0.243	0.429	0	1
FDI#	是否为外资企业	1076	0.112	0.315	0	1
lnAge	企业年龄取对数	1076	2.375	0.879	0.693	3.951
AD#	广告手段总数	1076	1.729	1.671	0	6
Export	出口比重	1033	0.067	0.200	0	1
Export_sq	出口比重的平方	1033	0.044	0.169	0	1
引力模型变量						
lnDistance	双边距离取对数	540	7.070	0.578	5.075	8.177
Border#	是否接壤	540	0.161	0.368	0	1
销售省市区特征变量						
lnY	地区名义GDP取对数	31	7.391	1.027	4.444	8.952
lnYP	人均地区GDP取对数	31	8.620	0.539	7.658	10.124
lnCodistance	到海岸线距离取对数	31	5.877	1.115	3.400	7.825
生产率的工具变量						
Skill	技能比重	1043	0.318	0.182	0	1
Subcontract#	是否外包	1062	0.278	0.448	0	1
Indpark#	是否位于工业园区	1065	0.356	0.479	0	1
Certification#	是否经过质量认证	1076	0.704	0.456	0	1

注：#表示该变量为二元或离散变量。

四、估计结果

（一）Probit 模型的估计

表5报告了我们根据式（1）的估计结果，各个组合之间的差异在于生产率的衡量指标和销售目的地变量。组合（1）、组合（3）、组合（5）用一组满秩的省市区虚拟变量控制了销售地固定效应，组合（2）、组合（4）、组合（6）则包括了三个刻画销售地市场规模和地理区位的变量 lnY、lnYP 和 lnCodistance。对于平滑的正态分布函数，因变量相对自变量的边际变化（dy/dx）随样本点的不同而不同，从而 Probit 模型估计得出的边际系数并非常数，我们按照通常的做法在各个自变量平均值处取值。考虑到模型中可能存在无法识别的异方差，我们选择报告估计系数的稳健标准误差。此外，由于部分控制变量存在数量不等的缺失值（见表4），参与回归估计的观测值数小于前文。

表5　Probit 估计结果

	Prty = Sales		Prty = VA		Prty = TFP	
	（1）	（2）	（3）	（4）	（5）	（6）
企业特征变量						
lnPrty	0.047***	0.046***	0.053***	0.052***	0.060***	0.059***
	(0.003)	(0.003)	(0.003)	(0.003)	(0.005)	(0.005)
lnScale	0.072***	0.072***	0.075***	0.074***	0.054***	0.054***
	(0.003)	(0.003)	(0.003)	(0.003)	(0.003)	(0.003)
lnKLR	−0.019***	−0.019***	−0.023***	−0.023***	−0.008***	−0.008***
	(0.003)	(0.003)	(0.003)	(0.003)	(0.003)	(0.003)
SOE	0.042***	0.042***	0.045***	0.044***	0.025***	0.024***
	(0.009)	(0.009)	(0.009)	(0.009)	(0.009)	(0.009)
FDI	0.001	0.000	−0.025**	−0.026**	−0.007	−0.007
	(0.010)	(0.010)	(0.010)	(0.010)	(0.010)	(0.010)
Export	0.108*	0.108*	0.178***	0.178***	0.133**	0.132**
	(0.061)	(0.061)	(0.063)	(0.063)	(0.063)	(0.063)
Export_sq	−0.430***	−0.429***	−0.465***	−0.464***	−0.474***	−0.471***
	(0.072)	(0.072)	(0.075)	(0.075)	(0.076)	(0.076)
AD	0.067***	0.067***	0.068***	0.068***	0.071***	0.071***
	(0.002)	(0.002)	(0.002)	(0.002)	(0.002)	(0.002)

续表

	Prty = Sales		Prty = VA		Prty = TFP	
	(1)	(2)	(3)	(4)	(5)	(6)
lnAge	0.000 (0.004)	0.000 (0.004)	−0.001 (0.005)	−0.001 (0.005)	0.002 (0.005)	0.002 (0.005)
引力模型变量						
lnDistance	−0.172*** (0.010)	−0.150*** (0.008)	−0.173*** (0.010)	−0.151*** (0.009)	−0.176*** (0.010)	−0.154*** (0.009)
Border	0.071*** (0.013)	0.079*** (0.012)	0.076*** (0.013)	0.084*** (0.012)	0.070*** (0.013)	0.077*** (0.012)
销售省市区特征变量						
lnY	—	0.068*** (0.004)	—	0.068*** (0.004)	—	0.066*** (0.004)
lnYP	—	0.078*** (0.009)	—	0.079*** (0.009)	—	0.077*** (0.009)
lnCodistance	—	0.030*** (0.004)	—	0.031*** (0.005)	—	0.031*** (0.005)
销售省市区固定效应	Y	N	Y	N	Y	N
所在城市固定效应	Y	Y	Y	Y	Y	Y
所属行业固定效应	Y	Y	Y	Y	Y	Y
Pseudo R^2	0.191	0.187	0.198	0.195	0.190	0.186
观测值	30563	30563	28494	28494	27894	27894

注：估计系数为解释变量平均值处的边际系数（dy/dx）。括号内是稳健的标准差。***、**、*分别表示1%、5%、10%的显著性水平。

各个组合中，企业生产率水平的估计系数为正并且均在1%的水平上显著。估计系数的符号和显著性不受衡量指标的影响，三个不同生产率度量指标前的系数值较为接近。这证实了我们前文的判断：企业的生产率水平越高，其进入本地之外的区域市场的可能性也就越高。由于生产率已取自然对数，其估计系数表示生产率的百分比变化所引起的进入可能性的相应变化。为了更准确地理解估计系数的经济学含义，我们以组合（1）为例说明。人均销售对数 lnSales 的估计系数 0.047 表示，对位于样本均值的企业即人均销售为8.7 万元的企业而言，如果其人均销售值增加10%（即增至9.57万元），则进入某特定外省市区市场的可能性将提高0.47个百分点。考虑到影响市场进入的因素有很多，生产率的这一作用还是比较强的。这一结果意味着，给定区域间的贸易壁垒，企业的生产率水平的确是影响其市场进入行为从而影响区域间贸易的重要因素。这验证了前文的预测。组合（3）和组合（5）中的估计结果显示，对于变量均值附近的企业，若人均增加值和TFP上升10%，则市场进入概率分别提高0.53%和0.60%。

各个组合中企业规模lnScale的估计系数均显著为正，其中组合（1）中的估计系数表示，对位于lnScale样本均值的企业即雇员数为193人的企业而言，雇员数每增长10%即增至213人，进入特定省市区市场的概率将提高0.72%。这表明，企业规模越大，其进入外省市场的可能性也越大。现实中，资本密集度即资本劳动比变量lnKLR在一定程度上刻画了企业的装备水平和技术条件。然而，各个估计组合显示，在控制了企业的生产率和规模之后，企业进入外省市区市场的可能性却随着资本劳动比的提高而下降，并且这一关系相当稳健。我们的理解是，中国经济目前的比较优势仍在于廉价的劳动力。相对于劳动力，企业使用资金的成本往往比较高，这使得资本密集程度较高的企业并不具有成本上的优势，从而进入外地市场的可能性减弱。

刻画贸易成本的引力模型类变量与标准引力模型的预测完全一致，各个组合中双边距离对数（lnDistance）的估计系数显著为负，"是否接壤"变量（Border）的估计系数显著为正，即企业进入距离较近或相毗邻的外省市场的可能性更大（其他条件一致）。为了准确理解产销地双边距离估计系数的经济含义，我们不妨再以组合（1）为例，边际系数对应的平均距离为1176千米（约为"武汉—呼和浩特"间的球面距离），则"－0.172"的估计系数意味着，如果地理距离缩短10%（缩至1069千米，约为"武汉—北京"间的球面距离），则市场进入概率上升1.72%。换句话说，给定其他条件一致，武汉市的企业进入北京市市场的概率比进入内蒙古市场的概率高1.72%。这充分说明，作为企业市场进入的天然屏障，贸易成本对企业市场进入的阻碍作用还是非常大的。降低区域间运输成本、打击地方保护主义能够有效地促进区域间贸易和市场整合。

各个组合均包括了国有企业（SOE）、外资企业（FDI）虚拟变量，以及出口比重（Export）及其平方项（Export_sq）、企业年龄（Age）和广告形式数（AD）。SOE和FDI的估计结果相反，其中SOE的估计系数显著为正，这可能是由于样本中的国有企业历史往往较为悠久，品牌为消费者熟知，或在多个外省市区市场拥有销售网点，也可能是由于这类企业拥有各种官方或半官方背景，能够克服地方保护主义的不利影响。FDI的估计系数或者为负，或者不显著。出口比重及其平方项的估计系数一正一负，表明出口对企业国内市场进入的影响是非线性的：出口比重越高，企业进入区域市场的可能性也越高，但这种影响逐步下降。按照跨国研究文献，企业是否出口（国际市场进入）也是由生产率水平决定的（Wagner，2007；ISGEP，2008），从而出口可以从另一个角度揭示生产率水平。企业广告形式数的离散变量（W）对市场进入的影响为正。企业的广告行为有助于企业进入区域市场，这是显然的。表5中，企业的年龄（Age）对企业市场进入的影响不显著，也并不稳健。但下文我们将看到，控制了生产率变量的内生性之后，企业年龄对市场进入的影响显著为正。

组合（2）、组合（4）、组合（6）中，我们转而考虑销售市场的经济规模（Y）、人均购买力水平（YP）和距离海岸线的距离（Codistance）对企业市场进入行为的影响。结果显示，三个变量的估计系数均显著为正。市场总体需求规模越大，人均购买力水平越高，企业的市场进入可能性也越高，这很好理解。但为什么距离海岸线越远，企业进入的可能性也越大？我们认为，这可能是由于越是在东部，越是有完整的产业链，越不需要跨省进行资源整合。

（二）生产率变量的内生性与工具变量估计模型

表6报告了与表5对应的工具变量 Probit（IV – Probit）估计结果。各个回归组合显示，在控制了变量内生性问题之后，各个生产率度量指标的估计系数的绝对值均有不同程度的提高，从而 Probit 估计倾向于低估生产率对企业市场进入行为的影响。根据表6，对于位于变量对数平均值处的企业，人均销售、人均增加值和 TFP 增加10%，其进入某区域市场的概率分别上升约2.6%、1.5%和3.6%。

表6　IV – Probit 估计结果

	Prty = Sales		Prty = VA		Prty = TFP	
	(1)	(2)	(3)	(4)	(5)	(6)
企业特征变量						
lnPrty	0.265***	0.264***	0.153***	0.152***	0.363***	0.361***
	(0.016)	(0.016)	(0.011)	(0.011)	(0.022)	(0.022)
lnScale	0.045***	0.045***	0.061***	0.060***	−0.041***	−0.041***
	(0.004)	(0.004)	(0.003)	(0.003)	(0.008)	(0.008)
lnKLR	−0.089***	−0.089***	−0.058***	−0.057***	−0.019***	−0.019***
	(0.006)	(0.006)	(0.005)	(0.005)	(0.003)	(0.003)
SOE	0.137***	0.137***	0.097***	0.096***	0.094***	0.093***
	(0.010)	(0.010)	(0.011)	(0.011)	(0.010)	(0.010)
FDI	−0.125***	−0.125***	−0.111***	−0.111***	−0.125***	−0.125***
	(0.012)	(0.012)	(0.013)	(0.013)	(0.012)	(0.012)
Export	0.326***	0.325***	0.355***	0.354	0.159**	0.158**
	(0.062)	(0.062)	(0.067)	(0.067)	(0.062)	(0.063)
Export_ sq	−0.577***	−0.576***	−0.570***	−0.569***	−0.415***	−0.413***
	(0.069)	(0.069)	(0.076)	(0.076)	(0.074)	(0.074)
AD	0.029***	0.029***	0.054***	0.054***	0.041***	0.041***
	(0.005)	(0.005)	(0.003)	(0.003)	(0.004)	(0.004)
lnAge	0.080***	0.080***	0.029***	0.029***	0.074***	0.073***
	(0.007)	(0.007)	(0.006)	(0.006)	(0.007)	(0.007)
引力模型变量						
lnDistance	−0.140***	−0.122***	−0.163***	−0.142***	−0.150***	−0.130***
	(0.010)	(0.009)	(0.010)	(0.009)	(0.011)	(0.009)

续表

	Prty = Sales		Prty = VA		Prty = TFP	
	（1）	（2）	（3）	（4）	（5）	（6）
Border	0.059***	0.066***	0.075***	0.082***	0.062***	0.068***
	（0.012）	（0.011）	（0.013）	（0.012）	（0.013）	（0.012）
销售省市区特征变量						
lnY	—	0.056***	—	0.065***	—	0.056***
		（0.004）		（0.004）		（0.004）
lnYP	—	0.065***	—	0.077***	—	0.066***
		（0.009）		（0.009）		（0.009）
lnCodistance	—	0.025***	—	0.030***	—	0.027***
		（0.004）		（0.005）		（0.005）
销售省市区固定效应	Y	N	Y	N	Y	N
所在城市固定效应	Y	Y	Y	Y	Y	Y
所属行业固定效应	Y	Y	Y	Y	Y	Y
Wald 检验	104.50 [0.000]	103.72 [0.000]	70.68 [0.000]	69.97 [0.000]	114.47 [0.000]	113.63 [0.000]
观测值	29304	29304	27325	27325	26875	26875

注：Wald 检验的原假设为变量是外生的（H0：/athrho = 0），方括号内是 Wald 检验的 p 值。估计系数为解释变量平均值处的边际系数（dy/dx）。圆括号内是稳健的标准差。***、**、*分别表示 1%、5%、10% 的显著性水平。

资本劳动比 lnKLR 估计系数的绝对值也有显著提高。以组合（1）为例，对于位于变量对数均值处的企业，资本劳动比提高 10%，企业进入外省市区市场的概率将减小 0.89%。与以上两个变量的估计结果不同，表 6 中企业规模变量 lnScale 的估计系数较表 5 中有所下降。当生产率指标为 TFP 时，企业规模的估计系数转而显著为负。这是由于企业规模本身也包含着生产率的重要信息，变量 lnScale 与生产率变量尤其是全要素生产率 lnTFP 相关。在 IV - Probit 估计中，当我们控制了企业生产率变量的内生性之后，企业规模对其省外市场进入行为的影响也会随之发生变化。其他控制变量——FDI 变量转为显著为负，企业年龄变量则显著为正。这不难理解，与其他企业相比，FDI 企业是出口导向型企业，以外销为主，从而进入国内区域市场的可能性相对较低。企业的年龄越大，产品越可能为消费者所了解。此外，企业的年龄越大，其拥有的社会网络资本也越雄厚，从而企业进入区域市场的可能性也就越高。

表 6 还报告了关于生产率变量外生性的 Wald 卡方检验，零假设为变量是外生的（athrho = 0），检验结果显示是在 1% 的水平上拒绝零假设，内生性问题的确存在。

五、结 论 性 评 论

　　企业的地区市场销售行为是区域间贸易的微观基础。除了区域间贸易成本和市场需求外，企业的市场进入行为在很大程度上取决于其自身的异质特征。基于新近发展的新新贸易理论和世界银行提供的 2003 年中国企业的独特调查数据，本文考察了企业的生产率异质性对其区域市场进入行为的影响。

　　本文的回归估计显示，在控制了双边贸易成本、市场规模以及销售市场、企业所在城市和所属行业的固定效应之后，企业进入国内区域市场的可能性随着其生产率水平的提高而上升。这一结果对于不同的生产率测度指标稳健，不受变量内生性的影响。这意味着，生产率水平是影响企业国内区域市场进入从而影响区域间贸易和区域市场整合的重要因素。我们也发现，企业的经济规模越大，其国内市场进入的可能性越高，但这一结论对不同的生产率衡量指标并不稳健。企业的资本密集度对市场进入行为的影响为负，这体现了比较优势的作用。企业的出口比重越高，市场进入的可能性越高，但边际影响递减。国有企业的国内市场进入高于一般企业，外资企业则正好相反。企业的年龄越大，广告手段越多样，其进入区域市场的可能性也越高。我们也证实了标准引力模型的预测：贸易成本显著降低了企业进入区域市场的可能性，销售地的市场规模越大，人均购买力水平越高，企业进入该省市区的可能性也越高。

　　至此，我们基于中国的微观数据验证了新新贸易理论的预测。本文研究的政策含义是显然的：要想实现全国统一的大市场，除了要进一步消除地方保护、降低地区间的运输成本之外，提高企业的生产率水平和效率也是题中应有之义和更为有效的措施。当然，这里需要做的事情有很多。宏观政策方面，除了需要减轻企业尤其是中小企业的各种税费负担之外，决策者还应增强宏观调控政策的针对性和灵活性，考虑到不同类型企业的承受能力和反应，减轻政策频繁变动对企业成长和预期的干扰及打击。微观政策方面，决策者一方面应加强行政执法和司法的透明度，避免不必要的行政干预，尽可能地减小"寻租"的机会；另一方面需要进一步推进经济体制转轨，消除投资领域的限制。此外，"贷款难"问题一直是制约中国民营企业尤其是民营中小企业成长的瓶颈因素，这除了要消除信贷资源的垄断性供给和贷款对象的选择性歧视外，也要开辟更多合法和有效的融资渠道。

参考文献

　　［1］黄玖立，李坤望．出口开放、地区市场规模和经济增长［J］．经济研究，2000（6）.

　　［2］李春顶．中国出口企业是否存在"生产率悖论"：基于中国制造业企业数据的检验［J］．世界经济，2010（7）.

　　［3］张杰，李勇，刘志彪．出口与中国本土企业生产率——基于江苏制造业的实证分析［J］．管

理世界，2008（11）.

［4］朱希伟，金祥荣，罗德明. 国内市场分割与中国的出口贸易扩张［J］. 经济研究，2005（12）.

［5］Anderson, James E. and van Wincoop Eric. Trade Costs［R］. NBER Working Paper, No. 10480, 2004.

［6］Aw B. Y. and Hwang A. R. Productivity and the Export Market: A Firm – Level Analysis［J］. Journal of Development Economics, 1995, 47（2）: 313 – 332.

［7］Bernard, Andrew B. and Jensen J. Bradford. Exporters, Jobs, and Wages in U. S. Manufacturing: 1976 – 1987［J］. Brookings Papers on Economic Activity: Microeconomics, 1995: 67 – 112.

［8］Bernard, Andrew B. and Jensen J. Bradford. Exceptional Exporter Performance: Cause, Effect, or Both［J］. Journal of International Economics, 1999, 47（1）: 1 – 25.

［9］Bernard, Andrew B. and Jensen J. Bradford et al. Firms in International Trade［J］. Journal of Economic Perspectives, 2007, 21（3）: 105 – 130.

［10］Chaney, Thomas. Distorted Gravity: The Intensive and Extensive Margins of International Trade［J］. American Economic Review, 2008, 98（4）: 1707 – 1721.

［11］Corcos Gregory, Gatto Massimo Del and Mion Giordano. Productivity and Firm Selection: Quantifying the New Gains from Trade［EB/OL］. http: //gregory. corcos. free. fr/cdmo. pdf.

［12］Coughlin, Cletus C. and Novy Dennis. Is the International Border Effect Larger than the Domestic Border Effect? Evidence from U. S. Trade［R］. Federal Reserve Bank of St. Louis, Working Papers, No. 2009 – 057, 2009.

［13］Eaton Jonathan, Kortum Samuel and Kramarz Francis. An Anatomy of International Trade: Evidence from French Firms［J］. Econometrica, 2011, 79（5）: 1453 – 1498.

［14］Helpman Elhanan, Melitz Marc and Rubinstein Yona. Estimating Trade Flows: Trading Partners and Trading Volumes［J］. Quarterly Journal of Economics, 2008, 123（2）: 441 – 487.

［15］ISGEP（International Study Group on Exports and Productivity）. Understanding Cross – Country Differences in Exporter Premia: Comparable Evidence for 14 Countries［J］. Review of World Economics, 2008, 144（4）: 596 – 635.

［16］Krugman Paul R. Scale Economics, Product Differentiation, and the Pattern of Trade［J］. American Economic Review, 1980, 70（5）: 950 – 959.

［17］Levinsohn James, Petrin Amil. Estimating Production Functions Using Inputs to Control for Unobservables［J］. Review of Economic Studies, 2003, 70（2）: 317 – 342.

［18］Jiangyong Lu, Yi Lu and Zhigang Tao. Exporting Behavior of Foreign Affiliates: Theory and Evidence［J］. Journal of International Economics, 2010, 81（2）: 197 – 205.

［19］Melitz Marc. The Impact of Trade on Intra – Industry Reallocations and Aggregate Industry Productivity［J］. Econometrica, 2003, 71（6）: 1695 – 1725.

［20］Poncet Sandra. Measuring Chinese Domestic and International Integration［J］. China Economic Review, 2003, 14（1）: 1 – 21.

［21］Treece James B. , Webb Alysha. Cheap China Parts are a Myth［J］. Automotive News Europe, 2004, 9（13）: 628.

［22］Volpe Martincus, Christian and Molinari Andrea. Regional Business Cycles and National Economic

Borders: What Are the Effects of Trade Developing Countries? [J] . Review of World Economics, 2007, 143 (1): 140 – 178.

[23] Wagner Joachim. Exports and Productivity: A Survey of the Evidence from Firm – level Data [J]. World Economy, 2007, 30 (1): 60 – 82.

Enterprise Heterogeneity and Regional Trade: Microscpic Evidence of Entrying Chinese Enterprise Market

Abstract: The regional trade is the microcosmic basis of regional market sales behavior of enterprises. Given the trade cost and the size of the market, enterprise can enter the regional market to a large extent depends on the heterogeneous characteristics of itself. Based on the recent development of new new trade theory and world bank of providing a unique enterprise survey database, this paper investigates the influencing factors of Chinese enterprises to enter the domestic market behavior. Regression estimates, in control of the bilateral geographical distance and sales provinces, the size of the market and the fixed effect of multiple dimensions, the possibility of companies into the domestic regional market as it increases with the increase of its productivity levels. In addition, we also investigated the scale of the enterprise, capital intensity, ownership, age, exports and the influence of advertising.

Key Words: Enterprise Heterogeneity Productivity; Productivity; Market Entry; Trade Cost

贸易成本、技术选择和外资出口企业转型
——基于异质性企业贸易理论的视角[*]

刘　晴[1]　郑基超[2]

（1. 上海财经大学国际工商管理学院，上海　200433；

2. 安徽省社会科学院经济研究所，安徽　230053）

【摘　要】外资企业在我国加工贸易企业中占大多数。通过将异质性外资企业的转型决策引入标准异质性企业贸易模型，本文从贸易成本角度阐释了异质性外商投资企业技术选择的理论机制，模型表明：过度的可变贸易成本补贴会降低低效率企业转型激励，而适度的研发补贴却能鼓励外资企业转型升级。利用中国工业企业层面数据研究发现，在控制了企业资本劳动比的情形下，外资出口企业中出口密集度较大的企业、加工贸易出口企业以及投资于劳动密集型行业的企业技术水平较低。通过支付更多的固定成本，外资企业能够通过使用高端技术进行出口转型。该检验结果与模型预测保持一致。本文的政策含义在于，政府应该控制对外资出口企业的可变成本优惠，补贴外资出口企业的固定研发成本，培育高质量的人力资本以提高利用外资的综合优势，辅助外资出口企业转型。

【关键词】贸易成本；技术选择；外资出口企业；异质性

一、引言

"促进加工贸易企业转型升级"是中共十八大报告的重要内容之一。现阶段，外商投资企业在我国加工贸易企业中占大多数。如何在提高利用外资数量的同时提高外资使用的

　＊　本文选自《财贸经济》2013 年第 7 期。

　　基金项目：教育部人文社会科学研究规划基金"经济欠发达地区贸易模式低端锁定机理及反锁定策略研究"（10YJA790252）；国家自然科学基金项目"区域污染物影子价格的度量方法与应用研究"（71103057）；安徽省社会科学规划项目"加工贸易在稳'出'求'进'中的作用"（AHSK11－12D242）。

总体效益，是一个亟待解决的问题。国内很多学者就此问题提出了有益的建议·（余永定，2007；裴长洪，2008；陈继勇和盛杨怿，2009）。令人遗憾的是，现有的研究多专注于外资企业的产业和区域分布或者外资企业对本土企业的溢出效应，鲜有文献从微观角度关注同一行业外商投资企业内部的效率差异。以 Melitz（2003）为代表的异质性企业贸易模型强调企业异质性在对外贸易和经济发展中的作用，并指出将经济资源进一步配置给高效率的企业有利于整个行业生产效率的提升。如果能够对外资出口企业内部的生产效率进行区分，政府就可以有效地针对不同效率的外资企业制定相应的引资政策，创造适合高效率外资企业经营的综合优势，从而更好、更快地促进外资出口企业转型。本文构建了企业技术选择和转型决策机制的异质性企业贸易模型，并以该模型为依据，探索现阶段提高我国外资使用效益的合理政策。

本文与现有异质性企业贸易文献的不同之处体现在两个方面。首先，本文的研究对象是我国外资出口企业，理论模型的主要假设是基于中国外商投资企业的经验事实，而不是发达国家出口企业的经验事实。因此，我们的理论模型可以更好地解释中国外商投资企业的技术选择和转型决策行为。其次，本文考察了比较优势与外资出口企业生产率的关联性，这使我们的理论模型可以更好地阐明要素禀赋约束对外资出口企业转型决策的影响。本文的主要结论是，过度的可变贸易成本补贴会降低低效率企业的转型激励，而适度的固定成本补贴却能鼓励外资企业转型升级。相对于低效率的外资出口企业，高效率的外资出口企业愿意支付更多的固定研发成本采用高端技术和一般贸易方式出口产品。在控制了企业资本劳动比等因素的情况下，同一行业内的外资出口企业中出口密集度较大的企业和加工贸易出口企业技术水平较低。在不同行业之间，劳动密集型行业的外资出口企业技术水平相对较低。

本文的贡献有两点：①从外资企业异质性的理论角度对我国"提高利用外资综合优势和总体效益"的问题进行了系统性思考。②具有一个重要的政策含义：过度优惠的税收政策和低廉的要素价格可能会吸引低效率的外资企业，继而降低我国利用外资的总体效益。补贴低技术水平外资出口企业的研发活动，培育高质量的人力资本则有利于跨国公司将研发中心转移至中国，改善利用外资的总体效益，加快外资出口企业转型升级。

二、理论模型

本文以 Melitz（2003）模型为分析框架，同时和 Manova（2013）等文献一样，我们利用局部均衡分析异质性企业的决策行为。考虑到正文的篇幅，我们没有写出理论模型的数学推导。

（一）经济环境

假定两个对称的国家：本国和外国。两国各拥有 L 单位的劳动力。为了考虑比较优势的影响，假定每个国家存在 J 个差异化产品部门。差异化产品市场具有垄断竞争结构，而劳动力市场则完全竞争。与 Melitz（2003）一样，选取劳动力工资为计价物。代表性消费者具有不变替代弹性的效用函数意味着，每一产品种类的需求函数可表示为 $x(v) = Ap - \varepsilon$，其中，$x(v)$ 表示对特定差异化的部门产品种类 v 的消费量，A 为特定部门产品的需求转移因子。我们专注于本国外商投资企业。假定行业 j 中外资企业 i 生产 q 单位产品的成本函数为：

$$TC(q, \varphi) = f_j + q\gamma_i^\theta / \varphi \qquad (1)$$

其中，$\gamma > 1$ 表示成本的转移因子，可被视为中间投入成本。$\theta > 0$ 表示行业特征，我们用其来刻画行业的绝对优势程度。如果 θ 越小，其他条件不变，γ_i^θ 越小，那么该行业的绝对优势越明显。f_j 代表该行业企业支付的固定成本，φ 代表边际生产率。

现在考虑特定行业的企业行为，因此我们省略行业标注。外资企业从分布 $G(\varphi)$ 中随机抽取 φ，而后决定是否生产和销售。与国内销售不同，外资企业可以采用低端技术和高端技术两种方式进行出口。与 Bustos（2011）、Bekes 和 MurAkzy（2012）模型类似，高端技术出口贸易需要外资企业支付较多的固定成本以进行技术研发和产品营销，并进而获得较低的边际生产成本。低端技术出口贸易只需企业支付较少的研发和产品成本，具体而言，外资企业进行低端技术和高端技术出口贸易需要支付的固定成本分别为 f_l 和 f_h。与多数贸易文献一样，我们用冰山成本 $\tau > 1$ 来表示贸易的可变成本。

（二）企业行为

在上述基本框架下，生产率为 Φ 的外资企业选择低技术水平出口贸易的利润函数为：

$$\pi_t = (\varphi / \tau \gamma^\theta)^{\varepsilon - 1} B - f_l = \pi_t \varphi^{\varepsilon - 1} - f_l \qquad (2)$$

其中，τ 表示产品间替代弹性，ε 反映差异化产品间替代程度。$\pi_t = (\tau \gamma^\theta)^{1 - \varepsilon} B$，$B = (1 - \alpha) A / \alpha^{1 - \varepsilon}$。进行高技术水平出口的企业利润函数为：

$$\pi_h = (\varphi / \xi \tau)^{\varepsilon - 1} B - f_h = \pi_h \varphi^{\varepsilon - 1} - f_h \qquad (3)$$

其中，$0 < \xi < 1$ 表示企业通过使用高技术出口提高边际生产率的程度，$\pi_h = (\xi \tau \gamma^\theta)^{1 - \varepsilon} B$。利用式（2）和式（3），我们可以得出采用低技术和高技术出口的临界企业生产率 π_t^* 和 π_h^*。当 $f_l / \pi_t < f_h / \pi_h$ 时，有 $\pi_t^* < \pi_h^*$，即效率较高的外资企业会选择进行高端技术出口，效率较低的外资企业会选择低端技术出口产品。这一结论的经济学意义很直观：与 Yeaple（2005）、Bustos（2011）的模型相同，高效率的企业与更为先进的技术相匹配。由于采用低端技术出口的外资企业需要支付较低的固定成本和较高的可变成本，低效率的外资企业不得不选择低端技术出口贸易。由于能够获得较高的可变利润，高效率企业有能力支付较高的固定成本以采用高端技术出口。

现在考虑外资企业的转型决策。根据 Humphrey 和 Schmitz（2000）的分析，企业在同一行业内转型升级的表现有三种：产品升级、过程升级和功能升级。虽然我们在模型中假定企业只能通过支付更多研发成本采用高端技术进行出口（即为过程创新），但是对企业的产品升级和功能升级决策可以做出类似的解释。如企业可以通过支付更多的研发和营销费用，创立自有的知名品牌，获得更高的利润回报。因此，我们模型的运行机制对企业的三种升级方式是同样适用的。由式（3）可得，$d\pi_h^*/d\zeta > 0$。这说明，如果支付研发成本能获得更大的回报，外资企业完成从低端技术出口到高端技术出口转型的可能性就越大。因此，加强对知识产权的保护有利于降低企业创新行为的外部性，增加高效率企业的创新激励（比如对知名品牌的打造、对专有技术的研发），更好、更快地促进企业完成转型升级。同理，由式（3）可得，$d\pi_h^*/f_h > 0$。这说明，如果采用高端技术的固定成本降低，外资企业完成从低端技术出口到高端技术出口转型的可能性就变大。因此，适度增加对企业研发活动的补贴将有利于降低企业，特别是融资困难的低效率企业采用高技术出口的固定成本，增加企业转型的预期利润，继而促进外资出口企业转型升级。

（三）比较优势与企业行为

现在我们放宽国家对称的假设，考虑两国具有不同的比较优势行业。本国在行业 1 上具有比较优势，外国在行业 2 上具有比较优势，即 $\theta_1/\theta_2 < \theta_1F/\theta_2F$。由式（2）和式（3）可得：

$$\frac{\varphi_1^*}{\varphi_h^*} = \left(\frac{f_1}{f_h - f_1}\right)^{1/(1-\varepsilon)} \left(\frac{\varphi_h - \varphi_1}{\varphi_1}\right)^{1/(\varepsilon-1)} = \left(\frac{f_1}{f_h - f_1}\right)^{1/(1-\varepsilon)} (\xi^{1-\varepsilon} - 1)^{1/(\varepsilon-1)} \tag{4}$$

显然，π_t^*/π_h^* 与行业差异 θ 无关。利用式（4）对 θ 求导，我们有：

$$\frac{d\varphi_1^*/\varphi_1^*}{d\theta} = \frac{d\varphi_h^*/\varphi_h^*}{d\theta} \tag{5}$$

由于 $\pi_t^* < \pi_h^*$，$d\pi_h^*/d\zeta > 0$，我们有 $d\pi_h^*/d\theta > d\pi_t^*/d\theta > 0$。因此，在本国具有比较优势的部门（行业 1），选择低端和高端出口技术的外资企业面临更低的临界生产率。然而，相对于高技术水平企业的临界生产率，低技术水平外资企业的临界生产率下降得更多。需要注意的是，式（2）和式（3）意味着 θ 越小，企业的出口额也就越大。因此，出口密集度（出口额占销售额的比重）较大的企业平均生产率会较低。

（四）简单的福利含义

为了更好地阐述外资出口企业对本国经济发展的福利含义，我们引入内资内销企业的临界生产率水平，并讨论下述三种可能的情形。

1. $\pi_d^* < \pi_t^* < \pi_h^*$ 的情形

如果内资内销的企业临界生产率水平低于采用低技术水平的外资出口企业临界生产率，那么出口贸易成本的降低和招商引资政策的实施会使更多的外资企业选择出口，并通过竞争淘汰一批生产率最低的内资企业。这时，与 Melitz（2003）一样，资源将被更多地配置向高效率的企业，整个行业的平均生产率水平将提升，社会福利水平将得到改善。

2. $\pi_t^* < \pi_h^* < \pi_d^*$ 的情形

如果内资内销的企业临界生产率高于采用高技术水平的外资出口企业临界生产率，那么出口贸易成本的降低和招商引资政策的实施只会让更多的低效率企业进行出口。这时，与 Melitz（2003）相反，资源将被更多地配置向低效率的企业，行业平均生产率水平将降低，社会福利水平将下降。

3. $\pi_t^* < \pi_d^* < \pi_h^*$ 的情形

这时，出口贸易成本的降低和招商引资政策的实施既会让更多的低效率企业进行出口，又会让更多的高效率企业进行出口。因此，我们不能确定社会福利水平能否被改善。然而，如果我们能区分不同效率的外资企业，那么就可以针对不同效率的企业制定不同的政策。通过上述分析可以看出，外资出口企业福利效应及其相应的政策含义取决于其与内资内销企业生产率的相对大小。因此，我们有必要使用相关数据进行经验分析。

三、经 验 分 析

中国工业企业数据库是本文所用数据的主要来源，对于该数据的说明可参见聂辉华等（2012）的研究。对于样本中异常值的剔除，本文同 Dai 等（2011）、刘晴和张燕（2013）等的文献类似。

（一）对固定成本与生产率关系的检验

理论模型认为，高效率的外资企业将选择高端技术出口，低效率的外资企业将选择低端技术出口。由于模型用固定成本的相对高低刻画了技术水平的相对高低，本文将检验企业固定成本与生产率之间的关系。我们估计如下方程：

$$\text{fixcost}_{ijp} = \beta_0 + \beta_1 \text{productivity}_{ijp} + \delta X + \varepsilon_{ijp} \tag{6}$$

其中，被解释变量 fixcost 表示企业的固定成本，下标 i、j 和 p 分别表示企业、行业和省份。解释变量 productivity 表示企业生产率，X 表示其他控制变量，如企业规模和企业性质等。ε 为随机扰动项。我们使用横截面数据进行回归，并用企业具有的本科生和研究生数量作为固定成本的代理变量。和 Lu（2010）、Ahn 等（2011）等的文献类似，我们使用劳动生产率（工业增加值比平均就业人数）作为企业生产率的代理变量。同时，出于检验理论模型预测的目的，我们将回归样本限定为 2004 年的外商投资出口企业。回归结果如表 1 所示。表 1 第一列回归控制了区域虚拟变量和行业虚拟变量，我们发现，劳动生产率 productivity 的系数为正且在统计上显著，生产率高的企业平均上拥有更多的高学历员工。第二列回归进一步控制了企业规模（对数化的平均从业人数），发现回归结果保持稳健。第三列回归继续控制三位数的企业注册类型，结果仍然保持稳健。考虑到用劳动生产率衡量企业效率可能会忽视资本的作用，我们在第四列回归中控制了企业的资本劳动比，发现 productivity 的系数仍为正显著。因此，我们可以初步断定，在控制住其他因素的情况下，高效率的企业平均会雇用更多的高学历员工。然而，由于只有 2004 年的数据包含了企业员工学历的信息，我们不能判断企业效率和高学历员工人数之间的因果方向。为了更好地控制回归中存在的内生性问题，我们使用企业的研发费用（R&D）作为固定成本的代理变量再次进行回归，结果如表 2 所示。

表 1　对固定成本与生产率关系的检验结果摘要

变量	fixcost			
	方程 1	方程 2	方程 3	方程 4
productivity	0.0060 * （0.0031）	0.0074 ** （0.0037）	0.0073 ** （0.0036）	0.0061 ** （0.0029）
资本劳动比	否	否	否	是
企业注册类型	否	否	是	是
企业规模	否	是	是	是
区域虚拟变量	是	是	是	是
行业虚拟变量	是	是	是	是
观测值	38357	38357	38357	38357
调整 R^2	0.1095	0.1675	0.1706	0.1773

注：括号里为经过行业聚类调整的稳健性标准误。*、** 和 *** 分别表示 10%、5% 和 1% 水平上显著。

表 2　对固定成本与生产率关系的检验结果摘要

变量	R&D			
	方程 1	方程 2	方程 3	方程 4
productivity	4.0879 *** （1.3755）	2.0890 ** （0.8822）	1.4899 * （0.8785）	1.4840 * （0.8810）
资本劳动比	否	是	是	是
观测值	37022	37022	30501	28949
调整 R^2	0.0946	0.0972	0.1068	0.1054

注：表 2 和表 3 的所有回归均控制了企业所有制类型、行业、区域和规模虚拟变量。*、**、*** 分别表示 10%、5% 和 1% 水平上显著。

在表 2 的第一列回归中，我们使用 2006 年的数据，被解释变量为企业当年的研发支出。在控制了其他变量后，我们发现劳动生产率的系数为正且在统计上显著，这说明生产率高的企业平均上进行更多的研发支出。在第二列回归中，我们继续控制企业资本劳动比，发现回归结果保持稳健。为了缓解内生性问题，我们在第三列和第四列回归中将

2005 年和 2006 年的数据按"企业名称"进行了匹配，分别用企业在 2005 年的劳动生产率和 2006 年的研发支出作为解释变量和被解释变量，并且在第四列回归中我们按照聂辉华等（2012）的建议，将外资或港澳台资本占实收资本比例超过 25% 的企业视为外资企业。两列回归结果的系数均为正显著。这一结果与模型对企业决策行为的预测保持一致。

（二）对外资出口企业生产率与内资内销企业生产率相对大小的检验

正如前文所述，模型的福利含义取决于外资出口企业生产率与内资内销企业生产率的相对大小。我们进行表 3 所示的回归，以对这两种企业生产率相对大小进行检验。表 3 回归样本为 2006 年的外资出口企业与内资内销企业，被解释变量 Prod 表示企业的劳动生产率。当企业为外资企业时，二元虚拟变量取 1。因此，基准组是内资内销企业。exshare 表示出口密集度（出口额除以销售额）。表 3 的第一列回归结果显示有一个正的且在统计上显著的系数，这说明在控制住其他因素的情况下，外资出口企业的生产率平均上比内资内销企业高。然而，我们需要进一步区分高技术水平和低技术水平的外资出口企业。Lu 等（2010）发现，出口密集度高的外资企业效率比非出口企业低，而本文前面也预期出口密集度越高的企业平均生产率越低。因此，我们在第二列回归中加入了 exshare 项，并发现该项有一个负的且在统计上显著的系数，这说明平均上高出口密集度的企业平均生产率较低。然而，即使是出口密集度为 1 的外资出口企业，其平均生产率仍高于内资内销企业。这说明，高技术水平和低技术水平的外资出口企业效率比内资内销企业效率高。这与前文中的情形一致。

表 3　对外资出口企业生产率与内资内销企业生产率相对大小的检验

变量	Prod	Prod	Prod
	方程 1	方程 2	方程 3
foreign	147.7767*** (28.3798)	208.9955*** (29.5761)	124.9815*** (24.136)
foreign × exshare		−110.1121*** (10.3963)	−76.0251*** (9.1128)
资本劳动比	否	否	是
观测值	232649	232649	232649
调整 R^2	0.1818	0.1824	0.6888

注：***表示 1% 水平上显著。

（三）对比较优势与外资企业生产率之间关系的检验

由于理论模型预期比较优势部门的外资企业平均生产率相对较低，我们分行业估计可以检验该预测能否得到数据支持。和 Lu（2010）一样，我们将行业的中位数企业的资本劳动比作为该行业的资本劳动比。然后，我们将资本劳动比高于中位数行业资本劳动比的行业视为资本密集型行业。反之，则为劳动密集型行业。回归结果见表4。

表4 对外资出口企业生产率与行业资本密集度关系的检验

变量	Prod	lnrevenue	lndsales
	方程1	方程2	方程3
laborint	−21.9503**	−0.4107***	−0.5767***
	(11.4574)	(0.0799)	(0.1552)
资本劳动比	是	是	是
企业规模	是	是	是
区域虚拟变量	是	是	是
观测值	37022	37022	24481
调整 R^2	0.3293	0.5903	0.2764

注：**、***表示5%、1%水平上显著。

在表4的回归中，如果企业为劳动密集型行业，则二元虚拟变量取1。回归样本被限定为所有的外资出口企业。第一列回归结果显示，在控制了企业资本劳动比的情形下，劳动密集型行业的外资出口企业的平均劳动生产率较低。为了使回归结果更为可信，我们在第二列回归中使用销售额作为被解释变量，并发现回归结果保持稳健。与 Lu（2010）、Ahn 等（2011）等的文献类似，我们在第三列回归中将样本缩小为同时内销和出口的外资企业，并用对数化的国内销售额作为生产率的代理变量，发现回归结果仍旧稳健。这与理论模型的预测是一致的。

四、政策含义

本文的政策含义是较为直观的。首先，政府应该适度控制对外资出口企业可变成本的优惠政策。为了吸引外资企业投资和出口，我国各级政府给予外资出口企业税收和信贷优惠。然而本文研究表明，出口密集度高的外资企业技术水平较低，适当控制这些优惠政策可以优化外资出口企业的技术结构。同时，如裴长洪（2013）所述，我国可在发展战略性新兴产业中吸引外资，通过具有先进制造业水平的外资，推进我国战略性新兴产业的培育和先进制造技术的发展。其次，政府可以对加工贸易等低端技术的外资出口企业进行适度的研发补贴。如果政府对低效率的外资企业进行研发补贴，异质性外资企业进行高技术水平对外贸易的预期利润将变大，这会进一步优化外资出口企业的技术结构，提高外资企业出口产品的附加值。最后，政府应该适当加强对外资企业知识产权的保护力度，培育高质量的人力资本，创造利用外资的综合优势，吸引跨国公司将研发中心转移至我国。

参考文献

［1］陈继勇，盛杨怿. 外国直接投资与我国产业结构调整的实证研究［J］. 国际贸易问题，2009（1）.

［2］刘晴，张燕. 贸易成本、异质性企业与扩大内需：理论框架与中国经验［J］. 国际贸易问题，2013（2）.

［3］聂辉华，江艇，杨汝岱. 中国工业企业数据库的使用现状和潜在问题［J］. 世界经济，2012（5）.

［4］裴长洪. 我国利用外资30年经验总结与前瞻［J］. 财贸经济，2008（11）.

［5］裴长洪. 从需求面转向供应面：我国吸收外商投资的新趋势［J］. 财贸经济，2013（4）.

［6］余永定. 全球不平衡条件下中国经济增长模式的调整［J］. 国际经济评论，2007（1）.

［7］Ahn J., A. K. Khandelwal and Jinwei Shang. The Role of Intermediaries in Facilitating Trade［J］. Journal of International Economics, 2011, 84（1）：73 – 85.

［8］Bekes G. and B. Murakozy. Temporary Trade and Heterogeneous Firms［J］. Journal of International Economics, 2012, 87（2）：232 – 246.

［9］Bustos P. Trade Liberalization, Exports and Technology Upgrading：Evidence on the Impact of MERCOSUR on Argentinean Firms［J］. American Economic Review, 2011, 101（1）：304 – 400.

［10］Lu J. Y., Lu Yi and Tao Zhigang. Exporting Behavior of Foreign Affiliates：Theory and Evidence［J］. Journal of International Economics, 2010, 81（2）：197 – 205.

［11］Manova K. Credit Constraints, Heterogeneous Firms, and International Trade［J］. Review of Economic Siwcies Forthcoming, 2013.

［12］Melitz M. J. The Impact of Trade on Intra – industry Reallocations and Aggregate Industry Productivity［J］. Econometrica, 2003, 71（6）：1695 – 1725.

Trade Costs，Technology Adoption and the Upgrading of Foreign – Invested Exporters

—A Heterogeneous Trade Firms Theory Approach

Abstract：Most of processing exporters in China are foreign affiliates. By introducing the upgrading decision into the existing heterogeneous firms trade model, we illustrate how the heterogeneous foreign – invested firms make the technology adopting choices. The model shows that excessive variable costs subsidy may depress the upgrading incentive of inefficient firms, but proper

R&D subsidy can promote the upgrading of foreign affiliates. Then we make use of the Chinese manufacturing firm – level data to test the main predictions of the theoretical model. We find that efficient foreign firms hire more high – skilled employees and pay more R&D expenses relative to the less efficient foreign firms. The highly export intensive firms, processing firms and firms that invest in the labor – intensive sectors are less efficient among foreign firms even if the capital – labor ratio has been controlled. The model implies that the government should tighten the excessive export – promoting policy in ways of variable cost subsidy reductions, subsidize properly the R&D activities of the low technology foreign firms, cultivate high – quality human resources to attract the R&D centers of multinational corporations and assist transition of foreign – invested exporters.

Key Words：Trade Cost；Technology Adoption；Foreign – Invested Exporters；Heterogeneity

贸易自由化、企业异质性与出口动态
——来自中国微观企业数据的证据[*]

毛其淋　盛　斌

（南开大学经济学院国际经济研究所　跨国公司研究中心，天津　300071）

【摘　要】 本文利用1998~2007年高度细化的关税数据和工业企业大样本微观数据，实证考察了中国贸易自由化（包括产出关税减让与投入品关税减让）对企业出口动态影响的显著性与程度。本文发现，贸易自由化不仅显著促进了企业的出口参与决策，而且还提高了已有出口企业的出口强度，且后者的影响大于前者，表明贸易自由化更多的是通过集约边际影响中国的出口增长。产出关税减让对企业退出出口市场、进入出口市场的时间以及出口的持续时间都没有明显影响，而投入品关税减让则显著抑制企业退出出口市场、缩短进入出口市场的时间以及有助于延长企业出口的持续时间。贸易自由化对不同所有制企业的出口动态的影响存在显著差异，其中投入品关税减让对本土企业的影响明显大于外资企业。最后，企业出口动态对行业全要素生产率增长具有重要的促进作用，同时贸易自由化（特别是投入品关税减让）对企业出口动态的生产率效应具有较好的解释力。本文的研究有助于理解中国出口贸易发展演化的微观基础，也从贸易政策变化的视角为中国出口快速扩张提供了一个新的技术解释。

【关键词】 贸易自由化；企业异质性；出口动态；生存分析

一、引　言

自20世纪90年代以来，为加快市场经济体制改革与融入多边贸易体制，中国实施了

---

* 本文选自《管理世界》2013年第3期。

本文得到教育部高校基本业务费专项基金重大项目《新型国际生产体系下中国国际竞争力研究》和教育部博士研究生学术新人奖的资助。文责自负。盛斌为本文的通讯作者。

以削减关税和非关税壁垒为主要内容的贸易自由化改革，简单平均关税率从加入 WTO 前 1998 年的 17.4% 下降至 2011 年的 9.5%，下调幅度为 45.4%。与此同时，中国在出口贸易上的成就令人瞩目，在 1998～2011 年间出口贸易额以年均 20.6% 的速度快速增长，目前已成为世界上最大的出口贸易国。那么，贸易自由化与中国出口贸易增长之间存在着怎样的内在关系？本文将以中国加入 WTO 这一历史事件为背景从企业微观视角深入探求贸易自由化对中国出口增长的影响机制与效果。

近年来，有关贸易理论的研究已从过去的产业层面进一步细化到企业层面，特别是聚焦于贸易行为与企业绩效尤其是生产率的关系问题（Baldwin，2005；易靖韬，2009）。在理论研究方面，Melitz（2003）以 Hopenhayn（1992）的一般均衡框架下垄断竞争动态产业模型为基础，通过引入企业生产率的异质性进一步扩展了 Krugman（1980）的垄断竞争贸易模型。该理论分析认为，只有生产率最高的企业才会选择出口，生产率居中的企业只进入国内市场，而生产率最低的企业则退出市场，贸易自由化将会导致资源再配置到高生产率企业，从而提高了行业总体的生产率水平。与此不同的是，Bernard 等（2003）则是把 Bertrand 竞争纳入李嘉图模型的理论框架，将其拓展为包含不完全竞争、国家间要素禀赋差异、产业间要素密集度差异以及存在企业异质性的贸易模型。该理论分析认为，由于存在可变贸易成本，只有生产率较高的企业才会选择出口。此后，Helpman 等（2008）在 Melitz（2003）理论框架的基础上进一步考察了市场进入管制等贸易摩擦对企业出口行为的影响，该研究的主要贡献是有效地处理了双边贸易关系中普遍存在的零贸易问题。在经验研究方面，目前大量的文献基本上是从生产率的角度考察企业的出口行为，这方面的文献可大致包括两个分支：其一是对"自我选择效应假说"即生产率更高的企业将会出口的检验，如 Jensen 和 Musick（1996）对美国、Clerides 等（1998）对哥伦比亚、墨西哥和摩洛哥、Aw 等（2000）对韩国和中国台湾、Crespi 等（2007）对英国、易靖韬和傅佳莎（2011）以及赵伟等（2011）对中国的研究。其二是对"出口学习效应假说"（即出口将提高企业的生产率）的检验，如 Blalock 和 Gertler（2004）对印度尼西亚、Biesebroeck（2005）对非洲经济体以及张杰等（2009）对中国的研究。近期也有部分学者开始关注出口贸易的持续期问题，例如 Esteve – Pérez（2007）对西班牙、Ilmakunnas 和 Nurmi（2010）对芬兰以及陈勇兵等（2012）对中国的研究，这 3 篇文献的共同之处在于都采用了生存分析方法考察企业出口持续时间的决定因素，但以上文献均没有考虑贸易自由化的作用。

与本文相关的另外一类文献是关于贸易政策变化（比如贸易自由化）与企业绩效（尤其是生产率）的关系的研究。例如，Pavcnik（2002）使用微观企业数据探讨了贸易自由化对智利制造业企业生产率的影响，发现贸易自由化显著促进了企业生产率进步。Schor（2004）利用巴西 1986～1998 年的制造业企业数据，分析得出产出关税减让与投入品关税减让均有利于企业生产率提高的结论。Amiti 和 Konings（2007）利用印度尼西亚 1991～2001 年的制造业普查数据考察了贸易自由化对企业生产率的影响，结果表明，最终品关税减让与中间投入品关税减让都促进了企业生产率增长，并且中间投入品关税减让的作用是最终品关税减让的两倍。Fernandes（2007）对哥伦比亚、Topalova（2007）对印度、余森杰（2010，2011）以及盛斌和毛其淋（2012）对中国的研究也都发现了贸易自由化提高企业生产率的经验证据。与上述文献所不同的是，Baggs 和 Brander（2006）以加拿大—美国自由贸易协定（CUFTA）为背景考察了贸易自由化对加拿大企业利润的影响，结果表明本国关税减让降低了企业的利润，而外国关税减让则倾向于提高本国企业的利润。另外，还有一部分文献（Gu et al.，2003；Baggs，2005；毛其淋和盛斌，2012）专门考察了贸易自由化对企业退出行为（或企业消亡）的影响。

尽管上述文献从多个角度研究了贸易自由化对企业绩效的影响，但是鲜有国内研究关注贸易自由化对企业出口动态的微观影响。田巍和余森杰（2012）使用中国制造企业的生产和贸易数据分析了贸易成本的下降对企业内销与出口决定的影响，结果发现企业面临的中间品关税的下降显著地提高了企业的出口强度。另外，毛其淋（2012）利用中国工业企业微观数据，采用 Probit 计量方法考察了贸易自由化对企业出口行为的影响，结果发现贸易自由化不仅显著地促进了企业的出口参与决策，而且还提高了企业的出口规模。不过，上述两篇文献都只是从单一维度（也即出口参与决策）来考察贸易自由化对企业出口的影响，因此也就无法全面地揭示贸易自由化与企业出口动态之间的真实关系，包括企业进入与退出出口市场的选择以及时间。

本文将尝试采用 1998～2007 年高度细化的关税数据和工业企业大样本微观数据全面细致地研究中国贸易自由化对制造企业出口动态的影响。本文可能的贡献在于：第一，在贸易自由化指标的选择上，我们利用高度细化的产品层面关税数据，不仅测算了产出关税率，在此基础上还结合中国投入—产出表进一步计算了投入品关税率，并在理论与实证研究中比较考察了贸易自由化的竞争效应（由产出关税减让引致的）和成本节约与多元化优质要素获取效应（由投入品关税减让引致的）对企业出口动态的影响。第二，本文从多个维度来考量企业的出口动态，我们不仅采用 Probit 模型来分析贸易自由化对企业出口参与决策和出口退出的影响，而且还采用生存分析方法考察了贸易自由化对企业进入出口市场的时间以及出口持续时间的影响。第三，本文在实证结果的基础上还进一步采用反事实模拟估计的分析方法，考察了贸易自由化对企业出口动态的影响程度，弥补了以往大部分文献只关注研究变量之间关系的统计显著性的不足，从而更全面地认识贸易自由化与企业出口动态之间的关系。第四，本文还采用 Baldwin 和 Gu（2003）的分析框架对制造业的分行业全要素生产率（TFP）的增长进行分解，考察了企业出口动态对生产率增长的作用，并进一步揭示了企业出口动态是贸易自由化影响生产率增长的重要途径之一。

本文的研究发现，贸易自由化不仅显著地促进了企业的出口参与决策，还提高了企业的出口强度，并且在总体上有助于缩短企业进入出口市场所需的时间。另外，对于出口企业而言，贸易自由化在总体上降低了其退出出口市场的概率，并且也延长了企业在出口市场上的生存时间。本文从贸易政策变化的视角为中国出口贸易的快速增长提供了一个新的解释，也在一定程度上丰富了中国关于异质性企业贸易理论的经验研究。

本文剩余部分的结构安排为：第二部分进行理论分析并提出假说；第三部分建立计量

模型，并对变量和数据进行说明；第四部分考察贸易自由化对企业出口参与决策、出口强度及出口市场进入时间的影响；第五部分分析贸易自由化与企业退出出口市场及出口持续时间的关系；第六部分为反事实模拟估计，考察贸易自由化对企业出口动态的综合影响程度；第七部分为延展性分析，主要考察企业出口动态和贸易自由化与生产率增长的关系；第八部分是本文的结论。

二、理论分析与假说

与 Roberts 和 Tybout（1997）、Bernard 和 Wagner（2001）、Bernard 和 Jensen（2004）等类似，我们假定企业追求利润最大化，在这一假设下，企业是否选择进入出口市场取决于出口期望回报是否超过其进入时所需支付的固定成本，而一旦进入出口市场，企业也总能够以实现利润最大化的出口数量进行生产。在单期的情形下，引入贸易政策变量的企业 i 的出口利润为：

$$\pi_{it}(X^I_{ijt}, \tau^O_{jt}, \tau^I_{jt}) = p_t(X^I_{ijt}, \tau^O_{jt}, \tau^I_{jt}) \times q_{it} - c_{it}(X^I_{ijt}, \tau^O_{jt}, \tau^I_{jt} \mid q_{it}) - FC_{EN} - FC_{EX} \qquad (1)$$

其中，下标 i 表示企业，j 表示行业，t 表示时间。X^I_{ijt} 表示企业自身的异质性特征，这里表现为企业的生产率 φ。τ^O_{jt} 和 τ^I_{jt} 分别表示产出关税与投入品关税，本文用它们的变化程度来刻画贸易自由化；$p_t(\cdot)$ 为产品销售价格，q_{it} 为产品销售数量，$c_{it}(\cdot)$ 表示生产数量为 q_{it} 的产品所需支付的生产成本。此外，如果我们用 fc_{en} 和 fc_{ex} 分别表示进入出口市场的固定成本和退出出口市场的固定成本，那么式（1）中 FC_{EN} 和 FC_{EX} 可分别进一步表示为 $FC_{EN} = fc_{en} \times (1 - I_{it-1})$ 和 $FC_{EX} = fc_{ex} \times I_{it-1} \times (1 - I_{it})$，这里 I_{it} 表示企业 i 在 t 期的出口状态，若企业 i 在 t 期时有出口则取值为 1，否则为 0。对于进入出口市场的企业而言，有 $FC_{EN} = fc_{en}$，$FC_{EX} = 0$；对于退出出口市场的企业而言，有 $FC_{EN} = 0$，$FC_{EX} = fc_{ex}$。

更为一般地，企业将通过选择一个产出序列使出口期望回报的净现值最大化，根据 Belhnan 最优化方程进一步得到：

$$V_{it}(\cdot) = \max_L \{\pi_{it}(X^I_{ijt}, \tau^O_{jt}, \tau^I_{jt}) \times I_{it} + \rho E_t[V_{it+1}(\cdot) \mid I_{it}]\} \qquad (2)$$

其中，$V_{it}(\cdot)$ 表示企业 i 在 t 期最大化的期望回报净现值，ρ 表示贴现率。对式（2）求解最优化一阶条件，可得当如下条件得到满足时，企业 i 在第 t 期将选择进入出口市场：

$$\pi_{it}(X^I_{ijt}, \tau^O_{jt}, \tau^I_{jt}) + \rho\{E_t[V_{it+1}(\cdot) \mid I_{it} = 1] - E_t[V_{it+1}(\cdot) \mid I_{it} = 0]\} > fc_{en} - (fc_{en} + fc_{ex}) \times I_{it-1} \qquad (3)$$

式（3）意味着，只有当企业的出口期望回报净现值大于其出口参与所需的沉没成本时，企业才会选择出口。根据式（3），我们把企业的出口参与决策表示为如下动态离散选择方程：

$$I_{it} = \begin{cases} 1, & \text{如果 } \Pi_{it}(\,\cdot\,) - fc_{en} + (fc_{en} + fc_{ex}) \times I_{it-1} > 0 \\ 0, & \text{如果 } \Pi_{it}(\,\cdot\,) - fc_{en} + (fc_{en} + fc_{ex}) \times I_{it-1} \leq 0 \end{cases} \tag{4}$$

其中，

$$\Pi_{it}(\,\cdot\,) = \pi_{it}(X_{ijt}^I, \ \tau_{jt}^O, \ \tau_{jt}^I) + \rho \{E_t[V_{it+1}(\,\cdot\,) \mid I_{it} = 1] - E_t[V_{it+1}(\,\cdot\,) \mid I_{it} = 0]\}$$

接下来分析贸易自由化这一外部冲击因素对企业出口参与决策的影响。首先对于产出关税减让来说，其直接结果会导致大量的国外同类或相近产品涌入本国市场，而激烈的市场竞争会促使本国企业为继续生存和发展而进行研发创新（Aghion et al.，1997，2001），同时也有利于本国企业改进生产组织方式和降低 X 效率（Bertrand and Mullainathan，2003；Teshima，2009），这些都有助于提高企业的生产率水平。Pavcnik（2002）对智利、Fernandes（2007）对哥伦比亚、Topalova（2007）对印度以及余森杰（2011）、盛斌和毛其淋（2012）对中国的研究都证明了产出关税减让引致的市场竞争效应显著提高了企业的生产率。由此，我们可知 $\partial\varphi/\partial\tau_{jt}^O < 0$，由于出口期望回报净现值与企业生产率正相关（即 $\partial\Pi_{it}(\,\cdot\,)/\partial\varphi > 0$），据此得到 $\partial\Pi_{it}(\,\cdot\,)/\partial\tau_{jt}^O < 0$。进一步结合式（4），可得 $\partial Prob(I_{it} = 1)/\partial\tau_{jt}^O < 0$。

企业一旦进入出口市场，仍然会根据利润最大化原则来决定其最优出口数量，进而确定其出口强度 ex_i，即企业的出口占其销售额的比重。与易靖韬和傅佳莎（2011）类似，我们把企业出口数量描述为企业异质性特征 X_{ijt}^I、企业外部因素（τ_{jt}^O 和 τ_{jt}^I）以及企业生产成本 C_{ijt}（这里包括可变成本与固定成本）的函数，进而企业出口强度的决定方程可表示为：

$$ex_i = \begin{cases} ex_i(X_{ijt}^I, \ \tau_{jt}^O, \ \tau_{jt}^I, \ C_{ijt}), & \text{如果 } I_{it} = 1 \\ 0, & \text{如果 } I_{it} = 0 \end{cases} \tag{5}$$

根据 Melitz（2003），在开放的条件下，生产率越高的企业从出口中获得的利润越大，进而会扩大其出口市场份额，即 $\partial ex_i/\partial\varphi > 0$。据此，产出关税减让也会通过影响企业生产率的途径进而提高企业的出口强度，即 $\partial ex_i/\partial\tau_{jt}^O < 0$。基于上述分析，我们提出如下理论假说。

理论假说 1：产出关税减让引致的竞争效应将会促进企业进入出口市场，同时也会提高企业的出口强度。

随后我们把分析转向投入品关税 τ_{jt}^I 变化的影响。首先，由于中间投入品关税减让会直接降低企业的生产成本，即 $\partial c_{it}(\,\cdot\,)/\partial\tau_{jt}^I > 0$，于是企业的利润和竞争力便会得到相应的提高，从而使更多的企业克服固定成本而参与出口。根据式（1）可知 $\partial\pi_{it}(\,\cdot\,)/\partial\tau_{jt}^I < 0$，进而有 $\partial\Pi_{it}(\,\cdot\,)/\partial\tau_{jt}^I < 0$，进一步结合式（4）得到 $\partial Prob(I_{it} = 1)/\partial\tau_{jt}^I < 0$。

其次，除了可以直接影响生产成本之外，投入品关税减让还可以使企业从国外获得更多元化和优质的中间投入要素。如 Klenow 和 Rodriguez - Clare（1997）指出，贸易自由化提高了可获得的新进口品的种类，他们对哥斯达黎加的研究表明，关税率每下降 1%，新进口品的种类将增加 0.5%。Goldberg 等（2010）对印度的研究也发现，投入品关税减让的确使制造业企业进口的中间投入种类增加了 2/3，同时，由于新进口的中间投入往往来自更为发达的国家，所以它们比先前的进口品具有更高的单位价值或质量（Goldberg et al.，2011）。此外，越来越多的研究发现，进口中间品种类的增加可以提高企业生产率。Halpern 等（2009）利用匈牙利 1992～2003 年的制造业企业数据进行研究，他们发现进口投入品使企业生产率提高了 14%，而中间品种类增加的贡献度占其中的 2/3。Smeets 和 Warzynski（2010）利用丹麦 1998～2005 年的企业与产品层面的数据进行研究发现，不同来源地的进口投入显著地提高了企业生产率。Kasahara 和 Rodrigue（2008）对智利、Parsons 和 Ivguyen（2009）对日本的研究也都证实了中间品种类的增加会明显改善企业生产率。此外，Schor（2004）对巴西、Amiti 和 Konings（2007）对印度尼西亚、盛斌和毛其淋（2012）对中国的研究也都表明投入品关税减让有助于提高企业的生产率。根据以上分析可以得到 $\partial \varphi / \partial \tau_{jt}^{I} < 0$，类似前文，进一步可知投入品关税减让会促进企业进入出口市场，即 $\partial \mathrm{Prob}(I_{it}=1) / \partial < 0$。

综上所述，投入品关税减让一方面会降低企业的生产成本（$\partial C_{ijt}(\,\cdot\,)/\partial \tau_{jt}^{I} > 0$），另一方面会通过进口多元化的优质中间产品从而提高企业生产率（$\partial \varphi / \partial \tau_{jt}^{I} < 0$），根据新新贸易理论并结合企业出口强度的决定方程式（5），我们可以得到 $\partial \mathrm{ex}_i / \partial \tau_{jt}^{I} < 0$，即对于已出口企业而言，投入品关税减让会提高其出口强度。根据以上论述，我们提出如下待检验的理论假说。

理论假说 2：投入品关税减让引致的成本节约与多元化优质要素获得效应将会促进企业的出口参与决策，同时也会提高企业的出口强度。

上文讨论了企业选择进入出口市场的条件以及贸易自由化如何影响企业的出口参与决策，接下来我们进一步分析问题的另一个侧面，即对于已出口的企业而言，它将在什么条件下选择退出出口市场？贸易自由化对企业的出口退出又会有怎样的影响？从式（2）可知，如果满足下述条件，企业 i 将选择退出出口市场：

$$\pi_{it}(X_{ijt}^{I}, \tau_{jt}^{O}, \tau_{jt}^{I}) + \rho \{ E_t[V_{it+1}(\,\cdot\,) | I_{it}=1] - E_t[V_{it+1}(\,\cdot\,) | I_{it}=0] \} < -\mathrm{fc}_{ex} \qquad (6)$$

式（6）的含义是，当企业的出口期望损失的现值超过退出出口市场的固定成本时，企业将理性地选择退出出口市场，即 $D_{it}=1$。根据式（6），我们把企业退出出口市场决策表示为如下动态离散选择过程：

$$D_{it} = \begin{cases} 1, & \text{如果 } \Pi_{it}(\,\cdot\,) + \mathrm{fc}_{ex} < 0 \\ 0, & \text{如果 } \Pi_{it}(\,\cdot\,) + \mathrm{fc}_{ex} \geq 0 \end{cases} \qquad (7)$$

与企业参与出口的决策分析类似，产出关税减让引致的竞争效应将有利于促进企业生产率的提高（即 $\partial \varphi / \partial \tau_{jt}^{O} < 0$），由于出口期望回报净现值 $\Pi_{it}(\,\cdot\,)$ 与企业生产率正相关，据此有 $\partial \Pi_{it}(\,\cdot\,) / \partial \tau_{jt}^{O} < 0$。进一步结合动态离散选择方程式（7），可以得到 $\partial \mathrm{Prob}(D_{it}=1) / \partial \tau_{jt}^{O} > 0$，即产出关税减让将抑制企业从出口市场退出。这一点实际上也不难理解，因为产出关税减让提高了企业生产率，而生产率越高的企业在国际市场上的竞争力也就越强，所以也就较不容易从出口市场中退出。由此得到以下待检验假说。

理论假说3：产出关税减让引致的竞争效应将抑制企业从出口市场中退出。

投入品关税减让对企业出口退出决策的影响机制与前文相似：一方面，投入品关税减让直接降低了企业的生产成本（即 $\partial c_{it}(\cdot)/\partial \tau_{jt}^{I} > 0$），由前文的推导可知，这会导致出口期望回报净现值上升，即 $\partial \Pi_{it}(\cdot)/\partial \tau_{jt}^{I} < 0$，结合动态离散选择方程式（7），不难得到 $\partial \mathrm{Prob}(D_{it}=1)/\partial > 0$；另一方面，投入品关税减让还能使企业从国外获得更多高质量且多元化的中间投入，这将有利于企业提高生产率水平，即 $\partial \varphi/\partial \tau_{jt}^{I} < 0$，由于 $\Pi_{it}(\cdot)$ 与 φ 正相关，所以有 $\partial \Pi_{it}(\cdot)/\partial \tau_{jt}^{I} < 0$，结合式（7）也能进一步得到 $\partial \mathrm{Prob}(D_{it}=1)/\partial > 0$。根据以上分析，我们进一步提出以下假说。

理论假说4：投入品关税减让引致的成本节约与多元化优质要素获得效应对企业出口退出具有抑制作用。

除了企业进入以及退出出口市场的决策外，近年来还有少数文献开始关注企业首次进入出口市场所需的时间长度（Ilmakunnas and Nurmi，2010）以及企业出口的持续时间（Esteve - Perez et al.，2007，2012；陈勇兵等，2012）的决定因素。为了更全面地考察贸易自由化与企业出口动态之间的关系，接下来我们从进入出口市场时间以及出口持续时间这两个维度做进一步分析。

为了简单起见，我们假设企业 i 在第 t^{0} 期为非出口企业，即 $I = 0$，而随后在第 t' 期，企业可能因为自身生产率水平的提高或其他因素的改善以至能够克服出口固定成本，于是开始进入出口市场，即在第 t' 期有如下条件得到满足：

$$\pi_{it}(X_{ijt}^{I}, \tau_{jt}^{O}, \tau_{jt}^{I}) + \rho\{E_t[V_{it+1}(\cdot) \mid I_{it}=1] - E_t[V_{it+1}(\cdot) \mid I_{it}=0]\} > fc_{ex} \qquad (8)$$

进一步可以把企业 i 在第 t' 期进入出口市场的决策表示为如下动态离散选择方程：

$$I_{it} = \begin{cases} 1, & \text{如果 } \Pi_{it}(\cdot) - fc_{en} > 0 \text{ 并且 } t^{0} < t = t' \\ 0, & \text{如果 } \Pi_{it}(\cdot) - fc_{en} \leqslant 0 \text{ 并且 } t^{0} < t < t' \end{cases} \qquad (9)$$

需考察的问题是贸易自由化如何影响企业从非出口状态的第 t^{0} 期到进入出口市场的第 t' 期所经历的时间间隔（即 $\Delta t = t' - t^{0}$）。根据前文的分析，产出关税减让引致的国内市场竞争加剧会激励企业进行研发创新、改进生产组织方式以提高自身的生产率水平（即 $\partial \varphi/\partial \tau_{jt}^{O} < 0$），因为出口期望回报净现值 $\Pi_{it}(\cdot)$ 与企业生产率 φ 正相关，于是有 $\partial \Pi_{it}(\cdot)/\partial \tau_{jt}^{O} < 0$，结合式（9）可进一步得到 $\partial \mathrm{Prob}(I_{it}=1)/\partial \tau_{jt}^{O} < 0$，即产出关税减让提高了非出口企业在第 t 期进入出口市场的概率，据此得到 $\partial \Delta t/\partial \tau_{jt}^{O} > 0$，这表明产出关税减让缩短了企业进入出口市场的时间。对于投入品关税而言，它可以通过两个途径影响企业进入出口市场的时间：一方面，投入品关税减让降低了企业的生产成本（即 $\partial c_{it}(\cdot)/\partial \tau_{jt}^{I} > 0$），这会引致出口期望回报净现值上升，即 $\partial \Pi_{it}(\cdot)/\partial \tau_{jt}^{I} < 0$，结合式（9）可得 $\partial \mathrm{Prob}(I_{it}=1)/\partial \tau_{jt}^{I} < 0$；另一方面，投入品关税减让还能使企业从国外获得更多高质量且多元化的中间投入，进而提高生产率水平（即 $\partial \varphi/\partial \tau_{jt}^{I} < 0$），由于 $\Pi_{it}(\cdot)$ 与 φ 正相关并结合式（9），同样也可以得到 $\partial \mathrm{Prob}(I_{it}=1)/\partial \tau_{jt}^{I} < 0$。这说明投入品关税减让将提高非出口企业第 t' 期进入出口市场的概率，这一关系也等价于 $\partial \Delta t/\partial \tau_{jt}^{I} > 0$。根据以上分析，我们提出以下待检验的假说。

理论假说5：产出关税减让与投入品关税减让都有助于缩短企业进入出口市场的时间。

最后，对于在第 t' 期有出口的企业 i（$I_{it}=1$）而言，它有可能在随后的第 t^* 期退出出口市场（$I_{it^*}=0$ 或 $d_{it^*}=1$），其原因可能是在出口市场中遭受不利的需求冲击或自身生产率水平持续恶化等。特别地，当如下条件得到满足时，企业 i 将从出口市场中退出：

$$\pi_{it^*}(X_{ijt^*}^I,\ \tau_{jt^*}^O,\ \tau_{jt^*}^I)+\rho\{E_{t^*}[V_{it^*+1}(\cdot)|I_{it^*}=1]-E_{t^*}[V_{it^*+1}(\cdot)|I_{it^*}=0]\}<-fc_{ex} \tag{10}$$

根据式（10），我们还可以将出口企业 i 在第 t' 期退出出口市场的决策表示为如下动态离散选择方程：

$$D_{it}=\begin{cases}1,& \text{如果 } \Pi_{it}(\cdot)+fc_{ex}<0 \text{ 并且 } t'<t=t^*\\0,& \text{如果 } \Pi_{it}(\cdot)+fc_{ex}\geq0 \text{ 并且 } t'<t<t^*\end{cases} \tag{11}$$

这里我们感兴趣的是，贸易自由化会对企业的出口持续时间（即 $\Delta T=t^*-t'$）产生怎样的影响。由前面的分析可知，产出关税减让引致的竞争效应将提高出口期望回报净现值 $\Pi_{it}(\cdot)$，即 $\partial\Pi_{it}(\cdot)/\partial\tau_{jt}^O<0$，结合式（11）可得到 $\partial Prob(D_{it}=1)/\partial\tau_{jt}^O>0$。这表明产出关税减让降低了已出口企业在第 c' 期退出出口市场的概率，据此可知，$\partial\Delta T/\partial\tau_{jt}^O<0$，这意味着产出关税减让延长了企业的出口持续时间。类似地，投入品关税减让也会通过成本节约效应与多元化优质要素获得效应影响企业出口持续时间，即 $\partial Prob(D_{it}=1)/\partial\tau_{jt}^I>0$，这表明投入品关税减让降低了已出口企业在第 t^* 期退出出口市场的概率，因此可得到 $\partial\Delta T/\partial\tau_{jt}^I>0$。根据以上论述，我们提出如下待检验的假说。

理论假说6：产出关税减让与投入品关税减让均有助于延长企业的出口持续时间。

三、计量模型、变量与数据

（一）计量模型的设定

为了考察贸易自由化对企业出口动态的影响，我们首先在既有的理论和实证研究文献的基础上，将贸易自由化变量纳入企业出口参与决策模型之中，建立一个分析基于企业层面的出口参与决定因素的 Probit 计量模型，具体形式设定如下：

$$P(Expdum_{ijkt}=1)=\Phi(\beta_0+\beta_1\Delta OutputTariff_{jt}+\beta_2\Delta InputTariff_{jt}+\beta\times Controls+\xi) \tag{12}$$

其中，下标 i、j、k 和 t 分别表示企业、行业、地区和年份；被解释变量 $Expdum_{ijkt}$ 为企业出口的虚拟变量 $\{0,1\}$，当企业 i 在第 t 期的出口交货值大于 0 时取值为 1，否则取值为 0；$\Delta OutputTariff_{jt}$ 和 $\Delta InputTariff_{jt}$ 为贸易自由化指标，分别用产出关税（对应理论分

析中的 τ_{jt}^{O}）和投入品关税（对应理论分析中的 τ_{jt}^{I}）的变化量表示，即产出关税和投入品关税的减让幅度。Φ（·）表示标准正态累积分布函数 $\xi = \upsilon_j + \upsilon_k + \upsilon_t + \varepsilon_{ijkt}$，$\upsilon_j$、$\upsilon_k$、$\upsilon_t$ 分别表示行业、地区和年份的特定效应，ε_{ijkt} 表示随机扰动项；控制变量 Controls 的集合为：

$$\beta \times Controls = \gamma_1 tfp_{ijkt} + \gamma_2 size_{ijkt} + \gamma_3 age_{ijkt} + \gamma_4 wage_{ijkt} + \gamma_5 klratio_{ijkt} + \gamma_6 subsidy_{ijkt} + \gamma_7 soes_{ijkt} + \gamma_8 foreign_{ijkt}$$
(13)

其中，tfp 表示企业全要素生产率，size 代表企业规模，age 为企业年龄，wage 为平均工资，klratio 表示资本密集度，subsidy 表示政府补贴，soes 和 foreign 分别表示国有企业和外资企业的虚拟变量。

其次，为考察贸易自由化对企业出口强度（或出口集约边际）的影响，需要建立一个以出口强度为因变量的计量模型进行 OLS 估计，但这样直接处理将产生样本选择偏差问题，因为在本文的样本中出口企业只占少数，即存在显著的零贸易现象，如果忽略了这一事实，所得到的估计结果将是有偏的。Heckman（1979）两步法是处理这类问题较为有效的计量工具，具体思路是：首先对企业出口参与方程式（12）进行 Probit 估计，即考察企业是否选择出口，由此提取逆米尔斯比率（Inverse Mill's Ratio），然后将该比率作为控制变量纳入以下出口强度决定方程：

$$Expinten_{ijkt} = \eta_0 + \eta_1 \Delta OutputTariff_{jt} + \eta_2 \Delta InputTariff_{jt} + \eta \times Controls + \theta \times Imr_{ijkt} + \upsilon_j + \upsilon_k + \upsilon_t + \varepsilon_{ijkt}$$
(14)

其中，$Expinten_{ijkt}$ 为出口企业的出口强度，以出口交货值占销售额的比重来衡量；Imr_{ijkt} 为逆米尔斯比率，由第一阶段 Probit 估计得到，即 $Imr_{ijkt} = \varphi(·)/\Phi(·)$，其中 $\varphi(·)$ 为标准正态密度函数，$\Phi(·)$ 为相应的累计分布函数，如果在估计结果中 Imrijkt 显著不为 0，则表明存在样本选择偏差，此时采用 Heckman 两步法进行估计是有效的。控制变量 Controls 的集合如式（13）所示。

最后，为了从实证角度考察贸易自由化与企业出口退出的关系，构建如下分析基于企业层面的出口退出决定因素的 Probit 计量模型：

$$P(Expexit_{ijkt} = 1) = \Phi(\beta_0 + \beta_1 \Delta OutputTariff_{jt} + \beta_2 \Delta InputTariff_{jt} + \beta \times Controls + \xi)$$ (15)

其中，$Expexit_{ijkt}$ 为企业退出出口市场的虚拟变量 {0，1}，即当企业 i 在下一年退出出口市场时取值为 1，否则取值为 0。需要强调的是，企业退出出口市场可能有两种情况，一种是企业出口转内销，另一种是企业倒闭而完全退出，当这两种情况有任何一种发生时 $Expexit_{ijkt}$ 均取值为 1。控制变量 Controls 的集合仍然如式（13）所示，之所以这么处理是因为：一方面，既有的理论与实证研究文献（Bernard and Wagner，2001；Ilmakunnas and Nurmi，2010）认为，影响出口参与的企业异质性特征变量同样也会影响企业出口退出决策；另一方面，有助于检验企业异质性特征变量对出口市场进入与退出的影响是否存在对称效应。

（二）变量的具体说明

（1）企业全要素生产率（tpf）。根据新新贸易理论，相对于进入国内市场而言，企业选择出口需要支付额外的出口固定成本，例如运输成本、建立国外销售渠道、为适应国外标准对产品进行改造等，因此只有生产率较高的企业才能克服这些额外成本进而选择进入国外市场。另外，企业在出口市场上往往面临更为激烈的市场竞争，生产率较低的企业将被市场所淘汰，而生产率越高的企业在出口市场上存活的可能性越大，综上，我们预期企业生产率对出口参与的影响为正，而对出口退出具有负向的影响。考虑到使用传统 OLS 方法估计企业生产率可能会存在同步偏差和选择性偏差问题，为了更为精确地估计企业生产率，本文采用 Olley 和 Pakes（1996）的方法（以下简称 OP 法），其主要特点是使用投资作为企业受到生产率冲击时的调整变量。在估算企业生产率时，用工业增加值衡量企业的产出，并采用以 1998 年为基期的工业品出厂价格指数进行平减；用各企业从业人员年平均人数衡量劳动力投入；用固定资产净值年平均余额衡量资本投入，进一步用以 1998 年为基期的固定资产投资价格指数进行平减。

（2）企业规模（size）。以 Krugman（1980）为代表的新贸易理论强调了规模经济对于国际贸易比较优势的作用，同时新新贸易理论也认为，规模因素对企业出口参与决策具有重要的影响。如 Roberts 和 Tybout（1997）对哥伦比亚、Bernard 和 Jensen（2004）对美国的实证研究都发现规模越大的企业越容易出口，因此有必要对企业规模因素加以控制，预期企业规模对出口参与具有正向的影响。由于规模越大的企业，其拥有的资本和人力资源越多，当在国际市场上面临不利冲击时也更有能力进行克服，据此预期企业规模变量在出口退出模型中的估计系数符号为负。为了避免企业规模与企业生产率变量存在多重共线性问题，我们采用企业销售额与所在二分位行业平均销售额的比例来衡量企业规模，用该方法衡量企业规模的另一个好处在于可以在一定程度上平滑不同行业特征对企业规模的影响。

（3）企业年龄（age）。根据企业的生命周期理论，企业年龄的增长伴随着企业投资和规模的扩大、生产管理方式的成熟以及企业声誉的形成，从这个角度来看，年龄越大的企业越有可能进入国外市场，同时在出口市场上遭遇不利冲击时也相对更容易应对；但从另一个角度来看，年龄大也意味着生产设备等硬件设施可能会出现老化，另外就中国的企业而言，年龄大的企业更有可能残留一些历史遗留的债务及人员等问题，当遭受市场环境的不利冲击时，这些企业就有可能难以进行迅速的调整。在实证研究中，Roberts 和 Tybout（1997）发现企业年龄因素对出口参与决策具有重要的影响，因此有必要对这一变量进行控制，本文用当年年份与企业成立年份之差来衡量企业年龄。

（4）平均工资（wage）。平均工资水平可作为对劳动力质量的近似替代（赵伟等，2011），平均工资较高的企业更能够吸引生产与管理技能更强的员工，因此将提高企业的生产率进而促进出口，并有利于提高企业在出口市场上抵御风险的能力。Roberts 和 Tybout（1997）对哥伦比亚、Bernard 和 Jensen（2004）对美国的研究均证实了工资水平对企业出口参与决策具有正向的影响。本文采用应付工资与应付福利费之和再除以从业人员数并取对数来表示，为了使数据更具可比性，这里使用了以 1998 年为基期的居民消费价格指数对名义量进行平减处理。

（5）资本密集度（klratio）。按照传统的要素禀赋理论，生产要素的丰裕程度和使用比例将对出口有重要的影响，因此在本文研究中有必要加入资本密集度变量来检验要素密集度因素对中国企业出口动态的影响。我们采用固定资产净值年平均余额与从业人员年平均人数的比值取对数来衡量资本密集度，其中固定资产净值年平均余额使用以1998年为基期的固定资产投资价格指数进行平减处理。

（6）政府补贴（subsidy）。政府补贴可视为政府对企业的转移支付，它能够降低企业的生产成本，进而增强企业出口的价格竞争力，从这个角度来看，补贴对企业出口参与决策具有正向的影响。但是也有一些研究如 Hoffmaister（1992）、Faini（1994）等则发现政府补贴未改善企业的出口绩效。可见，政府补贴对企业出口的影响往往取决于补贴的效率。我们采用政府补贴与企业销售额的比值取对数表示。

（7）国有企业虚拟变量（soes）和外资企业虚拟变量（foreign）。国有企业在中国的对外开放中表现出的并不只是出口，而是具有很强的对外直接投资动机来完成相应的政治和经济目标。另外，由于长期受计划体制庇护，国有企业总体上缺乏技术学习和创新的冲动，同时在其有限的技术活动中效率低下（蒋殿春和张宇，2008），因此，其生产率也通常较低，从而使它们进入出口市场的可能性相对较低。同时，对于已出口的国有企业而言，由于在国际市场上缺乏竞争力，再加上其体制僵硬，难以对国际市场环境的变化迅速进行调整，因此也相对更容易退出出口市场。不同于国有企业，外资企业进入中国市场的主要动机是"要素寻求型"，尤其是廉价且熟练的劳动力资源，它们中有相当多的企业主要从事加工贸易，把中国作为制造、加工与装配的平台然后再将产品出口到第三国，因此，外资企业会具有更高的出口倾向。另外，对于已出口的外资企业而言，在面临不利的国际市场冲击时，可以向母公司寻求援助，因此也相对不容易退出出口市场。有鉴于此，我们在计量模型中引入国有企业虚拟变量（soes）和外资企业虚拟变量（foreign）对企业所有权属性进行控制。

（三）贸易自由化的测度及内生性问题

早期的研究（Harrison，1994；Beyer et al.，1999）一般选用进口渗透率指标来衡量贸易自由化程度，但越来越多的学者注意到进口渗透率并不能准确地衡量一国或行业的贸易自由化水平，特别是对于那些经历重大贸易政策改革的国家尤为如此。此外，中国自20世纪90年代中期以来为了加快市场经济体制改革和加入 WTO 进程，并在2001年"入世"后全面履行议定书承诺，施行了以削减关税率为核心的贸易自由化改革。当然，配额、许可证等非关税壁垒削减也会影响贸易自由化水平，但其数据的全面可获得性存在限制，且将其"数据等值化"的估计既困难也存在争议。鉴于以上考虑，本文根据现有文献的普遍做法，采用最终产品关税率来衡量贸易自由化，公式表示为：

$$\text{OutputTariff}_{jt} = \frac{\sum_{s \in I} n_{st} \times \text{Tariff}_{st}^{HS6}}{\sum_{s \in I} n_{st}} \tag{16}$$

其中，j 和 t 分别表示行业和年份，s 表示协调编码六位码（HS6）产品，I_j 表示行业 J 的产品集合，n_{st} 表示第 t 年 HS6 位码产品 s 的税目数，Tariff_{st}^{HS6} 表示第 t 年 HS6 位码产品 s 的进口关税税率。本文所用的产品关税数据有两个来源，其中 2001~2007 年 HS6 位码关税数据由 WTO 的 Tariff Download Facility 数据库提供，1998~2000 年 HS8 位码的产品关税数据来自世界银行 WITS 数据库。我们首先将 1998~2000 年 HS8 位码的产品关税数据归并为相对应的 HS6 位码数据；其次，由于 HS6 位码进口关税数据所基于的协调编码版本不一致，我们根据联合国统计司提供的 HS1996 版本与 HS2002 版本之间的转换表以及 HS2002 版本与 HS2007 版本之间的转换表将产品关税的统计口径统一为 HS2002 版本；再次，需要将产品集结归类到行业从而计算行业水平的关税保护率，根据美国普渡大学 Hutcheson 教授提供的 HS2002 与国际标准产业分类（ISIC（Rev3））转换表，其与 GB/T2002–ISIC（Rev3）转换表进行整合就可以得到 HS2002 与 GB/T2002 之 17 的转换关系；最后，利用 HS2002 版本的 HS6 位码水平的产品关税数据，并结合 HS2002 与 GB/T2002 之间的转换关系就可以测算行业最终产品关税，考虑到数据的可获得性，我们选取了 GB/T2002 中二分位代码为 6~10、13~37、39~42 以及 44~45 共计 36 个工业行业进行分析。

投入品关税的测算借鉴 Schor（2004）的做法，将其定义为：

$$\text{InputTariff}_{jt} = \sum_{g \in G_j} \alpha_{gt} \times \text{OutputTariff}_{gt} \tag{17}$$

其中，G_j 表示行业 j 的投入集合，$\alpha_{gt} = \text{Input}_{gt} / \sum_{g \in G_j} \text{Imput}_{gt}$ 表示要素 g 的投入权重，用投入要素 g 的成本占行业 J 总投入要素成本的比重来衡量。投入关税实际上是产出关税的加权平均，例如，某个行业生产最终产品需要使用 3 种进口关税率分别为 10%、20% 和 30% 的中间投入要素，假定这 3 种投入要素所占的比重分别为 0.5、0.3 和 0.2，那么该行业的投入关税为 17%（= 10% × 0.5 + 20% × 0.3 + 30% × 0.2）。在实际回归中，我们采用产出关税与投入品关税的一阶差分表示贸易自由化水平。

在本文的研究中，贸易自由化变量可能会存在内生性问题，这主要是因为：一方面，出口部门为了进入外国市场，会更倾向于实施互惠贸易自由化，从而希望政府设定一个较低的产出关税水平；另一方面，出口贸易扩张行业中的企业更有激励去游说政府削减投入品关税以进一步降低生产成本来增强出口竞争力。如果上述的反向因果关系（即出口对贸易自由化的影响）的确存在而不加以克服解决，那么我们得到的估计结果将是有偏的。

为了检验贸易自由化是否具有内生性，我们根据现有文献的做法（Topalova，2007；Teshima，2009；毛其淋，2012），将产出关税与投入品关税在 1998~2002 年的变化幅度作为因变量，对 1998 年主要的行业特征变量进行横截面回归，估计结果如表 1 所示，其中第（1）~（3）列是对产出关税（ΔOutputTariff）的检验结果，第（4）~（6）列是对投入品关税（ΔInputTariff）的检验结果。从中可以看出，产出关税变化和投入品关税变化只跟 TFP 与平均工资这两个行业特征有关，而其余行业特征尤其是出口导向比（Expratio）变量在两组回归中都没有显著性，这便在很大程度上排除了反向因果关系对本文估计结果的干扰。另外，根据新新贸易理论的研究文献（Roberts and Tybout，1997；Bernard and Jensen，2004），生产率和平均工资是影响企业出口的重要因素。进一步结合表 1

的回归结果可知，生产率和平均工资将会共同影响贸易自由化与企业出口，如果在本文的计量模型中不对这两个企业异质性特征变量加以控制，将可能产生"遗漏变量"偏差。不过，我们在计量模型中的控制变量均已包括了这两个变量，因此不会产生较严重的内生性问题。

表1　贸易自由化变量的内生性检验

	OutputTariff			InputTariff		
	（1）	（2）	（3）	（4）	（5）	（6）
tfp_hy	−0.796 ***	−0.807 ***	−0.794 ***	−0.560 ***	−0.551 ***	−0.535 ***
	（−4.12）	（−4.18）	（−3.70）	（−6.16）	（−5.93）	（−5.79）
wage_hy	−0.880 ***	−0.912 **	−0.837 **	−0.363 ***	−0.326 **	−0.282 *
	（−3.10）	（−2.60）	（−2.12）	（−3.12）	（−2.72）	（−2.00）
cyssz_hy		6.75e−09	8.58e−09		−6.50e−09	−5.73e−09
		（0.43）	（0.51）		（−0.72）	（−0.52）
employment_hy		1.72e−07	−4.06e−08		−6.98e−08	−2.14e−07
		（0.15）	（−0.03）		（−0.09）	（−0.27）
expratio_hy			−0.556			−0.597
			（−0.55）			（−0.78）
klratio_hy			−0.005			−0.002
			（−0.58）			（−0.40）
常数项	9.398 **	9.300 **	9.322 **	6.724 ***	6.720 ***	6.848 ***
	（2.47）	（2.23）	（2.19）	（4.01）	（3.96）	（4.35）
R^2	0.2982	0.3088	0.3179	0.2505	0.2757	0.3128
观测值	36	36	36	36	36	36

注：（）内数值为纠正了异方差后的 t 统计量，*** 、** 和 * 分别表示1%、5%和10%的显著性水平。

（四）数据说明

本文的研究涉及两组高度细化的微观数据：第一组是关税数据；第二组是中国工业企业数据，时间跨度为1998～2007年，来源于国家统计局的工业企业统计数据库。关税数据在前文已做说明和介绍。工业企业数据库的统计对象涵盖了全部国有和规模以上（主营业务收入超过500万元）非国有企业，根据研究需要，我们对样本数据进行了如下处理：第一，由于工业企业数据库缺失2004年"工业增加值"数据，这里根据以下会计准则进行了估算：工业增加值＝工业总产值－工业中间投入＋增值税。第二，中国在2002年颁布了新的《国民经济行业分类》并于2003年开始正式实施，为了统一口径，我们依照新的行业标准对1998～2002年间企业的行业代码进行了重新调整。第三，考虑到工业企业数据库中一些关键性指标的原始数据在统计上存在缺漏值或错误记录，对数据进行以下筛选：①删除出口交货值存在缺漏值或负值的企业样本；②删除雇员人数小于 10 的企业样本；③删除工业增加值、中间投入额、从业人员年平均人数、固定资产净值年平均余额中任何一项存在缺漏值、零值或负值的企业样本；④删除 1949 年之前成立的企业样本，同时删除企业年龄小于 0 的企业样本；⑤删除平均工资小于 0 的企业样本。表 2 报告了主要变量的描述性统计特征。

表 2　主要变量的描述性统计特征

变量	观察值	均值	标准差	最小值	最大值
A. 企业出口参与和出口强度决定模型中的变量					
Expdum	1917004	0.26239	0.43994	0	1
Expinten	1916405	0.16345	0.33595	0	2.52565
OutputTariff	1917004	− 0.84603	1.43507	− 12.08633	1.85897
InputTariff	1917004	− 0.50066	0.76334	− 4.75368	1.03951
tfp	1917004	5.73378	1.29834	− 5.85259	15.10755
size	1917004	1.03551	5.23307	− 0.40524	1205.157
age	1917004	9.86849	10.67206	0	58
wage	1917004	2.50640	0.61776	0	11.22867
klratio	1917004	3.45855	1.37113	− 7.20889	14.28222
subsidy	1917004	0.00339	0.03111	− 5.19573	6.80351
soes	1917004	0.09098	0.28758	0	1
foreign	1917004	0.20041	0.40031	0	1
B. 企业出口退出模型中的变量					
Expexit	425427	0.22684	0.41879	0	1
OutputTariff	425427	− 1.07392	1.36538	− 12.08633	1.85897
InputTariff	425427	− 0.64994	0.83416	− 4.75368	1.03951
tfp	425427	5.70671	1.26436	− 5.85259	13.45322
size	425427	1.73916	7.92376	− 0.40524	944.0149
age	425427	9.26375	9.62777	0	57
wage	425427	2.50454	3.73938	0	1197.307
klratio	425427	3.26532	1.40813	− 6.50866	14.16899
subsidy	425427	0.00176	0.01536	− 2.27571	2.25342
soes	425427	0.03671	0.18805	0	1
foreign	425427	0.46919	0.49905	0	1

四、贸易自由化与企业出口动态 I：出口参与、出口强度及出口市场进入时间

（一）基本估计结果

表3报告了贸易自由化与企业出口参与的 Heckman 两阶段估计结果，其中第（1）列和第（3）列为总体样本出口参与决策方程的估计结果，第（2）列和第（4）列为相对应的出口强度方程的估计结果。在第（1）列和第（2）列中只考虑了产出关税减让，从中可以看出，产出关税（OutputTariff）的估计系数均显著为负，这表明产出关税减让引致的竞争效应不仅促进了企业的出口参与决策，而且还显著地提高了已出口企业的出口强度。第（3）列与第（4）列在此基础上进一步引入了投入品关税变量（InputTariff），结果发现：产出关税估计系数依然显著为负，不过其绝对值在出口参与决策方程中出现了明显下降，这意味着，如果不考虑投入品关税将会高估产出关税减让引致的竞争效应的影响；投入品关税的估计系数为负，也都在1%水平上显著，这表明投入品关税减让引致的成本节约与多元化优质要素获得效应显著地促进了企业的出口参与决策，同时也提高了已出口企业的出口强度。上述分析印证了前文的理论假说1和理论假说2。此外，还应注意到，不论是在出口参与决策方程中还是在出口强度方程中，投入品关税变量的估计系数绝对值远远地高于产出关税变量，这意味着投入品关税减让引致的成本节约与多元化优质要素获得效应对企业出口参与决策与出口强度的促进作用均显著地大于产出关税减让导致的竞争效应。需要说明的是，在出口强度方程中，逆米尔斯比率（Imr）的估计系数为正并且在1%水平上显著，这说明在本文的样本中存在明显的选择性偏差问题，因此进行 Heckman 两阶段估计是十分有必要的。

表3　贸易自由化对企业出口参与和出口强度影响的 Heckman 两阶段估计结果

	总体样本				本土企业		外资企业	
	出口参与	出口强度总体	出口参与决策	出口强度	出口参与决策	出口强度	出口参与决策	出口强度
	（1）	（2）	（3）	（4）	（5）	（6）	（7）	（8）
ΔOutputTariff	-0.013*** (-9.37)	-0.003*** (-19.92)	-0.006*** (-3.51)	-0.004*** (-8.21)	-0.004** (-1.98)	-0.005*** (-31.45)	-0.011*** (-3.90)	-0.004*** (-8.29)
ΔInputTariff			-0.061*** (-11.92)	-0.018*** (-30.59)	-0.071*** (-11.86)	-0.065*** (-117.68)	-0.030*** (-3.16)	-0.010*** (-5.79)

	总体样本				本土企业		外资企业	
	出口参与	出口强度总体	出口参与决策	出口强度	出口参与决策	出口强度	出口参与决策	出口强度
	(1)	(2)	(3)	(4)	(5)	(6)	(7)	(8)
tfp	0.082 *** (58.33)	−0.003 *** (−13.75)	0.082 *** (58.29)	−0.003 *** (−13.94)	0.130 *** (78.51)	−0.000 (−1.11)	−0.008 *** (−2.85)	−0.023 *** (−40.92)
size	0.029 *** (41.89)	0.002 *** (9.20)	0.029 *** (41.96)	0.002 *** (9.21)	0.033 *** (40.40)	0.002 *** (8.68)	0.017 *** (11.81)	0.002 *** (9.23)
age	0.013 *** (105.84)	0.001 *** (54.29)	0.013 *** (105.87)	0.001 *** (54.33)	0.011 *** (90.13)	−0.000 *** (−11.26)	0.023 *** (43.61)	0.004 *** (37.98)
wage	0.107 *** (45.58)	0.004 *** (15.13)	0.107 *** (45.49)	0.004 *** (14.89)	0.112 *** (40.16)	0.006 *** (23.70)	0.098 *** (22.17)	0.001 (1.02)
klratio	−0.065 *** (−71.61)	−0.025 *** (−211.91)	−0.065 *** (−71.61)	−0.025 *** (−212.06)	−0.067 *** (−63.50)	−0.029 *** (−228.77)	−0.063 *** (−34.66)	−0.036 *** (−110.16)
subsidy	−0.920 *** (−9.15)	−0.075 *** (−15.23)	−0.920 *** (−9.13)	−0.075 *** (−15.25)	−1.047 *** (−8.55)	−0.098 *** (−16.31)	−0.417 ** (−2.53)	−0.123 *** (−5.52)
soes	−0.172 *** (−30.82)	−0.023 *** (−50.19)	−0.172 *** (−30.70)	−0.023 *** (−49.66)				
foreign	1.090 *** (386.47)	0.277 *** (554.87)	1.090 *** (386.52)	0.277 *** (554.99)				
Imr		0.314 *** (732.35)		0.314 *** (732.49)		0.282 *** (527.40)		0.396 *** (723.87)
常数项	−2.403 *** (−147.14)	0.045 *** (21.04)	−2.565 *** (−134.69)	−0.005 ** (−2.03)	−2.652 *** (−146.92)	−0.058 *** (−23.71)	−1.672 *** (−12.58)	0.224 *** (14.91)
行业效应	Yes	Yes	Yes	Yes	Yes	Yes	Yes	Yes
地区效应	Yes	Yes	Yes	Yes	Yes	Yes	Yes	Yes
年份效应	Yes	Yes	Yes	Yes	Yes	Yes	Yes	Yes
对数似然值	−821953		−821882		−588308		−224251	
(Pseudo) R^2	0.2550	0.3059	0.2551	0.3059	0.1644	0.3375	0.1195	0.2143
观察值	1917004	503006	1917004	503006	1532813	263890	384191	239116

注：（ ）内数值为纠正了异方差后的 t 统计量；＊＊＊、＊＊和＊分别表示1%、5%和10%的显著性水平；第（1）、（3）、（5）与（7）列报告的是 Pseudo R^2，其余各列报告的是 R^2。

虽然上述经验检验证明了贸易自由化不仅促进了出口的广延边际（新企业进入出口市场），而且还显著提高了出口的集约边际（已出口企业的出口强度提高），但是我们仍需进一步探求贸易自由化通过这两种方式影响中国出口贸易扩张的程度大小，对于这一问题的回答将有助于更加深入地理解贸易自由化对中国出口贸易的影响机制。由于不同方程中各变量的数量级不尽一致，因此也就无法直接根据表3第（3）列与第（4）列的估计结果进行比较。为了解决这一问题，需要对贸易自由化变量的估计系数进行标准化处理。在出口参与决定方程中，产出关税与投入品关税的标准化系数分别由式（18）和式（19）得到；类似地，在出口强度方程中，产出关税与投入品关税的标准化系数分别由式（20）和式（21）得到：

$$\beta'_1 = \tilde{\beta}_1 \times se(\Delta OutputTariff)/se(Expdum) \tag{18}$$

$$\beta'_2 = \tilde{\beta}_2 \times se(\Delta InputTariff)/se(Expdum) \tag{19}$$

$$\eta'_1 = \eta_1 \times se(\Delta OutputTariff)/se(Expinten) \tag{20}$$

$$\eta'_2 = \eta_2 \times se(\Delta InputTariff)/se(Expinten) \tag{21}$$

其中，$\tilde{\beta}_1$ 和 $\tilde{\beta}_2$ 分别为出口参与决定方程中产出关税与投入品关税在变量取均值处的边际系数，η_1 和 η_2 分别表示出口强度方程中产出关税与投入品关税的估计系数，se（·）表示相应变量的标准差。

表4给出了贸易自由化标准化系数的测算结果。从第（1）列可以看出，β'_1 与 η'_1 均小于0并且 $|\beta'_1| < |\eta'_1|$，这表明产出关税减让引致的竞争效应在总体上促进了出口增长，并且产出关税减让对出口贸易的影响在更大程度上是源自已出口企业的出口强度提高；对于投入品关税而言，β'_2 与 η'_2 均小于0并且 $|\beta'_2| < |\eta'_2|$，这说明投入品关税减让引致的成本节约与多元化优质要素获得效应在总体上也促进了出口增长，而且这种增长也在更大程度上归因于已出口企业的出口强度提高。综上分析可见，贸易自由化对中国出口贸易的促进作用主要是通过影响集约边际的途径实现的。此外我们还注意到 $|\beta'_2| > |\beta'_1|$ 以及 $|\eta'_2| > |\eta'_1|$，这再次表明在影响企业出口参与决策与出口强度上投入品关税减让的作用大于产出关税减让。

表4 贸易自由化对出口参与和出口强度影响的标准化系数比较

	总体企业	本土企业	外资企业
	（1）	（2）	（3）
β'_1	−0.00515	−0.00293	−0.01225
η'_1	−0.01395	−0.01713	−0.01510
β'_2	−0.02988	−0.03015	−0.01839
η'_2	−0.03741	−0.13295	−0.02245

（二）对不同所有制企业分组回归的估计结果

贸易自由化对企业出口参与和出口强度的影响是否会因企业的所有权形式的差异而有所不同？为了回答这一问题，我们将样本区分为本土企业和外资企业两类子样本分别进行

Heckman 两阶段估计，结果报告在表3第（5）～（8）列，其中第（5）列和第（6）列为本土企业子样本的估计结果，第（7）列和第（8）列为外资企业子样本的估计结果。

结果表明，无论是本土企业还是外资企业，贸易自由化对出口参与决策和出口强度的提高均起到了显著的促进作用。相比之下，产出关税减让对两类企业出口参与决策和出口强度的影响没有太大的差异，而投入品关税对本土企业的作用远高于外资企业，其原因可能是相对于本土企业而言，外资企业原本就拥有更为广阔的原材料与零部件来源，它们既可以从中国市场的外包公司或子公司购买，也可以从母公司和其他国家的子公司处获得，而贸易自由化则使本土企业也能够获得这样的能力，即多元化、高质与低价的中间产品的可获得性既能够实现成本的节约，也可以提高生产效率，从而使更多的本土企业有能力进入出口市场，同时使已出口的本土企业增加其出口强度。为了进一步考察贸易自由化主要是通过集约边际还是广延边际方式影响两类企业的出口贸易，我们也根据式（18）～式（21）测算了贸易自由化的标准化系数，结果报告在表4的第（2）列和第（3）列，可以看出，不论是本土企业还是外资企业，贸易自由化对出口的影响都是更多地通过集约边际的扩张产生作用的，类似地，本土企业的投入品关税的标准化系数的绝对值 $|\beta'_2|$ 和 $|\eta'_2|$ 均明显地大于外资企业，这进一步支持了上文得到的结论，即投入品关税减让对本土企业出口参与决策和出口强度提升的促进作用相对更大。

（三）贸易自由化与进入出口市场的时间：生存分析

接下来我们进一步考察贸易自由化如何影响了企业进入出口市场的时间，以检验前文的理论假说5。首先，我们定义企业进入出口市场的持续期为一个企业从非出口状态转变为出口状态（中间没有间断）所经历的时间（单位为年）。在生存分析法中，常用生存函数来刻画生存时间的分布特征，这里把企业不进入出口市场视为"存活"，否则，则认为风险事件发生（即把企业开始进入出口市场的事件称为"风险事件"或"失败"）。具体地，令 T 为企业保持非出口状态的时间长度，取值为 t = 1，2，3，…，i，其中 i 表示某个特定的持续时间段，需要注意的是，一个企业保持非出口状态的持续时间段有可能是完整的（记为 $C_i = 1$），也有可能是右侧删失的（记为 $C_i = 0$）。接下来，把企业保持非出口状态的生存函数定义为：

$$S_i(t) = Pr(T_i > t) = \prod_{k=1}^{t}(1 - h_{ik}) \tag{22}$$

其中，$T_i = min\{T_i^*, C_i^*\}$，$T_i^*$ 为完整时间段的时间长度潜变量，C_i^* 为右侧删失时间段的时间长度潜变量，h_{ik} 为风险函数，表示企业在第 t-1 期为非出口而在第 t 期开始进入出口市场的概率，即：

$$h_i(t) = Pr(t-1 < T_i \leq t \mid T_i > t-1) = Pr(t-1 < T_i \leq t)/Pr(T_i > t-1) \tag{23}$$

进一步采用 Kaplan – Meier 乘积项的方式对生存函数进行非参数估计，可表示为：

$$\widehat{S(t)} = \prod_{k-1}^{t}\left[\frac{N_k - D_k}{N_k}\right] \tag{24}$$

其中，N_k 表示在 k 期中处于风险状态的持续时间段的个数，D_k 表示在同一时期观测到的"失败"对象的个数（即进入出口市场的企业数）。

为了采用 Kaplan – Meier 方法初步分析贸易自由化对进入出口市场时间的影响，需要对企业按照其所在行业的贸易自由化水平的高低进行分组。具体地，我们首先计算在考察期内各 GB/T 二分位行业产出关税变化量的均值（$\overline{\Delta\text{OutputTariff}_j}$）与投入品关税变化量的均值（$\overline{\Delta\text{InputTariff}_j}$），然后分别计算它们各自的中位数值，接下来把小于中位数值的行业视为贸易自由化水平高的行业，其余的为贸易自由化水平低的行业。按照贸易自由化水平高低分组绘制的生存曲线如图 1 所示，图 1 – A 和图 1 – B 分别反映了按照产出关税和投入品关税分组的情况，从中可以看出，在产出关税减让和投入品关税减让幅度大的行业中，其企业进入出口市场的生存曲线所处的位置均相对较低，这表明在贸易自由化水平较高的行业中，企业从非出口状态转变为出口状态所经历的时间相对较短，即初步证实了贸易自由化有助于缩短企业进入出口市场所需的时间。

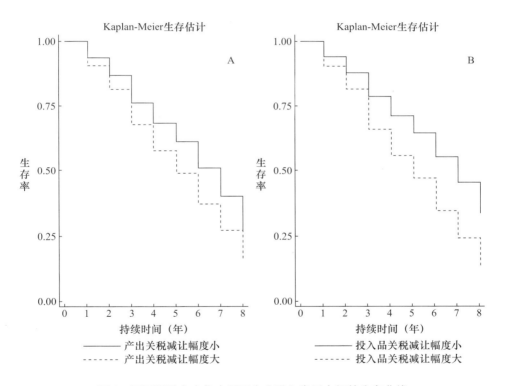

图 1　不同贸易自由化水平下企业进入出口市场的生存曲线

接下来我们转向更为严谨的计量分析。Hess 和 Persson（2011）认为，在研究有关贸易的持续期问题时，离散时间模型比连续时间模型更为合适，另外考虑到本文的样本数据都是年度观测值，因此本文选用离散时间模型进行估计。与 Ilmakunnas 和 Nurmi（2010）

以及 Esteve – Perez 等（2007，2012）的做法类似，本文建立以下离散时间的 cloglog 生存模型进行计量分析：

$$\text{cloglog}(1 - h_{it}) = \beta_0 + \beta_1 \Delta \text{OutputTariff}_{jt} + \beta_2 \Delta \text{InputTariff}_{jt} +$$
$$\beta \times \text{Controls} + \tau_t + \upsilon_j + \upsilon_k + \upsilon_t + \varepsilon_{ijkt} \tag{25}$$

其中，υ_j、υ_k、υ_t 分别表示行业、地区和年份特定效应，ε_{ijkt} 表示随机扰动项；τ_t 为基准风险率，它为时间的函数，可用于检验时间依存性的具体形式；其他变量与式（13）相同。

表5报告了影响企业进入出口市场时间的决定因素的估计结果。其中第（1）列没有考虑时间依存性特征，估计得到产出关税（OutputTariff）的估计系数在 10% 显著水平上为正，说明产出关税减让并没有增加企业进入出口市场的"风险率"，反而在一定程度上延长了企业进入出口市场的时间；投入品关税（ΔInputTariff）的估计系数显著为负，这表明投入品关税减让显著地提高了企业进入出口市场的"风险率"，即缩短了企业进入出口市场的时间。我们在第（2）列中引入持续时间段特定虚拟变量（Duration2 ~ Duration8）对基准风险率进行控制，并据此考察时间依存性的具体形式，结果表明，持续时间段特定虚拟变量的估计系数随着持续时间段的增长而上升，并且都在 1% 水平上显著，这再次证实了存在显著的正时间依存性特征，即随着时间段的推移，企业进入出口市场的可能性越来越大。在对基准风险率进行控制之后，产出关税的估计系数尽管仍然为正，但失去了显著性，说明产出关税引致的竞争效应对企业进入出口市场的时间没有明显影响；投入品关税的估计系数为负，并且依然在 1% 水平上显著，表明投入品关税减让引致的成本节约以及多元化优质要素获得效应显著地提高了企业进入出口市场的风险率，即投入品关税减让有助于缩短企业进入出口市场的时间。

以上估计都是针对多重持续时间段样本进行的，为了考察估计结果的稳健性，接下来我们分别对首个持续时间段（first spell）样本和唯一持续时间段（one spell only）样本进行估计，得到的结果如表5第（3）列和第（4）列所示。从中可以看出，产出关税的估计系数均不显著，再次说明产出关税引致的竞争效应对企业进入出口市场的时间没有影响，而投入品关税的估计系数依然显著为负（其中在唯一持续时间段样本中估计系数的绝对值有所上升），说明投入品关税减让显著地缩短了企业进入出口市场的时间，这与多重持续时间段样本的估计结果是相似的。

表5第（5）列与第（6）列进一步给出了按照企业所有制属性分组的估计结果。通过比较分析发现：产出关税与本土企业进入出口市场的"风险率"存在显著的正相关关系，即产出关税减让降低了进入出口市场的"风险率"，这说明产出关税减让在一定程度上延长了本土企业进入出口市场的时间，但产出关税减让对外资企业进入出口市场的时间没有影响；投入品关税对两类企业的影响均为负，并且都在 1% 水平上显著，且对本土企业的估计系数绝对值更大，这表明投入品关税减让引致的成本节约以及多元化优质要素获得效应更有利于缩短本土企业进入出口市场的时间。

表5　贸易自由化对企业进入出口市场时间的影响的估计结果

	总体样本	总体样本	首个持续时间段	唯一持续时间段	本土企业	外资企业
	（1）	（2）	（3）	（4）	（5）	（6）
ΔOutputTariff	0.005 * （1.87）	0.003 （1.19）	0.003 （1.14）	-0.001 （-0.22）	0.013 *** （4.05）	-0.001 （-0.18）
ΔInputTariff	-0.191 *** （-32.33）	-0.195 *** （-33.17）	-0.195 *** （-32.17）	-0.209 *** （-27.60）	-0.311 *** （-40.54）	-0.076 *** （-8.40）
tfp	0.037 *** （11.62）	0.029 *** （9.13）	0.023 *** （7.03）	0.016 *** （3.84）	0.125 *** （28.65）	-0.069 *** （-15.61）
size	0.009 *** （11.55）	0.010 *** （11.70）	0.010 *** （10.20）	0.011 *** （9.32）	0.009 *** （10.35）	0.011 *** （7.07）
age	0.005 *** （10.72）	0.005 *** （11.27）	0.004 *** （8.22）	0.007 *** （11.83）	0.001 * （1.83）	0.014 *** （12.76）
wage	0.051 *** （8.61）	0.043 *** （7.20）	0.048 *** （7.77）	0.057 *** （7.51）	0.024 *** （2.99）	0.002 （0.23）
klratio	-0.136 *** （-70.29）	-0.143 *** （-73.82）	-0.147 *** （-73.00）	-0.176 *** （-72.94）	-0.176 *** （-70.95）	-0.098 *** （-32.58）
subsidy	-1.235 *** （-7.42）	-1.269 *** （-6.72）	-1.167 *** （-6.12）	-1.379 *** （-5.33）	-4.041 *** （-8.53）	-0.192 （-0.83）
soes	-0.385 *** （-14.40）	-0.357 *** （-13.27）	-0.364 *** （-12.69）	-0.345 *** （-8.61）		
foreign	1.134 *** （171.95）	1.146 *** （174.01）	1.135 *** （166.26）	1.335 *** （165.00）		
Duration2		-0.326 *** （-35.08）	-0.337 *** （-35.01）	-0.142 *** （-10.31）	-0.263 *** （-23.50）	-0.404 *** （-24.91）
Duration3		0.372 *** （41.35）	0.372 *** （40.24）	1.126 *** （86.11）	0.171 *** （14.84）	0.749 *** （50.72）
Duration4		0.468 *** （35.08）	0.467 *** （34.02）	1.379 *** （70.44）	0.260 *** （15.52）	0.916 *** （40.79）
Duration5		0.596 *** （36.00）	0.585 *** （34.30）	1.658 *** （69.02）	0.412 *** （20.06）	1.038 *** （36.50）
Duration6		1.246 *** （71.52）	1.238 *** （69.40）	2.534 *** （97.17）	1.007 *** （47.09）	1.774 *** （58.23）
Duration7		1.614 *** （66.96）	1.603 *** （65.27）	3.019 *** （87.45）	1.342 *** （44.12）	2.176 *** （54.02）

	总体样本	总体样本	首个持续时间段	唯一持续时间段	本土企业	外资企业
	(1)	(2)	(3)	(4)	(5)	(6)
Duration8		2.449 ***	2.444 ***	4.086 ***	1.939 ***	3.263 ***
		(75.02)	(74.65)	(91.30)	(42.69)	(62.28)
常数项	-2.128 ***	-2.052 ***	-3.535 ***	-4.577 ***	-2.743 ***	-1.858 ***
	(-58.69)	(-56.73)	(-85.25)	(-88.50)	(-55.94)	(-30.35)
行业效应	Yes	Yes	Yes	Yes	Yes	Yes
地区效应	Yes	Yes	Yes	Yes	Yes	Yes
年份效应	Yes	Yes	Yes	Yes	Yes	Yes
对数似然值	-324910	-317011	-296394	-205852	-222112	-89749
观察值	962834	962834	905887	828228	791732	171101

注：( ) 内数值为纠正了异方差后的 t 统计量；*** 、** 和 * 分别表示 1% 、5% 和 10% 的显著性水平。

五、贸易自由化与企业出口动态Ⅱ：出口退出及出口持续时间

（一）贸易自由化与企业出口的退出

关于贸易自由化对企业出口退出的决策影响，表 6 报告了计量模型式（15）的 Probit 估计结果。其中第（1）列和第（2）列为对全体企业样本的估计，在第（1）列中只考虑产出关税减让，得到的估计系数为正并且通过 10% 显著性水平检验，表明产出关税减让降低了企业退出出口市场的概率。第（2）列在此基础上进一步引入投入品关税，估计结果显示产出关税的估计系数值有所下降且未能通过显著性检验，说明在控制了投入品关税之后，产出关税减让引致的竞争效应对企业出口退出没有影响；投入品关税的估计系数为正并且在 5% 水平上显著，表明投入品关税减让引致的成本节约和多元化优质要素获得效应对企业出口退出产生了显著的抑制作用。上述分析印证了前文的理论假说 3 和理论假说 4。

表 6 第（3）列和第（4）列进一步给出了区分企业所有权的估计结果，从中可以看出：对本土企业来说，产出关税与投入品关税的估计系数都显著为正，表明关税减让有利于降低本土企业退出出口市场的概率，从估计系数的大小来看，投入品关税减让对本土企业出口退出的抑制作用大于产出关税减让。对外资企业来说，产出关税减让对企业出口退

出的影响与本土企业恰好相反，即产出关税减让引致的竞争效应在一定程度上促进了企业退出出口市场。此外，投入品关税的估计系数并不显著，也明显小于本土企业，这说明投入品关税减让对外资企业的出口退出行为没有影响，其可能的原因正如前文分析所指出的，在贸易自由化之前，外资企业就已经很大程度上实现了生产成本的节约和多元化优质要素效应的获取。

表6　贸易自由化对企业出口退出影响的基本估计结果

	全体企业		本土企业	外资企业
	（1）	（2）	（3）	（4）
ΔOutputTariff	0.004 *	0.001	0.007 *	− 0.008 **
	（1.76）	（0.35）	（1.88）	（− 2.03）
ΔInputTariff		0.016 **	0.029 ***	0.009
		（2.17）	（2.87）	（0.82）
tfp	− 0.046 ***	− 0.046 ***	− 0.029 ***	− 0.075 ***
	（− 14.25）	（− 14.27）	（− 6.41）	（− 18.64）
size	− 0.011 ***	− 0.011 ***	− 0.012 ***	− 0.011 ***
	（− 7.68）	（− 7.66）	（− 6.83）	（− 3.80）
age	− 0.006 ***	− 0.006 ***	− 0.005 ***	− 0.003 ***
	（− 21.47）	（− 21.47）	（− 18.14）	（− 3.36）
wage	− 0.017 **	− 0.017 **	− 0.025	− 0.006 ***
	（− 2.14）	（− 2.14）	（− 1.37）	（− 3.36）
klratio	0.016 ***	0.016 ***	0.028 ***	0.002
	（5.98）	（5.75）	（7.89）	（0.76）
subsidy	0.455 ***	0.452 ***	0.582 ***	0.459 *
	（3.32）	（3.31）	（3.45）	（1.77）
soes	0.156 ***	0.155 ***		
	（12.71）	（12.69）		
foreign	− 0.424 ***	− 0.424 ***		
	（− 59.95）	（− 60.13）		
常数项	− 0.127 ***	− 0.357 ***	− 0.215 ***	− 0.646 ***
	（− 7.87）	（− 13.99）	（− 10.46）	（− 16.16）
行业效应	Yes	Yes	Yes	Yes
地区效应	Yes	Yes	Yes	Yes
年份效应	Yes	Yes	Yes	Yes
对数似然值	− 220241	− 220239	− 132633	− 87190
Pseudo R²	0.0636	0.0638	0.0598	0.0305
观察值	425427	425427	225823	199604

注：（ ）内数值为纠正了异方差后的 t 统计量；***、**和*分别表示1%、5%和10%的显著性水平。

（二）贸易自由化与企业出口持续时间：生存分析

贸易自由化对企业在出口市场上的持续时间有何影响？为检验前文的理论假说6，与第四部分类似，我们首先采用非参数方法进行初步分析，然后在此基础上建立 cloglog 离散时间模型做进一步的计量检验。出口持续时间定义为企业从进入出口市场直至退出出口市场（中间没有间断）所经历的时间，单位为年。企业退出出口市场被称为"风险事件"，它可能是企业的出口交货值为零但仍然有内销，也可能是企业倒闭，只要是上述两种情况的任何一种发生，我们就认为风险事件发生。但直接利用 1998～2007 年样本数据进行生存分析面临数据删失问题，包括左侧删失和右侧删失。所谓左侧删失指无法获知比样本数据时间更早年份的企业出口状态，忽略这一问题很显然会倾向于低估企业出口持续时间。为此，我们把在 1998 年没有出口而在 1999～2007 年有出口的企业作为新的分析样本。所谓右侧删失指无法获得样本期之后年份的企业出口状态信息，不过无须担心右侧删失问题，因为这类问题在生存分析方法中能够得到很好的解决（陈勇兵等，2012）。

首先采用 Kaplan‒Meier 方法初步分析贸易自由化对企业出口持续时间的影响。与前文的方法类似，将企业样本按照其所在行业的贸易自由化水平的高低进行分组，即划分为贸易自由化水平高的行业（产出关税或投入品关税减让幅度大）和贸易自由化水平低的行业（产出关税或投入品关税减让幅度小），然后绘制相应的生存曲线，结果如图 2 所示。从产出关税减让的角度来看（见图 2‒A），当出口持续时间小于 4 年时，产出关税减让幅度大的企业在出口市场上的生存率略高于产出关税减让幅度小的企业；当出口持续时间超过 4 年时，结果则恰好相反，不过两组企业的生存曲线十分接近，这就初步说明了产出关税减让对企业出口持续时间的影响不明显。从投入品关税减让的角度来看（见图 2‒B），在投入品关税减让幅度大的行业中，企业出口市场的生存曲线始终位于较高的位置，表明在投入品贸易自由化水平较高的行业中，企业的出口持续时间也相对较长。

接着构建形如式（25）的离散时间 cloglog 生存模型进行回归分析，估计结果报告见表 7。在第（1）列中不考虑风险函数的时间依存性特征，结果显示，产出关税为负但未能通过显著性检验，说明产出关税对企业出口持续时间没有影响；投入品关税的估计系数为正并且在 1% 水平上显著，表明投入品关税减让会降低企业退出出口市场的风险率，从而有助于延长企业出口持续时间。在第（2）列中进一步引入持续时间段特定虚拟变量（Duration2～Duration8），其估计系数随着持续时间段的增长总体上呈下降的趋势，这表明出口持续时间的风险函数的确存在显著的负时间依存性特征，即随着出口持续时间段的推移，企业退出出口市场的可能性逐步下降。在控制持续时间变量后，产出关税与投入品关税的估计系数的符号与显著性都没有发生变化。

上述估计采用的是多重持续时间段样本，为了考察估计结果的稳健性，与前文类似，我们也分别对首个持续时间段样本和唯一持续时间段样本进行估计。除此之外，在纯多重持续时间段样本中，我们把一个企业相邻两个持续时间段的间隔仅为 1 年的情形视为一个连续的持续时间段，即进行间隔调整（gap‒adjusted）。例如，假设某个企业在 1999～

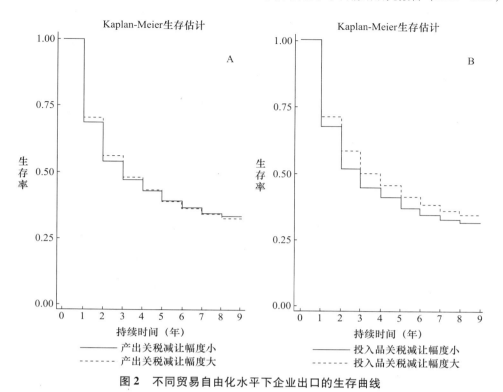

图2　不同贸易自由化水平下企业出口的生存曲线

2002 年连续出口，随后又在 2004～2006 年连续出口，由于两个时间段的间隔只相差 1 年，按照该方法把这两个时间段当作一个持续时间段处理，即出口持续时间为 8 年。之所以这样处理是因为间隔仅为 1 年的两个时间段很可能是对该年份的贸易交易没有进行及时记录或者在该年份企业的主营业务收入没有超过 500 万元而未被数据库收录，而实际上企业在该年份仍然出口。表 7 第（3）列、第（4）列、第（5）列分别报告了首个持续时间段样本、唯一持续时间段样本和间隔调整样本的估计结果，可以看出，产出关税的估计系数为正但均未通过显著性检验，说明产出关税减让对企业出口持续时间没有影响；投入品关税的估计系数显著为正，与基准回归相比绝对值均有所变大，再次表明了投入品关税减让降低了企业退出出口市场的风险率，即有助于延长出口持续时间。另外，企业异质性特征变量的估计系数符号和显著性水平没有发生根本性变化，这表明我们的估计结果是稳健的。

　　表 7 第（6）列与第（7）列进一步给出了按照企业所有制属性分类的估计结果。对本土企业而言，产出关税的估计系数为正，但依然未能通过显著性检验，投入品关税的估计系数则显著为正。对外资企业而言，产出关税的估计系数显著为负，而投入品关税的影响则不显著并且在绝对值上也小于本土企业。这个结果与前文的检验相呼应，它再次说明本土企业相比外资企业更加受益于投入品关税减让所带来的生产成本节约和多元化优质要素获得效应，从而提高了在出口市场上的竞争力，并延长了出口持续时间。

表 7　贸易自由化对企业出口持续时间影响的估计结果

	总体样本	总体样本	首个持续时间段	唯一持续时间段	进行间隔调整后	本土企业	外资企业
	(1)	(2)	(3)	(4)	(5)	(6)	(7)
ΔOutputTariff	−0.002	−0.002	0.000	0.001	0.002	0.004	−0.014 **
	(−0.63)	(−0.48)	(0.12)	(0.29)	(0.57)	(1.05)	(−2.26)
ΔInputTariff	0.034 ***	0.014 **	0.033 ***	0.061 ***	0.050 ***	0.017 **	0.011
	(5.61)	(2.30)	(5.00)	(8.17)	(7.80)	(2.24)	(1.02)
tfp	−0.118 ***	−0.052 ***	−0.044 ***	−0.046 ***	−0.047 ***	−0.040 ***	−0.029 ***
	(−28.31)	(−12.14)	(−9.73)	(−8.99)	(−10.30)	(−7.39)	(−3.65)
size	−0.012 ***	−0.015 ***	−0.016 ***	−0.019 ***	−0.015 ***	−0.017 ***	−0.022 ***
	(−5.79)	(−6.86)	(−6.46)	(−6.06)	(−5.88)	(−6.89)	(−3.49)
age	−0.003 ***	−0.006 ***	−0.007 ***	−0.008 ***	−0.006 ***	−0.005 ***	−0.034 ***
	(7.21)	(14.54)	(15.22)	(14.98)	(13.14)	(10.75)	(27.23)
wage	−0.060 ***	−0.211 ***	−0.199 ***	−0.232 ***	−0.156 ***	−0.258 ***	−0.157 ***
	(−7.78)	(−28.53)	(−25.65)	(−26.68)	(−20.01)	(−26.95)	(−12.95)
klratio	−0.008 ***	0.011 ***	0.011 ***	0.005	0.004	0.021 ***	0.002
	(−2.72)	(3.90)	(3.75)	(1.59)	(1.46)	(5.77)	(0.50)
subsidy	0.701 ***	0.636 ***	0.626 ***	0.610 ***	0.381 *	1.098 ***	0.273
	(3.90)	(3.41)	(3.23)	(2.84)	(1.87)	(4.32)	(1.00)
soes	0.155 ***	0.220 ***	0.203 ***	0.239 ***	0.181 ***		
	(7.05)	(9.97)	(8.66)	(9.46)	(7.82)		
foreign	−0.511 ***	−0.402 ***	−0.429 ***	−0.545 ***	−0.462 ***		
	(−57.49)	(−49.30)	(−49.57)	(−55.45)	(−52.97)		
Duration2		−0.546 ***	−0.514 ***	−0.500 ***	−0.584 ***	−0.450 ***	−0.757 ***
		(−61.83)	(−55.57)	(−49.01)	(−59.87)	(−42.87)	(−46.13)
Duration3		−0.972 ***	−0.959 ***	−0.948 ***	−1.010 ***	−0.979 ***	−0.963 ***
		(−79.51)	(−74.98)	(−67.50)	(−77.10)	(−63.34)	(−48.10)
Duration4		−1.433 ***	−1.421 ***	−1.428 ***	−0.981 ***	−1.380 ***	−1.521 ***
		(−83.75)	(−80.09)	(−73.25)	(−66.88)	(−64.23)	(−53.80)
Duration5		−1.367 ***	−1.336 ***	−1.330 ***	−1.150 ***	−1.417 ***	−1.303 ***
		(−60.68)	(−57.81)	(−52.90)	(−54.94)	(−47.88)	(−37.42)
Duration6		−1.637 ***	−1.595 ***	−1.537 ***	−1.150 ***	−1.691 ***	−1.568 ***
		(−51.04)	(−49.09)	(−44.72)	(−44.89)	(−39.80)	(−32.04)
Duration7		−1.999 ***	−1.965 ***	−1.902 ***	−1.035 ***	−2.135 ***	−1.842 ***
		(−41.85)	(−41.12)	(−38.13)	(−34.39)	(−31.87)	(−27.03)

续表

	总体样本	总体样本	首个持续时间段	唯一持续时间段	进行间隔调整后	本土企业	外资企业
	（1）	（2）	（3）	（4）	（5）	（6）	（7）
Duration8		−2.345 *** (−28.36)	−2.355 *** (−28.47)	−2.218 *** (−26.76)	−0.887 *** (−22.35)	−2.560 *** (−20.63)	−2.139 *** (−19.27)
常数项	0.263 *** (4.15)	1.134 *** (20.93)	1.042 *** (18.65)	1.164 *** (19.44)	0.937 *** (16.88)	1.149 *** (18.89)	0.167 (0.37)
行业效应	Yes	Yes	Yes	Yes	Yes	Yes	Yes
地区效应	Yes	Yes	Yes	Yes	Yes	Yes	Yes
年份效应	Yes	Yes	Yes	Yes	Yes	Yes	Yes
对数似然值	−180767	−173707	−157040	−135050	−167850	−108526	−64791
观察值	366433	364969	329422	307325	370347	204284	160677

注：（ ）内数值为纠正了异方差后的 t 统计量；***、**和*分别表示 1%、5% 和 10% 的显著性水平。

六、贸易自由化对企业出口影响的反事实估计分析

对贸易自由化与企业出口动态关系的反事实估计（Counterfactual Estimate）将在前文统计显著性检验的基础上进一步分析贸易自由化对企业进入与退出出口市场的净影响程度。在反事实估计中，我们将模拟的情形分为四种，分别为：①产出关税和投入品关税均保持不变（即 $\Delta OutputTariff = 0$ 且 $\Delta InputTariff = 0$）；②产出关税发生变化而投入品关税保持不变（即 $\Delta OutputTariff =$ 实际值且 $\Delta InputTariff = 0$）；③产出关税保持不变而投入品关税发生变化（即 $OutputTariff = 0$ 且 $InputTariff$ 实际值）；④产出关税和投入品关税均发生变化（即 $\Delta OutputTariff =$ 实际值且 $\Delta InputTariff =$ 实际值）。在计算企业出口动态的模拟值时，贸易自由化变量由不同情景的设定值给出，其余变量由相应样本的均值给出。情形①为基线方案，由情形②与情形①得到模拟值差异为因产出关税减让导致的企业出口动态变化；由情形③与情形①得到模拟值差异为因投入品关税减让导致的企业出口动态变化；由情形④与情形①得到模拟值差异为因产出关税和投入品关税减让共同导致的企业出口动态变化，也即贸易自由化对企业出口动态的净影响效应。

表 8 PanelA 报告了上述反事实估计的结果。首先分析全体企业样本，其中第（1）列报告了企业出口参与的反事实估计模拟结果，它表明产出关税减让导致企业进入出口市场的概率上升了 0.0005，这相当于每年增加了 96 家企业进入出口市场；投入品关税减让导致企业出口进入概率上升了 0.0029，相当于每年增加了 556 家企业进入出口市场。因此，总体来看，贸易自由化导致了企业进入出口市场的概率上升了 0.0034，即贸易自由化的

净影响相当于每年增加了 652 家企业进入出口市场。第（2）列报告了企业出口强度的反事实估计模拟结果，可以看出：产出关税与投入品关税减让分别使企业出口强度提高了 0.0011 和 0.0088，从而在总体上导致企业出口强度提高了 0.0099，这相当于使企业的出口额平均每年增加 74.3 万元。第（3）列给出了企业出口退出的反事实模拟估计结果，产出关税减让导致企业出口退出概率下降了 0.0003，相当于每年有 14 家企业退出出口市场；投入品关税减让导致企业出口退出的概率下降了 0.0026，这意味着每年有 123 家企业退出出口市场；最终贸易自由化在总体上导致企业出口退出的概率下降了 0.0029，即相当于每年在出口市场上减少了 137 家企业。

表 8　贸易自由化对企业出口动态影响的反事实估计结果

Panel A	全体企业			本土企业			外资企业		
	出口参与	出口强度	出口退出	出口参与	出口强度	出口退出	出口参与	出口强度	出口退出
	（1）	（2）	（3）	（4）	（5）	（6）	（7）	（8）	（9）
情形（A）	0.0444	0.2769	0.2096	0.0419	0.1364	0.2929	0.0673	0.4042	0.1250
情形（B）	0.0449	0.2780	0.2094	0.0422	0.1404	0.2906	0.0687	0.4077	0.1266
情形（C）	0.0473	0.2857	0.2070	0.0451	0.1688	0.2871	0.0695	0.4093	0.1239
情形（D）	0.0478	0.2868	0.2067	0.0455	0.1729	0.2848	0.0709	0.4128	0.1255
不同情形之间的比较									
（B）－（A）	0.0005	0.0011	－0.0003	0.0003	0.0040	－0.0023	0.0014	0.0035	0.0016
（C）－（A）	0.0029	0.0088	－0.0026	0.0032	0.0325	－0.0058	0.0022	0.0051	－0.0011
（D）－（A）	0.0034	0.0099	－0.0029	0.0035	0.0365	－0.0081	0.0036	0.0086	0.0005

Panel B	全体企业		本土企业		外资企业	
	出口市场进入时间	出口持续时间	出口市场进入时间	出口持续时间	出口市场进入时间	出口持续时间
	（1）	（2）	（3）	（4）	（5）	（6）
情形（A）	[1.9485] 1.9227	[1.5864] 1.2483	[2.5754] 2.5146	[1.3478] 1.0783	[1.1584] 1.1596	[2.1344] 1.6223
情形（B）	[1.9492] 1.9234	[1.5978] 1.2573	[2.5841] 2.5231	[1.3635] 1.0908	[1.1567] 1.1579	[2.1220] 1.6128
情形（C）	[1.8817] 1.8569	[1.6185] 1.2736	[2.4213] 2.3641	[1.3837] 1.107	[1.1477] 1.1489	[2.1571] 1.6395
情形（D）	[1.8824] 1.8575	[1.6301] 1.2828	[2.4295] 2.3721	[1.3998] 1.1199	[1.1461] 1.1473	[2.1445] 1.6299
不同情形之间的比较						

续表

（B）－（A）	[0.0007] 0.0006	[0.0114] 0.009	[0.0087] 0.0085	[0.0157] 0.0125	[－0.0016] －0.0016	[－0.0124] －0.0094
（C）－（A）	[－0.0668] －0.0659	[0.0321] 0.0252	[－0.1541] －0.1505	[0.0359] 0.0287	[－0.0107] －0.0107	[0.0226] 0.0172
（D）－（A）	[－0.0661] －0.0653	[0.0437] 0.0344	[－0.1459] －0.1425	[0.0520] 0.0416	[－0.0123] －0.0123	[0.0101] 0.0077

注：在 Panel A 中，第（1）列～第（2）列、第（4）列～第（5）列和第（7）列～第（8）列分别是根据表3第（3）列～第（8）列的估计参数模拟得到，第（3）列、第（6）列和第（9）列分别是根据表6第（2）列～第（4）列的估计参数模拟得到；Panel B 是基于连续时间 Weibull 模型预测得到的，其中 [ ] 内的数值表示持续期的均值，[ ] 之外的数值表示持续期的中位值。

通过以上分析不难发现，贸易自由化对企业出口进入的影响程度要明显地大于企业出口退出，并且主要依靠投入品关税减让发挥作用，而产出关税减让的作用则较为微弱。此外，表8 Panel A 第（4）列～第（9）列还进一步报告了本土企业和外资企业样本的反事实模拟估计结果，可以看到，贸易自由化对企业出口参与决策、企业出口强度以及企业出口退出的影响程度存在显著的所有制差异。

表8 Panel B 报告了贸易自由化对企业进入出口市场的时间以及出口持续时间影响的反事实估计结果。现有的研究一般通过计算持续时间段的均值和中位值来考察生存时间（Besedes and Prusa，2006），但对于离散时间生存模型而言，由于其风险函数的特殊性，要定量预测持续时间段的均值和中位数十分困难（Jenkins，2005），因此我们无法直接对离散时间 log 模型进行反事实模拟估计。这里采用 Weibull 连续时间模型重新估计了企业进入出口市场时间以及出口持续时间的影响因素，然后在此基础上对贸易自由化影响企业进入出口市场时间和出口持续时间进行反事实模拟估计。从表中可以看出：产出关税减让使得全体企业进入出口市场时间的均值和中位值分别延长了 0.0007 年和 0.0006 年，但这一影响在统计上并不显著；投入品关税减让则明显有助于缩短企业进入出口市场的时间，其均值和中位值分别为 0.0668 年和 0.0659 年。最终，总体来看，贸易自由化使得全体企业进入出口市场的时间均值和中位值分别缩短了 0.0661 年和 0.0653 年。从不同所有制企业来看，贸易自由化均有助于缩短本土企业和外资企业进入出口市场的时间，但对本土企业的影响程度更大。

另外，模拟结果还表明贸易自由化有助于延长全体企业的出口持续时间，使得均值和中位值分别延长了 0.0437 年和 0.0344 年，而投入品关税减让对此发挥的作用要大于产出关税减让。从不同所有制企业来看，贸易自由化对本土企业出口持续时间的影响程度相对更大。

七、延展性分析：企业出口动态和贸易自由化对生产率的影响

上文对贸易自由化与企业出口动态关系的考察表明，生产效率高的企业将自我选择进入出口市场，同时高效率的企业在出口市场上的持续时间也更长，这暗含着效率低的企业将更容易且较早地退出出口市场。那么，企业的这种出口动态将对行业的全要素生产率（TFP）产生怎样和多大的影响？贸易自由化通过影响出口动态对 TFP 是否具有解释力？接下来我们将对这两个问题做进一步的扩展性分析研究。

为了考察企业出口动态对生产率增长的影响，我们采用 Baldwin 和 Gu（2003）的分析框架对 TFP 增长进行分解，即把总体 TFP 的增长分解为存续企业、新进入企业以及退出企业的 TFP 变化，即：

$$\Delta tfp_{jt} = \underbrace{\sum_{i \in S} \overline{\theta_i} \times \Delta tfp_{it}}_{\text{组内效应（I）}} + \underbrace{\sum_{i \in S} \Delta \theta_{it} \times (\overline{tfp_i} - tfp_{X,t-1})}_{\text{组间效应（II）}} + \underbrace{\sum_{i \in N} \theta_{it} \times (tfp_{it} - tfp_{X,t-1})}_{\text{净进入效应（III）}} \quad (26)$$

其中，下标 i 表示企业、j 表示行业、t 表示时间；S 表示存续企业集合，N 表示新进入企业集合，X 表示退出企业集合；tfp_{it} 为企业 i 在 t 期的全要素生产率；θ_{it} 为权重，表示资源在企业间的配置情况，这里用企业 i 在行业 j 中的市场份额来衡量；带上划线的变量表示相应变量在相邻两期的平均值，即 $\overline{\theta_i} = (\theta_{it-1} + \theta_{it})/2$，$\overline{tfp_i} = (tfp_{it-1} + tfp_{it})/2$，$tfp_{X,t-1}$ 表示在 t−1 期退出企业的加权平均生产率；$\Delta \theta_{it}$ 和 Δtfp_{it} 分别表示企业 i 的市场份额和生产率从 t−1 期到 t 期的变化量。在该式中，第一项为"组内效应"，表示假定每个存续企业的市场份额在前后两个时期保持不变，由存续企业自身 TFP 变化而导致的总体生产率增长；第二项为"组间效应"，表示只有当期初高于退出企业加权平均生产率的存续企业其市场份额增加或期初低于退出企业加权平均生产率的存续企业其市场份额降低时，该项才为正；第三项为"净进入效应"，表示衡量企业净进入（企业的进入与退出或企业更替）对生产率增长的作用。

在上述方法的基础上，我们把存续企业按其出口状态进一步细分为持续出口企业（CX）、新进入出口市场企业（EX）、退出出口市场企业（DX）和持续非出口企业（NX）四种类型，同时也将新进入企业划分为出口企业（CK）和非出口企业（NK）两种类型。这样，组内效应、组间效应与净进入效应可进一步表示为：

$$\text{组内效应} = \sum_{i \in \{S \cap CX\}} \overline{\theta_i} \times \Delta tfp_{it} + \sum_{i \in \{S \cap EX\}} \overline{\theta_i} \times \Delta tfp_{it} + \sum_{i \in \{S \cap DX\}} \overline{\theta_i} \times \Delta tfp_{it} + \sum_{i \in \{S \cap NX\}} \overline{\theta_i} \times \Delta tfp_{it}$$
$$(27)$$

$$\text{组间效应} = \sum_{i \in \{S \cap CX\}} \Delta \theta_{it} \times (\overline{tfp_i} - tfp_{X,t-1}) + \sum_{i \in \{S \cap EX\}} \Delta \theta_{it} \times (\overline{tfp_i} - tfp_{X,t-1})$$
$$+ \sum_{i \in \{S \cap DX\}} \Delta \theta_{it} \times (\overline{tfp_i} - tfp_{X,t-1}) + \sum_{i \in \{S \cap NX\}} \Delta \theta_{it} \times (\overline{tfp_i} - tfp_{X,t-1}) \quad (28)$$

$$\text{净进入效应} = \sum_{i \in \{N \cap CK\}} \theta_{it} \times (tfp_{it} - tfp_{X,t-1}) + \sum_{i \in \{N \cap NK\}} \theta_{it} \times (tfp_{it} - tfp_{X,t-1}) \qquad (29)$$

为了稳健起见，这里不仅采用 OP 法测算企业 TFP，而且采用了 Levinsohn 和 Petrin（2003）的半参数法（简称 LP 法）进行测算，它与 OP 法的主要区别在于使用企业的中间品投入而非投资作为不可观测生产率冲击的代理变量。利用式（27）～式（29）对 1999～2006 年间的 TFP 增长分解情况列于表 9，其中第（1）列和第（2）列为利用 OP 法计算的 TFP 分解，第（3）列和第（4）列为利用 LP 法计算的 TFP 分解。在导致 TFP 增长的 3 种效应中，组内效应最大，对生产率增长的贡献为 56%～59%；其次是净进入效应，贡献率为 28.5%～28.8%，而组间效应的作用最小，其贡献率不到 16%。从细类分解项来看，持续出口企业的组内效应、非出口企业的组内效应以及出口企业的净进入效应对生产率增长的作用相对较大，分别为 24.5%～28.5%、28.6%～28.9% 和 19.9%～28.8%。我们发现，对于退出出口市场的企业而言，无论是组内效应还是组间效应，其对生产率的贡献率均为负，这就意味着这些企业一方面生产率没有增长，另一方面其市场份额也在缩小，这与理论预期是相符的。对于进入出口市场的企业而言，新进入出口市场的存续企业与新进入的出口企业对于生产率增长的贡献存在显著差异，前者的贡献度为 4.3%～5.7%，而后者的贡献度则高达 19.9%～27.4%，这与 Baldwin 和 Gu（2003）的研究结论颇为相似。经过进一步简单计算发现，企业出口动态对生产率增长的贡献率为 23.6%～28.3%，可见出口动态对行业总体生产率增长的作用是非常重要的。

由前文分析可知，一方面，贸易自由化对企业出口动态有显著的影响，而另一方面，企业出口动态对生产率增长具有显著的影响。因此，为了检验贸易自由化对出口动态所引致的生产率增长的影响力，我们构建如下计量模型进行实证分析：

$$tfp_{jt}^{dynamic} = \gamma_0 + \gamma_1 \Delta OutputTariff_{jt} + \gamma_2 \Delta InputTariff_{jt} + \gamma_3 herfindahl_{jt} + \upsilon_j + \upsilon_t + \varepsilon_{jt} \qquad (30)$$

其中，下标 j 和 t 分别表示行业和年份，$tfp_{jt}^{dynamic}$ 为出口动态所引致的 TFP 增长，υ_j 和 υ_t 分别表示行业效应和时间效应。同时引入赫芬达尔集中度指数（$herfindahl_{jt}$）对市场竞争因素进行控制：

$$herfindahl_{jt} = \sum_{i \in I_t} (sale_{it}/sale_{jt})^2 = \sum_{i \in I_t} S_{it}^2$$

其中，$sale_{it}$ 表示企业 i 在第 t 年的销售额，$sale_{jt}$ 表示行业 j 在第 t 年的总销售额，S_{it} 表示企业 i 在第 t 年的市场占有率，该指标越小表明行业所在市场的竞争程度越高。

对式（30）的基本估计结果报告在表 9 的第（1）列中，可以看出，产出关税的估计系数为负，但未能通过显著性检验，说明产出关税减让对出口动态的 TFP 变化只有微弱的影响；投入品关税的估计系数则显著为负，表明投入品关税减让对于出口动态的 TFP 增长具有明显的促进作用；进一步对产出关税与投入品关税的估计系数进行联合显著性检验，发现结果在 10% 水平上显著，这意味着贸易自由化在总体上对出口动态的 TFP 增长具有较好的解释力。此外，考虑到企业进入出口市场是出口动态 TFP 效应的主要组成部分，我们还分别将出口企业的净进入效应 $\sum_{i \in [N \cap ck]} \theta_{it} \times (tfp_{it} - tfp_{X,t-1})$、新进入出口市场企业的组内效应 $\sum_{i \in [S \cap Ex]} \overline{\theta}_i \times \Delta tfp_{it}$ 和新进入出口市场组间效应 $\sum_{i \in [S \cap EX]} \Delta \theta_{it} \times (\overline{tfp}_i -$

tfp$_{X,t-1}$）作为因变量进行回归，结果分别报告在第（2）列～第（4）列中。我们发现，对出口企业的净进入效应的估计结果与第（1）列的情形较为相似，而在最后两列回归中，不论是产出关税还是投入品关税，其估计系数均未能通过显著性检验，这反映出贸易自由化对出口动态的 TFP 效应的主要影响途径是通过出口企业的净进入效应实现的。

表9　贸易自由化对出口动态生产率效应影响的估计结果

	出口动态的 TFP 增长	出口企业的 净进入效应	新进入出口市场 企业的组内效应	新进入出口市场 企业的组间效应
	（1）	（2）	（3）	（4）
ΔOutputTariff	−0.0058	−0.0068	0.0004	−0.0001
	（−1.41）	（−1.53）	（0.40）	（−0.25）
ΔInputTariff	−0.0312**	−0.0405***	−0.0037	−0.0032
	（−2.33）	（−2.71）	（−1.04）	（−1.24）
herfindahl	0.4466	−0.6315	−0.5467	−0.1078
	（0.56）	（−1.04）	（−0.90）	（−1.55）
常数项	−0.0018	0.0260***	0.0143	0.0033***
	（−0.19）	（3.34）	（1.59）	（2.67）
ΔOutputTariff 和 ΔInputTariff 的联合 显著性 F 检验	2.73 [0.0671]	3.66 [0.0271]	0.57 [0.5678]	0.85 [0.4282]
行业效应	Yes	Yes	Yes	Yes
年份效应	Yes	Yes	Yes	Yes
R^2	0.4784	0.4630	0.2138	0.1587
观察值	252	252	252	252

注：（）内数值为纠正了异方差后的 t 统计量，[ ] 内数值为相应统计量的 p 值；***、** 和 * 分别表示1%、5% 和 10% 的显著性水平。

八、结论

本文利用 1998～2007 年高度细化的关税数据和工业企业数据库的大样本微观数据考察了中国贸易自由化对企业出口动态的影响机制与效果，包括进入与退出出口市场、出口强度、进入与持续出口的时间。在贸易自由化指标的选择上，我们不仅测算了最终产品的产出关税率，还结合投入—产出表计算了投入品关税率，从而从竞争效应和成本节约与多元化优质要素获得效应两个维度来刻画贸易自由化对出口动态的影响。在此基础上，本文采用 Probit 模型分析了贸易自由化对企业出口参与决策和出口退出的影响，并利用生存分析方法考察了贸易自由化对企业进入出口市场的时间以及出口持续时间的影响。

归纳起来，本文主要有以下几点结论：第一，贸易自由化不仅显著地促进了企业的出口参与，而且也提高了已有出口企业的出口强度，这其中投入品关税减让的影响明显大于产出关税减让，同时，不论是产出关税还是投入品关税减让，它们对企业出口强度的促进作用都大于对企业出口参与的影响，这意味着贸易自由化更多的是通过集约边际影响中国的出口增长。第二，从不同所有制企业来看，无论是本土企业还是外资企业，贸易自由化对其出口参与和出口强度的提高均起到了显著的促进作用，但相比之下，投入品关税减让对本土企业要具有更大的影响。第三，离散时间生存分析表明，产出关税减让引致的竞争效应对企业进入出口市场的时间没有明显影响，但投入品关税减让引致的成本节约以及多元化优质要素获得效应则显著缩短了企业进入出口市场的时间。进一步的反事实估计发现，贸易自由化在总体上有助于缩短企业进入出口市场的时间，并且对本土企业的影响程度大于外资企业。第四，类似地，产出关税减让对企业退出出口市场没有明显影响，但投入品关税减让则对企业出口退出具有显著的抑制作用。进一步的反事实估计表明，贸易自由化在总体上降低了企业退出出口市场的概率，对本土企业尤为如此。第五，产出关税减让对企业出口持续时间没有影响，但投入品关税减让则有助于延长企业出口持续时间。进一步的反事实估计显示，贸易自由化在总体上延长了企业出口的持续时间，并且对本土企业的影响程度相对更大。第六，延展性分析反映出企业出口动态对行业 TFP 增长具有重要的促进作用，此外，贸易自由化在总体上对企业出口动态的生产率效应具有较好的解释力，并主要通过投入品关税减让发挥作用。

本文从多个维度全面细致地考察了贸易自由化对企业出口动态的影响，从而有助于理解中国出口贸易发展演化的微观基础，也从贸易政策变化的视角为中国出口贸易的快速增长提供了一个新的技术解释。与此同时，本文的研究还使我们注意到企业的出口动态对制造业总体生产率增长所产生的重要影响，以及企业出口动态也是贸易自由化促进生产率提升的重要途径之一，这是以往研究文献所忽略的。当然，本文的研究仍然存在进一步探索的空间，例如由于工业企业数据库中没有提供一个企业是否从事加工贸易的信息，在本文研究中，我们并没有进一步区分加工企业和非加工企业，而贸易自由化对这两个类型企业出口动态的影响也许存在差异，这在未来需要将工业企业数据和海关进出口数据匹配起来进行分析。最后需要说明的是，囿于数据的可获得性，本文在实证分析中只验证了理论分析的最终结论（即理论假说），而尚未对贸易自由化如何影响企业出口动态的作用机制（即竞争效应和成本节约及多元化优质要素获得效应）做进一步检验。这将对样本数据提出更高的要求，特别是需要匹配海关进出口数据与企业数据，这是未来值得进行深入研究的问题。

参考文献

[1] 陈勇兵，李燕，周世民．中国企业出口持续时间及其决定因素 [J]．经济研究，2012（7）．

[2] 蒋殿春，张宇．经济转型与外商直接投资技术溢出效应 [J]．经济研究，2008（7）．

[3] 毛其淋．贸易自由化与中国制造业企业出口行为："入世"是否促进了出口参与？[R]．南开大学国际经济研究所工作论文，2012．

[4] 毛其淋，盛斌．贸易自由化与制造业企业进入退出行为：理论与中国的经验 [R]．南开大学国际经济研究所工作论文，2012．

[5] 盛斌，毛其淋．贸易自由化与制造业企业生产率的动态演进：来自中国微观企业数据的经验证据 [R]．南开大学国际经济研究所工作论文，2012．

[6] 田巍，余淼杰．企业出口强度与中间品贸易成本：来自中国企业的实证研究 [R]．北京大学中国经济研究中心工作论文，2012．

[7] 易靖韬．企业异质性、市场进入成本、技术溢出效应与出口参与决定 [J]．经济研究，2009（9）．

[8] 易靖韬，傅佳莎．企业生产率与出口：浙江省企业层面的证据 [J]．世界经济，2011（5）．

[9] 余淼杰．中国的贸易自由化与制造业企业生产率 [J]．经济研究，2010（12）．

[10] 余淼杰．加工贸易、企业生产率和关税减免——来自中国产品面的证据 [J]．经济学（季刊），2011，10（4）．

[11] 张杰，李勇，刘志彪．出口促进中国企业生产率提高吗？——来自中国本土制造业企业的经验证据：1999～2003 [J]．管理世界，2009（12）．

[12] 赵伟，赵金亮，韩媛媛．异质性、沉没成本与中国企业出口决定：来自中国微观企业的经验证据 [J]．世界经济，2011（4）．

[13] Aghion P. C.，Harris P. Howitt and J. Vickers. Competition，Imitation and Growth with Step – by – Step Innovation [J]. Review of Economic Studies，2001（68）：467 – 492.

[14] Aghion P. C.，Harris and J. Vickers. Competition and Growth with Step – by – step Innovation：An Example [J]. European Economic Review，1997（41）：771 – 782.

[15] Amid M.，J. Konings. Trade Liberalization，Intermediate Inputs and Productivity：Evidence from Indonesia [J]. American Economic Review，2007（97）：1611 – 1638.

[16] Anderson J. E.，E. V. Wincoop. Gravity with Gravitas：A Solution to the Border Puzzle [J]. American Economic Review，2003（93）：170 – 192.

[17] Aw B. Y.，S. Chung and M. J. Roberts. Productivity and Turnover in the Export Market：Micro – level Evidence from the Republic of Korea and Taiwan [J]. World Bank Economic Review，2000（14）：65 – 90.

[18] Baggs J.，J. A. Grander. Trade Liberalization，Profitability and Financial Leverage [J]. Journal of International Business Studies，2006（37）：196 – 211.

[19] Baggs J. Firm Survival and Exit in Response to Trade Liberalization [J]. Canadian Journal of Economics，2005（38）：1364 – 1383.

[20] Baldwin J. R.，W. Gu. Plant Turnover and Productivity Growth in Canadian Manufacturing [R]. Analytical Studies Branch Research Paper Series，No. 193，2003.

[21] Baldwin R. Heterogeneous Firms and Trade：Testable and Untestable Properties of the Melitz Model

［R］. NBER Working Paper, No. 11471, 2005.

［22］Bernard A. B., J. Eaton, J. B. Jensen and S. S. Kortum. Plants and Productivity in International Trade ［J］. American Economic Review, 2003 (93): 1268 – 1290.

［23］Bernard A. B., J. B. Jensen. Why Some Firms Export ［J］. Review of Economics and Statistics, 2004 (86): 561 – 569.

［24］Bernard A. B., J. Wagner. Export Entry and Exit by German Firms ［J］. Weltwirtschaftliches Archiv, 2001, 137 (1): 105 – 123.

［25］Bertrand M., S. Mullainathan. Enjoying the Quiet Life? Corporate Governance and Managerial Preferences ［J］. Journal of Political Economy, 2003 (111): 1043 – 1075.

［26］Besedes T., T. J. Prusa. Ins, Outs, and the Duration of Trade ［J］. Canadian Journal of Economics, 2006 (39): 266 – 295.

［27］Beyer H., P. Rojas and R. Vergara. Trade Liberalization and Wage Inequality ［J］. Journal of Develop-ment Economics, 1999 (59): 103 – 123.

［28］Biesebroeck V. J. Exporting Raises Productivity in Sub – Saharan African Manufacturing Firms ［J］. Journal of International Economics, 2005 (67): 373 – 391.

［29］Blalock G., P. Gentler. Learning from Exporting Revisited in a Less Developed Setting ［J］. Journal of Development Economics, 2004 (75): 397 – 416.

［30］Clerides S. K., S. Lach and J. R. Tybout. Is Learning by Exporting Important? Micro – Dynamic Evidence from Colombia, Mexico and Morocco ［J］. Quarterly Journal of Economics, 1998 (13): 903 – 947.

［31］Crespi G., C. Criscuolo and J. Haskel. Information Technology, Organizational Change and Productivity Growth: Evidence from UK Firms ［R］. CEP Discussion Papers dp0783, 2007.

［32］Esteve – Perez S., J. A. Manez – Castillejo, M. E. Rochina – Barrachina and J. A. Sanchis – Llopis. A Survival Analysis of Manufacturing Firms in Export Markets ［J］. in: Arauzo – Carod J. M. and M. A. Manjtin – Antolin (Eds.), Entrepreneurship, Industrial Location and Economic Growth, Edward Elgar Publishing, 2007.

［33］Esteve – Perez S., V. Pallardfi – Lopez and F. Requena – Silvente. The Duration of Firm – destination Export Relationships: Evidence from Spain, 1997 – 2006 ［J］. Economic Inquiry, 2012 (1): 1 – 22.

［34］Faini R. Export Supply, Capacity and Relative Prices ［J］. Journal of Development Economics, 1994 (45): 81 – 100.

［35］Fernandes A. M. Trade Policy, Trade Volumes and Plant – level Productivity in Colombian Manufacturing Industries ［J］. Journal of International Economics, 2007 (71): 52 – 71.

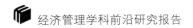
Trade Liberalization and the Heterogeneity of Enterprises with Export Dynamic

—Evidence from China's Micro Enterprise Data

Abstract: This paper, by using 1998 – 2007 highly refined customs data and industrial enterprises large sample micro data, the empirical examines the trade liberalization in China (including output consist of tariff concession and tariff concession) on the degree of significance and the dynamic influence of export. This article found that trade liberalization is not only significant to promote the export enterprises to participate in decision – making, but also improved the existing export strength of export enterprises, and the influence of the latter is greater than the former, show that trade liberalization is more affect China's export growth through intensive marginal output tariff concession exit export market of the enterprise, and export the duration of the period of time in the export market, have no obvious effect, and down – stream tariff concession is significantly inhibit enterprise exit export market, shorten the time of entering the export market, and help to extend the duration of the enterprises to export trade liberalization on the impact of the export enterprises of different ownership dynamic, consist of tariff concession for local companies significantly greater than the influence of the foreign capital enterprise finally, dynadynamic enterprises to export to the industry's total factor productivity growth plays an important role in promoting, at the same time, trade liberalization (especially the down – stream tariff concession) effects to the enterprises to export dynamic productivity has good explanatory power. In this paper, the research helps to understand the evolution of China's export trade development micro basis, from the perspective of trade policy changes for China's export expansion provides a new technical explanation.

Key Words: Trade Liberalization; The Heterogeneity of the Enterprise; Export Dynamic; Survival Analysis

中国外贸依存度和失衡度的重新估算

——全球生产链中的增加值贸易[*]

[*]

李　昕　徐滇庆

（北京师范大学国民核算研究院，北京　100875）

【摘　要】GDP 与外贸数据的扭曲夸大了中国外贸依存度及外贸失衡度。GDP 的扭曲主要来自汇率法与购买力平价法估算的差异；贸易数据扭曲包括关境统计的重复计算以及由产权问题导致的国际贸易物流与资金流的不一致。对 2007 年我国实际外贸依存度及其失衡度的重估显示：2007 年中国的外贸依存度从官方统计的 68.02% 下调为 31.59%，外贸失衡度也从官方统计的 10.13% 下调为 2.11%。所谓"中国操纵汇率"的指责是毫无根据的。

【关键词】外贸依存度；外贸失衡度；加工贸易；外资产权

一、引　言

　　外贸依存度，是进出口贸易总额与其国内生产总值（GDP）的比值，通常用来衡量一国或地区的经济对国际市场的依赖程度。人们还常常用出口减去进口之净额（或经常性账户余额）占国内生产总值的比重，评估贸易均衡程度，或称为外贸失衡度。如果说某个国家外贸出现扭曲，通常有两层意思：第一，外贸依存度太高；第二，外贸顺差（或逆差）太高，也就是外贸失衡度太高。官方统计的我国对外贸易的货物与服务贸易依

　　* 本文选自《中国社会科学》2012 年第 1 期。

　　本研究得到国家社会科学基金青年项目"过度外部失衡参考性指标构建"（项目号 11CJL03）以及国家自然科学基金国际重大合作项目"利用反映加工贸易特点的非竞争进口型投入占用产出模型和 CGE 模型研究出口对国内增加值、国民收入及就业等影响"（项目号 70810107020）的支持，感谢匿名评审专家专业和客观的审稿意见，感谢北京大学国家发展研究院姚洋教授、余淼杰教授组织的国际经济学讨论会。文责自负。

存度，从20世纪80年代的平均19.7%上升到90年代的平均34.3%，并在2006年达到峰值65.2%，此后虽有所回落，但2011年我国贸易依存度仍高达50.1%。国内一些经济学家认为，"中国外贸依存度超过60%，非降不可"。随着我国对外贸易依存度的不断提高，贸易顺差占我国国内生产总值的比重，也从2000年的2.01%上升到2007年峰值时的7.59%。国外有人据此指责中国政府操纵汇率。2010年3月24日，美国彼得森国际经济研究所负责人伯格斯坦（C. Fred Bergsten）在美国国会作证时说：中国在2007年经常项目顺差超过4000亿美元，占中国GDP的11%，说明人民币汇率被低估了。按照贸易权重法（Trade Weighted）的原则，人民币应升值至少25%，以减少中美日益严重的贸易失衡。

一般来说，外部失衡会因国内外资金价格差异而得到调整。然而，自2005年7月人民币启动第二次汇改至2012年3月，人民币对美元汇率加权平均升值超过23%，可是，官方统计的外贸依存度和外贸失衡度却依然居高不下。显然，统计数据和理论之间出现了矛盾。要么是经济理论错了，要么是统计数据错了。

本文第二部分讨论使用两种GDP核算法，对比外贸依存度和外贸失衡度的统计差异；第三部分讨论传统关境统计对出口增加值折返的重复计算问题；第四部分讨论产权归属对进出口数据的影响；第五部分在纠正重复计算、确认产权并且调整GDP之后，讨论中国的外贸依存度和外贸失衡度。

二、两种 GDP 统计对外贸依存度测算的影响

分别用汇率法和购买力平价法（PPP）测算的我国外贸依存度差别很大。若采用汇率法计算，中国的外贸依存度在2007年高达53.4%。如果采用购买力平价法计算，中国的外贸依存度在2007年只有25.4%。两者相差超过一倍。

分别用汇率法及购买力平价法，计算世界主要发展中国家和主要发达国家2000～2008年外贸依存度的变化，如表1所示。若用汇率法计算，中国的外贸依存度虽然较高，但期间的均值仍低于加拿大、德国、荷兰等发达国家，与墨西哥持平；若用购买力平价法计算，中国的外贸依存度显著低于加拿大、法国、德国、意大利、日本、波兰、荷兰、西班牙、英国等发达国家，与许多发展中国家差不多。因此，无法得出在全球范围内我国外贸依存度严重扭曲的结论。

表1　2000～2008年世界主要发展中国家与主要发达国家的外贸依存度　　单位:%

年份	2000	2001	2002	2003	2004	2005	2006	2007	2008
采用购买力平价法统计 GDP 计算的外贸依存度									
阿根廷	15.2	14.2	11.5	13.0	15.2	16.5	17.2	19.1	22.4

续表

年份	2000	2001	2002	2003	2004	2005	2006	2007	2008
澳大利亚	25.6	23.0	23.5	26.0	29.7	33.3	35.7	38.6	46.7
巴西	9.2	9.1	8.2	9.0	10.9	12.4	13.3	15.5	19.1
加拿大	55.9	52.7	49.7	51.5	56.1	60.1	62.0	63.9	67.3
中国	15.1	15.3	16.8	20.5	24.6	26.8	28.7	30.5	32.2
法国	39.2	36.7	40.0	46.7	51.5	51.8	51.8	56.4	61.8
德国	48.3	47.1	48.5	58.4	67.6	69.6	75.6	84.3	91.5
印度	6.1	5.8	6.2	6.8	8.0	10.1	11.0	12.1	14.3
印度尼西亚	14.5	18.0	14.8	15.5	17.8	22.8	23.7	25.1	29.2
意大利	34.0	32.7	33.2	39.4	44.1	46.4	49.1	55.5	60.5
日本	26.7	22.9	22.4	24.6	27.8	28.7	30.0	31.1	35.6
墨西哥	27.3	32.0	30.8	30.3	32.1	34.4	36.9	37.9	39.7
荷兰	—	83.2	91.9	109.0	125.9	134.8	143.9	160.7	178.3
波兰	18.5	21.1	22.5	27.2	33.4	36.9	41.2	49.1	55.6
俄罗斯	13.3	13.4	13.0	14.9	18.0	21.7	24.8	27.5	33.7
西班牙	—	28.2	27.4	34.8	38.6	40.7	41.3	47.5	48.0
英国	40.6	37.0	37.4	40.3	44.0	46.5	50.9	49.1	49.0
美国	20.5	18.6	17.8	18.2	19.8	20.9	22.1	22.6	24.0
采用汇率法统计 GDP 计算的外贸依存度									
阿根廷	18.1	17.5	33.4	33.5	37.0	37.7	37.7	38.3	39.0
澳大利亚	33.8	33.6	32.3	29.6	29.5	31.4	33.5	32.3	36.6
巴西	17.6	21.0	21.7	22.4	24.5	22.2	20.7	21.0	23.3
加拿大	68.5	68.1	65.4	59.8	60.2	60.0	58.3	56.8	58.3
中国	38.0	38.5	42.7	51.9	59.8	63.6	66.2	64.3	56.7
法国	45.2	43.7	44.8	43.8	44.4	45.0	45.1	45.1	45.9
德国	55.0	55.8	54.6	55.4	59.4	62.6	69.3	71.5	72.7
印度	20.1	19.7	21.5	22.4	25.0	30.5	33.6	33.0	39.0
印度尼西亚	43.9	59.5	42.6	39.9	45.1	56.4	50.0	48.8	51.9
意大利	43.2	42.5	40.3	39.5	40.2	42.6	45.3	47.0	47.5
日本	18.4	18.4	19.2	20.2	22.1	24.4	28.1	30.5	31.6
墨西哥	45.3	50.7	48.0	49.1	52.0	52.6	54.4	55.3	56.4
荷兰	—	102.4	104.9	104.0	111.1	120.4	129.5	134.1	137.7
波兰	42.8	45.4	48.0	56.3	64.0	62.9	68.5	72.1	70.4
俄罗斯	57.5	52.9	48.3	48.7	47.0	48.3	47.3	44.7	46.0

年份	2000	2001	2002	2003	2004	2005	2006	2007	2008
西班牙	—	44.1	39.6	41.2	41.0	42.5	42.5	44.6	41.8
英国	41.6	40.0	38.1	37.4	36.6	39.3	42.7	37.9	40.6
美国	20.5	18.6	17.8	18.2	19.8	20.9	22.1	22.6	24.0

在外部失衡方面，若按照购买力平价法计算，中国经常性账户余额（Current Account，CA）占 GDP 的比重（外贸失衡度）一直较低。1990～2000 年，CA/GDP 的均值仅为 0.69%；2001～2010 年，这个指标的均值上升到 2.60%；只有在 2008 年中国经常性账户余额与 GDP 的比重超过 5%，为 5.02%，2009 年随即下降至 2.86%（见表 2）。

表 2 中国经常性账户余额占 GDP 的比重

年份	GDP（汇率法，10 亿美元）	GDP（PPP，10 亿美元）	经常账户余额	CA/GDP（汇率法，%）	CA/GDP（PPP，%）
1980	189.4	277.6	0.3	0.16	0.11
1985	306.7	526.9	−11.4	−3.72	−2.17
1990	356.9	902.4	12.0	3.36	1.33
1995	728.0	1812.6	1.6	0.22	0.09
1996	856.1	2029.2	7.2	0.85	0.36
1997	952.7	2260.7	37.0	3.88	1.64
1998	1019.5	2469.1	31.5	3.09	1.27
1999	1083.3	2695.7	21.1	1.95	0.78
2000	1198.5	2985.4	20.5	1.71	0.69
2001	1324.8	3306.5	17.4	1.31	0.53
2002	1453.8	3666.0	35.4	2.44	0.97
2003	1640.9	4119.4	45.8	2.80	1.11
2004	1931.6	4664.0	68.6	3.55	1.47
2005	2256.9	5364.2	134.0	5.94	2.50
2006	2712.9	6242.1	232.7	8.58	3.73
2007	3494.0	7338.1	354.0	10.13	4.82
2008	4521.8	8217.8	412.3	9.12	5.02
2009	4991.2	9137.4	261.1	5.23	2.86
2010	5926.6	10169.5	305.3	5.15	3.00

2009 年，中国的经常项目顺差占 GDP 的比重为 2.86%，在 GDP 排名前 50 的国家或

地区中仅排名第 16 位。忽略前 15 名而指责中国操纵汇率，显然是持双重标准。

表3　全球 GDP 规模排名前 50 的经济体外贸失衡度（2009 年）

单位：10 亿美元,%

排名	国家（地区）	CA	GDP（PPP）	CA/GDP
1	挪威	44.5	263.4	16.91
2	新加坡	35.2	254.9	13.81
3	瑞士	38.7	349.8	11.06
4	瑞典	29.8	346.0	8.62
5	马来西亚	31.8	387.2	8.21
6	德国	188.6	2946.6	6.40
7	中国香港	18.0	304.8	5.89
8	中国台湾	42.9	734.7	5.84
9	荷兰	34.0	673.4	5.05
10	泰国	21.9	544.0	4.02
11	尼日利亚	13.2	346.9	3.79
12	沙特阿拉伯	21.0	596.0	3.52
13	日本	142.2	4082.6	3.48
14	以色列	7.0	205.8	3.39
15	奥地利	10.3	325.2	3.16
16	中国	261.1	9137.5	2.86
17	菲律宾	9.4	341.2	2.74
18	韩国	32.8	1322.7	2.48
19	委内瑞拉	8.6	355.2	2.41
20	俄罗斯	48.6	2677.8	1.82
21	孟加拉国	3.6	230.7	1.54
22	阿根廷	8.4	588.0	1.43
23	印度尼西亚	10.6	969.9	1.10
24	智利	2.6	242.4	1.06
25	秘鲁	0.2	252.9	0.08
26	伊朗	0.0	846.2	0.00
27	墨西哥	-6.4	1545.8	-0.41
28	乌克兰	-1.7	293.5	-0.59
29	印度	-25.9	3824.4	-0.68
30	埃及	-3.3	473.0	-0.71
31	巴基斯坦	-4.0	444.4	-0.90

排名	国家（地区）	CA	GDP（PPP）	CA/GDP
32	哥伦比亚	−5.0	416.6	−1.20
33	巴西	−24.3	2016.8	−1.20
34	土耳其	−14.0	1022.3	−1.37
35	英国	−37.1	2172.0	−1.71
36	捷克	−4.8	268.2	−1.81
37	法国	−39.9	2152.4	−1.85
38	比利时	−7.8	393.1	−1.99
39	意大利	−41.0	1951.0	−2.10
40	南非	−11.3	509.4	−2.22
41	罗马尼亚	−7.0	305.4	−2.28
42	波兰	−17.2	721.9	−2.38
43	越南	−6.6	258.8	−2.55
44	美国	−376.6	14048.1	−2.68
45	加拿大	−40.0	1277.1	−3.13
46	澳大利亚	−43.9	865.0	−5.07
47	西班牙	−75.3	1481.1	−5.08
48	阿尔及利亚	−1.8	27.4	−6.70
49	葡萄牙	−25.6	266.4	−9.61
50	希腊	−35.9	325.9	−11.02

资料来源：World Development Indicator，WDI 2011ed.，World Bank，http：//data. worldbank. Org/data - catalog/world - development - indicators/wdi - 2011. 中国台湾资料来自 World Economic Outlook，WEO 2010ed.，IMF，http：//www. imf. org/external/pubs/ft/weo/2010/02/weodata/index. aspx.

三、按增加值统计法对贸易顺差与贸易失衡进行调整

（一）全值统计与增加值统计

改革开放以来，除个别年份外，海关统计的我国贸易顺差逐年扩大，从 1995 年的 167 亿美元上升到 2008 年峰值的 2981 亿美元。此后，受全球金融危机影响，贸易顺差有所回落，2011 年，我国贸易顺差总额约 1551 亿美元。

在产品的全球化生产尚未发展前，国与国之间的贸易以一般贸易为主，流出一国的商

品几乎全部由该国生产。随着全球经济一体化的深入，各国资源在世界范围内进行优化配置，产品的生产链也被最大限度地进行细分，中国、墨西哥等加工贸易比重较高的国家，按通关统计的对外贸易总值与按生产链增加值统计的对外贸易总值之间差异很大。根据Koopman、Wang 和 Wei 等（2010）的估算，中国、墨西哥 2003 年的加工出口占全球加工出口总额的 85% 以上，其中，中国加工出口中，国外增加值比重约占 56%，墨西哥加工出口中，国外增加值比重高达 64%。

早在 1999 年，Feenstra 等（1999）的研究指出，中国出口到美国的加工产品顺差被错误地算入中国对美国的出口额中，夸大了美中逆差。此后，学界开始探索将出口总值分解为每一生产环节形成的增加值的统计方法。Hummels、Ishii 和 Yi（2001）（简称 HIY）提出了测算一国直接及间接增加值出口的方法。国内学者平新乔参照 HIY 法，利用中国1992 年、1997 年和 2000 年投入产出表，对中美贸易中的"来料加工"程度进行测算。结果显示，中国对美国出口中的垂直专业化比重达 22.9%，2003 年美国从中国的进口额为 926 亿美元，但美国的生产与出口额中，大约 13000 亿美元与之有直接或间接的关系，按与中国的相关性平均 5% 推算，美国公司至少从中国拿走 600 亿美元的利润。虽然，HIY 方法可用于分析一国在垂直一体化生产网络中的地位，但使用标准 HIY 法测算出口的国内增加值需要两个关键假设。一是对于以出口为目的及以满足国内最终需求为目的的货物生产，其进口投入的程度必须是相等的。二是所有的进口中间投入，必须 100% 是国外增加值。前一种假设不适用于以加工贸易出口为主的发展中国家，后一种假设不适用于通过第三方转口，且进口中包含极大自身增加值份额的发达国家。为解决 HIY 法的不足，Daudin、Rifflart 和 Schweisguth（2011）（简称 DRS）提出测算进口品中包含经过国外加工又返还国外的国内增加值，即出口品中折返的国内增加值份额。Koopman、Powers、Wang和 Wei（2010）（简称 KPWW）在汲取 HIY 及 DRS 方法的基础上，提出将国民账户核算体系中的增加值统计法（Value Added）与传统通关统计法即含不生产链中间投入品贸易的全值统计法（Gross Value）进行整合，通过构建全球多部门投入产出的数据库，将国内增加值统计从单一国家拓展至区域乃至全球，全方位地对一国贸易中国内与国外的增加值进行估算。根据 KPWW 的这一估计结果，以增加值统计的我国贸易顺差，较传统通关统计（或称全值统计）的贸易顺差低 37.5%。

若以经常性账户顺差占 GDP 的比重作为"失衡"程度的衡量指标，根据国际货币基金组织的世界经济展望数据库（World Economic Outlook，WEO2011ed.），中国经常性账户失衡占全球失衡的份额已从 2003 年的 6.8% 上升到 2008 年峰值时的 24.3%，2009 年为24.1%，2010 年回落至 19.9%。2010 年，全球失衡的约 1/5 来自中国。但这一传统全值统计法，并不能准确反映产品全球加工生产链中不同环节/地域的增值过程。按此法统计的贸易顺差，与按生产链增加值统计的贸易顺差的差异越来越大。

现举例说明（见图 1）。在加工贸易中，假设一家中国企业生产螺丝钉等一般零部件，创造的价值为 A。出口海外之后，其中有一部分（$1-\alpha$）A 用于海外的最终需求，另一部分 αA 用于生产硬盘等零部件，该加工过程的增加值为 B。中国进口这些零部件的总价值为（αA + B）。这些进口零部件中，一部分（1 - β）（αA + B）用于国内的最终需求，另一部分 β（αA + B）用于生产电子产品，国内加工的增加值为 C，出口额为 β（αA + B）+ C。

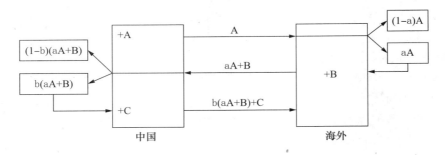

图1 加工贸易中进出口统计

按照关境法统计，中国的总贸易额为（1 + αβ + α）A + （1 + β）B + C，贸易顺差为（1 + αβ - α）A - （1 - β）B + C，可是按照增值法统计，中国的总贸易额为 A + B + C，贸易顺差为 A - B + C。两种方法得出的经常项目的差距为 βB - α（1 - β）A。

表4 两种统计方法的差额

	关境统计法	增值法	两种方法的差额
出口	A + β（αA + B）+ C	A + C	αβA + βB
进口	αA + B	B	αA
贸易总额	（1 + αβ + α）A + （1 + β）B + C	A + B + C	α（1 + β）A + βB
贸易顺差	（1 + αβ - α）A - （1 - β）B + C	A - B + C	βB - α（1 - β）A

表4 中统计的贸易总额与贸易顺差均指中方。显然，如果 $\frac{B}{A} > \frac{\alpha(1-\beta)}{\beta}$，那么中国的贸易顺差就可能被高估。海外生产的增加值越高，高估中国贸易顺差的可能性就越高。两种统计方法出现差异的原因在于，首先，在统计中国进口时，关境统计重复计算了进口商品中的本国增加值的折返额（αA）。此部分已在先前一般零部件出口（A）中统计过了。其次，在统计中国出口时，关境统计重复计算了进口的海外增加值。这部分已在进口中计算过。对进口的本国增加值及出口的国外增加值这两部分的重复计算，导致关境统计的加工贸易进出口总额大于实际生产的总额。因此，有必要将增值法引入国际贸易核算体系，更合理地反映在全球生产链中不同地域和不同生产环节的增加值（以下简称增值）。只有这样，才能比较准确地描述多边贸易中各方的真实所得。

（二）增加值统计法对我国贸易总额与贸易顺差额的重新估算

增值法理论模型分为中国和海外两个部分，每个部分存在 N 个可贸易部门，生产 n

种产品，且每个贸易品均可被直接用于最终需求或作为其他产品生产的中间投入，两部分贸易完全自由化，不存在贸易壁垒。按照 KPWW 方法，整理 2002 年和 2007 年全球投入产出表，分解中国贸易增值中的国内与国外份额。首先，根据投入产出表的横向平衡关系：总产出 = 中间需求 + 最终需求 = （国内生产需求 + 海外生产需求）+（国内最终需求 + 出口），即：

$$X_C = (A_{CC}X_C + A_{CW}X_W) + (Y_{CC} + Y_{CW}) \tag{1}$$

其中，下标 C 指代中国，W 指代海外。X_C 和 X_W 是 $N \times 1$ 的产出向量，代表中国与海外 N 个可贸易部门的总产出。Y_{CC} 和 Y_{CW} 是 $N \times 1$ 最终需求向量，分别代表中国最终需求与中国对海外的出口。A 代表 $N \times N$ 直接消耗系数矩阵，其中 A_{CC} 表示中国总产出中消耗本国产品的直接消耗系数矩阵，A_{CW} 的下标代表 C 对 W 的投入，即海外产出中消耗中国产品的直接消耗系数矩阵。式（1）可拓展成两部分组成的区域投入产出模块（Inter-Regional Input-Output Table，IRIO）：

$$\begin{bmatrix} X_C \\ X_W \end{bmatrix} = \begin{bmatrix} A_{CC} & A_{CW} \\ A_{WC} & A_{WW} \end{bmatrix} \begin{bmatrix} X_C \\ X_W \end{bmatrix} + \begin{bmatrix} Y_{CC} + Y_{CW} \\ Y_{WC} + Y_{WW} \end{bmatrix} \tag{2}$$

式（2）可进一步改写成列昂惕夫逆矩阵形式（Leontief Inverse Matrix）：

$$\begin{bmatrix} X_C \\ X_W \end{bmatrix} = \begin{bmatrix} I-A_{CC} & -A_{CW} \\ -A_{WC} & I-A_{WW} \end{bmatrix}^{-1} \begin{bmatrix} Y_{CC} + Y_{CW} \\ Y_{WC} + Y_{WW} \end{bmatrix} = \begin{bmatrix} B_{CC} & B_{CW} \\ B_{WC} & B_{WW} \end{bmatrix} \begin{bmatrix} Y_C \\ Y_W \end{bmatrix} \tag{3}$$

$$\begin{bmatrix} B_{CC} & B_{CW} \\ B_{WC} & B_{WW} \end{bmatrix} = \begin{bmatrix} (I-A_{CC}-A_{CW}(I-A_{WW})^{-1}A_{WC})^{-1} & B_{CC}A_{CW}(I-A_{WW})^{-1} \\ (I-A_{WW})^{-1}A_{WC}B_{CC} & (I-A_{WW}-A_{WC}(1-A_{CC})^{-1}A_{CW})^{-1} \end{bmatrix}$$
$$\tag{4}$$

其次，根据投入产出表中的列向平衡关系：总产出 = 中间投入 + 价值增值，即：$X = \hat{\Phi}X + V$

$$\tag{5}$$

此处，V 即 V_C 和 V_W，代表 $1 \times N$ 的价值增值向量，$\hat{\Phi}$ 表示中间投入率向量的对角矩阵。根据式（3），式（5）可改写成：$V = (I-\hat{\Phi})X = (I-\hat{\Phi}) \cdot B \cdot Y$。$(I-\hat{\Phi})$ 代表总产出的增值率，以符号 $\hat{V}$ 表示，$(I-\hat{\Phi}) \cdot B$ 代表最终需求的增值率，即 $\hat{V} \cdot B$。其中，$\hat{V}_C = u(I-A_{CC}-A_{WC})$，$\hat{V}_W = u(I-A_{WW}-A_{CW})$，u 为 $1 \times N$ 的单位行向量。

其中，$\hat{V} = \begin{bmatrix} \hat{V}_C & 0 \\ 0 & \hat{V}_W \end{bmatrix}$，$\hat{V}B = \begin{bmatrix} \hat{V}_C B_{CC} & \hat{V}_C B_{CW} \\ \hat{V}_W B_{WC} & \hat{V}_W B_{WW} \end{bmatrix}$。

$\hat{V}_C B_{CC}$ 表示中国最终产品中中国的增值率；$\hat{V}_W B_{WC}$ 表示中国最终产品中海外的增值率。同理，$\hat{V}_C B_{CW}$ 代表海外最终产品中中国的增值率；$\hat{V}_W B_{WW}$ 代表海外最终产品中海外的增值率。假设中国或海外生产所产生的增值为单位值，则：

$\hat{V}_C B_{CC} + \hat{V}_W B_{WC} = \hat{V}_C B_{CW} + \hat{V}_W B_{WW} = u$，

u 是 $1 \times N$ 的单位向量。

设 E 代表最终产品出口，$E = \begin{bmatrix} E_C & 0 \\ 0 & E_W \end{bmatrix}$。$E_C$ 代表中国对海外的最终产品出口，E_W 代

表海外对中国的最终产品出口（即中国的最终产品进口）。因此，贸易进口可通过贸易额乘以增值率得到：

$$\hat{V}B \cdot E = \begin{bmatrix} \hat{V}_C B_{CC} E_C & \hat{V}_C B_{CW} E_W \\ \hat{V}_W B_{WC} E_C & \hat{V}_W B_{WW} E_W \end{bmatrix}, \text{代入 } B，\hat{V} \text{ 表达式得到：}$$

$$\hat{V}_C B_{CC} E_C = (I - u(A_{WC} + A_{CC}))(I - A_{CC} - A_{CW}(I - A_{WW})^{-1}A_{WC})^{-1}E_C \tag{6}$$

$$\hat{V}_W B_{WC} E_C = u(A_{WC} - A_{CW}(I - A_{WW})^{-1}A_{WC})(I - A_{CC} - A_{CW}(I - A_{WW})^{-1}A_{WC})^{-1}E_C \tag{7}$$

$$\hat{V}_C B_{CW} E_W = u(A_{CW} - A_{WC}(I - A_{CC})^{-1}A_{CW})(I - A_{WW} - A_{WC}(I - A_{CC})^{-1}A_{CW})^{-1}E_W \tag{8}$$

$$\hat{V}_W B_{WW} E_W = (I - u(A_{CW} + A_{WW}))(I - A_{WW} - A_{WC}(I - A_{CC})^{-1}A_{CW})^{-1}E_W \tag{9}$$

此处，$V_C B_{CC} E_C$ 和 $V_W B_{WW} E_W$ 分别代表中国出口商品中国内创造的价值，以及海外对中国出口中海外创造的增值。$V_C B_{CW} E_W$ 和 $V_W B_{WC} E_C$ 分别表示海外向中国出口中使用中国产品作为中间投入品的增值（即中国进口中本国增值的折返），以及中国向海外出口中使用海外产品作为中间投入品的增值（即海外进口中海外增值的折返）。按照关境统计法，中国贸易总额公式为：

$$\text{总出口} + \text{总进口} = E_C + E_W = (\hat{V}_C B_{CC} + \hat{V}_W B_{WC})E_C + (\hat{V}_W B_{WW} + \hat{V}_C B_{CW})E_W \tag{10}$$

按照增值统计法，中国贸易总额公式为：

$$\text{国内增加值出口} + \text{国外增加值进口} = V_C B_{CC} E_C + V_W B_{WW} E_W \tag{11}$$

采用两种统计方法计算贸易总额的主要区别在于对折返增值的处理。中国对海外出口本国增值创造的产品（$V_C B_{CC} E_C$）包括两部分内容：一是用于海外的最终需求，一是作为中间投入品用于海外的生产。后者在被用于国外生产后，又可通过海外对中国的出口再次折返回中国，即作为中国进口中本国增值的折返（$V_C B_{CW} E_W$）。由于这部分折返的增值在中国对海外出口中已被计入本国的增值创造，因此 $V_C B_{CW} E_W \in V_C B_{CC} E_C$，同理，$V_W B_{WC} E_C \in V_W B_{WW} E_W$。由此可见，关境统计对增值的折返部分进行了重复计算。由于增值折返现象仅仅出现于加工贸易，加工贸易比重越高，重复计算的程度越大。虽然加工贸易进出口占中国贸易总额的比重，从1998年峰值时的53.4%下降到2011年的35.8%，但加工贸易仍占中国贸易总额的1/3以上，使用传统的关境统计，会在一定程度上夸大中国的贸易总额。

在计算贸易顺差的时候，关境统计法的公式为：

$$\text{总出口} - \text{总进口} = E_C - E_W = (\hat{V}_C B_{CC} + \hat{V}_W B_{WC})E_C - (\hat{V}_W B_{WW} + \hat{V}_C B_{CW})E_W \tag{12}$$

$$\text{国内增加值出口} - \text{国外增加值进口} = \hat{V}_C B_{CC} E_C - \hat{V}_W B_{WW} E_W \tag{13}$$

在贸易顺差的统计上，关境统计法与增值统计法的差异为：

$$\hat{V}_W B_{WC} E_C - \hat{V}_C B_{CW} E_W$$

如果中国向海外出口中使用的海外产品作为中间投入品的价值，大于海外向中国出口中使用中国产品作为中间投入品的价值，关境统计的贸易顺差就会大于增值统计的贸易顺差。依据2002年和2007年中国和世界的国内投入产出表及进口投入表，分别以关境法和增值法，对比分析中国贸易总额与贸易顺差。中国和世界的国内投入产出表用于计算 A_{CC}、A_{WW}、E_C 和 E_W；中国和世界的进口投入表用于计算 A_{WC} 及 A_{CW}。

中国国内生产与进口的直接消耗系数矩阵，来自国家统计局国民经济核算司编制的2007年中国非竞争型投入产出表。全球生产与进口的直接消耗矩阵根据经济合作与发展组织（OECD）和欧盟（EU）投入产出数据库汇总而来。样本包括中国、欧盟27国、巴西、加拿大、印度尼西亚、日本、韩国、挪威、南非和美国。

从表5可以清楚地看出，随着生产国际化程度的不断加深，中国对外出口中海外增值的比重不断上升，平均值从2002年的11%上升到2007年的15%，5年提高了4个百分点。与此相对应，中国进口国内增值折返的平均比重，也从2002年的12%上升到2007年的16%。全球经济一体化使得国际贸易相互依存程度不断加深。中国对外出口中含国外增值比重较高的部门集中在办公设备和计算机制造业、电子设备制造业、仪器仪表制造业、机动车及设备制造业、通用与专用设备制造业以及电气机械及器材制造业。其产品出口中，国外增值的比重为26.3%，也就是说超过1/4的出口增值不是在中国国内产生的。在2002～2007年期间，国外增值比重年均增长较快，增速平均高于1个百分点的部门有机动车及设备制造业、工艺品及其他制造业、电气机械及器材制造业和橡胶及塑料制造业。这些部门的国际化程度在近年来得到显著提高。

表5 中国各部门2002年和2007年国内、国外增值率

年份	出口国内增值率 $(\hat{V}_C B_{CC})$		出口国外增值率 $(\hat{V}_W B_{WC})$		进口国内增值率 $(\hat{V}_C B_{CW})$		进口国外增值率 $(\hat{V}_W B_{WW})$	
	2002	2007	2002	2007	2002	2007	2002	2007
农林牧渔业	0.94	0.93	0.06	0.07	0.09	0.13	0.91	0.87
开采洗选业	0.93	0.88	0.07	0.12	0.07	0.10	0.93	0.90
食品制造及烟草加工业	0.91	0.90	0.09	0.10	0.12	0.17	0.88	0.82
纺织业	0.85	0.82	0.15	0.18	0.18	0.24	0.82	0.76
服装鞋帽皮革制品业	0.85	0.82	0.15	0.18	0.15	0.20	0.85	0.80
木材及家具制造业	0.89	0.84	0.11	0.16	0.15	0.20	0.85	0.80
造纸文教用品制造业	0.89	0.83	0.11	0.17	0.19	0.16	0.81	0.84
石油、炼焦加工业	0.92	0.86	0.08	0.14	0.45	0.45	0.55	0.55
化学工业	0.87	0.82	0.13	0.18	0.15	0.23	0.85	0.77
橡胶及塑料制造业	0.86	0.80	0.14	0.20	0.13	0.21	0.87	0.79
非金属矿物制品业	0.90	0.85	0.10	0.15	0.12	0.20	0.88	0.80
金属冶炼及压延加工业	0.87	0.82	0.13	0.18	0.14	0.26	0.86	0.74
金属制品业	0.86	0.81	0.14	0.19	0.10	0.19	0.90	0.81
通用、专用设备制造业	0.84	0.79	0.16	0.21	0.10	0.24	0.90	0.76
办公设备、计算机制造业	0.64	0.63	0.36	0.37	0.17	0.21	0.83	0.79
电气机械及器材制造业	0.84	0.78	0.16	0.22	0.16	0.22	0.84	0.78

续表

	出口国内增值率 $(\hat{V}_C B_{CC})$		出口国外增值率 $(\hat{V}_W B_{WC})$		进口国内增值率 $(\hat{V}_C B_{CW})$		进口国外增值率 $(\hat{V}_W B_{WW})$	
电子设备制造业	0.74	0.70	0.26	0.30	0.18	0.23	0.82	0.77
仪器仪表制造业	0.74	0.73	0.26	0.27	0.14	0.16	0.86	0.84
机动车及设备制造业	0.86	0.79	0.14	0.21	0.18	0.28	0.82	0.72
其他运输工具	0.83	0.78	0.17	0.22	0.14	0.23	0.86	0.76
其他制造业	0.90	0.86	0.10	0.14	0.14	0.18	0.86	0.82
工艺品及其他制造业	0.93	0.86	0.07	0.14	0.11	0.16	0.89	0.84
建筑业	0.87	0.84	0.13	0.16	0.10	0.15	0.90	0.84
机动车辆销售及维修	0.93	0.93	0.07	0.07	0.05	0.09	0.95	0.91
批发业	0.93	0.93	0.07	0.07		0.07	0.95	0.93
零售业	0.93	0.93	0.07	0.07	0.04	0.07	0.96	0.93
住宿和餐饮业	0.93	0.91	0.07	0.09	0.07	0.10	0.93	0.90
陆路运输业	0.94	0.91	0.06	0.09	0.08	0.12	0.92	0.88
水路运输业	0.92	0.89	0.08	0.11	0.26	0.28	0.74	0.72
航空运输业	0.90	0.85	0.10	0.15	0.17	0.22	0.83	0.78
其他综合技术服务业	0.92	0.89	0.08	0.11	0.06	0.10	0.94	0.90
邮政、计算机服务	0.91	0.91	0.09	0.09	0.05	0.08	0.95	0.92
金融业	0.95	0.95	0.05	0.05	0.03	0.06	0.97	0.94
房地产业	0.97	0.97	0.03	0.03	0.01	0.03	0.99	0.97
租赁和商务服务业	0.84	0.83	0.16	0.17	0.04	0.06	0.96	0.94
居民和其他服务业	0.94	0.91	0.06	0.09	0.05	0.08	0.95	0.92
教育	0.94	0.91	0.06	0.09	0.03	0.04	0.97	0.96
卫生、社会保障	0.89	0.83	0.11	0.17	0.05	0.07	0.95	0.93
文化、体育和娱乐业	0.93	0.89	0.07	0.11	0.06	0.08	0.94	0.91
公共管理和社会组织	0.94	0.89	0.06	0.11	0.05	0.07	0.95	0.93
平均	0.89	0.85	0.11	0.15	0.12	0.16	0.88	0.84

资料来源："2002 年中国竞争型投入产出表"，"2007 年中国非竞争型投入产出表"，OECD STAN Analysis，EU-stat，http://www.oecd.org/sti/industryandglobalisation/stanstructuralanalysisdatabase.htm.

由表 6 可知，第一，按照关境法统计 2002 年中国贸易总额为 57886 亿元，而按照增值法统计的贸易总额是 49698 亿元。如果采用关境法，重复计算的部分达 8188 亿元，也就是说，中国的贸易总额被高估了 14.1%。2007 年，按照关境法与增值法统计的贸易总额相差 34784 亿元。关境法统计将中国贸易总额高估了 20.5%，核减比率较 5 年前上升 6.4 个百分点。

表6 以关境统计及增值统计的2002年、2007年中国贸易总额及贸易顺差

单位：亿元（当期价格），%

年份	2002				2007			
行业	总额—关境	总额—增加值	顺差—关境	顺差—增加值	总额—关境	总额—增加值	顺差—关境	顺差—增加值
农林牧渔业	1155	1068	−207	−175	2994	2654	−1662	−1411
开采洗选业	2117	1973	−1221	−1136	10979	9883	−9699	−8753
食品制造及烟草加工业	1421	1279	366	354	3494	3016	331	412
纺织业	4410	3724	2392	2075	9479	7705	7712	6363
服装鞋帽皮革制品业	2716	2316	1473	1255	5837	4766	4749	3898
木材及家具制造业	423	370	84	83	984	820	599	512
造纸文教用品制造业	691	576	−300	−228	1208	1007	−185	−162
石油、炼焦加工业	674	466	−148	16	2218	1451	−682	−134
化学工业	4449	3791	−2045	−1707	12573	9861	−3738	−2624
橡胶及塑料制造业	1273	1096	728	625	3770	3005	1871	1505
非金属矿物制品业	616	548	220	201	1861	1567	1106	965
金属冶炼及压延加工业	2278	1965	−1129	−964	9965	7764	873	1080
金属制品业	1778	1563	523	428	4556	3703	3004	2446
通用、专用设备制造业	4543	3987	−1400	−1337	13849	10710	792	804
办公设备、计算机制造业	1555	1105	390	141	13012	8641	7084	3967
电气机械及器材制造业	4050	3412	−24	−15	8017	6228	1446	1124
电子设备制造业	9241	7543	−785	−977	25380	18617	−1468	−1951
仪器仪表制造业	1987	1617	−364	−409	6738	5384	−1452	−1519
机动车及设备制造业	739	613	−348	−276	3569	2683	−334	−123
其他运输工具	911	771	−1	−13	2702	2095	614	499
其他制造业	1766	1581	1433	1294	6568	5585	2887	2571
工艺品及其他制造业	439	391	−330	−290	83	71	47	41
建筑业	184	163	25	19	630	530	188	157
机动车辆销售及维修	67	62	67	62	106	99	106	99
批发业	1962	1820	1962	1820	3104	2888	3104	2888
零售业	504	467	504	467	797	742	797	742
住宿和餐饮业	358	332	351	325	1260	1140	213	204
陆路运输业	462	433	275	261	986	888	438	411
水路运输业	673	604	538	505	1897	1686	1800	1616
航空运输业	555	492	332	308	2035	1675	553	521
其他综合技术服务业	120	111	120	111	363	323	168	149

年份	2002				2007			
行业	总额—关境	总额—增加值	顺差—关境	顺差—增加值	总额—关境	总额—增加值	顺差—关境	顺差—增加值
邮政、计算机服务	146	135	68	60	271	246	24	20
金融业	298	288	−254	−246	215	203	−43	−39
房地产业	0	0	0	0	0	0	0	0
租赁和商务服务业	1684	1507	180	67	6822	6019	214	−164
居民和其他服务业	68	64	−7	−7	107	98	−23	−22
教育	25	24	3	3	73	69	−22	−22
卫生、社会保障	0	0	0	0	62	54	22	16
文化、体育和娱乐业	1516	1411	518	476	977	883	85	67
公共管理和社会组织	31	29	11	10	20	18	2	1
加总	57886	49698	3999	3186	169561	134777	21521	16154
核减比率	14.1		20.3		20.5		24.9	

第二，2002 年，按照关境法统计的中国贸易顺差为 3999 亿元，而按增值法统计的中国贸易顺差为 3186 亿元，两者相差 813 亿元。关境法统计将中国的贸易顺差高估了 20.3%。2007 年，关境法统计的贸易顺差为 21521 亿元，按增值法统计的贸易顺差为 16154 亿元，两者相差 5367 亿元。关境法统计将中国贸易顺差高估了 24.9%，该比率在 5 年内上升 4.6 个百分点。

对于不同的产业部门，采用关境法统计贸易顺差所造成的差异各不相同。按照核减比率从大到小排列，办公设备、计算机制造业最为严重，随后是纺织业、服装鞋帽皮革制品业、金属制品业等 11 个制造业部门。2007 年，采用增值法统计的办法统计的顺差达 7084 亿元。后者对该部门贸易顺差的核减比率超过 78%。其余部门顺差被高估的程度介于 12.3% 到 28.6% 之间。此外，除部分产业的贸易顺差被高估外，电子设备制造业及仪器仪表制造业的逆差被低估了。按增值法统计，2007 年电子设备逆差为 1951 亿元，而关境统计的逆差为 1468 亿元，被低估了 24.8%。在仪器仪表制造业，中国的逆差被低估约 4.4%。

以地域概念为基础的关境统计，无法正确反映各国的实际增值，在进出口统计中不可避免地带来重复计算。这种重复计算不仅扭曲了各国贸易总额，也扭曲了各国的贸易依存度，夸大了贸易失衡度。关境法对中国、墨西哥等国的贸易顺差的扭曲最为严重。为了避免在国际贸易统计中出现重复计算，有必要将增值法引入国际易核算体系，从而比较客观地反映全球生产链中不同地域和不同生产环节的增值分布。

四、按产权调整的外贸失衡度

国际贸易的可持续性取决于资金流。即国际贸易不仅要考虑产品生产的地域，还要考虑其产权归属。

为了准确地描述现实世界，必须在国际贸易中区分资金流和物流。由于跨国公司的产权结构相当复杂，关境统计无法区分进口、出口商品的产权归属，不能指望海关提供外贸企业的资金流信息。为了区分资金流和物流，我们尝试从国际贸易的投入产出表出发，另辟蹊径。本文以2007年非竞争型投入产出表为例，利用外资出口企业初始股权结构信息，对我国加工贸易与非加工贸易总增加值中非劳动力报酬部分进行整理。

（一）数据来源及处理步骤

1. 数据来源

本文分析的有关贸易数据，特别是双边进出口数据来自联合国WITS - COMTRADE数据库。不同出口企业的期初股权结构的数据来自《企业家名录》中包括43911家与外资有关的企业（外资独资、中外合资及中外合作三类）。在此，对外商独资企业以100%的外资产权处理，中外合资与中外合作企业统一用50%的产权处理方法。如果一个企业是中美合资企业，其注册资本为100万美元，则此处统一将100万美元注册资本中的50%，即50万美元归入美方。

2. 部门分类

第一，根据2004年中国经济普查数据调查代码（I_0610 - I_4690），将505个制造行业分为八大部门，分别是各种金属矿及非金属矿采选、冶炼业（I_0810 - I_1100），食品加工及烟酒制造业（I_1310 - I_1690），轻工业（I_1711 - I_2452），纺织业、制帽、皮革、木制品行业（I_2511 - I_3090），石油、化工制造业（I_3111 - I_3199），建材制造业（I_3210 - I_3499），炼铁、炼钢及各种金属压延加工业（I_3511 - I_4290），各种设备、工具、仪器等专用及通用机械制造业（I_4411 - I_4690，I_06110 - I_0790）。

第二，根据中国标准产业分类，将2007年竞争型投入产出表42个部门中与制造业有关的24个行业，分为本文所考察的八大部门（见表7）。

表7　2007年中国竞争型投入产出表制造业部门分类

一级分类	部门名称	调查代码	考察部门归类
02	煤炭开采和洗选业	06	8
03	石油和天然气开采业	07	8

续表

一级分类	部门名称	调查代码	考察部门归类
04	金属矿采选业	08~09	1
05	非金属矿及其他矿采选业	10	1
06	食品制造及烟草加工业	13~16	2
07	纺织业	17	3
08	纺织服装鞋帽皮革羽绒及其制品业	18~19	3
09	木材加工及家具制造业	20~21	3
10	造纸印刷及文教体育用品制造业	22~24	3
11	石油加工、炼焦及核燃料加工业	25	4
12	化学工业	26~30	4
13	非金属矿物制品业	31	5
14	金属冶炼及压延加工业	32~33	6
15	金属制品业	34	6
16	通用、专用设备制造业	35~36	7
17	交通运输设备制造业	37	7
18	电气机械及器材制造业	39	7
19	通信设备、计算机及其他电子设备制造业	40	7
20	仪器仪表及文化办公用机械制造业	41	7
21	工艺品及其他制造业	42	7
22	废品废料	43	7
23	电力、热力的生产和供应业	44	8
24	燃气生产和供应业	45	8
25	水的生产和供应业	46	8

资料来源：国家统计局国民经济核算司. 中国地区投入产出表（2007）［M］. 北京：中国统计出版社，2011.

3. 加工贸易出口数据处理

我国外贸出口中，对加工贸易外资的拆分步骤如下。第一步，将2007年我国竞争型投入产出表重新调整为包含加工贸易及进口中间投入数据的非竞争型投入产出表；根据表8分类，将其中24个制造业部门整理为八大部门。第二步，根据调整好的非竞争型投入产出表计算增加值总额中的劳动者报酬与非劳动者报酬比重，并按这两种比重调整非竞争型投入产出表中加工贸易的出口额。第三步，首先将505个制造行业中的外商控股企业出口交货值占总出口交货值的比重视为相应的外资部分（其中，中外合资企业视50%外资股权，中外合作企业视50%外资股权，外商独资企业视100%外资股权），剩余为内资部分。其次将第二步整理好的加工贸易出口额中非劳动者报酬部分根据比重拆分为内资和外资。第四步，依据第三步计算结果，将加工贸易出口中非劳动者报酬的外资部分，根据企业所有权结构，进一步细分为具体国家。如图 2 所示。

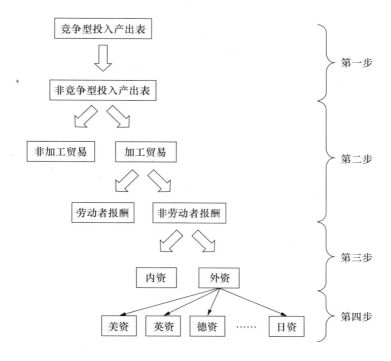

图 2　中国加工贸易出口数据外资产权处理步骤

依照以上四步，估算我国制造业加工贸易出口中产权属于外资的份额，并以此调整我国与各主要贸易伙伴的贸易失衡。

4. 进口数据处理

在此，我们不考虑进口品的产权隶属问题，不区分进口商品中的外资所占比重，主要有以下两个原因：第一，进口分最终需求进口及中间投入品进口两类。根据国家统计局国民经济核算司最新估算的 2007 年非竞争型投入产出表，在我国制造业中间总投入中，加工制造业进口品的中间投入部分比重仅为 4.86%，比重较小。第二，在海关有关贸易方式的定义中，来料加工，或称"来料装配贸易"，是指由外商提供全部或者部分料件，中方按对方要求进行加工装配，成品交对方销售，中方收取加工费；进料加工，或称"进料加工贸易"，指中方用外汇购买进口的料件，加工后的成品或半成品再外销出口的交易形式。2007 年我国海关统计的进口总值为 9560 亿美元，其中来料加工 892 亿美元，占进口总值的 9.3%，进料加工 2793 亿美元，占 29.2%，其他贸易方式进口额 5875 亿美元，占 61.5%。由于来料加工的全部产权及进料加工的部分产权属于外资，这里权且假设进料加工的 50% 隶属国外，则进口中约有 23.9%（9.3% + 50% × 29.2%）的产权应从中方成本中剔除。

进口商品中属于中间投入的比重为 4.86%，中间投入中的来料加工及进料加工的外资比重为 23.9%，综合以上两点，我国进口商品中的外商所有权比重仅为 1.16%（4.86% ×23.9%），在此姑且不予考察。

（二）资金流与物流的具体调整结果

与传统的竞争型投入产出表不同，非竞争型投入产出表将中国的国内生产分为用于国内需求的生产、加工出口的生产、非加工出口的生产这三种类型，然后再分别描述其间的投入/消耗情况，并可进行贸易增加值、就业等一系列指标的测算。采用非竞争型投入产出模型，可以更准确地反映出口对国内增加值和就业的影响，并以此估算我国对外出口中的物流与资金流情况。表 8 是简化了的非竞争型投入产出表结构。

表 8　区分加工贸易与非加工贸易的非竞争型投入产出表

投入＼产出			中间使用			最终使用			
			用于国内需求的生产	加工出口生产	非加工出口及其他生产	消费	资本形成总额	出口	其他
			1，…，8	1，…，8	1，…，8				
国内产品中间投入	用于国内需求的生产	1，…，8							
	加工出口生产	1，…，8					X		
	非加工出口及其他	1，…，8					XI		
进口品的中间投入		1，…，8							
中间投入合计									
总增加值	劳动者报酬			I	V				
	生产税净额			II	VI				
	固定资产折旧			III	VII				

中国出口商品的投入可以分为劳动投入和非劳动投入（包括资本、技术、品牌、专利等回报）。由于来料加工的生产过程发生在中国，劳动力投入产生的劳动报酬绝大部分应归为中方收入。在加工贸易中，非劳动报酬归企业产权所有者拥有，其中有相当一部分属于外国投资者。非劳动报酬理应按照跨国公司的股份结构来分配。因此，必须在非竞争型投入产出表中，区分加工贸易出口部分的劳动报酬与非劳动报酬，然后将非劳动报酬按照各国占有股份的比例分配。

首先，在出口总增加值中计算加工生产与非加工生产的劳动者报酬比重，并分别记为 α_i 和 α_i'。其余为加工生产与非加工生产中，非劳动者报酬在价值增值中的份额，分别记为 β_i 和 β_i'。根据表 9 结构，计算出总价值增值中的劳动与非劳动报酬比重。加工贸易出口中劳动者报酬比重为 $\alpha_i = I_i / (I_i + II_i + III_i + IV_i)$（i=1，2，…，8），非劳动者报

酬比重为 $\beta_i = 1 - \alpha_i$；非加工贸易出口中劳动者报酬及非劳动者报酬的比重分别计为 $\alpha'_i = V_i / (V_i + Ⅵ_i + Ⅶ_i + Ⅷ_i)$（$i = 1, 2, \cdots, 8$），$\beta'_i = 1 - \alpha'_i$。根据国家统计局国民核算司等整理的 2007 年中国非竞争型投入产出表数据，本文对八大主要制造业的加工贸易与非加工贸易中，劳动增加值（即劳动报酬）与非劳动增加值（即其他生产要素的回报）情况进行了整理（见表9）。

表9　中国各类制造业中加工贸易与非加工贸易的劳动投入与非劳动投入　单位：亿元

	加工贸易出口		非加工贸易出口	
	劳动报酬	非劳动报酬	劳动报酬	非劳动报酬
1. 各种矿采选、冶炼	65.78	74.77	67.26	102.16
2. 食品、烟酒	202.13	335.44	483.79	977.81
3. 轻工业	2539.89	3219.50	5865.07	8233.65
4. 石油、化学制品	1009.51	2106.27	1604.06	3742.80
5. 建材制造	77.22	123.35	476.33	818.05
6. 专用、通用机械制造	141.19	462.18	1213.96	3455.12
7. 铁、钢及金属压延加工	12235.10	21657.14	5640.77	10248.72
8. 能源工业	6.82	19.94	123.90	321.78
合计	16277.64	27998.59	15475.14	27900.09

根据 43911 个外资企业成立之时的初始股权信息，将 43911 个企业所属的 505 个部门，按企业主营业务整理为本文考察的八大制造业部门。其中，$\overline{f}_i$（$i = 1, 2, \cdots, 8$）为本文整理的八大制造业部门外资所占比重的均值。

$$\overline{f}_i = (0.237 \quad 0.412 \quad 0.329 \quad 0.359 \quad 0.308 \quad 0.238 \quad 0.416 \quad 0.189)^{\mathrm{T}}$$

按照非劳动者报酬中的外资部分的计算公式：$X_i \times \beta_i \times \overline{f}_i$，估算出加工贸易出口中产权不属于中国的份额。其中，X_i 为 i 部门的加工出口额，β_i 为 i 部门产出中的非劳动力增加值部分，$\overline{f}_i$ 为 i 部门的外资比重，三项乘积代表我国加工出口中非劳动力增加值中的外资额，具体结果见表10。

表10　中国各制造业部门加工贸易出口中非劳动力报酬的内外资份额　单位：亿元

	内资	外资
1. 各种矿采选、冶炼	57.04	17.73
2. 食品、烟酒	197.38	138.07
3. 轻工业	2160.29	1059.21
4. 石油、化学制品	1350.84	755.43

续表

	内资	外资
5. 建材制造	85.38	37.98
6. 专用、通用机械制造	352.20	109.97
7. 铁、钢及金属压延加工	12656.01	9001.13
8. 能源工业	16.16	3.78
合计	16875.30	11123.29
折合美元		1462.82

2007 年中国工业制成品进口为 7128.6 亿美元，出口为 11562.7 亿美元，剔除出口中产权属于外资的 1462.8 亿美元，中国工业制成品外贸顺差额应该从原来的 4434.1 亿美元下降至 2971.3 亿美元，下降幅度 32.98%。这就是说，中国工业制成品贸易顺差中，将近 1/3 的产权不属于中国企业。在 2007 年中国制造业总出口中，所有权调整之后属于外资的部分为 1462.82 亿美元，也就是说，大约有 12.65% 的制造业出口商品的产权不属于中国。其中约 1342.47 亿美元的出口值产权属于美、英、日、法、意等 17 国所有。表 11 中，2007 年，中美双边进口额和出口额分别为 693.9 亿美元和 2326.8 亿美元，美方逆差为 1632.9 亿美元。美方拥有产权的中国贸易出口额约 720.73 亿美元。在机械制造业、石化和专用、通用的出口商品中，美资企业拥有的产权比例较大。根据所有权隶属进行调整，中美贸易顺差额应该从 1632.9 亿美元调整为 912.17 亿美元，调整幅度达 44.14%，即中美贸易顺差额中有 44% 左右的产权属美国企业。中国和美国之间确实存在着贸易失衡，但是其数值远远低于根据海关数据计算出来的失衡度。如果剔除在出口商品中产权属于外资企业的部分，以 2007 年为例，中国经常性账户余额从 3718 亿美元下降至 2225 亿美元。经常性账户占 GDP 的比重，如按汇率法计算，由 10.13% 下降为 6.67%；如按购买力平价法计算，由 5.22% 下降为 3.13%，其他年份的数据都低于 3%。

表 11　2007 年中、美主要制造产业贸易产权调整　　　　单位：10 万美元

	对美进口额	对美出口额	原中美顺差	产权调整比例（%）	美资企业出口额	调整后出口额	调整后顺差
各种矿采选、冶炼	12805.2	2745.9	-10059.3	48.7	1337	1409	-11397
食品、烟酒	27940.9	36866.7	8925.7	56.6	20867	16000	-11941
轻工业	31432.3	420412.5	388980.3	26.1	109728	310685	279253
石油、化学制品	130945.4	176812.9	45867.5	63	111392	65421	-65525
建材制造	4940.5	31887.4	26946.9	36.2	11543	20344	15404
专用、通用机械制造	17495.2	62596.3	45101.1	74	46321	16275	-1220
铁、钢及金属压延加工	362817.4	1587730.4	1224913.1	26.3	417573	1170157	807340

续表

	对美 进口额	对美 出口额	原中美 顺差	产权调整比例 （%）	美资企业 出口额	调整后 出口额	调整后 顺差
能源工业	2.8	3097.1	3094.3	63.6	1970	1127	1125
合计	588379.6	2322149.2	1733769.5	—	720731	1601418	1013039

资料来源：进出口贸易数据来自 WITS – COMTRADE Database，产权调整比例根据《2010 中国外资企业名录（中国外商投资企业名录中英文对照）》估算。

采用未经调整的 2007 年购买力平价数据，中国的经常性账户余额占 GDP 的比例，在全球最大的 50 个经济体中居第 13 位。如果剔除外资产权部分，中国的排名降低到第 17 位。与世界其他国家相比，中国的经常性账户余额占 GDP 的比重一直位于基本合理的区域之内。显然，以经常性账户余额占 GDP 的比重为依据，所谓"中国操纵汇率"的指责缺乏根据。

五、对外贸依存度和外贸失衡度的校正

综上所述，GDP 数据存在扭曲，采用汇率法可能低估中国 GDP。由于中国的加工贸易顺差占有很大的比重，因此会出现重复计算导致的误差。此外，在中国出口产品中有相当大的一部分产权属于外资。在研究外贸失衡程度的时候，必须剔除产权属于外资的部分。在计算中国外贸依存度和失衡度的时候，必须进行这三个方面的调整。

经常性账户余额表示为 CA_{mn}；贸易总额表示为 TR_{mn}。在这里，$m = 1, 2$，$m = 1$ 表示采用统计年鉴上的数据；$m = 2$ 表示扣除加工贸易重复计算后的数据。$n = 1, 2$，$n = 1$ 表示未经产权调整的海关公布的物流数据；$n = 2$ 表示按照产权归属调整之后的数据。如此分解之后，共有 4 个 CA_{mn} 和 4 个 TR_{mn}。

CA_{11} 表示按照统计资料上的经常性账户余额，既没有扣除加工贸易重复计算，也没有考虑产权问题。CA_{22} 表示扣除了加工贸易重复计算，再进行产权归属调整之后的经常性账户余额。在经常性账户余额 4 个数值当中，CA_{11} 最大，CA_{22} 最小。表 12 和表 13 分别对外部失衡以及贸易总额进行了调整。

表 12　校正 2007 年我国经常性账户余额（CA）

单位：亿美元（当期价格）

	m = 1	m = 2
n = 1	3718	3012
n = 2	2255	1549

表 13　校正 2007 年我国贸易总额（TR）　单位：亿美元（当期价格）

	m = 1	m = 2
n = 1	23769	23312
n = 2	23623	23166

扣除在 2007 年出口商品额中产权属于外资的部分即 1462.8 亿美元之后，中国的经常性账户顺差从 3718 亿美元下降为 2255 亿美元。在此基础上，如果再扣除加工贸易重复计算部分，经常性账户顺差进一步下降为 1549 亿美元。

根据分解后的数据计算，外贸依存度和外贸失衡度共有 16 个不同的组合。CA_{11}/GDP_{ex} 表示采用汇率法计算 GDP，在没有进行任何调整情况下计算出来的外贸失衡。在 16 个选择中，它的分子最大、分母最小，必定是最大的一个。CA_{22}/GDP_{PPP} 表示采用 PPP 法计算的 GDP，在扣除进出口重复计算、进行产权调整之后的外贸失衡度。在 16 个选项中，它的分母最大、分子最小，必定是最小的一个。同样，TR_{11}/GDP_{11} 表示采用汇率法，在没有进行任何调整情况下，计算出来的外贸依存度，在诸多数值中最大。TR_{22}/GDP_{23} 表示采用 PPP 法，将服务业调整到中低收入国家的平均水平，扣除进出口重复计算，进行产权调整之后的外贸依存度，其数值最小。

在表 14 中有 16 个参数，其中有四个参数特别值得关注。TR_{11}/GDP_{ex}（官方汇率法统计的中国对外依存度）为 68.02%；TR_{22}/GDP_{PPP}（全口径调整后的中国对外依存度）为 31.59%；CA_{11}/GDP_{ex}（官方汇率法统计的外贸失衡度）为 10.13%；CA_{22}/GDP_{PPP}（全口径调整后的中国外贸失衡度）为 2.11%。按照官方统计数据，2007 年中国对外贸易 68.02% 的依存度，在比较典型的 20 个发达国家和发展中国家中排名第七（见表 15）。当进行全口径调整之后，使用增值法对进出口进行核算以避免"重复计算"，同时通过调整服务业比重而对 GDP 进行修正，结果显示，调整后的中国外贸依存度仅为约 31.59%，在所选的 20 个国家中排名第 18 位。

表 14　中国贸易总额和经常项目占 GDP 的比重（2007 年）

单位：亿美元（当期价格），%

		贸易总额占 GDP 比重				经常项目占 GDP 比重			
		TR_{11} 23769	TR_{12} 23623	TR_{21} 23312	TR_{22} 23166	CA_{11} 3718	CA_{21} 2255	CA_{12} 3012	CA_{22} 1549
GDP_{ex}	34942	68.02	67.61	66.72	66.30	10.13	6.45	8.62	4.43
GDP_{PPP}	73338	32.41	32.21	31.79	31.59	5.07	3.07	4.11	2.11

表 15　各国外贸依存度比较（2007 年）　单位：%

排名	国家	外贸依存度
1	马来西亚	199.4

续表

排名	国家	外贸依存度
2	越南	169.6
3	泰国	138.5
4	德国	87.3
5	菲律宾	86.6
6	韩国	82.3
7	中国	68.0
8	南非	65.5
9	意大利	58.2
10	墨西哥	57.4
11	英国	56.3
12	法国	55.3
13	印度尼西亚	54.8
14	俄罗斯	51.7
15	土耳其	49.8
16	阿根廷	45.0
17	印度	44.9
18	日本	33.6
19	美国	28.8
20	巴西	25.2

资料来源：原始数据来自 WDI 2011ed. .

　　按照官方数据计量的外贸失衡度，2007 年中国经常项目顺差占 GDP 的比重为 10.13%，在选取的 20 个国家中位居第二。如果采用购买力平价法统计 GDP，并且将服务业比重调整到中低收入国家的平均值，扣除在加工贸易中的重复计算，扣除出口商品中产权属于外资的部分，中国经常项目顺差占 GDP 的比重从 10.1% 下降为 2.11%，在样本中的排名从第二位下降至第九位（见表 16）。

表 16　各国经常性账户余额占 GDP 的比重（2007 年） 单位:%

排名	国家	经常性项目余额占 GDP 的比重
1	马来西亚	15.9
2	中国	10.1

排名	国家	经常性项目余额占 GDP 的比重
3	德国	7.5
4	泰国	6.3
5	俄罗斯	6.0
6	日本	4.8
7	菲律宾	4.8
8	阿根廷	2.8
9	印度尼西亚	2.4
10	韩国	2.10
11	巴西	0.1
12	印度	− 0.6
13	墨西哥	− 0.9
14	法国	− 1.0
15	意大利	− 2.4
16	英国	− 2.5
17	美国	− 5.1
18	土耳其	− 5.9
19	南非	− 7.0
20	越南	− 9.8

按照官方统计数据，将2007年94个主要国家和地区的外贸依存度和外贸失衡度放在一起，由图3可知，中国的经常性账户余额占GDP的比重较高，对外贸易依存度也较高，但是与其他国家相比，这两个指标都高于中国的国家和地区还有不少。即使按照这组数据，也很难得出中国外贸依存度和外贸失衡度特别异常的结论。

如果扣除加工贸易重复计算，中国的外贸顺差显著减少。在94个国家和地区当中，中国对外贸易的依存度和失衡度都处于较为正常的状态。

在扣除加工贸易导致的重复计算之后，如果再剔除其中那些产权属于外资的出口，中国经常性账户顺差占GDP的比重和对外贸易依存度都大幅度下降。

可见，在扣除加工贸易的重复计算和剔除产权属于外资的出口之后，中国的外贸依存度并不高，也不存在严重的外贸失衡，指责"中国操纵汇率"是毫无根据的。

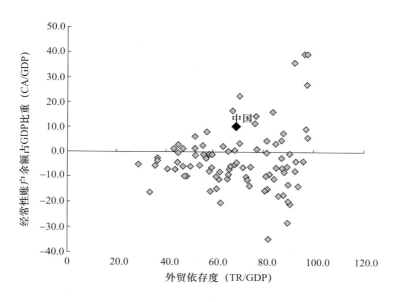

图 3 中国外贸依存度和外贸失衡度在全球各国的相对位置（原始值）

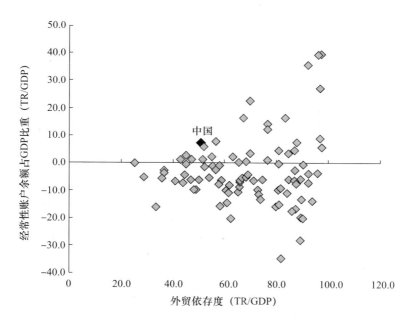

图 4 中国外贸依存度和外贸失衡度在全球各国的相对位置（扣除重复计算部分）

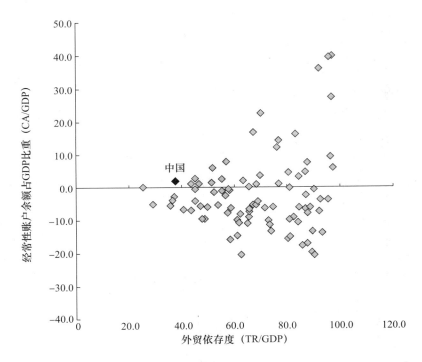

图5 中国外贸依存度和外贸失衡度在全球各国的相对位置（全口径调整）

参考文献

［1］沈利生. 论外贸依存度——兼论计算外贸依存度的新公式［J］. 数量经济技术经济研究，2005（7）.

［2］陈锡康，杨翠红等. 投入产出技术［M］. 北京：科学出版社，2011.

［3］齐舒畅，王飞，张亚雄. 我国非竞争型投入产出表编制及其应用分析［J］. 统计研究，2008（5）.

［4］R. Feenstra, H. Wen, W. W. Tye and Y. Shunli. Discrepancies in International Data：An Application to China – Hong Kong Entrepot Trade［J］. The American Economic Review, 1999, 89（2）：338 – 343.

［5］D. Hummels, J. Ishii and K. Yi. The Nature and Growth of Vertical Specialization in World Trade［J］. Journal of International Economics, 2001, 54（1）：75 – 96.

［6］G. Daudin, C. Rifflart and D. Schweisguth. Who Produces for Whom in the World Economy?［J］. Canadian Journal of Economics, 2011, 44（4）：1403 – 1437.

［7］R. Koopman, W. Powers, Z. Wang and S. J. Wei. Give Credit Where Credit Is Due：Tracing Value Added in Global Production Chains［J］. NBER Working Paper, No. 16426, 2010.

Reassessing China's Foreign Trade Degree of Dependence and Imbalance

—Value – added Trade in the Global Link of Production

Abstract：GDP and foreign trade data distortions have magnified China's foreign trade degree of dependence and imbalance. GDP distortions mainly arise from the discrepancy between the assessment of real effective exchange rate (REER) and that of purchasing power parity (PPP). Trade data distortions include the redundant calculation of customs border statistics and the inconsistency between the international flow of commodities and the international flow of funds induced by the property issue. A reassessment of China's real foreign trade degree of dependence and imbalance in 2007 reveals that China5 s foreign trade degree of dependence in 2007 fell from the official statistics of 68.02% to 31.59% and that the foreign trade imbalance also dropped from the official statistics of 10.13% to 2.11%. The accusation of a China manipulating the exchange rates is absurd and groundless.

Key Words：Foreign Trade Degree of Dependence；Foreign Trade Degree of Imbalance；Processing Trade；Foreign Property

中国出口价值链演化及其内在机理剖析[*]

高敬峰

（山东财经大学国际经贸学院，山东　250014）

【摘　要】生产和出口价值链长度反映了一国不同行业的生产技术状况，在假定生产技术变化呈现不同方式的基础上，本文提出了分行业出口价值链长度测算的三种方法。由于生产价值链延长和出口结构变化，中国制造业出口价值链长度在 2001～2010 年呈现上升趋势，并不断靠近中国自 OECD 国家进口价值链长度值，表明制造业出口产品在向相对上游生产环节转移，在全球价值链中的相对位置提升，这有助于制造业获取更多的出口贸易利益。

【关键词】生产价值链长度；出口价值链长度；出口贸易利益；投入产出法

一、引言

伴随着产品内国际分工的快速发展，中国融入全球价值链的程度不断加深。与此同时，一种担心也相伴而生，中国充裕而廉价的劳动力要素特征决定了其在全球价值链中难免处于中低端环节，当然也难以获取较高的贸易利益。那么，中国在全球价值链中的具体地位可以测算并量化吗？这一地位又是如何随着时间推移而演化的？这种演化过程对中国获取贸易利益产生了哪些影响？研究这些问题对于理解中国如何向全球价值链的更高层级攀升具有积极意义。

实际上，准确量化一国在全球价值链中的位置是非常困难的。不同产品具有不同的价

＊　本文选自《财贸经济》2013 年第 4 期。

本研究得到教育部人文社会科学研究项目"中国外贸技术结构变迁与制造业部门增长的差异性研究"（09YJC790175）、"产品内国际分工下贸易利益测算方法研究及我国贸易利益测算"（10YJA790155）和"中国外贸发展方式转变的绩效、影响因素与路径研究"（11YJA790229）资助。

值链属性，非生产性环节，如研发、设计等，更难以量化其价值链位置（唐海燕、张会清，2009）。不过，还是有一些研究者努力对此问题进行了探讨。本文按照研究方法将相关文献分为以下三类：

第一类是价值增值法。在产业组织领域，价值增值法主要使用企业纵向产业链上各环节的增加值占总销售额的比例来度量企业的纵向一体化水平。Kraemer 等（2011）测算 iPhone 4 手机的价值分割情况后认为，在 549 美元（包括实际售价 199 美元和运营商补贴 350 美元）的总价值中，苹果公司依靠产品设计和营销获得了 58.5%，韩国 LG 和三星公司通过提供显示器和内存芯片获得了 4.7%，中国在部分零部件生产和最后组装环节的劳动力收入为 1.8% 等。Dedrick 等（2010）对摩托罗拉 V3 等手机的生产和利润分割研究、Linden 等（2011）关于苹果公司 iPod 产品的就业和利润分割研究也属于此类。该方法对于全球价值链的描述非常精细，但限于企业层次具体产品数据获得的困难，只适合于个案研究。

第二类是技术指标替代法。由于出口商品体现了不同国家劳动技能、技术水平、资本质量以及在加工价值链中的状况，一国出口商品复杂度越高，则该国所处的价值链位置也越高，这意味着通过考察一国的出口商品结构状况就可以间接判断该国所处的价值链位置（Lall et al.，2006）。Xu（2007）测算中国的出口复杂度指数显示，该指数从 1992 年的 0.54 稳步上升到 2005 年的 0.73，中国在价值链中的位置快速提升。唐海燕、张会清（2009）用出口商品结构的相似度指数来比较发展中国家与先进国家的出口结构，从而间接反映一国与全球价值链高端环节的相对距离。该类方法以一国出口商品的技术复杂程度来判断其在全球价值链中的相对位置，适合于对不同国家的总体状况进行近似比较。由于难以获得相关国家具体细分行业或产品的劳动生产率数据，该类方法在细分行业或产品的价值链研究方面应用起来较为困难。

第三类是投入产出法。该方法运用投入产出表来反映产业间的纵向关系，利用企业在各产业的市场份额数据和投入产出关系来测算企业的纵向一体化程度。该方法要求投入产出表包括分类足够细致的产品层次信息。贸易文献在这方面提供了全球供应链和跨境分离的分析方法，重要的贡献来自 Feenstra 等（1997）和 Hummels 等（2001）等提出的垂直专业化程度测算方法。张少军（2009）、李冀申和王慧娟（2011）、柴斌锋和杨高举（2011）等借鉴这类方法研究了国内价值链与全球价值链的相互关联状况。该类方法描绘了进口投入品在出口产品中的使用情况或贸易中增加值的含量，但无法确定贸易品在价值链中的位置以及在国家间的排序情况。Fally（2011）和 Antràs 等（2012）利用投入产出法对价值链长度测算问题进行了补充和发展。

Fallyt（2011）测算了 1949～2002 年美国生产价值链长度的演化特征及其决定因素，Antràs 等（2012）计算了 2002 年美国及其他国家的生产价值链长度，并以美国的生产价值链长度和各国的贸易数据为基础计算了不同国家的出口价值链长度。这种利用投入产出法对价值链长度的测算避免了对企业层次详细数据的要求，又能体现出企业在生产过程中的垂直联系。生产价值链提供了行业不同生产阶段的平均值，更容易说明产业间的联系以及产业内垂直分离的特征；出口价值链说明国内不同行业在出口贸易中价值链长度差异的同时，也能比较不同国家在全球价值链中的相对位置。这一测算方法具有稳健性，不会因为投入产出表行业分类过于粗略或细致而产生显著偏向。Fally（2011）利用投入产出表行业不同程度分类（行业两位、三位、六位代码分类）进行计算证实了这一点。

不过，Fally（2011）仅提供了生产价值链长度的计算方法，并未涉及出口价值链长度的计算问题。Antràs 等（2012）提出了一国总的出口价值链长度计算方法，但未涉及分行业的出口价值链长度计算问题。本文的贡献是在借鉴 Antràs 等（2012）关于一国总的出口价值链长度计算原则的基础上，提出了分行业出口价值链长度计算的三种方法，并比较了这三种计算方法所要求的不同存在前提、适用条件及在中国制造业的具体表现。

二、出口价值链长度的测算方法

下面，首先介绍以 Fally（2011）、Antràs 等（2012）为基础的出口价值链长度的计算方法及相关公式，然后就投入产出部门的调整及有关数据源情况进行说明，并提出本文对连续年度出口价值链长度的推算方法。

该方法将价值链区分为生产价值链、出口和进口价值链。生产价值链长度有两种定义：一是度量某产品在生产出来之前所经历的生产阶段数量，也就是有多少工厂或生产环节顺序进入了该产品的生产过程。二是度量某产品在生产出来之后，又以中间投入品形式投入到各种产品生产，在到达最终需求之前所经历的生产阶段数量。出口（或进口）价值链长度是一国所有行业生产价值链长度的加权平均数，权重是该国相应行业的出口（或进口）份额。

（一）计算方法及公式

价值链长度测算分为两个主要步骤：首先计算一国某行业（或产品）的生产价值链长度（Upstreamness of Production），以此为基础再计算一国总的或分行业的出口价值链长度（Upstreamness of Exports）。一国总的出口价值链长度等于该国所有行业（或产品）生产价值链长度的加权平均值，权重是每个行业（或产品）出口额占该国出口总额的比例。同理，一国某行业出口价值链长度等于其包括的所有子行业（或产品）生产价值链长度的加权平均值，权重是这些子行业（或产品）出口额占其所属行业出口总额的比例。

（1）生产价值链长度。本文计算采用生产价值链长度的第二种定义，即某行业（或产品）生产价值链长度是指该行业（或产品）在到达最终需求之前（以中间投入品形式投入到各行业使用）所经历的生产阶段数量，下文以字母 μ 表示。

令 ϕ_{ij} 表示第 i 行业总产出中以中间投入品形式被第 j 行业直接使用的价值量份额，i 和 j 表示行业，$i,j \in \{1,2,\cdots,n\}$，那么：

$$\mu_i = 1 + \sum_i \phi_{ij} u_i \tag{1}$$

式（1）的含义是：如果某行业产品全部用于最终消费，那么 μ 值等于 1；如果某行业产品有一部分被用于中间投入品，那么 μ 值大于 1，具体程度取决于被用于中间投入品的份额大小以及该行业下游行业生产阶段的数量。

将式（1）表示为矩阵形式：

$$U = O + \Delta \cdot U \tag{2}$$

$$U = (I - \Delta)^{-1} \cdot O \tag{3}$$

其中，U 表示 $n \times 1$ 行业生产价值链长度矩阵，O 表示元素为 1 的 $n \times 1$ 矩阵，Δ 表示元素为 ϕ_{ij} 的 $n \times n$ 矩阵，开放经济条件下 ϕ_{ij} 的取值为：

$$\phi_{ij} = \frac{d_{ij} Y_j}{Y_i - X_i + M_i - N_i} \tag{4}$$

其中，d_{ij} 表示第 j 行业单位总产出在生产过程中直接使用的第 i 行业产品的价值量，即投入产出表中的直接消耗系数。Y 表示行业总产出，X、M、N 分别表示行业出口、进口、存货价值量。

（2）出口价值链长度。在求解出一国行业（或产品）生产价值链长度值 u 的基础上，可以计算出一国分行业或总的出口价值链长度。由于一国分行业或总的出口价值链长度是用出口份额加权的生产价值链长度的平均值，因此可得：

$$exup_k = \sum_{i \in I_k} \left(\frac{x_{ki}}{X_k} \cdot u_i \right) \tag{5}$$

其中，$exup_k$ 表示行业 k 的出口价值链长度，I_k 表示行业 k 所包含的子行业（或产品）集合，x_{ki} 表示行业 k 所包含的第 i 个子行业（或产品）的出口额，X_k 表示行业 k 所包含的所有子行业（或产品）的出口总额。如果不是分行业而是计算一国总的出口价值链长度，可以将该国所有产品视为一个总体行业。

（二）投入产出部门调整与数据源

生产价值链长度计算需要不同年度的投入产出表，本文选择 2002 年和 2007 年中国投入产出表作为计算的基础。这两个年度投入产出表最详细的行业分类分别包括 122 部门和 135 部门，就制造业来说，分别包括 72 部门和 81 部门。这两个年度的投入产出表不仅包括的部门数量不等，部门代码也不一致。如果仅仅计算这两个年度的生产价值链长度值，这种不一致不会产生任何影响。

不过，本文需要以这两个年度的生产价值链长度值为基础来计算连续年度的生产和出口价值链长度值并进行跨年度比较，这就需要将投入产出部门数量、代码和名称一致起来。

为了计算和汇总方便，本文以 2007 年投入产出表 135 部门代码和名称为基础，把 2002 年的投入产出部门按照部门内容与 2007 年的投入产出部门相对应。就制造业而言，这两个年度投入产出表中有 59 个部门是可以一一对应起来的，此时只需统一使用 2007 年的投入产出部门代码和名称即可，根据各自年度投入产出表计算出来的生产价值链长度值无须调整。

其余不一致部门的调整方法是：当 2002 年某个投入产出部门分类较粗，可以对应 2007 年投入产出数个部门时，所对应的这数个部门均采用相同的生产价值链长度值。例如，2002 年 40075 部门对应 2007 年 40082 和 40083 两个部门，那么，调整后 2002 年去掉 40075 部门代码，替换为 40082 和 40083 两个部门代码，2002 年增加的这两个部门的生产价值链长度值都等于原 40075 部门的生产价值链长度值。当 2002 年几个投入产出部门分类较细，只对应 2007 年投入产出一个部门时，则对 2002 年这几个部门的生产价值链长度值求算术平均值，以作为所对应的这一个部门的生产价值链长度值。例如，2002 年 40076 和 40077 两个部门共同对应 2007 年 40084 一个部门，那么，调整后 2002 年去掉 40076 和 40077 两个部门代码，并将这两个部门生产价值链长度的算术平均值作为替换后 40084 部门的生产价值链长度值。

由于中国进出口贸易集中于制造业，本文仅计算制造业出口和进口价值链长度情况。本文按照 2007 年中国 135 部门投入产出表归并 42 部门投入产出表的行业归类原则，将制造业 81 部门归并为 19 个制造业大类行业（具体名称见表 1），并计算和分析了这 19 个行业的出口价值链长度。本文所用贸易数据来自 HS－6 分位 UNCOMTRDE 数据库，HS 行业分类与投入产出部门的对应关系依照《2007 年中国投入产出表》附表四确定。

（三）连续年度出口价值链长度的推算方法

在 2002 年和 2007 年投入产出表的基础上，可以分别计算出 2002 年和 2007 年的生产价值链长度值，再结合相应的贸易数据即可得到这两个年度的出口或进口价值链长度值。Fally（2011）只是计算了美国具有投入产出表年份的生产价值链长度值，Antràs 等（2012）仅计算了 2002 年一个年度美国和其他国家的生产和出口价值链长度值，两篇文献均未提及如何计算连续年度的生产和出口价值链长度值。

在生产分工越来越精细化的情况下，生产价值链长度值直接反映的是一国不同行业（或产品）在整个生产链条中的位置，其实质反映了不同行业的生产技术状况。在一段时期之内，生产技术可能是相对稳定或者跳跃式变化的，也可能是稳步发展的，当然也有可能在考察期内保持不变。相对精细的投入产出表以 5 年为周期编制，不仅考虑了生产技术在 5 年内的相对稳定性，也考虑了生产技术在 5 年时间里已经发生了变化。根据生产技术的这些变化特征，下面给出连续年度生产价值链长度值计算的三种方法。有了连续年度生产价值链长度值后，结合每年的贸易数据，就可以得到连续年度的出口或进口价值链长度值。

方法 1：假定生产技术相对稳定或者跳跃式变化。一般情况下，生产技术在短期内保持相对稳定或不变，但在一定时期内的技术革新或改善会使下一时期的生产技术跃上一个新的高度。这样，以一段时间为周期假定考察期间内相近年度的生产价值链长度值相同是最简单的选择。本文考察的时间区间是 2001～2010 年，对连续年度生产价值链长度值的处理方法是：2001～2003 年采用 2002 年的生产价值链长度值，2004～2006 年采用 2002 年和 2007 年两个年度生产价值链长度的算术平均值，2007～2010 年采用 2007 年的生产价值链长度值。在无法得到连续年度投入产出表的情况下，这种处理方法是比较符合生产技术现实变化状况的。

方法 2：假定生产技术稳步发展。如果生产技术水平每年以固定的比例增长，我们可以假定考察期间内生产价值链长度值每年的变化率是相同的。这样，根据 2002 年和 2007 年两个年度的生产价值链长度值，我们可以计算出生产价值链长度值在这 5 年内的年平均变化率，并以此作为 2001～2010 年间生产价值链长度值的年平均变化率，从而可以得到这 10 年时间内连续年度的生产价值链长度值。这种处理方法的假定条件过于理想化，但在观察生产价值链长度变化趋势方面较为直观、简明。

方法 3：假定生产技术在考察期内保持不变。如果假定生产技术在考察期内保持不变，我们可以将 2002 年和 2007 年两个年度生产价值链长度的算术平均值作为 2001～2010 年每年固定不变的生产价值链长度值。这种处理方法忽略了考察期内的技术变化，适合专门分析一国对外贸易商品结构变化是如何影响出口或进口价值链长度的。

三、中国制造业出口价值链演化状况

本文一方面计算了 2001～2010 年间中国制造业出口价值链长度，另一方面，也计算了中国自 OECD 国家进口制造业产品的价值链长度。之所以进行两方面的计算，主要是为了比较中国出口价值链与自发达国家进口价值链的相对变化状况。OECD 虽然也包括少数发展中国家，但以发达国家成员为主，是先进技术和价值链高端产品的主要提供者。2001～2010 年，中国来自 OECD 国家的进口额占中国总进口额的年平均比重为 50.49%，进口规模庞大。

（一）总体状况

2001～2010 年间，中国制造业出口价值链长度呈现上升趋势，与此同时，中国自 OECD 国家进口价值链长度也呈现上升趋势，而且中国自 OECD 国家进口价值链长度总是高于中国出口价值链长度，三种方法计算的结果均是如此（见图 1）。

以方法 1 计算的中国制造业出口价值链长度呈现较为明显的阶梯状上升趋势，这与方法 2 计算结果所体现的稳定上升趋势方向是一致的。方法 3 计算结果的变化幅度不大，但也表现出了一定的上升趋势。以三种方法计算的中国自 OECD 国家进口价值链长度变化趋势与中国出口价值链长度变化趋势基本相同。

以方法 1 的计算结果为例来看，中国制造业出口价值链长度值 2001 年为 2.6838，随后波动上升至 2008 年的最高值 3.2988，2010 年该值保持在相对高位，为 3.2641。出口价值链长度值 10 年间的年平均增长率为 2.20%。中国自 OECD 国家进口价值链长度值 2001 年为 3.0570，随后波动上升至 2008 年的最高值 3.7162，2010 年该值保持在 3.6485 的相对高位。中国自 OECD 国家进口价值链长度值 10 年间的年平均增长率为 1.98%。

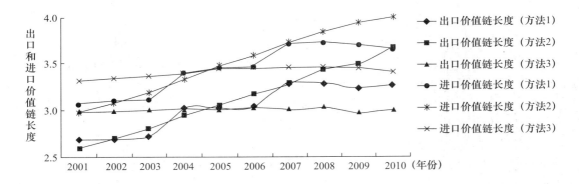

图 1　2001～2010 年中国制造业出口和进口价值链长度比较

中国制造业出口价值链长度上升意味着出口产品在向相对上游生产环节转移，而这一变化方向是不断靠近中国自 OECD 国家进口价值链长度值的。Humphrey（2004）曾将全球价值链比作"技术的阶梯"，认为全球价值链的每一环节对应着不同的技术层级，技术领先的发达国家处在全球价值链的高端环节。因此，中国制造业出口价值链长度提升并靠向中国自 OECD 国家进口价值链长度值，可以理解为中国制造业出口产品是在不断向高端生产环节转移，这将有利于中国出口产品在世界市场上获取更多的贸易利益。

中国自 OECD 国家进口价值链长度也是上升的，这一方面表示发达国家持续的技术进步保持了其在全球价值链中的相对高端位置，另一方面也意味着中国进口自发达国家的中间品和资本品在国内的加工增值环节也是延长的，这对于提升中国制造业的生产技术和附加值是非常有利的，也有助于国内企业通过延伸国内产业链和价值链来实现转型升级。不过，中国自 OECD 国家进口价值链长度总是高于中国制造业出口价值链长度，意味着中国制造业在"技术的阶梯"上仍处于学习和模仿发达国家先进技术的阶段。

那么，中国制造业出口价值链长度上升的原因是什么呢？从出口价值链长度的计算方法来分析，生产价值链长度和出口产品结构改变是出口价值链长度变化的重要原因。下面分别进行分析。

1. 中国制造业生产价值链长度变化特征

根据 2002 年和 2007 年中国投入产出表的计算结果分析，中国制造业生产价值链是延长的。2007 年与 2002 年比较，制造业 81 个投入产出部门中有 71 个部门的生产价值链长度是上升的。中国制造业生产价值链长度的算术平均值在 2002 年为 2.9125，而 2007 年该值已达到 3.3475。同样以计算出口价值链长度的方法 1 来分析，由于 2001 年和 2010 年出口价值链长度的计算依据分别是 2002 年和 2007 年的生产价值链长度值，可以将这两个年度的生产价值链长度值分别当作 2001 年和 2010 年的生产价值链长度值。这样，2001~2010 年 10 年间生产价值链长度值的年均增长率就是 1.56%，这占据了中国制造业出口价值链长度年均增率 2.20% 的绝大部分。因此，生产价值链延长是解释中国制造业出口价值链长度上升的重要因素。

中国制造业生产价值链延长表明生产分工越来越精细，国内企业融入全球价值链的程度越来越深，其承担的价值链环节向上游生产阶段转移。在全球价值链分工条件下，产业内升级是一国提升产业高度的主要方式（卢福财和罗瑞荣，2010）。中国制造业绝大部分细分行业生产价值链延长，正是产业内升级的一种表现。产业内重要中间品和资本品的生产，属于全球价值链分工中的相对高端环节，这其中包含有较大的利润空间和发展前景，是众多企业争夺的目标和努力的方向。

2. 中国制造业出口产品结构变化特征

以方法 3 计算的出口价值链长度变化趋势，适合于解释中国制造业出口产品结构变化对出口价值链长度的影响。由于该方法忽略了考察期内的技术变化，生产价值链长度值每年是固定不变的，计算出来的出口价值链长度值仅仅反映了出口产品结构变化特征。从方法 3 的计算结果来分析，2001 年，中国制造业出口价值链长度值为 2.9880，随后波动上升，最高值出现在 2008 年，为 3.0342；2010 年，该值仍处在 3.0091 的较高位置。以该方法计算的出口价值链长度值保持上升趋势，说明出口从生产价值链长度相对较小的行业转向生产价值链长度相对较大的行业，这种产业间变化特征也促使中国制造业出口价值链长度的上升。不过，这一产业间变化的影响是比较小的，因为按该方法计算的中国制造业出口价值链长度变化幅度不大，10 年间的年均增长率仅为 0.08%。

因此，中国制造业出口价值链长度上升的主要原因来自产业内因素，即绝大多数行业生产价值链是延长的；次要原因来自产业间因素，即出口结构存在轻微偏向于生产价值链长度值较高行业的现象。

（二）分行业状况

根据方法 1 计算的 2001~2010 年中国制造业细分行业出口价值链长度值状况见表 1。2001 年，出口价值链长度排在前三位的行业依次是化学原料及化学制品制造业（4.2116）、石油加工、炼焦及核燃料加工业（4.0397）、橡胶及塑料制品业（3.6611）；后三位的行业分别是食品加工制造业（1.7235）、饮料及烟草制品业（1.8773）、纺织服装鞋帽皮革羽绒及其制品业（1.9363）。

由于出口价值链长度主要取决于生产价值链长度，所以不同行业出口价值链长度大小主要是由相应行业的生产价值链长度或生产性质决定的。诸如化学原料及化学制品制造业和石油加工、炼焦及核燃料加工业等行业的产品是很多行业的投入品，需要经过多次加工才进入最终消费领域，生产价值链较长，相应的出口价值链也较长。而食品加工制造业、饮料及烟草制品业、纺织服装鞋帽皮革羽绒及其制品业等行业的产品几乎是直接面对消费者的，很少再作为中间品投入到其他行业，因此生产和出口价值链也就较短。

2001～2010 年间，由于生产价值链的延长，大多数行业出口价值链长度出现了上升趋势，年均增长率较高的行业包括纺织业（6.47%）、饮料及烟草制品业（4.79%）、医药及化学纤维制造业（3.61%）等。少数行业出口价值链长度呈现下降趋势，包括专用设备制造业（−0.95%）、工艺品及其他制造回收加工业（−0.5%）和木材加工及家具制造业（−0.13%）。由于不同行业出口价值链长度年均变化率存在差异，至 2010 年，纺织业出口价值链长度上升，成为排在第三位的行业，而专用设备制造业出口价值链长度则降至末位。

细分行业出口价值链长度变化的原因与前述中国制造业整体出口价值链长度变化的原因是类似的，即主要取决于产业内生产价值链的延长和产业间出口结构的变化。下面以变化幅度最大的纺织业为例来说明。

在投入产出表中，纺织业包含 5 个细分行业（见表 2）。2001～2010 年间，这 5 个细分行业的生产价值链长度均出现了较大幅度的增长，年均增长率从 4.40% 至 8.39% 不等。各细分行业生产价值链的延长是引致纺织业出口价值链长度增加的决定性因素。此外，生产价值链长度增长幅度最大的针织品、编织品及其制成品制造业，其在纺织业的出口份额增量也最大，从 2001 年的 50.69% 增加到 2010 年的 56.55%，增加了 5.86 个百分点。纺织业内这种出口结构的变化也会引致整个行业出口价值链的延长。

表 1　2001～2010 年中国制造业细分行业出口价值链长度值

年份 行业	2001	2002	2003	2004	2005	2006	2007	2008	2009	2010	年平均变化率(%)
食品加工制造业	1.7235	1.7159	1.7070	1.9419	1.9428	1.9427	2.1645	2.1752	2.1901	2.1977	2.74
饮料及烟草制品业	1.8773	1.8778	1.8819	2.3694	2.3703	2.3648	2.8962	2.8840	2.8711	2.8596	4.79
纺织业	2.7143	2.7112	2.7115	3.7474	3.7410	3.7275	4.7947	4.7806	4.7704	4.7712	6.47
纺织服装鞋帽皮革羽绒及其制品业	1.9363	1.9377	1.9355	2.1748	2.1721	2.1524	2.3803	2.3758	2.3750	2.3916	2.37
木材加工及家具制造业	2.5037	2.4882	2.4667	2.5681	2.5524	2.5656	2.6221	2.5538	2.4992	2.4739	−0.13
造纸印刷及文教体育用品制造业	2.3719	2.3560	2.3843	2.6329	2.6530	2.6924	2.9691	2.9414	2.9953	3.0332	2.77
石油加工、炼焦及核燃料加工业	4.0397	4.0339	4.0468	4.5809	4.4822	4.4647	4.9269	4.9494	4.8106	4.8391	2.03
化学原料及化学制品制造业	4.2116	4.2031	4.1776	4.5996	4.6382	4.6341	4.9883	5.0544	5.0108	4.9998	1.92
医药及化学纤维制造业	2.2367	2.2927	2.3280	2.6463	2.7236	2.7967	3.2227	3.1300	2.9821	3.0765	3.61
橡胶及塑料制品业	3.6611	3.6648	3.6652	3.9617	3.9615	3.9598	4.2554	4.2550	4.2536	4.2535	1.68

年份 行业	2001	2002	2003	2004	2005	2006	2007	2008	2009	2010	年平均变化率(%)
非金属矿物制品业	2.6710	2.6933	2.7064	2.9474	2.9357	2.9252	3.1674	3.2207	3.1671	3.1977	2.02
金属冶炼及压延加工制品业	3.4676	3.4434	3.4573	3.8745	3.8277	3.8111	4.1034	4.0638	4.0505	4.0554	1.75
通用设备制造业	3.0155	3.0452	3.0551	3.2782	3.2602	3.2441	3.4294	3.3791	3.3730	3.4311	1.44
专用设备制造业	2.3731	2.3339	2.3183	2.3171	2.3601	2.4452	2.1866	2.2775	2.2208	2.1782	−0.95
交通运输设备制造业	2.6215	2.6102	2.6337	2.6244	2.6734	2.7049	2.6579	2.6512	2.6303	2.6319	0.04
电气机械及器材制造业	2.4350	2.4514	2.4363	2.7141	2.7111	2.7151	3.0330	3.0516	3.0475	3.0622	2.58
通信设备、计算机及其他电子设备制造业	2.6430	2.6701	2.6857	2.7436	2.7256	2.7357	2.7611	2.7715	2.7601	2.8106	0.69
仪器仪表及文化、办公用机械制造业	3.0259	3.0270	3.0309	3.3318	3.3266	3.3194	3.6783	3.6783	3.6762	3.6814	2.20
工艺品及其他制造回收加工业	2.7253	2.7193	2.7223	2.6657	2.6576	2.6609	2.5954	2.6251	2.5843	2.6050	−0.50

表2　纺织业生产价值链长度和出口份额

投入产出部门代码	投入产出部门	2001年生产价值链长度	2010年生产价值链长度	生产价值链长度年均增长率(%)	2001年行业内出口份额(%)	2010年行业内出口份额(%)	出口份额变动(%)
17025	棉、化纤纺织及印染精加工业	3.1946	4.9148	4.90	27.13	21.22	−5.91
17026	毛纺织和染整精加工业	3.0432	4.4824	4.40	3.56	1.71	−1.85
17027	麻纺织、丝绢纺织及精加工业	2.9370	4.6301	5.19	4.15	1.86	−2.29
17028	纺织制成品制造业	2.8953	4.3149	4.53	14.48	18.66	4.18
17029	针织品、编织品及其制成品制造业	2.3642	4.8813	8.39	50.69	56.55	5.86

（三）在全球价值链中的相对位置

为了分析中国制造业在全球价值链中的位置及其变化状况，本文选取了世界上出口额排名靠前的50个国家作为比较对象，以中国的生产价值链长度为基础，根据其他国家的出口产品结构状况，分别计算出这些国家制造业的出口价值链长度值，用于判断中国在其中相对位置的变化。

根据方法1计算的各国制造业出口价值链长度显示，2001年中国排名第46位。也就是说，相对于世界其他国家而言，中国制造业出口产品基本上属于最接近消费者的。到2010年，中国排名上升至第38位，表示制造业出口产品已经向相对上游生产环节转移，对世界其他国家消费品的出口相对下降。这与按照国民核算体系（SNA）基本货物类别（资本品、中间品及消费品）测算的中国制造业出口结构变化方向是一致的。2001~2010年，中国制造业消费品出口比重从42.67%下降到32.94%，相应地，中国制造业中间品和资本品出口比重有所上升。不过，总体而言，中国制造业出口产品仍然处于发达国家的相对下游生产环节。

以通信设备、计算机及其他电子设备制造业为例来看，2010年，中国占世界出口总额的25.72%，是该行业产品的第一大出口国。但通过比较该行业出口规模前10位的国家发现，中国出口价值链长度值却排名靠后，落后于新加坡、日本、马来西亚等国（见图2）。通信设备、计算机及其他电子设备制造业包括5个细分的投入产出部门，其中，电子元器件制造业处在最上游生产环节，2010年的生产价值链长度值为4.0852。新加坡、日本、马来西亚等国的出口结构正是以电子元器件制造业产品出口为主，相比之下，中国的出口结构表现为以相对下游生产环节的电子计算机制造业产品为主（详细数据见表3）。如果再结合中国的进口结构来看，在通信设备、计算机及其他电子设备制造业这5个细分部门中，电子元器件制造业产品占据了中国该行业自OECD国家进口规模的75.57%。这说明了中国的贸易结构表现为进口相对上游生产环节电子元器件制造业产品、出口相对下游生产环节电子计算机制造业产品的加工贸易特征，出口规模虽大，但出口价值链排名靠后，这对于中国在世界市场上获取贸易利益是不利的。

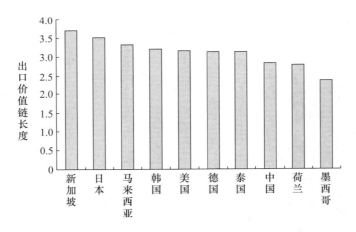

图2　2010年主要国家通信设备、计算机及其他电子设备制造业出口价值链长度状况

表3 2010 年主要国家通信设备、计算机及其他电子设备制造业行业内出口比重

单位:%

投入产出部门代码	投入产出部门	生产价值链长度	新加坡	日本	马来西亚	韩国	美国	德国	中国
40082	通信设备制造业	2.0052	5.16	5.75	2.99	25.76	17.73	16.64	23.99
40083	雷达及广播设备制造业	2.2947	2.41	20.09	4.95	10.57	11.11	14.28	9.07
40084	电子计算机制造业	2.9405	16.97	6.37	32.49	12.90	29.05	25.12	40.63
40085	电子元器件制造业	4.0852	73.95	66.25	48.18	48.85	39.90	40.00	19.10
40086	家用视听设备制造业	2.0319	1.51	1.54	11.39	1.92	2.21	3.96	7.21

四、结论与政策建议

在生产分工越来越精细化的情况下，生产价值链长度值直接反映的是一国不同行业（或产品）在整个生产链条中的位置，其实质是反映了不同行业的生产技术状况。在假定生产技术相对稳定或者跳跃式变化、生产技术稳步发展以及生产技术在考察期内保持不变三种条件下，本文借鉴 Fally（2011）和 Antràs 等（2012）关于生产和出口价值链长度的计算原则，提出了分行业出口价值链长度的三种计算方法。

2001～2010 年间，中国制造业出口价值链长度呈现上升趋势，并不断靠近中国自 OECD 国家进口价值链长度值，意味着出口产品在向相对上游生产环节转移，这归因于绝大多数行业生产价值链的延长和出口结构轻微偏向于生产价值链长度值较高行业两类因素。由于生产价值链的延长，大多数行业出口价值链长度出现了上升趋势，诸如纺织业、饮料及烟草制品业、医药及化学纤维制造业等行业。

相对于世界其他国家而言，中国制造业出口价值链长度排名在 2001～2010 年间有所提升，这同样体现出了制造业出口产品向相对上游生产环节转移、对世界其他国家消费品出口相对下降的特征，这与按照 SNA 基本货物类别测算的中国制造业出口结构变化方向是一致的。不过，总体而言，中国制造业出口产品仍然处于发达国家的相对下游生产环节。

为了继续提升中国制造业在全球价值链中的地位，在出口贸易中获取更大利益，本文提出如下政策建议：

首先，加大人力资本投入，注重发展高级生产要素。一国欲提升在全球价值链中的地位，关键是要提高该国对全球价值链的控制能力和获得更多的出口增加值（柴斌锋、杨高举，2011）。但一国在全球价值链中究竟获得多少增加值是和国内生产要素投入结构密切相关的，即高级生产要素和初级生产要素投入的多寡。在 Linden 等（2011）统计的苹果公司 iPod 产品价值链的就业和利润数据中，中国制造业在部分投入品生产和最终产品组装中获得了大量的就业机会，但生产岗位上雇员的人均年收入却只有 1540 美元，分别相当于该价值链条上美国、日本、韩国、新加坡和中国台湾地区生产岗位雇员人均年收入的 3.23%、3.18%、5.23%、9.00% 和 11.98%，菲律宾和泰国在生产岗位上获得的人均年收入都是 2140 美元，也高于中国。全球价值链条上差异如此巨大的利益分配格局充分说明了要素质量的重要性。技术、知识等高级要素占据产品设计、研发、销售等高附加值环节，从而获取高额的要素报酬，而中国依靠廉价劳动力以加工贸易方式参与到全球价值链分工中，很容易被"锁定"在低端环节而难以超越。因此，向全球价值链更高层级攀升需要依靠高素质劳动力的培育，这要求国内注重教育、科研投资，加大人力资本投入。

　　其次，完善法律和金融制度，培育全球价值链分工的市场环境。法律制度、金融发展制度等是影响一国全球价值链地位的重要因素（Antràs et al.，2012）。在全球价值链分工中，终极采购商与其大大小小供应商的合作与控制关系主要依靠合同和契约的方式来维持。一国通过完善其法律和金融等制度来提高其契约质量，可以帮助国内企业与其他国家采购商、供应商保持稳定的长期合作关系。中国虽然已经依靠传统的劳动力优势成功地成为许多中间产品的核心生产地和最终产品的加工组装基地，但不断上升的劳动力成本和劳工条件正逐步地侵蚀着原本就很微薄的订单利润。为了避免来自拉美、非洲及亚洲其他国家在低端市场的竞争，升级在全球价值链分工中的地位成为摆在中国制造业面前的迫切任务，提高要素质量和契约质量至关重要。

　　最后，引导外商直接投资流向，提高技术吸收能力。中国制造业吸收外商直接投资的规模虽大，但外资企业的劳动生产率和创造的增加值率却较低。近年来，外资企业的劳动生产率与内资企业不断趋近，外资企业的增加值率甚至低于内资企业，仅是欧美发达国家的 1/2 左右（唐未兵，2012）。之所以出现这种情况，主要原因在于外商直接投资在中国主要流向劳动密集型行业或生产环节，而包含核心技术的中间产品却从其母国或其他海外子公司进口。这样，外资企业在中国生产的本地化程度较低，国内企业及其雇员难以真正接触到核心生产技术，外商直接投资的技术溢出效应非常有限。因此，政府应该制定相关的政策措施，引导外商直接投资更多地投向高新技术行业和较为关键技术的生产环节，提高外资企业生产的本地化程度和国内企业的技术吸收能力，以利于外商直接投资促进中国制造业，提升在全球价值链中的地位和获取更高的贸易利益。

参考文献

[1] 柴斌锋，杨高举. 高技术产业全球价值链与国内价值链的互动——基于非竞争型投入占用产出模型的分析 [J]. 科学学研究，2011（4）.

［2］李冀申，王慧娟. 中国加工贸易国内增值链的定量分析［J］. 财贸经济，2011（12）.

［3］卢福财，罗瑞荣. 全球价值链分工条件下产业高度与人力资源的关系——以中国第二产业为例［J］. 中国工业经济，2010（8）.

［4］唐海燕，张会清. 产品内国际分工与发展中国家的价值链提升［J］. 经济研究，2009（9）.

［5］唐未兵. 我国不同高技术行业利用外资质量的评估与比较［J］. 当代财经，2012（7）.

［6］张少军. 全球价值链与国内价值链——基于投入产出表的新方法［J］. 国际贸易问题，2009（4）.

［7］Antrds P. , Chor D. , Fally X. and Hillberry R. Measuring the Upstreamness of Production and Trade Flows［J］. American Economic Review，2012，102（3）：412－416.

［8］Dedrick J. , Kraemer K. L. and Linden G. The Distribution of Value in the Mobile Phone Supply Chain［J］. Telecommunications Policy，2011（35）：505－521.

［9］Fally T. On the Fragmentation of Production in the U. S. ［R］. University of Colorado－Boulder Working Paper，2011.

［10］Feenstra R. C. and Hanson G. H. Productivity Measurement and the Impact of Trade and Technology on Wages：Estimates for the U. S. 1972－1990［R］. NBER Working Paper，No. 6052，1997.

［11］Hummels D. , Ishii J. and Yi K. The Nature and Growth of Vertical Specialization in World Trade［J］. Journal of International Economics，2001，54（1）：75－96.

［12］Humphrey J. Upgrading in Global Value Chains［R］. International Labour Office Working Paper，No. 28，2004.

［13］Kraemer K. L. , Linden G. and Dedrick J. Capturing Value in Global Networks：Apple's iPad and iPhone［R］. PCIC Working Paper，2011.

［14］Lall S. , Weiss J. and Zhang J. K. The "Sophistication" of Export：A New Trade Measure［J］. World Development，2006，34（2）：222－237.

［15］Linden G. , Kraemer K. L. and Dedrick J. Innovation and Job Creation in a Global Economy：The Case of Apple's iPod［J］. Journal of International Commerce and Economics，2011，3（1）：223－239.

［16］Xu B. Measuring China's Export Sophistication［R］. China Europe International Business School Working Paper，2007.

Evolvement and Mechanism of Export Value Chain in China

Abstract：Value chain length of production and export reflects technology status of different industries. This paper proposes three methods to measure the length of export value chain in different industries assuming that manufacturing technology changes in different manners. Owing to the prolongation of production value chain and changes in export structure, the export value chain length of China's manufacturing industry shows a rising trend from 2001 to 2010, approaching to the value chain length of China's import from OECD, which demonstrates that China's manufacturing export products are transferring to the relative upstream of production and upgrade in global value chaina this helps the manufacturing industry get more export interest.

Key Words：Length of Production Value Chain；Length of Export Value Chain；Export Interest；Input – output Method

贸易政策与产业发展：基于
全球价值链视角的分析[*]

唐东波

（复旦大学中国社会主义市场经济研究中心，上海　200433）

【摘　要】本文借助于关联产业的垂直分工理论，在投入—产出框架下分析了中国的贸易政策如何影响了国内的产业发展。研究发现，加工贸易与一般贸易的"二元"贸易政策是形成中国现阶段"二元"贸易结构的重要原因。"二元"关税政策在促进中国加工贸易迅速扩张的同时，也在一定程度上抑制了国内相关产业的发展。自由贸易以及消除加工贸易与一般贸易之间的关税差异不仅有助于降低中间品使用成本，进而促进下游产业发展，而且，上下游产业之间的"需求关联"效应也能带来上游产业的持续扩张。针对制造业行业出口附加值率的估算结果表明，中国出口技术复杂产品高涨的现象可由加工贸易的扩张来解释，但加工出口的国内附加值率显著低于一般出口，出口扩张最快的技术复杂行业，其加工出口的国内附加值率均小于40%。这意味着，出口产品的结构升级还只是国内企业进一步参与全球垂直分工的结果，中国融入全球经济的程度相对较"浅"。

【关键词】贸易政策；产业发展；加工贸易；附加值率

一、引　言

经济开放和自由贸易对于一国经济增长和发展具有重要的促进作用，这几乎已成为经济学界的共识（Grossman and Helpman，1991；Lucas，2009）。然而，各国经济在参与全球产业分工链条时所获取的收益却不尽相同。Mudambi（2008）在"价值微笑曲线"的研究中曾指出，由于各国比较优势的显著差异，全球化产业链条中高附加值的上游研发活动

---

*　本文选自《管理世界》2012年第12期。

和下游品牌营销活动通常都位于发达国家，而低附加值的生产制造环节则位于发展中国家和新兴经济国家。如何在全球化贸易中成功获得动态比较优势，从而加快深化本国产业结构和提高产业附加值，这对于广大发展中国家而言，无疑具有十分重要的意义。

对于中国来说，30 多年来事实上缺乏切实执行的产业升级政策或策略，而主要依赖于自由贸易和 FDI 的政策（Lall，1995；Naughton，2007；张军，2010）。并且，在贸易政策内部，所实行的也是严格区分加工贸易与一般贸易的"二元"关税政策。这一方面与产业升级较为成功的东亚日韩和中国台湾的经验不同，另一方面却又隐隐与传统的自由贸易理论和禀赋论的主张相吻合。事实上，中国之所以鼓励加工贸易，自然与同样经历过这一发展历程的东亚国家或地区有着类似的背景和动因，那就是：与技术先进国家之间的技术差距、相对廉价的生产要素、对先进技术的需求以及希望通过扩大出口获取外汇等（World Bank，1993）。

那么，推动加工贸易扩张的现行"二元"贸易政策对于国内相关产业发展的影响究竟如何？从全球价值链视角来看，加工出口在多大程度上提升了国内产业的附加值率？这些问题在加入世界贸易组织 10 年之后的今天已变得越来越重要，本研究希望对于回答上述问题有所贡献。

本文剩余部分的结构安排如下：第二部分是对过去 10 余年进出口的演变规律所做的简单的历史描述，以澄清中国对外贸易的结构性特征和比较优势已发生了哪些重要的变化；在第三部分，我们借助于关联产业的垂直分工理论和投入—产出分析框架，剖析了"二元"贸易政策对于国内相关产业的影响究竟有何不同，其作用机制又是什么；在第四部分，我们利用贸易数据估算了中国加工出口与一般出口的国内附加值率，并对结果进行了分析；第五部分是全文总结及评注。

二、中国对外贸易的结构特征与比较优势

随着国内经济的快速增长和进出口贸易的持续扩张，中国已成为主导全球贸易发展的最重要经济体之一。如图 1 所示，中国的出口贸易从 1996 年的 1510.50 亿美元上升至 2009 年的 12015.34 亿美元，年均增长高达 16%，进出口总值占全世界进出口贸易总额的比例也从 2.77% 上升至 8.79%。并且，贸易规模获得迅速增长的同时，中国对外贸易结构也表现出了诸多有趣的特征。

从对外贸易的国内地域结构来看，沿海地区显然占据了主导地位。如图 2 所示，沿海地区占中国进出口贸易份额基本维持在 90% 以上，而内陆地区则大多在 10% 以内。究其原因，这一结果应与中国加工制造业产业空间布局密切相关。我们知道，在改革开放早期，沿海经济特区所具有的政策优势以及本身的海运交通之便利，使得其能够较内陆地区更早地吸引外资和发展加工制造业，进而开展国际贸易以形成先发优势。特别是随着 FDI

的不断涌入，外资企业在进出口贸易中扮演了越来越重要的角色。1996~2009年，外资企业占顺差比重从 - 115.41% 提升到64.73%，沿海地区的这一占比更高（见图2），并且从事加工贸易的外资企业更是占顺差的大部分。

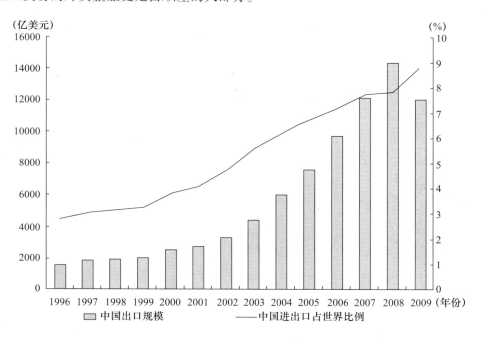

图1　1996~2009年中国出口规模及进出口占世界比例

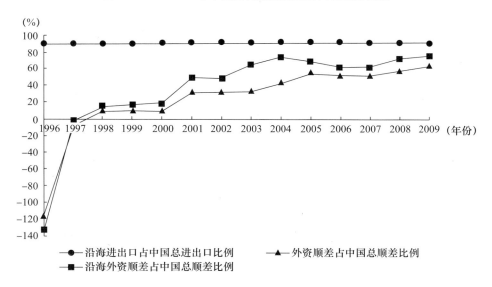

图2　1996~2009年中国对外贸易的地区特征及外资对顺差的重要作用

资料来源：历年《中国统计年鉴》。

　　细分不同的贸易对象之后，我们还可以发现，中国的贸易顺差也主要来自美国、欧洲及中国香港等发达国家或地区（见图3），其中，来自美国和中国香港转口贸易等顺差占比最大。并且，在这期间，除传统的纺织业始终保持着大量顺差外，专用设备、通信设备、计算机及其他电子设备制造业等资本技术行业已由逆差变为顺差（见图4），中国的出口贸易经历了明显的产品升级过程。

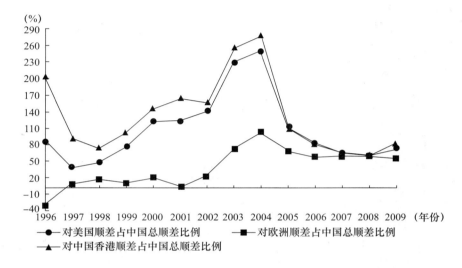

图3　1996~2009年中国贸易顺差的主要来源地各自所占中国总顺差比例

资料来源：1998~1999年对美贸易数据来自CEIC，其他数据均来自历年《中国统计年鉴》。

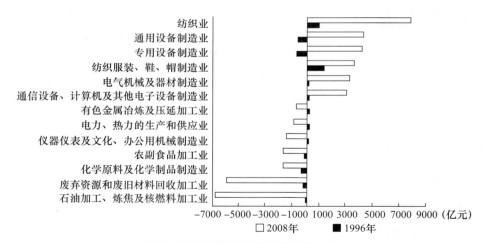

图4　部分行业贸易顺差的变化特征

资料来源：图中的行业归类口径统一采用《国民经济行业分类》（GB/T 4754 - 2003）标准，行业数据经HS编码海关数据转换而来，HS细分各章的数据来源于《中国对外经济统计年鉴》（1998）和《中国贸易外经统计年鉴》（2009）。

另外，从对外贸易方式来看，1996～2009年，加工贸易占中国出口贸易比例一直维持在50%左右，巨大贸易顺差其实也来自加工贸易（见图5）。事实上，中国加工出口的急速增长又与FDI的大规模流入密切相关。这是因为，外资企业往往通过进口大量中间品，再利用中国相对廉价的劳动力进行组装和加工生产，然后将产品出口销往世界各地。随着全球化分工和生产专业化的日益增强，跨国公司已将中国作为世界的"装配中心"，可以说，中国对外贸易的整体成功在很大程度上应归功于在华外资企业强劲的出口导向型策略。

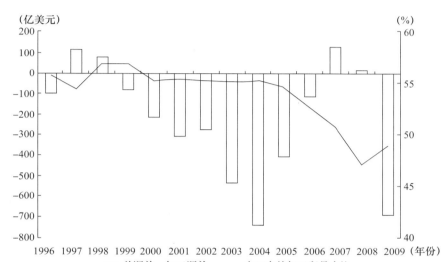

图5 出口中的加工贸易占比及加工顺差在总顺差中的主导地位

资料来源：2009年的加工贸易数据来自CEIC数据库，由Processing and Assembling 和 Processing with Imported Materials 相加得到，其他数据均来自《中国统计年鉴》（2009、2010）。

据此，我们可以形成一个基本判断，中国的对外贸易主要发生在沿海地区，其贸易顺差对象也主要集中于发达国家或地区。并且，由于FDI所产生的重要影响，中国的对外贸易结构呈现一般贸易与加工贸易并举的双重特征。一方面，一般贸易集中了内资企业，其在国内采购中间品并出口服装、鞋类等劳动密集型产品；另一方面，外资企业则主要集中于加工贸易领域，其利用中国相对廉价劳动力和加工贸易的诸多优惠政策，通过进口高附加值的中间品进行加工组装，然后向海外出口机械、电子等资本技术密集型产品。

在这样的贸易结构之下，中国出口品的比较优势是否已发生显著的变化？或者说出口品的整体技能水平是否获得了显著提升？现有的经验研究并未获得一致的结论。对此，我们借鉴Balassa和Bauwens（1988）所提出的显性比较优势（Revealed Comparative Advantage，RCA）概念，测算了细分各章商品进出口贸易的比较优势。

为方便观察比较优势的动态演变，我们将任意两个时期的RCA指标置于同一坐标系中进行观察，以反映本国对外贸易的动态特征。如图6所示，横轴和纵轴分别表示1994年和2008年的RCA指标，商品i在1994～2008年间的显性比较优势变化轨迹可由该图中的散点图表示。首先，第Ⅰ象限的商品 RCA＞0，因此始终具有比较优势；同理，第Ⅲ象限的商品始终处于比较劣势；在第Ⅱ象限中，由于同一商品 i 在 1994 年 RCA＜0，而在 2008 年 RCA＞0，可见商品 i 在 1994~2008 年间经历了由比较劣势向比较优势的转变，第Ⅳ象限的商品则刚好相反，即由比较优势转变为比较劣势。其次，当商品 i 处于 45°线以上时，表示该商品的比较优势逐渐增强，相反，45°线以下商品的比较优势则逐步减弱。最后，当商品 i 刚好处于 45°线上时，表示 1994~2008 年期间内该商品的比较优势未发生变化，这同时也意味着距离 45°线越远，则该商品的比较优势变化亦越大。

我们发现，在 1994~2008 年期间，中国对外贸易始终具有比较优势的典型产品主要包括编结材料制品（46）、动物及植物类制品（16，20）、皮革类制品（42）、纺织类制品（57，61，62，63，65）、羽绒类制品（67）、鞋袜类制品（64）、玩具类（95）和家具类（94）等；处于比较劣势的典型产品主要是航空航天类产品（88）、矿砂及铜制品（26，74）、仪器设备制品（90）、照相及电影用品（37）和塑料及其制品（39）等。由于趋势线方程的斜率和截距项均为正，可知中国对外贸易的比较优势结构较为稳定，并且与 1994 年相比，2008 年的对外贸易整体上表现得更具比较优势。另外，我们可以看到部分商品由比较劣势转为比较优势，较为典型的包括车辆及其零附件（87）、钢铁及其制品（72，73）、机器机械及其零附件（84）和船舶及浮动结构体（89）等资本技术密集型贸易品。与此同时，谷物果实饮料类（19，12，22）、烟草制品（24）及其他资源类商品（75，80，25，79，27）逐渐丧失了之前的比较优势。这一结果在一定程度上验证了 Rodrik（2006）、Yang 等（2009）及 Amiti 和 Freund（2010）等关于中国出口贸易正在经历结构升级的基本观点。

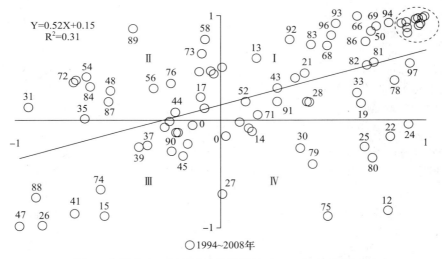

图 6　中国进出口贸易显性比较优势（RCA）的动态特征

注：图中所标数字为各点对应的 HS 编码章序号。虚线圆圈内包含：16、20、42、46、57、61~65、67 和 95 等章。

资料来源：《中国对外经济统计年鉴》（1996）和《中国贸易外经统计年鉴》（2009）。

三、"二元"贸易政策对国内产业发展的影响机制

在小国开放经济的理论框架之下，国内主要经济活动可划分为两大产业：上游产业（X）和下游产业（Y），前者提供中间品，后者使用中间品生产最终品。结合中国的对外贸易模式和要素市场的结构特征，我们可在 Okuno – Fujiwara（1988）、Murphy 等（1989）和 Venables（1996）的基础上，进一步假定国内上游产业所生产的中间品均为可贸易品，且上下游产业的劳动力成本存在显著差异。通过分析产业间投入—产出的关联效应，我们将重点解释"二元"贸易政策如何影响了国内相关产业的发展。

（一）中间品需求

假设下游产业（Y）完全竞争且规模收益不变，无论是产品市场还是要素市场均为价格接受方，该产业的总产出记为 Y，其国内价格记为 q。Y 为可贸易品，q 为常量，其数值等于国际市场价格加上国内税值。

生产最终品 Y 的典型企业使用劳动力 L 和中间品 X 进行生产决策，其中，劳动工资为 w，中间品价格为 p，Y 产业中典型企业的最优化行为可由如下关系表述：

$$MaxY = AX^{\mu}L_Y^{1-\mu}$$

$$s.\ t.\ pX + wL_Y \leq C_0$$

其中，$0 \leq \mu \leq 1$。按照要素最优配置一阶条件，可知 $pX = \mu C_0$，$\omega L_Y = (1 - \mu)C_0$，即有：

$$Y = A\left(\frac{\mu C_0}{p}\right)^{\mu}\left(\frac{(1-\mu)C_0}{w}\right)^{1-\mu} = \frac{AC_0\mu^{\mu}(1-\mu)^{1-\mu}}{p^{\mu}w^{1-\mu}}$$

据此，可进一步得到下游产业（Y）单位产出成本表达式：

$$c = \frac{C_0}{Y} = \sigma p^{\mu}w^{1-\mu}$$

其中，$\sigma = 1/A\mu^{\mu}(1-\mu)^{1-\mu}$。由假定，下游产业（Y）为完全竞争市场，市场的自由进出将导致市场利润为零，因此 $C_0 = Yq$，结合一阶条件即有：

$$X = \frac{\mu Yq}{p}, \ L_Y = \frac{(1-\mu)Yq}{w}$$

上式给出了下游产业（Y）的产出收益（Yq）与中间品（X）及劳动（L_Y）需求之间的关系。进一步，由 Y 产品市场完全竞争特征，均衡状态时单位成本等于产品价格，即 c = q，故有：

$$q = \sigma p^{\mu}w^{1-\mu}$$

整理上式，可得国内中间品（X）的需求函数：

$$p = \sigma^{-1/\mu} q^{1/\mu} w^{(\mu-1)/\mu}$$

可见，下游产业（Y）对国内的中间品需求取决于下游产业自身的产品价格和劳动工资水平。

（二）中间品供给

国内市场的中间品供给不仅来源于上游产业（X），同时也可以包含关税的对外贸易价格（p）进口。就国内的上游产业（X）而言，我们假定其投入要素仅为劳动（L_x），且存在规模报酬递增，劳动需求为产出 X 的线性函数，因此，上游产业中典型企业的利润函数可表述为以下形式：

$$\pi = px - (w + \Delta)\alpha x - f$$

其中，Δ 为国内劳动市场上下游产业工人之间的人均工资差距，x 为该典型企业的产出水平，α 为单位产出所需的劳动投入，f 为中间品生产的固定投入。倘若中间品进口价格足够高，以至于排除了其在国内的竞争优势，此时，国内上游产业所生产的全部中间品 $nx = X + \overline{\Delta}_x$，n 为国内上游产业的企业数量，$\overline{\Delta}_x$ 为中间品出口数量，为便于分析，令 $\overline{\Delta}_x = b/p$。依据产出 x 的边际收益等于边际成本的一阶条件，可获得如下的价格决定方程：

$$p = \frac{\alpha (w + \Delta)}{1 + 1/n\varepsilon}$$

上式中，α 为价格需求弹性。作为引致需求的价格弹性，ε 值取决于上下游产业的博弈顺序。在 Cournot 竞争模式下，国内的中间品引致需求为 $X = \mu Yq/p$，出口需求为 $\overline{\Delta}_x = b/p$，并且下游产业总产量 Y 不变，容易证明 $|\varepsilon| = 1$，这意味着上游产业中间品引致需求的价格弹性仅取决于下游产业的技术选择，而与出口需求的大小无关。

进一步，当上游产业不存在进出壁垒时，$\pi = 1$，结合 $nx = X + \overline{\Delta}_x$，以及国内的中间品引致需求 $X = \mu Yq/p$，出口需求 $\overline{\Delta}_x = b/p$，即有价格等于平均成本的关系式：

$$p = \alpha (w + \Delta) + fnp / (\mu Yq + b)$$

以上关于边际量和平均量的方程关系反映了上游产业在均衡状态时，中间品市场的均衡价格 p 和上游产业的企业数目 n 的变化规律，进一步整理即有：

$$n = \sqrt{\frac{\mu Yq + b}{f}}, \quad p = \frac{\alpha (w + \Delta)}{1 - \sqrt{\frac{f}{\mu Yq + b}}}$$

由此，我们刻画了国内上下游产业之间的"需求关联"效应和"成本关联"效应的作用机制。一方面，下游产业更高的产值（Yq）带来中间品需求扩张，进而吸引更多的中间品生产企业进入上游产业；另一方面，随着上游产业企业数量的增加，市场竞争的加剧将有利于下游产业以更低的价格获得中间品供给。

需要指出的是，以上分析的前提为国内中间品进口价格过高，从而排除了进口的影响，这也意味着国内上游产业作为中间品供给方，其市场均衡价格 $p \leq \overline{p}$，倘若这一进口价格约束是紧的，那么，来自国内上游产业的中间品价格 p 只要略低于 $\bar{p}$，即可排除进口，从而完全占有国内市场份额，此时的上游企业数量为：

$$n = \frac{\mu Yq + b}{f}\left(1 - \frac{\alpha\,(w + \Delta)}{\bar{p}}\right)$$

综合以上关于国内中间品市场的需求和供给分析我们发现，国内的劳动成本（w 或（w + Δ）为市场均衡变化的核心变量，因此，为便于在一般均衡框架内研究贸易政策如何影响国内的产业发展，我们需要进一步研究国内劳动市场的工资决定。

由国内的产业结构特征，总的劳动需求（$\bar{L}$）等于上下游产业劳动需求与其他产业劳动需求之和，依照上述分析，即有：

$$L_D = L_Y + L_X = (1 - \mu)Yq/w + nax$$

进一步，我们假定国内的劳动市场工资存在一定程度黏性，因此工资产值弹性 $\varepsilon_{w,Yq}$ 和 $\varepsilon_{w+\Delta,Yq}$ 均小于 1。特别地，上游产业的劳动工资对下游产业产值的弹性系数需要一定的灵活性，我们设定 $1/2 < \varepsilon_{w+\Delta,Yq} < 1$，因此，容易证明 $\partial L_D/\partial Yq > 0$。倘若上下游产业之外的其他产业的劳动生产率存在递减规律，其工资水平等于劳动要素的边际生产率：

$$w + \Delta^* = MPL(\bar{L} - L_D)$$

其中，Δ^* 为常量，表示下游产业与上下游产业之外的其他产业之间的工资差距。由复合函数的单调性质可知 $\partial w/\partial Yq > 0$，即下游产业的劳动工资水平 w 为上下游产业共同决定的产值 Yq 的增函数。

（三）均衡分析

按照国内中间品的需求与供给函数，令 $w = w(Yq)$，联立即有：

$$p = \sigma^{-1/\mu} q^{1/\mu} w(Yq)^{(\mu-1)/\mu}, \quad p = \frac{\alpha(w(Yq) + \Delta)}{1 - \sqrt{\dfrac{f}{\mu Yq + b}}}$$

就需求关系而言，此处的需求函数刻画了中间品市场价格（p）与下游产业产值之间的关系，由于 $0 \leq \mu \leq 1$ 且 $\partial w/\partial Yq > 0$，因此，需求曲线向下倾斜。事实上，下游产业产值增加的同时，对应的就业需求和劳动工资随之上升，从而导致下游产业能够支付的中间品价格趋于下降。

在中间品供给方程中，当不存在中间品进口竞争时，来自上游产业的中间品供给价格（p）取决于下游产业产值（Yq）的大小。根据上述模型推导过程，我们不难发现，如果上游产业的企业数目（n）固定不变，下游产业产值（Yq）的增长将带来工资和边际成本的上升，此时的供给曲线向上倾斜。但是，上游产业的企业数目（n）随下游产业产值的增长而增加，市场竞争的加剧将导致国内中间品市场价格趋于下降。因此综合地看，下游产业产值（Yq）与中间品价格（p）之间呈现"U"型关系。

上下游产业之间的均衡关系如图 7 所示，其中，纵轴表示上游产业所生产的中间品价格（p），横轴表示下游产业的产值（Yq）。向下倾斜的 D 曲线为中间品（X）的国内需求曲线，"U"型的 S 曲线为中间品（X）的国内供给曲线，水平线对应国内的中间品进口价格。

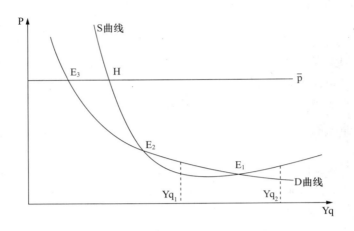

图 7　均衡分析

为分析模型中的供需均衡状态，我们首先考虑当中间品进口价格足够高时，国内上游产业所生产的中间品作为下游产业的投入要素，为使得上下游产业的市场利润为正，必然存在一个产值 Y，使得国内的中间品需求曲线（D 曲线）位于供给曲线（S 曲线）之上。其次，当国内下游产业规模较小，比如 Yq 趋近于 0 时，p 趋近于 0。因此，我们认为当下游产业的产值（Yq）非常小时，供给曲线（S 曲线）位于需求曲线（D 曲线）之上。当然，随着下游产业产值（Yq）的增长，也必然存在一个产值 Y，使得之后的 S 曲线位于曲线之上。最后，我们可得供给曲线（S 曲线）与需求曲线（D 曲线）所形成的均衡状态为 E1 点和 E2 点。

当下游产业产值（Yq）位于 H 点的左侧时，中间品进口价格 p 显著低于国内上游产业的市场价格，因此，国内的中间品供给完全被进口替代，此时国内市场将收敛至均衡状态 E3。该均衡状态的典型特征是，由于均衡价格等于中间品进口价格，国内上游产业的企业数目（n）取决于固定投入（f）和进口价格等因素。并且，由于国内的下游产业产值（Yq）较小，按照"需求关联"效应，上游产业有限的企业数目所产生的竞争不足以让国内的中间品供给价格（p）低于进口价格，可见，E3 是稳定的均衡状态。

当然，在 H 点的右侧附近，国内上游产业的定价略低于中间品进口价格，此时，上下游产业之间的"成本关联"效应将促使下游产业产值上升，而下游产业的扩张又可通过"需求关联"效应促使中间品价格继续下降，如此反复，国内市场均衡将达到 E2 点。但是，下游产业产值的继续上升将会吸引更多的企业进入上游产业，进而导致中间品供给价格进一步下降，最终又使得下游产业继续扩张，因此，均衡状态 E2 并不稳定。

事实上，在 E2 点，国内上游产业的竞争已足以保证中间品供给价格（p）小于进口价格，国内下游产业产值也达到临界值，即上游产业规模已足够大，使得国内的中间品供给价格开始低于下游产业的需求价格（S 曲线从左上部与 D 曲线相交），当国内的下游产业产值位于 E_2 右侧时，上游产业的自由进入所形成的竞争机制以及上下游产业之间的关联效应将带来国内上下游产业的持续扩张，直至劳动工资水平的上升使得企业市场利润为零，最终的市场均衡状态将收敛至 E_1 点。

（四）贸易政策的影响

根据上述分析框架，我们能够较好地解释现行"二元"贸易政策如何影响了国内相关产业的发展。

首先，在一般贸易情形下，贸易政策中的关税调整将直接影响进口中间品价格（图7中水平线 $\bar{p}$ 的具体位置），进而导致市场均衡的变化。针对中间品的关税保护使得水平线 $\bar{p}$ 向上移动，S 曲线与 D 曲线保持不变。显然，当国内市场处于均衡点 E_3 时，关税保护将使得均衡点 E_3 向左移动，下游产业产值（Yq）下降，通过"需求关联"效应，国内的上游产业也将相应萎缩，可见，此时的中间品关税保护政策不利于国内的产业发展。

其次，对于加工贸易而言，中间品进口的关税削减则带来完全相反的效果。具体地，针对进口中间品关税的下降将导致均衡点 E_3 右移，对应的下游产业产值上升，但此时的国内上游产业的供给能力仍然有限，市场均衡仍由点 E_3 决定，直到关税削减使得水平线 $\bar{p}$ 下降至点 E_2 时，国内市场的上下游关联效应将促使国内产业持续扩张，按照上述分析，上下游产出水平和国内中间品价格将收敛至点 E_1。

当然，贸易政策同样可以针对下游产业而设定，此时的关税保护政策将改变下游产业所生产的最终品市场价格 q，其结果是 q 的增加将导致国内的中间品需求曲线（D 曲线）向上移动，同时供给曲线（S 曲线）保持不变，从图形分析中可以看到，无论经济处于点 E_1 还是点 E_3 状态，针对国内最终品的贸易保护政策均有利于国内的上下游产业发展（点 E_1 和点 E_3 均向右移动）。特别地，当 D 曲线的向上移动使原均衡状态从点 E_3 移至 H 点时，上下游产业之间的关联效应将带来国内的产业扩张，下游产业的产值与上游产业的价格将收敛至均衡位置点 E_1。

四、出口附加值率：方法、数据与结果

我们看到，中国的加工贸易在"二元"关税政策下获得了迅速发展，且出口产品的技术构成经历了明显的升级过程，但是，与一般贸易相比，加工出口的国内附加率是否随着贸易扩张而同步上升呢？对于这一核心问题的答案，将直接决定相关产业在全球价值链上的深化程度。因此，本节将进一步估算各行业细分贸易方式的出口附加值水平。

（一） 方法

Hummels 等（2001）所提出的垂直专业化（Vertical Specialization）概念有效地度量了一个国家或地区通过贸易在参与全球生产链中做出的相对贡献。根据 Hummels 等（2001）的定义，可得如下基本估算公式：

$$VSS = \frac{VS}{X}, \quad VS = \left(\frac{X}{Y}\right) \cdot M^1$$

其中，M 为进口中间品价值，Y 为对应的产出价值，X 为出口产品价值。VS 刻画了用于出口的外购中间品价值，VSS 为单位出口品中的国外附加值份额，1 - VSS 即为对应的国内附加值率。

为了估算加工贸易和一般贸易的出口附加值率，我们首先需要识别进口中间品。在加工贸易模式下，所有的进口材料均登记在加工进口名下，并按规定专门用于出口产品的生产，而不能与国内材料混放或调换顶替。当加工成半成品或成品之后，这些产品都必须出口，且出口时登记在海关的加工出口贸易模式中。因此，对于加工出口而言，其对应的进口中间品可通过贸易模型进行识别。

对于一般贸易而言，进口中间品的识别则需要利用联合国（UNSD，2003）所制定的广义经济分类标准（Classification by Broad Economic Categories，BEC）。根据这一分类，所有 HS 编码的进口品都可大致划分为：资本品（Capital Goods）、中间品（Intermediate Goods）和消费品（Consumption Goods）三类，中间品的 BEC 编码及其含义可参见表1。按照 BEC 对中间品的归类方法，我们可在 HS 编码的进口数据中对中间品进行逐个识别，最终得到 HS 编码形式的一般出口中所含的进口中间品在识别了海关贸易数据中的进口中间品之后，我们还需要将 HS 编码的加工贸易与一般贸易数据按照行业编码进行归类。这里我们使用了"海关统计商品分类与投入产出部门分类对照表"（HS - I/O Concordance Table），整个的匹配过程如图8所示。

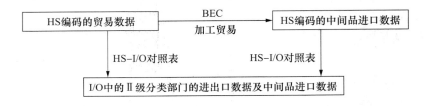

图8　进口中间品识别及 HS 数据向 I/O 部门行业的匹配过程

（二） 数据

本文用于估算出口附加值率所准备的基础数据主要包括：按贸易方式细分的进出口值、进口中间品的价值、各行业的产出值以及行业之间的投入产出流量等。其中，细分加工贸易与一般贸易的 HS 编码进出口数据来自中国海关贸易统计数据库（China Customs Trade Statistics，CCTS）。根据 BEC 与 HS 的对照表，我们可以识别并获得进口中间品的数据。在生成每个行业的贸易数据时，我们将 HS 编码的进出口数据按照 HS 与 I/O 的对照表先归并到 II 级分类部门，然后根据投入产出表部门分类及代码关系将 II 级分类的部门加总到 I 级分类。

由于行业之间的投入产出流量关系须通过投入产出表才能获得，而中国的投入产出表又仅限于逢 2 和逢 7 的年份发布，与本研究所考察的时点最近且可用的投入产出表发布于 2007 年，因此，本文对中国出口的国内附加值率的估算最终以 2007 年为代表。各行业产出数据来自中国投入产出表（2007）。并且，考虑到中国的对外贸易活动（特别是加工贸易）主要集中在第二产业中的制造业，本文最终采用的 I/O 部门代码范围是 06~22，共涉及 81 个 II 级分类部门。

（三）结果

根据本文的估算结果（见图 9），我们有以下的发现。首先，从贸易模式来看，加工贸易的国内附加值率普遍低于一般贸易。例如，虽然"金属制品业"和"木材加工及家具制造业"一般出口的国内附加值比例分别达到 92.89% 和 92.83%，但其中的加工贸易（1-VSSp 值）则仅有 55.60% 和 57.26%。这一估算结果足以说明，一般出口的国内附加值率远远高于加工出口的国内附加值率。考虑到加工贸易在中国出口贸易中占有近一半的份额，如此一来，加工贸易的国内附加值偏低将导致国内制造业部门整体的垂直专业化水平偏高。此外，加工出口与一般出口在国内附加值率上表现出的巨大差距说明，改革开放以来，特别是 20 世纪 90 年代以来，依赖加工贸易参与全球垂直分工的贸易模式并未让国内企业的附加值份额获得同步提升，中国融入全球经济的程度相对较"浅"。

其次，从各行业的资本技术密集度比较来看，资本密集和技术复杂的行业，其出口的国内附加值率要显著低于劳动密集型行业。其中，"交通运输设备制造业"、"通信设备、计算机及其他电子设备制造业"、"石油加工、炼焦及核燃料加工业"和"金属冶炼及压延加工业"等行业的国内附加值率最低，对应的国内加工出口附加值率分别仅有 14.60%、15.30%、21.45% 和 22.38%。换言之，资本密集和技术复杂行业的出口品生产比国内的其他行业使用了更多的进口中间品，从而国内的附加值率相对较低。因此，尽管我们可以观察到中国的技术复杂产品的出口快于技术简单的产品出口，但这些技术复杂的出口品中所包含的国外成分却远远高于后者。这意味着，中国出口越来越复杂的产品还只是中国参与越来越专业的垂直分工的结果。

最后，在所考察的全部制造业行业中，加工出口的国内附加值率低于全行业均值的有 8 个，其出口值占制造业出口总额的 66.61%。这当中的行业全部属于资本密集或技术复杂行业，同时也是近年来中国出口扩张最快的行业。加工出口的国内附加值率高于 50% 的行业有 5 个，全部集中于技术简单或劳动密集的行业，其对应的出口值仅占当年制造业出口总规模的 26.31%。此外，一般出口的国内附加值率最高的前 5 大行业，其出口总值

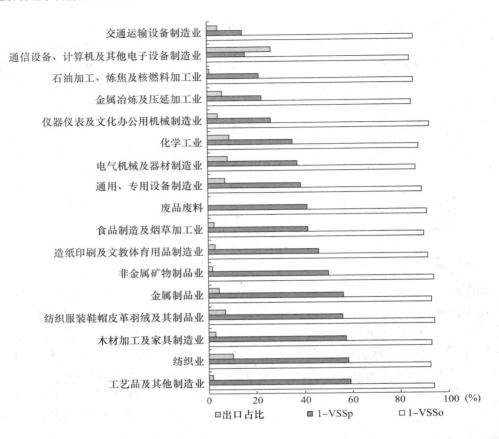

图9 加工出口与一般出口的国内附加值率及各部门的出口占比

仅占 2007 年中国制造业出口总额的 17.95% 。这说明，中国出口贸易流量的增长主要得益于全球的垂直专业化分工，加工贸易正是一种与垂直型产业内贸易高度一致的具体贸易模式，这种模式为发挥国内的比较优势提供了机遇。

五、总结及评注

本文在关联产业的垂直分工理论框架下研究了中国的贸易政策如何影响了国内相关产业的发展，并基于全球价值链视角估算了加工贸易和一般贸易的出口价值构成，以反映国内产业的深化程度。

为考察贸易政策对国内产业发展的影响机制，本文在国内上下游产业结构的基础上，进一步假定下游产业处于完全竞争市场，上游产业则由若干 Cournot 寡头企业内生决定，并且上游产业的中间品与下游产业的最终品均为可贸易品。因此，进口中间品价格为国内上游产业设定了价格上限。而中间品产业的发展往往具有较强的"外部性"特征，比如"需求关联"效应和"成本关联"效应，前者是指下游产业的规模扩张将有利上游产业需求的增长，后者是指上游产业的规模扩张将导致更低的中间品价格，进而使下游产业受益。"外部性"和各种贸易政策将导致多重市场均衡，并且，市场均衡状况所对应的产出水平随贸易政策而变化。

在多重市场均衡中，高产出的均衡水平对应较多上游企业，市场竞争机制使得国内的中间品价格低于进口价格。低产出市场均衡的显著特征为，中间品市场价格即为进口价格，上游产业过高的价格导致了下游产业的生产成本上升、产出水平相应下降。并且，下游产业通过"需求关联"效应也使得上游产业的企业生产变得无利可图。

我们的研究进一步发现，针对上游产业的贸易保护政策将导致国内经济陷入低产出的均衡水平，降低上游产业所生产的中间品的进口关税水平可以打破这一低产出的市场均衡。这是因为，关税的下降有利于下游产业的规模扩张，而"需求关联"效应将吸引更多的中间品生产企业进入上游产业，与此同时，企业之间的竞争将使得上游产业的中间品价格低于进口价格，因此，下游产业在"成本关联"效应的作用下进一步扩张。如此往复，自由贸易政策下的国内产业获得持续发展。这意味着，自由贸易和消除加工贸易与一般贸易之间的关税差异有利于国内产业摆脱低产出的均衡水平，"成本关联"效应和"需求关联"效应使得上下游产业逐渐向高产出的均衡水平收敛。

理论研究表明，加工贸易与一般贸易的"二元"贸易政策是形成中国现阶段"二元"贸易结构的重要原因。"二元"关税政策在促进中国加工贸易迅速扩张的同时，也在一定程度上抑制了国内相关产业的发展。自由贸易以及消除加工贸易与一般贸易之间的关税差异不仅有助于降低中间品使用成本，进而促进下游产业发展，而且，上下游产业之间的"需求关联"效应也能带来上游产业的持续扩张。

从出口附加值的估算结果发现：首先，加工贸易的国内附加值率普遍低于一般贸易，两者在出口附加值率上表现出的巨大差距说明，改革开放以来，特别是20世纪90年代以来，依赖加工贸易参与全球垂直分工的贸易模式并未让国内企业的附加值份额获得同步提升，中国融入全球经济的程度相对较"浅"。

其次，从各行业的资本技术密集度比较来看，资本密集和技术复杂的行业，其出口的国内附加值率要显著低于劳动密集型行业。换言之，资本技术密集型行业的出口品生产比国内的其他行业使用了更多的进口中间品，从而国内的附加值率相对较低。因此可以说，尽管我们观察到中国的技术复杂产品的出口快于技术简单的产品出口，但这些技术复杂的出口品中所包含的国外成分却远远高于后者。这意味着，中国出口越来越复杂的产品还只是中国参与越来越专业的垂直分工的结果。

再次，在所考察的全部制造业中，资本密集或技术复杂行业加工出口的国内附加值率明显偏低，尤其是近年来扩张迅速的"通信设备、计算机及其他电子设备制造业"，其对应的加工出口国内附加值率不足16%，被贴上"高技术"标签的行业的国内附加值贡献远逊于出口总值的增长。

最后，我们想指出的是，"二元"贸易政策是解读中国加工贸易迅速扩张的基础。对不同贸易模式下出口价值构成的估算，对于理解改革开放以来中国的出口扩张，甚至从全球价值链视角认识国内的产业深化均有重要价值。长期以来 FDI 和加工贸易的主导已成为中国经济发展的一个特定模式，这个模式使得中国迅速融入全球经济并获得了巨大的垂直分工利益。鉴于加工出口的国内附加值率依然较低，为提升国内产业在全球价值链中的地位，我们不仅需要强化加工贸易在国内相关产业的纵向关联，而且应设计更为灵活的贸易政策以促进一般出口产品的技术结构升级。

参考文献

［1］张军. 产业升级为何这么难？［J］. 新民周刊，2010.

［2］Aniiti，Mary and Caroline Freund. The Anatomy of China's Export Growth［J］. Chapter 1 in Robert C. Feenstra and Shang Jinwei eds.，China's Growing Role in World Trade，Chicago：The University of Chicago Press，2010：35 – 56.

［3］Assche Van A. and Gangnes B. Electronics Production Upgrading：Is China Exceptional？［J］. Economic Letters，2010，11（5）：477 – 482.

［4］Balassa B. and Bauwens L. Changing Trade Patterns in Manufactured Goods：An Econometric Investigation［M］. Amsterdam：Nortli – Holland，1988.

［5］Dean Judith，K. C. Fung and Zhi Wang. Measuring the Vertical Specialization on Chinese Trade［R］. USITC Working Paper，No. 2007 – 01 – A，Washington，DC：U. S. International Trade Commission，2007.

［6］Dean Juditli，K. C. Fung and Zhi Wang. How Vertically Specialized is Chinese Trade？［R］. Office of Economics Working Paper，No. 2008 – 09 – D，2008.

［7］Dunford M. Industrial Districts，Magic Circles and the Restructuring of the Italian Textiles and Clothing Chain［J］. Economic Geography，2006，82（1）：27 – 59.

［8］Ethier W. J. National and International Returns to the Modern Theory of International Trade［J］. The American Economic Review，1982，72：389 – 405.

［9］Faini R. Increasing Returns，Non – traded Inputs and Regional Development［J］. Economic Journal，1984，94：308 – 323.

［10］Grossman，Gene M. and Elhanan Helpman. Innovation and Growth in the Global Economy［M］. Cambridge，MA：The MIT Press，1991.

［11］Hummels D.，J. Isliii and K. Yi. The Nature and Growth of Vertical Specialization in World Trade［J］. Journal of International Economics，2001，54：75 – 96.

［12］Lall S. The Creation of Comparative Advantage：Country Experience，eds.，Trade，Technology and International Competitiveness［R］. World Bank，Washington，D. C.，1995.

［13］Lucas Robert E. Jr. Trade and the Diffusion of the Industrial Revolution，American Economic Journal：Macroeconomics，2009，1（1）：1 – 25.

［14］Matsuyama K. Complementarities and Cumulative Processes in Models of Monopolistic Competition：A Survey［M］. Department of Economics，Northwestern University，Evan – ston，IL，1994.

[15] Mudambi R. Location, Control and Innovation in Knowledge – intensive Industries [J] . Journal of Economic Geography, 2008 (8): 699 – 725.

[16] Murphy K. , A. Shleifer and R. Vishny. Industrialization and Big Push [J] . Journal of Political Economy, 1989, 97: 1003 – 1026.

[17] Naughton Barry. China's State Sector, Industrial Policies and the 11th Five Year Plan [C]. Testimony before the US – China Economic and Security Review Commission Hearing on the Extent of Government Control of China's Economy and Implication for the US, 2007.

[18] Okuno Fujiwara M. Interdependence of Industries, Coordination Failure and Strategic Promotion of an Industry [J] . Journal of International Economics, 1988 (25): 25 – 43.

[19] Rodriguez – Clare A. The Division of Labor and Economic Development [J] . Journal of Development Economics, 1996, 49: 3 – 32.

[20] Rodrik D. Coordination Failures and Government Policy: A Model with Applications to East Asia and Eastern Europe [J] . Journal of International Economics, 1995, 40: 1 – 22.

[21] Rodrik Dani. What's So Special about China's Exports? [J] . China and World Economy, 2006, 14 (5): 1 – 19.

[22] Rosenstein – Rodan P. N. Problems of Industrialization of Eastern and South – Eastern Europe [J] . Economic Journal, 1943, 53: 202 – 211.

[23] United Nations Statistics Division (UNSD) . Classifications by Broad Economic Categories [M] . New York: United Nations Statistics Division, 2003.

[24] Upward Richard, Zheng Wang and Jinghai Zheng. Weighing Chilians Export Basket: An Account of the Chinese Export Boom, 2000～2007 [J] . GEP Research Paper 14, University of Nottingham, 2010.

[25] Venables A. J. Trade Policy, Cumulative Causation and Industrial Development [J] . Journal of Development Economics, 1996: 179 – 197.

[26] World Bank. The East Asian Miracle: Economic Growth and Public Policy [M] . Oxford University Press, 1993.

[27] Xing Y. , N. Detert. How the iPhone Widens the United States Deficit with the Peoples Republic of China [R] . ADBI Working Paper, No. 257, 2010.

[28] Rudai Yang, Yao Yang and Ye Zhang. Upgrading Technology in Chinese Exports [J] . Chapter 9 in Arthur Sweetman and Jun Zhang, eds. , Economic Transitions with Chinese Characteristics: Thirty Years of Reform, Montreal: McGill—Queens University Press, 2009.

Trade Policy and Industrial Development

Abstract: With the help of vertical division of labor theory in correlative industries, this paper analyses how trade policy can affect the domestic industrial development under the input – output framework. The study has found that the "binary" trade policies between processing trade and general trade are the leading factors in forming the current "binary" trade structure in China. "Binary" tariff policy promotes the rapid expansion of processing trade in China while it inhibits the development of domestic related industries to some extent. Free trade as well as eliminating the tariff difference between processing trade and general trade contribute to lowering the cost of intermediate goods, then boosting the development of downstream industry. Furthermore, the "connectional demand" effect between upstream industry and downstream industry can bring the constant expansion in upstream industry. According to the estimates of the added value of export goods in manufacturing industries, the phenomenon of the upsurge in exporting the goods with complex technology can be explained by the expansion of the processing trade. However, the domestic added value of export goods in processing trade is under what the general trade is significantly. Even in the complicated technological industries which expand most rapidly, its domestic added value rate of processing exporting trade are less than 40%. This means that the structural upgrading of exports are just the outcome for domestic enterprises to further participate in the global vertical division of labor, and the degree of integration into the global economy is relatively low.

Key Words: Trade Policy; Industrial Development; Processing Trade; Added Value Rate

全球价值链下的增加值贸易核算及其影响[*]

马　涛　刘仕国

（中国社会科学院世界经济与政治研究所，北京　100732）

【摘　要】 本文阐释了增加值贸易核算的理念、产生机制和测度目的，并基于经济合作与发展组织（OECD）和世界贸易组织（WTO）创建的增加值贸易数据库，分析了全球价值链对新型国际分工、贸易格局以及就业跨境转移的影响。增加值贸易核算对世界贸易的国别结构、依存度和全球贸易失衡程度有了全新反映。本文还评估了增加值贸易核算架构下中国外贸的利得和失衡程度，廓清了中国在全球贸易失衡中的责任。抓住全球价值链重构的战略机遇期对提升中国经济至关重要，对深化贸易结构转型也具有重要的政策启示。

【关键词】 全球价值链；增加值贸易核算；贸易失衡；贸易转型；就业转移

传统的国际贸易核算能真实反映世界的实际贸易量、贸易失衡结构和贸易利得吗？在不断深化的经济全球化进程中，各国之间错综复杂的经贸往来可能会给出一个不确定的答案。现在世界上越来越多的国家融入全球价值链（Global Value Chains）中，成为国际生产体系中某些环节的生产者，根据自身角色在本国创造出对应的增加值。关于如何有效核算贸易品中的增加值，2011 年 6 月，时任 WTO 总干事的帕斯卡尔·拉米指出，"同传统国际贸易核算相比，增加值贸易（Trade in Value Added）核算能更好地测度和反映全球贸易的新特征，是衡量世界贸易运行的一种更好的方法"。

众所周知，全球价值链已经成为当今世界经济的主要特征，技术进步、成本、资源和市场的获得以及贸易政策改革等促成了全球价值链的分割。如果用传统方法核算重复跨境的货物和服务贸易流，势必会引起统计上的误差。为此，相关国际权威机构着手该领域新的核算方法并在近期频频发布报告，分析增加值贸易核算对世界贸易核算的影响。首先是2011 年 WTO 和日本贸易振兴机构亚洲经济研究所（IDE - JETRO）发布的《贸易模式和

＊　本文选自《国际经济评论》2013 年第 4 期。

本文得到国家社科基金青年项目（13CGJ027）的资助，也是中国社会科学院创新工程项目"国际视角下的中国贸易结构转型研究"的阶段性成果之一。作者非常感谢邵滨鸿编审和姚枝仲研究员提出的宝贵意见，当然文责自负。

东亚的全球价值链：从货物贸易到任务贸易》，其次是 2013 年 1 月 16 日 OECD 和 WTO 推出的《全球增加值贸易核算初版数据库报告》（5 月份数据库又有更新），最近则是 2013 年 2 月 27 日联合国贸发会议（UNCTAD）发布的《全球价值链和发展：全球经济中的投资和增加值贸易》。上述几个国际机构从增加值贸易概念的界定到产生的机制，再到数据库的构建，在短时间内使该方面工作取得了较大进展。

一、增加值贸易核算的概念

增加值贸易核算考虑了全球生产中包含的新商业模式的具体情况，是传统国际贸易核算的有益补充，因为后者测度的是贸易品的总价值，不仅包括价值增值部分，而且包含所有中间投入品的价值。伴随着中间品贸易的迅猛崛起，国际贸易核算测度有必要进行创新，以反映崭新而重大的人类实践。从传统国际贸易核算到增加值贸易核算的变动中，统计测度内容从总值变成了增加值。

增加值贸易核算是国际贸易核算的一种新方法，主要解决跨境贸易中的"重复核算"问题，而不单纯是衡量在出口商品生产过程中创造的劳动力补偿、生产税收、营业盈余和固定资产折旧等价值增值部分。通过国际贸易核算可知，一件出口商品的增加值由国外增加值和国内增加值两部分组成，国内增加值除了上述增值部分以外，还包含国内贡献的投入品。所以，增加值贸易核算的是出口贸易中整个国内增加值部分。举个简单的例子，价值链上有三个国家，国家 A 向国家 B 出口 100 美元的中间品，在国家 B 加工组装后创造了 50 美元增加值，然后再向国家 C 出口总价值 150 美元的产品。如果按照增加值贸易核算，国家 B 的实际出口为 50 美元，而不是传统核算的 150 美元。所以，国家 B 对国家 C 的贸易顺差不是 150 美元，而是 50 美元。在全球出口中，约有 28% 是进口国仅仅为了将其作为生产某种出口商品或服务的中间产品而进口。例如，2010 年 19 万亿美元的全球出口中，上述进口产品约有 5 万亿美元都属于重复核算。

增加值贸易核算方式的产生，实质上是全球价值链的地理分割导致的一种新型贸易核算方式。全球价值链的兴起源自以下要素和条件：其一，新型国际分工催生了大量的中间品生产。各国资源禀赋和相对技术差异成为新型国际分工的动力，这种新型分工改变着工业化经济的消费模式，并创造了新的国际需求——中间品。其二，出口加工区、相关基础设施以及各国贸易政策，为全球价值链的形成提供了基础。其三，跨国公司在全球价值链中具有重要地位，因为价值链上跨国公司创造的贸易占到全球贸易的近 80%。跨国公司通过离岸外包或者 FDI 等价值链分割的路径进行跨国生产，就产生了大量重复跨境的中间品贸易。为衡量全球价值链的国别影响，就需要一种全新的核算方法——增加值贸易核算。

测度增加值贸易的目的体现在以下四个方面：①辨识国际竞争力和比较优势的来源，

更好地反映出口货物中不同国家的实际贡献；②评估外贸对经济增长和就业的实际影响；③更深入地审视双边贸易平衡或区域贸易平衡；④重新审视部分贸易政策工具的经济相关性，因为某国的某项贸易政策可能影响到整个全球价值链。

增加值贸易核算方法的演进，可以追溯到出口垂直专业化程度这一概念，其可以说是增加值贸易核算方法的雏形。出口贸易的垂直专业化程度越高，说明出口产品中进口中间品的份额越大，体现了国外投入部分的比重。在此基础上，国外学者不断拓展并提出增加值贸易核算的概念。其核心方法是通过投入占用产出模型，把出口产品的国内增加值和国外增加值分离出来，并可以比较一国参与全球价值链动态变化的路径。同出口垂直专业化方法相比，增加值贸易方法更加科学、准确，并且应用更广泛。

增加值贸易核算能更真实体现世界贸易总量的大小。这种方法需要借助全球生产网络或者区域一体化作为平台，构造世界投入产出表（WIOT）或者亚洲国际投入产出表（AIKT）等数据库才能做出准确核算。增加值贸易核算需要具备价值链上国家之间投入产出数据才能完成计算，所以，对数据和方法的要求较高。这种核算方法也可能会改变国际经济规则以及政策调整，直接影响到生产网络上的国家，尤其是发展中国家政策制定者的经济发展战略，对促进经济增长、创造就业、提高税收和收入，以及加快产业转型升级产生深刻而长远的影响。

增加值贸易核算将还原"真实"的贸易失衡。利用增加值贸易核算来重新评估贸易利得，更有利于解释贸易失衡的结构性问题，这也是增加值贸易核算的重要性之所在。我们特别关注中国的情况。长期以来，中国对美国和欧盟等国家是贸易顺差国，而对韩国、日本和德国等国则是贸易逆差国。以中国上述主要贸易顺、逆差国为例，分析中国与这些国家的贸易失衡情况，可以洞悉失衡的真实结构。OECD–WTO 联合数据库的增加值贸易差额数据显示，2005～2009 年，中美贸易顺差在增加值贸易核算方式下要比总值贸易核算下减少 450 亿～610 亿美元，占到传统贸易顺差的 26%～31%。中欧贸易顺差在两种贸易核算方式下的变化是减少 120 亿～250 亿美元，占到传统贸易顺差总额的 21%～50%（见图 1）。

对于中国的主要贸易逆差国韩国和日本而言，增加值贸易核算下的贸易逆差额也有较大幅度下降。其中，对韩国减少了近 460 亿美元。中日贸易情况较为复杂，2005～2009年，总值核算下和增加值贸易核算下中日贸易都是由顺差变为逆差，并且贸易盈余也减少了近 200 亿美元。德国是中国显著的贸易顺差国，2009 年的增加值贸易核算比总值核算减少近 260 亿美元。可见，按照增加值贸易核算，中国的实际出口额并未像总值贸易核算下那么庞大，它不仅显示出中国贸易失衡的真实程度，也进一步表明中国在全球贸易中还只是一个"贸易大国"，距"贸易强国"还有一定距离。

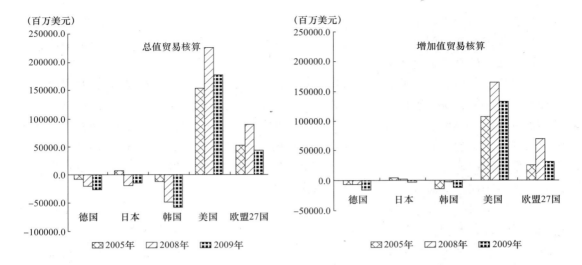

图1 两种贸易核算下中国对主要贸易伙伴的贸易盈余

注：总值双边贸易盈余的计算方法，根据 OECD – WTO 增加值贸易数据库中提供的增加值贸易盈余加上贸易盈余的差额，得到总值贸易盈余额。

资料来源：OECD – WTO 增加值贸易数据库、作者计算得出。

二、全球价值链对世界经济的影响

（一）全球价值链下的新型国际分工和贸易格局

全球价值链下的增加值贸易核算可以反映贸易参与国在价值链上的相对位置。对于发达国家，全球价值链是其获得巨大收益的重要路径。发达国家掌控价值链的高端环节，占据"微笑曲线"的两端位置，所得到的贸易和投资收益最大。例如，在东亚国际生产网络中，经济发达国家美国、日本和韩国等国掌控产品的研发、设计和营销等环节，而中国、马来西亚和泰国等国是加工工厂，仅赚取微薄的利润。发达国家和发展中国家扮演着全球价值链上、下游不同的角色，形成了新型国际生产体系。国家的经济发展水平越高，生产的上游高技术零部件就越多，发展中国家则主要生产下游劳动力密集型零部件并完成组装任务。

发展中国家对全球贸易的贡献究竟有多大？单纯依靠传统贸易核算很难得到准确答案。但是，通过增加值贸易核算就可以清晰地看出发展中国家实际的出口份额。根据UNCTAD – Eora 全球价值链数据库，1990 年发展中国家增加值贸易的份额为 22%，2000年提高到 30%，2010 年则猛增到 42%。尽管发展中国家在全球贸易中创造的增加值比重越来越高，但是其对进口投入品的依赖也有增无减，也正是发展中国家出口贸易结构的这种特殊构成，才体现出增加值贸易在世界贸易核算中的重要性。

增加值贸易核算可以刻画贸易国对全球价值链的依赖程度。在全球最主要的 25 个出口发展中国家中，其对全球价值链参与程度的差别也较大。在高度参与全球价值链的东亚和东南亚的出口国家中，其出口产品就是由大量进口投入品构成，也就是高度依赖国外增加值。例如，中国、马来西亚、菲律宾和泰国等国由于处在全球价值链的中间部位，2010年，这些国家对进口投入品的依存度超过了 50%。当然，上述国家的出口产品还可以作为第三国的投入品，用作第三国的再出口。同样作为发展中国家的巴西、印度和阿根廷等国，由于主要出口资源类产品和服务产品，参与全球价值链的程度就较低。

（二）增加值贸易的发展：总量、国别结构及依存度变化

世界贸易在增加值贸易核算下有显著改变。OECD - WTO 联合数据库能够计算 1995年、2000 年、2005 年、2008 年和 2009 年的世界增加值贸易总额，合计后分别是 4.5 万亿美元、5.2 万亿美元、8.1 万亿美元、12.3 万亿美元和 10.1 万亿美元，比总值贸易核算下的世界贸易有较大收缩，减少了 20%～23%。

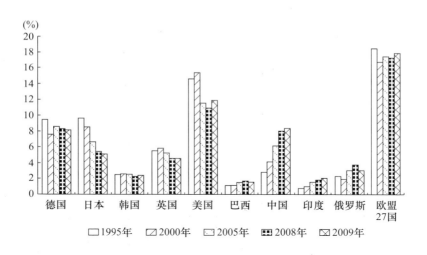

图 2　主要贸易经济体占世界增加值贸易的份额变化

资料来源：OECD - WTO 增加值贸易数据库、作者计算得出。

此外，增加值贸易核算也重新调整了各经济体在世界贸易中的份额。其中，欧盟 27国在世界增加值贸易中的比重依然最高，五个年份都维持在 16% 以上。其他发达国家在增加值贸易核算下的贸易份额高一些，如美国、德国和日本所占份额都在 5% 以上，美国依然是全球贸易份额最高的国家，2000 年超过了 15%。发展中国家中，中国增加值贸易份额最高，2009 年超过德国位居第二，诸如巴西、印度和俄罗斯等新兴经济体由于

更多出口的是能源和服务贸易，其增加值贸易份额不高，但也在提高。可见，由于发达国家掌控高端产品环节的生产，其增加值贸易份额要比发展中国家高，但是，几个主要发达经济体增加值贸易份额却出现了明显下降，如美国、日本和英国。相反，以中国为代表的发展中国家，增加值贸易份额逐年提高。多年来，中国是增加值贸易份额提高最显著的国家。

根据增加值贸易核算，参与全球价值链的国家实际贸易额可能会有所收缩，其贸易依存度也可能会降低。即便这样，也应该正视贸易在国民经济中的真实地位。OECD – WTO 联合数据库给出了出口增加值贸易占国家 GDP 的比重，总值贸易核算下的数据来自于 CEIC 数据库。本文以 8 个主要出口贸易经济体为例，比较其传统出口贸易与增加值贸易占国家 GDP 比重的变化（见图 3）。我们发现按照总值核算，各经济体出口贸易在 GDP 中的比重都比较高，特别是德国、韩国、中国和欧盟，这些经济体近十年来的贸易依存度几乎都超过了 40%。经济最发达的美国、英国和日本的依存度也达到了 12% ~ 30%。发展中国家印度也超过 20%。但是，按照增加值贸易核算，各国的贸易依存度均出现了明显降低。其中，下降最明显的是德国、韩国、中国和欧盟，说明贸易依存度越高的经济体，增加值贸易修正其贸易依存度的程度越明显，所获得的贸易依存度越真实。

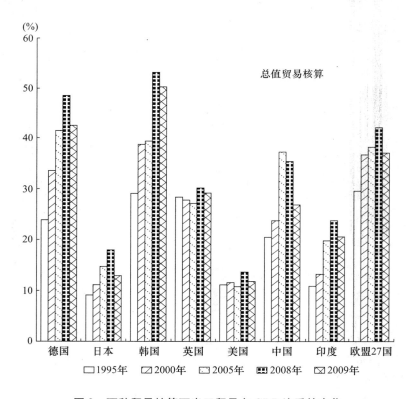

图 3　两种贸易核算下出口贸易占 GDP 比重的变化

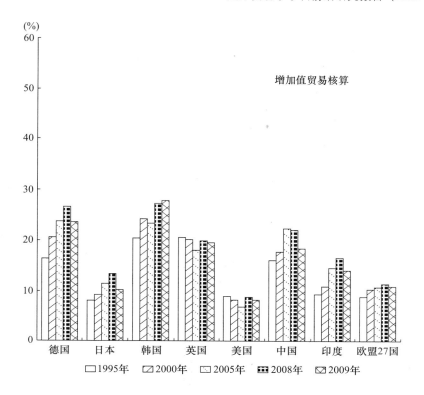

图3　两种贸易核算下出口贸易占 GDP 比重的变化（续）

注：总值贸易核算下是货物与服务贸易出口占 GDP 的比重。

资料来源：OECD - WTO 增加值贸易数据库，CEIC 数据库。

通过数据比较发现，尽管增加值贸易降低了所有经济体的贸易依存度，但是没有改变出口贸易在各经济体经济增长中的根本地位，也就是说出口贸易在各国经济增长中的贡献还是较大的。增加值贸易核算只是把各经济体出口贸易中的"水分"挤出来，真实体现贸易在经济发展中的实际地位。

（三）全球价值链扩大了就业跨境转移

全球价值链上的国家通过参与区域贸易创造了更多的就业机会，也可以说，增加值贸易带动了所有参与国的劳动力就业问题。正是由于全球价值链上的生产任务配置在多个国家，产生的就业也不会集中在一国之内，这就导致了部分就业机会的跨境转移，在国际贸易理论中称为生产要素的跨国流动。从发达国家分离出的生产环节为发展中国家或者新兴经济体创造了就业机会，也体现了全球价值链上众多国家所形成的区域就业不断加深的依存关系。

以东亚国际生产网络 10 个国家和地区之间的就业机会跨境转移为例（包括美国），随着任务贸易分布在多个亚洲国家，由此导致就业机会在跨国公司以外国家的跨境转移，为子公司所在国家创造了就业机会。表1中，列向所示是就业机会流出，横向所示是就业机会流入。

表1 东亚国际生产网络成员之间就业的跨境转移（2000～2005年） 单位：千人

流入＼流出		中国	印度尼西亚	日本	韩国	马来西亚	中国台湾	菲律宾	新加坡	泰国	美国	总体
中国	2000年	—	911	18817	3406	916	1425	362	839	992	28509	56177
	2005年	—	1943	23266	5521	1055	2617	481	844	2032	51542	89301
印度尼西亚	2000年	1138	—	3733	702	612	591	244	525	399	5406	13350
	2005年	1795	—	3032	746	610	417	166	686	508	4422	12382
日本	2000年	420	66	—	264	112	285	63	94	123	1816	3244
	2005年	1003	110	—	425	62	349	57	46	204	1754	4009
韩国	2000年	340	32	373	—	30	88	31	25	29	736	1685
	2005年	727	44	330	—	20	71	18	12	45	599	1866
马来西亚	2000年	201	47	569	109	—	111	50	260	84	1051	2484
	2005年	1030	170	776	211	—	156	62	185	300	2044	4944
中国台湾	2000年	373	22	318	59	42	—	25	21	38	722	1620
	2005年	818	31	308	83	32	—	33	13	55	593	1966
菲律宾	2000年	314	30	1506	228	127	213	—	52	98	2780	5348
	2005年	1565	107	1249	282	101	204	—	34	238	1606	5385
新加坡	2000年	33	8	43	18	31	20	14	—	16	146	328
	2005年	82	59	69	58	27	15	12	—	23	110	456
泰国	2000年	473	149	1539	182	278	243	123	247	—	2516	5751
	2005年	1203	422	1658	246	249	213	94	122	—	2418	6536
美国	2000年	250	38	822	237	69	214	45	65	61	—	1801
	2005年	406	56	661	245	40	147	48	69	82	—	1753
总体	2000年	3543	1303	27720	5206	2221	3190	956	2128	1839	43682	91787
	2005年	8629	2942	31258	7827	2195	4189	973	2010	3486	65089	128598

资料来源：2000年和2005年亚洲国际投入产出表（初表），日本 IDE – JETRO 编制。

从总体模拟数值看，2005年10个国家和地区跨境就业转移总量达到1.2亿人，相比2000年，就业转移的净增量为3681万人，增长了近40%。从国别看，其他9个国家和地区向中国就业的跨境转移，2000年为5618万人，2005年为8930万人，流入数量增加了3300万人，占到全部就业转移新增数量（3681万人）的89.6%。中国向9个国家和地区就业流出数量，2000年为354万人，2005年为863万人，净流出数量增加了近510万人。所以，中国同其他9个国家和地区的就业转移为净流入，2000年净流入5264万人，2005

年净流入 8067 万人，5 年间增加近 2803 万人。其中，从美国、日本和韩国转移到中国的就业数量最多。在上述国家中，5 年间，除了美国和印度尼西亚新增就业机会没有出现明显扩张外，其他发展中国家都产生了较多的新增就业，特别是中国、马来西亚、泰国等国家新增转移就业绝对数量较大。可见，东亚国际生产网络下发达国家往往是就业转移的净流出国，而发展中国家则是就业转移的净流入国；此外，流入中国的新增就业机会最多，于是，中国成为名副其实的"世界工厂"。

就业问题在中国是一件大事，尽管中国劳动力成本优势在削弱，但是竞争优势仍在。当前，中国就业的结构问题复杂而严峻，既有内部矛盾，如新生代劳动力的就业观问题、地区差异性限制等，也有外部矛盾，如新兴市场国家的劳动力成本相对更低、投资者的战略转移等。围绕全球价值链的重构与发展，中国应该紧紧抓住这样一个战略机遇期，一方面，抓住中国的比较优势扩就业、稳增长；另一方面，充分发挥中国人力资源的优势，扩大价值链两端的就业深度和广度。

三、增加值贸易核算对中国的影响及政策启示

改革开放以来，中国不断融入全球生产体系，产业结构和贸易构成在全球化和市场化进程中不断转型和升级。由于国际分工体系日趋细化，产品内分工越来越盛行，而中国正是借助各种形式的加工贸易参与全球垂直生产网络的。正是这种"两头在外"的生产和贸易模式导致了中国贸易核算数据偏高，而增加值贸易却可以纠正和厘清中国的实际贸易额以及贸易失衡的真实情况。

（一）增加值贸易核算对中国贸易利得和失衡程度的影响

增加值贸易核算可以清楚揭示中国在全球价值链中的地位。在整个国际生产体系中，中国在较长时期内大量生产或出口劳动密集型产品，同时也承接着大量高技术产品价值链低端的生产环节，比如机械和电子类产品。中国的这种生产格局和贸易模式在边际数量上占有绝对优势，然而在本土技术和收益的提升上是否也取得了一个飞跃呢？正如库普曼等所言，"准确测度出口来源国的价值链是更好理解上述问题的关键"。孟波等研究显示，美国 2009 年对中国的 iPhone 贸易呈逆差状态，逆差数额按照总值贸易核算为 19 亿美元，而按增加值贸易核算仅为 7300 万美元，后者仅相当于前者的 3.8%。依照此思路，我们就能厘清如下事实：作为"世界工厂"的中国，在国际贸易核算上，由于多头计算而造成虚高的"统计幻觉"（Statistical Illusion），从而令人更能进一步认识到从"中国制造"到"中国创造"的道路还有多远。所以，用一种比较准确的方法测量中国价值链动态变化确实显得尤为必要并且具有现实意义，也能揭示"统计在中国，受益在他国"的本质所在。

增加值贸易核算有利于廓清中国在全球贸易失衡中的责任。全球经常账户失衡，尤其是全球关注的中美贸易失衡问题，已经是不争的事实，中国"双顺差"的现实也使得其在人民币汇率等问题上承受着较大的国际压力。还以中美贸易为例，两国的贸易失衡一直受到关注，但这种失衡的真实结构如何，值得进一步解析。WTO 和 IDE – JETRO 另外一组详细的数据显示，同总值贸易核算较大的顺差额相比，中美增加值贸易顺差在 2000 年、2005 年和 2008 年低了 20% ~27%，如果考虑到加工贸易因素，贸易失衡更会减少 40% 以上，其中 2005 年缩减了 53%。这也是中美之间真实贸易失衡的程度，在剥离出从外国进口的中间投入品之后，尤其是考虑到中国加工贸易在对外贸易中的独特性，这样才能还原出两国贸易真实的顺差与逆差。

对于中美贸易失衡的产生原因，从本质上分析，是伴随着中国参与全球价值链而产生的，或者说是中国出口贸易结构在发生变迁的同时，贸易余额顺差开始不断扩大的。20 世纪 90 年代初期以前，中美贸易盈余还曾表现为逆差，但是随着中国深入参与东亚国际生产网络，中国成为美国跨国公司的主要生产加工基地，而美国则是最终品的出口市场。这种上下游的生产与贸易关系，使得中国对美国贸易净值在 1993 年出现逆转，并且贸易顺差越来越大。此外，还存在一些形成中美贸易顺差的其他影响因素，如汇率波动性、贸易体制和政策、外商直接投资形成的加工贸易结构以及两国储蓄率的变化等方面；从贸易核算口径的误差看，规模较大的转口贸易以及外资企业在华投资所产生的大量贸易等也扩大了中美贸易顺差。无论是对贸易顺差产生原因的分析，还是对统计口径的剖析，中美贸易顺差的真实程度在增加值贸易核算下都会得到体现，也会使得人们对于两国贸易利得产生本质的认识和深层次的理解。

（二）全球价值链重构带给中国的启示

全球价值链结构发生着变化，也面临转型和重构。从世界层面看，中国越来越多的企业走出去，对海外公司实施跨国投资战略，美国则在危机后宣称"重返制造业"，欧洲实体经济饱受债务危机的重创，新兴经济体则异军突起引领危机后的经济增长，世界经济格局的新变化对全球价值链的结构和发展将产生战略性影响。在此背景下，全球价值链可能会存在不同的发展路径，而这取决于各国参与全球价值链的模式，尤其是发展中国家所采取的贸易和投资战略。发展中国家存在以下参与全球价值链的模式：一是从事全球价值链的生产活动。发展中国家依靠吸引 FDI 并与跨国公司建立非股权关系，从事加工贸易生产，其出口中内含着不断增加的中间品和服务。二是在全球价值链中求升级。一体化程度较高的发展中国家，不断增加高增加值产品和服务的出口，扩大参与价值链的范围。三是在全球价值链中勇于竞争。一些发展中国家在高增加值环节利用国内生产能力取得竞争，并通过跨国并购使国内生产企业融入全球生产体系。四是转变全球价值链模式。发展中国家根据其出口构成提升加工贸易中的进口构成，其进口构成与自身生产能力可以改变全球价值链的模式。五是实现全球价值链跨越式发展。一些国家出口竞争力依托国内生产能力的快速扩张而得到提升，FDI 在贸易一体化和国内生产能力建设方面起着催化剂作用。

由于世界经济格局的变化，全球价值链结构也在发生变化，进行重构。全球价值链下的总值贸易核算会导致大量重复核算问题，WTO推动的增加值贸易核算不仅可以还原真实的世界贸易，还可以明确各个国家在全球价值链上的角色和任务。发展中国家在全球价值链上发挥了自身比较优势并获得了对应的任务贸易，充分参与了全球生产体系，赢得了更多的福利。特别是中国，参与全球价值链为其带来了经济增长动力和巨大就业机会。但是如何提升潜在收益，以下四方面建议对中国产业和贸易发展具有一定的政策启示。

第一，继续深度参与全球生产体系，努力提升在价值链上的地位。中国自改革开放以来，尤其是加入WTO之后，深入融合到新型国际生产体系中，对外贸易额大幅提升，不仅创造了就业机会，对经济增长贡献也更加突出。然而，由于中国外贸企业受人力资本低、研发创新能力有限以及生产基础差等因素的限制，还要维持现行的对外贸易战略，承接多种形式的加工贸易，逐步向进料加工贸易转变，继续与发达国家的高创新能力、高端生产能力等要素结合，形成"优势互补"的跨国生产与贸易格局。除此以外，发展中国家还要努力推动资本、技术密集型企业向价值链的两端拓展，在全球价值链中形成高、中、低全面覆盖的梯度发展模式。在深度参与全球生产体系的同时，把握住全球价值链转型的战略机遇期。

尽管增加值贸易核算会降低贸易对经济增长的贡献份额，但却能准确衡量对外贸易在中国经济中的真实地位，并能直接反映国民福利的提升状况。增加值贸易还可以揭示出口产品的结构组成，反映中国真实生产能力和技术水平。增加值贸易在一定程度上对中国贸易的可持续增长提出一定挑战，这也迫使外贸企业加快转型升级、国家出台更多有利于产业转型升级的政策。此外，增加值贸易核算方式还准确衡量了中国对外贸易失衡的真实程度，较好地解释了双边经贸关系。

第二，在全球价值链重构过程中积极应对产业转移，努力走新型工业化道路。中国对外贸易在转型的同时，国内外环境的变化也迫使中国部分产业"主动"或"被动"地进行转移。国内沿海地区"用工荒"以及土地等资源的匮乏，迫使大量外贸企业向中西部省份转移，除了寻求廉价生产要素外，更重要的是寻求市场。由于东南亚新兴市场国家的劳动力价格低于中国，许多产业和跨国企业转移到这些国家，就像当年日本和"亚洲四小龙"向中国进行产业转移一样，中国目前也面临着几乎同样的国际战略机遇期。

为应对这样的战略机遇和挑战，我们认为中国在未来促进产业升级和生产与贸易方式的转变中，应该积极参与全球价值链和国际生产体系，顺应国际分工从产品层次转向要素层次的趋势与规律，充分享用外国投资与生产外包、价值链细分和地理配置与丰裕资源禀赋相结合的巨大收益，形成和壮大生产集聚和规模经济效应。同时，也要认识到随着国际分工由产品分工转向要素分工，发展中国家不断深入参与的垂直专业化国际生产体系是由发达国家和跨国公司所主宰和控制的，在价值创造的分配上很不平衡。因此对于中国来说，若真正实现经济崛起就必须改变生产低端产品、过度依赖FDI和以加工贸易为主的生产、投资与贸易的传统模式，通过研发和创新转向生产和出口高增加值产品的新型工业化道路。

第三，努力构建国家价值链（National Value Chains），以此促进贸易结构转型升级。目前，中国已经成为世界第二大经济体和第一大出口贸易国，应该借助全球价值链重构的契机，加快构建国家价值链，提升部分产业技术升级和贸易结构的转型。

加入 WTO 以来，中国对外贸易数量取得了巨大提升，成为举世公认的"贸易大国"，考虑到加工贸易在中国对外贸易中占据半壁江山，这种"大进大出"的贸易方式很大程度上只是提高了中国的出口贸易量。加工贸易需要中国从上游国家进口大量中间投入品，尤其高度依赖高技术产品的进口，这足以证明中国距"贸易强国"还有一定距离。突破中国贸易发展的瓶颈，只有培育以本土市场需求为基础的国家价值链，掌握产业价值链的核心环节，才能加快中国产业和贸易结构转型升级，不断提升出口产品的增加值比重（在增加值贸易核算下，中国对外贸易在世界贸易中的贡献份额已经开始提升，见图1）。而要实现从"共享型"到"独享型"生产贸易模式的回转，终极目标就是要生产和出口更多"自有品牌、自主知识产权和自主营销"的高品质货物和服务产品。

第四，应该清醒地认识到自身在全球贸易中的地位和责任。2013 年初，有媒体报道2012 年中国对外贸易超过美国，居世界首位。由于核算方式不同，中国努力澄清与美国还有差距。尽管 2012 年的增加值贸易数据还未公布，但是根据前几年的数据判断，中国与美国增加值贸易还会有一定距离。同时，增加值贸易核算廓清了中国在全球贸易失衡中的责任，给予了中国澄清真实贸易现状的机会，以此可以应对国际社会对中国的压力和指责，尤其是个别国家在国际贸易中对中国别有用心的无理制裁。

目前，针对中国的贸易摩擦越来越多，如何化解这些贸易争端是亟须解决的首要任务。中国在解决贸易争端中要努力维护自身利益，利用法律诉求回应别国制造的压力。当然，中国还应该正视在全球贸易中的地位，第一大出口贸易国并不意味就是"贸易强国"，只有不断调整结构、提升贸易品品质，才能把对外贸易做大做强。

参考文献

[1] Anonymous. Global Value Chains and Development [J]. China International Business, 2013 (3).

[2] Koopman Robert, William Powers, Zhi Wang and Shangjin Wei. Give Credit Where Credit Is Due: Tracing Value Added in Global Production Chains [R]. NBER Working Paper, No. 16426, 2010.

[3] Koopman R., Zhi Wang and, Shangjin Wei. How Much of Chinese Exports is Really Made in China? Assessing Domestic Value – Added When Processing Trade is Pervasive [R]. NBER Working Paper, No. 14109, 2008.

[4] Meng B. Miroudot S. Towards Measuring Trade in Value Added and Other Indicators of Global Value Chains: Current OECD Work Using Table [R]. UNSD and WTO, Geneva, Switzerland, 2011.

[5] 李稻葵，李丹宁. 中美贸易顺差：根本原因在哪里？[J]. 国际经济评论，2006 (5).

[6] 刘志彪，张杰. 从融入全球价值链到构建国家价值链：中国产业升级的战略思考 [J]. 学术月刊，2009，41 (9).

[7] 沈国兵. 贸易统计差异与中美贸易平衡问题 [J]. 经济研究，2005 (6).

[8] 余永定，覃东海. 中国的双顺差：性质、根源和解决办法 [J]. 世界经济，2006 (3).

Global Value Chains and Statistics of Trade in Value Added

Abatract：This article explains the concept, mechanism and measurement purpose of trade in value added, analyzes the impact of global value chains on new international division of labor, trade pattern and cross – border transfers of employment based on trade in value added databases established by OECD and WTO. Trade in value added provides a new picture of the country structure, dependence and imbalances of international trade. This article also assesses the gains and imbalances of China's foreign trade using statistics of trade in value added and clarifies its responsibility in global imbalances. It is crucial for China to seize the strategic opportunity of global value chains restructuring to upgrade its economy, which also provides valuable policy implications for deepening trade restructuring.

Key Words：Global Value Chains；Statistics of Trade in Value Added；Imbalances of International Trade；Trade Transition；The Employment Transfer

中国出口国内附加值的测算与变化机制[*]

张　杰[1]　陈志远[2]　刘元春[3]

（1. 中国人民大学中国改革与发展研究院，北京　100872；

2. 中国人民大学汉青经济与金融高级研究院，北京　100872；

3. 中国人民大学经济学院，北京　100872）

【摘　要】出口国内附加值（DVA）的测算是相关研究领域的前沿问题。本文从微观层面对中国企业出口国内附加值率（DVAR）进行测算。在综合考虑了不同进口贸易方式特征、间接进口与资本品进口问题之后，测算结果发现：中国出口的 DVAR 从 2000 年的 0.49 上升到 2006 年的 0.57；加工贸易的 DVAR 显著低于一般贸易，外资企业 DVAR 显著低于本土企业；生产技术复杂程度高的行业具有较低的出口 DVAR；推动中国出口 DVAR 上升的主要动力是民营企业与从事加工贸易的外资企业。进一步的机制分析发现，FDI 进入是导致加工贸易与外资企业 DVAR 上升的重要因素，这可能反映出中国并未获得真正的贸易利得；对发展中国家和新兴国家的出口有利于我国出口 DVAR 的提升。本文的经验结果有助于解决有关中国对外贸易的重要争论，并为中国对外贸易政策的调整提供参考依据。

【关键词】出口的国内附加值率（DVAR）；加工贸易；外资企业；FDI

一、引言

20 世纪 80 年代以来，全球贸易分工模式开始由产品间分工转向产品内分工，各个国家（地区）开始专注于产品价值链的某个环节而不再是某种产品。典型的例子是，一台 iPhone 手机在美国的加利福尼亚州设计，然后分别在美国、德国、韩国、中国台湾等地生

＊　本文选自《经济研究》2013 年第 10 期。

本文为国家自然科学基金面上项目（批准号：41371139）的阶段性成果。

产其零部件，最后在中国组装。从出口统计数据来看，中国出口一台 iPhone 报送海关的出口额是整台 iPhone 的价格，而中国获得的实际价值只是其中的 1.8% 左右（Kraemer et al.，2011）。因此当产品内分工普遍存在时，从贸易总量的角度来理解一国在全球贸易价值链分工体系下所得的贸易利益，就会具有极大的误导性。事实上，对中国出口附加值的测算正成为国际贸易领域的研究热点（Chen et al.，2001；Dean et al.，2011；Johnson & Noguera，2012；Koopman et al.，2012）。既有的研究文献还表明，对一国出口附加值（Domestic Value Added，DVA）的准确测算，不仅能够精确反映一国参与垂直分工的程度（Vertical Specialization，VS），更是核算一国参与国际贸易过程中真实贸易利得的有效途径（Hummls et al.，2001）。

在改革开放战略的引导下，中国以自身的劳动力禀赋优势以及相对完善的工业体系，参与到发达国家的跨国公司和国际大买家所积极推动的全球化生产与贸易体系。出口给中国经济的增长提供了外需空间，使得中国在 20 年内一举发展成为"世界工厂"。然而，中国的持续出口快速扩张已经引起了不少国家的"指责"，他们认为中国的出口扩张抢夺了别国的出口机会、就业机会与发展机会，因此，要求世界贸易体系的"再平衡"成为一些国家特别是某些发达国家的强力"诉求"。在此背景下，针对中国的贸易制裁案件迅速增长。截至 2011 年，中国已经连续 17 年成为全球遭受反倾销贸易调查最多的国家，连续 6 年成为全球遭受反补贴调查最多的国家。毫无疑问，中国已经成为国际贸易制裁的最大受害者。上述现象都直指一个核心问题：中国究竟从出口中获得了多少利益？是否真如美国等西方国家某些学者所宣传的那样，中国是当今国际贸易格局中的"最大"受益者呢？

对上述问题的回答，对于当今国际贸易体系的最主要参与者——中国而言，尤其在"中国威胁论"大行其道的今天，从严格的学术研究角度来合理分析中国在国际分工体系以及全球价值链中的地位以及贸易利得，显得尤为重要。这不仅将有助于澄清对中国出口模式的"误解"，也将有利于缓解中国在贸易战中的被动局面。有鉴于此，本文从微观角度测算中国企业出口的国内附加值率（Domestic Value Added Ratio，DVAR）。

与已有研究文献相比，本文具有如下贡献：首先，基于 Upward 等（2013）的测算方法，本文综合考虑了贸易代理商、中间品间接进口和资本品进口的问题，提供一个更准确的从微观层面测算企业 DVAR 的方法。其次，已有的测算方法主要基于宏观层面的投入产出表，难以对出口 DVAR 的变化机制进行深入分析（Koopman et al.，2012）。本文通过从企业层面测算 DVAR，利用计量模型研究了 DVAR 的决定机制。本文的研究结论将为DVAR 的决定因素的理论研究提供经验基础，也将为从附加值的角度来理解现实国际贸易中分工格局和贸易利益的分配格局提供检验基础（Johnson and Noguera，2012）。事实上，现阶段国际贸易研究的关注重点不仅是出口比较优势的问题，而是更多地将研究重点放在现有贸易体系下的贸易利益在不同国家的分配以及不同国家的贸易利得方面（张杰等，2013）。本文的研究可能具有以下的实践意义，其研究结论将会对深入理解中国对外贸易的基本情况及存在的问题提供重要的政策参考依据：一方面，测算中国出口 DVAR 不仅是正确理解中国"出口模式"的基础性工作，而且该研究结论也对中国当前对外贸易政策的调整具有重要的政策参考价值；另一方面，准确测算中国出口的 DVAR 将对深入理解当今国际贸易问题中的重要争论，比如引人注目的"中美巨额贸易顺差"问题以及所谓的"中国威胁论"，提供充分的经验事实证据。

本文余下部分安排如下：第二部分介绍本文所使用的测算方法，重点探讨了本文对测算方法的改进；第三部分是对本文所使用数据库处理情况的简单介绍；第四部分汇报了测算结果以及对结果的分析；第五部分则是对中国企业出口 DVAR 影响机制的实证分析；第六部分是本文的结语与可能有的政策含义。

二、 本文的测算方法与改进

（一） 已有两类测算方法的比较

关于出口国内附加值的测算，可根据其使用的数据分为两大类方法。第一类是基于非竞争性投入产出表（即 I－O 表）的宏观估算方法。这类方法的经典文献是由 Hummls 等 （2001） 首次提出的对 VS 的测算方法，他们用一国出口产品中进口中间品的比例来反映一国的 VS，并利用 OECD 数据库中 1968～1990 年之间几年的 I－O 表测算出了 G7 和澳大利亚等 10 个国家的 VS 占出口的比重。HIY 方法的缺陷在于其设定进口中间品在加工贸易与一般贸易的出口产品中具有相同的投入比例，而没有考虑到加工贸易这一贸易方式的特殊性。考虑到加工贸易在中国出口中的重要地位和其低附加值率的特点，HIY 测算方法显然高估了 DVA。基于这点认识，Koopman 等 （2012） 改进了 HIY 方法，他们将标准的非竞争性 I－O 表分解为一般贸易与加工贸易两类 I－O 表，并对加工贸易与一般贸易设定了不同的投入—产出系数矩阵，然后利用二次规划模型来估算新引进的参数。他们将这一算法应用到中国 1992 年、1997 年和 2002 年的 I－O 表数据，计算了中国这三年中各行业出口产品的 DVA 与 DVAR，发现中国加入 WTO 之后，出口产品的 DVAR 从 50% 上升至 60% 左右。尽管考虑到了加工贸易的特殊性，KWW 方法也未能区分一般贸易进口的中间产品与最终产品。Dean 等 （2011） 运用中国海关数据和联合国 BEC 产品分类标准更为细致地划分了进口产品的中间产品与最终产品（消费品或资本品），并对照地运用了 HIY 方法与 KWW 方法来测算中国 VS 占出口的比重，他们的发现是 KWW 方法由于没有对进口产品进行划分，仍然高估了中国出口的 DVAR。

第二类是基于中国工业企业数据库和中国海关贸易数据库的微观测算方法。随着中国企业层面海关贸易数据的获得，直接从微观层面来估算企业出口的 DVAR 成为可能。Upward 等 （2012） 合并了中国工业企业数据库与海关贸易数据库，直接利用 KWW 方法中的核算公式计算了中国企业出口的 DVAR，测算结果发现，2003～2006 年间中国企业出口的平均国内附加值率仅由53%上升至了60%，并且加工贸易型企业的出口附加值率比非加工贸易型企业低50%。Kee和Tang（2012）则充分认识到了企业之间存在的间接贸易问题和进口中间产品的识别问题，前者是指企业之间可能存在着进口产品的相互转售而造成的企业进口产品的测算误差，后者则是指难以通过较为有效的方式来分离出企业的进口中间产品。同样利用2000～2006年中国工业企业与海关贸易数据库的合并数据，他们测算了中国加工贸易出口的DVAR，其结果表明加工贸易企业出口的DVAR由2000年的52%上升至了60%。但这一结果与Upward等（2012）的估算有较大差异，这些测算结果的差异充分说明在实际运用中对该测算方法改进的必要性。

（二）已有测算方法的不足与本文的改进

已有的测算方法尽管得出较为合理的结论，但仍存在着较大缺陷。就运用I－O表的宏观测算方法而言，缺陷在于：第一，使用I－O表时暗含着固定投入产出系数的设定，这使得估算难以捕捉价格变化等外生冲击对企业投入产出决策的影响（Koopman et al.，2012）。第二，作为一种宏观估算方法，I－O表本身不能反映行业内部企业异质性，而企业异质性问题是广泛存在的（Melitz，2003）。这导致了关于DVA的研究仅仅停留在行业层面核算与统计描述，而难以深入其决定因素与变化机制的研究。第三，I－O表数据本身的可获取性（每5年报告一次）限制了对DVAR时间变化趋势的计量分析。相比于基于I－O表的宏观测算方法，出口国内附加值的微观测算方法在这三个方面都较宏观测算方法更可取。

进一步来看，尽管既有文献给出的DVAR微观测算方法在理论层面并无歧义，但若直接将中国贸易数据套用到测算公式中，便会发现其并不能得到关于中国企业出口DVAR合理的结论。首先，我们注意到微观测算方法的困难之处在于识别企业自身实际的进口、生产与出口活动。而贸易代理商的存在和企业之间原材料的转移会导致企业表现为过度进口（进口中间产品大于企业中间投入）或过度出口（进口中间产品偏低），这会使企业真实的进出口数额与海关记录的进出口数据存在较大差异。因此直接使用海关记录的企业进出口数据会导致测算产生误差。其次，企业即使是进口为零，仍然有可能间接进口了国外的中间产品，因为在垂直分工背景下，中国企业的工业生产已经融入全球价值链中，这导致国内中间投入不可避免地含有国外产品成分（Koopman et al.，2012）。最后，不仅是企业进口的中间产品会转移到出口产品中，企业的进口资本设备在生产环节中同样会有部分价值转移至企业的产成品中，并且，中国进口中生产设备类的资本品一直占据较大比例。而尤其是在加工贸易型企业中，企业偏向于进口生产设备来实现技术进步（Yasar，2012）。所以，更为合理的测算方法应该是在企业的附加值中扣除由进口资本品带来的累计折旧部分。

鉴于已有测算方法存在的问题，为了更为精确地估算中国企业的DVA和DVAR，本文充分考虑了这三个方面问题，并对已有的微观测算方法做了如下改进：

（1）贸易代理商问题。既有文献的测算方法中没有关注到的一个重要问题是，由于我国 2004 年前存在对企业进出口经营权的限制以及企业自身能力和资金的限制，中国企业的进出口存在依靠中间贸易商的普遍现象。也就是说，企业资本品和中间品的进口可能不是自己直接通过海关进口所得，而是通过专门从事进出口的贸易代理商来进行。为此，我们对中间贸易代理商的识别采用了 Ahn 等（2010）所建议的方法，将海关数据库中企业名称中包含"进出口"、"经贸"、"贸易"、"科贸"、"外经"等信息的企业归为中间贸易商。我们最终发现，进口中间贸易商的数量为 32162 家，中间贸易商（Intermediary Firms）的进口额大约占到总进口额的 22%，但从 2000 年到 2006 年表现出显著的下降趋势，特别是 2001 年我国正式加入 WTO 以后，这种下降趋势更为明显。这种下降趋势说明了加入 WTO 后，我国对进出口经营权的审批权的放开，导致了企业直接进出口规模的增长。而且，即使在 2004 年后，我国企业使用中间代理贸易商的进出口数量比例也相当大。所以，如果不考虑我国企业使用中间代理贸易商进口的中间品和资本品，必定高估我国出口企业的 DVA 和 DVAR。针对此问题，我们构造了以下估算式来处理：

$$IMP_{ijtk}^{total} = IMP_{ijtk}^{custom} + IMP_{ijtk}^{inter} \Rightarrow 1 = \frac{IMP_{ijtk}^{custom}}{IMP_{ijtk}^{total}} + \frac{IMP_{ijtk}^{inter}}{IMP_{ijtk}^{total}} \tag{1}$$

上式中，IMP_{ijtk}^{total} 表示企业实际使用的进口中间产品额，其由两部分构成：IMP_{ijtk}^{custom} 表示海关记录的企业进口中间产品额；IMP_{ijtk}^{inter} 表示企业可能从中间贸易代理商所购买的间接进口的中间产品额。IMP_{ijtk}^{total} 是需要估算出的企业实际总进口额，IMP_{ijtk}^{custom} 是可从海关数据库中得到的数值。由上述恒等式可知，关键问题在于对数值 IMP_{ijtk}^{inter} 的估算。这一问题则转化为对代理进口产品比例（$IMP_{ijtk}^{inter}/IMP_{ijtk}^{total}$）的估算。经过我们的可靠性测试后，本文采用海关贸易库中统计所得到的 $\sum_{k=1}^{n} \beta_{kt} INTERATE_{kt}$ 来进行替代。其表示按照企业不同贸易方式的进口额加权得到的企业从中间贸易代理商进口额占总出口额的比重。由此，得到了企业实际使用的进口中间产品额 IMP_{ijtk}^{total}：

$$IMP_{ijtk}^{total} = \frac{IMP_{ijtk}^{custom}}{(1 - \sum_{k=1}^{n} \beta_{kt} INTERATE_{kt})} \tag{2}$$

与进口相同，企业也可以通过中间代理商进行出口，但是由于工业企业数据库中提供了企业的出口交货值，从而避免了估算企业实际总出口这一问题。

（2）中间投入品的间接进口问题。除了由贸易代理商引致的间接进口问题，间接进口还可能以两种更为隐蔽的方式存在：首先，由于我国在加入 WTO 之前对企业经营权采取严格的审批权控制政策，因此，获取进出口经营权的企业就可以充当进出口代理商的角色，造成在海关贸易统计库中某些企业的中间投入品的进口额大于企业总体的中间投入品额。针对这种情况，我们参考了 Kee 和 Tang（2012）所建议的方式加以处理。其次，由企业间产品的交易引致的间接进口可能更为普遍。比如，当 A 企业将含进口原材料生产的产成品销售给国内的 B 企业时，一旦 B 企业将该产品用于企业的原材料投入，那么就相当于 B 企业间接进行了原材料的进口，而 B 企业的这种间接进口无法在海关数据中反映出来。这一问题可以通过利用已有的研究结论得以部分地解决，Koopman 等（2012）认为，中国加工贸易企业使用的国内原材料含有的国外产品份额为 5% ~ 10%，在本文中，我们对比计算了企业国内中间投入不含国外产品和国内中间投入中含有5%的国外产品两种情况下企业出口的 DVAR，以作为对测算结果的稳健性检验。

（3）资本品进口问题。既有文献在测算过程中还忽略的一个重要问题是，企业的附加值中必然包含资本的折旧所得（唐东波，2012）。而从中国的现实情形来看，资本品的进口是我国企业获得出口竞争能力的重要渠道。因此，如果在我国出口国内附加值的核算中没有减去进口资本品的折旧所得，可能会高估企业出口的 DVA 和 DVAR。单豪杰（2008）的研究相对精确地估算了我国制造业的固定资产折旧率（$\delta = 10.96\%$），鉴于此，我们采用该文献所提供的固定资产折旧率来将 j 企业在年份 t 所进口的资本品的累计折旧部分核算出来，并在估算企业出口 DVA 和 DVAR 过程中扣除企业进口资本品的累计折旧。其具体测算方法如下：假设企业存活了 T（$\geqslant 1$）期，那么企业在时期 t（$\leqslant$ T）进口的资本品需要在余下的每期中减去相应的折旧。假设企业 j 在 t 期进口的资本品为 IMP_{ijtk}^{total}，则式（3）的逻辑同样适合于估算企业实际的资本品总进口额。那么，就可得到企业在 t 期的资本折旧累积额为：

$$D_{ijtk} = \sum_{s=1}^{t} \delta \cdot IMPK_{ijtk}^{total} \tag{3}$$

由以上讨论可知，本文提出的 DVAR 测算公式为：

$$DVAR_{ijtk} = \begin{cases} 1 - \dfrac{IMP_{ijt1}^{total} + D_{ijt1}}{Y_{ijt1}}; \quad k = 1 \\[3mm] 1 - \dfrac{IMP_{ijt2}^{total} \mid_{BEC} + D_{ijt2} \mid_{BEC}}{Y_{ijt2}}; \quad k = 2 \end{cases} \tag{4}$$

$$DVAR_{ijt}^{M} = \omega_1 \cdot \left(1 - \dfrac{IMP_{ijt1}^{total} + D_{ijt1}}{Y_{ijt1}}\right) + \omega_2 \cdot \left(1 - \dfrac{IMP_{ijt2}^{total} \mid_{BEC} + D_{ijt2} \mid_{BEC}}{Y_{ijt2}}\right); \quad k = 3 \tag{5}$$

三、数 据 来 源 与 处 理

（一）数据来源与初步处理

本文研究使用的数据有两个来源：其一是中国海关贸易数据库，其二是中国工业企业数据库。海关贸易数据库提供了通过海关的每笔交易记录，工业企业数据库提供了与企业特征相关的指标。这两个数据库为本文的研究提供了必要数据指标，本文对所使用的数据的处理工作简要如下。第一，中国海关贸易数据库。中国海关贸易数据库来自于中国海关总署记录的产品层面交易数据。本文使用的数据包括了2000～2006年每月通关企业的每一条进出口交易信息。对本套数据的初步处理如下：①删除了其中赋值明显不合理的相关变量；②将月份数据加总为年份数据。第二，中国工业企业数据库。本文使用的中国工业企业数据包括了国家统计局于2000年到2006年间对全部国有与规模以上（主营业务年收入超过 500 万元）非国有工业企业调查数据。本文对此数据主要进行了以下初步处理：①仅保留营业状态的制造业企业；②剔除与本文研究相关的变量中赋值明显不合理或为负值的样本观测值；③删除样本首尾 1% 的样本；④保留连续 3 年以上观测值的企业数据。此外，选用 2000～2006 年的相关数据作为研究样本还有如下的合理性：①2000～2006 年间，中国企业的进出口均处于一个高速增长期；②中国于 2001 年底加入了 WTO，我们样本数据正好包括了中国加入 WTO 的前后期间。这就为我们观察中国加入 WTO 后，贸易壁垒的相对降低与对外开放程度的进一步加深导致进出口的扩张对企业出口 DVAR 的影响效应，提供了一个较为理想的"准自然实验"环境。

（二）数据匹配

数据合并是本文数据处理最为基础的一步，也是关键的一步。对两套数据的合并效率取决于是否可以找到唯一企业的特殊代码。本文采用的数据合并方法是采用企业的中文名称进行合并，因为企业在当地工商管理部门注册登记时不允许重复使用名称。这种方法的优势在于其合并具有较高的效率，因为企业名称一般不会出现缺失或统计错误的问题（Upward et al.，2012）。由于 CIFD 中的企业为全部国有与规模以上非国有工业企业，而 CCTS 记录的是有通关记录的全部进出口企业，所以主要有以下三种原因导致 CIFD 与 CCTS 不能完全合并：①CIFD 中的企业包含有非出口企业与间接贸易企业，这两种类型的企业都不会参与进出口的报关，因此不会在 CCTS 中；②CCTS 中包含有大量的贸易代理商，而这些企业不是工业企业，因此不会在 CIFD 中；③CCTS 中的工业企业可能由于年主营业务收入小于 500 万元而不会在 CIFD 中。鉴于以上原因，合并后的企业将同时具有两类特征：一是国有企业或规模以上的非国有企业；二是直接参与海关进出口报关。于是，合并数据中的企业具有财务指标与进出口指标，这是计算企业出口的国内附加值的基础。在尽可能采取既有文献所建议的其他提高匹配效率辅助手段的基础上，从本文的匹配效果可看出，无论是进口还是出口，在企业数量比重和进出口数量份额两个方面均达到了相应匹配效率。正如 Upward 等（2012）所做的一系列检验，这样的匹配数据基本上反映中国企业进出口的基本特征。通过对不合理样本的删除以及非纯出口企业的剔除，本文最终得到有效样本 112862 个观测值，其中出口为一般贸易方式的企业数为 39002 个，加工贸易方式出口样本数为 50336 个，混合贸易方式出口样本数为 32524 个。

四、测算结果与分析

1. 企业出口 DVAR 的总体变化趋势

我们关注的是中国企业出口 DVAR 的总体平均值及其在样本观测期间内的变动趋势。

图 1 显示，在不考虑企业从国内所采购的中间投入品中包含的进口成分的情形下，我国企业出口的 DVAR 从 2000 年的 49.13% 逐步上升到 2006 年的 57.3%，7 年之间增长了 8.17 个百分点。在考虑企业从国内所采购的中间投入品中包含的进口成分的情形下（设定 5% 比例），我国企业出口的 DVAR 从 2000 年的 48.39% 逐步上升到 2006 年的 57.7%，7 年之间增长了 9.31 个百分点。对比观察可看出这二者的增长变化趋势非常类似，变化幅度非常接近。这可以说明企业从国内采购的中间投入品中所包含的进口成分因素并不是影响我国企业出口 DVAR 的重要因素。并且可以看出，2002 年我国加入 WTO 后是我国企业出口 DVAR 快速增长的时期，由此说明，加入 WTO 后我国进一步的贸易开放政策可能是促进企业出口 DVAR 增长的重要推手。验证我们的测算结果是否合理的一个办法是，与 Koopman 等（2012）利用 I－O 方法的测算结果进行对比，他们的测算结果是中国加入 WTO 之后我国出口 DVAR 大致从 50% 上升至 60%。这个结果与我们的结果非常接近。鉴于他们的 I－O 方法是相对可靠的测算方法，由此可证明我们测算方法的合理性以及结果的可靠性。

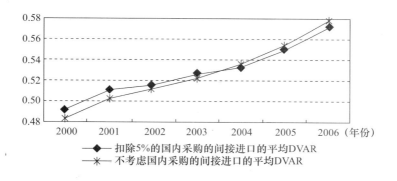

图 1　2000~2006 年企业总体平均 DVAR 的变化趋势

图 2 是我们按照企业不同贸易方式来展示本文的测算结果。在本文样本观察期内，在三类主要的出口贸易方式中，如果不考虑企业从国内所采购的中间投入品中包含进口成分的情形，加工贸易企业出口的 DVAR 最低，均值为 45.04%；混合贸易出口较高，均值为 55.27%；一般贸易出口最高，均值为 68.5%。具体来看，在 2000~2006 年间，三类贸易方式的企业出口 DVAR 的增长情形存在差异。其中，加工贸易企业出口 DVAR 增长幅度最大，由 2000 年的 41.15% 逐步上升到 2006 年的 51.5%，7 年间的增长幅度为 10.35 个百分点；混合贸易企业出口 DVAR 增长幅度相对较大，由 2000 年的 52.89% 逐步上升到 2006 年的 57.92%，7 年间增长幅度为 4.41 个百分点；一般贸易企业出口 DVAR 变化幅度较小，由 2000 年的 66.72% 起伏缓慢增长到 2006 年的 69.72%，7 年间增长幅度为 3 个百分点。如果考虑企业从国内所采购的中间投入品中包含的进口成分（设定 5% 比例）的情形，我们可以发现此情形下三种贸易方式的企业出口 DVAR 的变化情况，与不考虑企

业从国内所采购的中间投入品中包含进口成分的情形的结果基本一致。由此可知，推动中国企业出口 DVAR 上升的主要动力是加工贸易类型企业的出口。

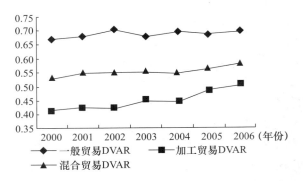

不考虑企业从国内所采购的中间投入品中包含进口成分的情形

（a）

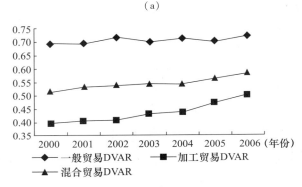

考虑企业从国内所采购的中间投入品中包含的进口成分（设定 5% 比例）的情形

（b）

图 2　2000～2006 年企业不同贸易方式出口 DVAR 的变化趋势

对比已有文献的测算结果可知，Kee 和 Tang（2012）专门对中国加工贸易企业进行了测算，其结果是企业出口 DVAR 由 2000 年的 52% 上升至了 60%，而我们的测算结果是中国加工贸易企业的出口 DVAR 由 2000 年的 39.5% 上升至了 50.1%，显然远低于 Kee 和 Tang（2012）的测算结果。Kee 和 Tang（2012）只是针对中国加工贸易企业进行测算，如果考虑到中国加工贸易企业的出口 DVAR 要显著低于其他类型企业的基本事实，那么，他们对中国企业出口 DVAR 的总体测算结果必然会高于 60%，这样的结果显然高于 Koopman 等（2012）利用 I－O 方法的测算结果，由此证明我们所改进的测算方法的合理之处。

2. 不同所有制类型企业 DVAR 的变化趋势

为了更为全面地了解中国企业出口 DVAR 的变化机制，图 3 给出了不同所有制企业出口 DVAR 的变化趋势。可以看到，在不考虑企业从国内所采购的中间投入品中包含进口成分的情形下，非港澳台外资企业出口 DVAR 最低，均值为 50.72%。港澳台企业出口 DVAR 也非常低，均值为 50.9%；集体所有制企业出口 DVAR 相对也较低，均值为 56.78%；但是，独立法人性质企业的出口 DVAR 相对较高，均值为 58.43%；国有所有制企业与私人所有制企业的出口 DVAR 相对最高，均值分别为 60.84% 与 62.54%。进一步来看，在 2000～2006 年这 7 年间，非港澳台外资企业、港澳台企业、集体企业、独立法人企业、国有企业与私人所有企业这六种不同所有制性质的企业出口 DVAR 的增长幅度分别为 8.02、9.55、7.07、5.46、4.70 与 4.69 个百分点。这其中，非港澳台外资和港澳台企业出口 DVAR 出现了较大幅度的增长，集体企业的出口 DVAR 的增长幅度也较大，独立法人企业出口 DVAR 的增长幅度一般，而国有与私人所有企业出口 DVAR 的增长幅度相对较低。并且，这样的变化规律在考虑企业从国内所采购的中间投入品中包含进口成分的情形下，也同样存在。

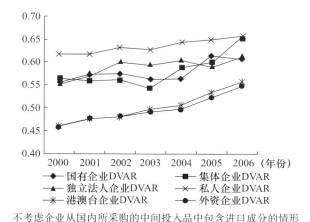

不考虑企业从国内所采购的中间投入品中包含进口成分的情形

（a）

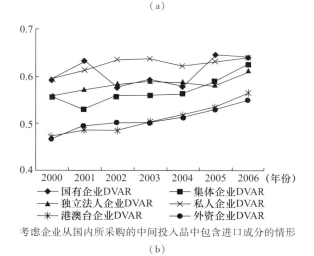

考虑企业从国内所采购的中间投入品中包含进口成分的情形

（b）

图3　2000～2006 年不同所有制类型企业 DVAR 的变化趋势

初步统计结果说明，中国出口 DVAR 增长的重要动力来源可能是外资企业（含港澳台与非港澳台外资企业）与集体企业。外资企业作为中国最主要的 FDI 来源与最大的加工贸易方式进出口经济行为主体，是推动中国出口 DVAR 增长的最主要动力。大量生产关键零配件外资企业的引入所导致的外资企业本土产业链的延长，可能才是中国出口附加值上升的最根本的原因。相反，本土企业对中国出口 DVAR 增长的推动作用相对有限。

3. 分行业企业 DVAR 的变化趋势

不同行业出口 DVAR 的差异可以作为行业出口竞争力的一个重要指标。依照之前的思路，我们仍依次分析不同年份分行业的 DVAR 和不同出口贸易方式分行业的 DVAR。为了保证测算结果可靠性，我们仅汇报了企业数目大于 800 的行业 DVAR 情况。

（1）分行业平均 DVAR。由图 4 可知，从 2000 年至 2006 年，大部分行业出口的 DVAR 有所增长，但是仍有部分行业（资本密集型）出口的 DVAR 不增反降，如通信设备、计算机及其他电子设备制造业（40），化学纤维制造业（28），医药制造业（27）等。交通运输设备制造业（37）、食品制造业（14）基本保持不变。相反，主要的劳动密集型出口行业，如纺织业（17），纺织服装、鞋、帽制造业（18），皮革、毛皮、羽毛（绒）及其制造业（19）的 DVAR 处于一直上升阶段。值得关注的是，一些高新技术密集型的行业，如通信设备、计算机及其他电子设备制造业（40）的出口 DVAR 出现了下降趋势，从 2000 年的 50.26% 下降为 2003 年的 43.17%，再缓慢上升到 2006 年的 49.59%。这说明中国尽管出口了大量技术程度高的产品，但是却只获得了较低的国内附加值。

（2）不同贸易方式分行业 DVAR。图 5 显示，在不同的贸易方式下行业出口的 DVAR 也出现了较大的差异。总体来看，除了饮料制造业之外，其他所有行业中一般贸易的 DVAR 高于混合贸易，混合贸易的 DVAR 高于加工贸易。从加工贸易角度来看，纺织服装、鞋、帽制造业（18），纺织业（17）和仪器仪表及文化、办公用机械制造业（41）的出口 DVAR 最低，分别为 35.5%、38.7% 和 40.8%。从混合贸易角度来看，化学纤维制造业（28），通信设备、计算机及其他电子设备制造业（40），仪器仪表及文化、办公用机械制造业（41）的出口 DVAR 最低，分别为 45.2%、46% 和 46.2%。从一般贸易角度来看，化学纤维制造业（28），橡胶制品业（29），皮革、毛皮、羽毛（绒）及其制品业（19）的出口 DVAR 最低，分别为 54.3%、64.4% 和 64.7%。进一步观察可发现，出口 DVAR 越低的加工贸易行业中，一般贸易出口的 DVAR 和加工贸易的出口 DVAR 的差距越大，比如纺织服装、鞋、帽制造业（18）中二者的差距高达 44 个百分点，通信设备、计算机及其他电子设备制造业（40）与仪器仪表及文化、办公用机械制造业（41）中二者的差距也分别达 22.9 和 26.2 个百分点。我们对此的解释是，在加工贸易的行业中，由于受到国外原材料零部件供应商与国外购买商的双重挤压，企业难以获取利润，故而附加值率较低。而一般贸易受到国外原材料零部件供应商与国外购买商的双重挤压的概率较小，因此能够获得更大的出口国内附加值。

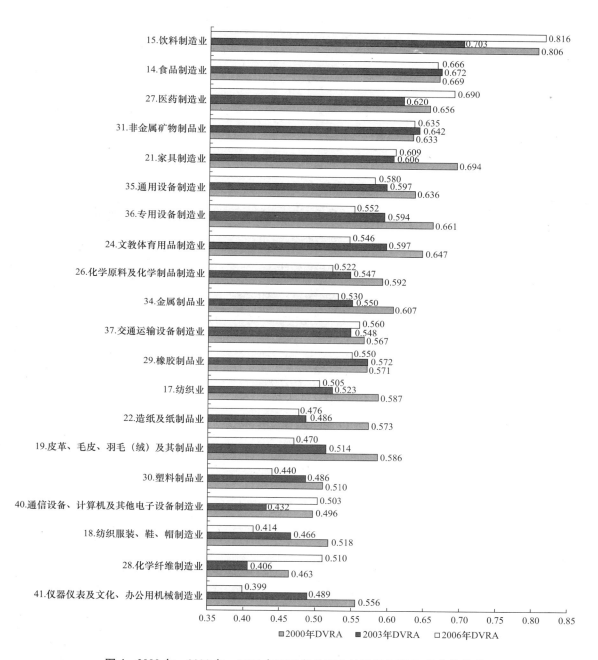

图4 2000年、2003年、2006年不同年份行业的出口DVAR的变化趋势

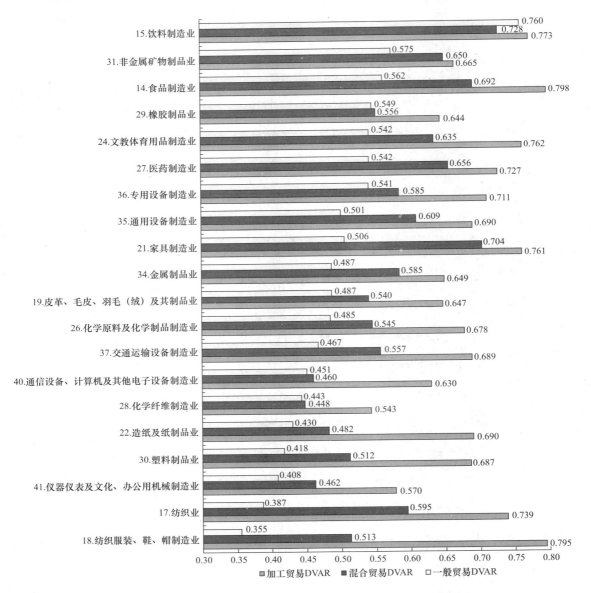

图5 2000～2006年分行业与分贸易方式的出口DVAR的变化趋势

五、变化机制的进一步分析

下面，我们构建了一个检验企业出口DVAR的影响因素的计量方程，来揭示推动我国企业出口 DVAR 变化的核心因素。参照 Upward 等（2012）的做法，该计量模型设定为：

$$dvar_{it} = \alpha_0 + \beta_0 \cdot dvar_{it-1} + \beta \cdot X_{it} + \eta \cdot Z + \gamma_{indus} + \gamma_{provin} + \gamma_{year} + \varepsilon_{it} \qquad (6)$$

以上式（6）中，各变量的下标 i 和 t 分别代表企业和年度。这里，被解释变量为我们所测算的企业出口的国内附加值 dvar。考虑到企业出口的国内附加值 dvar 可能具有的延续性特征，在方程右边加入了滞后一期变量。其中，重点关注的解释变量为 X，会依照需要研究的问题而有所变化。控制变量集合 Z 中主要是与企业自身特征相关的一系列变量，包含的变量有：①企业规模（size），以企业年均员工数的对数来表示；②企业年龄（age），以企业的成立时间来表示；③竞争程度（herfind），以按 4 分位企业计算的赫芬达尔—赫希曼指数来表示；④企业贸易类型的虚拟变量，以一般贸易类型企业为参照系，processing 为加工贸易类型企业，mix 为混合贸易类型企业；⑤企业所有制类型的虚拟变量，以国有企业为参照系，collective 为集体企业，legal 为独立法人企业，private 为私人所有企业，hmt 为港澳台企业，foreign 为非港澳台外资企业。此外，我们还控制了企业的行业特征（3 分位）、省份地区特征以及年份特征所表示的各固定效应特征。

尽管我们在计量模型中控制了与企业自身特征相关的一系列变量以及与所有制差异、地区差异、产业差异、时间差异各自相关的固定效应特征，而且也使用企业自身所处的城市区位作为聚类处理（cluster），但是可能并未考虑到企业中未被观察到的异质性因素（例如管理能力、人力资本因素等）。而这些未被观察到的异质性因素或许能够解释企业出口国内附加值的差异。为了能更有效地利用面板数据中提供的信息，我们将服从 i.i.d 分布的企业的误差项分解为与时间无关的企业异质性误差项以及其余服从 i.i.d 分布的企业误差项。这时由于解释变量与企业异质性误差项相关而导致内生性问题，OLS 的估计值将不再具有一致性。另外，在我们的计量模型中，控制变量可能和企业出口附加值率具有逆向因果关系而导致内生性问题。为了有效处理计量模型中的这些问题，我们在动态面板数据中引入两步系统 GMM 的估计方法。在选择了作为工具变量的差分方程与水平方程的合适的滞后期后，各计量模型中用于检验工具变量是否受过度识别约束的 Sargan - Hansen 检验方法以及针对二阶序列残差相关性进行检验的 AR（2）检验，均通过了基本检验要求。

我们从两个角度来考察中国出口企业 DVAR 变化的推动因素。首先，探讨 FDI 进入对企业出口企业国内附加值造成的影响。附表第（1）列对全样本的回归结果显示，省份地区的 FDI（省份地区的 FDI/地区当年实际 GDP）变量的回归系数在 1% 统计水平上显著为正，表明在 FDI 进入程度越多的省份地区，其出口企业 DVAR 越高。由此可知，推动中国企业出口国内附加值提升的重要原因之一就是外资企业的进入：一方面，外资企业出于防止技术外溢效应或对创新研发诀窍的保护动机，通过零部件企业和主导企业一起进入中国市场的"抱团"模式进行生产布局；另一方面，具有创新研发优势的国外关键零配件为了占据中国市场而积极投资生产基地进行生产。这两种情况必然会导致中国企业出口国内附加值的提高。然而，外资企业出口国内附加值的提高未必会给中国带来真正的贸易利益所得。进一步，我们按照企业贸易类型进行分组回归，附表中第（2）列、第（3）列和第（4）列的回归结果显示，在加工贸易和混合贸易类型的样本企业中，FDI 的进入显著推动了出口企业 DVAR 的提高，而在一般贸易企业中这种推动效应则不显著。而且，本土企业（包含国有、集体、独立法人和私人所有性质企业）和外资企业（包含港澳台与非港澳台企业）的分组样本的回归结果显示（见附表第（5）列和第（6）列），外资企业中 FDI 的进入是推动其出口 DVAR 提高的重要力量，而 FDI 的进入却不是推动本土企业出口 DVAR 提高的力量。这样的结果进一步验证了加工贸易和外资企业所带来的 FDI 的进入，是推动我国出口企业 DVAR 提高的重要因素。

其次，研究企业出口到发达国家、发展中国家以及新兴国家对企业出口国内附加值造成的影响。附表中第（7）列、第（8）列和第（9）列的回归结果显示，export‑ratio 用来表示企业出口到发展中国家、新兴国家和发达国家的出口份额的变量。对发展中国家和新兴国家出口份额的回归系数均呈现显著正相关，而代表企业出口到发达国家的出口份额的回归系数没有呈现显著相关。这就说明，企业出口到发展中国家和新兴国家的出口份额越高，其 DVAR 越高，而出口到发达国家的出口份额对其 DVAR 没有造成显著影响。这样的检验结果表明，中国对发展中国家以及新兴市场国家的出口扩张可以提升国内附加值，进而获得更大的贸易利得。此外，附表的回归结果还显示了不同所有制类型、不同贸易方式、不同行业以及不同年份虚拟变量的估计结果，验证了我们在第四部分对不同情形下企业出口 DVAR 变化趋势和差异性的统计分析。

六、结语与政策含义

本文的重要发现是：①中国出口的国内附加值率在样本观察期内的均值为 52.5% 左右，7 年之间增长了 8 个多百分点。加工贸易方式企业的出口 DVAR 均值约为 45%，低于混合贸易的 55.3% 以及一般贸易的 68.5%。从推动中国出口 DVAR 上升的动力源泉来看，一方面的主要推动力是加工贸易，另一方面的主要推动者是外资企业（含港澳台外资与非港澳台外资企业）。深入地看，进行加工贸易生产的外资企业是推动中国出口 DVAR 上升的最重要力量。②中国出口附加值率在不同行业间体现出较大的差异。加工贸易在各行业都具有较低的出口 DVAR。劳动密集型行业中从事加工贸易的出口 DVAR 相对较低，而且与一般贸易的出口 DVAR 的差距较大；部分的出口份额较大的技术复杂行业也具有较低的出口 DVAR。中国在国际分工中仍然没有改变"为他人作嫁衣"的地位。③FDI 的进入是导致加工贸易和外资企业出口 DVAR 增长的主要推动者。生产关键零配件外资企业进入中国国内市场，可能是造成中国出口的国内附加值提升的主要动因。相反，对发展中国家以及新兴国家的出口有利于贸易利得的提升。

本文的政策含义非常明显。从贸易利得的角度来看，加工贸易和 FDI 对中国经济可持续发展造成了一定的负面效应。促进我国加工贸易的转型升级以及对利用外资政策的进一步调整，应该是今后我国对外贸易政策调整的重点所在。本文研究成果所具有的另一个应用方向是对不同国家之间贸易逆差或顺差的重新估算。在全球产品内分工盛行的背景下，仍然从贸易总量角度来理解国际贸易并提供相关的政策建议，将具有极大误导性。如2011年，中国对美国的出口值为3244.9亿美元，进口值为1221.5亿美元，按贸易总量来看，中国对美国的贸易顺差为2023.4亿美元，而假设中国对美国出口的平均国内附加值率为50%，美国对中国出口的国内附加值率为70%，那么中国对美国的贸易顺差为1590.68亿美元，仅为传统顺差统计口径的78.6%。如果考虑到中美贸易结构中，中国对美国出口更多采用加工贸易方式，按照国内附加值率来估算的中美贸易顺差可能还要更小。

附表　我国企业出口 DVAR 影响因素的实证检验结果

	（1）全样本	（2）一般贸易	（3）加工贸易	（4）混合贸易	（5）本土	（6）外资	（7）发达国家	（8）发展中国家	（9）新兴国家
$dvar_{-1}$	0.576 *** (6.78)	0.762 *** (5.81)	0.460 *** (4.75)	0.401 (5.11)	0.398 (5.63)	0.873 *** (7.23)	0.137 *** (2.44)	0.739 *** (6.95)	0.541 *** (5.66)
fdi	0.546 ** (2.18)	0.479 (1.37)	0.600 *** (3.48)	0.240 ** (2.39)	−0.281 (−1.28)	1.573 *** (3.10)			
export_ratio							−0.002 (−0.19)	0.102 *** (3.19)	0.096 ** (2.08)
size	−0.001 (−0.22)	0.024 *** (4.57)	0.010 ** (2.09)	0.012 ** (2.55)	0.003 (0.37)	−0.013 (−0.38)	−0.0001 (−0.04)	−0.0001 (−0.04)	−0.003 (−0.85)
age	0.0004 (0.78)	0.0004 (0.62)	0.002 (1.42)	0.0004 (0.69)	0.0003 (0.37)	0.044 ** (2.37)	0.0004 (0.88)	0.0004 (0.88)	0.0005 (1.25)
herfind	−0.148 (−1.31)	0.051 (0.42)	−0.237 (−1.62)	−0.108 (−0.68)	−0.133 (−0.80)	2.347 ** (2.11)	−0.128 (−1.19)	−0.128 (−1.19)	−0.136 (−1.34)
processing	−0.260 *** (−15.37)				−0.548 *** (−5.85)	−0.406 *** (−3.96)	−0.262 *** (−15.80)	−0.262 *** (−15.80)	−0.264 *** (15.75)
mix	−0.070 *** (−5.61)				−0.446 *** (−6.47)	−1.233 *** (−4.89)	−0.067 *** (−5.57)	−0.067 *** (−5.57)	−0.071 *** (−5.94)
collective	−0.032 (−1.54)	−0.007 (−0.13)	0.050 (1.19)	−0.059 ** (−2.31)	−0.102 * (−1.68)		−0.028 (−1.50)	−0.028 (−1.50)	−0.033 * (−1.74)
legal	−0.018 (−1.17)	0.036 (1.48)	0.018 (0.52)	−0.040 ** (−1.96)	−0.021 (−0.85)		−0.96 (−1.09)	−0.016 (−1.09)	−0.016 (−1.12)
private	0.025 ** (2.30)	0.129 *** (3.22)	0.038 (0.90)	0.012 (0.60)	0.203 *** (5.27)		0.027 * (1.76)	0.027 * (1.76)	0.024 * (1.79)

续表

	（1） 全样本	（2） 一般贸易	（3） 加工贸易	（4） 混合贸易	（5） 本土	（6） 外资	（7） 发达国家	（8） 发展中国家	（9） 新兴国家
hmt	−0.098 *** （−6.60）	0.019 （0.73）	−0.051 （−1.35）	−0.125 *** （−5.79）		−0.647 *** （−3.59）	−0.093 *** （−6.61）	−0.093 *** （−6.61）	−0.093 *** （−6.56）
foreign	−0.131 *** （−7.54）	−0.022 （−0.89）	−0.084 ** （−2.32）	−0.161 *** （−6.45）			0.124 *** （−7.60）	−0.124 *** （−7.60）	−0.127 *** （−7.75）
cons	0.841 *** （6.87）	0.910 *** （16.17）	0.471 *** （5.05）	1.096 *** （5.99）	1.016 *** （9.75）	0.973 ** （2.54）	1.004 *** （10.93）	1.002 *** （10.94）	1.031 *** （11.56）
Hansen – Sagan test	0.35	0.58	0.72	0.32	0.44	0.39	0.57	0.61	0.66
AR（1）	0.00	0.00	0.00	0.00	0.02	0.00	0.04	0.00	0.00
AR（2）	0.67	0.46	0.55	0.23	0.41	0.50	0.73	0.33	0.49
N	101234	34532	46752	30117	46521	58005	100237	100132	100309

注： ***、 **和 *分别表示1%、5%和10%的显著性水平，括号中的数字为双尾检验的t或z值。回归结果皆以企业所处地级市的cluster效应加以处理。

参考文献

［1］单豪杰. 中国资本存量 K 的再估算：1952 ~ 2006 年 ［J］. 数量经济技术经济研究，2008（10）.

［2］唐东波. 垂直专业化贸易如何影响了中国的就业结构 ［J］. 经济研究，2012（8）.

［3］张杰，刘元春，郑文平. 为什么出口会抑制中国企业增加值率：基于政府行为的考察 ［J］. 管理世界，2013（6）.

［4］Ahn J. , Amit Khandlewal and Jinwei Shang. The Role of Intermediates in Facilitatin Trade ［R］. NBER Working Papers，2011.

［5］Ahn J. , A. K. Khandelwal and Jinwei Shang. The Role of Intermediaries in Facilitating Trade ［J］. Journal of International Economics，2011，84（1）：73 − 85.

［6］Arkolakis Costas, Arnaud Costinot and Andrés Rodríguez – Clare. New Trade Models, Same Old Gains? ［J］. American Economic Review，2012，102（1）：94 − 130.

［7］Bems R. , R. C. Johnson and K. M. Yi. Vertical Linkages and the Collapse of Global Trade ［J］. American Economic Review，2011，101（3）：308.

［8］Dean J. M. , K. C. Fung and Z. Wang. Measuring Vertical Specialization：The Case of China ［J］. Review of International Economics，2011，19（4）：609 − 625.

［9］Feenstra R. C. , J. B. Jensen. Evaluating Estimates of Materials Offshoring from U. S. Manufacturing ［J］. Economics Letters，2012，117（1）：170 − 173.

［10］ Guariglia A., X. Liu and L. Song. Internal Finance and Growth: Microeconometric Evidence on Chinese Firms ［J］. Journal of Development Economics, 2011, 96 (1): 79 – 94.

［11］ Hummels D., J. Ishii and K. M. Yi. The Nature and Growth of Vertical Specialization in World Trade ［J］. Journal of International Economics, 2001, 54 (1): 75 – 96.

［12］ Johnson R. C., G. Noguera. Accounting for Intermediates: Production Sharing and Trade in Value Added ［J］. Journal of International Economics, 2012, 86 (2): 224 – 236.

［13］ Kee H. L., H. Tang. Domestic Value – Added in Chinese Exports ［R］. World Bank, 2011.

［14］ Koopman R., Z. Wang and S. J. Wei. Estimating Domestic Content in Exports When Processing Trade is Pervasive ［J］. Journal of Development Economics, 2012, 99 (1): 178 – 189.

［15］ Kraemer K., G. Linden and J. Dedrick. Capturing Value in Global Networks: Apple's iPad and iPhone ［EB/OL］. http://pcic. merage. uci. edu/papers/2011/value_ iPad_ iPhone. pdf.

［16］ Melitz M. J. The Impact of Trade on Intra – Industry Reallocations and Aggregate Industry Productivity ［J］. Econometrics, 2003, 71 (6): 1695 – 1725.

［17］ Upward R., Z. Wang and J. Zheng. Weighing China's Export Basket: The Domestic Content and Technology Intensity of Chinese Exports ［J］. Journal of Comparative Economics, 2013 (41).

［18］ Wei S. J., D. Kaufmann. Does "Grease Money" Speed up the Wheels of Commerce? ［R］. World Bank Policy Research Working Paper, No. 2254, 2000.

［19］ Yi K. M. Can Vertical Specialization Explain the Growth of World Trade? ［J］. Journal of Political Economy, 2003, 111 (1).

［20］ Zhang J., D. Tang and Y. Zhan. Foreign Value – Added in China's Manufactured Exports: Implications for China's Trade Imbalance ［J］. China and World Economy, 2012, 20 (1): 27 – 48.

Measuring the Domestic Value Added in China's Exports and the Mechanism of Change

Abstract: Considering the characteristics of different importing regimes, indirect importing and capital goods importing, ourestimating results show that: the DVAR of China's exports has risen from 0.49 in 2000 up to 0.57 in 2006; the DVAR ofprocessing trade is significantly lower than that of ordinary trade, foreign firms' DVAR is obvious lower than domesticfirms'; the main drive for the increasing of DVAR in China's exports is the private firms and foreign firms engaged inprocessing trade. Further analysis shows that FDI entry is an important factor that leads to the rise of DVAR of processingtrade and foreign firms. This result shows that China may have not obtained real trade gains from the international trade. We also find exporting to developing countries and emerging economies is beneficial for the enhancement of DVAR. Theempirical result can help disentangle the endless debate on China's trade benefit and policy.

Key Words：Domestic Value Added Ratio （DVAR）；Processing Trade；Foreign Firms；Foreign Direct Investment

进口贸易结构与经济增长：规律与启示[*]

裴长洪

（中国社会科学院经济研究所，北京　100836）

【摘　要】本文研究了一国经济增长在增速与减速的不同背景下，进口贸易结构发生变化的一般规律，以及两者间相互关系。本文把进口结构划分为266个子类，其中货物贸易共255个子类，服务贸易共11个子类。在266个子类划分及运用的基础上，将进口商品分为初级品、中间品、资本品和消费品，将服务贸易进口结构划分为传统型服务、信息化服务、金融保险服务、其他服务。根据59个经济体的大样本数据，研究发现：经济增长与进口贸易结构变化存在着明确的正向关联性，优化进口贸易结构是改善经济供给面的重要内容；对于一国宏观经济管理部门而言，除了强调需求管理以外，进口贸易结构调整也是一种重要的管理手段。在进口贸易结构的调整中，要重视不同类别进口数量与结构的优化以实现经济增长预期。从我国产业条件及进口贸易的实际情况出发，应在优化资本品进口结构的基础上，适当增加资本品进口比重，相对缩小初级品进口比重的增长速度，稳定并着力优化中间品进口结构，适当增加消费品进口比重；同时灵活配置服务品进口数量和结构，注重增加从外部获得更优质的知识产权类服务及其他服务，从而有利于增加我国新的生产要素供给，改善我国经济增长的潜在条件。

【关键词】进口贸易结构；经济增长；一般规律；中国实证

一、研究视角与结构分类

近两年来，一些经济学研究者认为我国经济增长进入了一个较以往速度稍低的新阶段，袁富华（2010）、张平等（中国经济增长前沿课题组，2011）提出我国经济增长已进入结构性减速阶段，作者曾撰文同意这个看法（裴长洪，2013）。但也有学者持不同看

---

[*]　本文选自《经济研究》2013年第7期。

法，如秦敬云和陈甫军（2011）等。持经济增长结构性减速判断的政策性含义是，我国宏观经济管理的思路需要做重大转变和调整。长期以来，我国宏观调控和管理倚重需求管理，但在经济增长的结构性减速阶段将面临严峻挑战，国家宏观调控和管理的思路应转变为需求管理与供给管理并重。与经济增长阶段发生变化相对应的是，我国开放型经济的思路也需要发生相应的转变和调整。从对外贸易领域来看，长期以来倚重和强调出口贸易，这与倚靠和强调需求面是一致的；但在经济增长的结构性减速阶段，外需增长空间比以往小了，只强调出口贸易增长已不足以改善经济增长的潜在条件，需要把进口贸易作为供给管理的重要手段，发挥进口贸易改善经济增长潜在条件的积极作用，这是我国经济增长结构性减速阶段需要研究和解决的新课题。

从理论上讲，国际贸易的本质是以资源禀赋与比较优势为基础的商品与服务交换，无论进口还是出口都有利于参与贸易的双方。出口贸易推动经济增长已经成为经济学的定论，这是从一国的需求面来看的；而从全球角度看，出口等于进口，出口与进口的关系有如一个铜板的正反两面，如果没有进口，出口就会成为无源之水，无花之果；因此进口与出口同等重要，进口作用发挥得好也能促进经济增长。进口贸易对于经济增长的作用和意义，可从全球进口贸易与经济增长的互动关系中获得清晰解读。依据世界银行数据测算，20世纪60年代，全球进口依存度（进口/GDP）平均值仅为12.44%，70年代为16.23%，而80年代已上升为19.22%，90年代为20.72%，21世纪初以来的11年间又上升为26.39%。可见半个世纪以来全球进口依存度一直处于稳定的上升趋势之中，增长态势极其明显。当前，全球进口已超过全球GDP的1/4以上，2008年更高达30.14%的历史峰值；这表明世界范围内，进口贸易为经济增长提供了越来越充足的动力基础，全球经济增长与进口贸易的关联度不断加大，程度不断加深。

新中国建设初期，冶金、煤炭、石油、机械、电子、化纤、化肥等大型成套设备的进口对于扭转我国工业落后面貌、改善民生就曾经起了非常重要的作用，是进口促进经济增长的鲜活实例，但在封闭条件下，出口贸易增长并不显著，成为一个教训。改革开放后，出口贸易增长迅速，外需不断扩大，研究外需并促进出口贸易成为理论研究和贸易政策的重点，但时间长了也成为思维定式，在一定程度上形成了低估甚至忽视进口贸易作用的倾向。在学术研究方面，有关对外贸易与经济增长关系的研究大多集中在出口贸易与经济增长的关系上，而对进口贸易的作用却关注较少。近几年这种状况有所改变，研究进口贸易对经济增长的国内外论文多了起来，境外代表性成果有，Manwaha和Tavakoli（2004）分析FDI和进口对亚洲四个经济体经济增长的贡献份额。Abraham和van Hove（2005）发现美国贸易赤字的消长与经济增长率的高低成正比，美国经常项目赤字扩大年份的经济增长率往往较高，而经常项目赤字较低年份的经济增长率一般较低。Ucaki和Arisoy（2011）则以土耳其为研究对象，分析了进口对于该国经济增长的积极影响。中国学者也有相关的研究，如许和连和赖明勇（2002）、范柏乃和王益兵（2004）、徐光耀（2007）等均认为我国进口有益于经济增长，陈勇兵（2011）还测算出中国消费者由于进口种类增长而获得的福利相当于中国GDP的0.84%。这些成果的不足之处在于：多为进口总量与经济增长的一般分析，着重研究一国或少数几国的进口贸易变化规律；不仅缺乏对于进口结构的详尽分解，亦缺乏对于全球进口结构的大样本分析；更为重要的是，上述研究并不针对性地研究经济增长发生趋势性改变情形下的进口结构演进规律。

基于以上分析，本文把研究视角转向经济增长发生趋势性改变情形下，进口贸易结构的相应变化与特征，及两者的相互关系，以期为中国经济处于结构性减速背景下，为改善经济增长的供给面寻求新的"进口动力"。

一般而言，进口贸易可区分为货物进口与服务进口，可以间接说明一国在资源、要素配置、技术、服务等方面与国外市场的关联程度；但这种二分法过于简单，难以全面揭示进口贸易与经济增长的关系。根据所得数据，本文尽可能对国际贸易结构进行最大程度的划分，把进口结构划分为266个子类，其中货物贸易共255个子类，服务贸易共11个子类。货物贸易255个子类对应于国际贸易标准分类SITC0～SITC9，可基本归纳为食品和活动物，饲料和烟草，非食用原料（燃料除外），矿物燃料、润滑油和相关原料，动植物油脂及膏，化学和相关产品，按原料分类的制成品，机械和运输设备，杂项制品，未分类的商品。服务贸易共11个子类，即运输、旅游、建筑、通信、计算机与信息服务、金融和保险、专利与特许、个人、文化与创意服务、其他商业服务、政府服务。

在266个子类划分及运用的基础上，本文还对货物贸易与服务贸易都进行了四分法划分，以探求更具综合性的规律。货物进口结构上，按照加工和使用程度，将进口商品分为四类，分别是初级品、中间品、资本品和消费品。服务进口结构上，按照行业特性将服务进口划分为四类，分别是传统型服务、信息化服务、金融保险服务、其他服务。

货物进口结构：①初级品，对应于SITC0～SITC4，含88个子类，主要指资源产品和农产品原料，即未经加工或因销售习惯而略作加工的产品，主要包括原油、煤炭、铁矿石、谷物等。初级品，尤其是资源品的进口则可以缓解进口国能源、矿产资源短缺压力。②中间品，对应于SITC5～SITC6，含85个子类，是指一种产品从初级产品加工到提供最终消费要经过一系列生产过程，在没有成为最终产品之前处于加工过程中的产品，包括化工产品、纱线等纺织中间产品等；中间产品进口对加工贸易的出口可以起到带动作用，同时对于一般贸易出口和国内消费也具有较大的积极作用。③资本品，对应于SITC7，含50个子类，是指企业用于生产的机器设备，即固定资本，包括动力机械设备、机电工具等；对资本品来说，可以从国外进口本国没有的机器设备等，而包含了技术投入的机器设备能够推动本国生产技术的提高，提高劳动生产率。④消费品，对应于SITC8，含31个子类，是指用来满足人们物质和文化生活需要的那部分产品，主要指服装、家具、音像器材等，亦称生活资料。对消费品来说，进口国内没有的产品可以创造新的需求，促进新产业的发展和成长。

服务进口结构：①传统型服务，包括运输、旅游与建筑服务。其中，运输服务按运输的对象可分为国际货物运输服务和国际旅客运输服务两大类；按运输方式的不同，可以分为海上运输、航空运输、公路运输、铁路运输和国际多式联运服务等；旅游服务包括个人的旅游活动，也包括旅游企业的活动，其范围涉及旅行社和各种旅游设施及客运、餐饮供应等；建筑服务包括项目可行性研究、项目建设、维修和运营过程的服务。国际运输、旅游服务占据国际服务贸易的比重最大，是国际服务贸易发展的重要载体。②信息化服务，包括通信、计算机与信息服务。其中，通信服务是指通过电信基础设施，为客户提供的实时信息（声音、数据、图像等）传递活动，如电报、电话、电传和涉及两处或多处用户提供信息的现时传送；计算机与信息服务，包括数据搜集服务、建立数据库和数据接口服务，以及数据处理服务、向服务消费者提供通用软件包和专用软件等。在信息时代，通信、计算机与信息服务对于广告、银行、保险、数据处理和其他专业服务起着决定性的作用。③金融保险服务，主要指银行和保险业及其相关的金融服务活动，其中金融服务主要包括银行存款服务、贷款服务、证券经纪、股票发行和注册管理、有价证券管理以及附属于金融中介的其他服务；保险服务主要包括海运、航空运输及陆路运输中的货物保险，人寿保险、养老保险或年金保险、伤残及医疗费用保险、财产保险、债务保险等服务。金融保险服务有利于进口国获得更多的资金支持、更多样化的金融服务，有利于投保企业增强风险防范能力。④其他服务，主要指专利服务、特许服务、个人服务、文化服务、创意服务、政府服务及其他商务服务等，这类服务的进口，特别是专利、特许服务等的进口有利于满足进口国的技术需求，促进技术进步。

二、进口贸易结构与经济增长：一般规律

（一）进口结构的变化越活跃，经济增长也就越有活力

定义一：进口结构变化指数。这一指标用于刻画进口贸易在某一时期内的内部结构变化情况，以从总体上测度进口贸易的结构变迁强度。

$$进口结构变化指数 = K_1 \sqrt{\frac{1}{N} \sum_{i=1}^{N} (M_{iT2} - M_{iT1})^2}$$

定义二：进口结构变化贡献度（本文中亦简称为贡献度）。这一指标用于对进口结构变化指数进行分解，描述某一进口项对于进口结构变化指数的贡献份额，弥补进口结构变化指数微观指示能力的缺失。

$$进口结构变化贡献度 i = K_2 (M_{iT2} - M_{iT1})^2 \Big/ \sum_{i=1}^{N} (M_{iT2} - M_{iT1})^2$$

参数说明：M_i 为 i 子类进口额占总进口额的比重，M_{iT1} 为 T1 期的平均值，M_{iT2} 为 T2 期的平均值；本文中，T1 期为 1995～2002 年，T2 期为 2003～2010 年，即前 8 年为分期一，后 8 年为分期二。W 为总进口结构中的子类数，其中含 SITC0～SITC9 全部 255 个货物贸易子类，11 个服务贸易子类，共计为 266 个。K_1、K_2 均为简单修正系数，以使对应指标放大一些，便于直观比较；K_1 设为 100000，K_2 设为 100。

经济体分组及其他说明：本文所有266子类的进口贸易数据均来源于联合国贸发会议数据库，它共提供了1995～2010年220个经济体全部266个贸易子类的进口数据，但其中只有59个经济体的数据是齐全的，因此本文的实证分析基于这59个经济体展开。这59个经济体不仅包括主要的发达经济体，亦涵盖主要的发展中经济体，具有广泛的代表性，因而其分析结论具有普遍的解释意义。为了研究经济增长发生趋势性转变条件下进口贸易的变化状况，本文把1995～2010年这16年分为前后两个8年，即T1期（1995～2002年，下文同）、T2期（2003～2010年，下文同）；依据这59个经济体从T1期至T2期的经济增长表现，把它们划分为四个组：组一，经济大幅减速组，包含意大利、英国、法国、美国等17个经济体，这些经济体T2期的经济增长率平均为T1期经济增长率的45%；组二，经济小幅减速组，包含拉脱维亚、德国、韩国、波兰等17个经济体，这些经济体T2期的经济增长率平均为T1期经济增长率的75%；组三，经济小幅加速组，包含突尼斯、日本、中国、新加坡等13个经济体，这些经济体T2期的经济增长率平均为T1期经济增长率的124%；组四，经济大幅加速组，包含捷克、巴西、白俄罗斯、俄罗斯等12个经济体，这些经济体T2期的经济增长率平均为T1期经济增长率的220%。下文中，组一、组二、组三、组四均特指以上含义；由于我国居于组三，因此中国的同组经济体特指组三，即经济小幅加速组（见表1）。

表1　经济体分组、经济平均增长率及其比值

| 组一（经济大幅减速组） | | | | 组二（经济小幅减速组） | | | |
经济体	1995～2002年（%）	2003～2010年（%）	比值	经济体	1995～2002年（%）	2003～2010年（%）	比值
意大利	1.84	0.21	0.11	拉脱维亚	5.25	3.27	0.62
葡萄牙	3.53	0.47	0.13	奥地利	2.62	1.64	0.63
英国	3.74	1.41	0.38	比利时	2.36	1.49	0.63
斐济	2.34	0.94	0.4	德国	1.57	1.01	0.65
挪威	3.27	1.46	0.45	冰岛	3.58	2.33	0.65
法国	2.3	1.06	0.46	喀麦隆	4.45	3.11	0.7
法罗群岛	3.21	1.47	0.46	韩国	5.38	3.83	0.71
荷兰	3.17	1.49	0.47	瑞典	3.17	2.23	0.71
美国	3.4	1.6	0.47	塞浦路斯	3.92	2.8	0.72
西班牙	3.71	1.82	0.49	贝宁	5.11	3.81	0.75
匈牙利	3.06	1.5	0.49	巴巴多斯	1.27	0.96	0.76
加拿大	3.53	1.77	0.5	维德岛	7.65	6.17	0.81
爱沙尼亚	5.84	3.11	0.53	立陶宛	4.92	4.08	0.83
希腊	3.37	1.78	0.53	马里	6.05	5.08	0.84

续表

组一（经济大幅减速组）				组二（经济小幅减速组）			
经济体	1995～2002 年（%）	2003～2010 年（%）	比值	经济体	1995～2002 年（%）	2003～2010 年（%）	比值
新西兰	3.3	1.88	0.57	毛里求斯	4.75	4.14	0.87
克罗埃西亚	4.05	2.35	0.58	莫桑比克	7.63	7.13	0.93
萨尔瓦多	3.22	1.87	0.58	波兰	4.59	4.56	0.99
组一均值			0.45	组二均值			0.75

组三（经济小幅加速组）				组四（经济大幅加速组）			
经济体	1995～2002 年（%）	2003～2010 年（%）	比值	经济体	1995～2002 年（%）	2003～2010 年（%）	比值
突尼斯	4.6	4.75	1.03	捷克	2.56	3.65	1.42
日本	0.86	0.89	1.04	坦桑尼亚	4.79	7.06	1.48
塞内加尔	3.9	4.44	1.14	巴西	2.31	4.06	1.75
埃及	4.57	5.34	1.17	埃塞俄比亚	4.91	9.38	1.91
孟加拉国	5.08	6.07	1.19	白俄罗斯	3.9	8.09	2.08
中国	8.93	10.94	1.23	中国香港	2.3	4.82	2.1
吉尔吉斯斯坦	3.51	4.43	1.26	牙买加	0.38	0.79	2.12
尼日尔	3.42	4.36	1.28	哈萨克	3.49	7.5	2.15
斯洛伐克	3.88	5.04	1.3	保加利亚	1.69	4.08	2.41
爱尔兰	1.33	1.76	1.32	俄罗斯	1.82	4.91	2.69
洪都拉斯	3.24	4.31	1.33	罗马尼亚	1.5	4.19	2.8
新加坡	4.94	6.78	1.37	摩尔多瓦	1.4	4.78	3.48
菲律宾	3.65	5.16	1.41				
组三均值			1.24	组四均值			2.2

注：比值 = T2 期平均经济增长率/T1 期平均经济增长率，原始数据来源于世界银行发展指标数据库。

表2 显示，随着经济由减速至增速，从组一至组四，进口结构变化指数分别为324、370、415、422，呈明确的增长趋势：经济增长减速组的进口结构变化指数（组一，324；组二，370）小于经济增长加速组的进口结构变化指数（组三，415；组四，422）。在经济增长减速组内，组一为减速大的组，其进口结构变化指数324小于减速小的组二的相应指数370；在经济增长加速组内，组三为增速小的组，其进口结构变化指数415小于增速最快的组四的相应指数422。这就表明，经济增长越有活力，进口结构的变化也就越活跃；经济增长越滞缓，其进口结构的表现也就越乏力，呈现出显著的正向关联性。以典型国家为例，从T1 期至T2 期：法国的平均经济增长率由2.3%下降为1.06%，下降了53.91%，其进口结构变化指数为189；德国的平均经济增长率由1.57%下降为1.01%，

下降了 35.67%，其进口结构变化指数为 216；日本的平均经济增长率由 0.86% 上升为 0.89%，上升了 3.49%，其进口结构变化指数为 364；白俄罗斯的平均经济增长率由 3.9% 上升为 8.09%，上升了 107.44%，其进口结构变化指数为 674（见表 2）。

表 2　进口结构变化指数

组一		组二		组三		组四	
经济体	指数	经济体	指数	经济体	指数	经济体	指数
意大利	343	拉脱维亚	217	突尼斯	290	捷克	210
葡萄牙	232	奥地利	232	日本	364	坦桑尼亚	686
英国	255	比利时	420	塞内加尔	392	巴西	267
斐济	826	德国	216	埃及	418	埃塞俄比亚	314
挪威	188	冰岛	254	孟加拉国	347	白俄罗斯	674
法国	189	喀麦隆	766	中国	582	中国香港	530
法罗群岛	429	瑞典	195	吉尔吉斯	468	牙买加	582
美国	391	韩国	294	尼日尔	389	哈萨克斯坦	355
荷兰	361	塞浦路斯	664	斯洛伐克	353	保加利亚	379
西班牙	215	贝宁	469	爱尔兰	578	俄罗斯	353
匈牙利	325	巴巴多斯	544	洪都拉斯	510	罗马尼亚	325
加拿大	263	维德岛	277	新加坡	428	摩尔多瓦	392
爱沙尼亚	271	立陶宛	398	菲律宾	276		392
希腊	445	马里	370				
新西兰	232	毛里求斯	453				
克罗埃西亚	234	莫桑比克	337				
萨尔瓦多	307	波兰	185				
组一均值	324	组二均值	370	组三均值	415	组四均值	422

资料来源：原始数据来源于联合国贸发会议数据库，全文其他数据如无说明，均为此来源。

　　进口结构变化与经济增长之所以会发生正向联动，其机制在于：经济增长越趋于强劲，对生产要素、消费品、服务产品的数量及品种的要求就越多，本国生产要素、消费品、服务产品的供给能力和结构，或相对不足或不匹配，这种数量与结构性的供给补充，就反映为进口结构变化强度的增大。特别是先进资本品、技术、服务的大量进口，能直接有助于经济增长的效率改善，对经济增长的促进作用就更大。相反，经济增长如果趋于下降，则本国生产要素、消费品、服务产品的本国供给能力将相对富余，对外部的进口需求自然下降，进口结构变化的动力也就相应下降，进口结构变化指数因而趋于变小。

（二）资本品进口比重增加有利于经济加快增长

　　定义三：进口趋势指数（本文中亦简称为趋势比、趋势指数）。上文定义的进口结构变化指数能有力揭示进口贸易在某一时期内的总体结构变化情况，但它无法描述任一特定进口项在样本期的变化趋势到底是增加还是减小，以及增加或减小的幅度；为此，这里再定义一个指标——进口趋势指数，用于刻画某进口项从 T1 期至 T2 期的基本趋势变化。

进口趋势指数 i = M_{iT2}/M_{iT1}

同前文，M_i 为 i 子类进口额占总进口额的比重，M_{iT1} 为 T1 期 M_i 的平均值，M_{iT2} 为 T2 期 M_i 的平均值。经具体测算初级品、中间品、资本品、消费品、传统型服务、信息化服务、金融保险服务、其他服务这八大基本类别的进口趋势指数，显示这一指标能揭示以下重要规律。

进口趋势指数揭示的第一大规律：随着经济增长由减速阶段到增速阶段，资本品进口亦由减转增。在经济增长减速阶段，资本品进口总体均下降，经济减速越大，资本品下降也越大；在经济增长加速阶段，资本品进口则趋于增加。从进口趋势指数上看，从组一至组四，这一指标由 0.9134 升为 0.9599，继而升为 0.9803、1.0361。因此，经济增长与资本品进口存在着趋势明确的正相关关系（见表4）。

这一规律的发生机制如下：经济增长的一个重要推动力是资本品供给的增加，资本品作为最重要的生产要素之一，是其他生产要素发挥作用的物质条件；由于全球化的加速发展，源于进口的资本品比重不断增加成为一个重要现象，各国资本形成对于进口的依赖程度普遍加大；从数据上看，全球资本品进口/资本形成比由 T1 期的 33.58% 上升为 T2 期的 37.93%，增长了 12.95%（见表3）。正是由于各国资本形成对于进口的依赖性普遍加大，资本品促进经济增长的传统机制日益转化为资本品进口促进经济增长的新机制。还须注意到，由于资本品进口始终占全球进口的最大比重，远远超过初级品、中间品、消费品及服务进口所占比重，资本品进口促进经济增长机制成为进口贸易影响经济增长的主导机制，决定了其他进口类别影响经济增长的范围和可能。

表3　全球资本品进口、全球资本形成及比值　　　　　　单位：亿美元、%

年份	资本品进口	资本形成	比值	年份	资本品进口	资本形成	比值
1995	19177	67600	28.37	2003	29817	79300	37.6
1996	20543	68400	30.03	2004	35946	92900	38.69
1997	21731	68600	31.68	2005	39957	102000	39.17
1998	22383	66700	33.56	2006	45244	114000	39.69
1999	23785	68900	34.52	2007	51126	131000	39.03
2000	26415	72300	36.53	2008	54739	145000	37.75
2001	25112	68900	36.45	2009	43286	125000	34.63
2002	26068	69500	37.51	2010	52724	143000	36.87

资料来源：资本品进口数据来自联合国贸发会议，资本形成数据来源于世界银行发展指标数据库。

（三）初级品进口比重增速相对于经济增长增速趋于下降

进口趋势指数揭示的第二大规律：无论经济趋向加速还是减速，对于初级品的进口需求都在绝对性地上升；但经济增长越是加速，初级品进口比重趋于相对下降；经济增长越是减速，初级品进口比重趋于相对上升。从进口趋势指数上看，从组一至组四，这一指标由1.2211降为1.1653，继而降为1.1625、1.0917，体现出如上关系（见表4）。

表4　进口趋势指数

进口类别	组一	组二	组三	组四	中国
资本品	0.9134	0.9599	0.9803	1.0361	1.0759
消费品	0.9403	0.9681	0.9408	0.9659	1.4803
初级品	1.2211	1.1653	1.1625	1.0917	1.4331
中间品	0.9706	0.9668	0.9312	0.973	0.6991
传统型服务	0.9419	0.9646	0.9946	0.9286	0.7987
信息化服务	1.2931	1.349	1.134	1.1051	1.0281
金融保险服务	1.096	0.959	1.2321	1.1345	1.0525
其他服务	1.0223	0.9833	0.8647	0.8716	0.9982

这一规律的发生机制可表述为：由于现代社会对于物质产品的质量要求更高，数量要求更大，各国资源的有限性、差异性以及国际贸易更为便利化等原因，各国依据自身初级品禀赋的不同，积极扩大初级品互通有无的程度，因此无论经济趋向加速还是减速，对于初级品的进口需求都在绝对上升。而由于资本品进口的经济增长影响机制是进口贸易影响经济增长的主导机制，并决定了其他进口类别影响经济增长的范围和可能（上文已述及）；又因为在资本品、消费品、初级品、中间品四大货物进口类别中，无论经济趋向加速还是减速，消费品、中间品的比重都相对小且进口需求相对稳定，并无大的差异（见表6）；因此，初级品影响经济增长的表现形式就主要由资本品进口影响经济增长这一主导机制所规定了，故而：经济增长越是加速，资本品进口比重越是趋于上升，初级品进口比重越趋于相对下降；经济增长越是减速，资本品进口比重越是趋于下降，初级品进口比重越趋于相对上升。

（四）中间品占比结构相对稳定，但其内部结构的变化方向将与初级品比重趋于下降的机理相联系

在资本品进口比重上升并影响经济增长的主导机制下，初级品进口比重趋于下降的另一个解释是：转型升级的经济体将由技术含量高、资源消耗少的中间品进口逐步转向技术含量低、资源消耗多的中间品进口，从而引起这些经济体初级品进口比重的下降。这种中间品内部结构的变化在表4的进口趋势指数中虽然没有直观的表现，但可以从一些专门讨

论中间品贸易和地区性国际生产分工的已有研究中反映出来。林桂军等（2011）研究了亚洲生产的国际性网络，认为垂直分工的发展形成了亚洲在全球最大的国际生产网络。在亚洲垂直生产分工体系中，日本、韩国、中国台湾、新加坡、中国、东盟等经济体在地区性生产网络和国际价值链的形成中相互依赖、分工相对稳定，因而导致中间品占比结构的相对稳定，但分工与中间品贸易迟早也必然发生分化和改组，所谓"雁行模式"的分工体系，即解释中间品生产分工与贸易比较优势的国际排序，也迟早必然发生规律性的结构变化，而变化的方向必然是与初级品比重趋向下降的发生机理相联系。

（五）其他

进口趋势指数的分析还表明，消费品进口比重基本稳定并略有上升；而服务贸易进口的趋势是不规则的，说明服务贸易与经济增长的联系还没有达到货物贸易与经济增长联系的紧密程度，需要做具体细致分析；但从表4中可以看出，以中国的进口趋势指数来与四个组别相对照，中国的服务进口指数都远低于各组国际平均水平，说明中国服务进口的发展空间和结构优化空间很大。

（六）简要小结

以上规律及现象启示我们，对于开放经济体而言，经济增长与进口结构有着较为明确的关联性，这就为通过进口贸易改善经济宏观调控提供了重要依据。一国宏观经济管理部门，除了要重视需求管理以外，调整进口结构也不失为一种重要的管理手段。在进口结构的调整中，资本品的进口调节居于重要地位，为此要特别重视对资本品的进口数量与结构的优化以实现经济增长预期。同时，要创造条件相对减小初级品进口比重的增长速度；在稳定中间品占比结构的基础上，创造条件着力优化中间品内部结构；适当增加消费品进口比重；在大力增加服务贸易进口的同时，灵活配置其服务进口结构，形成一套可行的进口结构调节组合方式。当然，对任何一个具体国家来讲，尚需把上述一般规律与该国现实经济发展状况及贸易状况结合起来具体分析，灵活运用，而不是机械地照搬，才能真正取得好的效果。

三、中国进口贸易结构与经济增长之一：
总体状况与货物进口结构

1995～2002年，我国经济平均增长率为8.93%；2003～2010年，我国平均经济增长率为10.94%，上升了23%。这一时期，我国进口结构变化指数为582，在59个经济体中仅次于斐济（826）、喀麦隆（766）、坦桑尼亚（686）、白俄罗斯（674）、塞浦路斯（664）5个经济体；远大于同一时期的主要发达国家，如美国（391）、日本（364）、意大利（343）、加拿大（263）、英国（255）、德国（216）；亦大于主要的发展中国家，如巴西（267）、俄罗斯（353）、波兰（185）、罗马尼亚（325）。在我国所属的经济小幅加速组（组三）中，我国这一指标也是最高的，高于爱尔兰（578）、新加坡（428）、埃及（418）等经济体。这表明，这一时期我国进口结构的演化与我国经济的快速发展是相适应的，总体上快于大多数经济体，亦快于经济增长表现相近的经济体。

这一时期，我国阴极阀门及阴极管、原油、皮衣、电气电路装置等二十大子类进口项对于进口结构变化指数的贡献最大，其贡献度高达94.19%，尤其是阴极阀门及阴极管这一单项进口对于进口结构变化指数的贡献度就达到了43.14%；其他贡献度较大的进口项尚有原油（18.12%）、光学仪器与设备（11.96%）、铁矿石和精矿（5.91%）、纺织品（2.34%）、旅游服务（1.98%）、特定行业适用的其他机械（1.95%）等产品或服务（见表5）。因此，我国进口结构的变化具有显著的不平衡性，可概括为：货物进口贡献度极大，而服务进口贡献度小；少数产品或服务进口贡献度过大，多数产品或服务的进口贡献度不足。当然，现有进口结构的不平衡发展其实也为我国进口结构的未来调整提供了线索、指明了方向，下文的具体讨论中将会对此有进一步的阐述。

表5　中国进口结构变化贡献度最大的二十大进口项

进口项	M_{T1}	M_{T2}	趋势指数	贡献度（%）
［776］阴极阀门及阴极管	0.059451	0.121778	2.0484	43.14
［333］原油	0.030842	0.07123	2.3095	18.12
［871］光学仪器与设备	0.003725	0.036541	9.8084	11.96
［281］铁矿石和精矿	0.008164	0.031239	3.8265	5.91
［653］纺织品	0.018148	0.003625	0.1997	2.34
旅游服务	0.044196	0.030834	0.6977	1.98
［728］特定行业适用的其他机械	0.030977	0.017717	0.5719	1.95
［562］肥料（272以外）	0.013567	0.00286	0.2108	1.27
［764］电信设备及零部件	0.042094	0.031547	0.7494	1.24
［641］纸与纸板	0.013915	0.004286	0.308	1.03
运输服务	0.047884	0.039134	0.8173	0.85
［752］自动数据处理设备	0.012667	0.021112	1.6667	0.79
［651］纱线	0.013131	0.005028	0.3829	0.73
［724］纺织与皮革机械、零件	0.012687	0.005331	0.4202	0.6
［572］初级形式的苯乙烯聚合物	0.012133	0.005481	0.4517	0.49
［222］油籽及含油质果实	0.006638	0.013229	1.9929	0.48
［781］客车	0.003777	0.010168	2.6922	0.45
［611］皮衣	0.010428	0.00409	0.3922	0.45
［772］电气电路装置	0.017989	0.024062	1.3376	0.41

注："［　］"内为贸易品代码，下同。

我国进口贸易长期以来以货物进口为主，1995～2010年，我国货物进口占总进口的比重平均维持在86%左右，远高于78%的全球平均水平（见表6）。从货物进口的内部构成来看，我国资本品、初级品进口比重高，中间品、消费品进口比重相对较低，表现出与世界货物进口结构类似的特点；只是我国资本品、初级品进口比重更高，而消费品进口比重更低，中间品进口比重只是近年才开始低于全球平均水平。随着我国经济服务化的逐步加深，未来我国货物进口比重将相对下降，为此大力优化货物进口结构就显得尤为重要。

表6　中国进口额，中国货物进口子项/中国总进口、
世界货物进口子项/世界总进口　　　　　　　　单位：%

年份	总进口（亿美元）	中国				世界			
		资本品	消费品	初级品	中间品	资本品	消费品	初级品	中间品
1995	1573	33.42	5.15	15.51	28.87	29.82	10.13	16.74	20.76
1996	1614	33.93	5.19	15.75	30.66	30.42	10.33	17.40	19.99
1997	1703	30.98	5.01	16.78	30.24	31.06	10.44	16.88	19.88
1998	1669	34.06	5.07	13.74	30.7	32.24	10.63	14.88	20.06
1999	1973	35.2	4.91	13.6	29.57	32.92	10.69	14.97	19.49
2000	2611	35.21	4.86	17.9	27.58	32.68	10.19	16.44	18.80
2001	2828	37.84	5.33	16.17	26.18	31.90	10.44	16.29	19.08
2002	3417	40.1	5.79	14.42	25.61	31.63	10.46	15.87	19.61
2003	4681	41.2	7.05	15.54	24.12	31.17	10.33	16.60	19.72
2004	6334	39.92	7.92	18.51	22.02	31.01	9.86	17.25	20.05
2005	7437	39.06	8.18	19.86	21.36	30.31	9.55	19.05	19.97
2006	8923	40.01	7.99	20.97	19.5	29.95	9.19	19.89	19.91
2007	10862	37.99	8.04	22.4	19.36	29.27	9.03	19.81	20.31
2008	12915	34.22	7.55	28.07	17.51	27.15	8.41	23.04	19.69
2009	11645	35.06	7.29	24.84	18.87	27.07	9.14	20.41	19.19
2010	15893	34.59	7.13	27.3	17.66	27.76	8.77	21.78	19.54

（一）资本品

从资本品进口总量上看，其占总进口的比重由1995年的33.42%变化至2010年的34.59%，2003年我国这一比重曾达到41.2%的峰值。这一时期，我国资本品进口占总进口的比重平均为36.42%，显著高于同期30.40%的世界平均水平。近年我国进口资本品的前十大类为阴极阀门及阴极管，电信设备及零部件，电气电路装置，客车，自动数据处理设备，特定行业适用的其他机械，办公设备及自动数据处理设备的零配件，电气机械及设备，配件及附件（722类、781类、782类、783类），飞行器及相关设备、航天器（见表7）。这种资本品进口结构与我国的产业结构是相适应的，在国内产业结构不断升级的过程中，这些国外先进技术型资本品和成套设备的需求亦不断增加；它弥补了我国在行业

专用部件、机械电子设备、电信设备、运输设备等主要资本品在质量、数量上的供给不足，为我国经济增长提供了重要支撑。

表7　中国资本品进口前十大子类及其占资本品进口总量的比重

单位:%

进口项	M_{T1}	M_{T2}	趋势化	1995 年	2002 年	2010 年	2011 年
[776] 阴极阀门及阴极管	16.56	32.35	195.36	7.38	25.67	32.93	31.09
[764] 电信设备及零部件	12.01	8.29	68.99	13.12	10.14	6.39	6.96
[772] 电气电路装置	5.09	6.39	125.45	3.59	5.74	6.28	6.13
[781] 客车	1.06	2.75	260.96	2	5.03	5.26	6.49
[752] 自动数据处理设备	3.54	5.58	157.77	3.45	4.95	5.03	4.71
[728] 特定行业适用的其他机械	8.98	4.67	51.99	3.28	7.33	4.85	5.56
[759] 办公设备及自动数据处理设备的零配件	5.94	5.44	91.48	13.91	5.95	4.83	3.99
[778] 电气机械及设备	4.59	4.71	102.57	1.78	1.9	4.59	4.39
[784] 配件及附件*	1.99	2.81	141.07	1.71	2.19	3.29	3.37
[792] 飞行器及相关设备、航天器	4.16	2.41	57.88	2.59	2.96	2.25	2.15

注：　*表示配件及附件（722 类、781 类、782 类、783 类）。

我国资本品进口比重长期居于高位，其结构具有相当的稳定性，阴极阀门及阴极管、电信设备及零部件、电气电路装置、客车、自动数据处理设备五大类长期占有最大的比重；特别是阴极阀门及阴极管，2001～2010 年这十年其进口占我国总进口量的 1/10 以上，占资本品进口额的 1/3 左右，长期以来是我国资本品进口的第一大部类，2010 年仍然高达 32.93%，比重极高。因此，如能尽快实现阴极阀门及阴极管的进口替代，转而进口其他类型资本品，必将有助于极大改善我国资本品进口结构。还需注意到，近几年我国资本品的总进口比重已呈现下降趋势，2010 年这一比重仅占 2003 年比重的 84%，这就为今后一段时期我国资本品进口腾出了一定的增长空间。未来中长期内，我国资本品进口如能在优化结构的基础上重抬升势，就有可能为改善我国经济增长的潜在条件做出贡献。为此，我国要大力提高阴极阀门及阴极管、电信设备及零部件、电气电路装置等重要资本品的国产化率，采取政策手段促进新型成套设备、新型工作母机的进口，以提高资本品的生产效率；特别是要注意有选择地引进先进的数字化、智能化的设施、环保和新能源设施，更好地应对和利用世界第三次工业革命的挑战和机遇，促进经济持续稳定增长。

（二）初级品

从初级品进口总量上看，其占总进口的比重由 1995 年的 15.51% 上升至 2010 年的 27.3%，2008 年我国这一比重曾高达到 28.07% 的峰值。这一时期，我国初级品进口占总进口的比重平均为 18.84%，略高于同期 17.96% 的世界平均水平。特别是 2006 年以来，我国初级产品的进口比重有较大幅度提高，超过中间品所占比重，仅次于所占比重最高的资本品。这说明随着基础设施建设、重化工业的快速发展和城镇化进程的不断加快，耗能生产和消耗行为不断扩张，国内对能源和矿产品的需求急剧增加，中国经济对外部资源的依赖逐渐加深。2008 年以来，随着美元汇率不断呈现弱势走向，以石油、矿物原料和粮食为代表的国际大宗商品价格不断上涨，从而相应不断推高了中国初级品进口的价值量，导致初级品进口比重的显著上升。资源性初级产品曾经是我国传统的出口创汇产品，但目前已成为我国的净进口产品。2010 年，我国进口初级品的前十大类为原油，铁矿石和精矿，油籽及含油质果实，沥青矿物（含油 >70%），煤，非铁基金属废料、碎料，纸浆及废纸，铜矿石和精矿、铜锍，贱金属矿石和精矿，石油残余产品及相关材料（见表 8）。这些重要战略资源的外部供给弥补了国内的资源不足，满足了中国大规模快速工业化的需求。由于我国经济的快速增长，能源和矿产资源等产品的需求仍将是旺盛的，其进口将继续增长。

表 8　中国初级品进口前十大子类及其占初级品进口总量的比重　　单位:%

进口项	M_{T1}	M_{T2}	趋势比	1995 年	2002 年	2010 年	2011 年
[333] 原油	19.62	31.81	162.15	9.66	25.90	31.19	32.54
[281] 铁矿石和精矿	5.31	13.43	252.97	5.03	5.62	18.38	18.59
[222] 油籽及含油质果实	4.30	5.98	139.03	0.43	5.35	6.09	5.18
[334] 沥青矿物（含油 >70%）	9.38	7.19	76.67	8.47	7.71	5.17	5.42
[321] 煤	0.34	1.57	461.21	0.29	0.67	3.90	3.45
[288] 非铁基金属废料、碎料	2.55	3.12	122.07	2.71	2.70	3.83	3.48
[251] 纸浆及废纸	4.88	4.02	82.28	3.46	5.89	3.27	3.13
[283] 铜矿石和精矿、铜锍	1.67	2.78	166.41	1.24	1.65	3.08	2.59
[287] 贱金属矿石和精矿	1.46	2.47	169.08	1.78	1.38	2.85	2.31
[335] 石油残余产品及相关材料	0.88	1.14	128.89	0.60	1.36	1.47	1.41

但是，从上述一般规律的认识中，初级品进口增长太快、比重持续上升是不利于经济持续增长的。因此，今后在初级品的进口中，除了保持粮、棉、食用油、大豆等产品进口的合理增长，以节约土地资源，并与国内食品保障安全和储备制度相配套外，能源和矿产品的进口，不应盲目加速增长，要从合理消费、提高资源利用效率和培育新能源的视角配置进口规模和增长速度。为此，要通过能源资源品价格改革和关税调整来促进进口规模与比重的合理调整。

（三）中间品

从中间品进口总量上看，其占总进口的比重由 1995 年的 28.87% 上升为 1998 年

30.7%的峰值后，其后不断下降，到2010年只有17.66%，仅占1998年的57.5%，下降幅度很大。这一时期，虽然我国中间品进口占总进口的比重平均为24.36%，高于同期19.77%的世界平均水平。但从2006年开始，我国中间品进口占总进口的比重已开始持续低于世界平均水平，2010年我国这一比值已降至世界平均水平的90%。铜（中间品形态）、初级形状的其他塑料、碳氢化合物、初级形式的苯乙烯聚合物等是我国前十大类进口中间品（见表9）。

表9 中国中间品进口前十大子类及其占中间品进口总量的比重 单位：%

进口项	M_{T1}	M_{T2}	趋势比	1995年	2002年	2010年	2011年
［682］铜（中间品形态）	4.03	7.92	196.71	2.99	5.07	11.7	11.12
［575］初级形状的其他塑料	3.37	4.9	145.57	2.74	3.94	5.42	5.17
［511］碳氢化合物	2	4.9	245.28	1.72	2.73	5.23	6.31
［512］醇、酚类化合物、氯化物等	1.72	4.07	236.34	1.11	2.63	4.74	5.38
［571］初级形式的乙烯聚合物	3.51	3.62	103.09	3.44	3.46	3.94	3.85
［598］杂类化工产品	2.43	3.5	144.36	1.18	3.68	3.75	3.96
［582］塑料板、片、薄膜、箔带	2.52	2.87	114.06	2.45	2.37	3.66	3.5
［513］羧酸、酸酐、卤化物	2.44	4.08	167.33	1.93	3.97	3.08	3.28
［574］聚醚、环氧树脂、聚酯	2.08	2.96	142.78	1.7	2.51	3.05	2.59
［572］初级形式的苯乙烯聚合物	4.21	2.72	64.46	4.17	3.67	2.38	2.05

我国中间品的进口比重呈现下降趋势，说明随着国内工业生产国际化水平的提高，工业配套能力逐渐增强，对外部工业产品的配套需求下降，这种趋势在出口方面就表现为具有国际竞争力的产品已经由纺织、服装等劳动密集型的传统产品转向了资本、技术密集型为主的机电产品和高新技术产品，在这个过程中，进口商品结构也相应发生变化。同时，这与我国调整产业结构，积极参与国际分工和国际合作密不可分。由于国外中间产品的进口主要是为了满足加工贸易的出口，大量外商投资企业从事加工贸易。"十五"以来，外资企业在加工贸易中的比重一直在73%以上，在一般贸易中的比重则不到1/3（杨长湧，2011）。随着加工贸易在我国进口中所占的比例逐渐下降，同时由于新的国际产业转移和国内产业结构调整，我国加工贸易进口的中间品的构成也不断发生变化，不断转为技术与资本密集型产品，机电类和高新技术类产品的进口占比逐年提高，对于国内有能力生产的，或者虽然目前没有能力，但是具有潜在生产优势的中间产品，进口量呈减少趋势，生产本土化趋势加强。

实际上，中间品的结构变化是依据各国要素禀赋和国际生产价值链中各个环节比较优势的变化决定的，如收入水平越高的国家，进口劳动密集型中间品或进口劳动密集最终品比重越高。我国中间品越来越多向国内生产转移，导致该类进口下降，虽然有利用劳动要素禀赋优势的一面，但也有大量消耗能源资源的问题，既有符合规律的一面，也有违反规律的一面，其原因是我国自己的企业不能部署国际化生产，而国内的国际化生产链条是被外国企业控制的。经济规律要求改变这个结构，但现在这个结构变化太慢，是因为我国企业走出去的战略目标还不明确。未来在中间品的进口中，要逐步改变中国进口关键零部件、国内生产大量消耗资源能源的配套产品加以组装和加工的现状。关键零部件的生产要逐步实现进口替代，鼓励国内生产，而消耗能源资源的中间品生产应逐步由国内生产转为"走出去"生产，从而扩大此类中间品进口，实现中间品内部结构的优化。要通过价格改革和关税改革促进进料加工贸易企业多使用境外的能源资源消耗型中间品。

（四）消费品

从消费品进口总量上看，其占总进口的比重由 1995 年的 5.15% 上升至 2010 年的 7.13%，2005 年、2007 年，我国这一比重分别达到 8.18%、8.04% 的峰值。这一时期，我国消费品进口占总进口的比重平均为 6.4%，远低于同期 9.85% 的世界平均水平。我国消费品进口的前十类产品为光学仪器与设备，测量、分析和控制装置，光学产品，乐器、录音带，塑料制品，钟表，医疗仪器及用具，杂项制品，电影与摄影用品，家具及配件（见表 10）。2011 年，仅光学仪器与设备就占消费品进口总量的 42.24%，测量、分析和控制装置占 19.94%，这两项产品是我国消费品进口的最大两项。

表 10　中国消费品进口前十大子类及其占消费品进口总量的比重　　单位:%

进口项	M_{T1}	M_{T2}	趋势比	1995 年	2002 年	2010 年	2011 年
［871］光学仪器与设备	6.92	47.63	688.47	0.99	23.57	45.90	42.24
［874］测量、分析和控制装置	22.85	16.86	73.78	23.13	23.23	18.21	19.94
［884］光学产品	4.24	7.57	178.24	1.80	5.37	8.59	8.11
［898］乐器、录音带	5.47	5.68	103.77	3.70	7.25	5.35	5.53
［893］塑料制品	8.40	3.93	46.81	9.17	6.29	3.53	3.47
［885］钟表	9.07	1.96	21.58	14.26	4.23	1.93	2.56
［872］医疗仪器及用具	2.51	1.65	65.49	2.04	2.68	1.90	2.12
［899］杂项制品	4.38	1.83	41.82	5.63	2.91	1.82	1.96
［882］电影与摄影用品	2.70	1.68	62.12	1.63	2.86	1.68	1.69
［821］家具及配件	1.19	1.29	108.53	1.11	1.48	1.45	1.69

应当认识到，消费品进口不仅能够调剂国内市场余缺，而且进口国内尚不存在的或者具有异质性的消费品，可以带来技术信息，引导消费升级，对经济增长的益处不应被低估。我国消费品进口占总进口的比重尚比世界平均水平低 35% 左右，有很大潜力。但是由于国内居民收入不均衡，消费配套环境不完善等因素，尤其是中国的消费品进口关税比较高，使得中国消费品进口增长比较慢。目前中国的关税结构中，消费品的进口关税税率较高，香烟平均进口关税达到了 25%，鞋类的关税也有 20.1%，远高于石油、铁矿砂等

进口增速较快的初级品的进口关税。如果能够适当进行关税结构的改革，部分降低这些产品的进口关税，对提高消费品进口的动力具有重要意义。从改善供给角度来看，今后我国消费品的进口还应更多地从改善中国人力资本素质着眼，采取政策手段，多进口先进适用的教育消费品，如教材、教学设施、办公用品、医疗器械和设施、公共卫生设施和体育运动器具、科研设备与器材。

四、中国进口贸易结构与经济增长之二：服务进口结构

在全球范围内，现代服务业已日益成为促进世界经济复苏、引领转型发展的新引擎，研发、信息技术与网络等新兴服务业为经济发展增添了新动力。由于体制、机制及工业化思维的长期束缚，我国服务产品供给长期严重不足，如能以进口方式增加其有效供给，将有利于释放巨大的内需潜力，并对经济结构优化和经济质量提升产生放大效应。由于我国经常项目顺差，所以服务进口没有外汇约束，更有利于其发挥功能。数据表明，我国进口贸易以货物进口为主的特征长期存在，服务进口相对货物进口的比重严重偏低；1995～2010年以来，我国服务进口占总进口的比重平均维持在14%左右，远低于22%的全球平均水平（见表11）；此外，我国服务进口又以传统型贸易进口为主，金融保险服务、信息化服务及其他等服务的进口比重也明显低于全球水平。因此，尽快改善我国服务贸易的规模与结构，对于我国经济的健康、持续、快速发展具有重要意义。

（一）传统型服务

从传统型服务的进口总量上看，其占总进口的比重由2000年的9.38%降为2010年的7.75%，这一比例比2010年全球水平9.69%要低20%。传统型服务是我国服务进口中最趋同于全球平均水平的一类，2010年我国运输、旅游、建筑进口占总进口的比例分别为3.98%、3.453%、0.319%，总体上接近4.2%、4.97%、0.51%的全球平均水平。从传统型服务进口的构成来看，2000～2010年，我国运输服务进口发展平稳，其比重一直稳定在4%左右的水平；运输服务进口的增长与我国货物贸易的迅猛发展有关，它解决了我国国际贸易发展所引致的运能不足问题，对于我国对外经济交往的扩大起了重要的载体作用。今后，运输服务的进口增长仍然是重要的，但由于运输服务是我国服务贸易逆差的最大来源项（2010年该项逆差为290.5亿美元），应支持我国运输企业获取更大的运输市场份额，逐步缩小该项逆差。这一时期，我国旅游服务进口下降，2011～2012年有所回升。旅游服务进口反映了国内新的消费需求，扩大其进口有许多好处，它不仅有利于中外人民相互交流，缓解本币升值压力，减轻国内通货膨胀压力，还能有力带动我国旅游产业走向世界，继而提升我国旅游企业的旅游服务供给能力。我国建筑服务进口占总进口的比重由2000年的0.38%降为2010年的0.319%；鉴于我国是建筑服务业发达的国家，较长时期

内该项进口的比重难以有大的变化。

（二）信息化服务

从信息化服务的进口总量上看，其占总进口的比重由 2000 年的 0.19% 升至 2010 年的 0.26%，这一比例比 2010 年全球水平 1.64% 明显偏低。从信息化服务进口的构成来看，2000~2010 年，我国通信服务、计算机与信息服务占总进口的比重由 0.093%、0.101% 变化为 0.072%、0.187%，2010 年的比值仅分别占全球平均水平的 14.46%、16.39%，加强信息化服务的进口具有很大的空间。我国之所以要继续努力加大信息化服务的进口，根源在于我国信息化服务的供给能力仍然满足不了经济增长的需要：一是我国在世界信息化的排名在下降，与发达国家在信息化领域差距正在重新拉大；二是我国信息化发展区域不平衡现象仍然严重，特别是东西部之间的数字鸿沟扩大；三是我国网络空间发展滞后；四是信息化的核心技术方面缺乏国际竞争力。为此，我国须加快营造良好的信息化竞争环境，加快制定与完善信息化服务法律法规，进一步加大知识产权保护力度；加快通信、计算机服务业对外开放，扩大国外信息业企业在我国的商业存在；积极引进先进的网络信息交换技术、计算机数据处理技术；扩大基础软件、应用软件等信息化服务与产品的进口。

表 11　中国服务进口占总进口的比重　　　　单位:%

类别	2000 年	2001 年	2002 年	2003 年	2004 年	2005 年	2006 年	2007 年	2008 年	2009 年	2010 年
1. 传统型服务	9.38	9.22	8.77	7.39	7.11	6.97	6.81	6.99	7.03	8.26	7.75
运输	3.981	4.004	3.984	3.895	3.875	3.825	3.852	3.984	3.897	3.999	3.98
旅游	5.022	4.918	4.506	3.245	3.023	2.926	2.726	2.742	2.8	3.753	3.453
建筑	0.381	0.299	0.282	0.253	0.211	0.218	0.23	0.268	0.338	0.504	0.319
2. 信息化服务	0.19	0.24	0.47	0.31	0.27	0.3	0.28	0.3	0.36	0.38	0.26
通信	0.093	0.115	0.138	0.091	0.075	0.081	0.086	0.1	0.117	0.104	0.072
计算机与信息	0.101	0.122	0.332	0.221	0.198	0.218	0.195	0.203	0.245	0.278	0.187
3. 金融保险服务	0.98	0.99	0.98	1.02	0.99	0.99	1.09	1.03	1.03	1.03	1.08
金融	0.037	0.027	0.026	0.05	0.022	0.021	0.1	0.051	0.044	0.062	0.087
保险	0.946	0.959	0.95	0.975	0.967	0.968	0.99	0.982	0.987	0.971	0.991
4. 其他服务	3.24	3.44	3.4	3.09	3.02	3.01	3.12	3.65	3.88	3.98	3.07
专利与特许权	0.491	0.685	0.911	0.758	0.71	0.715	0.743	0.754	0.799	0.95	0.82
其他商业	2.665	2.653	2.329	2.216	2.196	2.19	2.309	2.802	2.989	2.932	2.159
个人、文化与创意	0.014	0.018	0.028	0.015	0.028	0.021	0.014	0.014	0.02	0.024	0.023
政府	0.066	0.083	0.131	0.097	0.084	0.084	0.057	0.079	0.071	0.072	0.072

（三）金融保险服务

从金融保险服务的进口总量上看，其占总进口的比重由 2000 年的 0.98% 上升为 2010 年的 1.08%，相比 1.983% 的 2010 年全球平均水平仍然明显偏低。从金融保险服务进口的内部构成来看，2000～2010 年，我国金融服务、保险服务进口占总进口的比重分别由 0.037%、0.946% 上升至 0.087%、0.991%，相当于 2010 年全球平均水平的 5.89%、196%。可见我国金融服务进口严重不足，而保险服务进口却已高达全球平均水平的 1 倍左右。进一步分析表明，2010 年我国金融服务出口 13.3 亿美元、进口 13.9 亿美元，进出口基本平衡；其出口、进口占我国服务业总出口、总进口的比重分别为 0.78%、0.72%，相比我国金融业的巨大规模而言，两者比重均极小；这表明，我国金融服务的国际化水平极低，改革滞后、开放度严重不足是造成这一局面的重要原因。同年，我国保险服务出口 17.3 亿美元、进口 157.5 亿美元（占当年全球保险服务贸易的 18.53%）；保险服务逆差 140.2 亿美元，仅次于运输服务逆差额，是我国服务逆差的第二大来源项，表明我国经济发展所需的保险服务有很大比例由外部供给。综合上述分析，再结合我国多数实体经济行业发展艰难，而金融行业仅靠存贷差就能轻松坐享巨额利润的现实（金融业的超额利润越多，利润获取越轻松，实体经济失血就越多，发展就越艰难），金融保险服务的未来发展方向应是：大幅增加金融服务进口，较大幅度扩大金融服务逆差，以尽快改善我国实体经济的金融供给，倒逼国内金融业制度变革，并在开放中增强竞争力；控制保险服务进口增速，防止进口保险服务过度供给，促进保险服务业良性发展，以达到为实体经济提供更好的保险服务的目的。

（四）其他服务

从其他服务的进口总量上看，其占总进口的比重由 2000 年的 3.24% 到 2010 年的 3.07%，仍不及 2010 年全球水平 7.09% 的一半。从其他服务进口的内部构成来看，2000～2010 年，我国专利与特许权服务，其他商业服务，个人、文化与创意服务，政府服务占总进口的比重分别由 0.491%、2.665%、0.014%、0.066% 调整为 0.82%、2.159%、0.023%、0.072%。其中，只有其他商业服务占总进口的比重不增反降。2010 年，全球其他服务中这四项进口占总进口的比例分别为 1.351%、5.225%、0.165%、0.353%，我国这四项比值仅相当于全球平均水平的 60.69%、41.32%、13.94%、20.4%。这四项服务进口的绝对比重都远低于世界平均水平，但其中专利与特许服务进口上升速度最快，比重也相对最高，这反映出我国改善供给的专有服务进口需求相对旺盛，对行业专有技术、特许经营类服务提出了更多样、更急迫的要求。2010 年，我国专利与特许服务出口 8.3 亿美元，进口 130.4 亿美元，逆差 122.1 亿美元，是我国服务贸易逆差的第三大来源项；但作为技术性最强的专有服务之一，其逆差越大，对经济供给面的改善就越大，在我国拥有巨额外汇储备的背景下不仅不应控制，反而应鼓励该项逆差继续扩大。个人、文化与创意服务进口的上升势头仅稍弱于专利与特许权服务，但绝对比重极低，只相当于全球平均水平的 13.94%；这是增强我国国民科学文化素质、改善人力资源供给的重要途径，将是今后我国通过服务进口以改善经济供给面的另一重要发展方向。至于其他商业服务，对于改善经济供给面也有积极意义，其进口结构的调整也必将大有可为。

五、总结与思考

对进口贸易结构的分析表明，经济增长与进口贸易结构变化存在着明确的正向关联性，改善进口贸易结构是改善经济供给面的重要内容；对于一国宏观经济管理部门而言，除了传统的需求管理以外，进口贸易结构的调整不失为一种重要的管理手段。在进口贸易结构的调整中，资本品的进口调节居于重要地位，为此要特别重视对资本品的进口数量与结构进行优化以实现经济增长预期。结合我国产业条件及进口贸易的实际情况，在优化资本品进口结构的基础上，适当增加资本品进口比重，创造条件相对减缓初级品进口比重的增长速度，创造条件促进中间品进口的内部结构优化，适当增加消费品进口比重；同时灵活配置服务进口结构，注重增加从外部获得更优质的金融服务、信息化服务及其他服务，逐步减少传统型服务进口比重，将是一套可行的进口结构调节组合方式。在进口贸易结构的调整中，尚需要其他配套的战略设计，比如统筹进口贸易结构调整与企业海外投资战略、统筹进口贸易结构调整与产业结构升级、处理好合理进口与进口替代的关系，推进服务业体制机制改革以及关税结构调节。

参考文献

[1] 陈勇兵，李伟，钱学锋．中国进口种类增长的福利效应估算［J］．世界经济，2011（12）．

[2] 范柏乃，王益兵．我国进口贸易与经济增长的互动关系研究［J］．国际贸易问题，2004（4）．

[3] 林桂军，邓世专．亚洲工厂及关联度分析［J］．世界经济与政治，2011（11）．

[4] 裴长洪．我国经济发展新理念的若干分析［J］．经济学动态，2013（2）．

[5] 秦敬云，陈甬军．我国经济增长率长期演变趋势研究与预测［J］．经济学动态，2011（11）．

[6] 许和连，赖明勇．出口导向经济增长（EZF）的经验研究：综述与评论［J］．世界经济，2012(3).

[7] 徐光耀．我国进口贸易结构与经济增长的相关性分析［J］．国际贸易问题，2007（2）．

[8] 杨长湧．"十五"以来我国进口特点、成就及未来发展趋势［J］．中国经贸导刊，2011（16）．

[9] 袁富华．低碳经济约束下的中国潜在经济增长［J］．经济研究，2010（8）．

[10] 中国经济增长前沿课题组．中国经济长期增长路径、效率与潜在增长水平［J］．经济研究，2012（11）．

Import Structure and Economic Growth：
Rule and Enlighenment

Abstract：This paper focus on the changign rule of import structure and the changing econo-mic growth trend and the relationship between them. In this paper， the import structure is divided into 266 categories， including a total of 255 subclasses of goods and 11 categories of servi-ces. Based on the division and use of 266 categories of import trade， this paper also divides im-port goods into primary goods， intermediate goods， capital goods， and consumer goods； divide import services into traditional service， information servicr， financial and insurence service， as such as other service. Based on the large sample data of 59 economies， the study found that there is a positive correlation between changes in impoort structure and economy growth， importing the import structure is the important contents of importing economies supply side. Such found provides a theory evidence for the macro – control by import trade. For a country's macroeconomic require-ments management， import structure adjustment is also an important an important means of manage-ment. In the import structure adjustment， imported capital goods regulation plays a dominant role. Special attention should be paid on optimizing the quantity and the structure of imports of capital goods， so as to achieve economic sound growth expectations. In China， increasing capital goods import proportion to promote economic growth is needed， at the same time relatively reduc-ing the import proportion of consumer goods， flexibly configurating the service import struc-ture. Above is a combination of a set of fesible import structure adjustment.

Key Words：Import Structure；Economic Growth；General Rules；Chinese Empirical

贸易结构决定因素的分解：理论与经验研究[*]

苏庆义

（中国国际经济交流中心经济研究部，北京　100017）

【摘　要】 本文构建了分解要素禀赋和技术差异对贸易结构贡献度的理论框架，并运用 30 个经济体 24 个产业 1995～2007 年的数据进行了经验分析。研究结果表明，要素禀赋对各国出口结构和贸易结构的贡献度最高，绝对技术差异次之，相对技术差异最小。要素禀赋、相对和绝对技术差异并非总是出口的促进因素。全球贸易结构主要由要素禀赋决定，其次是绝对技术差异，而相对技术差异的贡献度很小，这三个因素的贡献度总共占70% 左右。中国的出口结构和贸易结构主要由要素禀赋决定，但在 2003～2007 年，要素禀赋对中国出口结构的贡献度有缓慢下降的趋势，而绝对技术差异一直是阻碍出口的因素。

【关键词】 贸易结构；要素禀赋；技术差异；分解

一、引　言

对于全球贸易而言，国际贸易结构是指一个国家（或经济体）向另一个国家出口什么产品，即通常所说的"贸易流"（Shikher，2013）。为便于理解，我们可以用以下三个"比重"来定义全球贸易结构：第一，一国对另一国出口各产品的比重（出口结构），进口各产品的比重（进口结构）；第二，该双边国家贸易中出口额和进口额的比重；第三，一国对不同国家贸易额的比重。

贸易国的贸易结构对于该国具有重要的福利含义，因此，贸易结构的决定问题一直是国际贸易领域的重要研究主题。事实上，国际贸易理论的发展正是由对这一问题的研究所推动的。关于这一问题的回答，斯密的绝对优势理论、李嘉图的相对优势理论和赫克歇

---

*　本文选自《世界经济》2013 年第 6 期。

尔—俄林的要素禀赋理论是代表性的传统贸易理论。它们分别认为绝对技术差异、相对技术差异和要素禀赋是贸易结构的重要决定因素。具体来说，绝对优势理论是指一国出口比另一国生产技术水平更高的产品，进口生产技术水平低的产品；相对优势理论是指一国出口其在生产技术上具有相对优势的产品；要素禀赋理论则认为，一国出口丰裕要素密集型产品，进口稀缺要素密集型产品（俄林，2008）。许多经验研究单独检验了这些理论的解释力，结果显示，上述因素均是贸易结构的重要影响因素。

既然绝对技术差异、相对技术差异和要素禀赋均是贸易结构的重要影响因素，比较这些因素的相对重要性就成为一个重要的研究主题（Morrow，2010；Chor，2010；Shikher，2013），这就需要量化各种因素对贸易结构的贡献度。对该问题的研究具有重要的理论和现实意义。从理论上讲，这一研究有助于我们认识各个贸易理论对不同经济体或全球贸易结构的解释力，从而引导学者们对各个贸易理论的重视程度。该问题的现实意义是有助于深刻认识不同发展阶段经济体贸易结构的决定因素，理解贸易结构的相应规律，从而为制定优化发展中国家贸易结构的政策奠定基础。对于中国而言，该问题更具有重要的研究价值。改革开放以来，随着经济的不断发展，中国的对外贸易主要出现了两个引起广泛关注的问题：一个是出口的快速增长或贸易顺差的不断扩大；另一个是贸易结构的优化问题。研究中国出口结构和贸易结构的决定因素，有助于认识和厘清中国对外贸易扩张的基础和影响贸易结构的因素，从而为中国贸易再平衡和贸易结构优化提供政策上的启示。

本文的目的在于构建分解绝对技术差异、相对技术差异和要素禀赋对贸易结构贡献度的理论框架，并运用30个经济体24个产业1995～2007年的数据进行经验分析。本文下面的结构安排为：第二部分梳理相关文献并判定本文在文献中的地位；第三部分是理论框架；第四部分是数据来源及处理说明；第五部分汇报和分析研究结果；最后阐明本文的结论、启示及有待进一步研究的问题。

二、文献综述

虽然斯密的绝对优势理论是最早的贸易理论，但是该理论并没有得到应有的重视，几乎没有相关经验研究文献。究其原因，现有研究普遍认为，比较优势的来源主要是相对技术差异和要素禀赋。因此，我们在评述文献时，主要介绍从经验上研究相对技术差异和要素禀赋影响贸易结构的文献。大部分经验研究的特点是单独研究技术差异或要素禀赋对贸易结构的影响。尽管 Harrigan（1997a）在20世纪90年代中期就将相对技术差异和要素禀赋融合到一起进行研究，但是直到最近几年，学者们才开始重视对相对技术差异和要素禀赋相对重要性的研究。下面首先梳理单独研究相对技术差异或要素禀赋影响贸易结构的文献，然后介绍综合研究这两种因素的文献。

有关相对技术差异对贸易结构影响的经验研究并不多。MacDougall（1951）最早检验了李嘉图的相对优势理论，他运用简单的数字对比发现，相对劳动生产率和相对单位劳动成本确实影响了贸易结构。之后的学者们开始运用计量工具检验李嘉图模型。Stem（1962）延续了 MacDougall（1951）的检验思路，发现相对劳动生产率和相对单位劳动成本确实可以解释贸易模式。Balassa（1963）在计量回归过程中，将美国和英国对其他国家总出口额的比值作为被解释变量，证实了相对劳动生产率对总出口额比值的解释力。Golub 和 Hsieh（2000）用美国的双边贸易检验了李嘉图相对优势理论，结果基本上支持了该理论。Costinot 等（2012）则认为这些文献的缺陷是计量模型设定的随意性，他们在 Eaton 和 Kortum（2002）模型的基础上建立了直接检验李嘉图模型的理论框架，并推导出计量模型进行经验验证。结果显示，双边出口对相对生产率的弹性是 6.53，即相对技术差异是贸易结构的重要影响因素。上述文献均使用实际测得的（劳动）生产率来检验李嘉图的相对优势理论。而 Costinot 和 Donaldson（2012）首次使用可以推测的所有产品的生产率来验证相对优势理论。研究结果表明，李嘉图相对优势理论对现实国际分工的解释力很强。

　　Leontief（1953）最早对要素禀赋理论进行了经验研究，他发现了"里昂惕夫悖论"。之后涌现了大量有关要素禀赋与贸易结构关系的经验研究文献，这些文献大都以要素含量形式的赫克歇尔—俄林—瓦尼克（Heckscher – Ohlin – Vanek，HOV）理论（定理）为基础。在此，我们仅选择性地梳理代表性文献。Maskus（1985）运用美国 1958 年和 1972 年的数据首次直接检验了 HOV 定理，但结论并不支持该定理。Maskus（1985）在做检验的时候仅使用了美国的数据，且只有 3 种要素（高技能劳动力、低技能劳动力和物质资本），而 Bowen 等（1987）将其扩展到包括 27 个国家、12 种要素，但他们的检验结果也不支持 HOV 定理。此外，他们还经过初步分析发现贸易和要素禀赋数据的测量误差以及技术矩阵的差异是造成检验结果不支持 HOV 定理的原因。Trefler（1993）深入地研究了这种技术差异对检验 HOV 定理的影响。总体而言，修正后的 HOV 定理解释力很强。Trefler（1995）发现贸易中实际蕴含的要素含量远远小于预测量，并将这种现象称为"缺失的贸易现象"（The Case of The Missing Trade）从 Hakura（2001）与 Davis 和 Weinstein（2001）开始，贸易学者用可获得的各国技术矩阵研究技术差异对检验 HOV 定理的影响。结果表明，考虑技术差异后，HOV 定理确实能很好地解释贸易的要素含量。此外，Reimer（2006）与 Trefler 和 Zhu（2010）研究了中间产品贸易对检验 HOV 定理的影响。Choi 和 Krishna（2004）与 Lai 和 Zhu（2007）运用 Helpman（1984）提供的方法检验了要素禀赋对贸易结构的影响，结论支持要素禀赋理论。

　　简言之，上述文献分别发现了相对技术差异和要素禀赋对贸易结构的重要影响。单独研究技术差异或要素禀赋会影响结果的准确性，从而造成我们对贸易结构的误解（Morrow，2010）。比如，假定中国是劳动丰裕型国家，纺织品是劳动密集型产品，那么中国在纺织品上的出口优势可能一部分来自要素禀赋的作用，另一部分来自中国在纺织品上的相对技术优势。上述文献并没有研究相对技术差异和要素禀赋在决定贸易结构中的相对作用。Trefler（1993）、Trefler（1995）、Hakura（2001）以及 Davis 和 Weinstein（2001）在检验 HOV 定理时考虑技术差异仅仅是为了提升要素禀赋对贸易结构的解释力。我们无法知道李嘉图相对优势理论和要素禀赋理论对贸易结构的相对解释力。因此，我们需要在统一框架内研究技术差异和要素禀赋的作用。

Harrigan（1997a）是较早研究相对技术差异和要素禀赋对贸易结构相对作用的文献。他运用 Dixit 和 Norman（1980）的对偶方法建立理论框架，随后将相对技术差异和要素禀赋统一到一个框架内进行经验分析。他发现，相对技术差异和要素禀赋均是贸易结构的重要影响因素。Morrow（2010）在 Romalis（2004）的准赫克歇尔—俄林(Quasi – Heckscher – Ohlin，准 HO）模型的基础上引入相对技术差异，建立了分解比较优势来源的模型。他发现，在考虑了另一个因素后，李嘉图相对优势理论和 HO 理论均能更好地解释贸易结构；相对技术差异不影响 HO 理论的检验，但是，要素禀赋却会干扰李嘉图相对优势理论的检验。Chor（2010）与 Shikher（2013）则运用 Eaton 和 Kortum（2002）的李嘉图模型建立了分解相对技术差异和要素禀赋的理论框架。Chor（2010）的经验分析表明，要素禀赋是贸易结构最重要的决定因素。而 Shikher（2013）的分析结果则相反，相对技术差异对贸易结构的决定作用大于要素禀赋，且国家越富裕，要素禀赋对贸易结构的贡献度越低。

相比已有分解相对技术差异和要素禀赋对贸易结构贡献度的文献，本文有以下不同之处。从理论模型来讲，现有文献均以 HO 模型和李嘉图的模型为基础，本文则以 Helpman（1984）的要素禀赋模型为基础，这为构建分解贸易结构决定因素的理论框架提供了新思路。除此之外，我们的模型还有三个优点：第一，除了分解出相对技术差异和要素禀赋的贡献度，还可以分解出绝对技术差异对贸易结构的贡献度，从而可以研究绝对优势理论的解释力；第二，本模型不仅能分解全球贸易结构的决定因素，还能分解双边贸易结构的决定因素，从而更加详细地研究贸易结构；第三，我们区分了出口结构和贸易结构，从而可以研究出口结构的决定因素。从经验分析的方法来讲，现有文献主要以计量回归和反事实模拟为主，本文直接运用构建的理论框架进行计算，降低了结果的误差。从研究样本来讲，现有文献使用的数据包含国家的数目较少，且往往使用早期单一年份数据。如 Harrigan（1997a）使用的是 10 个经济合作与发展组织（OECD）国家 1970~1990 年的数据，Morrow（2010）使用的是 20 个国家 1985~1995 年的数据，Chor（2010）使用的是 83 个国家 1990 年的数据，Shikher（2013）使用的是 19 个 OECD 国家 1989 年的数据。不具代表性的样本可能是造成以上文献研究结果差异的原因之一。本文使用了 30 个经济体 1995~2007 年的数据，最大限度地保证了研究结果的可信性。

三、理 论 框 架

Helpman（1984）在完全竞争的市场环境下建立了研究要素禀赋影响贸易结构的理论框架。该理论框架假设各国不存在技术差异，仅存在要素禀赋差异。其核心思想是，进口

的产品如果由进口国生产，生产成本将高于出口国，即对双边贸易施加双边约束。Choi
和 Krishna（2004）采用 Helpman（1984）的理论框架检验了要素禀赋对贸易结构解释力
的大小。Bernhofen（2009）认为这并不完整，应该对双边贸易施加多边约束，即进口的
产品如果由进口国和潜在出口国生产，生产成本都将高于出口国。显然，对双边贸易施加
多边约束才是准确的。因为，一国将进口世界上所有国家中生产成本最低的产品。事实
上，这也是 Eaton 和 Kortum（2002）研究的核心思想。但 Bernhofen（2009）与 Choi 和
Krishna（2004）一样，没有考虑李嘉图技术差异，即各国产业间的技术水平差异。而 Lai
和 Zhu（2007）在对双边贸易施加双边约束时考虑了李嘉图技术差异。在此，我们将 Lai
和 Zhu（2007）对双边贸易施加的双边约束拓展到多边约束，建立同时考虑多边约束和李
嘉图技术差异的理论框架，用来分解技术差异和要素禀赋对贸易结构的贡献度。

　　假设市场完全竞争，生产最终产品需要投入要素（如资本、劳动等）和中间品，产
品的生产具有规模报酬不变的性质。中间品不能进行贸易，最终品可以自由贸易（没有
贸易障碍）。假设各国产业间存在技术差异，且该技术差异是要素增进型和希克斯中
性的。

　　假设国家 c 生产最终品的要素矩阵是 B^c，则列向量 $\bar{B}^c_g$ 表示国家 c 生产 1 单位产品 g
需要使用的各种要素的总量（直接使用量和间接使用量），即 $\bar{B}^c = B^c(I - A^c)^{-1}$，$B^c$ 是国
家的直接投入要素矩阵，A^c 是国家的中间投入矩阵，I 是单位阵。φ^c_g 表示国家 c 生产 g 产
品的生产函数。可知，$\varphi^c_g(\bar{B}^c_g) = 1$。$\pi^{gc}$ 表示国家 c 在产品 g 上的生产率。在要素增进型
和希克斯中性技术差异的假设下对每种产品都存在对于各国共同的生产函数 φ_g，使得
$\varphi^c_g(\bar{B}^c_g) = \varphi_g(\pi^{gc}\bar{B}^c_g)$（Trefler，1995）；因为 $\varphi^c_g(\bar{B}^c_g) = 1$，所以 $\varphi_g(\pi^{gc}\bar{B}^c_g) = 1$。因此，$\pi^{gc}$ 越
大，意味着 1 生产单位产品需要投入越少的要素，即生产率越高。

　　$M^{gc'c}$ 表示国家 c′从国家 c 进口产品 g 的量。W^c 表示国家 c 的要素价格向量。由于是
完全竞争的市场环境，生产成本等于产品价格。对于国家 c′而言，从国家 c 进口的产品
$M^{gc'c}$ 应该是成本最低的：

$$W^c \bar{B}^c_g M^{gc'c} \leqslant W^d \bar{B}^c_g M^{gc'c} \tag{1}$$

　　另外，如果国家 c 和 d 的要素价格相同，国家 c 生产 1 单位产品 g 需要投入的要素是
$\bar{B}^c_g$，那么在希克斯中性技术差异的假定下，国家 d 将会投入 $(\pi^{gc}/\pi^{gd})\bar{B}^c_g$ 来生产一单位的
产品 g，这是国家 d 成本最小化的生产投入。但是，如果两国的要素价格不同，则 $(\pi^{gc}/\pi^{gd})\bar{B}^c_g$ 不一定是成本最小化的投入，因此，存在以下不等式：

$$w^d \bar{B}^d_g M^{gc'c} \leqslant w^d \frac{\pi^{gc}}{\pi^{gd}} \bar{B}^c_g M^{gc'c} \tag{2}$$

　　因此，我们利用式（1）和式（2）可以得到：

$$\frac{w^c}{\pi^{gc}} \bar{B}^c_g M^{gc'c} \leqslant \frac{w^d}{\pi^{gd}} \bar{B}^c_g M^{gc'c}, \quad \forall d \neq c \tag{3}$$

对所有商品 g 相加可得：

$$\sum_g \frac{w^c}{\pi^{gc}}\bar{B}_g^c M^{gc'c} \leqslant \sum_g \frac{w^d}{\pi^{gd}}\bar{B}_g^c M^{gc'c}, \forall d \neq c \tag{4}$$

此即：$\theta_{c'c}^{Ricardian} \equiv \dfrac{\sum_g (w^d / \pi^{gd})\bar{B}_g^c M^{gc'c}}{\sum_g (w^c / \pi^{gc})\bar{B}_g^c M^{gc'c}} \geq 1, \forall d \neq c \tag{5}$

如果对某一国家而言，所有产业的生产率都相同，即 $\pi^{gc} = \pi^c$，$\pi^{gd} = \pi^d$，那么式（5）

可以简化为：$\theta_{c'c}^{Uniform} \equiv \dfrac{(\sum_g w^d \bar{B}_g^c M^{gc'c}) / \pi^d}{(\sum_g w^c \bar{B}_g^c M^{gc'c}) / \pi^c} \geq 1, \forall d \neq c \tag{6}$

如果所有国家的生产技术都相同，即 $\pi^c = \pi^d$，则式（6）可进一步简化为：

$$\theta_{c'c}^{Identical} \equiv \frac{\sum_g w^d \bar{B}_g^c M^{gc'c}}{\sum_g w^c \bar{B}_g^c M^{gc'c}} \geq 1, \forall d \neq c \tag{7}$$

其中，$\theta_{c'c}^{Ricardian}$、$\theta_{c'c}^{Uniform}$、$\theta_{c'c}^{Identical}$ 分别表示同时考虑相对技术差异和要素禀赋、同时考虑绝对技术差异和要素禀赋、仅考虑要素禀赋时非出口国生产成本和出口国生产成本的比值。

式（5）～式（7）是我们分解要素禀赋和技术差异的基础公式，在特定假设下，它们在理论上是必须成立的公式。由此可以看出，绝对技术差异、相对技术差异和要素禀赋都是通过影响生产成本来影响出口结构的。但是在进行经验分析时，并不是对于所有的国家 $d(\neq c)$，式（5）～式（7）都成立。Helpman（1984）、Choi 和 Krishna（2004）以及 Lai 和 Zhu（2007）等一般认为，要素禀赋的差异表现为要素价格的差异，本文同样如此，如果对于任何国家 $d(\neq c)$，式（7）均成立，则我们可以说，出口结构完全由要素禀赋决定。因为仅要素禀赋（要素价格）就可以解释出口国的生产成本优势（出口结构）。如果对于任何国家 $d(\neq c)$，式（7）均不成立，则要素禀赋对出口结构的贡献度是 0。同样，如果对于任何国家 $d(\neq c)$，式（6）都成立，则说明要素禀赋和绝对技术差异可以完全解释出口结构。如果对于任何国家 $d(\neq c)$，式（5）都成立，则表明要素禀赋和相对技术差异完全可以解释出口结构。上述讨论均是极端情形，对于普通情形，分解方法如下：

假如世界上总共有 $C+1$ 个国家，那么对于特定的出口国 c 和进口国 c′ 而言，假如式（7）成立的个数是 $SF_{c'c}^{Identical}$，则国家 c 对 c′ 出口的竞争力来自于要素禀赋的比例是：$SFR_{c'c}^{Identical} = SF_{c'c}^{Identical} / C$。假如式（5）和式（6）成立的个数分别是 $SF_{c'c}^{Ricardian}$ 和 $SF_{c'c}^{Uniform}$，则 $SF_{c'c}^{Ricardian} / C$ 表示国家 c 对 c′ 出口的竞争力来自于要素禀赋和相对技术差异的比例，$SF_{c'c}^{Uniform} / C$ 表示来自于要素禀赋和绝对技术差异的比例。因此，我们可以用 $SFR_{c'c}^{Ricardian} = SF_{c'c}^{Ricardian} / C - SF_{c'c}^{Identical} / C$ 和 $SFR_{c'c}^{Uniform} = SF_{c'c}^{Uniform} / C - SF_{c'c}^{Identical} / C$ 分别来表示出口竞争力来自于相对技术差异和绝对技术差异的比例。

对于国家 c 而方，如果其对国家 c′ 的出口值占总出口值的份额是 $EXR_{c'c}$，则国家 c 的出口结构可以被要素禀赋解释的比例是 $\sum_{c'}\text{EXR}_{c'c}\text{SFR}_{c'c}^{\text{Identical}}$，可以被相对技术差异解释的比例是 $\sum_{c'}\text{EXR}_{c'c}\text{SFR}_{c'c}^{\text{Ricardian}}$，可以被绝对技术差异解释的比例是 $\sum_{c'}\text{EXR}_{c'c}\text{SFR}_{c'c}^{\text{Uniform}}$。如果该比例是负值，则说明相对技术差异或绝对技术差异是阻碍出口的因素，或者说该国在技术方面存在着劣势。

对于双边国家的贸易结构而言，假设国家 c 对 c′ 的出口值占双边贸易额的份额是 $\text{BEXR}_{c'c}$，则该双边国家贸易结构由要素禀赋决定的比例是 $\text{BEXR}_{c'c}\text{SFR}_{c'c}^{\text{Identical}} + \text{BEXR}_{cc'}\text{SFR}_{cc'}^{\text{Identical}}$，由相对技术差异决定的比例是 $\text{BEXR}_{c'c}\text{SFR}_{c'c}^{\text{Ricardian}} + \text{BEXR}_{cc'}\text{SFR}_{cc'}^{\text{Ricardian}}$，由绝对技术差异决定的比例是 $\text{BEXR}_{c'c}\text{SFR}_{c'c}^{\text{Uniform}} + \text{BEXR}_{cc'}\text{SFR}_{cc'}^{\text{Uniform}}$。

对于某个特定国家 c 的贸易结构来说，如果 c 和 c′ 之间的双边贸易额占 c 总贸易额的比重是 $\text{BTVR}_{c'c}$，则由要素禀赋决定的比例可以表示为 $\text{TS}_c^{\text{Identical}} = \sum_{c'}\text{BTVR}_{c'c}(\text{BEXR}_{c'c}\text{SFR}_{c'c}^{\text{Identical}} + \text{BEXR}_{cc'}\text{SFR}_{cc'}^{\text{Identical}})$，由相对技术差异决定的比例可以表示为 $\text{TS}_c^{\text{Uniform}} = \sum_{c'}\text{BTVR}_{c'c}(\text{BEXR}_{c'c}\text{SFR}_{c'c}^{\text{Uniform}} + \text{BEXR}_{cc'}\text{SFR}_{cc'}^{\text{Uniform}})$，由绝对技术差异决定的比例是 $\text{TS}_c^{\text{Uniform}} = \sum_{c'}\text{BTVR}_{c'c}(\text{BEXR}_{c'c}\text{SFR}_{c'c}^{\text{Uniform}} + \text{BEXR}_{cc'}\text{SFR}_{cc'}^{\text{Uniform}})$。

对于全球贸易结构而言，假设国家 c 的总贸易额占世界贸易额的比重是 TVR_c，那么全球贸易结构由要素禀赋决定的比例是 $\sum_c\text{TVR}_c\text{TS}_c^{\text{Identical}}$，由相对技术差异决定的比例是 $\sum_c\text{TVR}_c\text{TS}_c^{\text{Ricardian}}$，由绝对技术差异决定的比例是 $\sum_c\text{TVR}_c\text{TS}_c^{\text{Uniform}}$。

需要说明的是，在贸易结构的决定因素中，要素禀赋和相对技术差异是不重合的相互排斥的关系，对于要素禀赋和绝对技术差异亦然。但是，相对技术差异和绝对技术差异并不互相排斥。相对技术差异强调国家与国家产业间的技术差异，即李嘉图技术差异；而绝对技术差异强调国家整体技术水平的差异，我们称之为"斯密技术差异"。绝对技术差异来源于并会影响产业间的技术差异，二者无法割裂开。至于技术差异本身的影响因素，并不是我们研究的重点。

四、数据来源及处理说明

（一）数据概要

根据研究需要和数据可得性，我们将样本确定为 1995~2007 年 30 个经济体、24 个产业（ISIC Rev. 3 分类）的数据，并将生产要素确定为劳动和资本。具体的经济体和产业详见附表 1 和附表 2。将起始时间确定为 1995 年的原因是对应产业分类的双边贸易数据起始于 1995 年；将截止时间确定为 2007 年的原因是我们能获取最新的投入产出表最新只到 2005 年，而且我们假设两年之内的生产技术水平不变。经济体和产业的选择具有很强的代表性，样本基本包括了世界上最重要的经济体。2007 年，这些经济体的国内生产总值（GDP）占世界 GDP 的 83.12%，贸易额占世界总贸易额的 74.28%。选择的产业包含了所有的农业和制造业，这些产业的贸易额占了商品贸易总额的绝大部分。比如，2007 年，中国农业和制造业的贸易额占其商品贸易总额的 88.12%。

双边贸易数据（$M^{gc'c}$）来自 2010 年的 OECD 的 STAN Bilateral Trade 数据库（BTD）。为了使用式（5）～式（7）进行经验分析，我们需要的数据还包括各个经济体的中间投入矩阵（A^c）、直接投入要素矩阵（B^c）、产业生产率（π^{gc}）、整体技术水平（π^c）和要素价格（W^c）等。下面我们分别介绍其数据来源及处理过程。

（二）中间投入矩阵和直接投入要素矩阵

我们在建立理论框架时假设中间品不能进行贸易，这意味着一个国家生产产品使用的要素全部来自于国内。在现实存在中间产品贸易的情况下，为减少结果的误差，最好计算生产产品使用的国内要素成本。对于中间投入矩阵而言，总的中间投入矩阵既包含国内生产的中间品也包含进口中间品，国内中间投入矩阵仅包含国内生产的中间品。因此，对于 A^c，我们使用国内中间投入矩阵，这需要获取国内投入产出表。

国内投入产出表来自 OECD Input－Output Database（2009 年版），该表包含了国内生产的中间品投入、各产业的劳动报酬和生产盈余（资本报酬）、产业增加值以及产业总产出。我们可以得到样本中大多数经济体 1995 年、2000 年和 2005 年的投入产出表，少数经济体则是相近年份的投入产出表，因此，我们可以利用该表得到这些年份的 A^c。借鉴现有文献，我们假设相近年份的投入产出技术相同，比如 1996 年和 1997 年使用了 1995 年的技术矩阵（A^c 和 B^c），1998 年、1999 年、2001 年及 2002 年使用了 2000 年的技术矩阵，2003 年、2004 年、2006 年及 2007 年使用了 2005 年的技术矩阵。由于直接投入矩阵表示 1 单位本国货币价值需要投入的资本和劳动，因此，在使用获得的直接投入矩阵进行相近年份的替代时，用 GDP 折算指数和投资价格指数进行了调整。

为了得到直接投入要素矩阵 B^c，我们需要计算每个经济体每个产业投入的资本和劳动。一般来说，有两种方式获取该数据：第一种是直接根据相关统计资料获得；第二种是根据其他数据进行推断。在经济体数量和产业种类较少时，可以相对容易地直接从统计资料得到。比如 Harrigan（1997a）在计算跨国跨产业全要素生产率（TFP）时，样本包括 10 个 OECD 国家、7 个二位码 ISIC 分类产业，产业的资本和劳动投入可以从 OECD 的国际产业数据库（ISDB）获得。但是当样本涉及的经济体数量和产业种类较多时，我们很难获得各国产业层面的劳动和资本投入数据，只能根据相关数据进行推断。比如 Morrow（2010）的样本包括 20 个经济体、24 个三位码 ISIC 分类产业，他根据各产业每年的投资量来推断各产业的资本存量。Lai 和 Zhu（2007）的样本包括 41 个经济体和 24 个 ISIC 产业，他们根据各产业要素报酬的比例推断各产业的劳动和资本投入。我们借鉴 Lai 和 Zhu（2007）的做法，首先测算各经济体拥有的总劳动量和总资本存量，其次假设一国内部各个产业的要素价格相同，最后根据各个产业的劳动报酬占总劳动报酬的比例计算该产业的劳动投入，根据各个产业的资本报酬（产业增加值减去劳动报酬）占总资本报酬的比例确定该产业的资本投入。

但是，有个别经济体个别产业的产业增加值为负，或产业资本报酬为负，即劳动报酬份额的比例超过 1 或者是负的。对此，Harrigan（1997b）运用同一产业各个经济体劳动报酬比例的平均值进行替代，这一方法并未考虑经济体间劳动报酬比例的差异，我们对此方法进行了改进。本文根据正常的数据计算出不同经济体同一产业的平均比例和同一经济体不同产业的平均比例后，再对这两个值进行平均。这样更具合理性，既考虑了产业层次又考虑了国家层次的劳动报酬比例。当劳动报酬比例超过 1 时，我们根据增加值和推断出的劳动报酬比例计算劳动报酬和资本报酬；当增加值是负数时，我们根据劳动报酬和推断出的劳动报酬比例计算增加值和资本报酬。

总劳动量和总资本存量（劳动和资本禀赋）的具体测算过程如下（计算结果略）。

（1）估算各国的总劳动量。为了更准确地估算和比较每年各国的总劳动量，我们在估算时将单位设定为小时劳动，即总劳动量等于年劳动人数乘以每个劳动的年平均工作小时数。劳动人数根据 Penn World Table 7.0（PWT 7.0）中的数据推算得出，推算公式为：

$$L_{c,t} = RGDPCH_{c,t} \times POP_{c,t} / PGDPWOK_{c,t} \tag{8}$$

其中，$RGDPCH_{c,t}$ 表示经济体 c 在时间 t 上经过购买力平价（PPP）调整的人均 GDP（2005 年不变价），$POP_{c,t}$ 表示人口数量，$PGDPWOK_{c,t}$ 表示经过 PPP 调整的平均每位工人的 GDP（2005 年不变价）。

然后，参考 Keller（2002）、Griffith 等（2004）以及 Lai 和 Zhu（2007）的研究，我们根据工人年平均工作小时数对劳动投入进行调整。澳大利亚、奥地利、比利时、加拿大、捷克、丹麦、芬兰、法国、德国、希腊、匈牙利、爱尔兰、意大利、日本、韩国、荷兰、挪威、波兰（2000～2007 年）、葡萄牙、西班牙、瑞典、土耳其、英国和美国的年平均工作小时数直接从 OECD 数据库得到，其余经济体和年份的年平均工作小时数用以下方法得到：

如果国际劳工组织（ILO）数据库有工人周平均工作小时数的数据则使用该数据；如果没有则使用制造业周平均工作小时数替代；如果某年数据缺失，则利用现有数据的平均数补齐。然后用该数据库中某国和美国周平均工作小时数的比例乘以 OECD 数据库中美国的年平均工作小时数得到该国年平均工作小时数。

（2）估算各国的总资本存量。我们使用 Goldsmith（1951）开创的永续盘存法来估计各国 1995～2007 年的资本存量（黄勇峰等，2002）。估算时，我们采用各国自身货币单位表示的数据，方程如下：

$$K_{c,t} = K_{c,t-1}(1 - \delta_{c,t}) + I_{c,t} \tag{9}$$

该式共涉及 4 个变量：当年投资量 $I_{c,t}$、投资价格指数、基年资本存量和经济折旧率。此外，还需考虑缺失数据的处理问题。我们对此分别予以介绍。

除中国台湾外，我们使用固定资本形成占 GDP 的比例、当年价 GDP、固定资本形成的年增长率这三类数据来构造投资量和投资价格指数，数据来源于世界银行的世界发展指数（WDI）数据库。构造方法如下：利用固定资本形成占 GDP 的比例和当年价 GDP 可以得到当年价的投资量，然后选定某年为基期，根据固定资本形成的年增长率得到不变价的投资量，最后利用当年投资量和不变价投资量计算得出投资价格指数。我们使用 CEIC 数据库中当年价固定资本形成和 2006 年不变价固定资本形成来构造中国台湾的投资量和投资价格指数。

世界银行的网站提供了由 Nehru 和 Dhareshwar（1993）构造的资本存量数据库，该数据库提供了 92 个经济体 1960～1990 年的资本存量数据。除捷克、匈牙利和波兰外，我们研究的其余经济体 1990 年的资本存量均可从该数据库获得。因此，我们以 1990 年为基期进行推算。但是，我们根据资本存量和已有的资本报酬数据计算得出资本价格之后，发现有些经济体的资本价格明显偏小。仔细检查之后，我们发现该资本存量数据库中有些经济体的资本存量数据的数量级明显存在问题，因此我们进行了调整。巴西、匈牙利的资本存量以 1995 年为基期，其余经济体均以 1990 年为基期。

此时，我们仍然无法获得捷克具有可比性的资本存量数据。我们使用以下方法推测：一般认为越富裕的国家资本相对劳动越丰裕，即人均 GDP 和资本劳动比（K/L）成正比。我们首先根据已获得资本存量数据经济体的人均 GDP 和 K/L 进行线性回归，然后根据回归方程推测出捷克的资本存量。

对于经济折旧率的具体大小，并无统一的认识（张军等，2004）。由于基期资本存量的数据来源于 Nehru 和 Dhareshwar（1993）构造的数据库，我们采用他们所使用的 4% 的折旧率。现有文献在估算资本存量的时候，大部分都假设各国各年的折旧率相同，我们也不例外。OECD 在估算一些工业国家 1988 年的资本存量时，将法国、德国、英国、日本和美国的折旧率分别确定为 4.1%、1.7%、2.6%、4.9% 和 2.8%（Nehru and Dhareshwar，1993），而张军等（2004）推算出的中国的折旧率是 9.6%，因此，将各国折旧率统一假定为 4%，在现有文献折旧率的区间内。

（三）产业生产率和国家整体生产率

为了计算各国各产业可比较的 TFP，我们使用 Caves 等（1982）、Harrigan（1997a）、Keller（2002）、Griffith 等（2002）、Lai 和 Zhu（2007）以及 Morrow（2010）运用的方法。该方法的计算公式如下：

$$\text{TFP}_{\text{gct}} = \frac{\text{VA}_{\text{gct}}}{\text{VA}_{\text{gt}}} \left(\frac{\overline{\text{K}_{\text{gt}}}}{\text{K}_{\text{gct}}} \right)^{\frac{\alpha_{\text{K,gct}} + \overline{\alpha_{\text{K,gt}}}}{2}} \left(\frac{\overline{\text{L}_{\text{gt}}}}{\text{L}_{\text{gct}}} \right)^{\frac{\alpha_{\text{L,gct}} + \overline{\alpha_{\text{L,gt}}}}{2}} \tag{10}$$

其中，$\alpha_{\text{K,gct}}$ 和 $\alpha_{\text{L,gct}}$ 分别代表各国各产业的资本和劳动份额，$\overline{\alpha_{\text{K,gt}}}$ 和 $\overline{\alpha_{\text{L,gt}}}$ 分别代表特定产业的平均资本和劳动份额，即 $\overline{\alpha_{\text{K,gt}}} = \frac{1}{\text{N}_{\text{gt}}} \sum_c \alpha_{\text{K,gct}}$；$\overline{\alpha_{\text{L,gt}}} = \frac{1}{\text{N}_{\text{gt}}} \sum_c \alpha_{\text{L,gct}}$。$\text{N}_{\text{gt}}$ 是时间 t 生产某种产品的经济体数目。K_{gct}、L_{gct} 和 VA_{gct} 分别表示资本投入、劳动投入和增加值，$\overline{\text{K}_{\text{gt}}}$、$\overline{\text{L}_{\text{gt}}}$ 和 $\overline{\text{VA}_{\text{gt}}}$ 是相应的平均值。

增加值、资本和劳动报酬数据来自于 OECD Input - Output Database（2009 年版），国家—产业的资本和劳动投入数据来自于我们之前的计算。在计算 TFP 时，需要对资本投入和增加值使用 PPP 汇率换算使国家间可比，PPP 汇率数据来自于 PWT 7.0。

根据上述方法，可以得到大多数经济体和产业的 TFP，并且对于每个产业都将美国的生产率标准化为 1。但是由于投入产出表中某些经济体和产业的要素投入、增加值为 0，因此无法得到这些产业的 TFI。与此同时，我们的贸易数据却显示这些经济体出口了这些产品，这可能是投入产出表调整的问题。为此，我们将根据如下方法将这些产业的 TFP 补充：类似于我们修正劳动报酬比例时的做法，如果某国某产业的 TFP 缺失，则我们首先计算该国已得到产业 TFP 的平均值，然后计算该产业已得到经济体 TFP 的平均值，然后取这两个值的平均值。

我们最终计算出 1995 年、2000 年和 2005 年 30 个经济体 24 个产业的 TFP（计算结果略）。结果显示，各个年份不同产业的平均生产率小于标准化的美国生产率。对许多产业而言，美国的生产率最高。

同时，借鉴 Lai 和 Zhu（2007）的方法计算国别层次的 TFP，其由产业层次的 TFP 加权平均得到，权重是产业增加值占我们选定的 24 个产业总增加值的比重。从该方法得到的国别层次 TFP（计算结果略）中可以看出，美国的整体技术水平最高，其次是欧洲、日本等一些发达国家或地区，中国和印度的整体技术水平最低。

但是，限于投入产出表的可获得性，我们只计算了 1995 年、2000 年和 2005 年的技术水平其他年份的技术水平利用相近年份替代，1996 年、1997 年和 1995 年相同，1998 年、1999 年、2001 年、2002 年和 2000 年相同，2003 年、2004 年、2006 年、2007 年和 2005 年相同。

（四）各国的要素价格

一国的总增加值（$VA_{c,t}$）分为两部分：一部分是总劳动报酬（$W_{c,t}$）；另一部分是总资本报酬（$R_{c,t}$）。投入产出表中有总增加值和总劳动报酬的数据，我们将总资本报酬看成是两者的差额，即 $R_{c,t} = VA_{c,t} - W_{c,t}$，则平均小时工资（劳动价格）（$w_{c,t}$）和资本回报率（资本价格）（$r_{c,t}$）分别根据以下公式（Choi and KriShna，2004）计算得到：

$$w_{c,t} = \frac{W_{c,t}}{AL_{c,t}} \tag{11}$$

$$r_{c,t} = \frac{R_{c,t}}{K_{c,t}} \tag{12}$$

其中，$AL_{c,t}$ 是经过年平均工作小时调整后的劳动数量。

准确地说，我们用上述方法计算的资本价格并不能对应于实际的资本回报率，因为实际的资本回报率（$\bar{R}_{c,t}$）的计算公式（白重恩等，2007）为：

$$\bar{R}_{c,t} = r_{c,t} + (\hat{P}_K(c, t) - \hat{P}_Y(c, t)) - \delta_{c,t}$$

其中，$\hat{P}_K(c，t)$和$\hat{P}_Y(c，t)$分别表示资本品和产出的价格变化率。

但是，当资本品和产出的价格变化率相等且各国折旧率相同时，实际的资本回报率近似等于我们计算的资本价格。

我们需要的是1995～2007年的平均小时工资和资本回报率，但是投入产出表大部分是1995年、2000年和2005年的，即我们从投入产出表只能获取这些年份的总增加值、总劳动报酬和总资本报酬，其他年份的数据根据以下方法计算得出：

总增加值的实际值根据GDP的年增长率推算得出，由于每个经济体的总增加值和GDP都比较接近，因此，假设总增加值和GDP拥有相同的增长率比较合理。总增加值的名义量可以根据GDP折算指数推算得出。我们假定总劳动报酬占总增加值的比例在相近年份相同，则我们可以根据1995年、2000年和2005年投入产出表中的比例推算出其他年份的总劳动报酬。而总资本报酬则是总增加值和总劳动报酬的差额。GDP增长率和折算指数来源于WDI数据库，中国台湾的数据来源于CEIC数据库。计算得出的各国1995～2007年的劳动价格和资本价格略。

五、计算结果及分析

我们利用构建的分解框架和数据，对贸易结构的决定因素进行分解，以研究样本中各个经济体的出口结构和贸易结构。

（一）出口结构决定因素的分解结果

根据在第三部分构建的理论框架，我们计算出1995～2007年要素禀赋、相对技术差异和绝对技术差异对各国出口结构的贡献度（分解结果略）。表1列出了分解结果的描述性统计特征。

表1　出口结构决定因素的描述性统计特征

统计项 年份	平均值			标准差			最小值			最大值		
	要素禀赋	相对技术	绝对技术	要素禀赋	相对技术	绝对技术	要素禀赋	相对技术	绝对技术	要素禀赋	相对技术	绝对技术
1995	0.536	0.005	0.063	0.312	0.011	0.204	0.035	－0.011	－0.468	1.000	0.034	0.444
1996	0.535	0.006	0.053	0.309	0.018	0.203	0.035	－0.034	－0.448	1.000	0.084	0.412
1997	0.529	0.008	0.055	0.307	0.018	0.203	0.035	－0.001	－0.403	1.000	0.089	0.378
1998	0.538	0.010	0.067	0.300	0.027	0.192	0.017	－0.021	－0.376	1.000	0.137	0.403
1999	0.530	0.090	0.074	0.299	0.217	0.110	0.019	－0.006	－0.308	1.000	0.069	0.429

续表

统计项 年份	平均值			标准差			最小值			最大值		
	要素禀赋	相对技术	绝对技术	要素禀赋	相对技术	绝对技术	要素禀赋	相对技术	绝对技术	要素禀赋	相对技术	绝对技术
2000	0.531	0.009	0.073	0.303	0.016	0.206	0.031	-0.002	-0.356	1.000	0.083	0.418
2001	0.523	0.008	0.074	0.305	0.016	0.208	0.016	-0.006	-0.375	1.000	0.064	0.412
2002	0.518	0.014	0.082	0.302	0.028	0.199	0.017	-0.003	-0.335	1.000	0.136	0.452
2003	0.535	0.006	0.075	0.314	0.011	0.167	0.014	-0.009	-0.291	0.999	0.042	0.419
2004	0.524	0.003	0.080	0.306	0.007	0.169	0.012	-0.010	-0.317	1.000	0.025	0.389
2005	0.533	0.004	0.065	0.312	0.010	0.173	0.001	-0.017	-0.301	1.000	0.041	0.374
2006	0.531	0.005	0.063	0.310	0.014	0.167	0.000	-0.006	-0.286	1.000	0.070	0.390
2007	0.539	0.004	0.049	0.308	0.008	0.176	0.000	-0.005	-0.320	1.000	0.024	0.410

从表1可以看出，每一年的分解结果都比较稳定，未表现出较大的差异。平均而言，要素禀赋对出口结构的贡献度最高，绝对技术差异次之，相对技术差异最小。对某些经济体来说，相对和绝对技术差异是阻碍其出口的因素；对另一些经济体而言，相对和绝对技术差异是其出口的重要促进因素，即要素禀赋、相对和绝对技术差异并非总是出口的促进因素。鉴于此，我们以2005年为例，分析要素禀赋和绝对技术差异对出口结构贡献度的国别（地区）差异（见图1）。

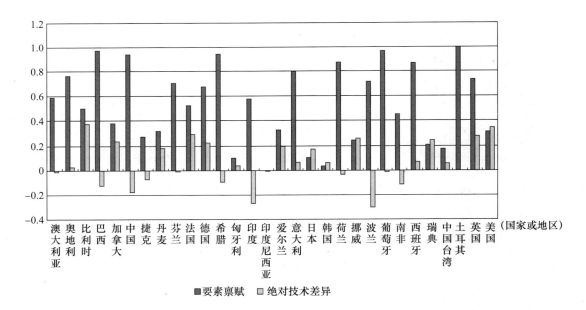

图1 要素禀赋和绝对技术差异对各国（地区）出口结构的贡献度

从图1可以看出，对于巴西、中国、希腊、荷兰、葡萄牙、西班牙和土耳其而言，要素禀赋对其出口结构的贡献度大于80%；而对于匈牙利、印度尼西亚（以下简称印尼）、日本、韩国和中国台湾等而言，要素禀赋对其出口结构的贡献度小于20%。对于比利时、加拿大、法国、德国、挪威、瑞典、英国和美国，绝对技术差异对其出口结构的贡献度大于20%；对于巴西、中国、捷克、希腊、印度、荷兰、波兰、葡萄牙和南非而言，绝对技术差异对其出口结构的贡献度明显是负的，即阻碍出口。对中国的研究表明，中国在技术方面存在劣势，其出口的快速扩张主要得益于要素禀赋的优势。林毅夫等（1994）认为中国经济高速增长和出口快速增长主要是因为利用了要素禀赋优势，该理论在国内外具有较大的影响。但是，并没有相关文献来量化中国的出口结构多大程度上由要素禀赋优势决定。我们的研究结果证实了林毅夫等（1994）的结论。

要素禀赋和绝对技术差异对中国出口结构的贡献度在1995～2007年有何变化？从图2中可以看出，1995～2002年，要素禀赋对中国出口结构的贡献度较为稳定，2003～2007年则呈现下降趋势；而绝对技术差异（劣势）一直是阻碍中国出口的因素。这一方面反映了中国要素禀赋优势的削弱；另一方面中国的技术还比较落后，尚不能成为促进出口的因素。

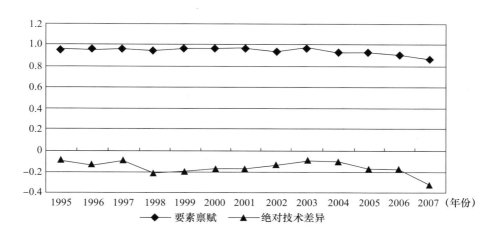

图2　要素禀赋和绝对技术差异对中国出口结构的贡献度

（二）贸易结构决定因素的分解结果

（1）双边和国别贸易结构。限于篇幅，我们省略要素禀赋对双边贸易结构贡献度的结果。不同于出口结构决定因素的分解结果，我们将双边贸易结构中相对和绝对技术差异贡献度为负值的结果设定为0。因为出口结构中的相对和绝对技术差异贡献度为负值意味着出口国存在着技术劣势，技术差异阻碍了该国的出口。而对于双边国家的贸易而言，一般来说，这些因素最多是对贸易结构不起作用，即决定作用为0。

我们在这里以 2005 年要素禀赋对中国双边贸易结构的贡献度为例进行分析。从图 3 可以看出，中国和大多数经济体的双边贸易结构都主要是由要素禀赋决定的，但和韩国、中国台湾的贸易结构相对较少地由要素禀赋决定。这说明，中国和大多数经济体进行贸易时双方都发挥了要素禀赋优势。

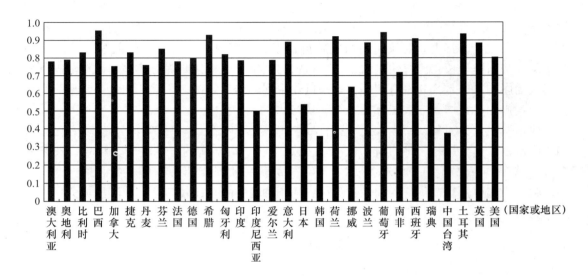

图 3　要素禀赋对中国双边贸易结构的贡献度

然后，我们分析各国（地区）贸易结构的决定因素。附表 3 列出了要素禀赋对贸易结构的决定比例（相对技术差异和绝对技术差异的贡献度略）。对于各个经济体的贸易结构而言，我们可以运用与分析出口结构时相同的方法来分析其特点（具体分析略）。结果表明，每一年的分解结果都未表现出较大的差异。平均而言，要素禀赋对贸易结构的贡献度最高，绝对技术差异次之，相对技术差异最小。中国的对外贸易结构大约 70% 是由要素禀赋决定的，且该比例在 1995～2007 年较为稳定。相对和绝对技术差异对中国对外贸易结构的影响非常小。

（2）世界贸易结构。对于整个世界（样本经济体）的贸易而言，各因素对贸易结构的贡献比例从大到小依次是：要素禀赋、绝对技术差异和相对技术差异。具体结果如表 2 所示。

世界的贸易结构大约有一半由要素禀赋决定，这是最主要的决定因素，该结论与 Chor（2010）的研究类似。绝对技术差异贡献度在 10%～20%，而相对技术差异贡献度仅不到 1%。余下大约有 30% 的部分由其他因素决定，比如贸易成本、需求差异等。

表2　各决定因素对世界贸易结构的贡献度

年份	要素禀赋	绝对技术差异	相对技术差异
1995	0.4739	0.1919	0.0059
1996	0.4839	0.1852	0.0070
1997	0.4780	0.1922	0.0073
1998	0.5086	0.1943	0.0142
1999	0.4956	0.1975	0.0090
2000	0.4860	0.2051	0.0095
2001	0.4906	0.2019	0.0109
2002	0.4953	0.2046	0.0152
2003	0.5234	0.1647	0.0055
2004	0.5180	0.1710	0.0027
2005	0.5393	0.1501	0.0040
2006	0.5468	0.1410	0.0038
2007	0.5676	0.1244	0.0028

六、结论性评论

本文构建了分解贸易结构决定因素贡献度的理论框架，并利用该框架进行了经验分析。结果表明，要素禀赋对各国出口结构和贸易结构的贡献度最高，绝对技术差异次之，相对技术差异最小。要素禀赋、相对技术差异和绝对技术差异并非总是出口的促进因素。全球贸易结构主要由要素禀赋决定，其次是绝对技术差异，而相对技术差异的贡献度很小，这三个因素的贡献度总共占70%左右，其余的30%由贸易成本、需求差异等因素决定。以上结论在1995～2007年间较为稳定。中国的出口结构和贸易结构主要由要素禀赋决定，但在2003～2007年，要素禀赋对中国出口结构的贡献度呈缓慢下降趋势，而绝对技术差异（劣势）一直是阻碍出口的因素。

上述研究结论具有丰富的含义：第一，不同经济体出口结构和贸易结构的决定因素既有一致性又有差异性。一致性是指，对于大多数经济体而言，各种因素对出口和贸易结构的影响从大到小依次是要素禀赋、绝对技术差异和相对技术差异。差异性是指对某些经济体而言，绝对技术差异发挥了重要的促进作用；而对另一些经济体，绝对技术差异则阻碍出口。第二，斯密的绝对优势理论理应受到更大的重视。本文研究结果表明，绝对技术差异对贸易结构的影响大于相对技术差异。这表明，绝对优势理论对贸易结构具有重要解释力。因此，绝对优势理论受到忽视的现状理应得到改善。

对于中国的贸易而言，研究结果表明，中国出口的高速增长和贸易结构主要得益于要素禀赋优势。这是首次从具有理论基础的经验研究上给予验证。但是，在 2003~2007 年，要素禀赋对中国出口结构的贡献度有缓慢下降趋势，而绝对技术差异（劣势）一直是阻碍出口的因素。这说明中国的要素禀赋优势确实在削弱，劳动力成本上涨将减缓中国出口扩张的步伐。长期而言，顺差削减是很自然的事情。但与此同时，中国的技术优势尚未确立，因此，创新和技术进步是中国应对劳动力成本上涨和优化贸易结构的最好对策。

当然，本研究也有进一步拓展的空间。第一，本文对各国各产业资本和劳动投入的估算存在误差。借鉴 Lai 和 Zhu（2007）的研究，我们假设各国的总劳动量和总资本存量根据劳动报酬和资本报酬的比例分配到各产业中去，这是为了尽可能多地选择国家和产业样本而不得不做出的牺牲。如果获得了产业投入资本和劳动数据，各国各产业的 TFP 测量误差将会降低，从而提升研究结果的准确性。第二，本文在分解各种因素对贸易结构的贡献度时，仅仅分离出了要素禀赋、相对技术差异和绝对技术差异这三个我们重点关注因素的贡献度，而没有继续分解余值。未来的研究可以扩展本文的分析框架，对贸易结构的决定因素进行更加详细的分解。

参考文献

［1］黄勇峰，任若恩，刘晓生. 中国制造业资本存量永续盘存法估计［J］. 经济学（季刊），2002(2).

［2］林毅夫，蔡昉，李周. 中国的奇迹：发展战略与经济改革［M］. 上海：格致出版社，1999.

［3］张军，吴桂英，张吉鹏. 中国省际物质资本存量估算：1952－2000［J］. 经济研究，2004（10）.

［4］Balassa, Bela. An Empirical Demonstration of Classical Comparative Cost Theory［J］. The Review of Economics and Statistics, 1963, 45（3）：231－238.

［5］Bemhcrfen, Daniel M. Multiple Cones, Factor Price Differences and the Factor Content of Trade［J］. Journal of International Economics, 2009, 79：266－271.

［6］Bowen Harry P. Learner Edward E. and Sveikauskas Leo. Multicountry, Multifactor Tests of the Factor Abundance Theory［J］. American Economic Review, 1987, 77（5）：791－809.

［7］Caves Douglas W., Christensen, Laitrits R. and Diewert W. Erwin. Multilateral Comparisons of Output, Input, and Productivity Using Superlative Index Numbers［J］. Economic Journal, 1982, 92：73－86.

［8］Choi, Yong－Seok, Krishna Pravin. The Factor Content of Bilateral Trade：An Empirical Test［J］. Journal of Political Economy, 2004, 112（4）：887－914.

［9］Chor Davin. Unpacking Sources of Comparative Advantage：A Quantitative Approach［J］. Journal of International Economics, 2010, 82：152－167.

［10］Costinot Amaud, Donaldson Dave. Ricardo's Theory of Comparative Advantage：Old Idea［R］. New Evidence［R］. HNBER Working Paper, No. 17969, 2012.

［11］Costinot Amaud, Donaldson Dave and Komunjer Ivana. What Goods Do Countries Trade? A Quantitative Exploration of Ricardo Ideas［J］. Review of Economic Studies, 2012, 79（2）：581－608.

［12］Deardorff Alan V. Local Comparative Advantage：Trade Costs and the Pattern of Trade［R］. University of Michigan Research Seminar in International Economics Working Paper, No. 5001, 2004.

［13］Dixit Avinash, Norman Victor. Theory of International Trade［M］. Cambridge University

Press，1980.

［14］Eaton Jonathan，Kortum Samuel. Technology，Geography，and Trade ［J］. Econcmetrica，2002，70（5）：1741－1779.

［15］Goldsmith Raymond. A Perpetual Inventory of National Wealth ［J］. M M. R. Gainsbuigh eds.，Studies in Income and Wealth，1951，14：5－74.

［16］Golub Stephen S.，Hsieh Chang－Tai. Classical Ricardian Theory of Comparative Advantage Revisited ［J］. Review of International Economics，2000，8（2）：221－234.

［17］Griffith Rachel，Redding Stephen and Van Reenertj John. Mapping the Two Faces of R&D：Productivity Growth in a Panel of OECD Industries ［J］. Review of Economics and Statistics，2004，86（4）：883－895.

［18］Hakura Dalia S. Why does HOV Fail? The Role of Technological Differences within the EC ［J］. Journal of International Economics，2001，54：361－382.

［19］Harrigan Janies. Technology，Factor Supplies，and International Specialization：Estimating the Neoclassical Model ［J］. American Economic Review，1997a，87（4）：475－494.

［20］Harrigan James. Cross－Country Comparisons of Industry Total Factor Productivity：Theory and Evidence ［J］. Federal Reserve Bank of New York，1997b.

［21］Helpman Elhana. The Factor Content of Foreign Trade ［J］. Economic Journal，1984，94（373）：84－94.

［22］Keller Wolfgang. Geographic Localization of International Technology Diffusion ［J］. American Economic Review，2002，92（1）：120－142.

［23］Krugman Paul R. Scale Economics Product Differentiation，and the Pattern of Trade ［J］. American Economic Review，1980，70（5），950－959.

［24］Lai Huiwen，Zhu Susan Chun. Technology，Endowments，and the Factor Content of Bilateral Trade ［J］. Journal of International Economics，2007，71：389－409.

［25］Leontief Wassily. Domestic Production and Foreign Trade：The American Capital Position Re－Examined ［J］. Proceedings of the American Philosophical Society，1953，97（4）：332－349.

［26］Linder Staffan Burenstam. An Essay on Trade and Transformation Stock ［M］. Holm：Almquist and Wiksell，1961.

［27］MacDougall G. D. A. British and American Exports：A Study Suggested by the Theory of Comparative Costs ［J］. Part I. The Economic Journal，1951，61（244）：697－724.

［28］Maskus Keith E. Test of the Heckscher－Ohlin－Vanek Theorem：The Leontief Commonplace ［J］. Journal of International Economics，1985，19：201－212.

［29］Morrow Peter M. Ricardian－Heckscher－Ohlin Comparative Advantage：Theory and Evidence ［J］. Journal of International Economics，2010，82：137－151.

［30］Nehru Vikram，Dhareshwar Ashok. A New Database on Physical Capital Stock：Sources，Methodology and Results ［J］. de Analisis Economica，1993，8（1）：37－59.

［31］Davis Donald R.，Weinstein David E. An Account of Global Factor Trade ［J］. American Economic Review，2001，91（5）：1423－1453.

［32］Reimer Jeffrey J. Global Production Sharing and Trade in the Services of Factors ［J］. Journal of International Economics，2006，68：384－408.

［33］Romalis John. Factor Proportions and the Commodity Structure of Trade ［J］. American Economic Review, 2004, 94（1）: 67 – 97.

［34］Shikher Serge. Detenninants of Trade and Specialization in the Organization for Economic Cooperation and Development Countries ［J］. Economic Inquiry, Western Economic Association International, 2013, 51（1）: 138 – 158.

［35］Stem Robert M. British and American Productivity and Comparative Cost in International Trade ［J］. Oxford Economic Papers, 1962, 14（3）: 275 – 296.

［36］Stone Susan, Cepeda Ricardo Cavazos and Jankowska Anna. The Role of Factor Content in Trade: Have Changes in Factor Endowments Been Reflected in Trade Patterns and on Relative Wages? ［J］. OECD Trade Policy Working Papers, No. 109, OECD Publishing, 2011.

［37］Trefler Daniel. International Factor Price Differences: Leontief was Right! ［J］. Journal of Political Economy, 1993, 101（6）: 961 – 987.

［38］Trefler Daniel. The Case of the Missing Trade and Other Mysteries ［J］. American Economic Review, 1995, 85（5）: 1029 – 1046.

［39］Trefler Daniel, Zhu Susan Chun. The Structure of Factor Content Predictions ［J］. Journal of International Economics, 2010, 82: 195 – 207.

The Distribution of the Determination Factor of the Trade Structure

Abstract: The article constructed a theory framework of the contribution to trade structure through distribution of factor endow and technical differences, and made an empirical analysis by employing 24 industries of 30 economies during the period of 1995 – 2007. The result suggest that the factor endow made the greatest contribution to the structure of export and trade flowing by absolute technical difference, and comparative technical difference plays the least part in the structure of export and trade. The global trade structure is mainly depended by factor endow, then by absolute technical difference and comparative technical difference contribute least to it. The three factors account for approximately 70% all elements which make a contribution to global trade structure. The structure of export and trade in China is largely depended on factor endowment, but there is a slow downward trend over the period of 2003 to 2007, while absolute technical difference has always been an obstacle to export.

Key Words: Trade Structure; Factor Endowment; Technical Difference; Distribution

附表1　样本包含的经济体

澳大利亚	奥地利	比利时	巴西	加拿大	中国
捷克	丹麦	芬兰	法国	德国	希腊
匈牙利	印度	印度尼西亚	爱尔兰	意大利	日本
韩国	荷兰	挪威	波兰	葡萄牙	南非
西班牙	瑞典	中国台湾	土耳其	英国	美国

附表2　样本包含的产业（ISIC Rev. 3 分类）

农林牧渔业	采掘业	食品、饮料和烟草	纺织、纺织品、皮革及鞋类制品
木材及其制品	纸浆、纸张、纸制品、印刷和出版	焦炭、炼油产品及核燃料	化学制品（不含制药）
制药业	橡胶和塑料制品	其他非金属矿物制品	黑色金属
有色金属	金属制品	其他机械和设备	办公、会计和计算机设备
电气机械和设备	广播、电视和通信设备	医疗、精密和光学仪器	汽车、挂车和半挂车
船舶制造和修理	航空航天器制造	铁路机车及其他交通设备	其他制造业、再生产品（含家具制造业）

附表3　贸易结构由要素禀赋决定的比例

年份	1995	1996	1997	1998	1999	2000	2001	2002	2003	2004	2005	2006	2007
澳大利亚	0.4315	0.4306	0.4270	0.4465	0.4304	0.4431	0.4297	0.4378	0.4875	0.4981	0.5162	0.5094	0.5188
奥地利	0.5764	0.5783	0.5946	0.6152	0.6263	0.6145	0.6399	0.6424	0.7073	0.6687	0.7147	0.6922	0.7320
比利时	0.5078	0.5251	0.5191	0.5450	0.5432	0.5500	0.5472	0.5414	0.5707	0.5485	0.5638	0.5927	0.6008
巴西	0.6386	0.6361	0.6217	0.6258	0.6556	0.6481	0.6589	0.6984	0.7853	0.7598	0.7661	0.7496	0.7465
加拿大	0.3618	0.3948	0.3784	0.3952	0.3800	0.3805	0.3828	0.3830	0.3695	0.3715	0.3755	0.3956	0.456
中国	0.6686	0.6743	0.6910	0.7049	0.7108	0.7073	0.7045	0.6739	0.6868	0.6576	0.6753	0.6670	0.6561
捷克	0.4687	0.4504	0.4441	0.4528	0.4606	0.4344	0.4374	0.4400	0.4621	0.4367	0.4573	0.4525	0.4680
丹麦	0.3823	0.3808	0.3772	0.4068	0.3886	0.3959	0.3855	0.3885	0.4078	0.4147	0.4373	0.4382	0.4380
芬兰	0.6626	0.6535	0.6269	0.5988	0.5985	0.5930	0.5810	0.5768	0.6011	0.5640	0.6153	0.6202	0.6157
法国	0.5309	0.5410	0.5333	0.5586	0.5599	0.5457	0.5366	0.5318	0.5552	0.5666	0.5875	0.6024	0.6277
德国	0.5529	0.5556	0.5436	0.5987	0.5867	0.5491	0.5450	0.5521	0.5868	0.5779	0.6418	0.6544	0.6761
希腊	0.6735	0.6800	0.6792	0.6932	0.6824	0.6577	0.6420	0.6486	0.6760	0.6602	0.6934	0.6836	0.7131
匈牙利	0.3872	0.3918	0.3722	0.3747	0.3646	0.3554	0.3520	0.3499	0.3776	0.3611	0.3724	0.3846	0.3910
印度	0.6082	0.6011	0.5842	0.5709	0.5454	0.5751	0.5759	0.5344	0.5196	0.5197	0.5457	0.5175	0.5313
印度尼西亚	0.1751	0.1691	0.1817	0.1470	0.1422	0.1496	0.1357	0.1440	0.1671	0.1668	0.1646	0.1594	0.1743
爱尔兰	0.4519	0.4529	0.4361	0.4320	0.4158	0.4121	0.4144	0.4148	0.4143	0.4326	0.4444	0.4683	0.5031
意大利	0.6042	0.6346	0.6458	0.6572	0.6687	0.6609	0.6428	0.6569	0.6855	0.6886	0.7079	0.7090	0.7229

续表

年份	1995	1996	1997	1998	1999	2000	2001	2002	2003	2004	2005	2006	2007
日本	0.2352	0.2375	0.2326	0.2862	0.2804	0.2801	0.2668	0.2638	0.2895	0.2668	0.2786	0.2815	0.2951
韩国	0.1991	0.2175	0.2091	0.2179	0.1932	0.1878	0.2027	0.2082	0.2222	0.2029	0.2152	0.2279	0.2472
荷兰	0.6966	0.6863	0.6623	0.6847	0.6506	0.6974	0.6864	0.7030	0.7295	0.7354	0.7294	0.7227	0.7179
挪威	0.4149	0.3982	0.4052	0.4095	0.3970	0.3761	0.3570	0.3726	0.3936	0.3820	0.3317	0.3064	0.3403
波兰	0.7105	0.6629	0.6411	0.6731	0.6638	0.6376	0.6416	0.6520	0.6828	0.6548	0.6585	0.6418	0.6507
葡萄牙	0.7026	0.7229	0.7194	0.7403	0.7224	0.7201	0.7269	0.7280	0.7792	0.7651	0.7900	0.8020	0.8101
南非	0.5939	0.5604	0.5522	0.5697	0.5673	0.5633	0.5470	0.5158	0.4996	0.4917	0.4995	0.5099	0.4955
西班牙	0.6629	0.6753	0.6721	0.6837	0.6663	0.6712	0.6715	0.6727	0.6962	0.6925	0.7173	0.7215	0.7482
瑞典	0.3332	0.3510	0.3510	0.3617	0.3487	0.3487	0.3503	0.3489	0.3647	0.3665	0.3894	0.3882	0.4014
中国台湾	0.2235	0.2215	0.2327	0.2439	0.2300	0.2275	0.2282	0.2269	0.2449	0.2357	0.2593	0.2611	0.2743
土耳其	0.7096	0.6860	0.6711	0.6917	0.7173	0.6963	0.7513	0.7440	0.7534	0.7474	0.7566	0.7562	0.7660
英国	0.5994	0.6033	0.5968	0.6073	0.5895	0.5967	0.5923	0.5903	0.6145	0.6086	0.6298	0.6369	0.6544
美国	0.3474	0.3644	0.3630	0.3883	0.3816	0.3856	0.3874	0.3961	0.4108	0.4160	0.4312	0.4445	0.4655

中国工业制成品出口的国内技术复杂度测算及其动态变迁[*]
——基于国际垂直专业化分工的视角

杜传忠[1]　张　丽[2]

（1. 南开大学经济与社会发展研究院，天津　300071；

2. 南开大学经济学院，天津　300071）

【摘　要】 本文基于国际垂直专业化分工的视角，构建了一套测算出口品国内技术复杂度（DTS）的新方法，通过剔除出口商品中所包含的进口中间投入品价值分别从全国、产业及地区三个层面对2001～2011年间中国工业制成品出口的国内技术复杂度进行了测算和分析。研究结果表明：中国出口品国内技术复杂度总体上呈现出稳步增长的态势，但其与出口品全部技术复杂度（WTS）之间的差距呈逐步扩大趋势；出口品国内技术复杂度变化呈现出明显的行业差异性，其中资源型行业、低技术行业、中技术行业以及高技术行业中的交通运输设备制造业、通用及专用设备制造业和电气机械及器材制造业等行业的国内技术复杂度均呈现出增长态势，而电子及通信设备制造业、仪器仪表及其他计量器具制造业等行业则呈现出较为明显的下降趋势；出口品国内技术复杂度均值较高的省份主要集中在东部地区，而其增幅较大的省份则主要位于中西部地区，三大地区出口品国内技术复杂度之间的差距呈现出收敛趋势。

【关键词】 垂直专业化分工；工业制成品出口；国内技术复杂度；全部技术复杂度

一、问题提出

改革开放以来通过参与国际产品内分工积极发展出口加工业，中国出口贸易总量在

---

* 本文选自《中国工业经济》2013 年第 12 期。

国家自然科学基金青年项目"全球价值链嵌入对本土制造业创新能力的影响测度与提升路径研究"、国家社会科学基金重大项目"新产业革命的发展动向、影响与中国的应对战略研究"。

1992～2012 年保持了年均 16. 38% 的较快增速，远高于世界同期 5. 74% 的平均增速。与此同时，中国出口贸易结构也在发生着明显的变化，表现为：在劳动密集型产品继续保持出口比较优势的同时，资本和技术密集型出口产品所占的比重越来越高。中国具有明显的劳动力要素优势，理论上而言应重点出口劳动密集型产品，进口资本和技术密集型产品，但现实的出口贸易结构及变化趋势却与此相悖，这就使中国出口商品技术复杂度问题成为人们关注的焦点。特别是随着中国产业更多地嵌入全球价值链分工体系，在垂直专业化分工视角测算中国工业制成品出口的国内技术复杂度，对于准确把握中国出口商品技术结构、促进出口贸易转型升级具有重要意义。

出口技术复杂度最早源于 Michaely（1984）提出的贸易专业化指标，该指标的缺陷是没有考虑国家规模对出口商品技术含量的影响（关志雄，2002）。Hausmann 等（2005）对该指标的权重进行了改进，提出了出口复杂度指数。一些学者采用 Hausmann 等（2005）的模型对中国出口商品技术复杂度进行了测算，基本结论是：近 10 多年来，中国出口商品技术复杂度有了显著提升，有的甚至认为已达到发达国家水平（Rodrik，2006；杨汝岱和姚洋，2008）；但也有一些学者认为，中国出口商品技术复杂度总体上虽有上升，但上升趋势并不明显（Amiti and Freund，2008；Xu，2011）。从研究方法上看，以上文献大多是以各类商品的出口总量为基础，而较少考虑不同国家之间的垂直专业化分工，从而也就难以准确把握中国出口商品技术复杂度及其动态变迁趋势。本文借鉴 Dean 等（2008）的国际垂直专业化分工测度方法，对 Hausmann 等（2005）的模型予以适当修正，在此基础上构建一套测算中国出口品国内技术复杂度的新方法，以全部剔除出口商品中所包含的进口中间投入品价值，进而分别从全国、产业及地区三个层面对 2002～2011 年中国工业制成品出口的国内技术复杂度进行测算，并揭示其动态变迁机理及趋势。

二、研究方法与数据说明

1. 研究方法

作为一种相对较为完善的测算方法，Hausmann 等（2005）基于 RCA 指数和比较优势理论提出的出口技术复杂度模型得到了诸多经济学者的认可，一些学者采用该模型或与之相类似的模型对中国出口商品技术复杂度进行了研究。本文亦采用该模型对中国工业制成品出口的全部技术复杂度（Whole Technological Sophistication，WTS）进行测算，某类出口商品 i 的全部技术复杂度（WTS_i）的计算如式（1）所示，其中 x_{ic} 为 c 国 i 商品的出口总额，$\sum x_{mc}$ 为 c 国的总出口额，m 表示一国出口商品的种类数，Y_c 是 c 国的人均国内生产总值。换言之，WTS_i 是对商品 i 各出口国人均国内生产总值的加权平均。然而，Hausmann 等（2005）的模型没有考虑不同国家或地区之间的国际垂直专业化分工，亦即没有将一国所从事生产环节的国内技术复杂度与其出口商品的全部技术复杂度予以区分。由于中国出口贸易具有显著的加工贸易特征，常常需要进口大量的中间投入品来完成其对商品某一特定阶段的生产（Feenstra，1998），因而 Hausmann 等（2005）的模型使用单纯的贸易统计和贸易分类数据对中国出口商品技术复杂度进行测算，无法真实反映中国的要素禀赋和技术水平现状，甚至在较大程度上会高估中国出口商品的真实技术复杂度，从而会造成中国的贸易比较优势已发生显著性改变的统计假象（Lau et al.，2010）。

$$
\text{WTS}_i = \frac{x_{i1} \Big/ \sum_{m=1}^{\infty} x_{m1}}{\sum_{c=1}^{n} \left(x_{ic} \Big/ \sum_{m=1}^{\infty} x_{mc} \right)} Y_1 + \frac{x_{i2} \Big/ \sum_{m=1}^{\infty} x_{m2}}{\sum_{c=1}^{n} \left(x_{ic} \Big/ \sum_{m=1}^{\infty} x_{mc} \right)} Y_2 + \cdots + \frac{x_{in} \Big/ \sum_{m=1}^{\infty} x_{mn}}{\sum_{c=1}^{n} \left(x_{ic} \Big/ \sum_{m=1}^{\infty} x_{mc} \right)} Y_n
$$

$$
= \sum_{c=1}^{n} \frac{x_{ic} \Big/ \sum_{m=1}^{\infty} x_{mc}}{\sum_{c=1}^{n} \left(x_{ic} \Big/ \sum_{m=1}^{\infty} x_{mc} \right)} Y_c \tag{1}
$$

针对 Hausmann 等（2005）的模型所存在的问题，为了剔除出口商品中所包含进口中间投入品价值，国内外经济学者也已做了一些有益的探索，采用的处理方法主要有两种：第一种方法是通过直接减去进口中间投入品价值来估算出口商品中的国内增加值（姚洋和张晔，2008；Assche and Gangnes，2010；陈晓华，2011）。这种方法的缺陷在于仅粗略剔除了进口中间投入品的直接贡献而没有剔除其间接消耗，因而基于这种方法测算的出口品技术复杂度不够准确。第二种方法是利用 Hummels 等（2001）的垂直专业化模型来测算出口商品中的国内增加值（文东伟和冼国明，2011；孟猛，2012；孟祺，2012；丁小义和胡双丹，2013）。相对于第一种方法，这种方法的优点在于同时将进口中间投入品的直接消耗和所有间接消耗均剔除在外，因而能够较为准确地测算出口商品的国内技术复杂度，但其缺陷是假设出口商品与内销商品中所包含的进口中间投入品数量与它们各自在产出中的份额成比例。在加工贸易盛行的中国，加工贸易进口品基本上都是中间投入品，显然这种方法会在较大程度上导致中国垂直专业化分工程度的低估和出口品技术复杂度的高估（刘遵义等，2007；Dean et al.，2008）。

沿用第二种方法的思路，针对加工贸易盛行的中国，本文主要借鉴 Dean 等（2008）对国际垂直专业化分工的测度方法，对 Hausmann 等（2005）的模型予以适当修正，从而在国际垂直专业化分工的视角下构建一套测算中国工业制成品出口的国内技术复杂度（Domestic Technological Sophistication，DTS）的新方法。Dean 等（2008）将所有的加工贸易进口品全部看作中间投入品，并按照联合国商品分类方法对一般贸易中进口中间投入品的含量进行区分，其对国际垂直专业化分工程度（VSS_i）的算法具体如式（2）所示，其中 A^{MD} 表示用进口中间投入品生产国内销售商品和一般出口商品的消耗系数矩阵；A^{DD} 表示用国内中间投入品生产国内销售商品和一般出口商品的消耗系数矩阵；A^{DP} 表示国内中间投入品用于加工贸易出口商品生产的消耗系数矩阵；A^{MP} 表示用进口中间投入品生产加工贸易出口商品的消耗系数矩阵；X^N 和 X^P 分别表示一般贸易出口和加工贸易出口。那么，某类出口商品的国内技术复杂度 DTS_i 的具体计算如式（3）所示，其中 m 表示出口商品 i 的种类数；x_{in} 表示某国商品 i 的出口总额；WTS_i 表示以 Hausmann 等（2005）的模型计算所得的出口商品的全部技术复杂度；VSS_i 表示以 Dean 等（2008）方法计算所得的某类出口商品的垂直专业化分工程度。

$$VSS_i = \frac{\mu A^{MD}(I - A^{DD})^{-1}X^N + \mu[A^{MD}(I - A^{DD})^{-1}(A^{DP} + A^{MP})]X^P}{X^N + X^P} \tag{2}$$

$$DTS_i = \frac{(1 - VSS_1)x_{1n}}{\sum\limits_{i=1}^{m}(1 - VSS_i)x_{in}} \times (1 - VSS_1)WTS_1 + \frac{(1 - VSS_2)x_{2n}}{\sum\limits_{i=1}^{m}(1 - VSS_i)x_{in}} \times (1 - VSS_2)WTS_2 + \cdots +$$

$$\frac{(1 - VSS_m)x_{mn}}{\sum\limits_{i=1}^{m}(1 - VSS_i)x_{in}} \times (1 - VSS_m)WTS_m = \sum\limits_{i=1}^{m}\frac{(1 - VSS_i)x_{in}}{\sum\limits_{i=1}^{m}(1 - VSS_i)x_{in}} \times (1 - VSS_i)WTS_i \tag{3}$$

2. 数据选取

鉴于工业制成品占到中国出口商品的 95%，且中国出口技术结构深化主要来自于工业制成品，因此，本文对国别技术复杂度差异较小的初等品行业进行了剔除而专注于研究中国工业制成品出口的国内技术复杂度，以期更好地体现中国出口品技术复杂度的动态变迁。此外，考虑到本文是在国际垂直专业化分工视角下研究中国工业制成品出口的国内技术复杂度，故将煤气生产和供应业、自来水生产和供应业、电力及蒸汽热水生产和供应业三个自然垄断性行业从工业行业分类中剔除，因而最终赖以测算中国工业制成品出口技术复杂度的产业共计 19 类。本文采用的原始数据均来自世界银行的 WDI（World Development Index）数据库和联合国贸易发展委员会（UNCTAD）的国际贸易分类统计数据库，其中为了使计算结果在时间上具有可比性，各国人均 GDP 均采用以 2005 年为基期且按购买力平价（PPP）衡量的不变价格。

借鉴 Dean 等（2008）对国际垂直专业化分工的测度方法，本文亦将所有的加工贸易全部视为中间投入品，并结合投入产出表中分产业的来料加工进出口数据，首先计算以加工贸易衡量的国际垂直专业化分工程度；然后利用 Hummels 等（2001）的测度方法对中国一般贸易的国际垂直专业化分工程度进行测算进而对中国各产业参与国际垂直专业化分工程度进行更为准确的测算。需要说明的是，中国迄今共编制了 1997 年、2002 年、2007年三张投入产出基本表，同时编制了 2000 年、2005 年、2010 年三张投入产出延长表，但其中仅有 2007 年的投入产出表分产业列明了来料加工进出口数据。为此，本文按照 2007年来料加工装配进出口额占总进出口额的比重来计算其他 5 年的各产业国际垂直专业化分工程度，对于未编制投入产出表年份的国际垂直专业化分工程度则根据基年的国际垂直专业化分工水平按平均增长率进行计算。

三、垂直专业化分工视角下出口品国内技术复杂度的测算结果及其分析

1. 基于全国层面的出口品国内技术复杂度测算结果及其分析

依据上文构建的出口品技术复杂度测算方法，并采用 2002～2011 年 19 类工业行业的进出口贸易数据，本文对中国工业制成品出口的全部技术复杂度（WTS）和国内技术复杂度（DTS）进行了测算，同时还测度了 OECD 国家工业制成品出口的全部技术复杂度（WTS）以便于对比分析，具体结果如图 1 所示。从图 1 可得到以下结论：

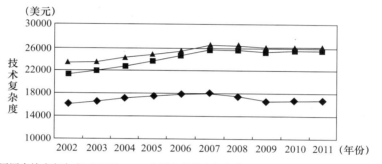

图 1　2002～2011 年中国工业制成品出口的国内技术复杂度测算结果及其变化趋势
资料来源：本文作者根据相关数据计算整理而得。

（1）在没有考虑国际垂直专业化分工的情况下，随着中国经济的快速增长和出口规模的不断扩大，中国工业制成品出口的全部技术复杂度（WTS）总体上呈现出快速上升趋势，并与 OECD 国家出口品全部技术复杂度的平均水平相比呈现出逐步收敛态势。这表明，中国出口商品的全部技术复杂度已明显领先于其经济发展水平甚至在很大程度上已超越了世界上同等收入国家的一般水平。这一结论符合 Hausmann 等（2005）关于一国经济增长会促进该国出口技术复杂度提升的论述，也与 Rodrik（2006）、Schott（2008）、杨汝岱和姚洋（2008）以及戴翔和张二震（2011）等的研究结论基本一致。中国出口商品全部技术复杂度（WTS）的快速提升很大程度上得益于出口加工贸易的迅猛发展和出口商品贸易结构的逐步改善，特别是中高技术产品的出口比重明显提高而低技术产品的出口比重迅速下降。

（2）在考虑国际垂直专业化分工的情况下，我们剔除了出口商品中所包含的进口中间投入品价值。结果显示，中国工业制成品出口的国内技术复杂度（DTS）随着出口贸易

规模的快速扩大总体上呈现出缓慢增长态势，但其与出口商品全部技术复杂度（WTS）之间的差距呈现出逐步扩大的趋势。这表明，剔除进口中间投入品价值之后的中国出口商品技术复杂度并没有达到 Rodrik（2006）等所测算的异常高值，而与 Amiti 和 Freund（2008）、孟祺（2012）以及丁小义和胡双丹（2013）等的研究结论相类似。究其原因在于 Rodrik（2006）等是以出口贸易总量统计数据为基础来计算中国出口商品技术复杂度，而忽视了加工组装贸易过程中从国外进口的大量中间投入品价值，从而在一定程度上高估了中国出口贸易的技术结构和技术复杂度，导致了中国的贸易比较优势发生显著改变的统计假象；相比之下，本文所构建的测度方法则通过全部剔除出口商品中所包含的进口中间投入品价值，对中国出口商品国内技术复杂度（DTS）的测算更为客观和真实。中国出口商品全部技术复杂度与国内技术复杂度之间的差距呈现出逐步扩大的趋势，主要是由于中国凭借其明显的劳动力要素优势积极参与到全球价值链分工体系中，承接了大量来自发达地区的以出口加工贸易为主的国际产业转移，而出口加工贸易需要进口大量的中间投入品和资本品。事实上，中国的现实贸易地理结构在一定程度上也能反映这一问题。中国从东亚新兴工业化国家进口大量的中间产品，经过加工组装之后再将最终产品出口到欧美国家，这导致中国对东亚地区呈现明显贸易逆差而对欧美国家则呈现巨额贸易顺差。

由于受这次全球金融危机的巨大影响，中国工业制成品出口的全部技术复杂度（WTS）、国内技术复杂度（DTS）以及 OECD 国家出口商品的全部技术复杂度（WTS）在 2008 年之后均呈现出不同程度的增速放缓甚至下降，且出口品国内技术复杂度的下降幅度相对更为明显。进一步分析可知，国际金融危机对出口商品技术复杂度的影响主要体现为以下两个方面：一是国际金融危机导致某些国家人均 GDP 下降，相应地引起某些商品出口技术复杂度下降，进而最终导致行业出口技术复杂度下降；二是国际金融危机导致某些行业出口贸易量出现不同程度的下降，尤其是中等技术和高技术含量的行业出口量下降幅度更大，由此导致行业出口技术复杂度的下降。Johnson（2012）研究了全球价值链在国际金融危机传导中所发挥的作用，并称之为全球价值链的"长鞭效应"；具体而言，当需求突然萎缩时，厂商会推迟订单并减少存货，这在供应链上会导致一连串的连锁反应并最终使上游厂商的生产停滞（王岚，2013）。需要指出的是，中国出口品国内技术复杂度（DTS）的下降幅度更为明显，一方面，反映出中国各产业参与全球价值链分工体系的程度较深，因而较易受到全球经济形势的影响；另一方面，也暴露出中国出口工业制成品主要还是集中于全球价值链的低端环节，较易受到全球经济波动的冲击。

2. 基于行业层面的出口品国内技术复杂度测算结果及其分析

利用上文所构建的出口品技术复杂度测算方法，本文进一步从行业层面对中国出口商品的全部技术复杂度（WTS）和国内技术复杂度（DTS）进行了测算。限于篇幅，本文仅在此列出 2002～2011 年各行业层面的出口品国内技术复杂度，具体测算结果如表 1 所示。

表1　2002～2011年分行业层面出口品国内技术复杂度（DTS）的测算结果　　　单位：美元

行业	2002年	2003年	2004年	2005年	2006年	2007年	2008年	2009年	2010年	2011年	DTS均值	WTS均值
煤炭采选业	15262	15016	14527	16307	16803	16706	17347	17063	17195	17140	16337	17659
金属矿采选业	14950	15454	14393	13933	16134	15945	14774	15754	15702	15801	15284	18242
非金属矿采选业	16795	17207	17901	18125	18266	18639	18219	16690	17359	17725	17693	20737
石油和天然气开采业	19176	19024	18997	19283	19370	19585	19648	18521	18480	19272	19136	21915
资源型行业均值	16546	16675	16455	16912	17643	17719	17497	17007	17184	17485	17112	19638
服装皮革羽绒	13977	14555	15295	15980	16444	17072	17364	16565	16795	17062	16111	18924
食品制造及烟草加工	19682	20021	21507	22265	22500	22145	20902	21475	20640	21136	21227	23019
木材加工及家具制造	15965	16391	17029	17692	18560	19437	19352	18204	18123	19008	17976	20245
造纸印刷及文教用品	19234	20074	21158	22116	21935	21447	19882	18975	19361	20155	20434	24330
纺织业	13739	14225	14996	15761	16185	16746	16619	15928	16049	16307	15656	18821
低技术行业均值	16519	17053	17997	18763	19125	19369	18824	18229	18194	18734	18281	21068
金属制品业	18019	18076	18458	18726	19799	21160	21207	19412	20275	20409	19554	23250
非金属矿物制品业	19837	19737	20638	21300	21700	22135	21731	20203	19841	19983	20711	23602
金属冶炼及压延加工业	18303	18310	17643	17464	15150	18337	18911	18429	18720	18917	18018	22425
石油加工及炼焦业	17424	17746	17975	18223	18612	19081	19417	18242	18937	19003	18466	20194
化学工业	19954	20480	20897	21468	21454	21274	20249	19981	20897	21131	20779	25316
中技术行业均值	18707	18870	19122	19436	19343	20397	20303	19253	19734	19889	19506	22957
仪器仪表及计量器具	11905	11755	11571	11156	9497	7603	7618	7317	7460	7395	9328	21571
电子及通信设备制造业	14199	14591	14637	15292	15124	14173	12647	10224	9341	8620	12885	23070
交通运输设备制造业	17703	18016	18621	19293	19205	19539	18094	15896	15730	16163	17826	22365
通用及专用设备制造业	19924	20196	20733	21171	21030	20989	20028	18184	18725	19041	20002	24817
电气机械及器材制造业	18319	18504	19260	20023	19514	18740	17131	14438	14724	14430	17508	23002
高技术行业均值	16410	16612	16964	17387	16874	16209	15104	13212	13196	13130	15510	22965

资料来源：本文作者根据相关数据计算整理而得。

从表1可以发现：

（1）样本期间内中国资源型行业的国内技术复杂度均值总体上呈现出较为平稳的变化趋势。其中，煤炭采选业、金属矿采选业及石油和天然气开采业的国内技术复杂度在样本期间内呈现出微弱增长的变化趋势；而非金属矿采选业的国内技术复杂度在样本期间内则呈现出相对更为明显的增长态势。由于对核心技术的要求较低且生产环节分离的难度较大，这使得资源型行业融入国际垂直专业化分工体系的程度相对较低，不需要从发达国家进口大量的中间投入品，因而中国资源型行业出口商品的全部技术复杂度与国内技术复杂度之间差距扩大的幅度相对较小。

（2）除了受国际金融危机较大影响而导致2008年之后出现一定程度的增速放缓甚至

下降之外，样本期间内中国低技术行业和中技术行业的国内技术复杂度总体上均呈现出不同程度的快速增长态势。从 DTS 增幅的排名来看，低技术行业中的服装皮革羽绒及其他纤维品制造业和木材加工及家具制造业的出口技术结构深化最为明显，中技术行业中的金属制品业和石油加工及炼焦业的出口技术结构深化最为明显。从 DTS 均值的排名来看，低技术行业中出口技术复杂度最高的是食品制造及烟草加工业，其次是造纸印刷及文教用品制造业；中技术行业中出口技术复杂度最高的是化学工业，其次是非金属矿物制品业。低技术和中技术行业的国内技术复杂度总体上呈现出快速上升态势，本文认为有以下两种解释：一种是中国本土企业的"干中学"效应，即在进口中间投入品的过程中，本土企业能够通过采取一定措施学习发达国家的先进技术、吸收相应的技术溢出效应，进而获得生产某些中间投入品的能力。诸多研究已证实"干中学"效应的存在性，而其在中国本土企业实践中也有诸多案例，如长三角地区的纺织服装业通过在加工贸易中积累的知识经验和技术能力，逐步走上了自主技术创新的道路。再者，在积极承接跨国公司外包、嵌入全球产业价值链的过程中，中国本土企业往往处于国际垂直专业化分工体系的某一生产环节，而跨国公司为了加强其产品在世界市场的竞争优势，也愿意在一定范围内主动帮助中国企业提高产品生产技术。另一种解释是跨国公司内部生产环节在中国的垂直分离。越来越多的跨国公司正在向中国转移它们在母国失去竞争优势的某些生产环节，在转移过程中，为了降低成本必然会选择向中国本土企业采购某些中间投入品，这会在一定程度上促进中国商品国内技术复杂度的提升。显然，"干中学"效应所导致的国内技术复杂度提升对中国而言具有更大的意义。

（3）样本期间内中国高技术行业的国内技术复杂度均值以 2005 年为分界呈现出"先平稳增长、后较快下降"的变化态势。分行业来看，交通运输设备制造业、通用及专用设备制造业和电气机械及器材制造业的国内技术复杂度，除了受国际金融危机影响在 2008 年之后出现一定程度的下降之外，在样本期间内总体上呈现出较快增长的变化趋势；而中国近年来一直重点发展的电子及通信设备制造业、仪器仪表及其他计量器具制造业的国内技术复杂度则呈现出不同程度的下降趋势，其中后者的国内技术复杂度的下降趋势更为明显。究其原因，主要是仪器仪表及其他计量器具制造业和电子及通信设备制造业虽属于传统意义上的高技术产业，而且以中国为代表的发展中国家也希冀通过深度嵌入这些产业的全球价值链分工体系来提高本土企业的技术创新水平，从而实现出口贸易结构的升级和产业发展方式的转变，但中国现有的比较优势决定了其目前主要从事附加价值较低的加工组装环节，需要从发达经济体大量进口技术含量较高的中间投入品，经过劳动密集型的生产加工之后再将其大规模出口到其他国家（姚洋和张晔，2008）。由于具有生产过程可分割、要素禀赋差异大以及核心技术要求高等特性，这些高技术产业特别适宜在发达经济体与发展中国家之间展开产品内的垂直专业化分工，从而使发展中国家在这些高技术产业上的出口品国内技术复杂度（DTS）下降得尤其迅速。事实上，这一观点在一定程度上可以通过富士康公司的案例得到验证。富士康公司生产技术含量较高的通信设备表面上看是一家典型的高科技企业，但实质上不过是一家雇佣了近百万中国工人为苹果公司等跨国企业进行代工生产的企业，因而确切地说，富士康公司主要从事的是技术含量较低的高科技产品加工组装环节。

（4）样本期间内中国各行业出口商品的全部技术复杂度（WTS）总体上均呈现出较快增长的变化趋势，而各行业出口商品的国内技术复杂度（DTS）则呈现出不尽相同的变化趋势。但总体而言，各行业出口商品的全部技术复杂度与国内技术复杂度之间的差距均呈现出逐步扩大的态势，这与上面从全国层面得出的两者之间差距逐步扩大的研究结论是一致的。进一步从不同行业类型看，资源型行业和低技术行业出口商品的全部技术复杂度与国内技术复杂度之间差距扩大的幅度相对较小。相比之下，中高技术行业尤其是高技术行业中的电子及通信设备制造业、仪器仪表及其他计量器具制造业出口商品的全部技术复杂度与国内技术复杂度之间差距扩大的幅度相对较大，且这种差距呈明显增长的趋势。究其原因在于，中国虽然可以凭借其低廉的劳动力成本迅速将生产体系扩展到这些高技术产业，但由于其关键技术和核心技术并没有实现相应突破，因而不得不从发达经济体大量进口核心部件等中间产品。因此，在没有考虑国际垂直专业化分工影响的情况下，以往文献的出口技术复杂度测算方法忽视了加工组装贸易过程中从国外进口的大量中间投入品价值，从而在一定程度上高估了中国出口贸易的技术复杂度。分行业层面上出口商品的全部技术复杂度与国内技术复杂度之间的差距呈现出逐步扩大的趋势，这进一步表明中国出口商品的竞争优势仍主要是由国内低廉的物质资源和劳动力成本所推动，而不是主要来自于先进的技术水平和管理能力。换言之，中国虽已是"贸易大国"，却称不上是"贸易强国"。

3. 基于地区层面的出口品国内技术复杂度测算结果及其分析

由于中国的出口规模和收入水平在各省份之间的分布是不平衡的，东、西部地区之间收入差异比较大，而贸易出口则多集中于东部沿海省份，因此以国别数据来测算各省份出口商品技术复杂度将是有偏的（Xu，2007）。为此有必要采用各省份出口数据和人均GDP替代上述测算公式中的国别数据，以便更精确地计算各省份出口商品的国内技术复杂度。其中，各省份各类产品出口数据全部来自国研网和中国海关数据库，其他数据均来自《中国统计年鉴》和联合国统计数据库。由于无法获取2001年之前省级层面的细分产品出口数据，而且西藏、宁夏和新疆三个自治区缺乏部分年份的细分产品出口数据，因此本文实际测算的是2002～2009年全国各省份的出口商品国内技术复杂度（DTS）和全部技术复杂度（WTS）。限于篇幅本文仅在此列出2002～2009年各省份的出口品国内技术复杂度，具体测算结果如表2所示。

（1）除了受全球金融危机的影响而导致2008年之后出现一定程度的增速放缓甚至下降之外，样本期间内中国各省份工业制成品出口的国内技术复杂度总体上均呈现出不同程度的增长趋势。这一研究发现与陈晓华等（2011）的研究结论是一致的，但本文的出口技术复杂度测算结果要明显低于他们的测算结果，究其原因在于：本文所构建的出口技术复杂度测算方法能够同时将进口中间投入品的直接消耗和所有间接消耗均剔除在外，因而能更客观地反映在加工贸易条件下中国出口品的国内技术复杂度水平。相比之下，陈晓华等（2011）的出口技术复杂度测算方法仅是粗略剔除了进口中间投入品的直接贡献。从DTS均值的排名来看，出口品国内技术复杂度较高的省份均位于东部沿海地区，其中DTS最高的省份是广东，其次是上海、江苏和浙江。由此可见，经济发展水平较高的沿海地区，其出口品国内技术复杂度也相对较高。从DTS增幅的排名来看，出口品国内技术复杂度提高较快的省份主要位于中、西部内陆地区，其中DTS增幅最大的省份是江西，其次是甘肃、青海和河南。由此可见，随着内陆地区改革开放进程的不断推进，其出口品国内技术复杂度也在快速提升。

表2　2002~2009年分地区层面出口品国内技术复杂度（DTS）的测算结果　单位：元

地区	2002年	2003年	2004年	2005年	2006年	2007年	2008年	2009年	DTS均值	WTS均值
北京	16919	17308	18033	18569	18770	18435	18106	17956	18012	23346
天津	16877	17240	17934	18458	18383	17906	17382	17202	17673	22812
河北	15789	16191	16317	16793	17652	17699	17304	17184	16866	20651
山西	15291	15214	15828	16270	17177	17076	16938	16848	16330	18858
内蒙古	14682	14981	15054	16303	17004	17155	16813	16713	16088	19194
辽宁	16575	16886	16939	17236	17853	18041	17812	17672	17377	21597
吉林	15994	16402	16873	17044	17436	17686	17454	17354	17030	21601
黑龙江	15274	15194	15911	16503	17249	17449	17315	17205	16513	20080
上海	17122	17573	18346	18916	18980	19069	19002	18872	18485	23508
江苏	17017	17628	18231	18810	18888	18790	18486	18326	18272	23614
浙江	16995	17213	17958	18551	18945	19064	18536	18366	18204	21589
安徽	16044	16315	17026	17524	17780	18283	18187	18077	17405	21848
福建	16588	16879	17763	18298	18700	18904	18599	18469	18025	22480
江西	15450	15801	15972	16677	17522	18211	18170	18070	16984	20830
山东	15750	16121	16833	17504	18000	18345	18180	18050	17348	21530
河南	15275	15728	16085	16504	17615	17917	17708	17618	16806	20415
湖北	16326	16568	16697	16877	17113	17657	17239	17139	16952	25170
湖南	15406	15876	16045	16298	17334	17825	17440	17345	16696	20346
广东	17795	18330	18559	18790	19161	19600	19213	19043	18811	23556
广西	15863	16294	16444	17053	17943	18200	17862	17752	17176	20919
海南	15275	15728	16085	16504	17615	17917	17708	17608	16805	20415
重庆	16455	16534	17000	17207	17435	17406	17371	17281	17086	23058
四川	16711	16944	16985	17424	18382	18569	18487	18387	17736	22180
贵州	15275	15764	16063	16276	17320	17683	17640	17560	16698	19904
云南	15428	15863	15853	15877	17318	17422	17369	17299	16554	20085
陕西	16072	16516	16264	16717	17722	17940	17907	17807	17118	20967
甘肃	14391	15107	15278	15721	17221	17494	17002	16912	16141	19442
青海	13880	14519	14517	14506	16373	16812	16481	16361	15431	18300

资料来源：本文作者根据相关数据计算整理而得。

（2）虽然样本期间内中国各省份工业制成品出口的全部技术复杂度（WTS）和国内技术复杂度（DTS）总体上均呈现出较快增长的变化趋势，但值得注意的是，两者之间的差距却呈现出逐步扩大的态势。这就从地区层面验证了全国层面两者之间差距逐步扩大的研究结论。图2进一步显示了东、中、西部三大地区的出口商品技术复杂度及其变化趋势，从中可以发现：除了受全球金融危机的影响而导致2008年之后出现一定程度的增速放缓甚至下降之外，三大地区工业制成品出口的全部技术复杂度和国内技术复杂度总体上均呈现出增长态势，且全部技术复杂度与国内技术复杂度之间的差距均呈现出逐步扩大的态势；三大地区出口商品的全部技术复杂度（WTS）排序从高到低为东部、中部和西部，且三大地区的全部技术复杂度之间并没有呈现出收敛趋势；三大地区出口商品的国内技术复杂度（DTS）排序从高到低也为东部、中部和西部，但三大地区的国内技术复杂度之间呈现出收敛趋势，究其原因在于，东部地区的出口商品结构相比于中、西部地区而言更多地偏向于中、高技术行业，而这些行业相对更多地依赖于国外核心零部件的进口，其国际垂直专业化程度较高，而国内创造的附加值相对较少。

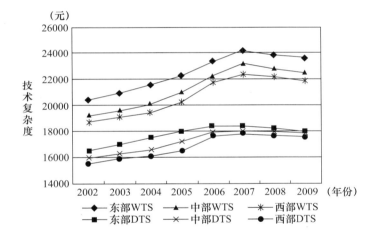

图2　2002～2009年三大地区出口品的国内技术复杂度和全部技术复杂度及其变化趋势
资料来源：本文作者根据相关数据计算整理而得。

四、主要结论及对策建议

参与垂直专业化分工，积极发展出口加工贸易，究竟是形成了对国外进口品的依赖而导致了中国产业技术水平的下降还是因获得了技术溢出效应而促进了国内产业技术含量的提升？这个问题是中国现阶段参与新型国际分工所面临的一个重要问题。本文通过借鉴

Dean 等（2008）的国际垂直专业划分测度方法，对 Hausmann 等（2005）测算出口技术复杂度的模型予以适当修正，构建了一套测算出口品国内技术复杂度（DTS）的新方法，以全部剔除出口商品中所包含的进口中间投入品价值，进而分别从全国、产业及地区三个层面对 2002~2011 年期间中国工业制成品出口的国内技术复杂度进行了相对更为准确的测算和分析。研究结果表明：通过参与国际产品内分工，中国出口品国内技术复杂度总体上呈现出稳步提升态势，但国内技术复杂度变化呈现出明显的行业差异性和区域差异性，具体表现为：

（1）随着出口贸易规模的快速扩大，中国工业制成品出口的国内技术复杂度（DTS）总体上呈现出稳步增长的态势，但其与出口商品全部技术复杂度（WTS）之间的差距呈现出逐步扩大的趋势。这表明，剔除进口中间投入品价值之后的中国出口商品技术复杂度并没有达到 Rodrik（2006）等所测算的异常高值，究其原因在于，Rodrik 等是以出口贸易总量统计数据为基础来计算中国出口商品技术复杂度的，忽视了加工组装贸易过程中从国外进口的大量中间投入品价值，从而在一定程度上夸大了中国出口贸易的技术结构和技术含量，导致了中国的贸易比较优势发生显著改变的“统计假象”。

（2）样本期间内中国工业制成品出口的国内技术复杂度（DTS）变化呈现出明显的行业异质性。具体而言，资源型行业的国内技术复杂度总体上呈现出较为平稳的变化趋势；除了受金融危机影响在 2008 年之后出现一定程度的下降之外，低技术行业和中技术行业的国内技术复杂度（DTS）总体上均呈现出不同程度的快速增长；交通运输设备制造业、通用及专用设备制造业、电气机械及器材制造业等高技术行业的国内技术复杂度总体上呈现出较快增长的变化趋势，而中国近年来一直重点发展的电子及通信设备制造业、仪器仪表及其他计量器具制造业等高技术产业的国内技术复杂度则呈现出不同程度的下降趋势。

（3）中国工业制成品出口的国内技术复杂度表现出较为明显的区域性特征。除了受全球金融危机影响在 2008 年之后出现一定程度的下降之外，样本期间内中国各省份工业制成品出口的国内技术复杂度（DTS）总体上均呈现出不同程度的增长趋势，但其与出口品全部技术复杂度（WTS）之间的差距呈现出逐步扩大的态势，这就从地区层面验证了全国层面两者之间差距逐步扩大的研究结论。进一步来看，出口品国内技术复杂度均值较高的省份主要位于东部沿海地区，而其增幅较大的省份则主要位于中、西部内陆地区；东、中、西部三大地区工业制成品出口的国内技术复杂度与全部技术复杂度之间的差距均呈现出逐步扩大的态势，而出口品国内技术复杂度（DTS）在三大地区之间的差距呈现出逐步收敛的趋势。

鉴于嵌入全球价值链分工体系已成为中国提升技术创新水平和实现产业转型升级的重要战略，因此在垂直专业化分工视角下测算中国工业制成品出口的国内技术复杂度，无论对于我们准确认识现阶段中国出口商品技术复杂度的相对状况，还是对于进一步提升中国出口品国内技术复杂度、促进中国贸易结构转型升级，均具有十分重要的政策含义。

（1）继续融入国际产品内分工体系，积极促进中国要素禀赋结构升级。现阶段，中国资源型行业、低技术行业、中技术行业以及高技术行业中的交通运输设备制造业、通用及专用设备制造业、电气机械及器材制造业等出口商品的国内技术复杂度总体上均呈现出不同程度的上升态势，这在很大层面上得益于中国本土企业参与国际产品内分工体系的"干中学"效应。因此，应鼓励本土企业进一步融入国际产品内分工体系，通过"干中学"获取技术溢出效应，逐步提升出口品国内技术复杂度，促进出口贸易结构转型升级。进一步分析可知，前三类行业的出口商品竞争力主要取决于劳动要素的成本，而后两类行业在较大程度上依赖于资本要素的成本。从中国现实经济发展状况来看，生产中劳动与资本的比重虽已有所改善，但要素禀赋结构的特点仍是劳动力相对丰富而资本相对稀缺，因而附加值较低的劳动密集型加工环节在今后一段时期内将继续是中国制造业在国际垂直专业化分工体系中的比较优势所在。然而，出口加工贸易仅是中国制造业发展的必由之路而非永久之路，因此从长远来看，在继续融入国际产品内分工体系的基础上，政府还应着力提高资金、技术、管理和人才等方面的合作层次和范围，积极促进要素禀赋结构升级，重点培育中国制造业在国际垂直专业化分工体系中的动态竞争优势。

（2）培育基于国内市场空间的国内价值链分工体系，促进国内价值链分工体系与全球价值链分工体系的有效衔接。中国近年来一直重点发展的电子及通信设备制造业、仪器仪表及其他计量器具制造业等高技术产业出口品的国内技术复杂度呈现出明显的下降趋势，究其原因在于，这些产业采用大规模进口核心部件和资本品，再大规模出口最终产品的方式参与国际产品内分工。这种产业和技术发展方式，虽然将中国的生产体系快速扩展到了高技术含量产业，但却在一定程度上抑制了中国本土制造企业的自主创新动力，阻碍了全球价值链分工体系在国内生产环节的延伸，进而使这些产业长期处于技术含量较低的加工组装环节，甚至存在被长期锁定在全球价值链低端生产环节的危险。基于国内市场空间的国内价值链分工体系，能够促进本土企业生产过程的迂回和专业化分工的演进，不仅可以获取国内生产的规模经济和范围经济，而且可以积累高端的人力资本和知识资本，因此政府应积极培育这些产业的国内价值链分工体系；此外，由于这些高技术产业主要面临着资本品和核心部件的普遍制约，而且学习过程中累积效应所需时间也较长，因此应该促进这些产业的国内价值链分工体系积极融入全球价值链分工体系中，尤其是要积极引入全球价值链分工体系中的高附加值环节，以尽快提升其出口品国内技术复杂度。

（3）依托国内价值链模式的产业转移，实施东部沿海地区与中、西部内陆地区差异化的国际垂直专业化分工发展策略。本文研究结果显示，东部沿海地区已具有相对较高的出口品国内技术复杂度，初步具备了在全球价值链高端环节进行专业化生产的能力，特别是广东、上海、江苏和浙江等省份，不仅拥有雄厚的先进制造业和现代服务业基础，而且拥有为数众多的科研机构，高等院校科技人员和熟练劳动力资源均较为丰富，完全可以承接精密零部件生产环节甚至部分研发环节的外包业务。随着人民币升值、贸易摩擦增加以及东部沿海地区要素成本上升等诸多因素的出现，集聚于东部沿海地区的劳动密集型生产环节正呈现出逐步向中、西部内陆地区转移的趋势，同时中、西部内陆地区则纷纷将承接东部沿海地区的加工贸易转移作为当地政府工作的头等大事。因此考虑到中国区域经济发展不平衡的特点，建议政府依托国内价值链模式的产业转移，实施东部地区与中、西部地区差异化的国际垂直专业化分工策略：中、西部地区依托自然资源和廉价劳动力资源的比较优势，主要承接东亚地区转移出来的劳动密集型生产业务，目的是缓解低素质劳动力的就业压力和培养熟练劳动力；东部地区则依托科技资源和服务能力，重点是在核心部件的生产和研发环节与发达国家展开分工合作，争取尽快成长为真正意义上的"制造中心"。

参考文献

［1］ Amiti M., Freund C. An Anatomy of China's Export Growth ［R］. NBER Working Paper, 2008.

［2］ Assche A. V., Gangnes B. Electronics Production Upgrading: Is China Exception ［J］. Applied Economics Letters, 2010, 17 （5）.

［3］ Dean J. M., Fung K. C. and Wang Z. How Vertically Specialized is Chinese Trade ［R］. US International Trade Commission Working Paper, 2008.

［4］ Dean J. M., Fung K. C. and Wang Z. Measuring the Vertical Specialization in Chinese Trade ［R］. US International Trade Commission Working Paper, 2007.

［5］ Feenstra R. C. Integration of Trade and Disintegration of Production in the Global Economy ［J］. Journal of Economic Perspectives, 1998, 12 （4）.

［6］ Hausmann R., Hwang J. and Rodrik D. What Your Export Matters ［J］. Journal of Economic Growth, 2005, 12 （1）.

［7］ Hummels D., Ishii J. and Yi K. M. The Nature and Growth of Vertical Specialization in World Trade ［J］. Journal of International Economics, 2001, 54 （1）.

［8］ Johnson R. Trade in International Inputs and Business Cycle Movement ［R］. NBER Working Paper, 2012.

［9］ Koopman R., Wang Z. and Wei S. J. How Much of Chinese Exports is Really Made in China? Assessing Domestic Value – Added When Processing Trade is pervasive ［R］. NBER Working Paper, No. 14109, June 2008.

［10］ Lall S., Weiss J. and Zhang J. K. The Sophistication of Chinese Exports: A New Trade Measure［J］. World Development, 2006, 34 （2）.

［11］ Lall S. The Technological Structure and Performance of Developing Country Manufactured Exports, 1995 – 1998 ［J］. Oxford Development Studies, 2000, 28 （3）.

［12］ Lau L. J., Chen X., Yang C., Cheng L. K., Fung K. C. and Sung Y. Input – Occupancy – Output Models of the Non – Competitive Type and Their Application: An Examination of the China – US Trade Surplus ［J］. Social Sciences in China, 2010 （1）.

［13］ Micheaely M. Trade, Income Levels and Dependence ［J］. Amsterdam: North – Holland Press, 1984.

［14］ Rodrik D. What's So Special about China's Exports ［R］. NBER Working Paper, No. 11947, 2006.

［15］ Schott P. K. The Relative Sophistication of Chinese Exports ［J］. Economic Policy, 2008, 53 （23）.

［16］ Wang Z., Wei S. J. What Accounts for the Rising Sophistication of China's Exports ［R］. NBER Working Paper, 2010.

［17］Xu B. Measuring China's Exports Sophistication［R］. China Europe International Business School Working Paper, 2007.

［18］Xub. The Sophistication of Exports: Is China Special［J］. China Economic Review, 2011, 21（2）.

［19］陈晓华，黄先海，刘慧. 中国出口技术结构演进的机理与实证研究［J］. 管理世界，2011（3）.

［20］戴翔，张二震. 中国出口技术复杂度真的赶上发达国家了吗［J］. 国际贸易问题，2011（7）.

［21］丁小义，胡双丹. 基于国内增值的中国出口复杂度测度分析［J］. 国际贸易问题，2013（4）.

［22］杜修立，王维国. 中国出口贸易的技术结构及其变迁：1980－2003. 经济研究，2007（7）.

［23］樊纲，关志雄，姚枝仲. 国际贸易结构分析：贸易品的技术分布［J］. 经济研究，2006（8）.

［24］关志雄. 从美国市场看"中国制造"的实力［J］. 国际经济评论，2002（8）.

［25］江剑，官建成. 中国中低技术产业创新效率分析［J］. 科学研究，2008（6）.

［26］江小涓. 我国出口商品结构的决定因素和变化趋势［J］. 经济研究，2007（5）.

［27］刘遵义，陈锡康，杨翠红，祝坤福，裴建锁，唐志鹏. 非竞争型投入占用产出模型及其应用——中美贸易顺差透视［J］. 中国社会科学，2007（5）.

［28］马淑琴. 中国出口品技术含量测度及其差异分析［J］. 国际贸易问题，2012（7）.

［29］孟猛. 中国在国际分工中的地位［J］. 世界经济研究，2012（3）.

［30］孟祺. 中国出口产品国内技术含量的影响因素研究［J］. 科研管理，2012（1）.

［31］王岚. 全球价值链分工背景下的附加值贸易：框架、测度和应用［J］. 经济评论，2013（3）.

［32］文东伟，冼国明. 中国制造业的垂直专业化与出口增长［J］. 经济学（季刊），2011（1）.

［33］文东伟，中国制造业出口的技术复杂度及其跨国比较研究［J］. 世界经济研究，2011（6）.

［34］杨汝岱，姚洋. 有限赶超与经济增长［J］. 经济研究，2008（8）.

［35］姚洋，张晔. 中国出口品国内技术含量升级的动态研究［J］. 中国社会科学，2008（2）.

［36］臧旭恒，赵明亮. 垂直专业化分工与劳动力市场就业结构［J］. 中国工业经济，2011（6）.

Measuring Upgrading and the Domestic Technological Sophistication of China's Manufactured Exports

—Based on the Perspective of Vertical Specialization

Abstract: Based on the perspective of international vertical specialization, this paper establishes a new method for measuring the domestic technological sophistication（DTS）of China's exports, in order to comprehensively eliminate the values of imported intermediate inputs that are included in China's export, and then measuring and analyzing the domestic technological sophistication of the Chinese manufactured exports during the period of 2002–2011 from the national, industrial and regional level respectively. We find that: Firstly, the DTS generally shows a steady growth trend, but the gap between DTS and with the whole technological sophistication is becoming bigger and bigger. Secondly, the DTS shows obvious heterogeneity among the different industries, such as all of the resource – based industries, low – tech industries, middle – tech industries, and the transportation equipment manufacturing industry which is included in the high – tech industries generally shows a steady growth trend; However, the electronic and communications equipment manufacturing industry which is also included in the high – tech industries is also showing a obviously download trend. Lastly, the higher mean provinces of the DTS are mainly located in the eastern region, but its larger increase provinces are mainly located in the middle and the west regions, and the DTS of the three regions shows a gradually convergence trend.

Key Words: Vertical Specialization; Manufactured Exports; Domestic Technological Sophistication; Whole Technological Sophistication

我国服务贸易的结构演化与未来战略[*]

隆国强

（国务院发展研究中心对外经济研究部，北京　100000）

【摘　要】 服务贸易是指服务的跨境交易。近20年来，随着经济全球化的不断深化和信息技术的广泛应用，服务的可贸易程度不断提高，服务贸易快速发展。我国服务贸易发展成效显著，结构快速变化，在全球排名迅速提升，但服务贸易持续逆差，显示我国服务贸易国际竞争力依然亟待增强。面临国际经济环境和我国比较优势变化的新形势，不断增强我国服务贸易的国际竞争力，是我国对外贸易转型升级的重要内容，同时，对于转变经济发展方式、推动经济结构优化升级，也具有重大战略意义。

【关键词】 服务贸易；结构演化；未来战略

一、发展服务贸易的战略意义

第一，发展服务贸易是提升我国国际分工地位的必然要求。我国虽然已经是货物贸易世界第一出口国、第二进口国，但在全球分工中仍处于低端，主要从事低附加价值的环节。随着人均收入水平的持续提高，影响我国比较优势的基础因素正在发生深刻变化，普工工资快速上涨，劳动密集型产品国际竞争力受到削弱，但劳动素质明显改善，劳动者受教育年限大大增加，大学毕业生人数快速扩大，大学生"就业难"成为一个社会问题。大力发展服务贸易，一是可以充分发挥我国人力资源优势，为劳动者提供更高收入、更加体面的就业岗位。据美国的研究，服务出口部门的平均工资比非贸易服务部门高22%。二是可以有效弥补成本上升对制造业国际竞争力的侵蚀。决定一国产业国际竞争力的不再是单一产业活动，而是产业链条的综合竞争力。提高服务效率，发展服务贸易，可以有效提高我国产业链的整体竞争力。三是可以延伸我国参与国际分工的价值链条，提升分工地

＊　本文选自《国际贸易》2012年第10期。

位。目前我国处于全球生产价值链上劳动密集加工组装环节，向"微笑曲线"的两端延伸，是提升我国在全球分工地位的方向，从研发服务到专业服务等生产服务，正是"微笑曲线"两端的高附加价值环节，因此，发展服务贸易有利于提升我国在全球分工的地位。

第二，发展服务贸易是推动我国服务业发展的有效途径。服务业与服务贸易是相辅相成的关系，服务业为服务贸易的发展提供基础，服务贸易可以有力地带动贸易业的水平，提升服务业的竞争力。一是发展服务贸易具有技术溢出效应。服务贸易可以引进新的商业模式、培养国际化的人才、加剧国内服务市场的竞争，带动服务业水平的提高。二是发展服务贸易有利于推动服务业相关体制改革。我国服务业落后的根本原因，在于对内管制过度，对外开放不足，服务业对外开放将推动服务体制的改革，从而促进服务业发展。三是发展服务贸易有利于加速发展高端服务业。作为一个发展中国家，内部需求决定了服务业供给结构的低水平，充分利用发达国家的外部市场，有利于在高端服务业中形成规模经济，从而加速高端服务业的发展。

第三，发展服务贸易是转变发展方式的重要内容。我国经济中不平衡、不协调和不可持续的问题十分突出，转变发展方式已经成为当务之急。发展服务贸易，一是可以优化产业结构，提升服务业在经济中的比重。二是有利于节能减排，降低单位国民生产总值的能耗与排放强度。三是有利于提高国民经济整体运行效率，目前我国服务业不发达已经成为拖累我国经济运行效率的主要因素。例如，发达国家物流占 GDP 的比重在 10% 以下，而我国接近 20%，这从一个侧面反映了我国生产性服务业的低效率。四是有利于缩小地区差距与收入差距。中、西部地区发展货物贸易出口受制于区位劣势，但发展某些服务贸易则不受区位的限制。例如，很多服务外包只需互联网即可解决与外界交易的问题，工程承包、劳务出口、旅游出口等也不受内陆地区的区位条件限制。发展服务贸易不仅将有利于缩小内陆地区与沿海地区的收入差距，而且也将为新毕业的大学生、建筑工人、旅游地百姓带来更多的就业与收入，有利于缩小收入差距。

二、我国服务贸易发展的特点

（一）服务贸易规模不断扩大，增速大起大落

2011 年，我国服务贸易进出口总额达到 4209 亿美元，居世界第 4 位。其中出口额为 1828 亿美元，位列世界第 4 位；进口额为 2381 亿美元，位列世界第 3 位。2004～2008 年，我国服务贸易出口年均增速达到 23.9%，比全球服务贸易出口平均增速高 9.9 个百分点。受全球金融危机的冲击，2009 年我国服务出口增速由上年的 20.4% 变为 - 12.1%，速度变化超过 30 个百分点。2010 年又出现强劲反弹，增速高达 32.2%，比全球平均增速

高23.2个百分点，2011年增速仅为6.8%，低于全球9.5%的平均速度。从图1不难看出，我国服务出口经历了大起大落的过程。

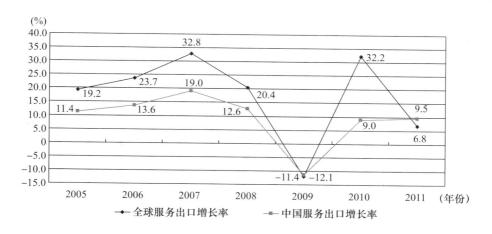

图1 服务贸易出口增长率：中国与全球

资料来源：国际货币基金组织《世界经济展望》（2012年4月），中国国家外汇管理局《国际收支平衡表》（历年）。

（二）服务贸易结构快速变化

服务贸易快速增长的同时，服务贸易结构发生了重要变化（见表1、图2）。过去5年中，从出口结构看，旅游、运输、其他商业服务等传统的服务出口活动仍然是最主要的几类服务出口，但占全部服务出口的比重明显下降，分别下降了10.3个百分点、3.3个百分点和3.7个百分点，建筑服务、咨询、计算机服务与保险服务的比重分别提升了5个百分点、7个百分点、3.4个百分点和1.1个百分点。这种结构快速变化，反映了我国服务贸易比较优势的变化。建筑服务的国际竞争力快速提升，在2010年全球负增长、主要建筑服务出口大国均出现较明显降低的形势下，中国是唯一出口保持增长的建筑服务出口大国，而且增幅高达56%。咨询与计算机服务出口比重的大幅提升，则得益于我国在服务外包中迎头赶上，商业流程服务与信息技术服务是服务外包的主要内容，对应的正是咨询服务与计算机服务。相比之下，服务进口结构变化较小。比重上升的只有3类，分别是：旅游上升了6.4个百分点，广告、宣传上升了0.2个百分点，电影、音像服务进口占比提高了0.1个百分点。其他各类服务占进口的比重均出现了不同程度的下降。除了其他商业服务进口下降了3.5个百分点外，其他各类占比变化都在1个百分点之内。我国是旅游进出口大国，有趣的是，旅游在服务出口中的比重明显下降，而在服务进口中比重明显增长。中国出境游客的人数迅猛增长，部分游客在境外一掷千金的行为更是常常成为各国媒体的花边新闻。中国人均境外消费的水平，已经超过了不少发达国家的游客。

表 1   我国服务贸易结构变化（2006～2011 年）   单位:%

	出口构成		2011 年与2006 年相比	进口构成		2011 年与2006 年相比
	2006 年	2011 年		2006 年	2011 年	
1. 运输	22.8	19.5	−3.3	34.1	33.8	−0.3
2. 旅游	36.8	26.5	−10.3	24.1	30.5	6.4
3. 通信服务	0.8	0.9	0.1	0.8	0.5	−0.3
4. 建筑服务	3	8	5	2	1.6	−0.4
5. 保险服务	0.5	1.6	1.1	8.7	8.3	−0.4
6. 金融服务	0.1	0.4	0.3	0.9	0.3	−0.6
7. 计算机和信息服务	3.3	6.7	3.4	1.7	1.6	−0.1
8. 专有权利使用费和特许费	0.2	0.4	0.2	6.5	6.2	−0.3
9. 咨询	8.5	15.5	7	8.3	7.8	−0.5
10. 广告、宣传	1.5	2.2	0.7	1	1.2	0.2
11. 电影、音像	0.1	0.1	0	0.1	0.2	0.1
12. 其他商业服务	21.4	17.7	−3.7	11.2	7.7	−3.5
13. 别处未提及的政府服务	0.7	0.4	−0.3	0.5	0.5	0

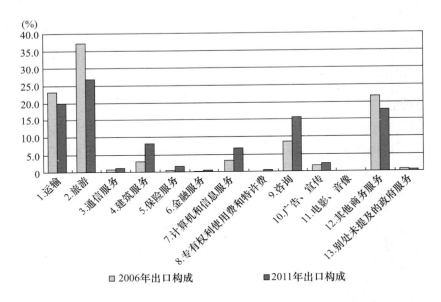

图 2   我国服务出口构成的变动（2006～2011 年）

资料来源：国家外汇管理局。

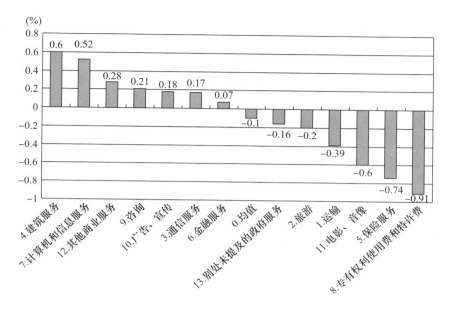

图3 2011 年我国服务竞争力指数

资料来源：作者计算。

（三）服务贸易国际竞争力总体低下

中国服务贸易逆差持续扩大，从 2006 年的 88 亿美元扩大到 2011 年的 553 亿美元，贸易竞争力指数相应从 -0.05 变为 -0.13，说明服务贸易竞争力持续恶化。从图3 中可以看出，2011 年我国 13 项服务贸易分类中，竞争力指数为正值的有 7 项，分别是建筑、计算机和信息服务、其他商业服务、咨询、广告与宣传、通信、金融。竞争力指数为负值的有 6 项，由低到高分别是专有权利使用费和特许费、保险、电影与音像、运输、旅游、别处未提及的政府服务。

5 年间国际竞争力增强的服务贸易项目有 8 项（见表2），分别是金融、建筑、计算机和信息服务、咨询、通信、保险、其他商业服务、专有权利使用费和特许费。总体看，知识密集服务业竞争力有所增强，这与我国人力资源改善和国家大力发展服务外包有着直接关系。其中值得指出的是，5 年间有 3 项服务贸易的竞争力指数由负（或零）转正，分别是通信、金融、咨询服务。

5 年间国际竞争力减弱的服务贸易项目有 5 项（见表2），分别是广告与宣传、运输、别处未提及的政府服务、旅游、电影与音像。特别需要指出的是，旅游服务的竞争力指数从 5 年前的 0.16 转为 2011 年的 -0.2，旅游服务从 2006 年的 96 亿美元的顺差转变为 2011 年高达 241 亿美元的逆差，逆差额超过我国当年服务贸易逆差总额的一半，是我国最大的服务贸易逆差来源。旅游进口的大量增加，是我国公民出境旅游快速增长的结果，这对于开阔国民视野、提高国民福利是有利的，但是，我国游客在境外大规模购物消费，则从一个侧面反映了我国国内商业流通领域存在的过度保护、价格虚高、以次充好、以假充真等问题的严重性。电影与音像服务的国际竞争力指数从 5 年前的 0 变为 2011 年的 −0.6，竞争力大幅削弱，反映出我国文化服务业国际竞争力严重恶化，值得高度重视。别处未提及的政府服务的国际竞争力也由正转负。

表 2　各项服务国际竞争力指数变动情况

	2006 年	2011 年	变动值
金融服务	−0.7	0.07	0.77
建筑服务	0.15	0.6	0.45
计算机和信息服务	0.26	0.52	0.26
咨询	−0.04	0.21	0.25
通信服务	0	0.17	0.17
保险服务	−0.89	−0.74	0.15
专有权利使用费和特许费	−0.94	−0.91	0.03
其他商业服务	0.27	0.28	−0.01
广告、宣传	0.21	0.18	−0.03
均值	−0.05	−0.13	−0.08
运输	−0.24	−0.39	−0.15
别处未提及的政府服务	0.09	−0.16	−0.25
旅游	0.16	−0.2	−0.36
电影、音像	0	−0.6	−0.6

三、我国服务贸易发展的思路与重点

(一) 我国服务贸易出口的潜力与优势

我国服务出口的潜力巨大。按照 IMF 统计，2011 年全球贸易出口为 219820 亿美元，其中货物贸易出口 179580 亿美元，服务出口为 40240 亿美元，服务出口与货物出口之比为 22.4%。相比之下，当年中国服务出口与货物贸易出口比值为 9.6%，与全球平均水平相差近 13 个百分点。从占全球市场的份额看，2011 年我国货物出口占全球市场份额达到了 10.6%，服务出口占全球市场份额仅 4.5%，不及货物出口占全球市场份额的一半（见图 4）。

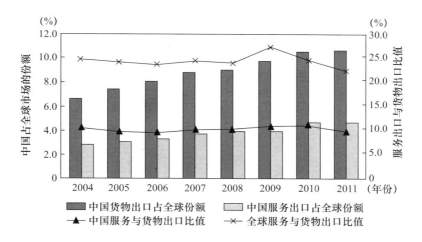

图4　服务出口与货物出口的比较

资料来源：作者根据国际货币基金和国家外汇局数据计算。

　　我国发展服务贸易出口具有独特的优势。一是我国具有丰富的人力资源，目前我国每年有近700万大学及以上毕业生，平均受教育年限在发展中国家名列前茅，这为我国发展知识密集型服务出口提供了人力资源的基础。二是我国货物贸易带来巨大的服务贸易需求。我国是世界货物贸易第一大出口国、第二大进口国，货物进出口带来巨大的服务需求，带动远洋运输、国际保险、国际通信等与货物贸易直接或间接相关服务的出口。三是我国具备发展服务外包的诸多有利条件。我国在人力资源质量与成本、基础设施、配套服务、海外渠道等方面具有发展服务外包的有利条件，因此，我国服务外包虽然起步较晚，但发展速度很快。2011年，我国企业承接国际（离岸）服务外包合同执行金额238.3亿美元，同比增长65.0%，比上年提高22个百分点。其中，承接来自美国、欧盟、日本和中国香港等国家（地区）的离岸外包合同执行金额达164.3亿美元，占我国离岸外包合同执行总额的68.9%。我国服务外包产业国际市场份额进一步扩大，2011年我国承接服务外包占全球的23.2%，比上年提高6.3个百分点。四是我国经济大国的魅力凸显，为发展国际商务旅游提供了有利条件。尽管发达经济体面临经济危机冲击，国际旅游受到制约，但是，中国已经成为世界第二大经济体和第二大进口市场，经济发展前景持续看好，越来越多的外国公司在华开展投资或对华开展商务合作，这些商务活动有力地带动了来华商务旅游。五是我国政府实施企业"走出去"战略，有利于我国企业利用商业存在方式扩大服务出口。工商银行、国家电网等大型服务企业开始对外投资，输出服务。国家电网公司在菲律宾、巴西等国投资控股或参股当地电网，取得了良好的经济效益。

　　当然，中国服务出口也存在着一些劣势与不足，如服务业发展水平不高、缺乏高端人才与国际知名的服务企业、管理体制不顺等。发展服务贸易必须扬长避短。

（二）我国发展服务贸易的思路

1. 把握机遇，顺势而为

发展服务贸易，把握发展趋势，顺势而为，则如顺水行舟，可收事半功倍之效。目前，我们面临着国际服务外包快速发展、新兴经济体基础设施建设大潮、信息技术革命不断深化带来的计算机服务快速发展等重大外部机遇，也面临着我国货物贸易快速发展带动相关服务、对外投资快速增长带动相关服务等一系列国内机遇。我们必须牢牢把握国际、国内的战略机遇，制定合适的发展战略，促进服务贸易快速发展。

2. 扬长避短，发挥优势

比较优势理论是国际贸易的基础理论，同样适用于指导服务贸易的发展。目前，我国在一些传统服务领域已经形成了较强的服务竞争力，在一些知识密集程度较高的领域也正在形成竞争力。短期内，我国应该立足于现有的比较优势，大力发展具有优势的服务出口。

3. 扩大开放，提升能力

我国服务业对内管制过度，对外开放不足，大大制约了服务业竞争力的提高。从国内外的经验看，服务业开放具有比制造业开放更强的溢出效应、竞争效应，开放对于提升服务业竞争力具有不可替代的作用。我国最早开放的酒店业，也是国际竞争力提升最快的服务行业之一。相反，美国服务业虽然总体上具有很高的国际竞争力，而且早在1956年就缔造了集装箱航运产业，但在全球海运业中却榜上无名，原因在于美国1920年颁布的《琼斯法案》（Jones Act）。该法案规定所有国内货物必须由本国造船厂制造的美国船只运输，船员也必须是美国公民。这一法案本意是保护美国货船和航运业免受国际竞争的冲击，结果却导致美国货轮在公海上销声匿迹。历史事实说明，开放比保护更有利于提高服务业的竞争力。

4. 深化改革，促进竞争

对服务业的过度管制，限制了准入和服务产品创新，市场竞争不足，制约了我国服务企业竞争力的提升。政府部门间的分隔、协调不力，导致服务贸易统计、规划制定等基础薄弱，削弱了政策效力。因此，深化改革，强化竞争，是增强我国服务竞争力的必由之路。

5. 以国内市场培育具有竞争力的大型企业

国内市场规模大是我国的一个独特优势，其好处一是有利于形成充分竞争，二是有利于企业达到规模经济，培育大企业。金融危机后我国对外工程承包在国际建筑市场上一枝独秀，充分反映了我国建筑服务较强的国际竞争力，最重要的原因在于近年来庞大的国内基础设施建设市场为企业提供了充分竞争的机会，在竞争中企业积累了经验、培养了人才，形成了一批具有国际竞争力的大型企业。

6. 创造动态比较优势，引导服务出口结构升级

20世纪50年代日本学者提出的动态比较优势理论对于引导服务出口结构升级具有重要指导作用。从长期看，政府可以按照产业发展的规律，有目的地创造高附加价值服务业发展的环境条件，增强其国际竞争力，引导出口结构加快实现升级。

（三）发展服务贸易的重点

1. 大力发展与货物贸易相关的服务出口

作为货物贸易大国，我国具备发展与货物贸易相关的服务贸易的有利条件，货物贸易对包括国际物流（仓储、配送和运输）、电信、金融、保险等在内的服务提供了巨大需求。目前看，国际运输是我国服务进口的最大项目，我国在国际运输项目中存在巨额逆差。保险服务也是逆差。这说明，国内服务企业尚未充分抓住我国货物贸易发展带来的市场机会。未来要着力提升我国企业在这些领域的国际竞争力，利用好货物贸易发展带来的市场机遇。

2. 大力发展国际工程承包

我们面临着基础设施建设的大潮，新兴经济体为了适应工业化、城市化快速推进的需要，正在大力建设基础设施，美欧发达经济体提出了"再工业化"战略，将大力改建破旧基础设施，日本能源结构调整也为电力等基础设施建设提供了机遇。我国企业在基础设施建设方面具有较强的国际竞争力，从设计、施工、管理等各个环节积累了人才与经验，而且一批大型企业逐渐在国际工程市场上赢得了声誉，这为我国抓住全球基础设施建设大潮带来的机遇，提供了有利条件。

3. 大力发展服务外包

互联网技术的深化应用和新一代信息技术的突破，将进一步促进服务分工的细化与服务外包。在全球金融危机背景下，2011年全球国际服务外包市场规模1100亿美元，比上年增长了13%。我国人力资源优势、基础设施完善，以及一些龙头企业的涌现，有利于我国在国际服务外包市场取得更大份额。

4. 大力发展文化创意产业出口

中共十七届六中全会提出文化大发展大繁荣的目标。大力发展文化创意产业出口，不仅是提升我国服务出口结构的要求，而且是增强中国"软实力"的重要内容。我国具备发展文化创新产业出口的有利条件，有深厚的文化传统、丰富的人力资源、迅猛扩张的国内市场。进一步加强国际合作，与国外一流企业共同开发面向国际市场的文化创新产品，是推动文化创意产品扩大出口的一条重要途径。

5. 大力发展商务旅游

在全球金融危机背景下，我国经济一枝独秀，国际化程度不断提升，为发展商务旅游提供了有利条件。我国应该有针对性地研究国际商务旅游的特殊需求，不断改善商务旅游的环境（包括签证的便利性、便捷安全舒适的吃住行服务等），同时打造中国旅游、中国文化、中国购物、中国服务的品牌，以商务旅游为龙头，吸引商务游客带动家庭来华旅游，增加商务旅游的附加价值。

（四）发展服务贸易的政策措施

1. 增强服务业的国际竞争力

服务业国际竞争力是发展服务贸易的基础。我国要进一步扩大服务市场对内对外开放，推进服务领域改革，打破垄断，强化服务市场竞争，提升服务业的国际竞争力。

2. 打造服务出口基地

按照不同类型服务的特点，积极探索与打造服务出口基地，形成服务出口产业集群。服务外包基地城市建设取得了初步成效，应及时总结经验，加以推广，同时要着力解决现存的问题，进一步提升服务外包基地的竞争力。除此之外，要打造国际金融中心、国际贸易中心、国际航空枢纽、国际物流与航运中心、国际旅游中心，探索建立国际会议中心城市、国际健康服务中心城市、国际教育中心城市等，通过完善基础设施、打造品牌，形成产业集群。

3. 培育具有国际竞争力的龙头服务企业

服务业的特性决定了服务贸易比制造业国际贸易更依赖品牌，品牌是质量的保证与承诺，也是获取国际订单的重要条件。一方面我国应引进国际知名服务企业来华投资，带来服务出口，另一方面要着力培育服务业龙头企业，打造国际服务品牌。

4. 加强对知识产权与信息安全的保护

知识产权与信息安全对于承接高端服务业转移和获得服务外包合同至关重要，知识产权与信息安全保护不力，已经成为制约我国服务贸易发展的重要因素。未来要进一步完善法律法规，加大执法力度，有效消除地方保护主义干扰，大幅度改善对知识产权和信息安全的保护。

5. 提升人力资源质量

人力资源对提升服务业竞争力至关重要，要加大人才培训，在提高业务技能的同时，要特别注重职业道德的培养，同时大力引进高端人才，形成梯度丰富的人力资源队伍。

6. 打造服务贸易促进平台，学习国际经验，探索建设适合服务贸易要求的贸易促进机制

2012 年首次举办的北京服务贸易交易会（"京交会"）是一个有益的尝试，据报道，京交会一天签约金额达到 32 亿元，说明了这一方式的有效性。未来还可以探索建立针对具体服务内容的专业性服务贸易促进平台。

Our Service Trade Structure Evolution and Future Strategy

Abstract: Trade in services is the cross – border transaction of services. In the past 20 years, with the deepening of economic globalization and the wide use of information technology, the tradable extent of services has improved continuously and the service trade has been developing rapidly. The development of China's service trade has achieved remarkable results, with its structure changing rapidly and the upgrading in the global rankings. But the continued trade deficit shows that international competitiveness of China's service trade is still to be enhanced. Facing the new situation of the international economic environment and the changing of China's comparative advantages, the constantly enhancing of the international competitiveness of China's service trade is an important part of China's foreign trade transformation and upgrading. At the same time, this is also of great significance of the transformation of the mode of economic development and the optimization and upgrading of economic structure.

Key Words: Service Trade; Structure Evolution; Future Strategy

服务贸易自由化是否提高了
制造业企业生产效率[*]

张　艳　唐宜红　周默涵

（中央财经大学国际经济与贸易学院，北京　100081）

【摘　要】 本文通过建立理论模型分析了服务贸易自由化如何通过服务任务的外包效应、重组效应和技术促进效应影响制造业企业的生产效率，采用更加全面的指标衡量了中国服务贸易自由化水平，包括服务开放渗透率、服务业 FDI 产业渗透率、服务贸易产业渗透率和服务业 FDI 地区渗透率，并使用 1998～2007 年中国制造业企业面板数据，检验了中国服务贸易自由化对制造业企业生产率的影响。我们发现，服务贸易自由化促进了制造业企业生产率的提高，中国服务贸易自由化对制造业企业生产率的影响是不均匀的，对东部地区企业、使用较多服务中间投入的企业、外商投资企业和出口企业，服务贸易自由化影响更大；而对于国有企业和港澳台投资企业，服务贸易自由化的促进作用不显著。

【关键词】 服务贸易自由化；服务任务外包；生产率；中国制造业企业

一、引言

服务贸易自由化是世界贸易组织（WTO）谈判中备受争议的话题之一。服务业发展较落后的国家对于服务市场开放有所保留的一个重要原因是未充分考虑服务作为制造业和其他产业中间投入的性质，进而低估了服务市场开放对一国经济发展的潜在效益。本文重点探讨服务贸易自由化对制造业企业生产率的影响。这一问题的研究对中国尤为重要，原因有二：其一，中国作为"世界工厂"，在制造业方面具有比较优势，而中国制造产品的优势主要来自廉价的劳动力，如何通过提高生产效率以保持中国制造业的优势，并优化升

---

[*] 本文选自《世界经济》2013 年第 11 期。

级制造业结构，必然是"中国制造"未来发展的关键。其二，中国在加入 WTO 的谈判中，在服务领域做出了积极的开放承诺，其开放的广度和深度较之发展中国家都有相当突破。在按 WTO 分类的 160 多个服务贸易部门中，中国承诺开放 100 多个，开放程度已接近发达国家水平。随着 2002～2007 年"入世"过渡期的结束，中国已经逐步开放了很多重要的服务领域，如分销、电信、金融服务、商业服务、计算机服务、环境、建筑以及公共社会服务等。然而，已有文献对"中国制造"的政策解释大多集中于货物贸易自由化、中国制造业引资和开放的政策，或是制造业市场化改革等，很少有文献研究服务贸易自由化对于制造业生产效率的影响。本文首先建立理论模型，分析服务贸易自由化对生产率的影响及其影响机制，然后采用中国 1998～2007 年制造业企业的面板数据对其进行经验检验。

中国的服务贸易自由化改革如何影响制造业生产效率？首先，中国服务贸易自由化减少了国外服务供应商进入中国的壁垒，特别是在市场准入和国民待遇两个原则下取消服务贸易限制，使更多先进的国际服务企业进入中国市场，为中国制造业企业提供多种效率更高、质量更优的服务。其次，生产性服务作为制造业的中间投入，其技术和人力资本含量较高，服务贸易自由化和服务外包，可以为制造业企业带来示范和竞争效应，推进制造业企业进行管理模式创新，调整结构向先进技术前沿靠近，激励企业增加研发投入进行技术创新，进而提高制造业企业的生产效率。最后，制造业企业会将自己不具竞争优势的服务任务（例如运输和分销等服务）外包出去，将生产集中到更有效率的制造环节上，这种归核化战略能使制造业企业重新分配资源，生产率水平因重组效应而提高（Amiti and Wei，2009；Gorg et al.，2008）。

本文的一个重要贡献就是从理论上探讨了服务贸易自由化对制造业企业生产率的影响及影响机制。本文参考 Grossman 和 Rossi‐Hansberg（2008）任务贸易（Task Trading）模型的构建，在制造业生产过程中引入服务任务，并建立一个服务任务国际外包模型，分析服务贸易自由化如何影响发展中国家制造业的生产率。服务贸易自由化减少了服务贸易和投资壁垒，降低了服务外包的成本，使发展中国家的制造业企业将部分服务任务（Services Task）外包给效率更高的外国服务供应商，提高企业生产率。其中，提高的主要途径有服务任务外包效应、重组效应和技术促进效应。

近几年，一些国际学者采用经验方法研究一国服务贸易自由化和制造业企业生产率的关系，而研究的难点是如何衡量一国的服务贸易自由化程度以及如何衡量服务开放对制造业的影响（渗透）程度。服务贸易自由化很难像货物贸易自由化那样找到一个相对统一的衡量指标，如关税和非关税壁垒等。目前大多数研究使用服务业外商直接投资（Foreign Direct Investment，FDI）来衡量一国服务开放程度，例如 Arnold 等（2008，2011a），Fernandes 和 Paunov（2012）以及 Javorcik 和 Li（2008）。然而，服务业 FDI 不是服务进入东道国市场的唯一途径，跨境支付、过境消费和自然人流动也是国际服务贸易的重要提供模式。因此，本文对服务贸易自由化的测度采用更加全面的方法，不仅包括文献常用的服务业 FDI，还使用了国际收支（Balance of Payment，BOP）统计和外国附属机构统计（Foreign Affiliates Trade Statistics，FATS）的服务贸易数据。一些最新的文献使用服务贸易限制指数（Service Trade Restrictiveness Index，STRI）来衡量一国服务贸易自由化的程度（Arnold et al.，2011a，b）。本文根据中国"入世"服务开放承诺表、中国履行承诺的政策信息以及世界银行设计的服务贸易限制指数的模板，计算了中国主要生产服务业的服务贸易限制指数。那么如何衡量服务开放对制造业企业的影响程度？基于以上衡量服务贸易自由化程度的指标，并根据中国投入产出表和地区服务业 FDI 的数据，借鉴 Arnold 等（2011a，b）的研究方法，本文计算中国制造业的服务开放渗透率、服务业 FDI 产业渗透率以及服务贸易（BOP 统计和 FATS 统计）产业渗透率和服务业 FDI 地区渗透率。

对比已有经验研究，本文首次使用中国工业企业数据研究中国服务贸易自由化对制造业企业生产率的影响。主要结论与理论预测相一致，中国服务贸易自由化改革促进了中国制造业企业生产率的提高。然而，中国服务贸易自由化改革对制造业各企业生产率的影响是不同的，企业的所有制结构、服务投入比重、企业所在地等因素会影响服务贸易自由化的生产率效应。本文还尝试检验了服务贸易自由化对制造业企业生产率的影响渠道，并进行了多种稳健性检验，包括多种方法衡量中国服务开放程度、4 种方法计算企业全要素生产率（固定效应模型）、Olley 和 Pakes（1996）方法、Levinsohn 和 Petrin（2003）方法和动态面板 Arellano 和 Bond（1991）的广义矩估计（Generalized Method of Moments，GMM）方法，以及多种估计方法（一阶差分法和倍差方法）等。研究发现，中国服务贸易自由化对制造业企业生产率有促进作用的结论十分稳健。

本文结构安排如下：第二部分建立理论模型，分析服务贸易自由化对发展中国家制造业企业生产率的影响机制；第三和第四部分采用计量模型进行检验，讨论主要结果，并进行稳健性检验；最后总结全文。

二、理论模型的建立与推导

本文参考 GRH（2008）的任务贸易模型，建立一个服务任务外包模型，讨论服务贸易自由化对制造业企业生产率的影响。

考虑一个制造业企业。假定最终产品的生产过程由两种任务完成——制造任务和服务任务。每种任务只需要一种要素投入，服务任务由高技能劳动来完成，用 H 表示；制造任务由低技能劳动来完成，用 L 表示。最终产品的生产函数对于两种要素投入采取柯布—道格拉斯（Cobb – Douglas，C – D）形式：

$$Y = AH^{\alpha}L^{1-\alpha}$$

在后文分析中，我们在外生全要素生产率（Total Factor Productivity，TFP），即 A 是给定的，或内生全要素生产率，即 A 是企业内生决定的研发投资 k 的函数 A = A(k) 两种情况下，分别考虑服务贸易自由化对制造业企业生产率的影响。

（一）外生全要素生产率

首先，我们对服务投入（即 H 投入）建模。为产生 1 单位的 H 投入，企业需要完成一系列的子任务，我们假设这一系列子任务的集合是一个连续统（Continuum），并将所有子任务的集合标准化为单位区间 $[0, 1]$，这样，任意 i $[0, 1]$ 代表 1 个子任务。沿袭 GRH（2008）的设定，我们假设各子任务之间对称，且完全互补。换言之，每个子任务都必须且仅需要被完成 1 次。服务任务可以由本国企业完成，也可以由外国服务企业完成。我们不讨论企业的组织结构问题，如果服务任务由本国制造业企业完成或是外包给本国的服务企业，则我们称之为"国内采购"；如果服务任务是向国外企业购买，我们称之为"国际外包"，实际上是制造业企业进行服务进口。国际外包有两个特点值得注意：第一，相对于本国制造业企业和本国服务企业，外国服务企业生产率更高且质量更好，国内企业有激励进行外包；第二，服务任务国际外包，或是服务进口可以采用过境交付、商业存在和自然人流动等形式实现。商业存在是服务贸易的主要形式，即外国服务企业在本国建立商业存在为本国企业和消费者提供服务。本文所界定的服务任务的国际外包不仅包括狭义上的通过网络和通信手段实现软件和商业流程离岸外包，还包括通过"商业存在"实现本国制造业企业与服务业跨国公司的本国分支机构间的在岸服务外包。采用不同方式实现的国际外包因服务任务的差异存在成本差异，服务外包的难易程度也有所不同。如数据分析、会计等标准化的服务任务，由于企业可以通过网络和通信等手段来交流，故而外包较为有效率；一些需要与人密切接触，或更为灵活应对的任务（如维修、咨询服务等），外包的效率损失可能更大。

为了刻画服务外包的特点，我们首先假设：如果服务任务在国内采购，则 1 单位高技能劳动仅可以生产 1 单位子任务 i；如果进行国际外包，1 单位高技能劳动力可以生产 $\lambda > 1$ 单位的子任务 i。然而，国际外包会遭遇一个外包成本，沿袭 GRH（2008）的设定，假设服务任务 i 的外包成本为 $\beta t(i)$。函数 $t(i)$ 刻画了不同任务 i 外包难易程度的差异，我们假设 $t(i)$ 连续可微，且将服务任务外包按照从难到易的顺序排列（i 越大表示越容易外包），从而 $t(i)$ 是 L 的减函数，即 $t'(i) < 0$。由于服务贸易壁垒（限制）存在，所有子任务都面临一个共同的外包成本，我们将这部分外包成本用 $\beta > 1$ 表示。

根据这些假设，企业考虑任意的任务 i $[0, 1]$ 是在国内采购还是进行国际外包。为不失一般性，我们假设两国高技能工人工资相等并标准化为 1。于是，如果任务 i 在国内采购则需要雇佣 1 单位劳动，由于我们假定了国内高技能劳动工资为 1，服务任务 i 的单位成本为 1。如果进行国际外包，则需要雇佣 $\beta t(i)/\lambda$ 单位劳动，故单位成本为 $\beta t(i)/\lambda$。企业权衡这两种单位成本的大小，如果 $\beta t(i)/\lambda > 1$，说明该服务任务在国内完成较为便宜；相反，若 $\beta t(i)/\lambda < 1$ 则该任务将国际外包。

为使分析有意义，我们假设 $(\beta t(0)/\lambda) > 1$ 且 $(\beta t(1)/\lambda) < 1$ 始终成立。由于 $\beta t(i)/\lambda$ 是 i 的单调递减函数，则必然存在唯一的 $O_1 [0, 1]$ 使得：

$$\beta t(O_1)/\lambda = 1$$

于是，任意 i[0，O_1] 在国内采购，而任意 i[O_1，1] 被国际外包。

因为 H 投入的各子任务恰需被完成 1 次，我们可以计算出最优采购决策下，H 投入的单位成本为：

$$\Omega = \int_0^{O_1} 1 di + \int_{O_1}^1 \frac{\beta t(i)}{\lambda} di = O_1 + \frac{\beta}{\lambda} \int_{O_1}^1 t(i) di$$

由于 $\beta/\lambda = 1/t(O_1)$，代入上面的公式得到：

$$\Omega = O_1 + \int_{O_1}^1 \frac{t(i)}{t(O_1)} di$$

由于 t（i）是减函数，所以对于上式第 2 项积分中的任何 i，都有 t（i）< t（O_1），故：

$$\Omega = O_1 + \int_{O_1}^1 \frac{t(i)}{t(O_1)} di < O_1 + \int_{O_1}^1 1 di = O_1 + (1 - O_1) = 1$$

相比而言，如果不能够国际外包，而只能够国内采购，则 H 投入的单位成本为 1。可见，服务国际外包使得 H 投入的单位成本降低。

进而，我们考虑服务贸易自由化对企业生产率的影响，在我们的设定中，R 刻画了服务贸易的限制程度，服务贸易自由化会减少服务贸易壁垒，R 将下降。近些年，中国不断采取措施减少贸易壁垒，如开放管理咨询行业，减少市场准入壁垒，简化审批手续，取消最低资本要求、选址要求，取消控股比例限制，减少经营限制，取消资本和利润汇回限制，加强知识产权保护，减少人员流动壁垒等。国际知名管理咨询跨国公司可以以商业存在的方式进入中国，为制造业企业提供更高质量的管理咨询服务，外国的咨询专家也可以以自然人流动的方式为中国制造业企业提供服务等。如果没有服务市场的开放，这些具有较强非贸易品特征（如生产者和消费者同时同地性、较强异质性和经验特征）的生产性服务行业贸易将难以实现，高筑的国际服务贸易壁垒更会增加国外服务生产者的市场进入和运营成本，进而增加服务任务外包成本。

将 Ω 关于 β 求导，注意到 O_1 是 β 的函数，我们有：

$$\frac{d\Omega}{d\beta} = \frac{dO_1}{d\beta} + \frac{1}{\lambda} \int_{O_1}^1 t(i) di - \frac{\beta}{\lambda} t(O_1) \frac{dO_1}{d\beta} = \frac{1}{\lambda} \int_{O_1}^1 t(i) di + \left[1 - \frac{\beta}{\lambda} t(O_1)\right] \frac{dO_1}{d\beta}$$

根据 O_1 定义式，我们有 $1 - \frac{\beta}{\lambda} t(O_1) = 0$，这显然是一个包络引理的结果，从而：

$$\frac{d\Omega}{d\beta} = \frac{1}{\lambda} \int_{O_1}^1 t(i) di > 0$$

这个结果意味着，即使在 TFP 外生情况下，服务贸易自由化也会使服务任务的单位成本下降。因此，服务贸易自由化促进了本国制造业企业将服务任务外包给效率更高、质量更优、产品更加多样的国外服务企业，直接提高了制造业企业的生产效率。

那么服务贸易自由化对制造投入的边际生产率有何种影响？根据生产函数 $Y = AH^\alpha L^{1-\alpha}$，我们可以得到制造业投入的边际生产率是：

$$\frac{\partial Y}{\partial L} = (1 - \alpha) A \left(\frac{H}{L}\right)^\alpha$$

而 C－D 生产函数下的成本最小化意味着：

$$\frac{H}{L} = \frac{\alpha w_L}{(1-\alpha)\Omega}$$

其中，w_L 是低技能工人的工资率。从以上两式我们可以看出，当 β 下降后，Ω 下降，从而导致 $\frac{H}{L}$ 的上升。由于两种劳动的互补性，导致了制造业投入边际生产率 $\frac{\partial Y}{\partial L}$ 上升。因此，服务贸易自由化促使制造业企业重新分配资源，集中进行更有效率的生产，生产率因重组效应而提高。

（二）内生全要素生产率

下面我们来考虑内生 TFP 的情况。假设企业有一定的垄断租金，否则企业便毫无研发动力（Tirole，1988；Acemoglu，2008）。为此，我们假定企业面临一条向下倾斜的需求曲线：

$$q = B \cdot p^{-\frac{1}{1-w}}$$

这里我们考虑一个内生 TFP 的拓展 C－D 生产函数，以考察服务贸易自由化对 TFP 的影响。设生产函数为：

$$q = A(k)H^\alpha L^{1-\alpha}$$

其中，k 为企业用以增加全要素生产率的研发投入。而 $A(k) > 0$ 为内生的全要素生产率。假定：

$$A'(k) > 0, \quad A''(k) < 0$$

这意味着随研发投入的不断增大，虽然其边际效果递减，但 TFP 会不断上升。单位成本函数为：

$$c = \gamma \frac{\Omega^\alpha w_L^{1-\alpha}}{A(k)}$$

其中，γ 为常数。企业首先选取最优的 k，进而在给定的 k 下选取最优的产量来最大化利润。下面我们反向来解这个问题。首先，对于给定的 k，企业最大化利润为：

$$\max_{q \geq 0}(p - c)q$$

其中，p 由需求曲线给出。我们可以通过一阶条件得到最优产量：

$$q = \left[\frac{vA(k)}{\gamma \cdot \Omega^\alpha w_L^{1-\alpha}}\right]^{\frac{1}{1-v}}$$

以及相应的利润：

$$\prod = \Gamma \cdot \left[\frac{A(k)}{\Omega^\alpha w_L^{1-\alpha}}\right]^{\frac{v}{1-v}}$$

其中，Γ 为一常数。进而我们退回到第一步决策，选择最优研发投入以提高 TFP：

$$\max_{k \geq 0}\left(\prod - k\right) = \Gamma \cdot \left[\frac{A(k)}{\Omega^\alpha w_L^{1-\alpha}}\right]^{\frac{v}{1-v}} - k$$

为满足这个问题的二阶条件，必须有 $v < 0.5$。由一阶条件我们容易得到：

$$\Gamma \frac{v}{1-v} \frac{A'(k^*)}{A(k^*)^{\frac{1-2v}{1-v}}} = (\Omega^\alpha w_L^{1-\alpha})(\frac{v}{1-v})$$

注意到 k^* 是 Ω 的函数，我们对上式两边同时对 Ω 求导，得：

$$\frac{A''(k^*)A(k^*) - \frac{1-2v}{1-v}(A'(k^*))^2}{A(k^*)^{\frac{2-3v}{1-v}}} \cdot \left(\frac{\partial k^*}{\partial \Omega}\right) = \frac{\alpha}{\Gamma} \Omega^{\frac{\alpha v+v-1}{1-v}} w^{\frac{v(1-\alpha)}{1-v}} > 0$$

于是我们有下式中 sign 表示符号函数：

$$\text{sign}\left(\frac{\partial k^*}{\partial \Omega}\right) = \text{sign}\left\{A''(k^*)A(k^*) - \frac{1-2v}{1-v}(A'(k^*))^2\right\}$$

由于我们已经知道 $A''(k^*) < 0$，故上式右边的符号为负，故而有：

$$\frac{\partial k^*}{\partial \Omega} < 0$$

这就是说，当 H 任务的单位成本下降时，企业的研发投入会上升。现在我们可以求解服务贸易自由化，即 β 的下降如何影响内生 TFP。

$$\frac{d(TFP)}{d\beta} = \frac{dA(k^*)}{d\beta} = A'(k^*) \cdot \frac{\partial k^*}{\partial \Omega} \cdot \frac{d\Omega}{d\beta}$$

显然，$\frac{\partial k^*}{\partial \Omega} < 0$。我们已经知道 $A'(k^*) > 0$。而在前文中我们已经证明了 $\frac{d\Omega}{d\beta} > 0$，从而我们有：

$$\frac{d(TFP)}{d\beta} < 0$$

可见，服务贸易自由化通过技术促进效应，提高制造业企业的全要素生产率。由理论模型我们得到的结论是：服务贸易自由化将提高本国制造业企业的生产率，且主要通过以下三个途径来实现：其一，服务任务外包效应，即服务贸易自由化促进了本国制造业企业将服务任务外包给效率更高、质量更优、产品更加多样的国外服务企业，直接提高制造业企业的生产效率。与实物中间品贸易相比，服务任务外包（例如后台管理、会计、管理咨询、市场营销和计算机服务）对生产率的促进效应更加显著（Amiti and Wei，2009；Gorg et al.，2007）。其二，重组效应，即制造业企业重新分配资源，外包效率低的服务任务，集中生产更加有效率的制造环节，生产率因重组效应而提高。其三，技术促进效应，即服务外包推进制造业企业进行管理模式创新，调整结构向先进技术前沿靠近，激励企业增加研发投入，进行技术创新，从而提高制造业企业的生产效率。

三、变量说明与计量模型

（一）主要变量说明

1. 中国服务贸易自由化测度

本文采用多种方法比较全面地衡量了中国服务贸易自由化的程度。第一种方法是基于服务贸易政策数据计算的服务贸易限制指数。服务贸易限制指数的计算方法是针对不同服务部门的特征，按照服务贸易的 4 种提供模式，拟定每个服务部门壁垒的测度模板，分别列明构成该服务部门服务贸易壁垒的类别，每个类别根据其限制的程度分别打分，并根据权重计算得到最终的服务贸易限制指数。服务贸易限制指数越小，说明服务贸易自由化程度越高。本文根据中国"入世"服务承诺表以及中国服务业相关的政策法律法规，分别计算了中国银行、保险、分销和电信行业的服务贸易限制指数。中国"入世"以来服务贸易壁垒不断降低，服务贸易自由化取得很大进展。第二种方法是基于服务贸易和服务业 FDI 的数据直接衡量中国服务业开放程度。其中服务贸易数据的统计主要包括 BOP 统计和 FATS 统计。基于 BOP 的服务贸易统计被列入国际收支平衡表中经常账户项下的服务贸易，指一国居民与非居民之间服务的输出和输入，主要包含了服务贸易总协定（General Agreement of Trade in Services，GATS）的服务贸易定义中模式一"过境支付"和模式二"境外消费"两项，未充分统计模式三"商业存在"和模式四"自然人流动"方式提供的服务贸易。而根据《国际服务贸易统计手册》（Manual on Statistics of International Trade in Services，MSITS）（2001）的建议，FATS 统计作为 BOP 统计的有益补充，将居民与非居民之间的传统服务贸易扩展到通过在一国境内的商业存在提供的服务，反映了外国附属机构在东道国发生的全部商品和服务交易情况。服务业 FDI 数据采用中国省际服务业的实际和合同 FDI 数据。

如何衡量服务业和制造业之间的联系是本研究的关键，具体而言就是服务开放对每个制造业企业的影响程度。中国工业企业数据库没有统计企业国际服务中间投入的数据，但是我们可以根据中国的投入产出表数据计算 24 个制造行业对主要服务行业的依赖程度，即服务业对于制造业的渗透率（a）。我们借鉴 Arnold 等（2011）、Amiti 和 Wei（2009）以及 Feenstra（1997）的方法，采用以下公式计算中国每个制造行业的服务开放渗透率：

$$service\_penetration_{jt} = \sum_k \alpha_{jkt} \cdot liberalization_{kt}$$

其中，服务投入比例根据 1997 年、2002 年、2005 年和 2007 年中国 42 个部门的投入产出表计算得到。j 代表 24 个制造业，k 是 5 个服务部门，t 代表年份。其中，5 个主要生产服务部门分别是运输、电信和计算机产业、分销（批发和零售）、金融服务业、建筑和其他商业服务。liberalization 包括上文提到的主要服务贸易自由化的衡量指标：服务贸易限制指数、服务业 FDI 数额（单位：亿元）、BOP 统计的服务进口数额（单位：亿美元）和 FATS 统计的服务贸易数额（单位：亿元）。据此方法我们为每个制造业分别计算出 4 个服务自由化渗透率程度：服务开放渗透率、服务业 FDI 产业渗透率、服务 BOP 进口渗透率、服务 FATS 渗透率。此外，我们还采用中国省际服务业实际和合同 FDI 的数额（单位：亿元）来计算剩下的两个渗透率：服务业实际 FDI 区域渗透率和合同 FDI 区域渗透率。服务业 FDI 的数据来自《中国统计年鉴》（1998，2008），服务贸易的数据来自中国商务部。

2. 制造业企业生产率

本文采用中国制造业企业数据，对服务贸易自由化的生产率效应进行经验研究。数据样本来自中国工业企业数据库（1998，2007），源于国家统计局对工业企业的年度调查，其中包括 200 多万家企业，100 多个在会计报表中记录的财务数据指标。企业主要包括两大类：①所有国有企业（SOEs）；②年销售额超过 500 万元的非国有企业。根据新会计准则，并借鉴李志远和余淼杰（2013）对数据的处理方法，我们剔除了以下观测值：①总资产小于流动资产；②总资产小于固定资产；③企业的代码缺失或重复；④成立时间无效。本文只考虑从 1998 ~ 2007 年有连续经营数据的企业，剔除缺失变量后，得到一个包含 287694 个企业的平衡面板数据。其中，213382 个企业位于中国东部地区，45480 个外商投资企业，124874 个出口企业。

生产函数采用 C - D 函数形式：

$$Y_{it} = A_{it}L_{it}^{\alpha}K_{it}^{\gamma}I_{it}^{\eta}$$

其中，Y 是总产出，K 代表资本投入，L 代表劳动投入，I 代表总的中间投入，函数 A 代表全要素生产率，i 代表制造业企业。为测量全要素生产率，对上式取对数：

$$\ln Y_{it} = \beta_0 + \alpha \ln L_{it} + \gamma \ln K_{it} + \eta \ln I_{it} + \varepsilon_{it}$$

本文采用残差法计算全要素生产率，这个残差事实上是总产出的真实数据和预测拟合值之差。预测拟合值通常采用最小二乘法（OIS）估算，然而中间投入和要素投入都是内生的，与一个企业的生产率等因素相关，因此 OLS 估计结果是有偏的。本文采用 4 种方法来解决这一内生性问题。第 1 种方法是固定效应模型（Fixed - effects），其假设是误差项中与中间投入有关的部分不随时间变化。第 2 种方法是由 Olley 和 Pakes（1996）提出的 O - P 方法，这是一种半参数方法，主要解决同时性和选择性问题。同时性问题的产生源于企业察觉到而计量经济学家未观察到的影响中间投入决策的生产率冲击和变化。选择性问题来自生产率冲击与企业退出市场的可能性相关。O - P 方法使用投资变量作为工具变量来衡量不可观测的生产率冲击以解决同时性问题，而使用存活可能性变量来解决选择性问题。第 3 种方法是由 Levinsohn 和 Petrin（2003）与 Petrin 等（2004）提出的 L - P 方法，主要是使用中间投入作为工具变量来解决同时性问题。第 4 种方法是使用 Arrellan 和 Bond（1991）的 GMM 统计量计算，其使用要素投入和中间投入的滞后变量作为不可观测 TFP 的工具变量，并使用两阶段 Arrellano - Bond GMM 估计量（GMM - is）来控制外包的潜在内生性问题。

基于表1生产函数的估计结果，利用残差法计算企业全要素生产率，并通过表2的统计描述，初步可见服务开放和企业生产率的关系，服务开放依赖程度高的企业生产率水平更高。

表1 生产函数的估计结果

变量	（1）FE lnY	（2）OP lnY	（3）LP lnY	（4）GMM－ts lnY
lnK	0.059 *** （0.001）	0.062 *** （0.002）	0.02 *** （0.003）	0.022 *** （0.002）
lnL	0.083 *** （0.001）	0.056 *** （0.001）	0.048 *** （0.001）	0.001 （0.003）
lnI	0.755 *** （0.001）	0.864 *** （0.002）	0.95 *** （0.005）	0.688 *** （0.008）
观测值	286902	1148137	299089	225063

注：***、**和*分别代表在显著水平1%、5%和10%上显著，括号里的值为标准差，后表同。未报告的系数包括企业年龄和时间变量。lnY代表总产值的对数值，lnK是固定资产的对数值，lnL是平均就业人数的对数值，lnI是总中间投入的对数值。

表2 数据统计描述

服务贸易开放测度	高生产率		低生产率		全样本	
	均值	标准差	均值	标准差	均值	标准差
服务开放渗透率	0.0161	（0.016）	0.0157	（0.016）	0.0159	（0.016）
服务BOP进口渗透率	59.89	（54.96）	56.82	（56.11）	58.21	（55.61）
服务FATS渗透率	12.30	（9.91）	11.36	（9.96）	11.81	（9.95）
服务FDI区域渗透率（实际）	11.60	（1.23）	11.33	（1.35）	11.44	（1.30）
服务FDI区域渗透率（合同）	12.25	（1.33）	11.95	（1.46）	12.07	（1.41）
服务FDI产业渗透率	10.39	（0.99）	10.33	（1.06）	10.35	（1.03）

注：GMM－ts方法计算的全要素生产率高于均值定义为高生产率企业，否则定义为低生产率企业。
资料来源：作者计算整理而得。

（二）计量模型

我们使用以下方程来讨论服务贸易自由化对制造业企业生产率的影响：

$$\text{TFP}_{it} = \gamma_0 + \gamma_1 \text{service\_lib}_{j,t-1} + \Gamma X_{i,t-1} + d_{rt} + d_{st} + v_i + \varepsilon_{it} \tag{1}$$

TFP_{it}分别采用前文提到的4种方法估计的企业全要素生产率以及企业的劳动生产率

（工业增加值与从业人数之比）计算，service_libj 是前文计算的 6 种服务开放渗透率。X 是控制其他影响生产率的企业特定变量，包括外商直接投资虚拟变量（外商投资企业 dFIEs-f、港澳台投资企业 dFIEs-hmt）、企业规模（总资产的对数值 Inasset），企业平均工资（Inwage）、金融约束条件（企业是否获得政府补贴 dsub），企业的出口情况（出口企业虚拟变量 dexp）以及行业关税水平（tariff'）。将服务贸易开放变量滞后 1 期以避免内生性问题。为控制中国地区和产业发展不平衡所带来的影响，本文加入了地区—时间和产业—时间虚拟变量（drt，dst）。固定效应 i 为考虑到不可观测且不随时间变化的一些企业特征，例如管理模式和管理能力等。

四、计量结果及其分析

（一）主要经验研究结果

根据式（1），我们采用固定效应模型研究服务贸易自由化对制造业企业生产率的影响。因为服务贸易自由化是产业层面或是地区层面的数据，而 TFP 是企业层面的数据，这种数据结构会低估统计误差，因此我们使用产业或地区的聚集标准差（Clustering Standard Errors）加以纠正。主要回归结果见表3。中国服务贸易自由化对制造业生产率的影响是正显著的，这一结论对 6 种方法衡量的中国服务开放指标均稳健，并与 Fernandes 和 Paunov（2012）、Arnold 等（2011a）以及 Javorcik 和 Li（2008）的主要结论一致。由于每种衡量中国服务开放指标的方法不同，因此服务开放对制造业 TFP 的影响程度差异较大。企业规模、外资、工资水平与 TFP 正相关，而出口和进口关税水平与 TFP 总体上负相关，政府补贴与 TFP 相关性不稳定。

一些重要的生产性服务业的贸易自由化改革，特别是银行、保险、分销、电信和商业服务的开放会提高一国制造业的生产效率。例如，金融业自由化改革会削弱国有银行的垄断，加强国内金融市场的竞争，提高资金使用效率，使资金流向效率更高的制造业企业；电信行业的开放和电信技术的发展会降低信息沟通成本和信息不确定性带来的风险，为制造业企业的生产和流通提供全新平台，如电子商务等；分销领域的开放对制造业效率的提高更为明显，其可以为制造业企业提供更加便捷优惠的交通运输、分销渠道和科学的市场营销方式；商业服务的开放则为中国企业提供更多新的知识、技术和先进管理方法。因此，服务开放使中国制造业企业有机会获得国际高效先进的服务中间投入，促进了制造业企业生产率的提高。

（二）服务贸易自由化的差异性影响

中国服务贸易自由化会提高制造业企业生产率，然而对于中国东、西部企业，所处不同行业的企业以及不同所有制结构企业的影响是否一致？我们设定了6个0－1虚拟变量，分别是东部企业（deast）、高服务使用率企业（dindsi）、外商投资企业 dFIEs－f、港澳台投资企业（dFIEs－hmt）、出口企业（dexp）以及国有企业（dsoe）。分别将6个服务贸易自由化指标与这6个虚拟变量交叉相乘，回归方程见式（2），并关注交叉项的系数。

$$TFP_{it} = \gamma_0 + \gamma dummy \cdot service\_\ lib_{j,t-1} + \Gamma X_{i,t-1} + d_{rt} + d_{st} + v_i + \varepsilon_{it} \qquad (2)$$

表3　固定效应模型回归结果（TFP－两阶段 GMM 方法）

变量	（1）tfptmmts	（2）tfptmmts	（3）tfptmmts	（4）tfptmmts	（5）tfptmmts	（6）tfptmmts
服务开放渗透率	1.139*** (0.181)					
服务 BOP 进口渗透率		0.006* (0.004)				
服务 FATS 渗透率			0.072*** (0.006)			
服务 FDI 区域渗透率（实际）				0.05* (0.026)		
服务 FDI 区域渗透率（合同）					0.032*** (0.011)	
服务 FDI 产业渗透率						0.201* (0.02)
lnasset（t－1）	0.009*** (0.003)	0.01*** (0.003)	0.006* (0.003)	0.003 (0.007)	0.003 (0.006)	0.011*** (0.003)
dsub	0.021*** (0.003)	0.021*** (0.003)	0.004 (0.003)	0.005 (0.004)	0.007* (0.003)	0.021*** (0.003)
dFIEs－f	0.019*** (0.005)	0.019*** (0.005)	0.032*** (0.007)	0.027 (0.016)	0.027** (0.013)	0.019*** (0.005)
dFIEs－hmt	0.024*** (0.005)	0.024*** (0.005)	0.033*** (0.007)	0.033* (0.019)	0.039** (0.015)	0.024*** (0.005)
dexp	0.01 (0.009)	0.001 (0.009)	－0.023*** (0.009)	－0.02* (0.011)	－0.023* (0.012)	0.009 (0.01)
lnwage（t－1）	0.049*** (0.007)	0.05*** (0.007)	0.037*** (0.005)	0.051*** (0.011)	0.0434*** (0.009)	0.0498*** (0.006)
tariff	－0.011*** (0.001)	－0.011*** (0.001)	0.0005 (0.001)	－0.011*** (0.003)	－0.001*** (0.002)	－0.012*** (0.001)
观察值	210573	209844	132779	117508	129378	209994
拟合优度	0.060	0.059	0.055	0.049	0.047	0.059
企业数	27302	27301	27258	25552	26095	27301

注：模型的控制变量包括企业规模、所有权、融资情况、关税、地区一年度虚拟变量和产业一年度虚拟变量。

主要经验检验结果见表4。从表4可以看出，中国服务贸易自由化对制造业企业生产率的影响不均匀，对于位于东部的企业、使用较多服务中间投入的企业、外商投资企业和出口企业，服务开放的生产率效应更强。金融、保险、电信、分销和商业服务等行业都具有分地域开放的特征，东部地区服务开放水平更高，使用较多服务中间投入的企业对服务开放敏感度也更高，这些企业的技术吸收能力、学习能力和管理能力也较强，因此能够从服务贸易自由化中获得更多的外包效应、技术促进效应和重组效应，对生产率促进作用更加显著。外商投资企业和出口企业，在全球生产和服务链条上，相对于本国企业，更熟悉国际市场环境，因此国际服务外包的成本更低，更容易从服务开放中获利（Gorg et al.，2008；Sjoholm，2003）。而对于国有企业、港澳台投资企业，服务贸易自由化对制造业企业生产效率的促进作用不显著。特别是国有企业，从服务贸易自由化改革中分享到的收益十分有限，甚至是负的。我们认为其中的一个原因就是，国有制造业企业在服务外包政策上较为保守，很多生产服务仍在企业一体化经营范围内，因此中国服务开放对国有制造业企业生产效率的促进作用不明显。而港澳台企业投资大陆的主要目标是利用内地低廉的劳动成本，因此服务开放的服务外包效应和技术促进效应都不显著。

表4　服务贸易自由化的差异性影响结果（基于两阶段 GMM 方法计算的 TFP）

变量	(1) deast	(2) dindsi	(3) dFIEs − f	(4) dFIEs − hmt	(5) dexp	(6) dsoe
服务开放渗透率	1.102 *** (0.18)	1.137 *** (0.197)	0.743 *** (0.204)	− 0.055 (0.145)	0.543 ** (0.218)	− 0.098 (0.171)
服务 FDI 产业渗透率	0.056 (0.144)		0.092 * (0.047)	− 0.086 ** (0.041)	0.072 (0.053)	− 0.011 *** (0.003)
服务 BOP 进口渗透率	0.010 *** (0.003)		0.011 *** (0.004)	0.001 (0.003)	0.002 (0.004)	− 0.006 *** (0.002)
服务 FATS 渗透率	0.064 *** (0.004)		0.039 *** (0.004)	0.018 *** (0.004)	0.03 *** (0.005)	0.015 (0.008)
服务 FDI 区域渗透率（实际）		0.004 *** (0.001)	0.025 *** (0.004)	0.018 *** (0.005)	0.027 *** (0.004)	− 0.001 * (0.001)
服务 FDI 区域渗透率（合同）		0.004 *** (0.001)	0.023 *** (0.003)	0.015 *** (0.002)	0.016 *** (0.003)	− 0.001 (0.001)

注：系数 γ 是行虚拟变量和列服务自由化指标的交叉项系数。模型中的控制变量包括企业规模、所有权、融资情况、出口、工资、关税、地区—年度虚拟变量和产业—年度虚拟变量。

（三）服务贸易自由化对制造业生产效率的影响渠道

根据理论研究，服务贸易自由化主要通过外包效应、重组效应和技术促进效应，促进了制造业企业生产效率的提高。本文根据式（3）尝试对这些影响渠道进行检验，主要关注服务贸易开放和主要渠道交叉项的系数 β。

$$TFP_{it} = \beta_0 + \beta_1 channel \cdot service\_lib_{j,t-1} + \Gamma X_{i,t-1} + d_{rt} + d_{st} + v_i + \varepsilon_{it} \qquad (3)$$

外包和重组渠道主要通过服务中间投入（包括管理中间投入、营业中间投入和其他服务中间投入），技术促进效应通过提高企业的研发能力影响企业的生产率。为克服内生性问题，所有的渠道变量和服务自由化指标都滞后1年。从表5的回归结果可见，交叉项的系数大多正显著，因此服务贸易自由化通过服务外包效应、重组效应和技术促进效应提高了制造业企业生产率。这些渠道对于东部企业、外商投资企业、服务使用率高的企业和出口企业更加畅通，因此服务开放的生产率效应更加明显。

（四）稳健性检验

（1）一阶差分方法。由于生产和要素投入的数量值（Physical Volume）很难得到，对TFP的估计一般采用生产、材料投入和资本存量的货币值（Value）作为替代。Katayama等（2009）建议采用差分形式解决这一数据问题。本文对式（1）的一阶差分形式回归结果见表6，中国服务贸易自由化对制造业企业生产率的增长效应基本显著为正。

（2）倍差法。在中国加入WTO的议定书中，中国政府承诺全方位、有步骤地开放服务市场。在列入服务贸易开放减让表的33项内容中，包括一般商品批发、零售、进出口贸易和物流配送在内的商业分销服务，会计、审计、法律服务等专业服务以及教育服务等领域的开放度较大；电信、售后服务、视听服务中的电影院建设和经营首次列为开放领域；银行、保险、证券等领域行业也进一步放宽了限制。

表5　服务贸易自由化对生产率的影响渠道回归结果

变量	（1） 总服务中间投入	（2） 管理中间投入	（3） 营业中间投入	（4） 其他服务中间投入	（5） 科研能力
服务开放渗透率	0.152 *** （0.026）	0.175 *** （0.027）	0.198 *** （0.03）	0.151 *** （0.025）	0.171 * （0.091）
服务 FDI 区域渗透率（实际）	0.002 *** （0.0004）	0.001 *** （0.0003）	0.001 *** （0.0003）	0.001 *** （0.0003）	0.001 （0.001）
服务 FDI 区域渗透率（合同）	0.002 *** （0.0004）	0.001 *** （0.0004）	0.0011 *** （0.0003）	0.001 *** （0.0003）	0.001 * （0.0007）
服务 BOP 进口渗透率	0.0009 ** （0.0004）	0.001 ** （0.0004）	0.0012 *** （0.0004）	0.001 *** （0.0004）	0.002 * （0.0008）
服务 FATS 渗透率	0.008 *** （0.001）	0.009 *** （0.001）	0.0087 *** （0.001）	0.0083 *** （0.001）	0.007 *** （0.002）

　　注：系数 β 是行渠道变量和列服务自由化指标的交叉项系数。模型中的控制变量包括企业规模、所有权、融资情况、出口、工资、关税、地区—年度虚拟变量和产业—年度虚拟变量。

表6　固定效应模型一阶差分回归结果（TFP 两阶段 GMM 方法）

变量	(1) Δtfptmmts	(2) Δtfptmmts	(3) Δtfptmmts	(4) Δtfptmmts	(5) Δtfptmmts	(6) Δtfptmmts
Δ 服务开放渗透率	0.277** (0.134)					
Δ 服务 FDI 产业渗透率		0.002 (0.002)				
Δ 服务 BOP 进口渗透率			0.009*** (0.002)			
Δ 服务 FATS 渗透率				0.011* (0.006)		
Δ 服务 FDI 区域渗透率（实际）					0.014* (0.017)	
Δ 服务 FDI 区域渗透率（合同）						0.002 (0.005)
观察值	183695	96242	183695	182298	105448	84625
企业数	27286	26004	27286	27283	27142	25111

注：模型控制变量包括企业规模、所有权、融资情况、关税、地区—年度虚拟变量和产业—年度虚拟变量。

在一些服务行业具有分地域开放的特征，例如金融、保险、电信、分销及商业服务等，经济比较发达的东南沿海地区都列入了开放名单。根据中国"入世"服务开放的特征，我们尝试使用倍差（Difference in Difference）方法研究"入世"及服务贸易开放对企业生产率的影响。年度虚拟变量以加入 WTO 的年份为界，在其之后的年份（2002 年以后）设为 1，"入世"之前的年份为 0。东部虚拟变量和产业虚拟变量能够反映服务贸易自由化对不同制造业企业的影响，并将企业分为对待组别（Treatment Group，东部虚拟变量为 1 的东部企业或产业虚拟变量为 1 的服务使用率高的企业）和控制组别（Control Group，东部虚拟变量为 0 的西部企业或产业虚拟变量为 0 的服务使用率低的企业）。年度虚拟变量的系数反映对待组别和控制组别的共同时间趋势，东部（产业）虚拟变量的系数反映对待组别相对于控制组别的平均差异，而年度虚拟变量和东部（产业）虚拟变量的交叉项反映了"入世"对制造业企业生产率的真实影响。回归结果见表7，从表7中可见，交叉项系数对于 4 种 TFP 估计方法都显著为正。然而，以"入世"年份虚拟变量作为服务贸易自由化的代理变量，无法排除其他政策因素影响，会夸大服务开放的生产率效应。

表7　倍差法的回归结果

产业虚拟变量的结果				
被解释变量	（1） lntfpfe	（2） lntfpop	（3） lntfplp	（4） lntfpgmmts
dindsi	−0.001 （0.003）	−0.059 *** （0.005）	0.012 *** （0.002）	0.012 *** （0.003）
dwto	0.024 *** （0.007）	0.023 *** （0.001）	0.024 *** （0.001）	0.022 *** （0.001）
dwto dindsi	0.011 *** （0.001）	0.011 *** （0.002）	0.013 *** （0.001）	0.013 *** （0.001）
观测值	164966	164826	164996	164995
拟合优度	0.377	0.133	0.612	0.587
地区虚拟变量的结果				
被解释变量	（1） lntfpfe	（2） lntfpop	（3） lntfplp	（4） lntfpgmmts
deast	−0.008 *** （0.001）	−0.029 *** （0.002）	−0.005 *** （0.001）	−0.013 *** （0.001）
dwto	0.027 *** （0.001）	0.026 *** （0.002）	0.025 *** （0.001）	0.022 *** （0.001）
dwto deast	0.004 *** （0.001）	0.004 ** （0.002）	0.006 *** （0.001）	0.007 *** （0.001）
观测值	164966	164826	164996	164995
拟合优度	0.04	0.09	0.168	0.09

注：模型控制变量包括企业规模、所有权、融资情况、关税、地区—年度虚拟变量和产业—年度虚拟变量。deast 为东部虚拟变量、dindsi 为产业虚拟变量、dwto 为"入世"年份虚拟变量。

五、结论及进一步研究方向

中国在加入 WTO 时对服务领域做出了非常积极的开放承诺，伴随着"入世"过渡期的结束，中国逐步履行承诺，开放了很多重要的服务行业。然而，已有文献更多侧重货物贸易自由化对中国制造业生产率的促进作用，而忽视了服务作为制造业中间投入的作用，未能充分关注服务贸易自由化的影响。本文对服务贸易自由化对制造业企业生产率的影响进行理论和经验研究。随着中国服务贸易自由化改革不断推进，中国的制造业企业将服务任务外包给更有优势的服务提供商，通过外包效应、重组效应和技术促进效应，提高制造业企业生产效率。

我们采用更加全面的指标衡量中国服务贸易自由化水平，使用 1998～2007 年中国制造业企业面板数据，检验中国服务贸易自由化对制造业生产效率的影响。主要结论是，中国服务贸易自由化改革促进了中国制造业企业生产率的提高。然而，中国服务开放对制造业企业生产率的影响并不相同，对于东部企业、使用较多服务中间投入的企业、外商投资企业和出口企业，服务开放对制造业企业生产效率的影响更大；而对于国有企业和港澳台投资企业，服务贸易自由化的促进作用并不显著。

本文为中国推进服务贸易自由化改革，促进制造业的发展提供了有力支持。当然，本研究仍有很多值得商榷的地方和进一步研究的空间：其一，可以对全要素生产率进行分解，继续深入探讨服务贸易自由化对制造业企业生产率的影响渠道和影响因素。其二，可以展开对外包的组织结构和组织成本等因素对制造业企业生产率影响的讨论。其三，在计量数据方面，可以更准确地从企业层面衡量制造业企业对服务外包和服务开放的依赖程度；而在方法上，则可以采用处理动态面板数据的方法控制内生性问题。

参考文献

［1］盛斌. 中国对外贸易政策的政治经济分析［M］. 上海：上海人民出版社，2002.

［2］何光辉，杨咸月. 融资约束对企业生产率的影响——基于系统 GMM 方法的国企与民企差异检验［J］. 数量经济技术经济研究，2012（5）.

［3］李志远，余森杰. 生产率、信贷约束与企业出口：基于中国企业层面的分析［J］. 经济研究，2013（6）.

［4］余森杰. 中国的贸易自由化与制造业企业生产率［J］. 经济研究，2010（12）.

［5］张杰，李勇，刘志彪. 出口与中国本土企业生产率：基于江苏制造业企业的实证分析［J］. 管理世界，2008（12）.

［6］Acemoglu D. Introduction to Modern Economic Growth［M］. Princeton University Press，2008.

［7］Acemoglu D，Antras P. and Helpman E. Contracts and Technology Adoption［J］. American Economic Review，2007，97（3）：916－943.

［8］Amiti M，Wei S. Service Offshoring，Productivity，and Employment：Evidence from the United States［J］. The World Economy，2009，32（2）：203－220.

［9］Arnold J. M.，Javorcik B. S. and Mattoo A. The Productivity Effects of Services Liberalization：Evidence from the Czech Republic［J］. Journal of International Economics，2011a，85（1）：136－146.

［10］Arnold J. M.，Javorcik B. S.，Lipscomb M. and Mattoo A. Services Reform and Manufacturing Performance：Evidence from India［R］. CEPR Discussion Papers，No. 8011，2011b.

［11］Arnold J. M.，Mattoo A. and Narciso G. Services Inputs and Firm Productivity in Sub－Saharan Africa：Evidence from Firm－Level Data［J］. Journal of African Economics，2008，17（4）：578－599.

［12］Arellano M.，Bond S. Some Tests of Specification for Panel Data：Monte Carlo Evidence and an Application to Employment Equations［J］. Review of Economic Studies，1991，58（2）：277－297.

［13］Card D.，Krueger A. Minimum Wages and Employment：A Case Study of the Fast－food Industry in

New Jersey and Pennsylvania: Reply [J]. The American Economic Review, 2000, 90 (5): 1397 – 1420.

[14] Davis D. R., Weinstein D. Technological Superiority and the Losaea from Migration [R]. NBER Working Papers, 2001.

[15] Dihel N., Shepherd B. Modal Estimates of Services Barriers [R]. OECD Trade Policy Working Paper, No. 51, 2005.

[16] Dollar D. Technological Differences as a Source of Comparative Advantage [J]. American Economic Review, 1993, 83 (2): 431 – 435.

[17] Fan Y. China's Services Policy – Pre – and Post – WTO Accession [R]. Working Paper presented at Trade and Industry in Asia Pacific: History, Trends and Prospects, Australian National University, 2009.

[18] Feenstra R. C. and Hanson G. H. Foreign Direct Investment and Relative Wages: Evidence from Mexico' Maquiladoras [J]. Journal of International Economics, 1997, 42 (3 – 4): 371 – 393.

[19] Fernandea A. M., Paunov C. Foreign Direct Investment in Services and Manufacturing Productivity: Evidence for Chile [J]. Journal of Development Economies, 2012, 97 (2): 305 – 321.

[20] Gorg H., Hanley A. and Strobl E. Productivity Effects of International Putaourcing: Evidence from Plant – level Data [J]. Canadian Journal of Economics, 2008, 41 (2): 670 – 688.

[21] Groesman M. G., Eateban R. Trading Tanks: A Simple Theory of Offshoring [J]. American Economics Review, 2008, 98 (5): 1978 – 1997.

[22] Harris R., Trainor M. Capital Subsidies and Their Impact on Total Factor Productivity: Firm – Level Evidence from Northern Ireland [J]. Journal of Regional Studies, 2005, 45 (1): 49 – 75.

[23] Inklaar R., Timmer M. F. International Comparisons of Industry Output, Inputs and Productivity Levels: Methodology and New Reaulta [J]. Economic Systems Research, 2007, 19 (3): 343 – 363.

[24] Javoroik B. S., Li Y. Do the Biggest Aisles Serve A Brighter Future? [R]. World Bank Policy Research Working Paper, No. 4650, 2008.

[25] Kalirajan K. Restrictions on Trade in Distribution Services [R]. Productivity Commission Staff Research Paper, 2000.

[26] Katayama H., Lu S. and Tybout J. R. Finn – Level Productivity Studies: Illusions and a Solution [J]. International Journal of Industrial Organization, 2009, 27 (3): 403 – 413.

[27] Levinaohn J., Petrin A. Estimating Production Functions Using Inputs to Control for Unobservablea [J]. The Review of Economic Studies, 2003, 70 (2): 317 – 341.

[28] Markusen J. Modeling the Offshoring of White – Collar Services: From Comparative Advantage to the New Theories of Trade and FDI [R]. NBER Working Paper, No. 11827, 2005.

[29] Markusen J., Strand B. Adapting the Knowledge – Capital Model of the Multinational Enterprise to Trade and Investment in Business Services [J]. The World Economy, 2009, 32 (1): 6 – 29.

[30] Olley G. S., Pakes A. The Dynamics of Productivity in the Telecommunications Equipment Industry [J]. Econometrics, 1996, 64 (6): 1263 – 1297.

[31] Petrin A., Poi B. P. and Levinsohn J. Production Function Estimation in Stata Using Inputs to Control for Unobservables [J]. Stata Journal, 2004, 4 (2): 113 – 123.

[32] SjSholm F. Which Indonesian Firms Export? The Importance of Foreign Networks [J]. Economics of Governance, 2003, 82 (3): 333 – 350.

［33］Tirole J. The Theory of Industrial Organization ［M］. MIT Press, 1988.

［34］Treffer D. International Factor Price Differences: Leontief was Right! ［J］. Journal of Political Economy, 1993, 101 (6): 961 – 987.

［35］M. Raciboxski R., Poi B. Production Function Estimation in Stata Using the Olley and Pakes Method ［J］. Stata Journal, 2008, 8 (2): 221 – 231.

Service Trade Liberalization: Whether to Improve the Manufacturing Enterprise Production Efficiency or Not

Abstract: This article through the establishment of theoretical model analysis of how the service trade liberalization through service term Effect of service outsourcing, restructuring effect and technology promotion effect influence production efficiency of manufacturing enterprise, the more comprehensive indicators to measure the level of China's service trade liberalization, including service open permeability, service industry FDI industry penetration rate, trade in services industry FDI regional permeability and services, and using 1998 – 2007 China's manufacturing enterprises panel data, test the Chinese service trade liberalization to the productivity of manufacturing enterprises impact. We found that the service trade liberalization promotes the productivity of manufacturing enterprise, China's service trade Liberalization impact on the productivity of the manufacturing enterprise is not uniform, in the eastern region enterprise, use more services Intermediate input of enterprises, enterprises with foreign investment and export enterprises, the impact of the liberalization of trade in services is bigger; And for the and Hong Kong, Macao and Taiwan investment enterprises, no significant role in promoting service trade liberalization.

Key Words: Service Trade Liberalization; Service Outsourcing; Productivity; Chinese Manufacturing Enterprises

服务贸易进口技术含量与中国
工业经济发展方式转变[*]

戴　翔[1]　金　碚[2]

（1. 安徽财经大学国贸学院，安徽　233040；

2. 中国社会科学院工业经济研究所，北京　100836）

【摘　要】本文采用最新测度服务贸易进口技术含量的方法，并以全要素生产率对工业总产值增长贡献率作为我国工业经济发展方式衡量指标，分别从总体、服务贸易进口分部门以及工业行业分组3个层面，实证研究了2004~2011年服务贸易进口技术含量对我国工业经济发展方式的影响。计量检验结果揭示：服务贸易进口技术含量对我国工业经济发展方式转变具有显著的促进作用；并且，具有更高技术含量的诸如计算机和信息等新型服务贸易进口的促进作用要强于技术含量较低的诸如运输等传统服务贸易进口；而从工业行业的分组来看，服务贸易进口技术含量对我国技术密集型工业行业发展方式转变的影响最大，其次是资本密集型工业行业，最后是资源密集型和劳动密集型工业行业。转变中国工业经济发展方式，不应脱离全球分工体系。在全球服务业呈"碎片化"发展趋势的大背景下，中国应抓住全球服务贸易发展的重要契机，在实现服务贸易"数量"扩张的同时，更应注重服务贸易进口"质量"的提升，以更好地服务于工业经济发展方式转变的需要。

【关键词】服务贸易；进口技术含量；工业经济发展方式

---

　*　本文选自《管理世界》（月刊）2013年第9期。

　本文得到中国博士后科学基金面上项目"服务贸易发展促进长三角国际分工地位提升研究"（2013M530809）、安徽省高等学校省级人文社会科学研究重大项目"增创安徽开放型经济新优势对策研究"（SK2013ZD01）、国家社科基金项目"非股权安排对中国企业海外投资的影响及政策研究"（12BGJ039）以及教育部人文社科研究项目"基于产品内分工的我国对外直接投资模式转变研究"（12YJC790288）资助。

一、问题提出

20 世纪 80 年代以来，得益于经济全球化快速发展和国际产品内分工演进所带来的重要战略机遇，中国主要凭借人口红利、土地红利、政策红利以及较低环境规制成本等传统低成本优势，承接来自发达国家产业和产品价值增值环节的国际梯度转移，并借助于发达经济体的巨大需求市场为依托，快速而深度地融入经济全球化分工体系，带动了工业的快速扩张，实现了令世界瞩目甚至"不可思议"的巨大成就。然而，在改革开放之初由于要素禀赋等现实条件的约束，中国在产业国际竞争力十分低下的条件下只能采取弱势者的竞争方式，低端嵌入全球价值链分工体系，工业化扩张主要走的是一条"血拼"式竞争的道路。这在特定的历史发展阶段具有合理性和存在的理由。但是这种"粗放式"的发展模式是高代价的和不可持续的，尤其是面临着当前国内国际环境的深刻变化，其弊端日益凸显，转变发展方式已是迫在眉睫。也正是在此背景下，中共十八大报告再次强调要加快转变经济发展方式，而作为转变经济发展方式重要内容的工业经济发展方式转变，显然具有极为关键的意义。针对如何推进中国工业经济发展方式转变，学术界进行了大量研究并提出了一些富有启发意义的政策建议，包括加快技术改造和发展战略性新兴产业（金碚，2011；郭晓丹和宋维佳，2011）、加大人力资本投资和技能型人才培育（孙文杰和沈坤荣，2009；叶振宇和叶素云，2010）、提高要素资源配置效率（樊纲等，2011；陈德球等，2012）以及大力发展生产者服务业尤其是高级生产者服务业（裴长洪，2010；刘志彪，2011）等。

我们认为，改革开放以来，中国工业化发展的快速推进与发挥比较优势融入经济全球化是密不可分的。尤其是我国东南沿海等开放型经济较为发达的地区，工业化发展的国际化程度很高，已经深度融入全球产业链分工体系，因此，中国工业经济发展方式转变不可能脱离全球分工体系。一方面，从世界产业结构演进和基于比较优势的全球分工角度来看，以欧美、日本等为代表的发达经济体产业结构逐渐向服务经济倾斜，而诸如中国等发展中经济体仍然处于工业化发展的重要时期。另一方面，工业化发展和服务经济尤其是生产者服务业之间融合发展的趋势越来越强，融合的程度越来越深，正如日本学者并木信义所指出，虽然国际竞争的舞台中相互角逐的是制成品，但服务业却在背后间接地规定着制造业产业的国际竞争力，这是因为作为中间投入品的服务业把其内含的技术、信息以及人力资本等高级生产要素，以飞轮的形式导入到了制成品生产过程。结合上述两个方面我们似乎可以做出以下推断：诸如中国这样的发展中经济体，在服务经济尤其是生产者服务业发展相对不足的情况下，通过进口技术复杂度较高的服务商品以弥补自身的比较劣势，从而可以起到推动工业经济发展方式转变的作用。遗憾的是，上述推断却是一个鲜被研究的重要命题，尤其是缺乏来自中国数据的实证支撑。

二、简要的文献回顾

针对服务贸易进口技术含量是否影响我国工业经济发展方式转变问题，从已有的相关研究文献来看，直接研究还比较缺乏。但是现有关于贸易开放的技术进步效应和经济增长效应的研究，为我们对上述问题提供了间接认识。

Romer（1986）首次将国际贸易纳入新增长理论的分析框架，并指出对外贸易的技术扩散效应能够促进本国技术进步进而带动经济增长。而 Grossman 和 Helpman（1991）则用理论模型分析了外国研发资本通过中间产品贸易能够产生技术溢出进而促使经济增长。上述理论观点提出后，得到了大量实证研究的支撑（Coe and Helpman，1995；Keller，2002）。之后对进口贸易的技术进步效应和经济增长效应的实证研究越来越关注商品种类，尤其是中间品进口效应。例如，Fernandes（2006）利用企业微观层面的数据对哥伦比亚制造业产业进行研究后发现，中间产品的进口能够显著提高企业全要素生产率；Dulleck（2007）利用 55 个发展中国家的跨国面板数据实证检验了中间品进口和经济增长之间的关系；Kasahara（2008）利用智利制造业企业层面的微观数据进行实证研究，结果发现从国外进口中间产品的企业要比没有进口国外中间产品的企业，具有更为显著的生产率提高能力。Halpern 等（2011）基于匈牙利企业层面的微观数据分析发现，中间产品进口种类增加能够通过质量和互补两种机制促进企业全要素生产率的提升。

具体到中国而言，许多学者也进行了大量研究。朱春兰和严建苗（2006）的研究发现，初级产品进口对全要素生产率提升的促进作用较小，而进口工业制成品对全要素生产率提升的促进作用较大；许和连等（2006）认为，贸易开放主要通过人力资本的积累效应影响全要素生产率并最终促进经济增长；包群（2008）认为，贸易开放通过产出效应与技术外溢效应两个渠道影响了我国经济增长；余淼杰（2010）通过使用 1998～2002 年中国制造业企业层面上的面板数据和高度细化的贸易数据，研究发现贸易自由化显著地促进了企业生产率的提高；高凌和王洛林（2010）、Herreriasa 和 Orts（2011）等的实证分析均得出了类似的结论；赵文军和于津平（2012）则首次分析了贸易开放与 FDI 对我国工业经济增长方式的影响，并发现进口对工业经济增长方式转型具有推动作用。

上述关于对外贸易技术进步和经济增长效应的研究主要还是集中于货物贸易的视角，对服务贸易的研究较少，或者说没有单独区分服务贸易的作用。而已有从服务贸易视角进行的研究文献，主要集中于服务贸易进口对制造业效率影响层面上（Segerstrom，2000；Hoekman，2006；Francois and Woerz，2007；尚涛和陶蕴芳，2009；蒙英华和尹翔硕，2010；樊秀峰和韩亚峰，2012），较少涉及服务贸易进口对工业经济发展方式转变的影响分析。

现有研究无疑对我们深化对服务贸易进口技术含量对我国工业经济发展方式转变影响

的认识，具有重要的参考意义和价值，但仍有待进一步深化，这突出表现在：①直接研究服务贸易进口技术含量与工业经济发展方式转变关系的文献还十分缺乏。况且，从贸易视角研究的技术进步、效率提升以及经济增长等问题，也并非等同于发展方式转变。因为转变经济发展方式的本质是提高全要素生产率对经济增长的贡献（于津平和许小雨，2011），如果技术进步的同时引致大规模投资扩张和环境污染等，发展方式可能与技术进步呈现反向变化。②即便有少量文献从生产者服务贸易进口的角度研究了其对制造业效率提升的影响，但这一方面的研究文献仍然缺乏对服务贸易进口技术含量的区分和测度，亦没有直接分析其对工业经济发展方式转变的影响。③从生产者服务贸易进口角度研究其对制造业效率影响的文献，并未考虑服务进口在"质"的方面所产生的影响，也没有从服务贸易进口技术含量的角度细分不同类型的服务贸易进口对工业经济发展方式转变的影响。

伴随国际生产分割技术的快速进步，信息通信科技的突飞猛进和广泛应用，以及由此推动的国际产品内分工快速发展，如同制造业的全球非一体化生产一样，服务业也是一个"碎片化"快速发展的行业，其不同服务环节和流程同样具有"高端"和"低端"之分，其所内含的知识、信息、技术等高级生产要素也会大相径庭，因而对工业经济发展方式的影响也应该大不相同。然而，目前相对"宏观"的服务贸易分项统计数据，却很难准确反映某一类别服务贸易项下可能呈现的"亚结构"演进，也就是说，相对"宏观"的统计数据难以准确反映"亚结构"演进对服务贸易进出口"质量"所产生的潜在影响。有鉴于此，本文力图采用测度服务贸易进口技术含量的最新方法，并基于评价工业经济发展方式的客观指标，即采用全要素生产率对工业产出的贡献率作为发展方式的衡量指标，实证研究服务贸易进口技术含量对我国工业经济发展方式转变的影响，以期在上述几个方面对现有研究进行补充和拓展。

三、理论机制

服务贸易进口技术含量如何影响工业经济发展方式？显然，如果我们将全要素生产率对经济增长的贡献率作为工业经济发展方式转变度量指标的话，那么，上述问题就意味着，服务贸易进口技术含量是否对工业部门技术效率的提高产生了显著影响，从而决定了工业生产是否能够朝着集约化方向发展。结合现有研究文献，我们认为，服务贸易进口技术含量对工业经济发展方式转变的影响，至少存在以下三个方面的可能渠道和作用机制。

第一，直接效应。现有研究文献已经揭示，服务作为中间投入品，对工业生产部门的效率水平乃至全要素增长率具有重要影响。伴随当前社会分工的细化，服务环节从制造业环节中分离出来的趋势越来越明显，从而使得制造业环节的生产效率和技术水平，更多地依赖于作为中间投入品的服务，而其中重要的作用机制之一就在于，服务所内含的各种无形的隐性知识、技术和信息，能够有效降低工业生产的投入成本和促进技术进步。显然，如果这一逻辑成立的话，那么，越是高级的服务，或者说内含的知识、信息和技术越是高级的服务，其作为中间投入品，在降低工业生产部门的投入成本，尤其是促进工业部门的技术进步从而提高全要素增长率方面，或者说在提高全要素生产率增长率对工业产出增长率的贡献度方面，就会产生更为显著的积极影响。从这一意义上来说，在当代全球分工格局下，服务贸易进口，尤其是更为先进的、技术含量更高的服务进入中国市场，能够为中国工业发展提供更多种效率更高以及质量更优的服务，从而推动着工业化朝着更为集约化的方向发展。这是服务贸易进口技术含量影响工业经济发展方式的可能作用机制之一。

第二，要素重组效应。实际上，之所以越来越多的服务环节从工业生产过程中"脱胎"，正是因为工业部门在生产过程中，从外部市场购买作为中间投入品的专业化服务，不仅质量更优，而且成本更低。因此，当工业部门决定将服务投入外包给外部市场时，其实质就是舍弃了效率相对较低的"自给自足"式服务提供，从而可以将生产资源集中到更为有效的生产环节和过程中来，产生了所谓的要素重组效应。这种要素重组效应带来的资源优化配置无疑会促进效率提升和全要素生产率增长。Amiti 和 Wei（2005）以及 Gorg 和 Hanley（2008）的研究就曾指出，与实物中间品的外包相比，作为中间投入品的服务外包（如咨询、计算机服务等）对全要素生产率的提升具有更为重要的意义。因此，从当代全球分工格局来看，中国工业发展能够在全球范围内"外包"其服务需求，由此带来的要素重组效应会推动工业化朝着更为集约的方向发展。更为重要的是，要素重组效应不仅表现为生产部门可以将生产资源集中到更为有效的生产环节和过程中来，还表现为要素的"质量比配"。正如华民（2006）的研究所指出，生产过程中如果发生要素质量不匹配，往往会导致投资效率低下甚至失败。因此，"质量比配"下的要素重组效应同时意味着，服务贸易进口技术含量越高，其内含的知识、技术和信息等要素就越高级，这必然要求工业部门投入更高级的要素或迫使其不断进行技术、管理等创新，从而推动工业更为集约化的发展。这是服务贸易进口技术含量影响工业经济发展方式的另一可能作用机制。

第三，技术溢出效应。作为中间投入品的服务由于其内含较高的人力资本和技术，更容易通过产业的前向联系和后向联系而产生"技术溢出"效应，并通过竞争与示范效应，不断推动工业部门调整结构从而向先进的技术前沿靠近。Clemes 等（2003）的一项实证研究曾发现，劳动密集型和资本密集型服务贸易品的进口，对进口国（地区）的全要素生产率并不能产生显著的正向影响，文章对此给出的可能解释认为，劳动密集型和资本密集型服务贸易品的进口缺乏技术含量，因而所能产生的全要素生产率提升效应不明显。相反，技术和知识密集型服务贸易品的进口，则对全要素生产率和技术进步产生了显著的正面影响，其重要原因就在于，技术和知识密集型服务贸易品内含更高的技术含量。Clemes 等（2003）的研究发现可能说明了两个层面的重要效应：一是具有不同技术含量的服务贸易品进口本身对全要素生产率的不同提升作用；二是具有不同技术含量的服务贸易品进口所可能产生的不同"技术溢出"效应。针对后者，唐保庆等（2011）的研究给予了证实：知识和技术密集型服务品进口通过国外 R&D 溢出效应显著地促进了全要素生产率提升和技术进步，而劳动和资本密集型服务品进口则并未显示类似显著效应。在我们看来，劳动和资本密集型服务品进口，由于其本身技术含量水平低，因而其被模仿的空间极其有限，所能产生的技术溢出相应地也就十分有限；相反，知识和技术密集型服务品进口，由于其本身技术含量高，因而被模仿的空间相对而言就会更大，所能产生的技术溢出相应地也就更显著。虽然上述两篇文献对服务贸易进口"技术溢出"效应的研究，仍然是基于传统分类法而不是直接测算服务贸易进口技术含量，但其背后的逻辑思想能让我们意识到：服务贸易进口技术含量由于其外溢效应的存在而对工业经济发展方式产生影响。这是服务贸易进口技术含量影响工业经济发展方式的又一可能作用机制。

四、变量选取、模型设定与数据说明

（一）被解释变量及其测度方法

本文着重研究服务贸易进口技术含量对我国工业经济发展方式转变的影响，不言而喻，工业经济发展方式转变的指标即为被解释变量（记为 RTY）。工业经济发展方式转变的测度，或者说其指数的估算，本文借鉴赵文军和于津平（2012）的做法，即使用全要素生产率对经济增长的贡献率，作为工业经济发展方式的衡量指标。用 RTY_{it} 表示工业行业 i 在第 t 期全要素生产率对本行业产出增长的贡献率，则有：

$$RTY_{it} = gA_{it} / gY_{it} \tag{1}$$

其中，gA_{it} 表示工业行业 i 在第 t 期的全要素生产率增长率，gY_{it} 表示工业行业 i 在第 t 期的产出增长率。为了测度我国工业经济发展方式转变情况，需要首先测度各工业行业在样本期内各期的全要素生产率水平以及产值水平。本文采用 DEA – Malmquist 生产率指数方法测度各工业行业全要素生产率。在具体测算过程中，将每个工业行业作为决策单元，将各工业行业的各期总产值作为产出变量，以各工业行业的各期劳动投入、资本投入以及中间投入作为投入变量。其中，各工业行业的各期劳动投入，我们采用的是全部从业人员年平均人数（万人）；各工业行业的各期资本投入，我们采用的是固定资产净值年平均余额（亿元）；各工业行业的各期中间投入，我们采用的是各工业行业的各期总产值与增加值之差。在此基础上，我们可以利用式（1）计算出在样本期内各工业行业的全要素生产率对其产出增长的贡献率。

（二）解释变量及其测度方法

本文关注的关键解释变量即为服务贸易进口技术含量（记为 IS）。Haussmarm 等（2005）曾提出一个测度制成品出口技术含量的方法，由于其内在原理及逻辑同样适用于服务贸易领域，因此，本文将借鉴这一方法测度中国服务贸易进口技术含量，根据李嘉图的比较优势原理可知，开放条件下分工和贸易模式取决于比较成本。这一原理意味着低技术含量的服务品将由低工资的国家和地区进行生产，而高技术含量的服务品将由技术、知识、信息等丰裕的高工资国家和地区进行生产。如此，从比较优势所决定的贸易模式来看，不同国家和地区出口具有不同技术含量的服务贸易，在很大程度上与其工资水平有关。因此，计算某一项服务贸易品的技术含量，可从比较优势所决定的全球服务贸易出口视角进行测度，即，使用出口该项服务品的各个国家或地区工资水平按照该国或地区出口额在世界出口总额中所占比重进行的加权平均。这一计算方法的实质是用各国或地区某一项服务贸易品出口的显示性比较优势指数为权重，测度的各国和地区的平均工资水平，作为服务贸易出口分项中某一项服务商品的技术含量时，可以使用人均 GDP 来代替一国或地区的工资水平。其具体的计算公式如下：

$$TSI_k = \sum_j \frac{x_{jk}/X_j}{\sum_j (x_{jk}/X_j)} Y_j \tag{2}$$

其中，TSI_k 为服务贸易分项 k 的技术含量指数，x_{jk} 是国家或地区 j 出口服务贸易分项 k 的出口额，不是国家或地区 j 的服务贸易出口总额，Y_j 为该国家或地区 j 的人均 GDP 水平。需要指出的是，本文在测算服务贸易分项技术含量指数时则采用动态方法，即 TSI 值采取的是各年度测算出来的实际值，由于不同年份的 TSI 并不相同，而这种差异性则恰恰可以在很大程度上内含服务贸易分项下"亚结构"的演进和变化。显然，依据式（1）测度出服务贸易各分项技术含量指数后，我们可以借助于式（3），测度我国进口服务贸易总体技术含量，或具有不同特征的服务贸易部门总体进口技术含量。

$$IS = \sum_k \frac{m_k}{M} TSI_k \tag{3}$$

其中，IS 为服务贸易进口总体技术含量指数，m_k 为服务贸易进口分项 k 的进口额，M 为服务贸易进口总额，TSI_k 为服务贸易分项 k 的技术含量指数。

（三）其他控制变量

除了本文最为关注的服务贸易进口技术含量指数外，各工业行业的研发投入、人力资本、行业出口渗透率、FDI 利用额、环境规制等，也是影响工业经济发展方式转变的重要因素（蔡昉等，2008；涂正革和肖耿，2009；张友国，2010；李玲玲和张耀辉，2011）。为此，我们考虑将上述因素作为控制变量纳入本文计量分析中来。关于研发投入，我们采用样本期内各工业行业研发投入经费与总产值之比（记为 RD）；关于人力资本，我们采用样本期内各工业行业研发人员全时当量（人年）与全部从业人员年平均人数之比（记为 HU）；关于行业出口渗透率，我们采用样本期内各工业行业出口交货值与总产值之比（记为 EX）；关于 FDI 利用额，我们采用样本期内各工业行业中外资企业的固定资产净值年平均余额与整个行业的固定资产净值年平均余额之比（记为 FDI）；关于环境规制，我们采用样本期内各工业行业工业废水排放达标量（万吨）、工业二氧化硫去除量（万吨）、工业粉尘去除量（万吨）、工业烟尘去除量（万吨）之和与总产值之比（记为PW）。

据此，本文设定的计量模型如下：

$$RTY_{it} = \alpha_0 + \alpha_1 \ln IS_t + \alpha_2 RD_{it} + \alpha_3 HU_{it} + \alpha_4 EX_{it} + \alpha_5 FDI_{it} + \alpha_6 PW_{it} + \varepsilon_{it} \tag{4}$$

其中，下标 i 表示工业部门各细分行业，下标 t 表示年份，RTY 表示全要素生产率对本行业产出增长贡献率，$\ln IS$ 表示服务贸易进口技术含量的自然对数（考虑到其他指标的取值均采用比值形式，而 IS 的水平值较大，因此我们对其采取了自然对数形式），ε_{it} 为误差项，其他各变量符号的含义如上文所述。

（四）数据来源及说明

由于计算服务贸易分项的技术含量指数要使用到全球各国（地区）的服务贸易数据，考虑到统计数据的可获性，本文在计算过程中选取了 2011 年服务贸易出口额在全球服务贸易中排名前 147 位的国家（地区）为样本对象，计算各服务商品分项的技术含量指数。但是，由于这 147 个国家（地区）中的部分国家（地区）在本文选取的样本区间内（本文选取的样本区间为 2004~2011 年），缺乏服务贸易出口分项统计数据，因此，最终选定的国家（地区）的样本数为 139 个。这 139 个国家（地区）2011 年服务贸易出口总额占当年世界服务贸易出口总额的比重为 97%，据此计算出来的技术含量指数应该具有较高的可靠性和准确性。此外，从本文所设定的整个样本期间来看，所选取的 139 个国家（地区）在任何一个年度的服务贸易出口额之和，在世界服务贸易出口总额中的占比均不低于 95%，因此，本文所选取的 139 个国家（地区）在整个样本期间已经具有很高的代表性，符合我们的研究需要。计算中所使用到的样本国家（地区）服务贸易出口额及人均 GDP 数据均来自联合国贸发会议的统计数据（UNCTAD Statistics），据此可利用式（2）测算出 2004~2011 年全球服务贸易各分项的技术含量指数，然后再利用式（3）计算中国服务贸易在样本期间内的进口技术含量指数。

工业经济发展方式转变的度量指标（RTY）涉及各工业行业全要素生产率的计算以及工业总产值增长率，计算方法如前文所述。选取的行业为《中国国民经济行业分类（GB/T 4754-2002）》二位码下除其他采矿业、废弃资源和废旧材料回收加工业、电力、热力的生产和供应业、燃气生产和供应业、水的生产和供应业之外的剩余 34 个工业行业，样本期间为 2004~2011 年。计算中所使用到的各工业行业各期总产值、增加值、劳动投入、资本投入、中间投入等，均来自样本期内历年《中国统计年鉴》；控制变量中涉及的研发投入变量指标、人力资本变量指标、行业出口渗透率变量指标、FDI 利用额变量指标也来自样本期内历年《中国统计年鉴》，而环境规制变量的相关指标来自国研网统计数据库。

五、实证结果及分析

（一）总样本单位根及协整检验

在对计量方程式（4）进行估计之前，我们先对计量方程式（4）中各序列之间的单位根过程及其协整关系进行检验，以明晰上述变量之间是否存在长期均衡关系。为保证总样本单位根检验结果的稳健性，我们此处采用了三种常用的面板数据单位根检验方法：IPS 检验、ADF – Fisher 检验以及 PP – Fisher 检验，结果如表 1 所示。表 1 中的检验结果表明，各原始序列变量经过一阶差分后的三种单位根检验结果均在 1% 显著性水平下拒绝原假设，不存在单位根过程，是平稳序列，满足进一步协整检验的要求。

表 1　单位根检验结果

检验方法	检验统计量	概率	截面个数	观测值个数
零假设：各截面序列各有一个单位根（一阶差分）				
IPSW 统计量	– 10. 1537	0. 0000	238	1597
ADF – Fisher 卡方统计量	955. 158	0. 0000	238	1597
PP – Fisher 卡方统计量	1282. 94	0. 0000	238	1666

为了检验各序列之间是否存在着稳定的长期关系，我们采用了 Pedroni 协整检验法，检验结果如表 2 所示。从表 2 的检验结果可以看出，Pedroni 协整检验中 4 种统计量基本表明，6 个变量系统均存在协整关系。

表 2　总样本 Pedroni 协整检验结果

变量系统	Pedroni 检验统计量			
	Panel v 统计量	Panel rho 统计量	Panel PP 统计量	Panel ADF 统计量
RTY、IS	5. 077975 *** (0. 0000)	– 2. 131899 ** (0. 0411)	– 11. 20576 *** (0. 0000)	– 9. 868939 *** (0. 0000)
RTY、IS、RD	1. 786709 * (0. 0809)	0. 896840 * (0. 0668)	– 4. 439591 *** (0. 0000)	– 4. 445773 *** (0. 0000)
RTY、IS、RD、HU	– 1. 090801 * (0. 0692)	2. 856124 *** (0. 0068)	– 3. 894120 *** (0. 0002)	– 3. 726639 *** (0. 0004)

续表

变量系统	Pedroni 检验统计量			
	Panel v 统计量	Panel rho 统计量	Panel PP 统计量	Panel ADF 统计量
RTY、IS、RD、HU、EX	−1.802353 * (0.0786)	4.282074 *** (0.0000)	−8.547120 *** (0.0000)	−6.842054 *** (0.0000)
RTY、IS、RD、HU、EX、FDI	−2.768727 *** (0.0086)	6.082191 *** (0.0000)	−9.782487 *** (0.0000)	−6.123300 *** (0.0000)
RTY、IS、RD、HU、EX、FDI、PW	−4.603282 *** (0.0000)	6.862452 *** (0.0000)	−26.41971 *** (0.0000)	−13.89947 *** (0.0000)

注：表中各检验的原假设是变量间不存在协整关系，*、**和***分别表示在10%、5%和1%的水平下拒绝原假设而接受备择假设，其中括号内的数字为检验P值。

（二）总样本 FMOLS 检验

考虑到变量间可能存在的内生关系性，我们采用 Pedmrii（2001）提出的完全修正最小二乘法（FMOLS）对总样本的面板数据进行拟合。考虑到估计结果的稳定性，本文以服务贸易进口技术含量指数作为基础变量，然后依次加入其余变量进行回归，结果见表3。

表3　全样本 FMOLS 回归结果

解释变量	模型1	模型2	模型3	模型4	模型5	模型6
lnIS	0.02481 *** (14.8194)	0.0184 *** (5.5847)	0.0135 *** (3.6189)	0.0246 *** (5.7813)	0.0194 *** (3.0630)	0.0169 ** (2.3545)
RD	—	19.7515 ** (2.4011)	17.8731 ** (2.2185)	14.9347 * (1.9082)	16.7157 * (1.71278)	17.3111 * (1.7368)
HU	—	—	8.2315 ** (2.5781)	7.3371 ** (2.3723)	7.62353 ** (2.15545)	8.47784 ** (2.2309)
EX	—	—	—	−0.7308 *** (−4.9368)	−0.6921 *** (−4.01150)	−0.69812 *** (−3.9365)
FDI	—	—	—	—	0.1571 (0.74599)	0.1601 (0.7447)
PW	—	—	—	—	—	14.096 * (1.8606)
DW 统计量	1.9415	1.8936	2.0153	2.0039	2.1458	2.1179
调整后 R²	0.2186	0.22149	0.2319	0.2384	0.2401	0.2436

注：估计系数下方括号内的数字为系数估计值的 t 统计量，其中*、**和***分别表示在10%、5%和1%的显著性水平。

对表 3 的回归结果进行分析，我们可以得出以下几点结论。从第 1 列的计量检验结果来看，服务贸易进口技术含量与我国工业经济发展方式转变之间呈现正相关关系，具体而言，服务贸易进口技术含量的系数估计值为 0.02481，并且在 1% 的水平下显著。由于计量模型中对服务贸易进口技术含量变量取了自然对数，这一结果也就意味着服务贸易进口技术含量相对变化 0.02481 时，我国工业经济发展方式转变，即全要素生产率对产出增长的贡献率将会相应地绝对变化 0.02481 个单位。显然，服务贸易进口技术含量越高，工业经济发展方式转变的程度也就越高。在依次纳入其他控制变量后，如第 2 列至第 6 列的结果所示，虽然服务贸易进口技术含量的系数估计值的大小有所改变，但其与工业经济发展方式转变指数变量之间的正相关关系没有改变，并且都至少在 5% 的水平下具有显著性影响。这一结果支持了我们上文的逻辑推断：服务贸易进口技术含量的提升对我国工业经济发展方式的转变具有促进作用。

就其他的控制变量而言，从第 2 列～第 6 列的回归结果可见，研发投入变量的系数估计为正，并且至少在 10% 的水平下具有显著性影响，这意味着研发投入的增加是促进工业经济发展方式转变的重要因素。这一结果与现有理论是相吻合的，与我们的预期也是相一致的。从第 3 列～第 6 列的回归结果可见，人力资本变量的回归系数估计值为正，并且至少在 5% 的水平下具有显著性影响，这意味着增加人力资本投入能够加快转变我国工业经济发展方式。从第 4 列～第 6 列的回归结果来看，行业出口渗透率变量的系数估计值为负，并且在 1% 的水平下具有显著性影响，这意味着出口贸易的扩张对工业经济发展方式的转变具有不利影响。当然，导致这一结果并非一定意味着我国对外贸易不存在"出口中学习"效应，而更可能是说明了出口贸易的扩张会带来资本和劳动的大量投入，从而使得出口部门的增长更具有粗放型特征，从而表现为即便在全要素生产率不断提升的情况下，相比工业产值增长主要受资本和劳动大量投入驱动的情形，全要素生产率对工业产值增长率的作用被相对弱化了。从第 5 列～第 6 列的回归结果来看，工业行业部门的外资利用额变量的系数回归结果虽然为正，但并不具备显著性影响。这一结果说明外资企业对我国工业经济发展方式转变具有一定程度的推动作用，但这种作用尚不明显。可能的原因在于进入的外资企业可能更多地还是集中于劳动密集型领域或者高端产业的劳动密集型等低端环节，因此，虽然在同一领域相较于内资企业而言可能具有更高的生产率，但综合而言，整体上对推动工业经济发展方式转变的作用不显著，这可能在一定程度上也证实了学术界关于我国利用外资的一个基本评价，即"以市场换技术"的成效并不十分显著。此外，从外资企业的溢出效应来看，Moran（2011）对现有研究文献进行总结归纳后得出，总体而言中国利用外资对于内资企业而言并不存在显著的溢出效应，甚至具有显著的挤出效应。这也可能是导致其对我国工业经济发展方式转变未能呈现显著影响的重要原因。从第 6 列的回归结果来看，环境规制变量的回归系数为正且在 10% 的水平下对我国工业经济发展方式转变具有显著影响，在一定程度说明了环境规制在转变工业经济发展方式中的作用。

（三）服务贸易进口分部门 FMOLS 检验

仅从总体层面计算的我国服务贸易进口技术含量，并以此作为基础解释变量进行回归分析，实证考察其对我国工业经济发展方式转变的影响，还无法反映具有不同特征的服务贸易部门所可能产生的差异性影响。这是因为，作为知识、信息、技术等高级要素的重要载体，传统服务业和服务贸易与新型服务业和服务贸易相比，二者所内含的知识、技术等高级生产要素应该是不尽相同的。尤其是将服务贸易进口当作中间投入品时，不同服务贸易部门甚至是同一服务贸易部门不同"环节"对推动工业经济发展方式转变的作用肯定是不尽相同的。由于服务贸易包含的子类很多，不一定全是用于中间投入品，因此，在本文选定的9类服务贸易分项中，我们着重分析具有中间投入特征的运输（记为 TSI_1）、建筑服务（记为 TSI_2）、通信服务（记为 TSI_3）、金融服务（记为 TSI_4）、保险服务（记为 TSI_5）、专利和特许（记为 TSI_6），以及计算机和信息服务（记为 TSI_7）对工业经济发展方式转变的影响，以此识别哪些是工业生产及其发展方式转变中的更为重要的中间投入。虽然这7项数据中也有部分是为消费服务的，但总体来看是为生产过程服务的。将上述7个变量分别作为核心解释变量依次纳入上述计量方程式（4）中进行回归分析，所得结果如表4所示。

表4 服务贸易分部门 FMOLS 回归结果

解释变量	模型1	模型2	模型3	模型4	模型5	模型6	模型7
$\ln TSI_1$	0.0525 (1.2184)	—	—	—	—	—	—
$\ln TSI_2$	—	0.0336 (1.3159)	—	—	—	—	—
$\ln TSI_3$	—	—	0.0538 * (1.9359)	—	—	—	—
$\ln TSI_4$	—	—	—	0.1013 ** (2.5127)	—	—	—
$\ln TSI_5$	—	—	—	—	0.1108 ** (2.2136)	—	—
$\ln TSI_6$	—	—	—	—	—	0.8416 ** (2.3617)	—
$\ln TSI_7$	—	—	—	—	—	—	0.9374 *** (5.0315)
RD	16.3628 ** (2.0185)	17.0128 ** (2.1259)	16.7436 ** (2.6639)	16.9637 ** (2.1635)	16.0121 ** (2.3166)	16.0328 ** (2.7436)	17.1315 ** (2.5216)

解释变量	模型1	模型2	模型3	模型4	模型5	模型6	模型7
HU	7.8355**	7.0124**	6.8326**	6.9886**	6.0132**	7.1135**	6.8958**
	(2.3764)	(2.2317)	(2.3945)	(2.5216)	(2.3126)	(2.3219)	(2.5136)
EX	-0.9328***	-1.0321***	-1.1135***	-0.9976***	-0.6032***	-0.9326***	-1.0124***
	(-4.3632)	(-5.0133)	(-3.8736)	(-4.0328)	(-3.8569)	(-5.1219)	(-4.3657)
FDI	0.2029	0.3126	0.2149	0.3318	0.2158	0.2311	0.3018
	(0.7984)	(1.0128)	(1.4137)	(0.8355)	(1.1326)	(1.2617)	(1.3115)
PW	14.2154**	13.9351*	11.1425**	12.7845**	13.2317**	12.5139**	12.8944**
	(2.0326)	(1.8938)	(2.1352)	(2.3124)	(2.0122)	(2.0328)	(2.5126)
DW统计量	1.9326	1.8935	2.1014	1.9588	1.9637	2.0125	2.1137
调整后R^2	0.2436	0.2518	0.2327	0.2135	0.2518	0.2417	0.2358

注：同表3。

在表4的回归结果中，在控制了其他可能的影响因素后，即在计量方程中同时纳入其他控制变量后，我们通过依次纳入7个核心变量，分别考察服务业各子行业的进口技术含量对工业经济发展方式的影响。从表4的回归结果可以发现：第一，就影响的显著性而言，模型1至模型7的回归结果显示，此处选定的七类服务贸易分项中，7个核心变量对工业经济发展方式的影响存在差异。具体而言，运输服务以及建筑服务进口技术含量对工业经济发展方式转变的影响，其系数估计值虽然为正，但基本上不具备显著性，主要原因可能还在于作为中间投入，运输和建筑服务本身技术含量较低，因而其作用机制并不显著。通信服务进口技术含量的系数估计值为正，并且基本上通过了10%的显著性检验，表明其对工业经济发展方式转变已具有正向显著影响。然后是金融服务、保险服务以及专利和特许，其进口技术含量对工业经济发展方式转变的影响，其系数估计值也均为正，并通过了5%的显著性检验。对工业经济发展方式转变影响最为显著的是计算机和信息服务，其系数估计值为正，且在1%的显著性水平下具有显著影响。第二，就影响的程度而言，我们可以通过不同服务贸易分项的进口技术含量系数估计值大小加以粗略比较。在此处选定的7类服务贸易分项中，系数估计值为正且最大的是计算机和信息服务，以及专利和特许，其次是金融和保险服务，最后为通信服务、运输服务以及建筑服务。综合以上两点不难看出，具有不同特征的服务贸易进口，由于其内含的技术含量存在差异，因而对工业经济发展方式的影响的确存在较大差异。这进一步补充验证了本文的理论机制假说，即具有更高技术含量的服务贸易进口作为中间投入，因其更具直接效应、更具要素重组效应、更具"技术溢出"效应等，因而对工业经济发展方式转变产生更大、更显著的影响。第三，就其他控制变量而言，在各组模型的回归结果中，与表3的回归结果进行比较可以发现，其系数估计值显示的对我国工业经济发展方式影响的方向及其显著性，均没有呈现实质性变化。

（四）工业行业分部门 FMOLS 检验

运用所有34个工业行业的数据来估计服务贸易进口技术含量对工业经济发展方式转变的影响，意味着各工业行业具有相同的生产技术，包括控制变量在内的各变量系数估计值在各工业行业中是相同的，从而忽略了这些变量之间关系在不同工业行业部门之间可能存在的差异性影响。显然，行业要素密集度特征是行业差异的重要表现之一。为此，我们将选取的34个工业行业划分为资源和劳动密集型行业、资本密集型行业以及技术密集型行业三大组别。其中，资源和劳动密集型行业包括煤炭开采和洗选业，黑色金属矿采选业，石油和天然气开采业，非金属矿采选业，有色金属矿采选业，食品制造业，农副食品加工业，饮料制造业，纺织服装、鞋、帽制造业，烟草加工业，皮革、毛皮、羽毛（绒）及其制品业，纺织业，木材加工及木、家具制造业，造纸及纸制品业，竹、藤、棕、苇制品业，文教体育用品制造业，印刷业和记录媒介的复制，橡胶制品业和塑料制品业19个行业；资本密集型行业包括石油加工、非金属矿物制品业、炼焦及核燃料加工业，有色金属冶炼及压延加工业，黑色金属冶炼及压延加工业，通用设备制造业，金属制品业，仪器仪表及文化办公用机械制造业和专用设备制造业8个行业；技术密集型包括化学原料及化学制品制造业，医药制造业，交通运输设备制造业，化学纤维制造业，通信设备计算机及其他电子设备制造业，电气机械及器材制造业，艺品及其他制造业7个行业。

由于基于不同服务贸易进口部门计算的技术含量指数，对我国工业经济发展方式转变的影响大小虽然略有差别，但在影响的方向性及其显著性上基本一致，因此，此处按照工业行业的要素密集度特征进行分组回归分析时，我们不再区分不同服务贸易部门的进口技术含量，而是仅使用服务贸易进口总体技术含量作为基础变量，然后再依次纳入其他控制变量进行回归，所得结果见表5。

表5　工业行业分组 FMOLS 回归结果

解释变量	模型1	模型2	模型3	模型4	模型5	模型6
	资源密集型和劳动密集型行业组					
lnIS	0.0184 *** （3.5085）	0.0071 ** （2.0826）	0.0104 ** （2.3323）	0.0195 ** （2.8569）	0.0161 *** （6.3594）	0.0095 *** （5.1671）
RD	—	13.1041 ** （2.7294）	16.5809 *** （2.9881）	15.9549 *** （3.4997）	10.6129 * （1.9073）	10.3061 * （1.9615）
HU	—	—	37.4431 *** （3.8528）	48.4018 *** （4.4823）	43.2075 *** （3.9124）	40.3827 *** （3.4227）
EX	—	—	—	−1.0808 *** （−3.2308）	−0.9787 ** （−2.6901）	−0.8213 ** （−2.2201）
FDI	—	—	—	—	2.3093 （7.0426）	2.2739 （6.7306）

续表

解释变量	模型 1	模型 2	模型 3	模型 4	模型 5	模型 6
资源密集型和劳动密集型行业组						
PW	—	—	—	—	—	19.5007 * （1.9243）
DW 统计量	2.1035	1.9942	1.8937	2.1056	2.2155	2.0739
调整后 R^2	0.2136	0.2203	0.2314	0.2343	0.2508	0.2563
资本密集型行业组						
lnIS	0.0341 *** （28.0113）	0.0287 *** （38.9569）	0.0227 *** （18.9627）	0.0241 ** （2.5931）	0.0217 *** （5.2091）	0.0339 *** （3.2814）
RD	—	14.9033 *** （9.3618）	18.0844 *** （11.4685）	19.7652 *** （8.4934）	16.3119 *** （6.1071）	15.5125 *** （10.3605）
HU	—	—	0.9199 ** （2.2443）	4.3147 *** （6.5364）	4.6974 *** （6.4268）	1.9484 ** （2.5366）
EX	—	—	—	- 2.2389 *** （ - 9.6061）	- 2.3434 *** （ - 9.5052）	- 3.6215 *** （ - 17.0697）
FDI	—	—	—	—	0.1921 （1.4551）	0.0877 （1.2718）
PW	—	—	—	—	—	17.2795 *** （2.5349）
DW 统计量	2.1152	2.0315	1.9786	2.1328	2.1005	2.2137
调整后 R^2	0.2312	0.2387	0.2405	0.2468	0.2503	0.2541
技术密集型行业组						
lnIS	0.0454 *** （33.7638）	0.0359 ** （2.1097）	0.0432 *** （23.7864）	0.0359 *** （16.7488）	0.0357 ** （2.6481）	0.0492 *** （3.7728）
RD	—	17.2217 *** （5.9701）	18.8979 *** （5.9081）	17.0402 *** （4.1701）	19.2599 * （1.9871）	26.7861 ** （2.1754）
HU	—	—	9.1954 *** （13.4433）	9.4471 *** （14.5514）	6.6551 ** （2.3628）	8.0514 ** （2.1482）
EX	—	—	—	- 0.4087 ** （2.6095）	- 0.4201 ** （ - 2.1856）	- 0.1977 ** （ - 2.8678）
FDI	—	—	—	—	1.8623 *** （5.3721）	1.8039 *** （5.3404）

	技术密集型行业组					
解释变量	模型 1	模型 2	模型 3	模型 4	模型 5	模型 6
PW	—	—	—	—	—	10. 7855 ** (1. 9114)
DW 统计量	1. 9326	2. 0139	1. 9938	2. 1257	2. 2014	2. 1359
调整后 R^2	0. 2451	0. 2513	0. 2586	0. 2604	0. 2711	0. 2832

注：同表 3。

根据表 5 的回归结果，我们可以得到以下几点基本结论：

第一，无论是资源密集型和劳动密集型行业组，还是资本密集型行业组，以及技术密集型行业组，在纳入各控制变量后，并不改变服务贸易进口技术含量这一基础变量的回归系数的符号及其显著性，说明服务贸易进口对工业经济发展方式转变的影响具有较好的稳健性。

第二，从服务贸易进口技术含量对不同工业行业分组的影响来看，基本遵循着对技术密集型工业行业发展方式转变的影响程度最大，其次是资本密集型工业行业，最后是资源密集型和劳动密集型工业行业的变化。对此可能的解释在于，具有不同要素密集度特征的各工业行业，对生产性服务需求尤其是高级生产性服务投入需求不同，更具资本和技术密集型的行业发展方式转变，对生产性服务投入需求强度可能会更大，从而表现为服务贸易进口技术含量越高，对资本和技术密集型行业发展方式转变的推动作用也就越大。

第三，从其他控制变量的系数回归结果来看，研发投入和人力资本变量对各分组行业发展方式转变的影响差异性，与服务贸易进口技术含量变量的影响差异性类似，其内在原因可能也基本一致，在此不再赘述。

从行业出口渗透率变量的系数回归结果来看，其对技术密集型行业组发展方式转变的负向作用要显著弱于对资源密集型和劳动密集型行业组以及资本密集型行业组的影响。可能的原因在于，技术密集型产品的出口可能主要依靠的不是大规模的资本和劳动投入，而是依托技术进步，从而表现为出口扩张对工业经济发展方式转变的负向作用相应地"弱化"。类似地，外资利用额变量对各分组工业行业发展方式转变的影响，在技术密集型行业表现得最为显著，这可能既与流入的 FDI 质量有关，也与处于同一行业的内资企业从而能够从更高质量的 FDI 获取溢出效应有关，从而表现为 FDI 在推动技术密集型行业发展方式转变中具有显著的积极作用。从环境规制变量的影响来看，各组的系数估计值表明，环境规制对资源密集型和劳动密集型行业组以及资本密集型行业组的影响，要强于对技术密集型行业组的影响。这一结果显然是源于前述两个分组的工业行业发展对自然环境的依赖更强，发展方式与"环境要素"的投入状况密切相关。而相较而言，技术密集型行业与"环境要素"之间的关系可能显得相对不那么密切。这一结论也就意味着加强环境规制更有利于促进前述两个分组中工业行业发展方式的转变。

六、简 要 结 论 及 启 示

本文基于非参数 DEA – Malmquist 指数方法，测度了我国 2004～2011 年各工业行业全要素生产率，并采用最新测度服务贸易进口技术含量的方法，估算了同期我国服务贸易进口技术含量水平。以全要素生产率对工业总产值增长的贡献率作为我国工业经济发展方式的衡量指标，分别从总体层面、服务贸易进口分部门层面以及工业行业分组层面，实证研究了服务贸易进口技术含量对我国工业经济发展方式转变的影响。计量检验结果揭示：

（1）从总体层面来看，服务贸易进口技术含量对我国工业经济发展方式转变具有显著的促进作用，换言之，提高服务贸易进口技术含量有助于加快我国工业经济发展方式的转变。

（2）从不同特性的服务贸易部门来看，其进口技术含量对我国工业经济发展方式转变的影响存在差异性，具体而言，技术含量相对较低的诸如运输服务和建筑服务等传统服务贸易进口，对我国工业经济发展方式转变的影响相对"较弱"，而技术含量相对较高的诸如计算机和信息服务、专利和特许等新兴服务贸易进口，对我国工业经济发展方式转变的影响则相对"较强"。

（3）从具有不同要素密集度特征的工业行业组别来看，服务贸易进口技术含量对其发展方式的影响也不尽相同，具体而言，服务贸易进口技术含量的变化，对我国技术密集型工业行业发展方式转变的影响程度最大，其次是资本密集型工业行业，最后是资源密集型和劳动密集型工业行业。

（4）从其他影响因素来看，研发投入和人力资本对我国工业经济发展方式转变具有推动作用，这一点在上述三个层面的计量结果中均是成立的；出口扩张对工业经济发展方式的转变总体而言存在着负向作用，且这种负向作用对资源密集型和劳动密集型行业组以及资本密集型行业组的影响，要显著强于对技术密集型行业组的影响；FDI 对我国工业经济发展方式转变具有正向作用，但在总体层面上看这种作用尚不显著，而从工业行业分组来看，其在推动技术密集型行业发展方式转变中表现出显著的积极作用；环境规制总体而言对我国工业经济发展方式转变具有推动作用，并且对资源密集型和劳动密集型行业组以及资本密集型行业组的影响，要强于对技术密集型行业组的影响。

我国正处于工业化发展的重要时期，工业是我们的比较优势产业，但从绝对精致化程度来看，我们与许多优秀工业强国相比仍然存在较大差距（金碚，2012）。在经济全球化发展的大趋势下，我国工业经济发展方式转型升级不能脱离全球分工体系，而应正确把握国际分工演进所带来的重要机遇，通过充分发挥自身的比较优势，在参与全球竞争与合作中实现我国工业经济发展方式转型升级。尤其是伴随着工业发展和服务经济特别是高级生产者服务业发展之间的融合程度越来越深，提升中国工业经济发展水平，要注重利用全球市场资源，主要是利用发达经济体在服务业方面所具有的优势，依托服务贸易进口特别是提高服务贸易进口技术含量来加快推进我国工业经济发展方式转变。特别是在服务业发展呈"碎片化"趋势的新型国际分工体系下，我们要注重发挥服务贸易进口政策对我国工业经济发展方式转变的推动作用，这就要求在服务贸易进口政策的目标定位上，要着眼于充分利用全球优质服务资源服务于我国工业经济发展方式转变进程；在服务贸易进口内容上，要着重于具有高溢出性、高关联性以及有助于推动自主创新的服务产品和高端服务环节的进口，通过服务贸易进口带动我国服务业尤其是高端生产者服务业发展；在进口的方式上，要注重服务贸易进口技术含量提升与高级生产者服务业 FDI 之间的互动，从而充分利用全球服务贸易发展的重要战略机遇，通过提升服务贸易进口技术含量服务于我国工业经济发展方式转变进程。

当然，强调服务贸易进口技术含量对工业经济发展方式转变的重要影响，并非意味着我们只应把服务贸易仅仅看作是促成其发展的一个环节。实际上，展望中国经济未来的走势，服务业在中国经济发展中的重要性将日益凸显，我们不仅面临着工业经济发展方式转型升级的需要，也面临着大力发展服务业尤其是现代服务业的紧迫任务，以及二者的协同发展问题。而许多研究已经表明，服务贸易发展对服务业尤其是现代服务业发展具有重要的反向拉动作用（王子先，2012；隆国强，2012），因此，从这一意义上来说，注重发挥服务贸易进口政策作用还有利于促进我国服务业尤其是现代服务业发展及其与工业经济的协同发展。当然如何更好地提升我国服务贸易进口技术含量，从而更好地服务于我国工业经济发展方式转变的需要，以及促进服务业与工业之间的协同发展，进一步的分析已经超出本文探讨范围，需要专文研究，这也是我们今后研究的努力方向。

参考文献

[1] 包群. 贸易开放与经济增长：只是线性关系吗 [J]. 世界经济，2008（9）.

[2] 陈德球，李思飞，钟昀珈. 政府质量、投资与资本配置效率 [J]. 世界经济，2012（3）.

[3] 樊纲，王小鲁，马光荣. 中国市场化进程对经济增长的贡献 [J]. 经济研究，2011（9）.

[4] 樊秀峰，韩亚峰. 生产性服务贸易对制造业生产效率影响的实证研究——基于价值链视角 [J]. 国际经贸探索，2012（5）.

[5] 高凌云，王洛林. 进口贸易和工业行业全要素生产率 [J]. 经济学，2010（2）.

[6] 郭晓丹，宋维佳. 战略性新兴产业的进入时机选择：领军还是跟进 [J]. 中国工业经济，2011（5）.

[7] 华民. 我们究竟应当怎样来看待中国对外开放的效益 [J]. 国际经济评论，2006（1）.

[8] 金碚. 全球竞争新格局与中国产业发展趋势 [J]. 中国工业经济，2012（5）.

[9] 金碚. 中国工业的转型升级 [J]. 中国工业经济，2011（7）.

[10] 刘志彪. 为什么我国发达地区的服务业比重反而较低？[J]. 南京大学学报，2011（3）.

[11] 隆国强. 我国服务贸易的结构演化与未来战略 [J]. 国际贸易，2012（10）.

[12] 蒙英华，尹翔硕. 生产者服务贸易与中国制造业效率提升 [J]. 世界经济研究，2010（7）.

[13] 裴长洪. 先进制造业与现代服务业如何相互促进 [J]. 中国外资，2010（1）.

[14] 尚涛，陶蕴芳. 中国生产性服务贸易开放与制造业国际竞争力关系 [J]. 世界经济研究，2009（5）.

［15］孙文杰，沈坤荣．人力资本积累与中国制造业技术创新效率的差异性［J］．中国工业经济，2009（3）．

［16］唐保庆，陈志，杨继军．服务贸易进口是否带来国外 R&D 溢出效应［J］．数量经济技术经济研究，2011（5）．

［17］王子先．服务贸易新角色：经济增长、技术进步与产业升级的综合性引擎［J］．国际贸易，2012（6）．

［18］许和连，元朋，祝树金．贸易开放度、人力资本和全要素生产率：基于中国省级面板数据的经验研究［J］．世界经济，2006（12）．

［19］叶振宇，叶素云．要素价格与中国制造业技术效率［J］．中国工业经济，2010（11）．

［20］于津平，许小雨．长三角经济增长方式与外资利用效应研究［J］．国际贸易问题，2011（1）．

［21］余淼杰．中国贸易的自由化与制造业企业生产率［J］．经济研究，2010（12）．

［22］赵文军，于津平．贸易开放、FDI 与中国工业经济增长方式［J］．经济研究，2012（8）．

［23］朱春兰，严建苗．进口贸易与经济增长：基于我国全要素生产率的测度［J］．商业经济与管理，2006（5）．

［24］Amiti M.，Wei S. J. Service Offshoring，Productivity and Employment：Evidence from the United States［R］. MF Working Paper，No. 05/238，2005.

［25］Clemes M. D.，Arifa A. and Gani A. An Empirical Investigation of the Spillover Effects of Services and Manufacturing Sectors in Asian Countries［J］. Asia – Pacific Development Journal，2003，10（2）.

［26］Coe D. T.，Helpman E. International R&D Spillovers［J］. European Economic Review，1995（5）.

［27］Dulleck U.，Foster N. Imported Equipment，Human Capital and Economic Growth in Developing Countries［R］. NECR Working Paper，No. 16，2007.

［28］Fernandes A. M. Trade Policy，Trade Volumes and Plant – level Productivity in Colombian Manufacturing Industries［R］. W. B. Policy Research Working Paper Series，No. 3064，2006.

［29］Francois J. F.，Woerz J. Producer Service，Manufacturing Linkages and Trade［R］. Tinbergen Institute Discussion Paper，2007.

［30］Gorg H.，Hanley A. and Strobl E. Productivity Effects of International Outsourcing：Evidence from Plant – level Data［J］. Canadian Journal of Economics，2008（41）.

［31］Grossman G. M.，Helpman E. Endogenous Innovation in the Theory of Growth［J］. The Journal of Economic Perspectives，1991（8）.

［32］Halpern L.，Koren M. and Szeidl A. Imported Inputs and Productivity［R］. CEFIG Working Papers，No. 21，2011.

［33］Herreriasa M. J.，Orts V. Imports and Growth in China［J］. Economic Modeling，2011（28）.

［34］Hoekman Bernard. Trade in Services，Trade Agreements and Economic Development：A Survey of the Literature［R］. CEPR Discussion Paper，2006.

［35］Kasahara H.，Rodrigue J. Does the Use of Imported Intermediates Increase Productivity? Plant – level Evidence［J］. Journal of Development Economics，2008（8）.

［36］Keller W. Trade and Transmission of Technology［J］. Journal of Economic Growth，2002.

［37］Moran T. H. Foreign Manufacturing Multinationals and the Transformation of the Chinese Economy：New Measurements，New Perspectives［R］. PIIE Working Paper，No. WP11 – 11，2011.

［38］ R. Hausmann, Y. Huang and D. Rodrik. What You Export Matters ［R］. NBER Working Paper, No. 11905, 2005.

［39］ Romer P. M. Increasing Returns and Long – run Growth ［J］. Journal of Political Economy, 1986 (4).

［40］ Segerstorm P. S. The Long – Run Growth Effects of R&D Subsidies ［J］. Journal of Economic Growth, 2000 (3).

［41］ Pedroni P. Fully Modified OLS for Heterogeneous Cointegrated Panels ［J］. Advances in Econometrics, 2001 (15).

Service Trade Import Technology with China Industrial Transformation of Economic Development Patterns

Abstract: In this paper, using the latest measure the level of service trade import technology, and the total factor productivity contribution to gross value of industrial output growth as indicators of China's industrial economic development patterns, respectively from the overall, service trade import departments and industry group three levels, the empirical research during 2004 – 2011 service trade import technology's impact on China's industrial economic development patterns. Measurement test results reveal that service trade import technology content on the transformation of economic development patterns of China's industry has a significant role in promoting; And, with a higher technological content of new services such as computer and information trade import role than low – tech traditional services such as transport trade imports; And from the perspective of the group of industry, service trade import technology content of the development of technology – intensive industry of our country the influence of the change of the pattern is the largest, the second is capital intensive industry, again is resource – intensive and labor – intensive industries. Transformation of the mode of China's industrial economic development and is not to be divorced from the global division of labor system. In services "fragmentation" development trend of the world's big background, China should seize the global service trade an important opportunity of development, in the realization of service trade expansion of the "amount" at the same time, more should pay attention to the quality of service trade import to choose a suitable text book, in order to better service to the need of industrial transformation of economic development patterns.

Key Words: Service Trade; Import Technology Content; Industrial Economic Development Patterns.

企业生产率和企业"走出去"对外直接投资：
基于企业层面数据的实证研究[*]

田　巍[1]　余淼杰[2]

（1. 北京大学光华管理学院，北京　100871；
2. 北京大学国家发展研究院中国经济研究中心，北京　100871）

【摘　要】随着中国"走出去"战略的实施，我国企业的对外直接投资也日益增长。通过采用浙江省制造业企业生产和对外直接投资的企业层面数据，在准确衡量"走出去"企业的全要素生产率的基础上，本文考察了企业生产率及其直接对外投资的关系。在控制了回归分析可能的内生性及其他影响因素后，我们发现：第一，生产率越高的企业对外直接投资的概率越大；第二，生产率越高的企业对外直接投资的量越大；第三，目的国的收入水平高低对企业投资与否的决定没有显著的影响。此外，行业的资本密集程度对企业的生存环境没有显著的影响。所以，本文的发现为我国企业的对外直接投资提供了微观层面的经验证据，在一定程度上弥补了这方面研究的空白。

【关键词】企业异质性；全要素生产率；对外直接投资；行业资本密集度

一、引言

众所周知，外商对华直接投资（FDI）一直是拉动中国经济的主力，中国是吸收 FDI 的世界大国，占了流向发展中国家的 FDI 总量的 1/3。但中国也是世界资本的一大供给源，虽然目前中国流出的对外直接投资（OFDI）和流入的外商直接投资（IFDI）相比规模还较小，但其增长速度不容小觑，仅 2005 年一年，对外直接投资的增幅就达到了

---

*　选自《经济学》（季刊）2012 年 1 月第二期。
国家自然科学基金青年项目（编号：71003010）。

32%，中国的很多跨国大企业也在国际商务中扮演越来越重要的角色。据联合国的估计，中国的外向直接投资已经超过了 GDP 的 3%。20 世纪 80 年代中国的对外投资管理严格，只有国有企业和部分监管企业可以对外投资。90 年代放开管制以后，在逐渐完善的监管体制之下，中国实施的"走出去"战略以及相应的政策刺激、信息辅助等措施都促进了大量中国企业在外拓展市场，尤其是家电、电子、通信等领域，对外投资的企业也不再局限于国有企业。投资企业多为位于东部沿海城市的企业，在行业分布上则多为制造业、商业和矿产业，这些对外投资主要流向包括中国香港和其他一些"避税天堂"的地区（Poncet，2007）。图 1 则描述了我国 21 世纪以来对外投资的宏观走势。

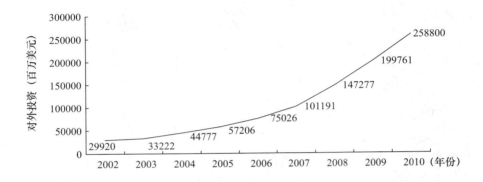

图 1　中国 21 世纪以来对外直接投资

资料来源：CEIC 数据库。

据《2009 年度中国对外直接投资统计公报》显示，截至 2009 年底，中国 12000 多家境内企业在境外直接投资，分布在 177 个国家及地区，投资累计净额约 2457.5 亿美元，非金融类占 84.5%。中国 2009 年对外直接投资占全球对外直接投资总额流量的 5.1%、存量的 1.3%，流量位列全球第五。其中投资主要流向了服务业、采矿业、金融业、批发零售业、制造业和交通运输业，这几个行业的总投资占当年的 93.8%。其中制造业的投资额约占 4%，制造业企业数目占对外投资企业总数目约 32%。从投资流向来看，71.4% 的投资流向亚洲其他国家。投资的主体中地方投资大幅增长，企业数目约占总数目的 95%，其中东部地区以及湖南等中部地区仍是地方直接投资的主力；中央企业虽然数目仅约占 5%，但投资的流量占总投资超过 60%，比例虽然仍然很高，不过与历史相比，其主力作用在逐渐让位于地方企业。

决定我国对外直接投资的因素很多，目前还没有研究中国对外直接投资的系统实证文献，但如外国投资指导性服务（Foreign Investment Advisory Service，2005）机构发起的调查问卷所显示的，中国市场的因素、目的国的政策因素和中国政策性的因素都会对企业对外投资决策有影响。具体地，第一，国内需求不足和企业产能过剩导致企业有寻找市场的动机，但是很多领域的出口都受到配额的限制，直接建厂投资是规避配额的有效方式，如果大部分对外直接投资的企业以此为目的，则可看到在原本出口多、贸易盈余大的国家也将有较大的对外直接投资增长。第二，流入中国的直接投资一方面加剧了国内企业的竞争，迫使企业转向其他市场，另一方面带来了技术和资本的外溢，有效帮助中国企业在海外建厂。第三，有的大企业在发达国家建立研发中心，为的是学习它们的科研技术。第四，一些炼油、天然气、矿产行业的企业在资源丰富的国家投资，为的是获得充足的原材料，这些企业主要是国有企业。第五，目的国的政策优惠对中国企业也有很大吸引力，比如英国招商政策吸引了很多中国企业。第六，中国政府的战略和政策转变也起到很大作用，比如目前中国已签订了100多个双边投资协定，这对中国的对外直接投资也会有一定的促进作用。

以上调查显示的分析都是基于宏观层面的，这些日益增长的对外投资究竟是由什么样的企业贡献的？剔除相同的宏观经济环境、不同的行业因素和不同的目的国的影响，什么样的企业更容易选择对外直接投资？企业的生产效率和企业的对外投资行为有什么关系？这些在企业层面的复杂差异很难由一个笼统的调查阐释清楚，因此须运用企业层面的微观数据，给出严谨的分析才能回答上面的问题。

在经济学文献中，Montagna（2001）、Melitz（2003）等对这些问题通过严密的论证做出了理论上的预测：同一个行业内，生产率最低的企业只服务于本国市场；生产率较高的企业不仅在本国出售，还出口到别国；而生产率最高的企业同时在本国出售、出口以及在外国直接投资。实证方面，Helpman等（2004）研究了企业的生产率对其出口和对外直接投资决策的影响。他们发现，对美国企业而言，出口企业比只在国内销售的企业的生产率要高约39%，而进行对外投资的企业又比出口企业的生产率高约15%。这一发现与Melitz（2003）的经典理论预测一致。

在此之后，Head和Ries（2003）采用日本企业的数据进行了实证检验，同样发现了生产率最高的企业仍然是对外投资企业，生产率较低的企业选择出口，生产率最差的只在本国销售。更有意思的是，他们也发现了低生产率的企业容易被低收入国家吸引，而高生产率企业主要投资到高收入国家。Eaton等（2004）用法国企业数据进行检测，发现无论是出口还是对外直接投资，目的国的数量都和企业生产率成正比，说明不同国家的进入成本和竞争程度对企业的决策有影响。Danujan等（2007）用斯洛文尼亚的数据进行检验，他们的结果支持了Helpman等（2004）的结论，发现只有生产率最高的企业会对外投资，但是他们发现对高收入国家投资和对低收入国家投资的进入门槛没有显著不同，这又与Head和Ries（2003）的发现有所不同。

对中国企业而言，目前的研究多停留在研究企业生产率对企业出口决策的影响上。比如Feenstra等（2011）发现，企业的出口受其生产率及信贷约束的影响。高生产率的企业较为可能出口，且出口的量也较大。随后，Lu（2010）也发现，中国企业进入国内市场的成本和出口的成本取决于行业特性。对劳动密集型部门而言，国内的竞争压力远大于国外市场，因此进入出口市场的成本反而比在国内销售的成本要低，因此对劳动密集型部门而言，最有效率的生产者在国内销售，而低生产率的企业销往国外。Lu等（2010）同样用中国的企业数据发现，中国的企业选择不仅与生产率相关，还与企业的所有权结构有关。在对华投资的外资企业里，高生产率者更倾向于在中国销售而非出口至其他国家。

或因数据所限，目前关于中国企业的外向直接投资的研究很少，如有则多是停留在宏观层面上（Huang and Wang，2010）。关于企业外向投资微观层面的研究，据笔者所知，目前只有余淼杰和徐静（2011）的文章，该文同样运用浙江省的外向直接投资企业数据，发现了中国企业"走出去"并不会减少企业本身的出口。企业外向直接投资与企业出口是互补的。不过，他们并没有从企业本身绩效出发去考察企业的生产率对对外投资决定及投资大小的影响。

因此，本文旨在从以下三个方面展开研究：第一，企业生产率对其投资的动机是否有正相关关系？生产率越高的企业是否对外直接投资的概率也越大？第二，生产率越高的企业是否其对外直接投资额也越大？第三，目的国的收入水平高低对企业投资与否的决定有没有显著的影响？

相较而言，本文的研究采用 2006～2008 年三年的企业面板数据，这相对于 Helpman 等（2004）及 Head 和 Ries（2003）所采用的横截面数据而言更具优势。因为，上述这两篇研究之所以在实证方法上遭到了后人的质疑，一个主要的原因在于他们只运用了横截面数据，这样，实证回归就没办法控制内生性问题，换言之，无法证明高生产率的企业选择对外直接投资（或出口）而不是企业从对外投资（或出口）中受益从而提高了生产率。而本文通过采用面板数据且选择合适的工具变量以控制内生性从而得以有效地避免上述不足。

本文结构如下：第二部分详细描述回归所用数据及如何准确衡量企业生产率，第三部分讨论对外投资企业与非对外投资企业的主要差异，第四部分探讨企业生产率大小对其对外直接投资决策的影响，第五部分则研究企业生产率对对外投资额的影响，第六部分为小结。

二、数据和衡量

本文使用的数据有两套。一套来自工业企业数据库，包含了销售额在 500 万元以上的规模以上工业企业的各主要会计变量信息。这套数据包含了丰富的企业层面的信息，包括地理位置、行业、资本构成、员工组成、主要经营项目、盈利情况、出口值等上百个变量。这套数据目前可用的年份是 1998～2008 年，为与对外直接投资的企业数据年份相匹配，本文用了其中 2006～2008 年的样本。这套数据虽然信息丰富，但却缺少企业对外直接投资的信息，因此我们用的另一套数据则是浙江省大型制造业企业三年的对外直接投资指标。这套数据包含了浙江省对外直接投资中中方和外方国家乃至城市的信息、投资额、所属行业等重要指标，这些都是本文计量分析中不可缺少的变量。

在我国的对外直接投资中，浙江省具有非常重要的地位。前面已经提到东部沿海城市始终是地方投资的主力，其中浙江省又是重中之重。浙江省的对外投资企业数目占全国的21.4%，位列榜首，其投资额在每年的地方排名中也总是名列前茅，如表1所示，浙江省2010年的投资额占地方总对外直接投资额的16%以上，名列第一。

表1　2006～2010年浙江省对外直接投资额及比重

年份	各省市中当年排名	投资额（万美元）	占地方总对外直接投资比重（%）
2006	4	19165	8.52
2007	2	45898	10.22
2008	2	50558	8.23
2009	5	78207	8.36
2010	1	262139	16.06

资料来源：商务部合作司。

　　浙江省的对外直接投资始于1982年，基本上与全国的对外直接投资是同时开始的，截至2007年6月，经核准的境外企业累计达2809家，投资总额16.4亿美元，境内主体数和境外机构数居全国第一。浙江省的对外直接投资也非常有代表性：约70%的投资由民营企业创造，投资领域主要涉及机械、纺织、电子、轻工等行业，主要集中在亚洲、欧洲和北美，形式以设立境外加工企业、资源开发、境外营销网络、房地产开发和设立研发机构等为主。对外直接投资途径也逐渐多样化，从单纯出资设立企业到跨国参股并购、境外上市，企业从单打独斗已逐步转为集群式规模开发。因此，用浙江省的制造业企业数据分析首先保证了企业参与对外投资途径的多元化、企业主体的多元化和制造业内行业的多元化；其次，因为浙江省主要投资主体是民营企业，这样避免了在一些转型国家中出现的特殊历史政治因素，即效率低下的国有企业因为经济转型前的历史地位而至今在对外直接投资中举足轻重。

　　这一数据库内容虽然丰富，但由于各种原因，部分企业提供的信息可能不够准确，从而使其中一些样本可能存在误导性。与谢千里等（2008）、余淼杰（2010，2011）的研究类似，本文将使用以下标准去除异常样本：首先，重要财务指标（如企业总资产、固定资产净值、销售额和工业总产值）有遗漏的样本被剔除；其次，雇员人数在10人以下的企业样本也被剔除。还有，如同Cai和Liu（2009）、Feenstra等（2011）的研究一样，遵循一般公认会计准则（GAAP），本文还剔除了发生以下情况的企业样本：①流动资产超过固定资产的企业；②总固定资产超过总资产的企业；③固定资产净值超过总资产的企业；④没有识别编号的企业；⑤成立时间无效的企业（如成立时间在12月之后或在1月之前）。在对数据进行严格可靠的筛选后，我们就可据此对企业的生产率进行测算。

　　在以往的研究企业生产率和企业行为的文章中，很多学者采用的都是劳动生产率。这种度量方式有一定局限，劳动力投入比例的变动会导致劳动生产率的改变，对同一个行业，资本密集的企业就比劳动力密集的企业劳动生产率高，当中国的企业到海外竞争时，如果中国企业使用劳动力更密集，就天然地成了低生产率企业，外国企业就显示出高生产率，但这种意义上的生产率对企业的生存和发展没有必然的影响，密集使用劳动力的企业并不一定就比密集使用资本的更不容易存活。所以这种定义本身有一定误导，比较好的度量方法是使用全要素生产率（TFP），它对所有要素投入一视同仁，度量的是剩余的技术和效率因素，不会因为要素投入比例改变影响生产率的结果。

因此在本文中，我们用全要素生产率作为企业生产率的度量。计算全要素生产率的标准方法是用 OLS 法计算索洛剩余，但是传统的 OLS 方法有两个缺陷：反向因果关系和选择性偏误。一方面，企业可能同时选择产量和资本存量，或者为了实现一定产量而追加特定量投资，即资本存量的决定受到产量影响，而非外生的，这样就使产量和资本存量间产生反向因果关系。为此，虽然研究者们最初普遍采用加入企业和时间的双向固定效应，但这样只能减小共生性偏误，并不能完全克服反向因果问题。另一方面，面板数据中往往存在样本的选择偏误，也就是说只有生产率比较高的企业才能留在样本中，生产率很低的企业自然被剔除出样本，这个问题在本文的数据中更为突出，因为主要数据之一是规模以上的企业数据，只有规模达到一定水平的企业才能留在数据中，而规模逐渐萎缩的企业很可能会退出。这个问题是传统的 OLS 方法无法解决的。为此，早期的研究通常剔除中途退出样本的企业以使面板平衡，但是毫无疑问这样浪费了大量信息资源，而且无法刻画企业的动态行为。对此难题做出巨大贡献的是 Olley 和 Pakes（1996）的方法，这是目前非常流行的计算 TFP 的方法，他们通过设立半参方程计算并解决了选择性偏误问题。Van Biesebroeck（2005）及 Amiti 和 Konings（2007）在其基础上，在计算中引入了企业的出口投资等决策，使计算结果更缜密周全，并且通过建立企业存活的概率模型解决了样本选择性偏误问题。

如同余淼杰（2010，2011），根据我国的实际情况，我们对 Olley - Pakes（O - P）生产率的计算进行以下扩展：首先，本文使用了工业水平上的平减价格来度量全要素生产率。关于生产函数的测算，Feupe 等（2004）曾强调应以货币变量的形式来度量产出所可能产生的估计误差，这种方式实际上只是对会计恒等式的估计。其次，为在计算全要素生产率时体现企业的进出口行为的作用，本文构建了两个虚拟变量，其中一个为出口变量，另一个为进口变量。这样，相对于以前的研究，我们就可进一步地刻画企业的外贸行为对生产率可能产生的影响。在下面的部分中，为了简化文字，我们将上述用 O - P 方法计算的全要素生产率简记为生产率。

经过整理后的数据包括了浙江省 2006 ~ 2008 年制造业 3 万多个大中型企业三年的样本，总计 100999 个观察值，其中平均每年有 100 多个企业参与海外直接投资，计有 257 个企业有对外直接投资行为。表 2 列出了回归所用的一些重要变量的统计特征。图 2 是对外直接投资企业投资额对数的分布图，它基本服从正态分布。事实上，大部分的企业投资额集中在 1000 万美元以内，三年一共只有 10 多个企业投资额超过千万美元。为避免异常值的存在对回归结果产生的可能偏差，我们将这 10 多个观察值从样本中去掉。

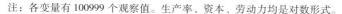

表 2　主要变量统计特征

变量名	均值	标准差	最小值	最大值
生产率	4.08	0.94	−4.13	8.59
企业对外直接投资与否	0.0025	0.05	0	1
出口与否	0.42	0.49	0	1
对外直接投资额对数	3.27	1.53	0	8.61
出口—内销比例	0.27	0.40	0	1
资本	7.96	1.57	−0.29	15.99
劳动力	4.45	0.98	0	10.16

注：各变量有 100999 个观察值。生产率、资本、劳动力均是对数形式。

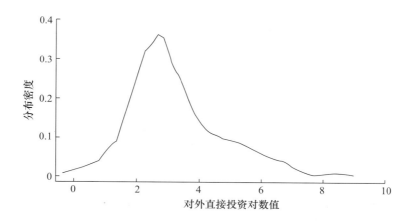

图 2　企业对外直接投资对数值分布图

三、影响企业进入对外直接投资市场的决定因素

在进行严格的计量分析之前，有必要讨论非对外投资企业与对外投资企业在劳动力、资本及全要素生产率这些关键变量上是否存在着显著的区别。Helpman 等（2004）的理论模型已预测，生产率最高的企业将进行对外直接投资而生产率低的企业不会。但在像中国这样的转型国家，也许会出现相反的现象，即一些国有企业因为政策性垄断等原因，很早就开始对外直接投资，当改革开放之后，国有企业生产率相对较低（Wu，2005），但它

们仍可凭借着已开拓的海外市场在境外活跃。这样，我们也许就会观察到低生产率的企业反而进行对外投资的现象。

不过，在我们的样本中，只有1%的对外投资企业是国有企业，所以，国有企业对外投资这一历史因素并不会改变整个故事。为检测是否高生产率的企业较有可能对外直接投资，我们首先将企业分成有对外投资和没有对外投资两组，表3列出了这两组企业的平均生产率、资本和劳动力，并计算两组的差值。从表3–A可以看出，相对于没有对外直接投资的企业而言，进行投资的企业有更高的生产率、更高的资本规模和更多的劳动力。这个结论与理论预期一致。当然，据此并不足以判断高生产率的企业更倾向于对外投资，因为有可能企业先投资，并随着投资积累经验逐步提高生产率。

为此，我们在表3–B中列出了逐年的企业生产率的差值，如果企业有学习效应，那么对外投资的企业相对于非对外投资企业的生产率优势应随着时间递增，但从表3–B可见，优势非但没有随着时间增强，反而有减弱的趋势，在2008年两组企业的生产率并没有显著差别，说明对外直接投资企业的生产率优势是先决的而非在投资中积累的。

表3–A　非对外投资企业与对外投资企业生产率、劳动力和资本之差

	生产率	劳动力	资本	观察值
非对外直接投资企业	92.85	155.41	12379.01	100742
对外直接投资企业	174.20	592.54	62790.58	257
差值	−81.34*** (−9.92)	−437.13*** (−19.62)	−50411.57*** (−10.00)	

注：***表示显著性水平为0.01。

表3–B　非对外直接投资企业与对外直接投资企业生产率之差（按年）

生产率	2006 年	2007 年	2008 年
非对外直接投资企业	91.02	99.17	86.07
对外直接投资企业	270.09	170.31	70.51
差值	−179.07*** (−12.10)	−71.14*** (−5.35)	15.57 (1.08)
观察值：非对外直接投资	34371	39087	27284
观察值：对外直接投资	77	113	67

注：***表示显著性水平为0.01。

表4再次确认了这种推断。表4–A中显示的是从没有参与过对外直接投资的企业和第一次参与对外直接投资的企业的差别，可见新进入对外直接投资市场的企业有着更高的生产率、劳动力和资本。而表4–B中显示的是一直参与对外投资的企业和今年新进入对外直接投资市场的企业的差别，显然前一类企业并没有因为学习和经验获得明显的优势。

表4-A 从未对外直接投资企业和首次对外直接投资企业的比较

	生产率	劳动力	资本	观察值
从未对外直接投资企业	92.58	153.72	12203.3	100316
首次对外直接投资企业	171.99	572.38	60996.71	239
差值	-78.83*** (-9.37)	-418.66*** (-18.46)	-48793.41*** (-9.38)	

表4-B 非首次对外直接投资企业和首次对外直接投资企业的比较

	生产率	劳动力	资本	观察值
非首次对外直接投资企业	203.33	860.05	86609.17	18
首次对外直接投资企业	171.99	572.38	60996.71	239
差值	31.34 (0.36)	287.67 (1.11)	25612.46 (0.68)	

接着，我们进一步考察企业对外投资量与目的国收入是否相关。为此，我们按目的国的收入水平将有对外直接投资的企业分为两组：对中高收入国家投资的企业和对中低收入国家投资的企业。具体地，按照世界银行2008年对国家收入水平的分类，我们定义人均GDP在3855美元之下的为低收入国家，在其上的为高收入国家。但是这样分组也有潜在的弊端，即同一个企业可能同时向多个国家投资，从而会造成分组重叠。不过，在我们的样本中，这一点不足为虑：样本中只有一个企业在同一年投资了两个国家，其作用可以忽略不计。结果如表5所示，大部分企业投资到富裕国家中，这些国家主要位于欧洲、北美洲、大洋洲、东南亚，还包括少数中东及拉美国家，只有少部分企业投资到非洲等地区的贫困国家。从表5的结果可见，投资到富国和穷国的企业在生产率、劳动力和资本上并没

表5 投资于低收入国家和投资于高收入国家的企业比较

	生产率	劳动力	资本	观察值
非对外直接投资	92.84	155.40	12379.01	100742
对外直接投资低收入国家	132.58	402.94	45481.18	35
差值	-39.74* (-1.80)	-247.54*** (-4.14)	-33102.17** (-2.43)	
对外直接投资低收入国家	132.58	402.94	45481.18	35
对外直接投资高收入国家	130.75	556.50	48168.99	166
差值	1.83 (0.06)	-153.56 (-0.81)	-2687.81 (-0.11)	

注：*、**、***分别表示显著性水平为0.1、0.05、0.01。

有显著差别。这一点与 Helpman 等（2004）的预期一致，投资到穷国和没有对外投资的企业各方面都有显著差异，而与 Head 和 Ries（2003）的发现有所不同。当然造成这一结果的原因也可能是因为穷国和富国在行业方面的比较优势不同，资源也不同，比如贫穷的国家往往拥有较多的劳动力优势，而富裕的国家往往拥有技术优势或资源优势，因此不同国家吸引不同行业的企业，而仅从这个简单的对比中不能排除行业的差异，因此还需要更严谨的计量支持。

如果一个企业所在行业的劳动密集度比较高，那么有可能由于我国的企业在国内市场比在国际市场的竞争压力要大，其进入成本也相应更高，因此只服务于本国的企业应该有最高的生产率，应该高于出口的企业（Lu，2010）。以此类推，本国的企业的生产率也应高于对外投资的企业。为了检测这个推测，仿照 Lu（2010）的测度方法，我们对制造业的部门按 2 位码进行行业分类，并求出每个行业平均所需的资本劳动比，然后再对各行业计算出非对外直接投资与对外直接投资的企业生产率的差。图 3 显示的是产业（按 4 位码划分）的资本劳动比的分布，大部分企业都处于劳动力密集型的部门。按 Lu（2010）的预计，此差值应与行业的资本劳动比呈正相关性，但是结果却显示，相关系数为 −0.128，是微弱的负相关关系。

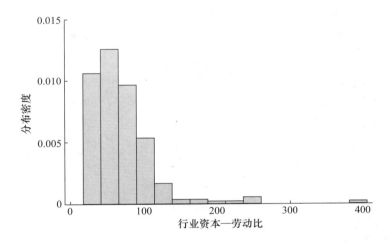

图 3 行业的资本劳动比分布

不过，由于样本中对外投资的企业并不多，若以 2 位码进行行业分类会造成每个行业投资的企业数目很少，影响检测的有效性。于是我们进而采取较粗略的分类法，将所在部门资本劳动比较高的一半企业分为一组，较低的一半分为另一组，对每组分别计算非对外直接投资企业与对外直接投资企业生产率等指标的差。如果推论正确，应该看到低资本劳动比的一组差值为正，高资本劳动比的一组为负。表 6 显示，即使在劳动力密集型的部门对外直接投资企业在生产率等各个方面仍然显著高于非对外直接投资企业。

表6-A 劳动力密集产业中非对外直接投资企业与对外直接投资企业（按中位分组）

	生产率	劳动力	资本	观察值
非对外直接投资	87.82	166.52	6882.529	50296
对外直接投资	111.61	468.88	24919.84	129
差值	−23.78** (−2.36)	−302.35*** (−9.83)	−18037.31*** (−7.38)	

注：*、**、***分别表示显著性水平为0.1、0.05、0.01。

表6-B 资本密集产业中非对外直接投资企业与对外直接投资企业（按中位分组）

	生产率	劳动力	资本	观察值
非对外直接投资	97.84	144.32	17859.15	55402
对外直接投资	237.25	717.15	100957.2	135
差值	−139.41*** (−10.77)	−572.83*** (−17.79)	−83098.03*** (−8.51)	

注：*、**、***分别表示显著性水平为0.1、0.05、0.01。

　　但是资本密集型部门中对外直接投资也有显著的优势，而且优势更大一些，这可能是因为资本密集度的分界是仅仅依据中位行业任意选定的，会影响检测结果。为此最后我们再分别挑选出行业资本劳动比最低的和最高的15%的企业，以这两种极端的部门为例重新检测，结果如表6-C所示，在劳动力密集的企业里，对外直接投资的企业与非对外直接投资的企业生产率没有显著差别，但是在资本密集的行业里，对外直接投资的企业确实比非对外直接投资的企业更有效率也更有规模。

表6-C 劳动力密集和资本密集行业中非对外投资与对外投资企业生产率（取两端各15%的样本）

	劳动力密集部门	资本密集部门
非对外直接投资	91.54	115.01
对外直接投资	123.08	289.86
差值	−31.53* (−1.74)	−174.84*** (−5.81)
观察值：非对外直接投资	14386	15181
观察值：对外直接投资	40	36

注：*、**、***分别表示显著性水平为0.1、0.05、0.01。

四、企业生产率与企业对外投资决策

（一）企业生产率对其对外直接投资决策的影响

至此，可以初步判断出进行对外投资企业与非对外投资企业在生产率等方面有着显著的差异。更严格地，我们可以进一步考察在控制各方面因素之后，外商投资企业是否会有较高的生产率。考虑以下回归式：

$$\ln TFP_{it} = \beta_1 D_{EXP_{it}} + \beta_2 D_{OFDI_{it}} + \beta_3 \ln klratio_{it} + \varepsilon_{it} \tag{1}$$

其中，$\ln TFP_{it}$ 为企业 i 在 t 年的生产率对数值，$D_{OFDI_{it}}$ 则表示企业 i 在 t 年时是否进行对外直接投资及出口（是为 1，否为 0），lnklratio 则表示企业的资本劳动力比。当然，除此之外，还存在着其他变量会影响企业的生产率，我们把它们通通吸收到误差项中来，并将之分解成以下三个方面：一是每个企业自身的固定效应用 ϖ_i，以控制一些不随时间变化的因素；二是随年份变化的固定效应用 η_t，以控制一些不随企业变化的因素；三是特异性效应 μ_{ijt}，其服从于正态分布 $\mu_{ijt} \sim N(0, \sigma_{it}^2)$，控制其他尚留的因素。

表 7 列出了相关的回归结果。在第（1）列中我们控制了双向固定效应，可以发现，对外投资企业较之于未投资企业有较高的生产率。出口企业较之于非出口企业也有较高的生产率。在第（2）列~第（4）列中我们分年进行回归，也有类似的结论。唯一的例外是 2008 年，对外投资企业并没有较高的生产率，出口企业的生产率也相对较低，如 Feenstra 等（2011）强调的，这可能是由于金融危机的负面影响所导致的。不过，总体而言，我们的结果与 Helpman 等（2004）的发现是一致的。

表 7 对外直接投资对企业生产率的影响

生产率	（1）全样本	（2）2006 年	（3）2007 年	（4）2008 年
对外投资与否	0.38 *** (6.53)	0.66 *** (4.82)	0.35 *** (3.29)	0.02 (0.20)
出口与否	0.11 *** (21.90)	0.14 *** (13.02)	0.16 *** (15.76)	− 0.05 *** (− 4.58)
资本密集度	− 0.08 *** (− 33.37)	0.00 (0.75)	− 0.00 (− 0.38)	− 0.29 *** (− 63.88)
年份固定效应	是	否	否	否
企业固定效应	是	是	是	是
观察值	100999	34448	39200	27351
R^2	0.01	0.01	0.01	0.15

注：*、**、***分别表示显著性水平为 0.1、0.05、0.01。

更进一步地，为区分企业在出口或对外直接投资中的边干边学效应，以及企业进入市场时因面临进入成本而自我选择的效应，首先假设企业每一年选择进入或不进入对外直接投资市场是与历史相关的，为剔除曾经进行过对外直接投资的企业的学习效应，我们将当年首次参与对外直接投资的企业和从未参与过对外直接投资的企业从数据中分离出来，基于这些企业构成的子样本用 Probit 概率模型估计其选择行为。

$$\Pr(D_{OFDI_{it}} = 1 \mid X_{it}) = \beta_0 + \beta_1 \ln TFP_{it} + \beta_2 \ln K_{it} + \beta_3 \ln L_{it} + \beta_4 D_{EXP_{it}} + \beta_5 D_{SOE_{it}} + \beta_6 D_{FIE_{it}} + \varepsilon_{it}$$

$$(2)$$

另外，这样还在一定程度上控制了导致企业历史行为差异的不可观测的异质性。如表 8 中的第（1）列所示，对从未参与过对外直接投资的企业，其拥有越高的生产率，开始对外投资的可能性就越大。为控制不同企业的资本规模对企业决策的影响，同时为了控制出口企业相对于非出口企业的信息和市场优势，在第（2）列中加入了这些控制变量，结果仍然显著。可见，充足的资本和较大的规模同样有助于创建对外直接投资市场，而同时出口的企业开始对外投资的可能性更高，得益于对海外市场的认知和熟悉。但是这个结果没有考虑到不同年份之间的波动，以及不同行业间的差别，而不同行业的海外市场进入门槛千差万别，因此随后我们加入年份的哑变量和行业的哑变量。因为这里回归所用的数据是所有企业的数据，因此采用 2 位码的行业分类不会造成样本太少变量太多的问题。结果显示在第（3）列，与之前的回归颇为接近。

表 8　企业生产率对企业对外投资决策的影响

	（1） Probit	（2） Probit	（3） Probit + FE	（4） Probit	（5） Probit + FE
生产率	0.13 *** （5.02）	0.05 ** （2.17）	0.09 *** （2.93）	0.09 *** （2.86）	
滞后一期的生产率					0.16 *** （5.07）
资本		0.09 *** （4.77）	0.09 *** （3.87）	0.09 *** （3.93）	0.08 *** （3.17）
劳动力		0.12 *** （4.38）	0.13 *** （4.21）	0.13 *** （4.25）	0.13 *** （3.90）
出口与否		0.68 *** （10.27）	0.68 *** （10.38）	0.69 *** （10.53）	0.72 *** （9.88）
外资企业				- 0.09 * （- 1.66）	
国有企业				- 0.34 （- 0.89）	

	（1） Probit	（2） Probit	（3） Probit + FE	（4） Probit	（5） Probit + FE
观察值	100555	100555	100450	100450	84537
pseudo R^2	0.0104	0.127	0.133	0.134	0.142
年份固定效应	否	否	是	是	是
行业固定效应	否	否	是	是	是

注：＊、＊＊、＊＊＊分别表示显著性水平为0.1、0.05、0.01。

在以上分析基础上，为了更详细刻画企业的选择行为，我们在控制变量中引入了企业的所有者类型，包括外资企业（包括港澳台企业）、国有企业和其他三类。不同所有制企业的对外投资决策有很大差异。在全国范围内，主要的对外投资主体是国有企业，占了69%；在浙江省，主要投资主体是民营企业，民营企业相对国有企业市场力量更弱，持有的资源也少，但是运作更加灵活。而港澳台企业和外资企业的投资量非常小，企业数目也比较少，但相比国有企业和民营企业，外商企业有更好的海外资源和市场。所以无论是投资的数目还是企业的性质，这几类企业都大不相同，所以很有必要控制其影响。控制企业所有权结构后的结果显示在第（4）列和第（5）列，生产率对企业行为的影响仍然显著正向，其他主要控制变量的影响也没有改变，而企业的所有权结构对企业对外投资的决策并没有额外的影响。

（二）对外投资决策与企业生产率的内生性

不过，即使经过这样的筛选，仍然无法完全控制反向因果问题，因为仍然无法排除在这一年内新进行对外投资的企业经过一年的学习提高了生产率。另外，即使这样控制了大部分企业因边干边学可能出现的反向因果问题，但仍不足以控制全部内生性。上述结果可能是由于存在不可见的遗漏变量同时影响企业的生产率和进入对外直接投资市场的成本，比如企业所在环境里外资企业的增加带来的溢出效应，一方面传播了外来新技术，提高了企业生产率，另一方面拓展了企业的海外通道，降低了对外投资的成本。这时仅通过筛选样本和控制固定效应还不能解决共生性带来的内生问题，而只有三年的时间跨度也限制了我们控制更多不可观察的企业异质性。不失一般性，如假设模型误差项没有太强的时间序列相关性，而是由本期的扰动决定，这样，就可用滞后一期的生产率替代当期值（Wooldridge，2002），即

$$\Pr(D_{OFDI_{it}} = 1 \mid X_{it}) = \beta_0 + \beta_1 \ln TFP_{it-1} + \beta_2 \ln K_{it} + \beta_3 \ln L_{it} + \beta_4 D_{EXP_{it}} + \beta_5 D_{SOE_{it}} + \beta_6 D_{FIE_{it}} + \varepsilon_{it}$$

（3）

如果假设 $\ln TFP_{it} = \ln TFP_{it-1} + \varepsilon_{it}$，$E(\ln TFP_{it-1} \varepsilon_{it}) = 0$，则这样就排除了本期企业参与到对外直接投资对企业生产率的影响。回归结果如表8最后一列显示的，结果非常稳健而

且显著，生产率对企业的决策仍然有显著正向的作用，而且影响程度也与之前的分析结果相近，资本存量和规模以及出口企业与否的影响也仍然为显著的正向作用。

当然，这里还需检验模型的误差项是否真的没有太强的时间序列相关性。这可以从两个方面进行检验。首先，我们发现，滞后一期的 TFP 和当期 TFP 有着很强的正相关关系，说明这种替代是合理的。其次，为了检测滞后一期的自变量是否是外生的，我们首先从回归结果中估算出残差项的值，然后用滞后一期的生产率对其回归，发现残差对上期的生产率没有影响，其相关系数也非常低，只有 0.004，从而也证明了不存在时间上持续的因素同时影响本期的企业行为和上一期的企业生产率。

（三）企业生产率与投资目的国收入关系

如前所述，Head 和 Ries（2003）的模型认为收入水平低的国家具有更低的进入门槛，因此更容易吸引生产率低的企业对其投资，这是导致本国企业对低收入国家投资的平均生产率要低于不对外投资的原因之一。为了检测不同收入水平的国家是否对企业有不同的吸引力，我们按目的地分别做两个回归。在第一个回归中用首次投资到低收入国的企业和从来没有对外投资的企业构成的样本回归，估计投资到低收入国的概率，第二个回归中用投资到高收入国的企业和没有投资的企业做相应的估计。再检测这两个回归的系数异同，比较两个回归中生产率对企业投资到不同国家的影响有没有差别。

$$\Pr(D_{OFDI_{it}}^{POOR} = 1 \mid X_{it}) = \beta_0 + \beta_1 \ln TFP_{it} + \beta_2 \ln K_{it} + \beta_3 \ln L_{it} + \beta_4 D_{EXP_{it}} + \beta_5 D_{SOE_{it}} + \beta_6 D_{FIE_{it}} + \varepsilon_{it}$$

$$\Pr(D_{OFDI_{it}}^{RICH} = 1 \mid X_{it}) = \beta_0 + \beta_1 \ln TFP_{it} + \beta_2 \ln K_{it} + \beta_3 \ln L_{it} + \beta_4 D_{EXP_{it}} + \beta_5 D_{SOE_{it}} + \beta_6 D_{FIE_{it}} + \theta_{it}$$

$$(4)$$

为简单起见，这里不妨先假设 ε_{it} 和 θ_{it} 独立，这时可以分别做两个 Probit 估计。结果如表 9 - A 的第（1）列和第（2）列所示，两个回归中企业的生产率对企业决策没有显著影响，当然这个可能是由于样本分离之后数量有限造成的问题。但是基于这两个回归的联合 t 检测结果显示，在 0.1 的检定水平上都无法拒绝两个 TFP 的系数相同的原假设，说明企业在选择目的国的收入类型时，TFP 没有作用。

表 9 - A 目的国贫富水平与企业投资选择

因变量：对外投资虚拟变量	（1）	（2）	（3）	（4）	（5）
	按贫富回归		按贫富联合回归		贫/富
样本	首次投资到穷国及从未投资	首次投资到富国及从未投资	首次投资到穷国及从未投资	首次投资到富国及从未投资	首次投资
生产率	0.03 (0.59)	0.02 (0.86)	0.04 (0.87)	0.02 (0.71)	-0.13 (-1.22)
资本	0.08** (2.12)	0.07*** (2.99)	0.08** (2.20)	0.07*** (3.00)	-0.04 (-0.48)

因变量：对外投资虚拟变量	（1）	（2）	（3）	（4）	（5）
	按贫富回归		按贫富联合回归		贫/富
样本	首次投资到穷国及从未投资	首次投资到富国及从未投资	首次投资到穷国及从未投资	首次投资到富国及从未投资	首次投资
劳动力	0.04 (0.75)	0.15*** (4.35)	0.04 (0.78)	0.14*** (4.12)	0.26* (1.75)
出口与否	0.28*** (2.67)	0.75*** (8.41)	0.27*** (2.61)	0.75*** (8.41)	0.76** (2.44)
观察值	100555	100555	100555	100555	188
行业固定效应	是	是	是	是	是
年份固定效应	是	是	是	是	是
双变概率模型估计	否	否	是	是	否
pseudo R²	0.0621	0.124	——	——	0.115

注：*、**、***分别表示显著性水平为0.1、0.05、0.01。

表9-B　目的国贫富水平与企业投资选择（控制内生性）

因变量：对外投资虚拟变量	（1）	（2）	（3）
	按贫富回归		贫/富
样本	首次投资到穷国及从未投资	首次投资到富国及从未投资	首次投资
滞后一期的生产率	0.10* (1.83)	0.06** (2.14)	-0.17 (-1.37)
资本	0.05 (1.17)	0.07*** (3.03)	-0.00 (-0.00)
劳动力	0.07 (0.98)	0.13*** (3.73)	0.13 (0.92)
出口与否	0.32** (2.48)	0.80*** (8.25)	0.93*** (2.62)
观察值	84423	84548	179
年份固定效应	是	是	是
行业固定效应	是	是	是
R²	0.0559	0.125	0.0579

注：*、**、***分别表示显著性水平为0.1、0.05、0.01。

　　当然这个基准估计方法还有改进的余地。因为如果把企业的投资决策分离成两个决策——投资给穷国或不投资，投资给富国或不投资——这两个投资显然不是独立的，也即在上面的回归中，ε_{it} 和 θ_{it} 是相关的。虽然一个企业可以同时既投资到低收入国也投资到高收入国，但是受企业总资源的限制，两个决策互相牵制，基本上没有企业在同一时间投资到两类国家中。为此在上面的计量模型基础上，我们进一步采用双变概率模型（Bi-varmte Probit Model）估计。上面两个回归选用的子样本和回归式均不变，但是假设它们的误差项相互关联，在回归计算时可以利用误差项的相关性质增强估计的有效性。回归结果显示在表 9 - A 的第（3）列和第（4）列，同时检定两个回归系数的异同，得到 p 值约为 0.8，仍然支持了企业的生产率对不同目的国投资的影响没有差别的结论。

为了直接对比不同贫富程度国家的吸引力，我们再用当年首次对外投资的所有企业构成的子样本回归，估计这些决定对外投资的企业在所有国家中选择高收入国的概率。结果在表 9 - A 第（5）列显示，很明显，企业的生产率、资本和劳动力都对企业选择高收入国还是低收入国没有显著影响。企业选择目的国与其生产率没有关系，说明了不同收入的国家之间的进入成本没有巨大的差异。或者即使存在进入成本的差异，这种差异在企业决定对谁投资的时候也不是最重要的影响因素。

同前面一样，上述回归中无法避免生产率内生性的问题，因此我们仿照前面的做法，用滞后一期的生产率代替当期的生产率重做表 9 - A 中的回归，结果列在表 9 - B 中。从第（1）列和第（2）列的结果可见，在处理了内生性以后，无论是在穷国投资的企业还是在富国投资的企业，本国企业的生产率提高都显著增加了企业对外投资的可能性，并且与 HR 预测正相反的是，反而是投资于穷国的企业生产率更高一些。而第（3）列用有对外投资的企业做的回归中，结果和表 9 - A 一致，企业投资到穷国还是富国并没有显著受到生产率的影响，这再次证明了 HR 命题在中国企业不成立。

（四）企业对外投资与所在行业劳动力密集度

为了检测是否在我国会出现在劳动力密集的行业中生产率低的企业投资、生产率高的企业不投资的逆转现象，在表 10 - A 中，我们首先将样本按劳动力密集型和资本密集型分类，再分别做 OLS 和双向固定效应回归。这里我们对资本密集型和劳动力密集型的分类与第三部分一致，是用行业的平均资本密集度的中位数作为分界点，资本密集度高于中位数的行业划为资本密集型的行业，反之则划为劳动力密集型。这样的分类虽有些主观性，但仍然有很大的代表性。对每组子样本的回归结果依然强烈支持生产率对企业投资决定有显著正促进作用。通过这三组分析可以得出结论，即使在劳动力密集的部门对外投资的企业仍然比不投资的企业有更高的生产率，说明影响企业投资决策的主要动因并不是市场竞争的强弱。

类似前面的分析，为了控制内生性的影响，我们在表 10 - B 中用滞后一期的企业生产率代替当期生产率，重新做了表 10 - A 中的回归。结果显示，无论是劳动力密集的行业，还是资本密集的行业，企业的生产率都是企业是否投资的重要且显著的决定因素。并且即使在劳动力密集的行业，仍然是高生产率的企业对外投资的可能性更高，这与 Lu（2010）的预测相左。

表 10 – A　分行业资本密集度：企业生产率对企业对外投资与否的影响

	（1）劳动力密集型	（2）劳动力密集型	（3）资本密集型	（4）资本密集型
生产率	0.06 * （1.93）	0.10 ** （1.99）	0.04 （1.21）	0.07 ** （2.03）
资本	0.11 *** （3.57）	0.12 *** （3.62）	0.06 ** （2.05）	0.06 * （1.85）
劳动力	0.08 * （1.95）	0.08 * （1.77）	0.18 *** （4.24）	0.18 *** （4.34）
出口与否	0.73 *** （6.50）	0.75 *** （6.72）	0.65 *** （7.89）	0.64 *** （7.77）
观察值	50184	49381	50371	50027
年份固定效应	否	是	否	是
行业固定效应	否	是	否	是
资本劳动力比	低	低	高	高
pseudo R^2	0.110	0.116	0.145	0.157

注：*、**、***分别表示显著性水平为0.1、0.05、0.01。

表 10 – B　分行业资本密集度：企业生产率对企业对外投资与否的影响（控制内生性）

	（1）劳动力密集型	（2）劳动力密集型	（3）资本密集型	（4）资本密集型
滞后一期的生产率	0.07 ** （2.10）	0.10 ** （2.32）	0.14 *** （3.64）	0.21 *** （4.79）
资本	0.11 *** （3.10）	0.11 *** （3.13）	0.05 * （1.67）	0.04 （1.16）
劳动力	0.09 ** （2.06）	0.09 * （1.89）	0.17 *** （3.76）	0.18 *** （3.88）
出口与否	0.71 *** （6.19）	0.72 *** （6.31）	0.74 *** （7.69）	0.74 *** （7.60）
观察值	41782	40093	42842	42563
年份固定效应	否	是	否	是
行业固定效应	否	是	否	是
R^2	0.104	0.110	0.166	0.181
资本密集度	低	低	高	高

注：*、**、***分别表示显著性水平为0.1、0.05、0.01。

五、企业生产率对对外投资额的影响

在分析完企业决定对外投资或不投资，以及投资给谁之后，本文最后要研究的问题是如果企业对外投资，企业的生产率对企业的投资量有没有影响。图4画出了对外直接投资水平和企业生产率的关系图，我们可以看出其中明显的正向关系。

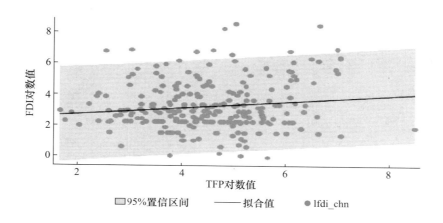

图4　企业对外投资额与企业生产率的关系

（一）基准回归

这样，我们考虑式（5）进行回归：

$$\ln OFDI_{it} = \beta_0 + \beta_1 \ln TFP_{it} + \beta_2 \ln klratio_{it} + \beta_3 D_{SOE_{it}} + \beta_4 D_{FIE_{it}} + X_{it} + \gamma_i + \mu_i + \varepsilon_{it} \qquad (5)$$

其中，$D_{SOE_{it}}$、$D_{FIE_{it}}$分别代表企业 i 在年份 t 时是否是国有企业、外资企业，其他各变量如前所述。表11的第（1）列只包括了企业的生产率变量。可以发现，简单的对外直接投资量对企业生产率的回归显示二者之间存在正向的显著关系，说明生产率高的企业有意愿也有实力多投资。

表11　企业生产率对投资大小的选择

因变量：企业对外投资水平	（1）OLS	（2）OLS	（3）OLS	（4）2SLS	（5）2SLS
生产率	0.20 ** (2.12)	0.19 ** (2.05)	0.27 ** (2.65)	1.68 ** (1.98)	1.43 ** (2.17)

因变量: 企业对外投资水平	(1) OLS	(2) OLS	(3) OLS	(4) 2SLS	(5) 2SLS
资本密集度			0.15 (1.32)	0.12 (0.94)	0.14 (1.25)
国有企业			3.57*** (109.53)	3.88* (1.72)	3.98** (2.04)
外资企业			0.15 (0.82)	0.22 (0.66)	0.09 (0.31)
出口占总销售量份额		−0.39** (−1.62)	−0.31** (−2.32)	0.02 (0.04)	−0.14 (−0.37)
是否采用工具变量	否	否	否	是	是
Kleibergen – Paap Wald rk F 统计量				5.459	7.469
Kleibergen – Paap rk LM 统计量				5.471	7.486
年份固定效应	否	否	是	否	是
行业固定效应	否	否	是	否	是
R^2	0.02	0.03	0.09	0.62	0.73
观察值	256	256	256	246	246

注：*、**、***分别表示显著性水平为0.1、0.05、0.01。

从理论上讲，企业的出口量和企业的对外投资关系紧密。一方面，出口高的企业可能不需要太多海外投资盈利，另一些在海外建厂的公司可以直接在当地生产销售，回避了出口带来的配额和关税限制，因此从这个意义上讲二者存在替代关系；另一方面，一些企业在海外建立公司或办事处或海外市场，为的是可以扩大自己的产品的海外市场和销售渠道，因而有利于出口，从这个角度看二者又有互补关系。因此在回归第（2）列，我们加入企业出口占总销售量份额，结果显示生产率仍然显著地影响对外投资量。

在第（3）列回归中，我们进一步控制了年份固定效应和行业固定效应，发现企业生产率和对外投资值之间的关系也没有改变。而且，国有企业的投资量显著高于其他企业，而外资企业并没有多投资的倾向。这个结论与经济直觉相吻合，说明国有企业的确有丰厚的资金实力和对外投资的传统，而外资企业对再次对外投资没有特别的偏好。

（二）内生性分析

以上分析只能说明生产率和投资量的相关关系，要说明其因果关系，还需要控制其中的内生性，要保证企业不会因为多投资而获得更多的经验积累和技术学习，从而提高了生产率，也要保证不存在共同影响企业生产率和投资量的遗漏变量。因此在这里我们用工具变量控制企业生产率可能导致的内生性。

具体地，本文采用上一年度的研发投入作为工具变量。这样，既可以保证工具变量和企业生产率有显著的相关性，又能保证工具变量相对企业对外投资的外生性。从经济学直觉上讲，一方面，企业的研发对企业的技术进步有明显的促进作用；另一方面，在我们的样本中，企业的研发对企业的对外投资没有直接影响：大部分中国的对外投资企业的主要投资目的是开拓市场而非学习技术。从对外投资企业的类别来看，本数据的257个样本中只有5个是在境外建立研发机构，而绝大部分企业对外投资的形式都是建立贸易公司或办事处，因此可以认为在这套数据中企业的研发活动是通过生产率的作用去影响企业对外投资的。

为了确认这一工具变量的有效性，本文进行了几项必要的检验。首先，我们检验了这一排他（exclusive）的工具变量是否是"相关的"，亦即是否与内生的回归因子（企业当期生产率）相关。表11中的第（4）列～第（5）列列出了这些检验结果。在本计量模型中，我们假定误差项是异方差分布的：$\varepsilon_{it} \sim N(0, \sigma_i^2)$。因此，常见的 Anderson（1984）典型相关似然比检验不再适用，其只适用于独立同分布假设。本文使用了 Kleibergen 和 Paap（2006）提出的瓦尔德统计量（Wald Statistic）来检验这一工具变量是否与内生的回归因子相关。这一模型零假设的拒绝域由1%的显著性水平确定。

其次，本文检验了这一工具变量是否与企业当期的生产率存在弱相关。若如此，则工具变量法所做的估计将失去价值。对第一阶段被弱识别这一零假设，Kleibergen 和 Paap（2006）的 F 统计量足以在一个较高的显著性水平上拒绝之。再则，采用上一期（而非当期）的企业研发投入还可以避免企业当期生产率与当期研发的本身的内生性。简而言之，这些统计检验充分证明了这个工具变量表现良好。

这样，表11中的第（4）列与第（5）列分别汇报了两阶段最小回归（2SLS）的第二阶段结果。从中可见，较高的企业生产率会导致较高的企业对外投资。具体地，在2006～2008年中，对外投资企业生产率每提升10%，则其对外投资也会增加14%左右。此外，在控制内生性之后，企业出口占总销售量的份额与企业的对外投资额并没有显著关系；这说明企业主要定位于国内市场还是国际市场，并不会影响到企业的对外投资量。

最后，我们再考察企业的投资额是否会受到行业资本密集度的影响。我们在回归中控制了企业和行业的平均资本劳动力比（即资本密集度）。如果在劳动力密集的行业，发达国家的竞争压力比国内小，而在资本密集的行业，发达国家的竞争压力要大一些，那么从对发达国家投资的样本里，应该可见在资本密集度越高的行业，对外投资越不容易，投资额越小，而资本密集度越低的行业，海外竞争越小，投资额也越高。因此我们用投资到欧美发达国家的企业数据回归，但是，结果如表12所示，行业的资本密集度并不影响企业的投资额。再次说明了行业的资本密集度不是影响企业生存环境优劣的主要因素，也不是决定企业发展大小的主要因素。

表 12　行业资本密集度对企业投资额的影响（发达国家样本）

因变量： 企业对外投资水平	（1） OLS	（2） OLS	（3） 2SLS	（4） 2SLS
生产率	0.19 * (1.85)	0.27 ** (2.48)	1.74 ** (2.10)	1.74 ** (2.34)
企业资本密集度	0.13 (1.28)	0.14 (1.54)	0.18 (1.21)	0.25 * (1.68)
行业资本密集度	0.00 (1.45)	0.00 (1.14)	−0.00 (−0.35)	−0.00 (−0.80)
国有企业			3.83 * (1.66)	4.13 * (1.91)
观察值	221	221	215	215
年份固定效应	否	是	否	是
采用工具变量回归	否	否	是	是
R^2	0.06	0.10	0.61	0.66

注：*、**、***分别表示显著性水平为 0.1、0.05、0.01。

（三）更多稳健性检验：基于引力方程的分析

引力方程是分析国家和行业层面双边贸易的经典模型，引力方程认为国家的地理距离、经济水平等是决定两国双边贸易的重要决定因素。为检验我们先前的主要结论在经典的引力方程框架下依然稳健，我们把主要的引力方程变量引入式（5）中。虽然尚没有成熟的理论模型从企业层面解释对外投资的引力方程版本，但是借鉴经典的引力模型，我们认为地理距离、投资目的国的 GDP 等都对此国家的外资投入额有重要影响。因此我们在下面的回归中，采用引力方程模型检验了上面结论的稳健性。其中，我们采用企业在目的国签订合同所需时间以及办理执照所需成本作为当地投资环境的度量，此数据来自世界银行 "Doing Business" 数据。这套数据中还有其他一些度量指标，比如开始生意的成本、签订合同的手续等，用不同的指标得到的结果基本相同。表 13 显示了回归的结果，结果同前面保持一致。企业的生产率对投资有显著的正向决定作用，中国 GDP 对对外投资的影响显著而且正向，而目的国的贫富，以及行业的资本密集程度对对外直接投资都没有稳健的显著影响。与典型的出口的引力方程不同，地理距离对对外直接投资的影响并不确定，这是因为地理距离一方面直接影响对外直接投资的难易，另一方面在更大程度上影响着出口的成本，而如回归所示，出口与对外直接投资是存在替代关系的，因而回归中地理距离的影响就变得不显著了。

表13 企业生产率对投资大小的选择（引力方程模型）

因变量：企业对外投资水平	（1）FE	（2）2SLS	（3）FE	（4）2SLS
生产率	0.21 ** (2.58)	1.53 ** (2.00)	0.23 *** (3.37)	1.44 ** (2.17)
国有企业	2.92 *** (12.78)	3.15 (1.54)	2.50 *** (8.04)	3.19 (1.63)
外资企业	0.35 (1.24)	0.27 (0.83)	0.23 (0.77)	0.15 (0.50)
资本密集度	0.11 (1.06)	0.27 * (1.91)	0.05 (0.64)	0.23 * (1.70)
出口占总销售量份额	−0.36 * (−1.74)	−0.04 (−0.08)	−0.57 *** (−8.74)	−0.16 (−0.35)
地理距离	−0.002 (−0.02)	0.32 (0.94)	−0.09 (−0.80)	0.24 (0.83)
中国GDP		4.11 ** (2.30)		4.27 *** (2.74)
目的国GDP	0.05 (0.63)	0.09 (0.76)	0.02 (0.33)	0.10 (0.89)
签订合同所需时间	−0.57 *** (−3.16)	−0.39 (−0.69)		
办理执照所需成本			−0.20 ** (−2.50)	0.06 (0.30)
是否采用工具变量	否	否	否	是
Kleibergen–Paap rk Wald F 统计量		6.303		8.045
Kleibergen–Paap rk LM 统计量		6.422		8.124
年份固定效应	否	否	是	否
行业固定效应	否	否	是	否
观察值	207	200	208	200

注：生产率、资本密集度、中国GDP、目的国GDP、签订合同所需时间、办理执照所需成本，都以对数形式呈现；*、**、***分别表示显著性水平为0.1、0.05、0.01。

六、小结

本文用浙江省制造业企业对外投资的数据考察了理论文献中关于生产率对企业对外直接投资影响的几个主要结论。研究发现，第一，生产率对企业投资的动机以及投资额都有显著正向的影响。生产率越高的企业有越大的概率对外直接投资，生产率越低的企业投资的概率越低，同时生产率高的企业投资额也更大。第二，总体而言收入水平低的国家并不比收入水平高的国家进入成本低，目的国的收入水平高低对企业的投资决定没有显著的影响，对企业的投资多少也没有显著影响。第三，行业的资本密集程度对企业的生存环境没有显著的影响，即劳动力密集型的行业，企业在国外的生存压力并不比在国内小，对外投资的企业生产率门槛也很高。因此不存在劳动力密集型部门中高生产率的企业不投资、低生产率的企业反而投资的逆转现象。企业的投资决定，以及投资量的选择，与行业的资本劳动密集度没有显著关系。

之前或因为数据原因，很少有关于中国企业微观层面对外投资的研究。虽然这套数据尚不够完美，也存在着样本较少、年份较短等问题，但毕竟还是在一定程度上弥补了我国学术界关于企业"走出去"对外投资微观层面研究的空白。为了弥补数据的缺陷，本文做了详细的实证分析，从多个角度运用了多种手法检测结果的稳健性，有效地控制了回归中可能潜藏的反向因果、遗漏变量等内生性问题，并且控制了企业进出对外直接投资市场潜在的样本选择性偏误问题，保证了结果的可信度。当然如果今后可以获取更丰富细致的企业对外投资数据，可以使研究结果更可靠严谨，也可以分析关于企业流向地、企业投资的动态行为等更多对外投资中的问题。

参考文献

［1］谢千里，罗斯基，张轶凡. 中国工业生产率的增长与收敛［J］. 经济学（季刊），2008，7（3）：809 - 826.

［2］余淼杰. 中国的贸易自由化与制造业企业生产率：来自企业层面的实证分析［J］. 经济研究，2010（12）：97 - 110.

［3］余淼杰. 加工贸易、企业生产率和关税减免：来自中国产品面的证据［J］. 经济学（季刊），2011，10（4）：1151 - 1181.

［4］余淼杰，徐静. 中国企业"走出去"会减少其出口吗？——浙江省企业对外直接投资与出口关系层次的实证研究［R］. 北京大学中国经济研究中心工作论文，No. C2011002，2011.

［5］Amiti M.，J. Konings. Trade Liberalization，Intermediate Inputs，and Productivity：Evidence from Indonesia［J］. American Economic Review，2007，97（5）：1611 - 1638.

［6］Arnold J. Productivity Estimation at the Plant Level：A Practical Guide［J］. Mimeo，Bocconi University，2005.

［7］Cai H., Q. Liu. Competition and Corporate Tax Avoidance: Evidence from Chinese Industrial Firms ［J］. Economic Journal, 2009, 119 (537): 764 – 795.

［8］Damijan J., S. Polanec and J. Prasnikar. Outward FDI and Productivity: Micro – evidence from Slovenia ［J］. World Economy, 2007, 30 (1): 135 – 155.

［9］Eaton J., S. Kortum and F. Kramarz. Dissecting Trade: Firms, Industries, and Export Destinations ［J］. American Economic Review, Papers and Proceedings, 2004, 94 (2): 150 – 154.

［10］Feenstra R., Z. Li, and M. Yu. Exports and Credit Constraints under Incomplete Information: Theory and Evidence from China ［J］. Mimeo, University of California, Davis, 2011.

［11］Felipe J., R. Hasan and J. McCombie. Correcting for Biases When Estimating Production Functions: An Illusion of the Laws of Algebra? ［R］. CAMA Working Paper Series, No. 14, Australia National University, 2004.

［12］Foster L., J. Haltiwanger and C. Syverson. Reallocation, Firm Turnover, and Efficiency: Selection on Productivity or Profitablity? ［R］. NBER Working Paper, No. 11555, 2005.

［13］Head K., J. Ries. Heterogeneity and the FDI versus Export Decision of Japanese Manufacturers ［J］. Journal of the Japanese International Economies, 2003: 448 – 467.

［14］Helpman E., M. Melitz and S. R. Yeaple. Export vs. FDI ［R］. NBER Working Paper, No. 9439, 2003.

［15］Huang Y., B. Wang. An Analysis of the Pattern and Causes of Chinese Investment Abroad ［J］. Mimeo, CCER, Peking University, 2010.

［16］Levinsohn J., A. Petrin. Estimating Production Functions Using Inputs to Control for Unobservable ［J］. Review of Economic Studies, 2003, 70 (2): 317 – 341.

［17］Dan Lu. Exceptional Exporter Performance? Evidence from Chinese Manufacturing Firms ［J］. Mimeo, University of Chicago, 2010.

［18］Lu J., Y. Lu and Z. Tao. Exporting Behavior of Foreign Affiliates: Theory and Evidence ［J］. Journal of International Economics, 2010, 81 (2): 197 – 205.

［19］Melitz M. The Impact of Trade on Intra – industry Reallocations and Aggregate Industry Productivity, Econometrica, 2003, 71 (6): 1695 – 1725.

［20］Montagna C. Efficiency Gaps? Love for Variety and International Trade ［J］. Economica, 2001, 68 (1): 27 – 44.

［21］Olley S., A. Pakes. The Dynamics of Productivity in the Telecommunications Equipment Industry, Econometrica, 1996, 64 (6): 1263 – 1297.

［22］Pavcnik N. Trade Liberalization, Exit, and Productivity Improvements: Evidence from Chilean Plants, NBER Working Paper, No. 7852, 2000.

［23］Poncet S. Inward and Outward FDI in China, Pantheon Sorbonne Economics ［J］. April, 28, 2007.

［24］Van Biesebroeck J. Exporting Raises Productivity in Sub – Saharan African Manufacturing Firms ［J］. Journal of International Economics, 2005, 67 (2): 373 – 391.

［25］Wooldridge J. Econometric Analysis of Cross Section and Panel Data ［M］. Cambridge, MA: The MIT Press, 2002.

［26］Wu J. Understanding and Interpreting Chinese Economic Reform ［M］. Mason, Ohio: Thomson/ South – Western, 2005.

Firm Productivity and Outbound Foreign Direct Investment: A Firm – level Empirical Investigation of China

Abstract: We investigate the endogenous nexus between firm's productivity and firm's outbound foreign direct investment (OFDI), using a rich firm – level panel dataset of China's Zhejiang province for the period 2006 – 2008. Based on a recise measure of firm's total factor productivity (TFP) by using the argumented Olley – Pakess (1996) semi – parametre approach, after controlling the possible endogeneity of firm's OFDI, we find that: first, firm's with higher TFP have larger probabilities to involve in OFDI; second, the higher TFP a firm has, the more its OFDI is; third, the income level of the destination country of OFDI has no signficant impact on firm's OFDI decision. Such fingdings are robust to various econometric methods.

Key Words: The Enterprise Heterogeneity; Total Factor Productivity; Foreign Direct Investment; Capital Intensity of the Industry

当前国际投资体制的新特点与中国的战略[*]

崔 凡 赵忠秀

（对外经济贸易大学国际经济贸易学院，北京 100029）

【摘 要】 当前国际投资体制的发展正处于关键时期。新增双边投资协定数量有所下降，区域经济一体化协议成为国际投资协定的重要形式，就多边投资纪律展开谈判的呼声不断，投资自由化进程方兴未艾。随着中国对外投资步伐加快，中国对外投资谈判也在加紧进行。这些谈判的进行对未来国际投资体制的走向至关重要。中国应主张基于肯定清单的准入前国民待遇的投资自由化谈判方式，并以此推动渐进的投资自由化。

【关键词】 国际投资体制；中国对外投资；对外投资谈判；准入前国民待遇；肯定清单

国际投资体制（International Investment Regime）是近年来在文献中被使用得日益广泛的一个概念。纽约大学的阿尔瓦雷斯在分析国际投资体制时，表示其更倾向使用"体制"（Regime）而非"体系"（System）或者"框架"（Framework）的概念；而这里"体制"的概念与政治学家（包括国际关系学家）使用的"体制"概念类似。阿尔瓦雷斯引述国际关系学大师基欧汉（Keohane）的定义说："'国际体制'是在国际关系的既定领域中存在的一套明确的或者默示的原则、规范、规则及决策程序，在此基础上各行为者的期望趋同。"2011 年联合国贸发会议的《世界投资报告》使用了"国际投资体制"的概念。哈佛大学的西蒙斯在使用这一概念的时候，他的定义是"关于国际直接投资促进及保护的一系列分散的（有时甚至是不一致的）规则"。

无论如何定义国际投资体制，人们都不难发现它与多边贸易体系的一个很大不同：国际投资体制其实缺乏一个基本的多边框架，是一系列多边、区域和双边纪律以及单边规范的杂乱的组合。有关投资的多边纪律散见于世界贸易组织的《与贸易有关的投资措施协议》、《服务贸易总协定》以及世界银行的"华盛顿公约"和"汉城公约"等协议中。经

———————
* 本文选自《国际经济评论》2013 年第 2 期。

作者感谢教育部人文社会科学研究规划基金项目（12YJA790018）以及人文社会科学国家重点研究基地对外经济贸易大学中国世界贸易组织研究院项目的支持。

济合作发展组织与世界贸易组织两次试图制定有关投资的诸边或多边协议的计划都以失败告终，但与此同时，制定多边投资纪律的呼声持续高涨。近年来，区域经济一体化组织中的投资自由化与投资保护谈判方兴未艾。双边投资协定目前每年新达成的数量比 20 世纪 90 年代中期已经有所减少，但一些重要的双边投资协定谈判正在进行或者计划之中，例如中美、中欧、美印的投资协定谈判都在进行之中或者即将展开。欧盟从 2009 年底《里斯本协定》生效之后，将对外签订双边投资协定的权力收归欧盟。这些变化说明，国际投资体制目前正处于一个激烈变动的时期。世界各国以及各个利益集团也都在争相提出自己关于国际投资体制走向的主张。尽管中国目前在多边贸易体系中的地位日益提高，但在国际投资体制的建设中一直处于相对被动的状态，缺乏明确的主张和清晰的声音。为此，厘清当代国际投资体制发展的最新特点，有助于明确中国在国际投资体制中应该扮演的角色和采取的战略。

一、当前国际投资体制的新特点

从最近几年国际投资体制发展的情况看，有几个新的特点值得特别注意。

（一）投资保护谈判与投资自由化谈判互相融合，且后者的发展势头强劲

双边投资保护协定传统上是国际投资体制的主要形式，但无论是在英文文献中还是在中文文献中，双边投资保护协定中的"保护"一词都在被淡化，更多被使用的是双边投资协定（Bilateral Investment Treaties，BITs）的概念。究其原因，目前国际上的双边投资协定有许多实际上也起到了投资自由化协定的作用，而非单纯的准入后投资保护协定。对各国签订双边投资协定影响巨大的美国双边投资协定范本从 1982 年制定以来于 1994 年、2004 年和 2012 年三次修订，其宽泛的投资定义、全面的国民待遇要求（包括准入前和准入后的国民待遇要求）以及以否定清单规定例外措施的方式，三者结合，实质上规定了一个"自上而下"（Up－down）的高标准投资开放义务。正因为这样，美国双边投资协定范本不仅被美国用来进行投资保护谈判，也被视作投资自由化谈判的基础。该范本最后成为北美自由贸易区协定第 11 章"投资自由化规定"的基础，也是经济合作发展组织《多边投资协定》（MAI）的文本基础，最近又被美国用来指导其"跨太平洋伙伴计划"（TPP）的投资自由化谈判。实际上，如果按照美国标准进行投资保护谈判，实际上投资自由化谈判自然就被纳入其中了，两者完全融合在一起。

以传统的双边投资协定为基础的国际投资体制正在发生变化，许多投资谈判发生在区域层次，区域经济一体化组织（Regional Economic Integration Organizations，REIOs）有许多都突破了传统的自由贸易区（FTAs）的谈判内容，纳入了投资议题。这些投资议题不仅包括投资保护的内容，也常常有投资自由化的内容。近年来，中国积极参与了区域经济

一体化进程，与不少经济伙伴进行了自贸区谈判，但是除了亚太经合组织（APEC）中的非约束性承诺外，中国在对外进行投资自由化谈判中实际上裹足不前，投资议题往往止步于投资保护方面，这大大束缚了中国在区域经济合作中的步伐。到 2010 年为止，世界上的对外投资存量大约有 2/3 处于某种国际投资协定（IIAs）的管辖之下，其中只有一半是仅处于双边投资协定管辖之下的，另一半处于自贸区协定等区域经济一体化协定的管辖下或者同时处于两类协定的管辖下，至少有 630 个双边投资协定同时也处于投资自由化协议的覆盖之下。事实上，越来越多的国家在进行投资谈判的时候，投资自由化议题成为他们所期望的基本议题，这也是近年来中国不断面临外方提出"准入前国民待遇"（Pre‑establishment National Treatment，或者 Pre‑entry National Treatment）谈判压力的原因之一。

（二）美国式高水平投资保护与开放标准被接受的范围正在扩大

在投资自由化方面，美国投资协定的一个重要特征是基于否定清单的准入前国民待遇条款，即原则上在所有领域的外资享有不低于东道国内资的投资自由，特殊领域可以明确列出作为例外。这样的规定在 20 世纪连许多发达国家也无法接受，这也是 1998 年经济合作发展组织多边投资协定谈判流产的原因之一。但是，进入 21 世纪以来，越来越多的国家开始认同这类条款，并大量使用在自己的对外投资协议中。截至 2009 年，仅在亚太地区就已经至少有 26 个自贸区协定中的投资条款包含了准入前国民待遇，涉及的国家既有美国、加拿大、澳大利亚、新西兰、日本等发达国家，也有韩国、新加坡、泰国、马来西亚、印度尼西亚、菲律宾、文莱、越南、墨西哥、智利、秘鲁等发展中国家。印度虽然至今拒绝与美国达成这类协定，但却在与周边国家的区域协定中纳入了这类条款。日韩在 2002 年签订的双边投资协定首次包含了以否定清单为基础的准入前国民待遇条款，此后两国在其签订的双边投资协定与区域自由贸易协定中多次使用这类条款。不仅如此，日韩在与中国的投资谈判中也强烈要求中国接受基于否定清单的准入前国民待遇条款。

（三）卡尔沃主义有所回归但投资自由化进程仍在稳步发展

在国际投资法中，发展中国家特别是拉美发展中国家在很长时间内都倡导"卡尔沃主义"（Calvo Doctrine），主张国内法对外资排他的管辖权。但是，随着发展中国家在 20 世纪 70 年代后逐渐自主开放投资市场并且争相吸引外资的形势发展，卡尔沃主义逐渐退出政策舞台。根据"华盛顿公约"建立的国际投资争议解决中心（International Centre for Settlement of Investment Disputes，ICSID）允许投资者私人主体就投资东道国的政策发起国际仲裁请求，这是国际法上的一个重大突破，也是对卡尔沃主义的背离。但是，从 20 世纪 90 年代起，一些发展中国家被大量的投资仲裁案困扰，开始重新诉诸卡尔沃主义。即使是美国这样的发达国家，也出现了一些声音，要求限制外资向东道国发起国际仲裁请求的权利。

然而，卡尔沃主义在国际投资体制中的回归是有限度的。尽管美国一些非政府组织强烈要求美国在修订双边投资协定范本时考虑限制投资领域国际仲裁对国内法的可能干预，同时对投资自由化进行一定的限制，但是，美国经过三年的反复酝酿，在 2012 年推出的新的双边投资协定范本基本没有推出这类限制条款。而与此同时，亚太地区投资自由化的进程加速，美国主导的 TPP 更是明确提出了高标准的投资自由化要求。

（四）各种类型投资协定并存交错，使得多边协调的必要性上升

尽管世界上有 1/3 的外资存量不受任何投资协定的管辖，但有不少投资关系同时被不同的投资协定覆盖。例如，前文提到的有 630 个双边投资协定同时被区域投资自由化条款所覆盖；另外至少有 570 个双边投资协定与其他投资协定在准入后保护问题上重叠。中日韩三边投资协定于 2012 年达成以后，三方相互之间的双边投资协定仍然生效。同样的情况出现在中国与东盟签订的投资协定上。欧盟对外签订统一的投资协定后，其各成员对外签订的投资协定仍然在相当长一段时间内生效。这种投资协定重叠交错的现象必然隐含着大量的法律冲突，这使得人们需要考虑在投资领域多边协调的必要性。

（五）国际投资仲裁空前活跃，有关投资协定实际作用日益显现

在 1997 年以前，国际上投资人与东道国的争端很少，ICSID 在 1997 年以前的争端案例每年一般是 1~3 个，有时甚至没有争端案。1997 年以后，ICSID 的争端案每年都是两位数，到 2011 年已经高达 37 个。除此之外，另外还有国家与国家间的仲裁机制，许多区域经济合作协议也有自己的仲裁机制，这些机制下也都有不少案件。争端案件的大量出现显示出各种投资协定正在发挥实际作用。传统上发展中国家为了吸引外资，愿意签订双边投资协定以作为政策稳定的一个信号，但在 20 世纪 90 年代中期以前，实际发生的争端很少，因此法律风险有限。但近 10 多年来，投资争端案的大量出现使得有些发展中国家背上了沉重的包袱。例如，到 2013 年本文成稿为止，阿根廷在 ICSID 被诉案件达到 49 起，阿根廷政府为了应对这些案件而投入的资源巨大，而且一旦败诉还需负担沉重的赔偿。2011 年，中国首次在 ICSID 成为被申诉方，马来西亚某公司因海南省政府收回其租赁的土地而将中国政府告上了 ICSID 仲裁庭。该案虽然目前双方已经同意中止仲裁程序，但这说明对外签订投资协定产生的法律风险是现实存在的。

二、中国积极参与当前国际投资体制建设的必要性和可能性

从上面总结的当前国际投资体制发展的一些新特点可以看出，一方面，投资自由化进程正在进一步发展；另一方面，以卡尔沃主义的复苏为表现，世界各国包括发达国家也出现了约束投资人权利的呼声。但是，从根本上看，投资自由化的发展仍是主流，无论是主

张东道国公权的卡尔沃主义，还是某些国家出现的投资保护主义，都是在投资自由化程度提高的背景下出现的自然反应。发达国家以"公私冲突"面目出现的新"卡尔沃主义"，其本质是其资本外移后出现蓝领就业机会减少而导致的劳资矛盾。这些问题是全球化曲折发展进程中的正常现象。由于面临全球化进程伴随着的一些国家就业岗位流失、环境问题压力增大等矛盾，近年来各国采取的单边投资监管或限制措施有所上升，但与此同时，单边投资自由化和促进措施仍然远远超过监管和限制措施，而且这些监管和限制措施有些恰恰是为了配合自由化措施而采取的辅助管理手段。因此，在当前国际投资领域，投资自由化的主流趋势没有发生变化。

但是；以传统双边投资协定为主要形式的旧的国际投资体制面临着挑战。正如联合国贸发会议（UNCTAD）《2011年世界投资报告》指出的，当前的国际投资体制正处于十字路口，一方面，约6100个互相重叠交错的投资协定已经如此复杂使得各国政府和投资人难以驾驭；另一方面，如果要全面覆盖世界投资，至少还需要14000个双边协定。正因为这样，双边投资协定正在被区域及国家集团层面的投资协定所替代。正在谈判的"跨太平洋伙伴计划"（TPP）一旦按计划达成投资协定，则可以取代现存的47个投资协定。欧盟实施统一对外签订投资协定后，大量现存的双边投资协定也会逐渐淡出。与此同时，在多边层次建立投资保护与自由化框架的呼声一直高涨。尽管这一进程已经几度受挫，但建立多边投资框架的可能性与必要性目前已经日益显现了。

中国在对外签订投资协定方面近年来已经有了很大进展。中国目前已与大约130个国家和地区签订了双边投资协定，在6个区域协定中包括了投资部分。1998年，中国在与巴巴多斯缔结的双边投资条约第9条中首次规定外国投资者可以将所有争端提交国际投资争端解决中心仲裁。在目前中国签订的双边投资协定中，大约1/5规定了准入后的国民待遇。这说明，随着中国国际经济地位的变化，中国在签订投资协定时已经越来越自信。然而，这种进展仍然落后于当前国际投资体制发展的进程。其中一个重要的体现就是中国目前在投资自由化方面，一直仅仅依赖单边措施，在签订有约束性的投资自由化协定方面几乎没有作为，甚至在这方面一直没有形成一个明确的政策态度。

在目前国际投资体制的关键转型期，中国在国际投资自由化方面采取具有可操作性的立场，明确自身在国际投资体制建设中的角色，已经变得日益重要。首先，在国际投资自由化方面裹足不前必将阻碍中国的区域经济一体化战略的实施。在目前周边国家纷纷加入或签订具有准入前国民待遇条款的投资协定的背景下，中国对外签订的自贸区协定仅仅包括贸易内容或者在投资方面只涉及准入后保护，都将降低这类协定的价值，从而出现贸易转移以及投资转移等不利影响。其次，在经济合作发展组织国家继续对多边投资纪律特别是国际仲裁机制和竞争政策进行研究和讨论的背景下，中国如果一直缺乏自己对多边投资框架的系统主张，必然使得自己在今后的多边投资纪律的制定中降低话语权。最后，在当前国际投资竞争日益激烈，中国与周边国家在吸引外资方面已经形成某种竞争态势的背景下，长期仅靠单边自主开放来吸引外资的作用有限，在签订投资自由化协定方面裹足不前很可能延缓中国对外资的吸引进程和产业结构的进一步升级。

与此同时，中国在国际投资体制建设过程中发挥更大作用的可能性已大大增强，正面临一个战略机遇期。首先，中国目前不仅是吸引外资的大国，而且成为资本输出的重要国家。中国比以往任何时候都更关注投资者利益与投资东道国利益的平衡，因此中国的立场更容易得到更多国家的支持。其次，中国目前在多边贸易领域中的地位大大提高，谈判经验日益丰富，更容易借助该方面的影响力影响国际投资体制。再次，目前在发达国家学术界和非政府组织中，要求反思传统上美国式投资保护和自由化标准的主张相当普遍。在此背景下，中国与一些发达国家在投资问题上的立场是可能逐渐接近的。最后，当前国际投资体制仍然处于转型变动时期，相比成熟的多边贸易体系，中国更有可能施加自己的影响。

三、中国在国际投资体制建设中的战略

中国近年来对外进行投资协定谈判时，常常面临的一个压力就是外方要求中国实施准入前国民待遇，而且是基于否定清单的准入前国民待遇。中国正处于一个产业升级和转型的关键期，国内投资体制改革相对滞后。这种原则上全面对外资开放的承诺，带来的政策、法律和经济风险难以评估。因此到目前为止，中国在对外签订的双边投资协定和区域经济合作协定中，都没有包括这类条款。这使得中国与周边国家相比，在投资自由化承诺方面显得相对保守。这在很大程度上降低了中国对国际投资规则的发言权。因此，在准入前国民待遇问题上的沉默是目前中国影响国际投资体制的最大障碍。

谨慎对待投资自由化对中国来说是正确的，但这不等于在投资自由化承诺方面应该无所作为。在暂时不接受基于否定清单的准入前国民待遇的同时，中国应该主动出击，明确主张基于肯定清单的准入前国民待遇，以此为基础与其他国家展开投资谈判，并争取将这种谈判方式重新纳入多边领域。应该强调的是，之所以说"重新"纳入多边领域，是因为这种基于肯定清单的投资自由化谈判模式一度是世界贸易组织准备进行投资谈判的模式。下面简单回顾一下历史。

从1995年开始，有"富人俱乐部"之称的经合组织曾经在其成员中组织了多边投资协定谈判，并打算对非成员开放。这次谈判引起了发展中国家的普遍担心。出于对发达国家率先推出全球资本流动纪律的担心，有些国家支持将这一谈判纳入世界贸易组织进行。在1996年的世界贸易组织新加坡部长会议上，各方同意就投资问题、竞争政策、政府采购的透明性和贸易便利化四个议题成立工作组，研究谈判的可能性。这四个议题被称为"新加坡议题"，实际上代表了世界贸易组织可能扩展的谈判领域。2001年多哈部长会议将这四个议题纳入了多哈部长宣言，明确各方在取得明确共识的前提下就这些议题展开谈判。在当时情况下，经合组织的多边投资协定谈判于1998年已经流产，发展中国家普遍不愿世界贸易组织将管辖范围扩展到投资等领域。2004年坎昆部长会议后，支持新加坡议题最为坚定的欧盟最终放弃，世界贸易组织于 2004 年 8 月 1 日决定将四个新加坡议题中除了贸易便利化之外的三项议题剔除出多哈回合多边谈判的议程。

尽管投资议题最终没有纳入多边贸易体系谈判，然而多哈部长宣言中就投资谈判方式的阐述值得注意。宣言的第 22 段明确主张，投资谈判应该采取基于肯定清单的投资自由化模式；同时指出，这种模式类似于《服务贸易总协定》的自由化模式。事实上，在《服务贸易总协定》谈判初期，关贸总协定各缔约方也就谈判是采用肯定清单还是否定清单产生过争议，为了争取发展中国家同意将服务纳入谈判议题，发达国家最终同意了使用肯定清单谈判方式的折中方案。

现在看来，采用肯定清单谈判方式渐进地推动投资自由化对发展中国家是有利的。但在 2001～2004 年，投资自由化议题即使对发达国家来说都是新议题，像日、韩这样的发达国家都是到 2002 年才在其投资协定中首次采用基于否定清单的准入前国民待遇条款；对发展中国家来说，即使基于肯定清单的投资自由化都不太容易被接受。尽管有中国学者对基于肯定清单的准入前国民待遇持支持态度，然而中国当时面临履行"入世"协议的压力，对世界贸易组织议题的扩展持谨慎态度，此后对基于肯定清单的投资自由化方式也没有明确和坚定地表示支持。

国际投资体制在 2004 年世界贸易组织剔除投资议题后发生了很大变化。美国在 2004 年双边投资协定模板的修改中向维护东道国权利的方向进行了一些微调。同时，越来越多的国家在双边投资协定中纳入了准入前国民待遇条款，区域经济一体化组织成为投资自由化发展的主要形式。目前美国在亚太地区推进 TPP 谈判，同时宣布将于 2013 年 6 月与欧盟启动"跨大西洋贸易与投资伙伴协议"（Transatlantic Trade and Investment Partnership）谈判。在国际投资体制暂时缺乏多边纪律的情况下，美国正将其标准通过区域和双边层面不断推广。在此背景下，中国对投资自由化谈判继续持消极态度的结果就是坐等美国标准成为国际规范。

从中国国内的情况看，中国的投资体制已经进行了一些调整，2004 年从审批制转为核准制，之后实行了两税并轨，推出了《反垄断法》，从而使外资管理体制由原来的以税收优惠加准入审批为特征的管理体制向以竞争政策和技术标准为核心的管理体制进行了转化。在这样的背景下，在对外投资谈判中做出渐进的投资自由化承诺条件已经成熟。推出以肯定清单为基础的准入前国民待遇谈判方式，从技术上来说对中国已经困难不大。关键的是，明确主张这种谈判方式可以在对外投资谈判中转被动为主动，改变在投资自由化承诺方面裹足不前的局面。

以肯定清单为基础的准入前国民待遇谈判在谈判阶段也许工作量比基于否定清单的谈判要大，但是在之后的执行阶段风险更小，更加稳妥，加上所有世界贸易组织成员实际上通过服务贸易谈判都积累了这种谈判方式的经验，因此对于发展中国家来说这比美国式的条款更有吸引力。中国可以先与一些发展中国家采用这种方式达成投资协定，然后逐渐推广。在双边投资协定谈判中，一般的肯定清单承诺可以推广，将准入前国民待遇给予其他与中国签订了最惠国待遇条款的国家。与此同时，在部分区域经济一体化组织中可以制定一个更高标准的肯定清单，然后援引区域经济一体化组织例外，不按最惠国待遇要求给予其他国家，从而便于中国灵活地实施区域经济一体化战略。

随着中国吸引外资规模和对外投资规模的迅速增长，维护和促进投资自由化，建立一个稳定的国际投资体制从根本上来说对中国是有利的。鉴于中国目前的发展水平，渐进式的开放模式对中国最为有利。在此情况下，力推基于肯定清单的准入前国民待遇是中国的最佳选择。这不仅符合中国的利益，也有利于建立平衡发展的国际投资体制。同时，通过基于肯定清单的投资自由化谈判，中国也可以更好地梳理自己的外资管理体制和产业政策，再次发挥以开放促改革的作用，促进国内投资体制的进一步改革，使之成为新一轮深化改革的突破口。

四、结 论

当前国际投资体制的发展正处于关键期。一方面，以区域经济合作为主的投资自由化进程方兴未艾；另一方面，世界各国在投资者利益与东道国权利的平衡方面出现了有利于维护东道国权利的声音，同时各种投资协定的重叠交错使得形成多边投资纪律的必要性进一步提高。中国目前正处于可以影响国际投资体制的战略机遇期。在此背景下，明确对国际投资体制的主张至关重要。中国应积极突破目前以单边开放为主的形式，提出以肯定清单为基础的投资自由化模式，接受并主张以肯定清单为基础的准入前国民待遇条款，以此为基础开展双边投资谈判和区域经济一体化谈判，并适时将该谈判方式向多边领域推广。这不仅有利于中国在国际投资自由化进程中掌握主动权，也可能为国内的改革带来新的推动力。

参考文献

［1］詹晓宁. 2011 年世界投资报告［R］. 联合国贸发会议，2011 - 07 - 26.

［2］赵玉敏. 国际投资体系中的准入前国民待遇——从日韩投资国民待遇看国际投资规则的发展趋势［J］. 国际贸易，2012（3）.

［3］余劲松. 中国发展过程中的外资准入阶段国民待遇问题［J］. 法学家，2004（6）.

［4］Simmons B. The International Investment Regime Since the 1980s：A Transnational Hands Tying，Regime for International Investment［R］. Harvard University Working Paper，2011.

New Characteristics of International Investment Regime and China's Strategy

Abstract：The international investment regime is at a crossroads. Although the number of new bilateral investment treaties （BITs） has been on the decline, regional economic integration treaties have moved to the center stage. Calls for negotiating multilateral investment disciplines have been on the rise and investment liberalization is still gathering steam. While China's outward FDI is increasing, China has been engaged in intensified investment negotiations, which may be crucial for deciding the development direction of future international investment regime. Based on analysis of new trends of international investment regime, this article argues that China should adopt and support pre – establishment national treatment and investment liberalization based on positive listing to push forward gradual investment liberalization.

Key Words：International Investment Regime；China's Outward FDI；Outward Investment Negotiation；Pre – establishment National Treatment；Positive Listing

中国对外投资决定因素

——基于整合资源观与制度视角的实证分析 *

林治洪[1] 陈 岩[2] 秦学志[3]

（1. 大连理工大学管理与经济学部，大连 160011；

2. 北京邮电大学经济管理学院，北京 100876；

3. 大连理工大学管理与经济学部，大连 160011）

【摘 要】利用中国 2003～2009 年省级对外投资面板数据所进行的实证分析表明，宏观调控力度和政府参与企业程度不仅直接影响企业对外投资，而且通过调节不同类型的资源与对外投资的关系会对企业对外投资起间接的促进作用。本文认为，中国企业需要利用母国制度优势来克服竞争性资源占有方面的劣势，进而实现国际化战略目标。

【关键词】对外直接投资；资源观；制度观；调节作用

一、引言

由于中国企业是在并不具备 Dunning（1981）折中范式所定义的所有权优势特别是竞争性技术与管理资源的情况下进行对外投资的，所以基于资源的理论对于中国对外投资现象难以提供令人信服的解释。正因为如此，一些针对中国对外投资的最新研究已经开始关注制度因素的重要作用（Luo et al.，2010）。然而，已有研究成果没有细致分析究竟是何种制度以何种方式影响企业对外投资决策。本文整合这两种理论观，着重分析制度因素对企业对外投资的直接效果，同时分析制度因素如何作用于资源从而间接影响企业对外投资决策。

---

* 本文选自《管理世界》2012 年第 8 期。

本文受到教育部人文社会科学研究青年基金项目（10YJC790028）、北京市自然科学基金面上项目（9122019）资助。

二、理论框架与文献回顾

资源观主要从资源的视角解释企业战略选择，强调企业的内部资源和能力如何决定企业的竞争力与绩效（Barney，1986）。这种观点对于理解处于较为稳定、成熟的制度环境和完善的市场机制中的企业行为较为有效（Peng，2002）。按照资源观，企业对外投资决策主要取决于企业所占有的资源特别是无形资源，因为无形资源可以抵消与海外投资密切相关的"新加入者成本"和"外来者成本"。与资源观不同，制度观认为企业所处的外部制度环境是影响企业行为的重要参数。新兴经济体通常处在市场机制发展的初期，制度虽然在形成中但仍然严重缺失，在这种制度环境下，企业资源通常没有得到充分发展，而制度对于企业战略选择具有更强的解释力。按照制度观，企业对外投资决策不仅取决于其所拥有的竞争性资源，同时取决于所处的外部环境。各种外部环境参数或者促进或者抑制企业对外投资（Wang et al.，2011）。

由于缺少竞争性战略资产，新兴经济体企业对外投资时，更多的是利用母国制度方面的优势弥补其所有权优势的不足（Wang et al.，2011）。所以，针对新兴经济体的对外投资，制度观的引入最能够解释其竞争优势构成和来源的内在机制。因此，本文不仅分析制度因素（宏观调控力度与政府参与）对对外投资的直接效果，同时分析其如何作用于资源因素（有形资源、技术资源以及市场资源）间接影响企业对外投资。

三、假设形成

优势创造型资源必须满足4个条件：有价值的、稀缺的、不可仿制的、不可替代的（Barney，1986）。有形资产是比较典型的、基础性的、能够为企业带来价值的有形资产。研发能力以及相关的投入为企业创造了储备科学知识的组织能力，使得企业能够更有效地组织资源，进而在全球市场中获得成功。技术市场资源也是对企业的优势有重要影响的无形资产之一，独特的技术资源能够使一个企业在经济活动的上游建立竞争优势，而技术的市场交易情况则能帮助企业建立下游的优势。因此：

假设1：企业的有形资产、研发资源以及技术市场资源与中国企业ODI正向相关。

制度观强调制度环境如何影响企业的战略以及国际化决策。政府参与会对企业的对外投资行为产生深远的影响（Buckley et al.，2007）。由于政府的意志和利益决定了国有企业的行为，政府的参与能确保企业获得稀缺资源，从而受到国家的支持和保护，因此这样的政府参与也经常被看作是一种与制度相关的资产（Lu and Ya.，2006）。如中国很多企业在国际化扩张过程中能够在政府的支持下获得信贷优惠以及其他有价值的政府资源（Child and Rodrigues，2005；Wang et al.，2011）。所以，政府参与的程度越高，就越能帮助企业抵消开展 ODI 时产生的所有权劣势。因此：

假设 2：政府参与程度与对企业对外直接投资正向相关。

宏观调控通常主要使用财政和金融两个工具。由于数据可得到性，本文主要考虑财政手段。政府财政支出占 GDP 的比重越高，表明政府对企业微观行为的影响越大。虽然政府并不用财政直接补贴企业对外投资，但政府通常通过财政手段支持企业研发投入、发展新产品从而增强企业竞争力。同时，由于中介市场服务不发达，政府常常利用财政支出为企业提供各种服务，如提供潜在东道国市场信息以克服企业信息不对称问题从而降低交易成本。相反，如果宏观调控导致政府不得不削减上述各种服务，企业对外投资将受到明显制约。因此：

假设 3：宏观调控力度与企业对外直接投资正向相关。

在新兴经济体中，由于制度的特殊作用，资源对于企业战略影响的强度取决于制度。政府参与企业能帮助企业拓宽其技术资源来源。有政府参与的企业，相对而言更容易获得某些政府控制的重要科技资源，从而提高企业通过科技创新进军国际市场的能力。政府参与也能够帮助企业提升其市场营销资源，政府通过实施促进海外投资、提供潜在东道国市场信息等政策措施，能够使企业减少与国际市场相关的风险，降低营销成本，从而部分地弥补这些企业所面临的"外来者劣势"。就中国企业整体而言，政府参与的程度越高，就越能帮助企业抵消开展 ODI 时产生的所有权劣势。按照同样逻辑，宏观调控力度也有利于企业优化资源的使用，降低资源使用成本。因此：

假设 4：政府参与企业程度积极地调节了企业的有形资产研发资源以及技术市场资源与对外直接投资水平之间的关系。

假设 5：宏观调控力度积极调节了企业的有形资产、研发资源及技术市场资源与对外直接投资水平之间的关系。

四、数据与方法

1. 数据来源

本文选取 2003～2009 年中国各地区对外直接投资的面板数据作为样本。其中，西藏的数据不完整，故将西藏的数据剔除，另外四川省包括了现四川和重庆的数据，由此得到2003～2009 年 29 个地区的面板数据。

2. 变量

（1）被解释变量。在以往大量的研究基础上（Buckley et al.，2007），我们选取各地区的实际对外投资存量作为被解释变量。不仅因为这个变量更能准确反映对外投资平稳的、持续的变化，并且更能体现出资源因素与制度环境之间的关系。

（2）解释变量。资源变量方面，本文使用各地区的固定资产投资额（FI）来表示资源类别中有形资产的掌握程度；采用各地区在研发上的投入（RD）来衡量研发资源的状况；采用各地技术市场交易额（TMT）来衡量技术市场资源情况（任伟宏等，2008）。制度变量方面，本文采用各地区财政支出占地区生产总值的比重来表示宏观调控能力（MCA），采用国有企业平均国有资产总量来表示政府参与的程度（GI）。另外，本文选取各地区生产总值以及出口额来控制这些宏观经济因素对实证结果的影响。

3. 模型方法

根据以往关于变量调节作用的研究（任海云等，2010；Wang et al.，2011），结合前文对于制度因素影响资源因素的文献的评述，我们以资源变量和制度变量以及两者之间的交互项作为解释变量，研究制度因素对各个资源变量的调节作用。

$$\ln ODI_{it} = C + \beta_1 \ln FI_{it} + \beta_2 \ln RD_{it} + \beta_3 \ln TMT_{it} + \beta_4 MCA_{it} + \beta_5 \ln GI_{it} + \beta_6 \ln MV_{it} \times \ln RV_{it} + \sum \lambda_i \ln CV_{it} + \varepsilon_{it} \tag{1}$$

其中，i 表示不同地区截面，t 表示时间，ε 表示残差项（均值为 0，方差相等），MV 表示制度调节变量，RV 表示被调节的资源变量，CV 表示控制变量，包括经济发展水平与对外开放程度，以突出解释变量与控制变量的差别。

五、实 证 结 果

对模型 1 可以使用两种估计方法，即固定效应影响模型和随机效应模型。似然比（Likelihood Ratio）检验结果表明，固定效应影响模型优于随机效应模型，所以我们用固定效应模型来估计模型 1。表 1 呈现了本文的实证结果。模型 1 是基础模型，仅包含了控制变量与资源变量，结果显示除了研发资源外，其他两种资源（FI 和 TMT）均能够对ODI 产生显著的正向影响，结果基本上支持假设 1。模型 2 加入的两种制度变量（宏观调控力度与政府参与企业）对 ODI 有显著的正向作用，结果支持假设 2 与假设 3。模型 3～模型 5 显示，宏观调控力度对于研发资源、技术市场资源有正向调节作用，支持假设 5。然而，模型 6～模型 8 显示，政府参与企业程度对 3 种资源的调节作用都没有显著影响，结果不支持假设 4。

政府资源配置能力对于 3 种资源与 ODI 的关系的正向调节作用一方面表明，虽然经过 30 多年的市场化改革，但市场在资源分配中的作用仍然没有充分显现。另一方面也表明，政府在新兴经济体企业 ODI 起重要作用。已有研究主要基于企业水平的因素分析企业 ODI 的动因，忽略了外部制度环境特别是政府的作用。虽然一些研究认为政府因素影响新兴经济体企业 ODI 的水平和本质（Child and Rodrigues，2005），但由于缺乏数据，该论点基本上没有得到检验。本文发现政府资源配置对企业 ODI 有直接作用，同时通过作用于各种资源间接影响企业 ODI，这一结果为以往理论研究中关于政府对 ODI 产生重要作用的理论观点提供了实证证据。

表 1　制度调节作用回归结果（N = 203）

变量	模型 1	模型 2	模型 3	模型 4	模型 5	模型 6	模型 7	模型 8
控制变量			H_1	H_2	H_3	H_4	H_5	H_6
GDP	0.325	1.566***	1.476***	1.158***	1.272***	1.901***	1.771***	1.734***
EX	0.607***	0.719***	0.842***	0.908***	0.900***	0.679***	0.694***	0.699***
资源变量								
FI	0.437**	−0.456*	−1.514***	−0.285	−0.490**	−0.761**	−0.650*	−0.614*
RD	0.05	−0.268	−0.279*	−1.140***	−0.11	−0.246	−0.244	−0.258
TMT	0.021**	0.074	0.003	0.03	−1.044***	0.069	0.07	0.083
制度变量								
GE		7.758***	−33.29***	−8.342**	−4.973**	8.363***	8.085***	7.994***
GI		0.604***	0.854***	0.807***	0.758***	0.653***	0.638***	0.634***
调节作用								
GE × FI			5.22***					
GE × RD				4.541***				
GE × MT					5.105***			
GI × FI						−0.038		
GI × RD							−0.028	
GI × TMT								−0.029
F − statistics	101.39***	108.85***	109.86***	115.63***	124.88***	95.61***	95.14***	95.03***
R^2	0.72	0.796	0.819	0.827	0.837	0.798	0.797	0.797
调整 R^2	0.713	0.789	0.812	0.819	0.831	0.789	0.789	0.788

注："*"、"**"、"***"分别代表统计结果在 10%、5% 和 1% 的水平上显著（双尾检验）。

六、结　论

实证分析表明，政府参与企业程度与政府资源配置能力对企业对外投资产生重要的直接影响，政府资源配置能力通过作用于不同类型的资源与 ODI 的关系同时对对外投资起间接的重要作用。通过发现制度的调节作用，本文为中国企业为何在缺乏经典跨国公司理论所定义的企业特别所有权优势的情况下，仍然能够进行对外直接投资这一近年来困扰学者们的重大学术问题提供了一个全新角度的解释。

参考文献

［1］任海云，师萍. 企业 R&D 投入与绩效关系研究综述［J］. 科学学与科学技术管理，2010（2）.

［2］任伟宏，黄鲁成. 研发产业发展水平评价研究［J］. 科学管理研究，2008（6）.

［3］Barney J. B. Strategic Factor Markets: Expectations, Luck and Business Strategy［J］. Management Science, 1986（32）: 1231 – 1241.

［4］Buckley P. J., Clegg L. J., Cross A. R., Liu X., Voss H. and Zheng P. The Determinants of Chinese Outward Foreign Direct Investment［J］. Journal of International Business Studies, 2007, 38（4）.

［5］Child J., Rodrigues S. B. The Internationalization of Chinese Firms: A Case for Theoretical Extension［J］. Management and Organization Review, 2005: 381 – 418.

［6］Dunning J. H. Explaining the International Direct Investment Position of Countries: Toward a Dynamic and Development Approach［J］. Review of World Economics, 1981, 117（1）: 30 – 64.

［7］Luo Y., Xue Q. and Han B. How Emerging Market Governments Promote Outward FDI: Experience from China［J］. Journal of World Business, 2010, 45（1）: 68 – 79.

［8］Peng M. W. Towards an Institution – based View of Business Strategy［J］. Asia Pacific Journal of Management, 2002, 19（2/3）.

［9］Wang C., Hong J., Kafouros M. and Wright M. Exploring the Role of Government Involvement in Outward FDI from Emerging Economics［R］. Academy of International Business Annual Meeting, Nagoya, Japan, June, 2011.

The Determination Factor of China's Outward Direct Investment

Abstract: Empirical analysis which uses china's 2003 – 2009 panal datas of province shows that the macroeconomic regulation and the government's participation in the enterprises not only affect the foreign investment directly; Through regulating the relationships between different types of resources and foreign investment to promote the role of enterprises' external investment. This paper argues that Chinese enterprises need by home country system to overcome the disadvantages of competition in the possession of resources, so as to realize the internationalization strategy.

Key Words: Outward Direct Investment; View of Resources; View of System; Regulation Effect

地区主义还是多边主义：
贸易自由化的路径之争[*]

贺 平

（复旦大学国际问题研究院，上海 200433）

【摘 要】对于地区贸易安排是促进还是阻碍了多边贸易自由化这一问题。学界各执一词。有观点认为，为了疏解集体行动的困境，各国偏好双边和区域层次的谈判，造成对多边贸易谈判的"注意力转移"，种种特惠贸易安排对于外部的非成员方实施歧视性待遇，且由于保护主义力量的抬头使国内的政治天平日益偏向地区主义，并导致"意大利面碗效应"等诸多多边贸易体制复杂化现象。另有观点则认为，地区贸易安排是各国的一种"自然选择"，随着规模上的扩展和机制上的深化，其对各国市场开放的"锁定效应"或"固锚效应"日益明显，关贸总协定和世界贸易组织的制度设计本身也与贸易地区主义并行不悖。文章对有关"动态时间—路径问题"的各方观点进行了梳理。

【关键词】贸易自由化；地区主义；多边主义；地区贸易安排

地区贸易安排（RTAs）的迅猛发展成为冷战之后特别是进入 21 世纪以来国际经济舞台上发生的最为显著的变化之一，也成为多边贸易体系的一个新特点。1948～1994 年，关税与贸易总协定（GATT）仅仅收到了 124 项关于地区贸易协定的通报（Notification），而根据世界贸易组织（WTO）公布的数据，截至 2011 年 5 月 15 日，已有 489 个地区贸易协定向关贸总协定与世界贸易组织通报，其中 358 个协定的通报基于《1947 年关贸总协定》和《1994 年关贸总协定》的第 24 条，36 个协定的通报基于授权条款（The Enabling Clause），另有 95 个协定的通报则是基于《服务贸易总协定》（GATS）的第 5 条。其中的 297 个协定已生效。截至 2012 年 1 月 15 日，地区贸易协定的通报和生效数量又进一步上升到 511 个和 319 个。

---

* 本文选自《当代亚太》2012 年第 6 期。

本文得到 2011 年度复旦大学"985 三期"整体推进社会科学研究项目（项目编号：2011RWSKYB008）、住友财团 2011 年度"亚洲各国日本关联研究资助"（项目编号：118081）、国家社科基金后期资助项目"贸易政治学研究"（项目编号：12FZZ001）的资助。

一、问题的缘起

理论上，全球贸易的最佳形态是所有国家消除一切形式的关税和非关税壁垒，实现贸易领域的"世界大同"。但显然，这是一种在现有的国际体系内无法达到的理想状态。为此，关贸总协定和世界贸易组织提供了一种次优的选择，即尽可能多的国家参与这一多边体制，在这一体制内部通过最惠国待遇等原则实现实践意义上的自由贸易。然而，这一初衷与实践之间又在非歧视原则等一系列问题上存在着客观上的矛盾与对立。

《1947年关贸总协定》第24条规定："协定的规定不得阻止缔约方领土之间形成关税同盟或自由贸易区，或阻止通过形成关税同盟或自由贸易区所必需的临时协定"，但同时强调"各缔约方认识到，宜通过自愿签署协定从而发展此类协定签署国之间更紧密的经济一体化，以增加贸易自由。它们还认识到，关税同盟或自由贸易区的目的应为便利成员领土之间的贸易，而非增加其他缔约方与此类领土之间的贸易壁垒。"此外，在有关差别待遇及优惠待遇、互惠以及提高发展中国家参与程度的授权条款中，关贸总协定还对发展中国家参与的区域性关税减让安排做了规定。在《1994年关贸总协定》中，各方达成了《关于解释1994年关税与贸易总协定第24条的谅解》。在这一谅解中，新成立的世界贸易组织重申了上述原则，同时提出，世界贸易组织"认识到自《1947年关贸总协定》制定以来，关税同盟和自由贸易区的数量和重要性大为增加，目前已涵盖世界贸易的重要部分；认识到此类协定参加方的经济更紧密的一体化可对世界贸易的扩大做出贡献；同时认识到如果成员领土之间的关税和其他限制性商业法规的取消延伸至所有贸易，此种贡献则会增加，而如果排除任何主要贸易部门，此种贡献则会减少"；"同时确信需要通过澄清用于评估新的或扩大的协定的标准和程度，并提高所有第24条协定的透明度，从而加强货物贸易理事会在审议根据第24条做出通知的协定方面所起作用的有效性"。在《服务贸易总协定》的第5条中，世界贸易组织也对服务贸易领域的区域自由化协定做了规定。

整体而言，关贸总协定与世界贸易组织对地区贸易协定的规定主要分为三个方面，这些协定必须"实质上涵盖所有的贸易"（Substantially All the Trade）；必须防止对非成员方实施新的壁垒；必须在合理期限内（一般自生效日期起不超过10年）实现成员方之间的自由贸易。在现实中，几乎所有的世界贸易组织成员都参与了至少一个地区贸易安排，因此关贸总协定第24条饱受批评，甚至被认为是多边贸易体制中被滥用最多的一项条款。例如，2005年由彼得·萨瑟兰（Peter Sutherland）、贾格迪什·巴格瓦蒂（Jagdish Bhagwati）等向世界贸易组织总干事素帕猜·巴尼巴滴（Supachai Panitchpakdi）提交的研究报告就认为，关贸总协定第24条"是一条空洞的纪律，不仅没有界定清楚，而且始终没有得到良好的执行"。更有学者批评指出，世界贸易组织面对泛滥的地区主义已变成一个无所作为、"置身事外的旁观者"（Innocent Bystander），而那些小国和穷国受其侵害尤甚。

他们甚至断言，如果对地区主义不加限制地持续扩散袖手旁观，将可能扼杀曾在战后为世界带来富足的多边贸易体系。

世界贸易组织成立之后，对于贸易自由化进程中地区主义的抬头日益重视。世界贸易组织在成立之初就由其秘书处于1995年4月发表了题为《地区主义与世界贸易体系》的研究报告，对贸易地区主义进行了较为正面的评估。为了更好地协调多边主义与地区主义的关系，世界贸易组织总理事会于1996年2月成立了区域贸易协议委员会（Committee Regional Trade Agreements，CRTA）。这一委员会成立之后在以下三个方面起到了积极作用：重新组织和完善对地区一体化协定的监测进程；规范对地区一体化协定监测的信息通报要求；确立更为简化和高效的方式，以评估各个地区一体化协定与世界贸易组织条款之间的一致性。在2001年11月14日通过的《多哈宣言》（Doha Declaration）第四段中，各成员国重申将世界贸易组织视为全球贸易决策和自由化的唯一论坛，同时也再次承认了地区贸易安排在推进和扩大贸易以及促进发展方面起到的重要作用。

巴格瓦蒂于1991年提出，地区主义与多边主义相互关系的一个核心问题在于，地区贸易协定是以世界贸易组织为载体的多边贸易协定的"垫脚石"（Building Blocks）还是"绊脚石"（Stumbling Blocks），即地区一体化是促进还是阻碍了多边贸易自由化。对于这一"动态时间—路径问题"（The Dynamic Time – Path Question），形成了两派针锋相对的观点，以下分别予以阐述。

二、地区贸易安排：多边贸易体制的"绊脚石"？

悲观派认为，层出不穷的地区贸易安排是多边贸易体制发展的主要障碍，其观点主要分为以下四个方面。

第一，经过关贸总协定和世界贸易组织的数轮多边谈判，多边贸易体制面临着农产品等更为棘手和复杂的遗留问题，这些问题在短期内无法得到有效解决，多哈回合长期陷入僵局就是一个明证。由于地区一体化涉及的国家数量较少，相比多边贸易谈判能够更好地解决集体行动的困境，因此促使越来越多的国家在面临多边谈判的僵局时倾向于双边和区域层次的谈判，从而造成"注意力转移"（Attention Diversion）。在这一过程中，美国的转变尤为令人瞩目。一方面，随着美国实力的相对下降，相对于在冷战的大部分时期，其领导全球贸易自由化的能力和意愿目前都出现了衰退。另一方面，美国领导人的注意力越来越多地从多边层次地向双边和区域层次转移，北美自由贸易区的建立就是最为显著的例证。

此外，诸多非经济因素在地区贸易协定中扮演了至关重要的角色。加拿大学者约翰·沃利（John Whalley）认为，地区贸易协定可以巩固和推进国内改革，增加在多边谈判中的集体力量，以国际承诺的形式确保小国在大国的市场准入，加固一体化成员之间的安全协议，并能成为参与多边贸易谈判的一个杠杆。在特定的场合，这些非经济因素甚至起到比经济因素更为重要的作用。作为一种外交手段，地区贸易协定有助于减少邻近国家之间的敌对和不信任感，降低冲突的可能性，从而增强地区安全。基于以上原因，世界银行于2000年发布的报告甚至认为，地区贸易集团首先是政治性的而非经济性的，由此造成的结果是，在实践中，各国领导人有可能过度关注于外交、政治和军事等非经济因素，或满足于地区贸易协定带来的非经济收益，而越来越忽视多边贸易自由化能够实现的巨大经济收益。

第二，由于地区性的特惠贸易安排势必在内部加强政策一体化，而对外部的非成员方实施歧视性待遇，因此从理论上说，各种形式的地区性特惠贸易安排至少在短期内是对全球多边自由贸易体制的一种阻碍。有学者甚至将20世纪30年代全球贸易体系的分崩离析视为之前地区贸易协定爆发性增长的恶果。几位坚定的自由贸易论者如阿尔温德·帕纳格里亚、贾格迪什·巴格瓦蒂是这一观点的主要代表。巴格瓦蒂把激进的单边主义（要求别国单方面降低贸易壁垒）和特惠贸易协定视为"世界贸易体系上的毒瘤"。大量事实也佐证了他们的观点。例如，墨西哥在加入北美自由贸易区后为了应对比索危机，大幅提高了503种产品对非北美自由贸易区成员国的关税，导致这些关税的税率从不到20%提高到35%。由于提高后的关税仍低于世界贸易组织的要求，因此此举从法理上而言并未违反世界贸易组织的规定。

建成之后的地区性特惠贸易安排往往对非集团成员实施高额关税，违背了世界贸易组织最惠国待遇的原则。尽管这些地区贸易协定有助于使内部成员福利最大化，但会降低全球福利。由于关税同盟比自由贸易区在福利上帕累托更优（Pareto - superior），因此，自由贸易区相比关税同盟对多边贸易自由化的干扰更大。克鲁格曼（Paul Krugman）认为，在建立三个地区集团时，其对全球福利的负面影响最大。杰弗里·弗兰克（Jeffrey Frankel）等更为谨慎地指出，总体上看，如果沿着自然的大陆边界，组成某种形式的特惠贸易安排，如建立真正意义上的美洲自由贸易区或欧盟进一步扩大吸纳欧洲自由贸易联盟（EFTA）和东欧国家，对增进全球福利是有利的，但前提是这一协定不能是100%的特惠贸易安排，即不是完全削减对邻国所有产品的关税，而是保留特定产业的若干特殊待遇和豁免条款。这一判断在涉及某一大陆所有国家时更为明显。如果相邻国家组成地区性的贸易集团造成世界贸易的分裂状态，那对于最终建立所有国家间的自由贸易或许是不利的。因此，地区一体化的最佳路径是在两个国家实现相互间的完全自由贸易之前，将这一双边特惠贸易安排逐渐拓展至次大陆（Sub - continental）层面、大陆层面，并最终达到全球层面。

上述歧视性待遇势必会促使特定地区贸易安排的非成员方做出应对。一方面，在一个简化的三国模型中，两国建立的贸易集团将对第三国的福利产生负外部性。即便该第三国最终加入扩大后的贸易集团，其收益仍小于三国直接建立贸易集团时的收益。另一方面，约拉姆·哈夫特尔（Yoram Z. Haftel）等认为，随着地区贸易集团的建立和深化，越来越多的集团外国家面临贸易转移效应和贸易条件恶化，这些国家在国内产业集团的压力下不得不做出相应的"政治反应"。当加入已有地区贸易集团或组建新的贸易集团的成本高于收益时，这些国家增加了在关贸总协定和世界贸易组织的争端解决机制中对上述地区贸易集团提出诉讼的频率。对于这些第三方政府而言，多边贸易机制成为其应对欧盟、北美自由贸易区、南美洲共同市场等地区贸易集团的颇具吸引力且行之有效的手段。这是因为，不论争端判决结果如何，这一行动显示了第三方政府对本国经济部门的积极回应，得以确保其政治支持。相对而言，当现有贸易集团增加其成员、拓展其范围时，上述诉讼呈下降趋势。从表面上看，这似乎突出了多边贸易体系的作用，但在哈夫特尔看来，这实际上造成了两方面的负面影响。首先，争端数量的增加和复杂程度的提高使多边贸易体制的争端解决机制及其有限的资源不堪重负，也减少了多边贸易体制对更为弱小、更为贫穷的那些国家的关注。其次，欧盟与北美自由贸易区等巨型贸易集团之间的争端持续增加，而世界贸易组织又无力有效解决这些争端，农业补贴、关税减让等棘手问题长期悬而未决，损害和削弱了多边贸易体制的可持续发展，也危及正在进行的多边贸易谈判回合。

第三，与上述问题相关的是，国内政治对地区主义和多边主义的权衡将向前者进一步倾斜。当决策者面临两者的选择时，下列三个因素将起到决定性的作用：决策过程的扭曲程度、有组织工业利益集团的院外活动、贸易壁垒的范围。在这一派观点中，一个重要的前提是民主国家选举政策中关于"输家游说更甚"（Losers Lobby Harder）的假设，普拉温·克里什纳（Pravin Krishna）假定生产者在选择减免关税的贸易安排中起到了决定性作用。相对而言，那些产生贸易转移效应的特惠贸易安排在一国国内更易得到政治上的支持，这是因为一个成员国与非成员国的贸易转移到另一个成员国，易于同时得到这两个成员国的支持。因此，如果多边贸易自由化提供的非成员国市场准入不足以抵消取消特惠安排所产生的租，两国政府将偏好特惠贸易协定而非多边自由贸易。简而言之，特惠贸易安排产生的贸易转移效应越大，多边贸易自由化在政治上就越不可行。吉恩·格罗斯曼（Gene M. Grossman）和埃尔赫南·赫尔普曼（Elhanan Helpman）的研究也认为，当自由贸易协定能够创造较大的贸易转移效应并增加对国内生产者的保护时，这些协定将得到更大的国内政治支持。阿尔温德·帕纳格里亚和罗纳德·芬德利（Ronald Findlay）从院外游说的视角对特惠贸易协定的内生保护做了考察。他们认为，由于关税同盟实施统一的对外关税，因此在关税同盟内部的院外游说将出现"搭便车"现象，所有游说将发生在一个国家之内，由此使关税同盟的共同对外关税通常要低于自由贸易区的对外关税。从理论上说，关税同盟内部国家数量越多，其共同对外关税的水平就越低，成员国福利改善的可能性就越大，但由于利益集团院外游说的作用，往往出现的情况是抵制关税同盟的不断扩大。

约翰·麦克拉伦（John McLaren）将私人企业投资的沉没成本与贸易谈判的摩擦程度作为分析多边主义的两大要素。他认为，地区贸易安排中各国内部的私人部门如果预期到全球范围的自由贸易，则会积极投资于本国具有比较优势的产业，从而最终使所有国家都达到高度的专业化。但在特惠的地区贸易集团中，上述私人部门的投资将仅仅加强本集团内部的专业化，而非遵循全球范围的比较优势，从而降低了参与多边贸易自由化的动力及其潜在收益。此时，若多边自由化的谈判摩擦比地区自由化的谈判更为激烈，则地区主义将取代多边主义。菲利普·利维（Philip I. Levy）在赫克歇尔—俄林定理的基础上运用了中间选民模式，即任何贸易协定都需通过简单多数原则通过，而选民的效用完全取决于资本—劳动力比率。由于双边自由贸易协定为中间选民提供的收益将大于损失，这部分选民对于多边自由贸易协定的"保留效用"（Reservation Utility）将上升，该国将倾向于双边协议而无意致力于多边贸易自由化。

马丁·理查德森（Martin Richardson）曾对上述观点提出过不同看法。他认为，自由贸易区成员国对非成员国的关税是内生的，随着区内贸易自由化程度的提高，国内的政治支持力量势必寻求降低对非成员国的关税，从而最终使特惠贸易安排的贸易转移效应变为贸易创造效应。但是，正如丹尼尔·科诺（Daniel Y. Kono）所指出的，理查德森结论的前提在于，一国在自由贸易区内部与国际市场上的比较优势是一致的，只有这样，国内的政治支持力量才会从支持地区贸易安排进而支持多边贸易自由化。科诺首先重点考察了由奥地利、芬兰、挪威、葡萄牙、瑞典和瑞士组成的欧洲自由贸易联盟的案例，其后又对1988～1998年30个国家的自由贸易协定研究后提出，如果成员国在自由贸易区的内部和外部的比较优势相近，则地区贸易安排有助于多边贸易自由化，反之，如果比较优势不同则会对多边主义发生阻碍作用。尽管科诺的结论对地区贸易协定的作用持较为中立的立场，但考虑到现实中大部分特惠贸易安排中各个成员国比较优势互补的案例多于相近的案例，我们仍可将其作为悲观派的论据。

第四，地区贸易协定的泛滥还导致了一系列新的现象，客观上导致多边贸易自由化的进程更为复杂和困难。例如，在美国、欧盟等强势集团签订的特惠贸易安排中，通常涉及环境保护、劳工标准、知识产权乃至保障人权等有别于传统的"非贸易议题"。在双边和区域层次的谈判中，美欧等谈判方往往力图以降低本国市场关税为条件换取谈判对象国在"非贸易议题"上的让步。而在多边层次上，鉴于诸多"非贸易议题"在客观上一时难以推进，这就降低了主要大国在多边贸易谈判中降低关税的动力。如在西雅图召开的世界贸易组织部长级会议难以推动新一轮多边贸易谈判的进展，与发达国家力推的劳工标准遭到广大发展中国家抵制是分不开的。又如，为了防止非成员国的产品通过低关税国家进入高关税国家，也为了防止低关税国家将非成员国的产品进行简单的加工组装，增加较低的附加值后将其出口到高关税国家，区域贸易协定往往包括原产地条款。由于全球范围内大量自由贸易协定的出现，同一产品根据原产地的不同标准面临不同的关税税率，从而使国际贸易出现了纷繁复杂的局面，加重了区域合作的运行成本和监管负担，这一现象通常被称为"意大利面碗效应"（Spaghetti‐bowl Effect）。在巴格瓦蒂较早提出这一概念之后，他与理查德·斯奈普（Richard H. Snape）等不少学者对这一现象做了较为深入的分析。事实上，随着对这一现象的深入研究，"意大利面碗效应"不再仅仅指涉复杂的原产地规则，对于知识产权保护、倾销、补贴等各个地区贸易安排中贸易法规叠床架屋的现象也同样适用。此外，在地区贸易安排的轴辐（Hub‐and‐Spoke）结构中，处于轮轴位置的国家往往能够比处于轮辐位置的国家取得更大的收益。鉴于发达国家通常是轮轴国家的主体，且其辐轴结构对其他国家造成歧视，辐轴国家数量的提高势必对多边贸易自由化产生负面影响。上述现象都大大增加了多边贸易自由化的交易成本和治理负担，其负面影响对于规模较小的发展中国家尤甚。

三、地区贸易安排：多边贸易体制的"垫脚石"？

地区贸易安排是多边贸易体制的"垫脚石"这一乐观派的观点，主要是指以下三个方面：首先，地区贸易集团在净收益上应该是贸易创造而非贸易转移，即地区内部和地区外部的贸易都应有所增长。其次，地区贸易协定有助于促进投资和经济增长，并推动整体贸易的增长。最后，地区贸易协定会促进多边贸易谈判的进展。这种乐观的观点主要基于以下四个理由。

第一个理由强调，由于运输成本等客观因素，即便没有建立地区性的自由贸易协定或特惠贸易安排，大多数国家的贸易也是与其邻国开展的。因此，如果在符合"临近原则"的前提下，与周边国家建立"自然的"（Natural）的贸易集团不失为一种现实选择。特别是考虑到现实的国际政治因素，关贸总协定和世界贸易组织等多边贸易机制问题缠身，难以在短期内真正推动全球范围的自由贸易。换言之，地区主义的发展本身就是多边主义长期发展过程中的题中应有之义，并不必然是对后者的冲击或阻碍。与北美和欧洲等地区一体化的先行者相比，这一"退而求其次"的选择在东亚地区似乎显得更为突出。鉴于多边贸易谈判近乎停滞，一些原先对双边和地区贸易心存疑虑的国家也开始更为积极地从实用主义的角度投身自由贸易协定等地区贸易一体化进程。劳伦斯·萨默（Lawrence H. Summers）指出，从长期来看，少数几个地区贸易集团显然比大量各自为政的国家更容易达成相互之间的协议，并最终实现成功的多边谈判。集体行动的困境使少数集团所能取得的各自收益大于为数众多的国家。欧盟和北美自由贸易区等实践表明，这些以洲为基本地理范围的特惠贸易安排在其内部形成了巨大的贸易创造效应。

同时，地区贸易协定还会产生一种自发的"传染效应"（Contagion Effect）。这一"多米诺骨牌效应"也被视为是新一轮地区主义兴起的首要原因。这是因为，为了减少或缓冲贸易转移带来的压力，各国不得不寻求加入既有的特惠贸易协定，或另起炉灶建立起与之相抗衡的地区贸易安排。而已有特惠贸易协定的成员国数量越多，非成员国希望加入这一协定的动机也就越强烈。罗伯特·劳伦斯（Robert Z. Lawrence）将其称为"加入的压力"（Pressure for Inclusion），也有学者称之为"边缘化综合征"（Marginalization Syndrome）。在现实中，欧洲自由贸易区的诞生被普遍视为是对欧洲经济共同体（EEC）的反应，而南方共同市场的建立也与北美自由贸易区的刺激不无关系。就单个国家来看，日本在小泉纯一郎执政时期突然加快自由贸易区的推进步伐，在很多观察家看来是受到了中国、韩国等周边国家自由贸易区进程的触动。表面上看，地区贸易安排的星罗棋布似乎使多边贸易体系更为"碎片化"和"蜂窝状"，但从长期来看，不同机制间的重叠、合并和拼接又为最终建立一个全球性的贸易自由化体系奠定了更广泛的基础。

第二个理由强调地区贸易安排在规模上的扩展和机制上的深化。乔治·唐斯（George W. Downs）等曾从机制进化的角度对多边主义做了整体的理论梳理。他们认为，欧盟的发展等案例表明，与涉及大量国家的"囊括性"协议不同，拥有较少成员的国际机制能够根据合作偏好吸纳后续的潜在成员，并达到内生的体系平衡。小型国家组织通常比大型国家组织更能实现深度合作，而无论其后续的发展是否出于战略初衷。在具体的特惠贸易安排中，既有的地区贸易协定有可能不断增加参与方，不同的协定之间也可以相互融合，从而最终形成全球性的自由贸易协定。默瑞·坎普（Murray C. Kemp）和万又暄（Henry Y. Wan, Jr）是较早提出这一见解的学者。具体而言，这一判断又分为以下两大解释路径。

首先，弗雷德·伯格斯滕（C. Fred Bergsten）等提出的"开放的地区主义"（Open Regionalism）路径被认为是解决地区贸易安排与全球贸易体系兼容性的核心方式之一。自1989年成立之后，亚太经合组织（APEC）成为奉行"开放的地区主义"的重要代表，其宗旨和目标是："相互依存，共同受益，坚持开放性多边贸易体制和减少区域内贸易壁垒"。伯格斯滕认为，"开放的地区主义"包含以下五大要素。①开放的成员资格（Open Membership）。任何愿意接受既有机制规则的国家都可以被邀请加入这一机制。②无条件的最惠国待遇。所有贸易成员方遵循无条件的最惠国待遇原则，不建立新的特惠和歧视性条款。③有条件的最惠国待遇。现有成员允诺向非成员方降低贸易壁垒，如果后者也同意采取类似的政策。④全球自由化。现有成员在追求地区目标的同时继续在全球范围内通过单边自由化和多边谈判等方式降低其贸易壁垒。⑤贸易便利化。通过非关税和非边境（Non-border）改革促进贸易的便利化，亚太经合组织的发展并不是一个特例。尽管欧洲的一体化进程被认为相对封闭和正式，但欧盟从1951年时法国、德国、意大利、比利时、荷兰、卢森堡仅仅6个西欧国家起步，已经发展到今天的27个成员国。亚洲的一体化更是非正式的、包容性的、网络结构的代表。东盟自由贸易区（AFTA）从1992年时的6个国家已经发展到东南亚10个国家。北美自由贸易区也有意与南方共同市场共同缔造美洲自由贸易区（FTAA）。克里·蔡斯（Kerry A. Chase）进而从企业和产业的微观层面进行论证，认为只要地区一体化为成员国的生产厂商提供了制造业布局重组的机会，地区主义就有利于全球贸易自由化。这是因为，通过地区一体化，这些生产厂商在地区内部获得了更大的市场，也加深了生产分工的网络，从而降低了生产成本，自然也减少了对本地区以外的竞争者实施歧视性措施的必要性。换言之，只有那些无法有效利用地区规模优势或参与生产分工的企业才会要求贸易保护主义。

除了本地区内部协议成员的持续拓展之外，开放的地区贸易集团还被认为有助于促进外部的自由化。不少学者指出了地区主义和多边主义在关税减让中的"互补效应"（Complementarity Effects）。安东尼·埃斯特瓦多道尔（Antoni Estevadeordal）等学者对1990～2001年10个拉美国家进行研究后发现，在自由贸易协定中，特定部门互惠关税的降低有可能导致该部门对外关税（即最惠国关税）的下降。罗伯特·劳伦斯（Robert Z. Lawrence）则强调了由此产生的政治和外交因素。他认为，一个地区相比单个国家对于贸易自由化往往表现出更大的政治意愿。如《罗马条约》之后欧洲一体化的加速与欧洲降低对外贸易壁垒是同步的。反之，如果没有欧洲经济共同体的建立，无论是法国、意大利还是德国恐怕都不愿单独或率先在肯尼迪回合的多边贸易谈判中做出让步。

其次，鉴于欧盟、北美自由贸易区等大部分重要的地区贸易协定事实都包含了贸易政策以外的条款，这一"更深的一体化"（Deeper Integration）已不再局限于传统的、世界贸易组织涉及的主要政策范畴。同时，在服务贸易、环境保护、政府规制透明度、贸易便利化等世界贸易组织已经有所涉及的诸多议题中，地区贸易协定也往往比世界贸易组织有更明确和严格的规定。换言之，地区贸易协定呈现出一种"超越世界贸易组织"（WTO Plus）的特征。因此，这些超国家的但又次于全球层面的地区经济安排可以被视为是有关国家政策协调的试验场（Testing Grounds），从而为最终形成完善的全球性政策机制奠定基础。拉里·克拉普（Larry Crump）提出，鉴于涉及贸易促进、投资、政府采购和竞争政策的"新加坡议题"等诸多议题还无法在多边层次上为许多国家所接受，不妨将双边和地区贸易谈判与多边贸易谈判视为并驾齐驱、彼此促进的"双轨制"。随着世界贸易组织对各国国内政策的监控和调节日益加深，贸易地区一体化对世界贸易组织谈判的积极作用尤其表现在诸多新生的非贸易议题上。现任世界贸易组织总干事帕斯卡尔·拉米（Pascal Lamy）在担任欧盟贸易委员期间也曾发表过类似的观点。他认为，多边主义与地区主义并不是相互排斥的，而是互补的。对欧盟而言，尽管奉行"多边优先"的政策，但仍将致力于通过新的、更好的规则率先实现内部的"深度一体化"。世界其他地区的战略路径也与欧盟类似。

与巴格瓦蒂有所不同，理查德·鲍德温（Richard E. Baldwin）认为，"意大利面碗效应"未尝不是通向全球自由贸易之路的"垫脚石"。他认为，随着生产分割（Production Unbundling）或曰分散化（Fragmentation）、垂直专业化（Vertical Specialization）、价值链切割（Slicing Up the Value‐added Chain）等进程的发展，一些原先"意大利面碗效应"的受益者将成为受损者，由此产生推动地区主义多边化的力量。在这一过程中，至少有两种方式可以逐步实现"地区主义多边化"。一是如 1997 年的"泛欧累积制"（Pan‐European Cumulation System）一样，将某一地区内的各种自由贸易协定合而为一。二是如世界贸易组织于 1996 年达成的《信息技术协议》（Information Technology Agreement）一样，在某一特定部门内率先实现全球自由贸易。

第三个理由强调地区贸易协定对各国市场开放的"锁定效应"或"固锚效应"。多边机制的建立有可能限制原先追求政府保护的各国国内利益集团，也极大地削弱了各国政治领导人提供贸易救济的能力，拉奎尔·费尔南德兹（Raquel Fernndndez）与乔纳森·波兹（Jonathan Portes）学者在分析地区贸易协定的"非传统收益"时曾指出，地区贸易协议有助于降低成员国对未来经济政策与政治发展的不确定性，增强其可信度，发挥"承诺（Credibility）、信号（Signaling）和保险（Insurance）"机制的作用。对于国内决策者而言，地区贸易协定也有助于以国际协议和国际机制的形式赋权（Empower）给特定的国内行为体，从而推进自由贸易。同时，各种特惠贸易协定内部程度不一的争端解决机制有助于推动成员国采取更为互惠的战略，增加违约行为的声誉成本，从而加速各成员国之间的贸易自由化进程。

不少案例也印证了这一判断。例如，罗伯特·劳伦斯指出，北美自由贸易协定虽然只有三个成员国，但是对于墨西哥这个发展中大国来说，加入地区贸易协定使其国内的政治经济改革，特别是贸易自由化进程稳步向前，很难再走回头路。丹尼·罗德里克（Dani Rodrik）也认为，北美自由贸易协定对墨西哥的最大贡献或许在于通过条约规定使墨西哥的经济改革政策固定下来，变得不可逆转。对于美国而言也是如此，无论是在美加自由贸易协定中还是在北美自由贸易协定中，尽管美国国内的相关法律并未发生质的变化，新生的国际机制也无力对美国的违约行为实施制裁，但美国的行政部门仍愿意通过国际协议"自缚手脚"，目的之一就在于借助国际机制的制约力量，在与特定保护主义集团的博弈中获得新的杠杆，限制国内反对贸易自由化的势力。同样，希腊、西班牙、葡萄牙等国加入欧洲一体化进程，也使这些国家回到军事独裁的统治变得难以想象。布莱恩·汉森（Brian T. Hanson）曾在1998年撰文指出，20世纪90年代以后欧洲内部市场的建立和完善并没有形成一个原先许多人担忧的"欧洲堡垒"（Fortress Europe），欧盟的对外贸易政策不论是在各个部门还是在对第三国的进口数量限制、监控措施、反倾销、补贴等领域，贸易政策工具中都出现了显著的自由化趋势。原因就在于：一方面，《单一欧洲法令》（SEA）和内部市场的建立严重腐蚀了国别贸易措施的有效性；另一方面，新的贸易安排需要欧洲部长理事会的特定多数表决，这一决策程序和规则本质上偏向自由贸易政策，使相关国家和产业难以在地区层面寻求保护。汉森敏锐地指出，这并不是欧洲一体化刻意寻求的结果，无论是各国政府、商业利益集团还是欧洲部长理事会都关注于共同市场建设的内部问题，但由此产生的机制性变化却造就了上述"意外的"后果。作为一体化程度最高的代表，欧盟的实践恰恰证明了地区主义的超国家架构对贸易自由化的正面影响。上述作用对于那些原先市场较为封闭的国家，特别是发展中国家而言，尤为明显。这对全球多边贸易自由化无疑将产生非常积极的影响。理查德·鲍德温从利益集团等国内政治的角度对这一观点做了补充。他认为，绝大多数地区贸易协定将削弱进口商品竞争者等反对自由贸易的力量，加强出口商等支持自由贸易的力量，从而最终与多边自由化形成相互促进的态势。他不无乐观地指出，鉴于当今世界上几个主要贸易大国已经采取了相当自由开放的政策，除了南方国家相互之间建立的自由贸易区等极少数例外之外，很少有地区性的贸易协定能够形成实质性的反自由化力量。

第四个理由强调关贸总协定和世界贸易组织的制度设计，地区贸易安排的蓬勃发展并未从机制上腐蚀多边贸易自由化的架构。爱德华·曼斯菲尔德（Edward D. Mansfield）等认为，关贸总协定和世界贸易组织对其成员建立特惠贸易安排客观上起到了鼓励作用。关贸总协定和世界贸易组织成员数量的增加、各轮多边贸易谈判进程、各国参与多边争端解决机制及其败诉等众多因素都促使各个国家竞相建立各自的特惠贸易安排，从而提高在多边机制中的谈判实力（Bargaining Leverage）和话语权。这一作用主要体现在以下三个方面。

首先，对于一国而言，当多边体制的发展损害本国国家利益时，如谈判长期难以达成协议或执行机制软弱无力，建立特惠贸易安排能够起到一定的抵消和缓冲作用，从而增强该国对其他国家的谈判地位。鉴于多边贸易自由化的发展除了追求福利和效率之外，仍需关注公平和正义，这一暂时的停顿反而有助于多边主义更为有序健康和可持续的发展。

其次，特惠贸易安排能够提高成员国在国际贸易舞台上的声音和市场力量，这对于那些较为弱小的发展中国家而言尤为重要。从这个意义上说，区域经济一体化为中小国家带来的收益更为明显。由 15 个小国组成的加勒比共同体和共同市场（CARICOM）在与欧盟关于关贸总协定和世界贸易组织的谈判、在美洲自由贸易区的谈判、在联合国贸发会议等国际贸易谈判舞台上均扮演了积极的角色，就是这方面的例子。何塞·坎帕（Manuel Campa）和蒂莫西·索伦森（Timothy L Sorenson）等则从经济学的角度佐证了这一观点。他们构建了一个由一个主导型大国和数个小国组成的模型，并假定各小国组成的贸易集团在总体规模上能够超过大国，且两者进行关税减让的过程是无穷反复博弈而非单次博弈，则该贸易集团能够对大国偏离自由贸易的行为形成有效的且可信的惩罚，从而最终有助于世界范围的贸易自由化。

在爱德华·曼斯菲尔德等学者看来，尽管有一些国家通过建立特惠贸易安排来抵消多边贸易自由化的影响，但也不乏国家在无法在多边层次实现更大程度市场开放的情况下寻求通过地区层次的特惠贸易安排"先走一步"。也有学者从博弈论的分析框架指出，每一轮多边关税减让都会伴随新一轮的地区贸易组织规模与数量的扩张，除了上文提到的"多米诺骨牌效应"之外，还有一个重要原因在于，随着外部关税水平的降低，在激励相融的条件下，地区性贸易组织更易维持。

最后，也有学者从国际法和国际组织的角度，将地区主义与多边主义比喻为"飞转的齿轮"，即两者之间是一种以互惠效果为特征的相互依赖的关系。世界贸易组织可以成为某些类型的地区目标的"监护人"或"标兵"，多边手段也有助于澄清地区贸易协定内部或不同地区贸易协定之间的模糊地带或填补其空白，通过提高透明度、加强通报机制等手段强化对地区协定的多边监督。例如，乌拉圭回合多边贸易谈判的进展促使北美自由贸易区建立了更为全面、自由化程度更高的服务贸易条款；多边层次的农产品谈判尽管困难重重、举步维艰，但仍对欧盟共同农业政策的改革产生了一定的压力。反之，地区层面的特惠贸易协定也能够对多边机制起到有益的补充。贸易争端解决机制就是这方面的突出例子。朱迪斯·戈德斯坦（Judith Goldstein）和莉莎·马丁（Lisa L. Martin）曾提出，过度的法律化或许反而会破坏世界贸易组织框架下的贸易自由化。彼得·罗森多夫也认为，世界贸易组织的争端解决机制设计应该在稳定性（Stability）与严格性（Rigidity）之间取得平衡，既要促进让步妥协，也必须挽留和吸收更多的成员。大量地区性特惠贸易协定的出现有助于各成员方实现法律化与灵活性之间的平衡，为相关国家"择地行诉"（Forum Shopping）提供了机会。出于对特定争端结果的偏好以及判决惯例对今后诉讼的影响，各国可以战略性地在多边机制以及若干个地区机制内选择符合本国利益的争端解决机制。此外，除了议题领域的拓展之外，上文提到的地区贸易协定"超越世界贸易组织"的特征在强化自由贸易立法、严格贸易救济措施等方面也有所体现。例如，塔尼亚·芙恩（Tania Voon）通过整理发现，截至 2010 年分别有 8 个地区贸易安排（如澳大利亚—新西兰更紧密经济关系议定书）包含限制反倾销措施的条款，4 个地区贸易安排（如内地与香港和澳门关于建立更紧密经贸关系的安排）包含限制反补贴措施的条款，30 个地区贸易安排（如安第斯共同体）包含限制贸易保障措施的条款，而其中欧盟是唯一一个限制所有上述三大贸易救济措施的地区贸易安排。尽管这些为数不多的案例并不能直接导致多边层次贸易救济措施的减少，但从长期来看仍有助于世界贸易组织成员减少对这些措施的依赖。

四、结 语

综观上述论争，对于贸易自由化进程中地区主义与多边主义相互关系的理论争鸣体现出以下特征。

首先，这一论争涉及体系、国家、社会三个层次，不同观点各有侧重，强调的行为体各异。对外经贸政策分析通常分为两个视角：国家视角（Statist）与社会视角（Societal）或多元视角。国家视角注重国家利益和国内机构，强调政治家、政府官僚等决策者的偏好和作用。与国家视角不同，社会视角将关注的目光集中于不同利益集团各自要求的相互博弈。在社会视角下，国家（State）是"基本被动的；仅仅作为各个相互竞争的集团的公正无私的裁判，并为那些成功的国内行为体提供满足其要求的政策"。一国内部不同利益集团提出各自的政策要求并相互博弈，通过声明、请愿和提案等多种形式，将自身的利益呼声集聚汇总并借助政党政治和议会政治进行表达和传递。因此，包括关税在内的内生保护（Endogenous Protection）成为社会视角的分析重点。探究贸易地区主义是否以及在多大程度上有助于全球范围的贸易自由化，既要分析国家与国际体系和已有地区体系的互动，更有必要深入国家这一"黑箱"内部，探究利益集团等社会因素对于前者的影响和作用。因此，正如巴格瓦蒂所指出的，对于"这一动态时间路径问题"的回答必须从以下三大行为体展开分析：地区贸易协定的成员国政府、成员国内部的各利益集团、非成员国的利益集团及其政府。相应地，对于上述三个层次及其主要行为体关注程度的差异，使不同观点的阐述和交锋出现一定的错位，也往往导致对于同一个问题得出截然不同的结论。

其次，这一论争的不同观点反映出不同研究路径和关注领域的差异。在国际贸易政治学的研究中，无论是国家视角还是社会视角都涉及三个路径。第一个路径强调利益（Interests）的作用，带有较为明显的结构主义或新现实主义的色彩。这一路径突出了一个国家的相对实力及其在国际体系中的地位和作用对其贸易决策的重要影响。第二个路径强调观念（Ideas）即共有理念（Shared Beliefs）的作用。朱迪斯·戈德斯坦认为，传统的结构现实主义和对国内利益集团政治的研究都无法完整地解释美国等国家贸易政策的变动性。政治家在众多相互竞争的政策选项中面临艰难选择，观点就像路线图一样，将政策导向各种利益的集合，并帮助这些政治家选择和构建政治联盟，将已有实力转变为政治和经济计划。第三个路径则强调制度（Institutions）的作用。关注贸易决策背后的政治结构、府院关系、党派政治等国内因素。大部分对于贸易决策中利益集团的研究可归于此类，因为利益集团的运作和权力竞逐势必是在一国现有体制和制度下展开的。

需要指出的是，利益、观念、机制这三者并不是相互游离、截然对立的。正如菲利普·蒙多（Philip A. Mundo）所说，经济利益在决定贸易政策时无疑是长期存在的，关于贸易政策的争论涉及观点，而无论是利益还是观点都要通过政治制度加以调和。鉴于地区贸易集团化本身仍是一个动态发展的过程，全球范围的、全面意义上的贸易自由化在可见的将来尚不可能，不妨加上一个"进程"（Process）的路径，而弱化观念的路径。如果把上述正反双方的八个观点做一分类的话，不难发现各自研究路径的差异（见表1）。尽管论证的推理和结果各有差异，但争论焦点和问题指向仍是清晰的，大致可以归纳为以下四个问题：贸易地区主义的"先天倾向"在多大程度上限制了贸易多边主义的后续发展？各地区贸易集团之间的关系是冲突的还是相融的？地区贸易协定是缓和还是加剧了一国国内贸易保护主义的发展？多边贸易体制与地区贸易安排在多大程度上利益相融？

表1　贸易自由化中地区主义与多边主义的研究路径

研究路径	反方	正方
进程	"注意力转移"	"自然"选择过程
进程/机制	对第三方的歧视性待遇加剧	贸易自由化的规模扩展与机制深化
机制	国内贸易保护主义抬头	"锁定效应"或"固锚效应"
利益	多边贸易自由化问题复杂化	多边贸易体制的制度设计

最后，这一论争具有非常鲜明的跨学科特征，涉及经济政治学、社会学、历史学、国际关系和国际法等多个学科。无论是参与论争的学者本身还是其发表论文的期刊属性都充分反映出这一多元色彩。一方面，不同学科和理论范式之间的交流甚至交锋丰富和深化了对于全球贸易自由化进程的研究，也碰撞出诸多思想火花。特别是传统的国际关系研究从其他学科引进和借鉴若干概念表述和分析方法，也使特定议题的分析更为清晰和精确。对于贸易自由化的分析也成为国际政治经济学充分体现政治与经济相互作用、相互影响的一个代表性研究领域。另一方面，由于不同学科甚至同一学科内部不同流派的基础假设、理论内核和理论保护带存在差异，也使得对这一议题的讨论异常复杂，难以形成各方均能接受的定论。例如，对于贸易自由化进程中，"公平"与"效率"的不同偏好，在相当程度上影响了各方对其成本收益的分析。激进的贸易自由主义者与谨慎的贸易保护主义者对于

一国贸易自由化的适宜力度、广度和速度存在不同见解。

又如，在国际关系学阵营内部，强调"权力"或"注重"机制的不同学派也有着针锋相对的观点。在上述分野中，前者往往强调强势贸易集团对多边贸易自由化进程的干扰和冲击，而后者则突出多边和地区机制的互动与平衡。在主流经济学的定量研究中，出于模型简化、参数设定等考虑，大量难以量化的政治、外交和社会因素被排除在外，而即便如此，对于地区贸易集团是否产生自由贸易正外部性等基本问题，不同的经济学家之间也存在着明显的研究分歧。从这个意义上说，这一论争不完全是在一个统一平台上的对话，而更多的是各自领域的争鸣。大部分学者的目的在于通过特定的案例分析、逻辑推演或实证研究，"证实"本方的观点而非试图（也无力去）"证伪"对方的观点。也正因为如此，上述列举的八个主要观点，各有一定的例证支持，并无对错之分，论争本身也并无定论。

正如安德鲁·赫里尔（Andrew Hurrell）所指出的，地区主义的研究往往混杂了地区化（指社会一体化以及通常无特定方向的社会和经济互动）、地区认同与身份、地区内国家间合作、国家引导的经济一体化、地区整合（Regional Consolidation，主要指地区本身在域内国家与世界之间扮演决定性角色并在本地区内部的一系列议题领域建立政策基础）等概念，需要加以仔细的区分和鉴别。地区本身既是多样性与差异性的载体，又作为"极"或"强权"出现，既是全球多边治理体系中的一个层次，又预示着国际社会（International Society）的特质转变。对于更宽泛意义上的地区主义的这一提示，同样适用于对于贸易自由化路径之争的后续研究。

我们看到，一方面，不少国际组织和学者正试图调和多边主义与地区主义之间的矛盾和后者对前者的冲击，促进双方的协同发展。例如，在2007年9月由日内瓦国际关系高等研究院（Graduate Institute of International Studies）与世界贸易组织秘书处等机构联合召开的会议上，理查德·鲍德温等学者向世界贸易组织提出了"地区主义多边化"的行动计划。该行动计划号召，对于新的地区贸易安排和对现有地区贸易安排的调整，由世界贸易组织各成员方谈判建立自愿的最佳实践纲领（Best-practice Guidelines）；区分北方国家之间、南方国家之间以及南北国家之间地区贸易安排的最佳实践纲领；谈判建立地区贸易安排的约束水平，使其介于第24条和授权条款之间，各国应声明其所有地区贸易安排服从这一锚定约束。

另一方面，实践的发展又似乎总是走在理论之前。随着经济全球化和多边贸易体制的发展，不少原有的自由贸易机制进一步深化和拓展。如俄罗斯等国加入世界贸易组织、拉美太平洋联盟的建立、美韩自由贸易协定正式生效、南部非洲五国共建世界最大跨境保护区促进旅游市场的共同开发等。与此同时，新型的自由贸易合作机制也在不断涌现，这些"意愿同盟"（Coalition of the Willing）与"志同道合集团"（Like-minded Group）除了在特定议题上争取有别于或高于多边谈判的标准之外，更凸显出跨地区主义（Trans-regionalism）的特征。例如，跨太平洋战略经济伙伴关系协定（TPP）的参与谈判方横跨太平洋两岸，接近亚太经合组织成员的一半，其议题又具有明显的"超越世界贸易组织"

的特征，涉及货物贸易、原产地规则、海关手续、贸易救济措施、卫生和植物检疫措施、技术性贸易壁垒、竞争政策、知识产权、政府采购、服务贸易、临时入境、透明度、争端解决、战略伙伴关系、行政事业条款、一般例外等诸多内容。又如世界贸易组织框架下政府采购协议（GPA）、环境产品和服务自由化谈判（EGS）等诸边协议和谈判的进展也在进一步深刻地影响着包括中国在内的诸多国家的对外经贸谈判战略。面对多哈回合多边贸易谈判陷入僵局与近乎夭折的客观现实，越来越多的国家和学者将地区主义的发展视为一种常态和既定条件。可以预见，对于贸易自由化的路径之争未有穷期，势必将继续深入下去。

参考文献

［1］WTO 总干事顾问委员会. WTO 的未来——应对新千年的体制性挑战［M］. 商务部世界贸易组织司译，中国商务出版社，2005：32.

［2］Richard Baldwin, Phil Thornton. Multilateralising Regionalism：Ideas for a WTO Action Plan on Regionalism［M］. London：Centre for Economic Policy Research，2008.

［3］The World Trade Organization Secretariat. Regionalism and the World Trading System［R］. Geneva：The World Trade Organization，1995.

［4］James H. Mathis. Trade Agreements in the GATT – WTO：Article XXIV and the Internal Trade Requirement［M］. The Hague：T. M C. Asser Press，2002.

［5］Dilip K. Das. Regionalism in Global Trade［M］. Cheltenham，UK：Edward Elgar，2004：103.

［6］Jagdish Bhagwati. Regionalism and Multilateralism：An Overview［J］. in Jaime de Melo and Arvind Panagariya，eds. New Dimensions in Regional Integration 9 New York：Cambridge University Press，1993：22 –51.

［7］Paul Krugman. Regionalism versus Multilateralism：Analytical Notes［J］. in Jaime de Melo and Arvind Panagariya，eds.，Nexv Dimensions in Regional Integration，1993：58 –79.

［8］John Whalley. Why do Countries Seek Regional Trade Agreements？［R］. NBER Working Paper Series，No. 5552，April 1996.

［9］Maurice Schiff，L. Alan Winters. Regional Integration as Diplomacy［J］. The World Bank Economic Review，1998，12（2）：271 –295.

［10］Kyle Bagwell，Robert W. Staiger. Will Preferential Agreements Undermine the Multilateral Trading System［J］. The Economic Journals，1998，108（449）：1 –21.

［11］Arvind Panagariya. Regionalism in Trade Policy：Essays on Preferential Trading［M］. Singapore and River Edge. NJ：World Scientific，1999.

［12］Jagdish N. Bhagwati，Arvind Panagariya. Preferential Trading Areas and Multilateralism：Strangers，Friends or Foes？［J］. in Jagdish N. Bhagwati and Arvind Panagariya，eds，The Economics of Preferential Trade Agreements，Washington，D. C.：AEI Press，1996：1 –78.

［13］Paul Krugman. Is Bilateralism Bad？［J］. in E. Helpman and A Razin，eds.，International Trade and Trade Policy，Cambridge，Mass.：MIT Press，1991.

［14］Jeffrey Frankel，Ernesto Stein and Shangjin Wei. Trading Blocs and the Americas：The Natural，the Unnatural and the Supernatural［J］. Journal of Development Economics，1995，47（1）：61 –95.

［15］Yoram Z. Haftel. From the Outside Looking in：The Effect of Trading Blocs on Trade Disputes in the GATT/WTO？［J］. International Studies Quarterly，2004，48（1）：121－142.

［16］Pravin Krishna. Regionalism and Multilateralism：A Political Economy Approach［J］. The Quarterly Journal of Economics，1998，113（1）：227－251.

［17］Arvind Panagariya，Ronald Findlay. A Political－Economy Analysis of Free Trade Areas and Customs Unions［R］. World Bank Policy Research Working Paper，No. 1261，March，1994.

［18］John McLaren. A Theory of Insidious Regionalism［J］. The Quarterly Journal of Economics，2002，117（2）：571－608.

［19］Daniel Yuichi Kono. Are Free Trade Areas Good for Multilateralism？Evidence from the European Free trade Association［J］. International Studies Quarterly，2002，46（4）：507－527.

［20］Nuno Limao. Are Preferential Trade Agreements with Non－Trade Objectives a Stumbling Block for Multilateral Liberalization？［J］. The Review of Economic Studies，2007，74（3）：821－855.

［21］Jagdish Bhagwati. U. S. Trade Policy：The Infatuation with Free Trade Areas［J］. in Jagdish Bhagwati and Anne O. Krueger，The Dangerous Drift to Preferential Trade Agreement Washington，D. C. ：The AEI Press，1995：1－18.

［22］Richard H. Snape. Trade Discrimination：Yesterday's Problem？［J］. The Economic Record，1996，72（219）：381－396.

［23］Jagdish Bhagwati，David Greenaway and Arvind Panagariya. Trading Preferentially：Theory and Policy［J］. The Economic Journal，1998，108（449）：1128－1148.

［24］Paul Krugman. The Move toward Free Trade Zones［R］. Paper Delivered to Policy Implications of Trade and Currency Zones，Sponsored by the Federal Reserve Bank of Kansas City，Jackson Hole，WY. ，Aug. 1991：7－42.

［25］Lawrence H. Summers. Regionalism and the World Trading System［J］. in Jagdish Bhagwati，Pravin Krishna and Arvind Panagariya，eds. ，Trading Blocs Alternative Approaches to Analyzing Preferential Trade Agreements Cambridge，Massachusetts：The MIT Press，1999：561－566.

［26］George W. Downs，David M. Rocke and Peter N. Barsoom. Managing the Evolution of Multi－lateralism［J］. International Organization，1998，52（2）：397－419.

［27］Peter J. Katzenstein. Regionalism in Comparative Perspective［J］. Cooperation and Conflict，1996，31（2）：123－159.

［28］Caroline Freund. Multilateralism and the Endogenous Formation of Free Trade Agreements［J］. Journal of International Economics，2000，52（2）：359－376.

［29］Emanuel Ornelas. Trade Creating Free Trade Areas and the Undermining of Multilateralism［J］. European Economic Review2005，49（7）：1717－1735.

［30］Valentin Zahrnt. How Regionalization can be a Pillar of a More Effective World Trade Organization［J］. Journal of World Trade，2005，39（4）：671－699.

［31］Richard E. Baldwin. Multilateralising Regionalism：Spaghetti Bowls as Building Blocs on the Path to Global Free Trade？［J］. The World Economy，2006，29（11）：1451－1518.

［32］Robert Z. Lawrence. Emerging Regional Arrangements：Building Blocks or Stumbling Blocks？［J］. in R. O' Brien（ed. ），AMEX Bank Review Prize Essays，Oxford，Oxford University Press，1991.

［33］ Philip A. Mundo. National Politics in a Global Economy： The Domestic Sources of U. S. Trade Policy ［M］. Washington D. C.： Georgetown University Press, 1999： 18.

［34］ Andrew Hurrell. One World? Many Worlds? The Place of Regions in the Study of International Society ［J］. International Affairs, 2007, 83 （1）： 130.

Regionalism or Multilateralism： Competing Paths for Trade Liberalization

Abstract： There are different views among scholars as to whether regional trade arrangements promote or create obstacles for multilateral trade liberalization. One school holds that many states are attracted to regional negotiations in order to overcome collective action problems. Various types of preferential trade arrangements tend to discriminate against non – member states, and because protectionist forces within states tend to increasingly push political actors towards supporting regionalism, a "spaghetti bowl effect" results as a proliferation numerous overlapping multilateral trade institutions emerge. A second school argues that regional trade arrangements are a "natural choice" for all states, and as the scope of such frameworks expand and deepen. They tend to have an increasingly apparent "lock – in effect" on open market policies. Future more, the design of GATT and the WTO run parallel with the trend towards regional trade arrangements. This article offers a review of the different perspectives on this "dynamic time – path question".

Key Words： Trade Liberalization; Regionalism; Multilateralism; Regional Trade Arrangements

跨太平洋伙伴关系协定：中国崛起过程中的重大挑战[*]

李向阳

（中国社会科学院亚太与全球战略研究，北京　100007）

【摘　要】跨太平洋伙伴关系协定（TPP）是美国"回归亚太"战略的重要组成部分，其动机既有经济方面的考虑又有政治方面的考虑，其中遏制中国崛起是一个不容否认的目标。以 2011 年亚太经合组织（APEC）峰会为标志，TPP 已进入实质性谈判阶段。其未来的发展前景很大程度上将取决于日本及其他东亚国家的立场，至于美国所宣称的亚太自由贸易区协定（FTAAP）现阶段基本上是一个没有实际意义的符号。一旦 TPP 成为现实，APEC 首当其冲将可能会被架空。对中国而言，被排除在 TPP 之外不仅意味着将受到"排他性效应"的冲击，而且过去 10 年中国所致力于推动的东亚区域经济合作进程有可能因此而发生逆转，这将是中国崛起过程中面临的一次重大挑战。

【关键词】"回归亚太"战略；跨太平洋伙伴关系协定；亚太经合组织；东亚区域经济合作

　　跨太平洋伙伴关系协定（TPP）尚未正式生效，就已经受到了人们的广泛关注。原因在于它的形成与走向将影响全球经济最有活力地区的区域经济合作格局。更重要的是，它背后体现了大国之间的博弈，其中美国、日本与中国之间未来的三边关系将可能重新组合。对中国而言，尽管加入 TPP 的可能性很小，但 TPP 将对其和平崛起进程构成重大挑战。

---

　　* 　本文选自《国际经济评论》2012 年第 2 期。

　　本文的基本思路于 2011 年 3 月由日本贸易振兴会（JETRO）与美国战略与国际研究中心（CSIS）在华盛顿与芝加哥举行的"东亚经济一体化与日美合作"研讨会上宣讲。后在日中产学官交流机构于东京举行的"日中韩经济贸易合作"会议上宣讲。感谢与会者提出的修改意见。

一、TPP 与美国的"回归亚太"战略

"回归亚太"战略是近年来美国全球战略调整的核心。这一战略具体是由两个"轮子"支撑的：一是安全外交，二是经济合作。2011 年可以说是美国实施"回归亚太"战略进入实质性阶段的年份。在安全外交领域，美国与俄罗斯一起首次参加东亚峰会；同时强化与美国存在军事同盟国家的双边关系。在经济合作领域，以 2011 年 11 月美国主办 APEC 峰会为契机，正式推出了 TPP 框架协议。

作为 TPP 的倡导者，美国从一开始就赋予其两个基本特征：一是开放的区域主义，即 TPP 对所有 APEC 的 21 个成员都是开放的，换言之，只要满足 TPP 的进入门槛就可以自由选择加入。其最终目标是建立覆盖 APEC 所有成员的亚太自由贸易区协定。二是适应 21 世纪的高质量的自贸区协定。所谓"高质量"，不仅意味着降低关税，实现贸易投资自由化，而且还要求具有统一的知识产权保护规则、环境保护规则、竞争政策、劳工标准等。实际上，美国是把北美自由贸易区的规则移植过来了。综观 TPP 的这两个特征，"高质量的自贸区协定"为许多国家设置了难以跨越的进入门槛，因而"开放的区域主义"只是一个幌子而已。

美国倡导 TPP 的动机是什么？这关系到对 TPP 性质及发展前景的判断，更关系到对中国所可能带来的潜在影响。对此，国内外学术界的看法不尽一致。总结起来大致有以下观点：第一，分享亚洲经济高速增长的收益。这是美国官方的表述。进入 21 世纪以来，亚洲经济的高速增长令全球所瞩目，尤其是国际金融危机之后，亚洲经济已经成为全球经济增长的火车头。因而许多人把 21 世纪称为"太平洋世纪"。第二，为奥巴马政府的出口翻番战略创造条件。国际金融危机之后，奥巴马政府提出以 2009 年美国的出口规模为基础，通过 5 年努力实现美国出口翻番目标。第三，重构资源版图与信用体系。一个国家和民族的生存权和生存空间是依靠资源维持的，包括国土资源在内的资源版图是任何国家民族的生命线。对于一个民族国家来说，建立以资源控制为核心，超越传统主权国家领土和版图概念的广义生存空间，这就是一个国家的"资源版图"。美国积极推进 TPP 的根本战略目标，就是在摆脱危机的过程中保持和扩大自己的资源版图，而要做到这一点，就需要重新构建危机后的信用体系，达到在危机后重新瓜分世界资源和财富的目的，继续保持美国超级大国的霸权地位。第四，防止把美国排除在东亚区域经济合作进程之外。用美国前国务卿贝克尔的说法，美国不允许在太平洋划出一条界线，把美国排除在外。第五，遏制中国的崛起。这是美国官方一直不承认的动机。

比较 TPP 的上述动机，第一种观点（享亚洲经济高速增长的收益）客观上是成立的，它所基于的判断是一个国际共识。第二种观点（为出口翻番战略创造条件）过于勉强。理由是，美国的出口翻番战略跨越时间是 2009 ~ 2014 年，而 TPP 原计划是在 2015 年完成

谈判。第三种观点（重构资源版图与信用体系）涵盖范围过宽。照此逻辑，美国还应该通过自贸区协定把欧洲、中东、非洲也囊括进来。第四种观点（防止被东亚区域经济合作排除在外）具有一定的可信度。过去10年间，东亚区域经济合作的多数方案都不包括美国，如"10+3"、"10+6"、"东亚共同体"等。事实上，从20世纪末期开始美国就一直反对在亚洲成立不包括美国的区域经济一体化方案（如日本在亚洲金融危机之后提出的亚洲货币基金）。但如果只是基于这种单纯的防御目标，那么美国的优先选择应该是加入到现行的东亚区域经济合作框架之内，而无须另起炉灶。第五种观点（遏制中国）是一个颇具争议的观点。反对者认为，美国政府并没有承认有此动机，因而有"阴谋论"的嫌疑。赞成论则认为，中美之间意识形态方面存在天然的分歧，美国把TPP扩展到中国的家门口，遏制中国是很自然的。

围绕遏制中国论争议的关键在于中美之间是否存在根本性的利益分歧，如果存在，这种利益分歧的表现形式是什么？我们认为，中美之间尽管存在意识形态的差别，但更重要的两者是一个迅速崛起大国与原有霸主之间的关系。对美国而言，中国经济规模赶超美国只是时间问题，美国最担心的是中国崛起之后对其霸主地位的挑战。在核武器时代，大国之间发生战争的可能性越来越小。因而，大国之间的竞争越来越演变为对国际规则主导权的竞争。美国（在一定程度上也包括欧洲）是现行国际规则的制定者与最大受益者。如何能够在中国经济规模超越美国之后，保证目前的国际规则体系不受到挑战是美国对华战略的核心所在。过去10余年间，东亚区域经济合作取得了长足的发展，"10+1"机制（中国—东盟、日本—东盟、韩国—东盟自贸区协定）已经实现。未来的发展方向将是"10+3"（中日韩—东盟自贸区）或"10+6"（中日韩印澳新—东盟自贸区）。鉴于中国经济规模已经超越日本，成为亚洲最大的经济体，同时中国已经成为亚洲大多数国家最大的贸易伙伴或出口市场，尤其是国际金融危机之后中国经济已经成为亚洲经济增长的主要拉动者，以中国为核心的东亚区域经济合作格局正在浮出水面。这是美国最不能容忍的一种结果，因为那意味着美国在全球经济最有活力的地区失去或部分失去了对国际规则的主导权。

如果我们认可"遏制论"的动机，那么美国推动TPP从开始就把中国排除在外了，TPP所谓的"开放主义"特征实际上被"高质量"特征所抹杀。区域经济合作发展的历程表明，对大国而言，建立区域贸易协定从来都不是追求纯粹的经济目标。在这种意义上，区域贸易协定与多边贸易协定有着重大的差异。有人建议，中国应该以对待加入世界贸易组织的态度对待TPP。理由是，中国加入世界贸易组织10年的实践证明了，加入世界贸易组织推动了中国的经济体制改革，也使中国以更快的速度融入世界经济之中。现阶段中国接受TPP条款尽管还有困难，但可以以此为契机推动中国的经济体制，甚至政治体制的改革。不能因为是美国人提起，就连对的也不做。这种观点既混淆了区域贸易协定与多边贸易协定之间的差别，也忽略了中美之间利益的根本分歧。

二、日本与其他东亚国家对待 TPP 的立场

从美国选择的第一批成员来看，TPP 对美国的经济利益是微不足道的，因为其他 8 个成员的经济规模很小（只占全球的 4% 左右），并且有一半的成员（智利、秘鲁、新加坡、澳大利亚）与美国已经签署了双边自由贸易区协定。然而，一旦日本加入，TPP 在经济上将成为具有重要意义的区域贸易协定。如果日本加入 TPP，在 TPP 中按经济规模划分，美国占 67%，日本占 24%，其他八个国家占 9%。如果日本能够以加入 TPP 为契机开放市场，尤其是农业和服务业的开放，那么 TPP 成员将能获得巨大的收益。2010 年 TPP 成员与美国的商品贸易额为 1709 亿美元，占美国进出口总额的 5.3%；其中，没有一个国家属于美国的前十大出口国。而日本加入之后，TPP 成员与美国的贸易额将上升到 3518 亿美元，占美国贸易总额的 11%。

日本野田政府在 APEC 夏威夷峰会前宣布参加谈判是 TPP 的一个重大事件。反之，参加 TPP 谈判的决定也是日本对外政策的一种宣示。它标志着日本已经从亚洲导向型的区域经济合作战略转向美日导向型的区域经济合作战略。从 20 世纪 90 年代亚洲金融危机阶段日本所倡导的"亚洲货币基金"到"10＋6"方案、鸠山政府的"东亚共同体"都反映了其追随亚洲导向型区域经济合作战略，而野田政府对待 TPP 的立场是与其政治上强化美日同盟联系在一起的。

日本的区域经济合作战略转向是其近年来"国家重新定位"讨论的结果。所谓"国家重新定位"是日本在亚洲地位变化的反应：中国经济的迅速崛起使日本越发担忧丧失亚洲第一的地位。从 2010 年开始，这种担忧成为事实，中国经济规模超越日本位居亚洲第一。过去 10 余年，日本一直对中日韩自贸区持冷淡态度，对"10＋3"方案采取抵制立场，倡导"10＋6"方案。在这一切的背后是日本对中国崛起的担心，即中日未来谁将主导亚洲区域经济合作的格局与方向。这种主导权之争虽不为官方所承认，但客观上却是阻碍中日合作的重要因素。

伴随国际金融危机，亚洲经济格局的变化已经尘埃落定，包括日本在内的亚洲国家对中国经济的依赖程度越来越高。因此，日本的"国家重新定位"方向也开始逐渐明朗化，那就是选择一种在中美之间的骑墙战略：经济上分享中国经济与亚洲经济高速增长的收益；政治上强化美日同盟，利用美国"回归亚太"来制约中国。反映在区域经济合作战略上，日本既要加入 TPP，又不放弃中日韩自贸区选择，但 TPP 要优先于中日韩自贸区选择。事实上，野田政府对鸠山政府的外交政策一直持否定态度，在其执政之初就宣称"我们的政权不是以东亚共同体为目标"。玄叶光一郎外相也认为，不应该（将美国排除在外）把这一区域称之为"东亚地区"，而应该（将美国包含在内）称之为"亚洲太平洋"地区。而且两位政治家都反复强调一点，那就是"对于日本来说，在'亚洲太平洋'

地区坚持民主主义的价值观，是关乎日本国家兴亡的重要国家利益"。在日本宣布参加TPP谈判之后，日本政府高级官员声称：加入TPP是要改变由中国主导亚洲区域经济合作规则的格局，变为由美日来决定未来的规则。

与日本相比，亚洲小国在中美之间实施骑墙战略的动机更为明显，并且还有降低对中国经济依赖程度的倾向。在宣布参加TPP的九个成员中就包括四个亚洲国家（越南、马来西亚、新加坡、文莱）。对于美国"回归亚太战略"及TPP，亚洲小国总体持欢迎心态。在经济层面，由于中国经济高速增长与东亚国际生产网络的强化，亚洲小国对中国市场的依存度越来越高，已成为多数国家最大的出口市场。过去10年来，亚洲区域经济合作以多个"10＋1"为主体取得了实质性的进展。尤其是中国—东盟自贸区的实施迅速扩大了双边贸易和投资的规模，提高了东盟对中国市场的依存度。基于对中国崛起的担忧和市场风险分散化的考虑，部分东盟国家把TPP作为"10＋1"之外的一个新选择。"10＋3"是多年来亚洲区域经济合作的另一个发展方向，但由于东盟对此表示冷淡（担心被边缘化），更重要的是中日韩之间对此尚未达成共识，涵盖整个区域的自贸区协定一直处于空白状态。这种空白状态客观上为TPP的出现创造了条件。

在安全层面，"9·11"事件之后由于美国把反恐的重点放在了西亚与中东，地区安全作为一种区域公共产品在东亚地区客观上出现了空缺。另外，在东亚地区，一部分国家在南海问题上与中国存在领土争端；另一部分国家与美国传统上有双边军事同盟关系。因而，美国回归亚太迎合的这种需求，客观上填补了这种"真空"。

对亚洲国家而言，一方面依赖于中国经济的市场与高速增长，另一方面依赖于美国所提供的安全及TPP，这种骑墙战略显然是一种利益最大化选择。当然，亚洲国家骑墙战略目标要取得成功，既需要中美之间存在矛盾，又需要中美之间不能对抗。中美没有矛盾，骑墙战略将丧失前提条件；而中美对抗会使这些国家在中美之间被迫做出选择。

三、TPP 与亚太自由贸易区的前景

美国倡导TPP的一个理论目标是最终建立涵盖所有APEC成员的FTAAP（亚太自由贸易区协定）。理由是，既然目前WTO的多哈谈判无法推动多边贸易自由化体制的实现，那么通过区域主义推动多边贸易自由化体制就成为一种必然选择。按照这种逻辑，TPP以FTAAP为路径就成为多边主义的"跳板"，而不是"绊脚石"。看起来这是一个美好的前景，但TPP自身的特性决定了在可预见的将来FTAAP很难实现。

第一，TPP本身无法消除亚太区域经济合作内的"面条碗效应"。所谓"面条碗效应"，是指多个双边自贸区都有自己的原产地规则和其他优惠措施，结果相互重叠的原产地规则和优惠措施抵消或降低了自贸区协定所带来的贸易、投资自由化收益。目前，TPP九个成员国之间有25个自贸区协定。这些协定通常是以损害第三方为前提的。以澳大利亚为例，澳美自贸区协定就排除了美国的糖、牛奶。按理说，TPP 生效之后，成员国之间原有的双边自贸区协定都应该消除，以便在区域内所有成员国之间实施统一的 TPP 规则。但美国从一开始就反对这样做，原因是，美国迄今已和 17 个国家签署（并生效）了 11 项自贸区协定，这些协定都有自己特定的条款（及例外条款），服务于特定的目的。如果 TPP 不能有效消除成员国之间重叠自贸区协定所带来的影响，那么我们就无法期望 TPP 成为未来 FTAAP 的基础。理论上缓解或消除"面条碗效应"的出路有强化涵盖整个区域的自贸区协定、统一最惠国待遇关税、优惠措施的多边化、淡化原产地规则等。然而，没有美国的支持和推动，这些措施是不可能变为现实的。

第二，TPP 接纳未来的新成员将实施差别待遇规则，所谓的开放区域主义特征只是一个符号。双边自贸区协定中的例外条款将为未来的新加入者设置障碍。后来者要获得 TPP 成员资格，要么必须与每个成员进行单独谈判，要么得到成员国的一致同意，而这又为某些国家行使否决权创造了条件。解决这一问题的出路在于 TPP 要从规则上对新进入者的条件做出明确、清晰的规定，尽可能减少单个成员国的自主权。对此，美国现行的法律制度很难做出让步。依照美国的法律，国会有权逐个对新成员资格进行审核、批准。

第三，APEC 成员的差异性难以满足美国推动 TPP 的主要动机。在现有的 APEC 成员中，既有最发达的经济体，又有最不发达的经济体；既有大国间的意识形态差异，又有大国间对主导权的争夺。而美国推动 TPP 固然有经济利益方面的考虑，但更重要的是服务于大国之间的博弈目标。且不论 APEC 内部多个小国成员关系的协调有多困难，仅就这一区域内部的大国（美国、中国、日本、俄罗斯）关系协调就足以阻止 FTAAP。

回顾历史，美国试图在一个区域内建立由它主导的自贸区并非首次。1986 年欧共体宣布与欧洲自由贸易区（EEFA）在 1992 年建立欧洲统一大市场；作为一种战略反应，美国宣布启动与加拿大的美加自由贸易区协定谈判。1992 年欧盟签署《欧洲统一法》，建立欧洲统一大市场；同年，美加自由贸易区扩展为北美自由贸易区。此后，为了回应欧盟东扩，美国决定启动美洲自由贸易区（FTAA）的谈判，以求涵盖除古巴之外的所有西半球国家。布什执政后进一步把美洲自由贸易区的建设确立为美国对外经济关系的头等任务，并得到了国会的支持。巴西总统卢拉执政后，以无法接受 FTAA 的劳工标准条款为名拒绝了美国的方案，致使 FTAA 陷于夭折。美国最后选择与多米尼加、中美洲五个国家（哥斯达黎加、萨尔瓦多、危地马拉、洪都拉斯、尼加拉瓜）签署了多米尼加—中美洲—美国自由贸易区协定（DR－CAFTA）。从中我们可以看出，美国推动自贸区的战略目标决非单一的经济目标；它从来没有把自贸区当成推动多边贸易自由化的"跳板"。因而，美国迄今为止的区域经济合作战略并不能证明它会以 FTAAP 为"跳板"，把推动多边贸易自由化作为 TPP 的最终目标。

四、TPP 对亚洲区域经济合作格局的影响

作为美国"回归亚太"战略的一个重要组成部分，TPP 通过改变东亚区域经济合作的格局将不可避免地会影响中国崛起的进程。

第一，由于 FTAAP 还只是一个"符号"，APEC 内部结构将呈现出"双轨制"特征。过去 20 年间，APEC 一直是亚太地区最大的区域经济合作组织，更重要的是它为该地区领导人就处理区域内事务，甚至全球事务提供了一个交流的场所。一旦 TPP 生效，APEC 成员必然会划分为两大阵营：TPP 成员与非 TPP 成员。鉴于 APEC 成员所做出的承诺本身就缺乏约束力，未来它对区域合作的影响力将会下降，对非 TPP 成员的吸引力也会减弱，除非某些成员要以此为平台要求加入 TPP。

第二，以"10＋x"为主体的亚洲区域经济合作进程有可能因 TPP 而陷入停滞。过去 10 余年，区域内大国围绕东盟所开展的"10＋1"合作业已完成。而尚未取得实质性进展的"10＋3"与"10＋6"本身就不符合东盟的目标，倘若日本成为 TPP 的首批成员，现有的亚洲区域经济合作进程至少会暂时陷于停顿。从美国的角度来看，即便 TPP 接纳日本会延长谈判时间，甚至有可能还会降低协定的"质量"（日本的农业、汽车、服务业开放存在很大的国内政治阻力），美国也会力图接纳日本。原定于 2012 年底完成的 TPP 谈判还存在很大的不确定性，短期内 TPP 也不会给亚洲国家带来经济上的利益，但它很有可能阻碍亚洲区域经济合作现有的发展趋势。日本与部分东盟国家选择加入 TPP 会进一步降低对"10＋3"与"10＋6"的需求。这恰恰是美国所需要的。

第三，东盟将丧失东亚区域经济合作主导者的地位。东盟国家在区域内和大国博弈中的特殊地位源于其一体化特征。然而，一方面，由于一部分东盟国家已经选择了加入 TPP，而另一部分留在 TPP 之外，东盟内部的"双轨制"特征将会愈加明显。至于东盟预定在 2015 年建成东盟共同体的目标是否会受此影响尚不得而知。另一方面，以"10＋x"为导向的亚洲区域经济合作进程发生变化，东盟将失去"驾驶员"或主导者的地位。

第四，亚洲国家骑墙战略缺乏内在的稳定性。美国回归亚太为亚洲国家实施骑墙战略提供了可能性，但以中美矛盾为前提条件的这种战略选择并不具备稳定性。进入后危机时代，中国调整经济发展方式的决心是毋庸置疑的；中国迅速扩大的市场规模是任何国家都无法放弃的。伴随中国的和平崛起，未来中美之间不仅在经济领域，而且在地区安全乃至全球安全领域的合作空间会越来越大，但合作的方式却有很大的不确定性。一旦中美合作的方式发生改变，亚洲国家的骑墙战略就不得不进行调整。

第五，中日韩自贸区与 TPP 仍然有并存的可能性。日本的立场对中日韩自贸区和 TPP 未来的走向有着重要的影响。日本国内对 TPP 与对中日韩自贸区的收益评估基于不同的标准，因而有着极为混乱的评估结果。这从侧面也反映了"国家重新定位"大环境的影

响。例如，被誉为"财界首相"的经团联会长米仓弘昌认为，"不加入 TPP，日本将沦为世界的'孤儿'。"日本内阁府经过试算认为，若签署 TPP，10 年内日本 GDP 将增加 2.4 万亿～3.2 万亿日元。经济产业省认为，日本若不参加 TPP，韩国一旦同美、中或欧盟签署 FTA 协议，日本 GDP 将损失 10.5 万亿日元，失业人口增加 81.2 万人次。更重要的是，TPP 将成为事实上的"美日自由贸易协定"（FTA）。这不仅将左右日本未来的政治经济方向，还将影响东亚地域统合，打乱中国的东亚战略。反之，农林水产省则认为，若签署 TPP，10 年内日本 GDP 将损失约 11.6 万亿日元，并将导致约 340 万人失业。针对中日韩自贸区，东亚三国的贸易依存度只有约 25%，远低于北美自由贸易区 40%～70% 的贸易依存度，特别是中国对日韩两国的贸易依存度从 2005 年的 21% 下降至 2011 年的 16%。东北亚区域内贸易的潜能巨大，尤其是中日两国经济互补性强，中国欲实现产业升级，与日本的合作将必不可缺。目前，日本在积极参与 TPP 谈判的同时，也在筹备中日韩自贸区、日欧自贸区的谈判，但就优先顺序而言，TPP 无疑是排在首位的。其目的是，以中日韩自贸区、日欧自贸区的谈判向美国就加入 TPP 条件施压；反之，一旦加入 TPP 就可以向中韩提出更高的要价。

第六，一个排除中国的 TPP 有可能会使亚洲区域经济合作的进程受到损害。就 TPP 现有的门槛和美国的动机来看，在可预见的将来，中国不可能加入进去。其结果是，中国在经济领域和非经济领域都必然会受到 TPP 的"排他性效应"的冲击。作为亚洲最大的经济体和亚洲经济增长最重要的引擎，中国多年来也是亚洲区域经济合作的积极推动者。面对"排他性效应"的冲击，中国未来区域经济合作战略的选择对亚洲区域经济合作的发展方向至关重要。要知道，亚洲区域经济合作进程一直是属于市场驱动型的，而非制度驱动型的。换言之，亚洲区域经济合作发展的基础源于各国之间经济内在的互补性，其中东亚国际生产网络发挥着桥梁的功能。一个排除中国的 TPP 是否会改变原有区域经济合作的基础，我们还无法做出确定性的判断。如果发生根本性的改变，那么亚洲经济增长的基础就会受到损害；反之，如果没有发生改变，市场驱动型的区域合作就会与制度驱动型（TPP）的区域合作构成冲突。

对 TPP 前景与影响的评估很大程度上尚处于模拟阶段，运用经济学方法测算对不同国家的成本—收益无疑是必要的。但我们必须要清醒地认识到，如果脱离美国的"回归亚太"战略，忽略中美之间的根本利益分歧，我们将无法对 TPP 的前景与影响做出客观与理性的判断。

参考文献

［1］刘中伟，沈加文. 跨太平洋伙伴关系协议：研究前沿与架构［J］. 当代亚太，2012（1）：35 - 59.

［2］张捷. 美国欲重构资源版图与信用体系［N］. 环球财经，2012 - 01 - 13.

［3］李向阳. 新区域主义与大国战略［J］. 国际经济评论，2003（3）.

［4］近藤大介. 日本的南海立场［N］. 经济观察，2011 - 10 - 24.

［5］蔡成平. 日本加入 TPP 对中国的影响［N］. 金融时报，2011 – 11 – 09.

［6］C. Fred Bergsten, Jeffrey J. Schott. Speeches and Papers Submission to the USTR in Support of a Trans – Pacific Partnership Agreement［J］. Peterson Institute for International Economics，January 25，2010.

［7］Peter Drysdale. China, Economic Containment and the TPP［R］. East Asia Forum, December 12th，2011.

［8］C. Fred Bergsten, Jeffrey J. Schott. Speeches and Papers Submission to the USTR in Support of a Trans – Pacific Partnership Agreement［R］. Peterson Institute for International Economics，January 25，2010.

［9］Donghyun Park，Kwanho Shin. Can Trade with the People's Republic of China be an Engine of Growth for Developing Asia?［R］. ADB Economics Working Paper，Series No. 172，2009.

［10］Peter Drysdale. China, Economic Containment and the TPP［R］. East Asia Forum, December 12th，2011.

［11］Shiro Armstrong. TPP Needs Less Haste, More Caution［R］. East Asia Forum, April 17th，2011.

［12］Peter Drysdale. Are There Real Dangers in the Trans Pacific Partnership Idea?［R］. East Asia Forum，April 18th，2011.

［13］Shiro Armstrong. Australia and the Future of the Trans – Pacific Partnership Agreement［R］. EABER Working Paper Series，No. 71，2011.

Trans – Pacific Partnership Agreement：A Major Challenge to China's Rise

Abstract：The Trans – Pacific Partnership Agreement（TPP）is an important part of the US' "Return to Asia" strategy that is based on economic and geo – political – security considerations. China "containment" is an undeniable target of the agreement. A TPP framework agreement was reached in the APEC Honolulu Summit and，to a great extent，its prospects will depend on the positions adopted by Japan and other East Asian countries. As for the Free Trade Agreement of Asia – Pacific（FTAAP）proposed by the US，it is but a meaningless symbol at the current stage. Once TPP is instituted，APEC will be the first to be sidelined. For China，the exclusive TPP will not only bring about the "excludability effect"，but possibly reverse the course of the East Asian regional integration that China has been pushing forover a decade. It will constitute a major challenge to China's rise.

Key Words： "Return to Asia" Strategy；TPP；APEC；East Asian Regional Economic Coopera

中国参与和推动东北亚区域
经济合作的战略[*]

张蕴岭

（中国社会科学院学部委员，北京　100732）

【摘　要】东北亚地区对中国有着特别重要的地缘、经济、政治与安全意义。由于东北亚地区有着复杂的地缘关系，这个地区的合作呈现出多重框架、多种机制、多重因素影响的特点。出于地缘经济、政治的考虑，尤其是东北地区发展的战略考虑，中国对东北亚地区的合作采取了积极参与和务实推进的政策。本文主要分析新形势下中国参与和推进东北亚区域合作的战略性思考与选择。

【关键词】区域经济合作；自贸区；次区域合作；互联互通

一、把推动中日韩合作作为重点

在中日韩交往的历史长河中，"中日韩是冤家，也是亲家"的特征突出，如今也未改变这种二元特征。在当今全球化和区域化的时代，鉴于各方利益相互交融，发展相互依赖，一损俱损，我们所要做的就是如何化解怨恨，推进对话、协商与合作，实现互利共赢。

（一）推动中日韩合作进程

参与和推动中日韩三国合作符合中国的利益，也是中国区域化战略的重点选择。中国的改革开放为三国建立紧密的经济关系打开了大门，日韩企业向中国的产业转移，扩大和深化了三国的经济关系和利益基础，拉近了三国的关系，这为三国开展合作提供了前提和

---

[*]　本文选自《东北亚论坛》2013 年第 1 期。

内在需求。尽管如此，出于历史和现实的原因，三国的机制化合作框架构建迟缓。

直到1999年，中日韩领导人才首次借在菲律宾出席东盟与中日韩"10＋3"领导人会议的机会举行了"史无前例"的早餐会，从而开启了中日韩三国对话与合作的进程。此次对话引起巨大反响，考虑到三国关系的政治敏感性，三国并不愿意给予过多解读。经过几年的对话，三国对话走向正轨，开始推动合作，2003年，三国领导人在印度尼西亚巴厘岛签署发表了《中日韩推进三方合作联合宣言》；次年，为落实合作宣言，又进一步通过了《中日韩三国合作行动战略》。到2008年，三国合作迈上一个新台阶，领导人会晤由在"10＋3"框架下进行，转为独立进行，签署了《中日韩伙伴关系联合声明》和《推动中日韩三国合作行动计划》，2010年，三国又开始规划中长期合作，发表了《2020中日韩合作展望》和《关于建立中日韩三国合作秘书处的备忘录》，一致同意进一步深化三国的科技合作、经贸财金合作，推动可持续发展，加强社会人文交流，并在国际与地区问题上加强沟通与协调；2012年，在北京召开的第五次领导人会议发表了《关于提升全方位合作伙伴关系的联合宣言》。显然，中日韩合作进程是不断取得进展和成效的。到2013年，三国已建立外交、科技、信息通信、财政、人力资源、环保、运输及物流、经贸、文化、卫生、央行、海关、知识产权、旅游、地震、灾害管理、水资源、农业18个部长级会议机制和50多个交流合作平台。

中国对三国合作一直采取积极参与和推进的政策，在许多方面，都发挥了倡导者的作用。早在第一次中日韩峰会期间，温家宝总理就提出"从战略高度和长远角度重视发展同日本和韩国的友好合作关系"，此后，他又进一步指出，"加强互利合作，为三国人民谋取实实在在的利益是深化三国合作的重要推动力"，强调"在世界经济大变革大调整大发展的时代，中日韩三国面临新机遇新挑战，只有全面深化合作，才能更好地促进各自发展，推动东亚地区融合和一体化进程，为世界和平与发展做出应有贡献"。中国的积极进取态度，对于推进中日韩的合作起着至关重要的作用。经济合作是三国合作的主轴，经济发展上的共同利益是支撑合作进程的内在基础。不过，由于三国之间存在着历史认知和现实利益的矛盾，处于复杂的安全架构与环境之下，经济上的紧密关系与合作并不能弥合政治安全上的巨大差别，一些敏感的问题，尤其是历史认知与领土、领海争端，以及朝鲜半岛的紧张对抗等对三国的合作形成制约。因此，尽管三国合作的进程得到不断发展，但却是建立在一种不稳固的政治基础上的，由于制度化构建薄弱，导致声明多，实际行动少，由于政治与社会支持脆弱，合作进程不得不呈现某种程度的"政经分离"状态。在此情况下，三国的合作难免出现波折。因此，进一步深化中日韩的合作，不仅需要付出巨大的努力，也需要智慧和共识。尤其是当前，由于领土和海域经济专属区上的争端激化，三国的合作进程面临严峻的挑战，有停滞或者退步的危险。

（二）推动中日韩自贸区的建设

尽管中日韩经济建立了密切的联系，但是，联系的机制主要还是靠市场和企业的自主选择，这使得三国的市场开放结构很不均衡，规制保障很不健全，由于这样的原因，三国的内部贸易和投资市场比重较低。从未来发展看，三国需要通过提升一体化水平促进投资和贸易结构的调整和重构，以增大经济空间的容量，加快经济结构的转型和升级。

中国最早提出构建中日韩自贸区。三国自 2003 年开展了多年的联合学术研究，取得了重要成果，在此基础上，2010 年，三国政府牵头就建立自贸区的可行性进行了研究，与此同时，开启了三国的投资协定谈判。官方牵头的可行性研究报告于 2011 年底完成，2012 年 5 月，三国签署《中日韩关于促进、便利和保护投资的协定》，宣布将于 2012 年底启动三国自贸协定谈判，随之就建立自贸区开展了官方磋商。自贸区的建设将为推进三国经济开放与合作制度化与深化提供新的市场与规制环境。以往，三国经济关系主要是建立在日韩向中国产业转移的基础上，自贸区的建立将不仅有助于三国的市场更加开放，而且更加平衡，还会促进经济结构的调整和升级。当然，由于三国的经济发展水平和结构不同，自贸区对各国的影响也不同。分析表明，那些具有较低比较优势和高关税税率的部门将受到比较大的影响。

如表 1 所示，中国的优势行业主要是初级产业部门和电子产业部门，弱势行业是机械制造、汽车和化工部门；韩国的优势行业是纺织、电子和化工部门，而弱势行业是农业、渔业和机械制造部门，日本的优势行业较多，主要是电子、机械制造、钢铁、化工和汽车部门，弱势行业是农业和纺织业。自贸区谈判不能仅开放强势行业，要综合平衡，同时，自贸区建设的自身功能是通过开放促进产业升级改造。不过，鉴于农业是一个特殊的"社会和政治行业"，在开放上，要考虑到社会政治因素，可以实行分步、分类的特殊安排。日本的农业开放是一个政治问题，韩国开放农业的社会压力也很大，其实，中国的农业也有自身的开放难度，因此，在安排上，可以把农业的一些高度敏感产品开放作为特殊安排，采取渐进开放、非对等安排的方式。

表 1　中日韩自贸区对三国不同部门的影响

	中国	日本	韩国
农业	+	−	−
渔业	+	/	−
纺织业	+	−	+
电子产业	+	/	+
机械制造业	−	+	/
钢铁业	/	+	/
汽车业	−	+	/
化学工业	−	+	+

注："＋"表示产出增加，"－"表示产出减少，"／"表示影响很小。

中日韩自贸区的建设一要高标准，二要循序渐进，在具体操作上，可以为一些敏感部门和产品制定渐进开放时间表，为它们提供转型期，经过 5～8 年的时间，最终实现高水平的市场开放格局。中国对于推进中日韩自贸区进程持积极的态度。尽管中国特别关注对日韩的商品市场准入，但还是同意三国先从谈判投资协定开始，表现出了真诚合作的意愿，投资协定的签署为进一步谈判基于全面开放的三国自贸区提供了准备基础。其实，中国与日本、韩国谈判全面的自贸协定在国内也是有阻力的，中国一些弱势部门，如化工、汽车、电信、物流，以及金融服务都担心来自日韩企业的竞争。中国经济正处于转型升级的阶段，许多本土企业都希望政府保护国内市场，为它们的创业提供更好的环境。因此，中国在谈判中会遇到国内部门的压力，为使谈判顺利进行，中国方面必须缓释国内的压力，以很强的决断力开展谈判。

中日韩自贸区磋商表明，三方对自贸区的定位、内容和水准还是有差别的。比如，日本作为发达的经济体，希望谈判开放程度高的"一篮子"协议，尤其是对于投资领域的开放，要求给予"准入前国民待遇"，实施"负面列表"方案（即非列出的领域均实行开放），韩国已经与美国和欧盟签署了高标准的自贸区协定，有着高位开放的基础，对中国的开放要求会比较高，这些对于中国来说还是要痛下决心才行。当然，日韩也有自己的短板，即对农业的开放持谨慎态度，要求保护或者拖长开放时间的品类较多，因此，要使谈判进程不中断，还是要有政治决断和相互妥协的灵活安排。日韩自贸区谈判开始很早，但是搁置至今，中韩自贸区谈判已经开启，如何使三边谈判超越双边，这是不容易的。中日韩自贸区的谈判会遇到不少困难，不确定性因素也存在，因此，三国的合作进程不要等自贸区谈判，可以在其他领域的合作上有所作为，比如，加快建设互联互通网，尽快落实三国已经同意建设的循环经济中心，推动建立以中日韩为中心的东北亚物流网络；在便利化方面，可以开展的领域也很多，在自贸区全面谈判未开始前，也可以选择重要、紧迫的领域先行，比如，在食品检疫、统一认证标准上加强合作等。

中日韩三国之间的经济发展相互高度依赖，贸易、投资、金融关系发展的深度和广度是前所未有的，中国已经成为韩国、日本的第一大贸易伙伴，韩国、日本是中国外来投资的主要来源，三国已经建立起了密不可分的相互依存关系。在今后一个较长的时期，三国仍具有很大的互补性，尤其是中国的发展会为三国构建开放发展的经济区提供有利的条件。

世界经济的发展正处于重要的调整期，在这种形势下，中日韩三国合作要着眼于未来发展，构建面向未来的合作框架，比如，从长远的发展利益出发，三国应该在"新增长领域"合作方面做出成效，起到榜样的作用，比如，清洁能源，新能源汽车，替代能源，生物、航天、海底资源利用等，可以组成由政府参与、推动的联合公司或集团，也可以为公司间的合作提供优惠支持，在征税、信贷等方面给予优惠安排，通过研发合作，在"第三次革命"的新领域占据制高点。

中日韩三国要加深合作，需要改善双边关系。目前，尽管双边关系得到改善，但是，无论是政府，还是社会，在建立真正的信任关系方面还有很长的路要走。三国之间尽管有着密切的经济联系，但是，双边之间连自贸协定也谈不下来，缺乏政治共识和社会支持。因此，要下大力气进一步改善双边关系，发展基于信任的合作关系。三国之间存在一些未解决的问题，如岛屿争端、专属经济区划界争端、资源开发争端，解决这些问题要有耐心和诚意，要互谅互让，各方准备进行妥协。对于这些分歧，只能通过创造有利的气氛和环境，通过耐心的谈判来逐步解决，尤其是，有些争端涉及三国，更需要理性与理智。在争端得到解决之前，要花气力为紧张对峙的气氛降温，尽可能搁置争议，推进对资源的联合开发，尤其要防止发生大的冲突，如果在这些敏感的问题上不能熄火，则三国合作进程就很难继续推进和深化。

中日韩是东北亚经济的中心，也是东北亚合作的重心，三国合作取得发展并且得到深化，可以为东北亚区域的合作奠定基础，也提供经验，尤其是三国合作的制度化建设，将成为推动整个东北亚区域合作的中心和平台。这也是中国把参与和推动中日韩合作放在突出地位的战略性考虑。

二、务实参与和推进次区域合作

次区域合作是东北亚区域合作的重要组成部分，尤其是对于中国来说，基于地缘基础的次区域合作对于东北地区的发展有着特殊的意义。

（一）大图们江区域合作的发展

大图们江区域合作是东北亚次区域合作的重点，也是东北亚地区开展最早、机制化最完备的次区域合作。早在 1992 年，在联合国开发计划署的倡导下，中、俄、朝、韩、蒙五国共同启动了图们江区域合作开发项目，1995 年中、朝、韩、蒙、俄五国签署《关于建立图们江经济开发区及东北亚协商委员会的协定》，中、俄、朝三国签署《关于建立图们江地区开发协调委员会的协定》和《关于图们江地区开发环境谅解备忘录》。

按照地缘链接划分，大图们江区域合作分为两个层次：一是中、朝、俄毗邻地区构成的图们江经济区；二是地缘相关国家的大图们江合作区。前者主要涉及跨境经济合作的开放、链接与合作，后者主要涉及近邻国家为加强互联互通，发展区域经济，推进开放、便利与合作。一个重要的特征是，尽管除朝鲜之外，其他国家均是世贸组织成员（俄罗斯刚刚加入），但相互间都没有签订双边和诸边的总体的市场开放协议（如 FTA），因此，大图们江区域合作的主要方式和内容是，利用地缘相接的优势，通过有针对性的贸易和投资的便利化安排、开展互市贸易、规划和发展基础设施网络、建立合作开放区等，来推进次区域经济的发展。

关于图们江经济区的合作，如今出现了新的发展动力：中国实施长吉图开发开放先导区规划、俄罗斯推动远东发展战略、朝鲜提升罗先经济开放水平，都成为国家战略，都以推动对外开放和开展区域合作为实施战略。引人注目的是，在各国自主规划和运作的同时，双边或者三边合作有了新的发展，比如，中俄签署了《中国东北地区同俄罗斯远东及东西伯利亚地区合作规划纲要》，中朝就罗先经济特区的发展达成新的协议，把港口开放、公路铁路建设和发展特区经济作为合作的重点。这种形势是过去多少年来所没有的。中、朝、韩、蒙、俄五国同意延长1995年的合作协议，在建立自由港、开发区、出口加工区、跨境开发合作，以及规划和建设跨境公路、铁路网和航运、海运网等方面加强合作。

不过，由于缺乏强有力的合作机制，许多行动都是各国自主战略与规划，在基础设施建设方面，投入资金不足，尤其是"共建"投入的资源有限，因此，大图们江地区的合作实际进展不快，无论是基础设施网络建设，还是边境经济区的开放与合作发展都处于较低的水平。

（二）中国的东北振兴发展战略

中国的区域合作具有很强的次区域导向特征，东北四省区是中国参与和推动大图们江区域的地缘承载方，因此，图们江区域合作首要的是服务于中国东北地区发展的大战略。东北地区是中国的老工业基地，也是中国的重要粮仓，改革开放后，东南沿海地区的经济得到快速发展，也对东北地区的老工业基础带来很大的冲击，农产品市场的开放也对传统农业形成严峻的挑战。因此，如何振兴东北地区的经济，在中国的整体发展战略中占据重要地位。

为了推动沿边地区的发展，中国积极推动沿边口岸开放，发展边境开放城市和地区，先后推动建立了珲春（吉林—朝鲜），满洲里（内蒙古—俄罗斯），绥芬河、黑河（黑龙江—俄罗斯）的对外开放区，同时，也建立了各省对外贸易的大通道。中国的沿边开放战略使一批处于边陲的小城获得新的发展活力，成为新的增长点。

推动开放性的经济区建设是中国振兴东北地区经济的重要战略。国务院先后批准了《辽宁沿海经济带发展规划》、《中国图们江区域合作开发规划纲要——以长吉图为开发开放先导区》。鉴于辽宁是东北地区的沿海省份，利用其沿海的优势，发展临港产业、国际航运中心和国际物流中心，不仅可以使辽宁的经济得到快速发展，而且可以带动整个东北地区的发展，长吉图开发开放先导区的目标则是建设连接中、俄、蒙、朝的大通道，打通吉林、内蒙古的出海通道，以发展建设图们江区域经济带为中心，培育东北地区新产业带，建立东北亚商贸连接中心（如东北亚博览会）。积极推动老工业基地的改造，使东北地区获得新的发展动力。国务院先后批准和发布了《东北老工业基地改造规划》、《国务院关于进一步实施老工业基地振兴战略意见》、《东北振兴"十二五"规划》、《中国东北地区面向东北亚区域开放规划纲要》等一系列文件，把振兴东北作为国策，对这个地区的基础设施网络建设、发展新兴产业、对外开放提供特殊的支持和优惠政策。振兴东北地区经济战略的实施，为东北地区参与东北亚区域合作提供了最直接的支持。东北地区是中国参与和推动东北亚区域合作的直接承接地，无论是边境地区的开发开放，还是整个东北地区的振兴规划，都为中国参与和推动东北亚地区的合作提供了最直接和最基础的支持。东北地区的发展受益于两个机制的支持：一是区内，即各省之间的互联互通，协同发展；二是区外，即对外的互联互通，协同发展。前一个发展成为推动东北亚地区合作的重要基础，后一个发展有助于形成东北亚地区新的发展动力与活力。

三、推动东北亚区域合作的新思考

东北亚地区是一个整体，有着地缘、经济、社会、文化和安全上的紧密联系，因此，从整体上规划与推动东北亚地区的合作具有十分重要的意义。

迄今为止，整个东北亚地区的合作机制尚未建立，应该把构建整个东北亚的区域合作机制化建设提上议事日程。考虑到东北亚国家差别大，存在政治与安全上的分歧与障碍，可以以经济合作为主轴，积极而有选择地推动多方面合作，在合作框架和方式上，可以灵活多样，采取自愿和选择参加的方式，在进程上循序渐进。发展东北亚区域合作，应该做出两个方面的努力：一是发展由所有东北亚国家参加的高层对话与合作机制；二是深化东北亚地区的经济一体化与合作机制，加强地区的务实合作。

在构建所有东北亚国家参加的对话与合作框架方面，作为第一步，可以学习东盟的经验，发展"3＋3"（朝鲜如果不能参加，可先搞"3＋2"，或者作为观察员）对话，先从部长级对话开始，就东北亚地区的合作进行对话，提出合作倡议，而后视条件成熟，提升对话层次，建立东北亚峰会机制。

在推动东北亚经济一体化合作机制方面，考虑到中日韩FTA的建设尚需时间，可以把推动整个东北亚地区的贸易投资便利化、构建地区基础设施网、深化次区域合作作为重点。关于贸易与投资便利化，按照自愿和有选择的参与方式，把灵活和务实的安排、选择货物通关、促进投资、人员往来作为重点，在五国之间达成合作协议。构建地区基础设施网络应该成为合作的重点，规划和建设铁路、公路、海路和航空交通网络，通过对现有的基础设施联网，对落后的设施改造，制定便利化交通规则，来实现东北亚的物流"无缝链接"，这不仅会大大改善区域经济发展的基础条件，同时也是拉动地区经济发展的新增长点。建设东北亚地区的基础设施网络要统合规划、协调行动、合作互助，为此，可以考虑在地区合作机制下（如"3＋3"部长会议）制订"东北亚基础设施网络计划"，或者"东北亚地区互联互通计划"，并为融资提供支持。

关于深化次区域合作，目前已经有一些次区域项目，如大图们江合作，已经进行了20年，可以学习大湄公河次区域合作经验，把改善基础设施、构建区域交通与物流网络、推动投资贸易便利化、制定长期合作规划作为重点，签署政府间合作协议。

同时，还需要继续积极支持各个层次的次区域灵活多样的合作行动，如各国城市间的合作、环渤海经济圈合作、边境地区互通合作，除经济领域外，还有旅游（包括边境游）、人文、文化、社会交流等。这些多样性的合作是在大合作环境下开展的，但其具有特殊的效果，具有实际的需要和效益，往往具有不可替代的作用。

另外，如何推动东北亚各国的次区域开发规划协调与合作也是一个值得重视的领域，要使各方的规划能够互补共赢，比如，可以在东北亚博览会机制下建立东北亚次区域发展与合作论坛，推动中国的辽宁沿海经济区建设、吉林的长吉图开发开放先导区建设，俄罗斯的远东开发计划，朝鲜的罗先经济特区开发计划等直接的连接，以次区域合作带动大区的合作。

当然，整个东北亚地区的合作面临不少困难，尤其是朝鲜半岛南北对立，中日、韩日围绕海岛主权争端所引发的全面关系紧张，围绕东北亚地区关系进行的大国战略新博弈等，都对深化东北亚地区的合作产生不利的影响。

没有政治与安全保证的区域合作难以深化。中日韩三国合作机制必然会因为双边关系的新紧张而受到影响。领土争端最难以解决，尤其是中日韩之间，不仅涉及国家主权本身，也与历史相连。兵戎相见不仅无助于解决争端，而且会损害整体关系，因此，相关各方需要有大局意识，需要做妥协让步，三国除了进行合作别无他路可走。为此，中日韩合作需要加强政治与安全机制的建设，并且把它拓展到整个东北亚区域合作的机制构建进程之中。

参考文献

［1］周永生．东北亚的历史结构、外交理念与未来前途［J］．外交评论，2012（1）．

［2］富景筠．中日韩区域内的经济合作：回顾与展望，亚太地区发展报告［R］．北京：社会科学出版社，2011：120．

［3］江瑞平．中日韩经济合作：动因、态势与影响［J］．外交评论，2012（5）：33．

［4］张宁．韩国缔结 FTA 的现状、经济效应与未来方向，韩国发展报告［R］．北京：社会科学文献出版社，2012：158．

［5］王秀英．中日东海大陆架划界中的若干关键问题［J］．东北亚论坛，2007（6）：78-79．

［6］李俊江，范硕．中朝经贸全系发展现状与前景展望［J］．东北亚论坛，2012（2）：11-14．

［7］Norbert Baas. Initiative for Northeast Asian Community Building: A European Perspective［J］. Jeju Peace Institute Research Series，2008（2）：347．

China's Strategy on Participating in and Promoting Regional Economic Cooperation in Northeast Asia

Abstract：Northeast Asia is of particularly important geopolitical, economic, political and security significance to China. Due to complicated relations in Northeast Asia, cooperation in this region has such feature as multiple frame, multiple mechanisms and multiple factors. Out of geopolitical economic and political considerations, especially the strategic consideration of developing Northeast China, China has taken the policy of active participation and pragmatic promotion in its cooperation within Northeast Asia. This paper mainly analyzes the strategic consideration and selection in China's participation and promotion of regional cooperation in Northeast Asia in the now situation.

Key Words: Regional Economic Cooperation; Free Trade Area (FTA); Sub – Regional Cooperation; Connectivity

第二节

英文期刊论文精选

Title：Detecting Learning by Exporting

Author：Jan De Loecker

Periodical：American Economic Journal

Date：May 2013

Abstract：Learning by exporting refers to the mechanism whereby a firm's performance improves after entering export markets. This mechanism is often mentioned in policy documents, but many econometric studies have not found corroborating evidence. I show that the econometric methods rely on an assumption that productivity evolves exogenously. I show how to accommodate endogenous productivity processes, such as learning by exporting. I discuss the bias introduced by ignoring such a process, and show that adjusting for it can lead to different conclusions. Using micro data from Slovenia, I find evidence of substantial productivity gains from entering export markets.

题目：出口检验的启示

作者：扬德勒克

期刊：美国经济杂志

日期：2013 年 5 月

内容简介：出口学习是指企业在进入出口市场后的绩效提高的机制。这种机制在政策文件中经常被提到，但许多计量经济学的研究没有发现确凿的证据。我认为，计量方法依赖于生产力发展外生性的假设。我将展示如何通过出口，以适应生产力的内生过程，如学习。我讨论了忽略这样一个过程引入的偏差，表明调整它可以导致不同的结论。通过来自斯洛文尼亚的微观数据，我发现进入出口市场将大幅提高生产率的证据。

Title：Estimating Domestic Content in Exports When Processing Trade is Pervasive

Author：Robert Koopman，Zhi Wang，Shangjin Wei

Periodical：Journal of Development Economics

Date：Sep. 2012

Abstract：For many questions，it is crucial to know the extent of domestic value added （DVA）in a country's exports，but the computation is more complicated when processing trade is pervasive. We propose a method for computing domestic and foreign contents that allows for processing trade. By applying our framework to Chinese data，we estimate that the share of domestic content in its manufactured exports was about 50% before China's WTO membership，and has risen to nearly 60% since then. There are also interesting variations across sectors. Those sectors that are likely labeled as relatively sophisticated such as electronic devices have particularly low domestic content.

题目：估计国内出口的内容——基于加工贸易的普遍性

作者：罗伯特·库普曼，王志，魏尚进

期刊：发展经济学杂志

日期：2012 年 9 月

内容简介：了解一个国家出口的国内增值程度（DVA），对于很多问题的研究是至关重要的，但当加工贸易很普遍的时候，其计算更复杂。我们提出了在加工贸易情况下，可以用于计算国内和国外内容的方法。通过对中国数据应用我们的研究框架，我们估计，其制成品出口的国内含量的份额在中国加入世界贸易组织前，约为50%，之后上升到近60%。也有跨部门的有趣变化。这些行业可能被标记为相对复杂的行业，如电子设备这些行业具有特别低的国内含量。

Title：Evasion Behaviors of Exporters and Importers：Evidence from the U. S. – China Trade Data Discrepancy

Author：Ferrantino Michael J. , Xuepeng Liu, Zhi Wang

Periodical：Journal of International Economics

Date：Jan. 2012

Abstract：Since the late 1990s, reported U. S. imports from China and Hong Kong have regularly and increasingly exceeded reported exports of China and Hong Kong to the United States. This discrepancy, which is not caused by re – exporting through Hong Kong, varies by product categories, and in some cases takes the opposite sign. In this paper, we focus on China's direct exports to the United States. Using a model that allows for simultaneous misreporting to two authorities, we find strong statistical evidence of under – reporting exports at the Chinese border to avoid paying value – added tax （VAT）. The value of VAT avoided is estimated at ＄6. 5 billion during 2002 – 2008, and the associated understatements account for approximately two – thirds of the discrepancy. We also provide evidence of tariff evasion at the U. S. border, in particular for related – party transactions, and indirect evidence of transfer pricing and evasion of Chinese capital controls. An estimated ＄2 billion of U. S. tariff revenue is lost due to such evasion during 2002 – 2008, which reduces the apparent size of the statistical discrepancy.

题目：出口商和进口商的逃避行为：基于美国与中国的贸易数据差异的分析

作者：费兰蒂诺·米迦勒·J. , 刘雪鹏, 王智

期刊：国际经济学杂志

日期：2012 年 1 月

内容简介：自 20 世纪 90 年代末, 报告的美国从中国大陆和中国香港的进口逐渐超过了报告的中国大陆和中国香港到美国的出口。这种差异, 不是由中国香港的再出口引起的, 而是由于产品种类的划分不同, 且在某些情况下采用了相反的符号。使用的模型允许同时误报两个部门, 我们发现了在中国边境低报出口以避免缴纳增值税（VAT）的强有力的统计证据。在 2002~2008 年, 被避免了的增值税值估计为 65 亿美元, 约占相关差异部分的 2/3。我们也提供了在美国边境的关税逃税的证据, 特别是和中国的资本管制的转让定价和逃避的间接证据。2008~2002 年, 美国的关税收入损失估计为 20 亿美元, 从而明显减少了统计差异。

Title：Export Prices Across Firms and Destinations

Author：Manova Kali，Zhiwei Zhang

Periodical：The Quarterly Journal of Economics

Date：Feb. 2012

Abstract：This article establishes six stylized facts about firms' export prices using detailed customs data on the universe of Chinese trade flows. First，across firms selling a given product，exporters that charge higher prices earn greater revenues in each destination，have bigger worldwide sales，and enter more markets. Second，firms that export more，enter more markets，and charge higher export prices import more expensive inputs. Third，across destinations within a firm – product，firms set higher prices in richer，larger，bilaterally more distant and overall less remote countries. Fourth，across destinations within a firm – product，firms earn bigger revenues in markets where they set higher prices. Fifth，across firms within a product，exporters with more destinations offer a wider range of export prices. Finally，firms that export more，enter more markets，and offer a wider range of export prices pay a wider range of input prices and source inputs from more origin countries. We propose that trade models should incorporate two features to rationalize these patterns in the data：more successful exporters use higher quality inputs to produce higher quality goods（stylized facts 1 and facts 2），and firms vary the quality of their products across destinations by using inputs of different quality levels.

题目：跨企业和目的地出口价格

作者：马诺娃卡利，张智威

期刊：经济学季刊

日期：2012 年 2 月

内容简介：本文建立了六个程式化的事实，有关企业的出口价格使用的是中国海关贸易领域的详细数据。第一，公司间销售特定产品，出口商在每个目的地收取较高的价格，赚取更多的收入，有更大的全球销售，并进入更多的市场。第二，出口更多的企业，可进入更多的市场，并收取相对进口投入更高的出口价格。第三，在更富裕、更大、双边更遥远和总体上不那么遥远的国家，同一个公司的产品设定的价格更高。第四，公司产品在不同的市场进行销售，公司在他们设定更高价格的市场赚取更多的收入。第五，销售同一产品的不同企业，拥有多个目的地的出口商提供了维度更广的出口价格。第六，出口越多、进入更多的市场，并提供更广泛的出口价格的厂商，支付来源国更多的更大范围的原材料和资源的价格。我们建议贸易模型应该包括两个功能以合理化这些模式的数据：更成功的出口商使用更高质量的投入品，生产出更高品质的商品（典型化事实 1 和事实 2）；企业通过改变投入品的质量，来实现其产品的不同质量。

Title：Exporting and Firm Performance：Market Entry，Investment and Expansion

Author：Fabling Richard，Sanderson Lynda

Periodical：Journal of International Economics

Date：Mar. 2013

Abstract：This paper examines input and productivity dynamics of manufacturing firms in the period leading to and following export market entry. We examine 3 possible explanations for the observed productivity gap between exporting and non – exporting firms：self – selection of high – performing firms into exporting；post – entry learning effects；and joint export – investment decisions. We consider both initial entry into exporting and subsequent expansion into new destination markets，showing that capital deepening and employment growth are associated with both types of entry. However，the timing of investment differs between the 2 entry events. The observed dynamics are consistent with a model of investment under uncertainty，in which first – time exporters delay investment to gain more information about the success of their export ventures，while experienced exporters pre – commit to capital deepening in advance of additional market expansion.

题目：出口与企业绩效：市场进入、投资和扩张

作者：理查德·法布里，琳达·桑德森

期刊：国际经济学杂志

日期：2013 年 3 月

内容简介：本文考察制造企业准备进入和进入出口市场后的时期，投入和生产率动态情况。我们研究了出口和非出口企业之间所观察到的生产率差距的三种可能的解释：自我选择高绩效的企业进行出口；后进入的学习效应；联合出口投资决策。我们考虑初始进入出口目的地市场和随后扩张到新市场，显示资本深化和就业增长与这两种类型的进入都有关联。然而，这两种进入方式的投资时机不同。所观察到的动态模型具有不确定性，其中首次出口商推迟了投资以获得使其出口成功的更多详细信息，而有经验的出口商预先承诺额外扩张市场的资本深化。

Title：Exports，Export Destinations，and Skills

Author：Brambilla Irene，Lederman Daniel，Porto Guido

Periodical：American Economic Review

Date：Dec. 2012

Abstract：This paper explores the links between exports，export destinations，and skill utilization. We identify two mechanisms behind these links：differences across destinations in quality valuation and in exporting required services，activities that are intensive in skilled labor. Depending on the characteristics of the source country（income，language），the theories suggest a skill – bias in export destinations. We test the theory using a panel of Argentine manufacturing firms. We find that Argentine firms exporting to high – income countries hired more skilled workers than other exporters and domestic firms. Instead，we cannot identify any causal effect of exporting per se on skill utilization.

题目：出口、出口目的地和技能

作者：布莱姆比拉·艾琳，利伯曼·丹尼尔，圭多·波尔图

期刊：美国经济评论

日期：2012 年 12 月

内容简介：本文探讨了出口、出口目的地和技能的应用之间的联系。我们确定了这些链接背后的两个机制：不同的目的地质量评估，技术密集型产业出口所需的服务与活动。根据不同来源国的特点（收入、语言方面），理论表明，不同出口目的地存在技能偏差。我们的理论测试，使用的是阿根廷制造业公司的面板数据。我们发现，阿根廷企业向高收入国家出口时，聘请的技术工人的数量，比向其他国家出口时多。相反，我们无法识别其他技巧利用与出口之间的因果关系。

Title：How Do Exporters Respond to Antidumping Investigations?

Author：Yi Lu，Zhigang Tao，Yan Zhang

Periodical：Journal of International Economics

Date：Nov. 2013

Abstract：Using monthly transaction data covering all Chinese exporters over the 2000 – 2006 period，we investigate how Chinese exporters respond to U. S. antidumping investigations. We find that antidumping investigations cause a substantial decrease in the total export volume at the HS – 6 digit product level，and that this trade – dampening effect is due to a significant decrease in the number of exporters，yet a modest decrease in the export volume per surviving exporter. We also find that the bulk of the decrease in the number of exporters is exerted by less productive exporters，by direct exporters as opposed to trade intermediaries，and by single – product direct exporters as opposed to their multi – product counterparts. Combined with the existing studies on the effects that antidumping investigations have on protected firms，our study helps piece together a complete picture of the effects of antidumping investigations.

题目：出口商如何应对反倾销调查？

作者：路一，陶志刚，张岩

期刊：国际经济学杂志

日期：2013 年 11 月

内容简介：我们使用所有中国出口商 2000～2006 年月度成交数据，研究中国出口商如何应对美国反倾销调查。我们发现，反倾销调查引起的 HS – 6 位数产品层面的总出口量大幅下降，这种贸易抑制效应在于出口数量显著减少，但每个幸存的出口商的出口量则略有下降。我们还发现，出口数量大幅减少的企业大部分是生产力较低的出口商，他们往往不通过中间商贸易，而是直接出口，且单一产品直接出口，而不是多产品同时出口。结合反倾销调查对受保护企业的影响的现有研究，我们的研究有助于完整地描述反倾销调查的影响。

Title：How Important is the New Goods Margin in International Trade？

Author：Timothy J. Kehoe，Kim J. Ruhl

Periodical：Journal of Political Economy

Date：Apr. 2013

Abstract：We propose a methodology for studying changes in bilateral commodity trade due to goods not exported previously or exported only in small quantities. Using a panel of 1900 country pairs，we find that increased trade of these "least – traded goods" is an important factor in trade growth. This extensive margin accounts for 10 percent of the growth in trade for NAFTA country pairs，for example，and 26 percent in trade between the United States and Chile，China，and Korea. Looking at country pairs with no major trade policy change or structural change，however，we find little change in the extensive margin.

题目：国际贸易中新的扩展边际的重要性

作者：蒂莫西·J. 基欧，金吕尔·J.

期刊：政治经济学杂志

日期：2013 年 4 月

内容简介：由于货物贸易的数量较之前相对较小，我们提出了研究双边商品贸易变化的方法。通过对一个有 1900 国家对的小组进行分析，我们发现，"最低成交商品" 贸易的提高是贸易增长的重要因素。扩展边际，解释了北美自由贸易协定国家 10% 的贸易增长，美国和智利、中国和韩国之间 26% 的贸易增长。然而，没有重大贸易政策变化或结构变化的国家对，扩展边际的变化不大。

Title：Import Competition and Quality Upgrading

Author：Mary Amiti，Amit K. Khandelwal

Periodical：The Review of Economics and Statistics

Date：May 2013

Abstract：The production of high – quality goods is often viewed as a precondition for export success and economic development. We provide the first evidence that countries' import tariffs affect the rate at which they upgrade product quality. Our analysis uses highly disaggregated data covering exports from 56 countries across 10000 products to the United States using a novel approach to measure quality. As predicted by distance – to – the – frontier models, we find that lower tariffs are associated with quality upgrading for products close to the world quality frontier, whereas lower tariffs discourage quality upgrading for products distant from the frontier.

题目：进口竞争与质量提升

作者：玛丽·阿米蒂，阿米特·K. 该

期刊：经济学与统计分析

日期：2013 年 5 月

内容简介：生产高质量的商品往往被视为出口成功和经济发展的先决条件。我们提供的第一个证据表明，国家的进口关税影响到产品质量升级的速度。我们用一种新方法来衡量质量，分析使用高度分类的数据，涵盖 56 个国家的 10000 种出口到美国的产品。如距离前沿模型的预测，我们发现，较低的关税与质量提升为接近世界前沿优质的产品相关，较低的关税阻碍了距世界质量前沿较远的产品的品质升级。

Title：Productivity, Quality and Export Behavior

Author：Crinò Rosario, Epifani Paolo

Periodical：The Economic Journal

Date：Dec. 2012

Abstract：We find a robust negative correlation between Italian firms' productivity and their export share to low-income destinations. To account for this surprising fact, we marry Verhoogen（2008）with Eaton et al.（2011）, by introducing firm heterogeneity in product quality and country heterogeneity in quality consumption in a framework featuring firm and market-specific shocks in entry costs and demand, and estimate the model's parameters structurally by the simulated method of moments. The estimated preference for quality turns out to be monotonically increasing in foreign destinations' income. The model also predicts a negative correlation between firms' R&D intensity and their export share to low-income destinations, a finding supported by our data. Overall, our results strongly suggest high-quality firms should concentrate their sales in high-income markets.

题目：生产力、质量和出口行为

作者：克利诺·罗萨里奥，埃皮法尼·保罗

期刊：经济杂志

日期：2012 年 12 月

内容简介：我们发现，意大利企业的生产效率和低收入目的地的出口份额之间存在稳健的负相关关系。考虑到这个令人惊讶的事实，我们结合霍根（2008）与伊顿（2011）在企业产品质量异质性和国家消费产品质量异质性条件下，在典型企业和市场特定冲击的进入成本和需求的框架下，通过矩量法估计模型的参数结构。估计的质量偏好与外国目的地的收入呈单调递增关系。该模型还预测公司的研发强度与其低收入目的地的出口份额存在负相关关系，该结论已被我们的数据证实。总体而言，我们的研究结果强烈建议高品质的企业应将其销售集中在高收入市场。

Title：Trade Crisis？ What is Trade Crisis？

Author：Kristian Behrens，Gregory Corcos，Giordano Mion

Periodical：The Review of Economics and Statistics

Date：May 2013

Abstract：We investigate the 2008 – 2009 trade collapse using microdata from a small open economy，Belgium. Belgian exports and imports mostly fell because of smaller quantities sold and unit prices charged rather than fewer firms，trading partners，and products being involved in trade. Our difference – in – difference results point to a fall in the demand for tradables as the main driver of the collapse. Finance and involvement in global value chains played a minor role. Firm – level exports – to – turnover and imports – to intermediates ratios reveal a comparable collapse of domestic and crossborder operations. Overall，our results reject a crisis of cross – border trade per se.

题目：贸易危机？ 贸易危机是什么？

作者：克里斯蒂安·贝伦斯，格雷戈瑞·科科斯，佐丹奴·米翁

期刊：经济学与统计分析

日期：2013 年 5 月

内容简介：我们研究了 2008～2009 年贸易崩溃，使用来自一个小型开放经济体——比利时的微观数据。比利时出口和进口的下降主要是由于销售量的下降和产品单价的下跌，而不是公司、贸易伙伴和贸易品的数量的下降。我们的差分结果指出了一个贸易品的需求下降是危机的主要诱因。金融与全球价值链的参与扮演次要角色。企业层面的出口额和中间品进口比率揭示了与国内和跨境业务的崩溃。总体而言，我们的研究结果拒绝跨境贸易本身的危机。

Title：What Goods Do Countries Trade? A Quantitative Exploration of Ricardo's Ideas

Author：Arnaud Costinot, Dave Donaldson, Ivana Komunjer

Periodical：Review of Economic Studies

Date：2012

Abstract：The Ricardian model predicts that countries should produce and export relatively more in industries in which they are relatively more productive. Though one of the most celebrated insights in the theory of international trade, this prediction has received little attention in the empirical literature since the mid‑1960s. The main reason behind this lack of popularity is the absence of clear theoretical foundations to guide the empirical analysis. Building on the seminal work of Eaton and Kortum (2002, "Technology, Geography, and Trade", Econometrica, 70, 1741–1779), we offer such foundations and use them to quantify the importance of Ricardian comparative advantage. In the process, we also provide a theoretically consistent alternative to Balassa's (1965, "An Empirical Demonstration of Classical Comparative Cost Theory", Review of Economics and Statistics, 45, 231–238) well‑known index of "revealed comparative advantage".

题目：哪些货物应进行贸易？李嘉图思想的定量探索

作者：阿尔诺·克斯诺特，戴夫·唐纳森，伊万娜·寇满哲

期刊：经济研究评论

日期：2012 年

内容简介：李嘉图模型预测，各国应在其相对更具生产力的行业进行生产并出口。虽然这是国际贸易理论中最著名的观点之一，但该预测自 20 世纪 60 年代中期以来，很少得到实证文献的支持。缺乏人气背后的主要原因是缺乏明确的理论依据来指导实证分析。在伊顿和克鲁格曼的开创性的工作（2002 年，"技术，地理与贸易"，计量经济学，70，1741～1779）的基础上，我们提供了量化的李嘉图的比较优势理论重要性的基本原则。在这个过程中，我们也提供了一个在理论上一致的指数来替代巴拉萨著名的"显示性比较优势"（1965 年，"古典比较成本理论的实证分析"，经济学与统计分析，45，231～238）。

Title：Global Networks of Trade and Bits

Author：Massimo Riccaboni，Alessandro Rossi，Stefano Schiavo

Periodical：Journal of Economic Interaction and Coordination

Date：Apr. 2013

Abstract：Considerable efforts have been made in recent years to produce detailed topologies of the Internet，but so far these data have been overlooked by economists. In this paper，we suggest that such information could be used to characterize both the size of the digital economy and outsourcing at country level. We analyse the topological structure of the network of trade in digital services（trade in bits）and compare it with the more traditional flow of manufactured goods across countries. To perform meaningful comparisons across networks with different characteristics，we define a stochastic benchmark for the number of connections among each country – pair，based on hypergeometric distribution. Original data are filtered so that we only focus on the strongest，i. e. statistically significant，links. We find that trade in bits displays a sparser and less hierarchical network structure，which is more similar to trade in high – skill manufactured goods than total trade. Moreover，distance plays a more prominent role in shaping the network of international trade in physical goods than trade in digital services.

题目：全球贸易和贸易网络

作者：马西莫·妮卡伯尼，亚历山德罗·罗西，斯特凡诺·夏沃

期刊：经济互动与协调杂志

日期：2013 年 4 月

内容简介：近年来，相当大的努力被投放用于研究因特网详细的拓扑结构方面，但迄今为止，这些数据仍被经济学家忽视。在本文中，我们认为，这样的信息可以用来描述数字经济和外包在国家层面的规模。我们分析了数字服务贸易网络（位贸易）的拓扑结构，并将其与更传统的国家间制成品贸易流通进行比较。为进行不同网络特点间有意义的比较，我们基于超几何分布为每个国家对定义连接数的随机基准。通过对原始数据进行过滤，我们只关注最强的联系，即统计学显著。我们发现位贸易呈现一个稀疏和不分层网络结构，相较于贸易总额的结构，这更接近高技术含量制造品的贸易结构。此外，距离比数字服务贸易在塑造国际贸易网络中的作用更加突出。

Title：An Elementary Theory of Global Supply Chains

Author：Arnaud Costinot，Jonathan Vogel，Su Wang

Periodical：The Review of Economic Studies

Date：Jan. 2013

Abstract：This article develops an elementary theory of global supply chains. We consider a world economy with an arbitrary number of countries，one factor of production，a continuum of intermediate goods and one final good. Production of the final good is sequential and subject to mistakes. In the unique free trade equilibrium，countries with lower probabilities of making mistakes at all stages specialize in later stages of production. Using this simple theoretical framework，we offer a first look at how vertical specialization shapes the interdependence of nations.

题目：全球价值链的基础理论

作者：阿尔诺·科斯蒂诺，纳森·沃格尔，王苏

期刊：经济研究述评

日期：2013 年 1 月

内容简介：本文将全球供应链的基本理论予以发展。我们假设构建任意国家数量、单一生产要素、一种中间产品以及一种最终产品的世界经济。最终产品的生产是连续的，并且可能犯错误。在纯粹自由贸易均衡下，在各阶段决策失误的概率较低的国家将专业化生产的后期阶段。使用这个简单的理论框架，我们就垂直专业化分工如何构造各国的相互依赖关系给予了初步探讨。

Title：Quantifying International Production Sharing at the Bilateral and Sector Levels

Author：Zhi Wang, Jinwei Shang, Kunfu Zhu

Periodical：NBER Working Paper Series

Date：Nov. 2013

Abstract：This paper generalizes the gross exports accounting framework at the country level, recently proposed by Koopman, Wang, and Wei (2014), to one that decomposes gross trade flows (for both exports and imports) at the sector, bilateral, or bilateral sector level. We overcome major technical challenges for such generalization by allocating bilateral intermediate trade flows into their final destination of absorption. We also point out two major shortcomings associated with the VAX ratio concept often used in the literature and ways to overcome them. We present the dis－aggregated decomposition results for bilateral sector level gross trade flows among 40 trading nations in 35 sectors from 1995 to 2011 based on the WIOD database.

题目：从双边以及部门的层面对国际生产网络进行定量研究

作者：王志，尚金伟，朱坤福

期刊：美国国家经济研究局工作论文

日期：2013 年 11 月

内容简介：本文对最近由库普曼、王魏（2014）提出的国家层面的出口总额的核算框架加以归纳，将总贸易（出口和进口）流量分解为部门层面、双边（国家）层面，或双边（国家）同部门层面。我们通过将两国双边的中间品贸易流量，纳入这些中间品的最终目的地，来应对主要的技术挑战。我们还指出经常在文献中使用的 VAX 比概念，并找到克服缺点的办法。利用 WIOD 数据库，我们对 1995～2011 年 40 个贸易国的 35 个部门层面的数据提出了双边部门一级总贸易的明细分解结果。

Title：Organizing the Global Value Chain

Author：Antràs Pol，Chor Davin

Periodical：Econometrica

Date：Nov. 2013

Abstract：We develop a property – rights model of the firm in which production entails a continuum of uniquely sequenced stages. In each stage，a final – good producer contracts with a distinct supplier for the procurement of a customized stage – specific component. Our model yields a sharp characterization for the optimal allocation of ownership rights along the value chain. We show that the incentive to integrate suppliers varies systematically with the relative position（upstream versus downstream）at which the supplier enters the production line. Furthermore，the nature of the relationship between integration and "down – steaminess" depends crucially on the elasticity of demand faced by the final – good producer. Our model readily accommodates various sources of asymmetry across final – good producers and across suppliers within a production line，and we show how it can be taken to the data with international trade statistics. Combining data from the U. S. Census Bureau's Related Party Trade database and estimates of U. S. import demand elasticities from Broda and Weinstein（2006），we find empirical evidence broadly supportive of our key predictions. In the process，we develop two novel measures of the average position of an industry in the value chain，which we construct using U. S. Input – Output Tables.

题目：组织全球价值链

作者：安特拉斯·波尔，王楚·达文

期刊：计量经济学

日期：2013 年 11 月

内容简介：我们开发了一个企业的产权模式，其中生产是连续的序列。在每个阶段中，一个最终产品的生产者与一个特定的供应商完成特定阶段的特定组件的采购。我们的模型得出了沿价值链的所有权最优分配的急剧表征。我们表明，该供应商进入生产线的相对位置（上游与下游）系统地改变了整合供应商的动机。此外，价值链上生产商的关系是整合还是下移，关键取决于最终产品厂商面临的需求弹性。我们的模型可以容纳在一个生产线中最终产品生产商和跨供应商的不对称，我们展示了如何使用国际贸易统计数据。结合美国人口普查局的关联交易数据库和美国进口需求的估计弹性（布罗道和韦恩斯坦，2006），我们得到支持我们关键预测的广泛的经验证据。在这个过程中，我们使用美国的投入—产出表构建了新的方法测算行业的价值链平均位置。

Title：Spiders and Snakes：Off – shoring and Agglomeration in the Global Economy

Author：Richard Baldwin，Anthony J. Venables

Periodical：Journal of International Economics

Date：Jul. 2013

Abstract：Fragmentation of stages of the production process is determined by international cost differences and by the benefits of co – location of related stages. The interaction between these forces depends on the technological relationships between these stages. This paper looks at both cost minimizing and equilibrium fragmentation under different technological configurations. Reductions in shipping costs beyond a threshold can result in discontinuous changes in location，with relocation of a wide range of production stages. There can be overshooting（off – shoring that is reversed as costs fall further）and equilibrium may involve less off – shoring than is efficient.

题目：蜘蛛与蛇：全球经济中的离岸外包与聚集

作者：理查德·鲍温，安东尼·J. 维纳布尔斯

期刊：国际经济杂志

日期：2013 年 7 月

内容简介：生产过程中的每一个环节在空间上的分散程度是由国际成本差异以及相关生产环节的协同定位的收益来确定的。这些力量的相互作用依赖于这些阶段之间的技术合作关系。本文着眼于在不同技术条件配置下，成本最小化目标与空间分散的均衡状态。超过阈值的运费减少可以导致生产位置的不连续变化，结果是生产环节广泛的重新定位。可以有超调（如成本的持续下降将颠覆离岸外包的业务），均衡状态也可能涉及较有效情况而言较少的离岸比。

Title：Global Supply Chains，Currency Undervaluation，and Firm Protectionist Demands

Author：J. Bradford Jensen，Dennis P. Quinn，Stephen Weymouth

Periodical：NBER Working Paper Series

Date：Jul. 2013

Abstract：We examine firm participation in global supply chains to help explain a puzzling decline in protectionist demands in the U. S. despite increased import competition and ongoing currency undervaluation. To explain firm responses to undervaluation, we rely on advances in the international trade literature that uncover intra – industry heterogeneity in firm trade and investment activities. We propose that firm foreign direct investments in, and subsequent related party trade with, countries with undervalued exchange rates will lead to fewer antidumping filings. Examining the universe of U. S. manufacturing firms, we find that antidumping petition filers are more internationally engaged than non – filing peers, but conduct less related party trade with filed – against countries. High levels of related – party imports (arm's length imports) from countries with undervalued currencies significantly decrease (increase) the likelihood of U. S. antidumping petitions. Our study highlights the centrality of global supply chains in understanding political mobilization over international economic policy.

题目：全球供给链、汇率低估以及企业保护主义需求

作者：J. 布拉福德·詹森，丹尼斯·P. 昆尼，斯蒂芬·韦茅斯

期刊：美国国家经济研究所工作论文

日期：2013 年 7 月

内容简介：我们检验了在全球供应链中公司的参与程度，以帮助解释：尽管进口竞争加剧和持续的本币被低估，美国公司的保护主义要求却令人费解地下降了。为了解释美国公司对本币低估的反应，我们依靠那些力图揭示行业内贸易公司在贸易和投资活动中表现出的多样性并已取得进步的国际贸易的文献，研究后建议，在该公司的外国直接投资，以及随后的关联贸易，汇率低估的国家会导致更少的反倾销申请。当检查美国制造业企业总体时，我们发现，反倾销请愿书的申报者比未备案的同行要求国际解决的更多，但与那些提起反倾销申请的国家却减少了关联交易。与那些低估本币汇率的国家的关联进口的高水平增长显著降低了美国公司发起反倾销申诉的可能性，而与那些只有很短的进口的情况却正好相反。我们的研究强调了在理解对于国际经济政策的政治动员而非仅仅是国际经济政策时，全球供应链起到的核心作用。

Title：Accounting for Intermediates：Production Sharing and Trade in Value Added

Author：Robert C. Johnson，Guillermo Noguera

Periodical：Journal of International Economics

Date：Mar. 2012

Abstract：We combine input – output and bilateral trade data to compute the value added content of bilateral trade. The ratio of value added to gross exports（VAX ratio）is a measure of the intensity of production sharing. Across countries，export composition drives VAX ratios，with exporters of Manufactures having lower ratios. Across sectors，the VAX ratio for Manufactures is low relative to Services，primarily because Services are used as an intermediate to produce manufacturing exports. Across bilateral partners，VAX ratios vary widely and contain information on both bilateral and triangular production chains. We document specifically that bilateral production linkages，not variation in the composition of exports，drive variation in bilateral VAX ratios. Finally，bilateral imbalances measured in value added differ from gross trade imbalances. Most prominently，the U. S. – China imbalance in 2004 is 30% –40% smaller when measured in value added.

题目：解释中间品：生产分享与贸易增加值

作者：罗伯特·约翰逊，吉列尔莫·诺格拉

期刊：国际经济学杂志

日期：2012 年 3 月

内容简介：作者结合投入产出和双边贸易数据计算了双边贸易的增加值含量。增加值与总出口的比率测度了生产分享的强度。在各个国家，出口部分改变了增加值与总出口的比率，制造品出口企业的增加值与总出口的比率较低。在各个部门，制造品的增加值与总出口的比率低于服务品的增加值与总出口的比率，主要因为服务品被作为一种中间品来生产制造品出口。在双边贸易伙伴中，增加值与总出口的比率差异较大，而且包含了双边和三方生产链的信息。具体地，作者证明了双边生产联系在出口含量方面没有变化，而引致了双边的增加值与总出口的比率的变化。最后，以增加值测算的双边贸易失衡不同于总量贸易失衡。最明显地，如果以增加值测算，那么 2004 年的中美贸易失衡度将下降 30% ~40%。

Title：Assessing Economic Liberalization Episodes：A Synthetic Control Approach

Author：Andreas Billmeier，Tommaso Nannicini

Periodical：Review of Economics and Statistics

Date：Jul. 2013

Abstract：We use a transparent statistical methodology for data – driven case studies—the synthetic control method—to investigate the impact of economic liberalization on real GDP per capita in a worldwide sample of countries. Economic liberalization is measured by a widely used indicator that captures the scope of the market in the economy. The methodology compares the postliberalization GDP trajectory of treated economies with the trajectory of a combination of similar but untreated economies. We find that liberalizing the economy had a positive effect in most regions，but more recent liberalizations，in the 1990s and mainly in Africa，had no significant impact.

题目：经济自由化评估：一种模拟控制方法

作者：安德列阿斯·比尔梅耶，托马索·南尼奇尼

期刊：经济与统计评论

日期：2013 年 7 月

内容简介：作者使用了一种针对数据驱动的案例研究的统计方法——模拟控制方法，考察了世界范围内的样本国家的经济自由化对实际人均 GDP 的影响。经济自由化由一个广泛使用的指标来度量，该指标捕捉了一个经济体的市场边界。这种方法比较了被处理的经济体自由化以后的 GDP 表现与一个相似但未被处理的经济体的 GDP 表现。结果发现，在大多数地区经济自由化产生了积极的效应，然而在 20 世纪 90 年代以及主要在非洲，更近期的经济自由化没有产生显著的影响。

Title：Globalization and Individual Gains from Trade

Author：Kristian Behrens，Yasusada Murata

Periodical：Journal of Monetary Economics

Date：Dec. 2012

Abstract：We analyze the impact of globalization on individual gains from trade in a general equilibrium model of monopolistic competition featuring product diversity，pro－competitive effects and income heterogeneity between and within countries. Although trade reduces markups in both countries in our framework，its impact on variety depends on their relative position in the world income distribution：product diversity in the lower income country always expands，while that in the higher income country may shrink. When the latter occurs，the richer consumers in the higher income country may lose from trade because the relative importance of variety versus quantity increases with income. Using data on GDP per capita and population，as well as on the U. S. income distribution，our theoretical results are illustrated in two different contexts：the hypothetical bilateral trade liberalization between the U. S. and 188 countries；and the historical sequence of U. S. free trade agreements since 1985.

题目：全球化与从贸易获得的个体收益

作者：克里斯蒂安·贝伦斯，安贞村田

期刊：货币经济学杂志

日期：2012 年 12 月

内容简介：本文在垄断竞争的一般均衡模型中分析了全球化对从贸易获得的个体收益的影响，该模型表征了国家间和国家内的产品多样化、竞争效应和收入异质性。尽管在本文的框架内贸易减少了两国的加成，但是贸易对产品种类的影响取决于国家在世界收入分布中的相对位置：在低收入国家产品种类通常增加，而在高收入国家产品种类可能减少。当出现后一种情况时，高收入国家的富裕消费者通过贸易可能遭受损失，因为随着收入增加，产品种类比产品数量的相对重要性增加。使用人均 GDP、人口以及美国收入分布数据，本文的理论结果在两个不同的背景下得以证实，即美国和 188 个国家之间的假设性的双边贸易自由化以及自 1985 年以来美国自由贸易协定的历史事件。

Title：Globalization and Wage Inequality：Evidence from Urban China

Author：Jun Han，Runjuan Liu，Junsen Zhang

Periodical：Journal of International Economics

Date：Jul. 2012

Abstract：This paper examines the impact of globalization on wage inequality using Chinese Urban Household Survey data from 1988 to 2008. Exploring two trade liberalization shocks，Deng Xiaoping's Southern Tour in 1992 and China's accession to the World Trade Organization（WTO）in 2001，we analyze whether regions more exposed to globalization experienced larger changes in wage inequality than less－exposed regions. Contrary to the predictions of the Heckscher－Ohlin model，we find that the WTO accession was significantly associated with rising wage inequality. We further show that both trade liberalizations contributed to within－region inequality by raising the returns to education（the returns to high school after 1992 and the returns to college after 2001）.

题目：全球化与工资不平等：来自中国城镇的证据

作者：韩军，刘润娟，张俊森

期刊：国际经济学杂志

日期：2012 年 7 月

内容简介：本文使用 1988~2008 年中国城镇住户调查数据考察了全球化对工资不平等的影响。基于两个贸易自由化冲击——1992 年邓小平南方谈话和 2001 年中国加入世界贸易组织，分析了全球化程度较高的地区比全球化程度较低的地区是否经历了较大的工资不平等变化。与赫克歇尔—俄林模型的预测相反，本文发现，加入世界贸易组织与工资不平等加剧显著相关。进一步发现，两个贸易自由化冲击通过提高教育报酬（1992 年后的高中教育报酬和 2001 年后的大学教育报酬）导致了地区内不平等。

Title：Growth and Structural Reforms：A New Assessment

Author：Lone Christiansen，Martin Schindler，Thierry Tressel

Periodical：Journal of International Economics

Date：Mar. 2013

Abstract：This paper presents a simultaneous assessment of the relationship between economic performance and three groups of economic reforms：domestic finance，trade，and the capital account. Domestic financial reforms and trade reforms are robustly associated with economic growth，but only in middle – income countries. In contrast，there is no evidence of a systematic positive relationship between capital account liberalization and economic growth. Moreover，the effect of domestic financial reforms on economic growth in middle – income countries is accounted for by improvements in measured aggregate TFP growth，not by higher aggregate investment. Additional analysis suggests that sufficiently developed property rights are a precondition for reaping the benefits of financial and trade reforms. Our results are robust to endogeneity bias and a number of alternative specifications.

题目：经济增长与结构改革：一个新的评估

作者：洛内·克利斯提安森，马丁·施德勒，蒂埃里·特雷塞尔

期刊：国际经济学杂志

日期：2013 年 3 月

内容简介：本文对经济绩效与国内金融、贸易和资本账户三个方面经济改革之间的关系提供了一个联合评估。国内金融改革和贸易改革与经济增长具有稳健的相关性，但是这种相关性仅存在于中等收入国家。相反，资本账户自由化与经济增长之间不存在系统的正相关关系。此外，在中等收入国家，国内金融改革对经济增长的影响归因于全要素生产率增长，而非更高的总投资。进一步的分析表明，充分发展的产权是获得金融和贸易改革收益的先决条件。考虑了内生性偏差和模型的其他设定，本文的结果表现稳健。

Title：Modeling Income Inequality and Openness in The Framework of Kuznets Curve：New Evidence from China

Author：Abdul Jalil

Periodical：Economic Modelling

Date：Mar. 2012

Abstract：This article tests the relationship between openness and income inequality in openness Kuznets curve framework. The Auto Regressive Distributed Lag（ARDL）estimator is employed to establish the long run relationship between openness and income inequality. We add to the literature by noting that Kuznets curve fits the relationship between openness and income equality in the case of China. This evidence is new and in line with the Kuznets hypothesis that income inequality rises with the increase of openness and then starts fall after a critical point.

题目：在库兹涅茨曲线框架中建模收入不平等与对外开放：来自中国的新证据

作者：阿布杜拉·贾利勒

期刊：经济建模

日期：2012 年 3 月

内容简介：本文在对外开放的库兹涅茨曲线框架中检验了对外开放与收入不平等之间的关系。使用自回归分布滞后估计量确定了对外开放与收入不平等之间的长期关系。注意到库兹涅茨曲线拟合了中国的对外开放与收入不平等之间的关系，本文补充了现有文献。本文提供的新证据符合库兹涅茨假说，即随着对外开放程度提高，收入不平等先增加，然后在某个临界值之后开始下降。

Title：New Trade Models，Same Old Gains？

Author：Costas Arkolakis，Arnaud Costinot，Andres Rodriguez – Clare

Periodical：American Economic Review

Date：Feb. 2012

Abstract：Micro – level data have had a profound influence on research in international trade over the last ten years. In many regards，this research agenda has been very successful. New stylized facts have been uncovered and new trade models have been developed to explain these facts. In this paper we investigate to what extent answers to new micro – level questions have affected answers to an old and central question in the field：how large are the welfare gains from trade？ A crude summary of our results is："So far，not much."

题目：新贸易模型，同样的传统收益？

作者：科斯塔斯·阿克拉克斯，阿尔诺·科斯提诺，安德里斯·让德里格斯·克莱尔

期刊：美国经济评论

日期：2012 年 2 月

内容简介：过去 10 年，微观数据对国际贸易研究产生了巨大的影响。这项研究议题在很多方面是非常成功的。研究者发现了新的特征事实，而且提出了新的贸易模型来解释这些特征事实。在这篇论文中，作者探讨了对新的微观问题的理解在多大程度上影响了对该领域一个古老且核心的问题的回答：从贸易获得的福利收益有多大？本文的初步结论是"迄今为止，没有太多"。

Title：On The Relationship between Preferential and Multilateral Trade Liberalization：The Case of Customs Unions

Author：Kamal Saggi，Alan Woodland，Halis Murat Yildiz

Periodical：American Economic Journal：Microeconomics

Date：Feb. 2013

Abstract：This paper compares equilibrium outcomes of two games of trade liberalization. In the Bilateralism game，countries choose whether to liberalize trade preferentially via a customs union（CU），multilaterally，or not at all. The Multilateralism game is a restricted version of the Bilateralism game in that countries cannot form CUs and can only undertake non – discriminatory trade liberalization. When countries have symmetric endowments，global free trade is the only stable equilibrium of both games. Allowing for endowment asymmetry，we isolate circumstances where the option to form CUs helps further the cause of multilateral liberalization as well as where it does not.

题目：论特惠贸易与多边贸易自由化之间的关系：关税同盟的案例

作者：卡马勒·萨吉，艾伦·伍德兰德，哈利斯·缪拉·伊奥蒂

期刊：美国经济杂志：微观经济学

日期：2013 年 2 月

内容简介：本文比较了贸易自由化的两种策略的均衡结果。在双边贸易策略中，国家通过关税同盟、多边贸易或自给自足选择是否自由化贸易。多边贸易策略是双边贸易策略的约束形式，因为国家不能缔结关税同盟，仅能够实施非歧视性的贸易自由化。当国家具有相同的禀赋时，全球自由贸易是两种策略的唯一的稳定均衡。当存在禀赋差异时，本文分离了选择缔结关税同盟有助于多边贸易自由化的情形以及选择缔结关税同盟不利于多边贸易自由化的情形。

Title：Regional Effects of Trade Reform：What Is The Correct Measure of Liberalization？

Author：Brian K. Kovak

Periodical：American Economic Review

Date：Aug. 2013

Abstract：A growing body of research examines the regional effects of trade liberalization using a weighted average of trade policy changes across industries. This paper develops a specific – factors model of regional economies that provides a theoretical foundation for this intuitively appealing empirical approach and also provides guidance on treatment of the nontraded sector. In the context of Brazil's early 1990s trade liberalization, I find that regions facing a 10 percentage point larger liberalization – induced price decline experienced a 4 percentage point larger wage decline. The results also confirm the empirical relevance of appropriately dealing with the nontraded sector.

题目：贸易改革的区域效应：什么是贸易自由化的合适测度？

作者：布赖恩·喀瓦克

期刊：美国经济评论

日期：2013 年 8 月

内容简介：大量的研究使用行业的贸易政策变化的加权平均考察了贸易自由化的区域效应。本文开发了一个区域经济的特定要素模型，为这种直观有趣的经验方法提供了理论基础以及对非贸易部门的处理提供了指导。在巴西20世纪90年代初期的贸易自由化背景下，作者发现，贸易自由化引致的价格下降10个百分点的地区经历了工资下降4个百分点。结果也证实了与涉及非贸易部门的经验相关性。

Title：The Economic Impact of Special Economic Zones：Evidence from Chinese Municipalities

Author：Jin Wang

Periodical：Journal of Development Economics

Date：Mar. 2013

Abstract：The paper exploits a unique Chinese municipal dataset to assess the impact of Special Economic Zones on the local economy. Comparing the changes between the municipalities that created a SEZ in earlier rounds and those in later waves, I find that the SEZ program increases foreign direct investment not merely through firm relocation, and does not crowd out domestic investment. With dense investment in the targeted municipality the SEZ achieves agglomeration economies and generates wage increases for workers more than the increase in the local cost of living. The effects are heterogeneous：for zones created later the benefits are smaller while the distortions in firm location behavior are larger than those for the early zones. Municipalities with multiple SEZs experience larger effects than those with only one SEZ.

题目：经济特区对地区经济的影响：来自中国城市的证据

作者：王晋

期刊：发展经济学杂志

日期：2013 年 3 月

内容简介：本文利用一个独特的中国城市数据集估计了经济特区对地区经济的影响。通过比较早期创建经济特区的城市与后期创建经济特区的城市之间的变化，作者发现，经济特区规划不仅通过企业重新布局增加了外商直接投资，而且没有挤出国内投资。由于目标城市的密集投资，经济特区获得了集聚经济以及使得工人工资的增加超过了地区生活成本的增加。这些影响是异质的：尽管对后期创建的经济特区来说收益较小，但是与早期创建的经济特区相比，企业布局行为中的扭曲较大。具有多个经济特区的城市比只有一个经济特区的城市受到的影响更大。

Title：Trade Liberalization and Embedded Institutional Reform：Evidence from Chinese Exporters

Author：Amit K. Khandelwal，Peter K. Schott，Shangjin Wei

Periodical：American Economic Review

Date：Oct. 2013

Abstract：If trade barriers are managed by inefficient institutions，trade liberalization can lead to greater – than – expected gains. We examine Chinese textile and clothing exports before and after the elimination of externally imposed export quotas. Both the surge in export volume and the decline in export prices following quota removal are driven by net entry. This outcome is inconsistent with a model in which quotas are allocated based on firm productivity，implying misallocation of resources. Removing this misallocation accounts for a substantial share of the overall gain in productivity associated with quota removal.

题目：贸易自由化与嵌入式制度改革：来自中国出口企业的证据

作者：阿米特·科翰迪奥瓦，彼得·肖特，魏尚进

期刊：美国经济评论

日期：2013 年 10 月

内容简介：如果由无效率的制度管理贸易壁垒，那么贸易自由化能够产生比预期更大的收益。本文考察了消除外部施加的出口配额前后的中国纺织与服装出口。随着出口配额的消除，净进入使得出口数量增加和出口价格下降。这个结果与基于企业生产率分配配额的模型的预测不一致，隐含着资源错配。纠正这些资源错配解释了与消除配额相关的大部分生产率收益。

Title：Trade，Multinational Production，and the Gains from Openness

Author：Natalia Ramondo，Andres Rodrιguez – Clare

Periodical：Journal of Political Economy

Date：Apr. 2013

Abstract：This paper quantifies the gains from openness arising from trade and multinational production（MP）. We present a model that captures key dimensions of the interaction between these two flows：trade and MP are competing ways to serve a foreign market，MP relies on imports of intermediate goods from the home country，and foreign affiliates of multinationals can export part of their output. The calibrated model implies that the gains from trade can be twice as high as the gains calculated in trade – only models，while the gains from MP are slightly lower than the gains computed in MP – only models.

题目：贸易、跨国生产与对外开放收益

作者：娜塔利亚·拉蒙多，安德里斯·让德里格斯·克莱尔

期刊：政治经济学杂志

日期：2013 年 4 月

内容简介：本文量化了产生于贸易与跨国生产的对外开放的收益。作者提出了一个捕捉贸易与跨国生产这两种状况的相互作用的关键维度：在服务外国市场方面贸易与跨国生产是两种相互竞争的方式，跨国生产依赖于来自国内的中间品进口，跨国子公司可以出口其产出的一部分。该模型的校调结果表明，来自贸易的收益是仅存在贸易的模型所计算的收益的两倍，而来自跨国生产的收益略低于仅存在跨国生产的模型所计算的收益。

Title：Modeling the Effect of the Domestic Business Environment on Services Trade

Author：Azmat Gani，Michael D. Clemes

Periodical：Economic Modelling

Date：Sep. 2013

Abstract：This paper models the effect of the indicators of the domestic business environment on services trade in a sample of low，middle and high – income OECD countries. The findings reveal that the time required to enforce a contract is strongly negatively correlated with the growth in services exports in the high – income OECD countries as well as with the growth in services imports in the middle and high – income OECD countries. A strong inverse correlation of the time required to register a property with the growth in services imports is confirmed for the OECD and middle – income countries and the growth in services exports for the low – income countries. Internet diffusion and the strength of legal rights are strongly positively correlated with services exports in the OECD countries while the strength of legal rights is also strongly positively correlated with services imports in the middle and low – income countries. The growth of world income has a strong positive effect on the growth of services exports in the OECD and middle – income countries while domestic income growth strongly impacts on the growth in services imports across the three income category of countries. Finally，tariff is strongly negatively correlated with services exports for the middle – income group of countries.

题目：模型化国内商业环境对服务贸易的影响

作者：阿兹马特·加尼，迈克尔·D. 克莱米斯

期刊：经济建模

日期：2013 年 9 月

内容简介：本论文基于一个由低收入国家、中等收入国家，以及高收入经合组织国家组成的样本，将国内商业环境对服务贸易的影响进行了模型化处理及分析。结论显示：①执行一项契约所需的时间不论是与高收入经合组织国家服务出口的增长，还是与中等收入国家和高等收入经合组织国家的服务进口的增长均呈现显著负相关，而登记一笔财产所需的时间，与经合组织国家和中等收入国家的服务进口增长以及低收入国家服务出口的显著的负相关关系亦被证实；②互联网扩散程度以及法律权利的强度与高收入经合组织国家的服务出口呈现显著正相关，而法律权利的强度与中等收入国家和低收入国家的服务进口呈现显著正相关；③世界收入的增长对经合组织国家和中等收入国家的服务出口增长具有显著正效应，而国内收入增长对三类收入国家均表现出显著的正向影响；④关税显著地与中等收入国家的服务出口增长呈现负相关关系。

Title：Offshoring and the Role of Trade Agreements

Author：Pol Antras，Robert W. Staiger

Periodical：American Economic Review

Date：Dec. 2012

Abstract：The rise of offshoring of intermediate inputs raises important questions for commercial policy. Do the distinguishing features of offshoring introduce novel reasons for trade policy intervention? Does offshoring create new problems of global policy cooperation whose solutions require international agreements with novel features? In this paper we provide answers to these questions，and thereby initiate the study of trade agreements in the presence of offshoring. We argue that the rise of offshoring will make it increasingly difficult for governments to rely on traditional GATT/WTO concepts and rules – such as market access，reciprocity and non – discrimination – to solve their trade – related problems.

题目：离岸外包与贸易协定的重要性

作者：保罗·安查思，罗伯特·W. 施泰格

期刊：美国经济评论

日期：2012 年 12 月

内容简介：中间投入品的离岸外包（模式）的兴起，为一国商业政策提出重要课题。离岸外包业务的显著特性会为（制定）贸易干涉政策提供借口吗？离岸外包会为基于多样化特征的跨国协定的全球贸易政策合作创造新的问题吗？在这篇论文中，我们为上述问题提供了答案，因此也首创了面向服务外包的贸易协定学说。我们认为，离岸服务外包的兴起将越发导致各国政府难以将重心依赖于传统的 GATT/WTO 的概念以及规则上，诸如市场准入、互惠、无歧视，来解决与贸易相关的问题。

Title：Services Trade，Regulation and Regional Integration：Evidence from Sectoral Data

Author：Erik van der Marel，Ben Shepherd

Periodical：The World Economy

Date：Nov. 2013

Abstract：We use new World Bank Services Trade Restrictiveness Indices（STRIs）to measure the impact of regulation on cross－border services trade at the sectoral level. We find that policy barriers as measured by the overall STRI for each sector have a negative and significant effect on total services trade，as well as trade in business and financial services. The effect in other sectors is not statistically significant. However，disaggregating the policy data by mode produces stronger results：policy restrictiveness negatively impacts trade in all sectors except wholesale and retail trade. There is thus considerable evidence of cross－sectoral heterogeneity in the impact of regulations. In addition，we find evidence of cross－modal substitution in total services trade，but complementarity in business，financial and insurance services. Finally，we find that regional trade agreements tend to promote trade overall and in business and financial services；however，the effect seems to be primarily driven by the impact of the European Union.

题目：服务贸易、规制与区域整合——基于部门数据的证据

作者：埃里克·范·德·马里奥，本·谢菲尔德

期刊：世界经济

日期：2013 年 11 月

内容简介：我们使用新的"世界银行服务贸易限制性指数"，来测算在部门水平下的政府规制对跨境服务贸易的影响。我们发现，由面向所有部门的总服务贸易限制性指数进行计量的政策规制障碍，不但与整个服务贸易呈现显著负效应，还尤其与商业中和金融中的服务贸易呈上述关系。在其他部门，这一效应在数据上是不显著的。然而，以不同模式为标准，将政府政策数据分解将会强化前述关系，即除批发贸易与连锁贸易外，政策规制将对其他所有服务贸易部门带来负面影响。当然，这种由规制所带来的负面影响在不同服务贸易部门显示出充分的异质性。我们在整个服务贸易中，还发现了可以用来证明的存在跨模式替代过程的证据，但也发现了存在于商业、金融和保险服务贸易的互补性。最后，我们发现区域贸易协定有推进服务贸易总体以及商业与金融的服务贸易的倾向，然而，这一效应似乎最初是由欧盟的影响而显现的。

Title：Task Trade between Similar Countries

Author：Gene M. Grossman，Esteban Rossi – Hansberg

Periodical：Econometrica

Date：Mar. 2012

Abstract：We propose a theory of task trade between countries that have similar relative factor endowments and technological capabilities，but may differ in size. Firms produce differentiated goods by performing a continuum of tasks，each of which generates local spillovers. Tasks can be performed at home or abroad，but offshoring entails costs that vary by task. In equilibrium，the tasks with the highest offshoring costs may not be traded. Among the remainder，those with the relatively higher offshoring costs are performed in the country that has the higher wage and the higher aggregate output. We discuss the relationship between equilibrium wages，equilibrium outputs，and relative country size.

题目：在相似国家间进行的任务贸易

作者：吉恩·M. 克罗斯曼，埃斯特班·罗西·汉斯伯格

期刊：计量经济学

日期：2012 年 3 月

内容简介：我们建立起一种理论，旨在分析在拥有相似资源禀赋与技术能力，而在规模上有所差别的国家间进行的任务贸易。企业通过执行一系列的任务进而生产差异化的产品，而每一件任务（的完成）都会带来本地溢出效应。任务可能在本国或外国完成，但是不同的任务将导致离岸外包的成本相差很大。在均衡下，有最高离岸外包成本的任务将不会进行贸易。而在剩余任务中，那些有相对高的离岸外包成本的任务将在拥有更高工资以及总产量更多的国家内完成。我们讨论了均衡工资、均衡产量与国家相对规模之间的关系。

Title：Trade in Services and Regional Trade Agreements：Do Negotiations on Services Have to Be Specific?

Author：Amelie Guillin

Periodical：The World Economy

Date：Nov. 2013

Abstract：Trade in services has been on a substantial positive trend since the last decades, and the number of regional trade agreements（RTAs）in force has increased regularly overtime. However, negotiations on services remain hesitant even at the bilateral level. Classifying an RTA according to its degree of liberalisation in services allows accounting for "depth" and heterogeneity issues amongst RTAs. I estimate a gravity equation using panel data covering the period 1999－2007, including bilateral and country－and－time fixed effects. The main results are：amongst RTAs, only the trade agreements covering services have a significant effect on trade in services；and the deeper, in terms of sectors and of content, the agreement is, the more intratrade the signatory countries have.

题目：服务贸易与区域贸易协定：关于服务贸易的谈判必须明确吗？

作者：阿梅利耶·吉兰

期刊：世界经济

日期：2013 年 11 月

内容简介：在刚过去的数十年中，服务贸易的发展已呈现一股持续积极的趋势，而与此同时付诸实施的区域贸易协定的数量一直有规律地增长着。然而，关于服务贸易项目的谈判即使在双边谈判的水平上，也依然裹足不前。以一项区域贸易协定致力于开放服务贸易的程度为标准而进行的分类，能够作为衡量区域贸易协定的"深度"以及多样性等主题的指标。笔者使用了时间跨度为 1999～2007 年的、包括双边的以及国家—时间固定效应的面板数据，估计了一个重力方程。主要结果如下：在区域贸易协定当中，只有包含了服务贸易的贸易协定，对于服务贸易具有显著效应；就部门与内容而言对服务贸易的相关规定更为深入的那些签订该项协定的国家具有更多的国内贸易。

Title：Trade in Services and TFP：The Role of Regulation

Author：VDM Erik

Periodical：The World Economy

Date：Nov. 2012

Abstract：What determines total factor productivity （TFP） growth in services：is it services trade or services – trade regulation? To respond to this question，we use four indicators of international trade in services since 1990 to 2005，namely foreign direct investment （FDI） inward stock，services imports，domestic sales of foreign affiliates （FATS） and FDI inflows，to examine what type of services trade forms a direct determinant. Subsequently，we analyse what type of sector – specific regulation has played an inhibiting effect on services TFP growth. Such analysis contrasts with former studies in which mainly factor inputs and economy – wide regulation are used to explain services TFP. This paper provides evidence that neither trade nor entry barriers are robust determinants to explain cross – country differences. Instead，regulations on operational procedures affecting the variables costs structure of the firm seem to play a more important role in explaining TFP growth between countries，particularly in combination with information and communication technology （ICT） capital.

题目：服务贸易与全要素生产率：规章制度的重要性

作者：VDM·埃里克

期刊：世界经济

日期：2012 年 11 月

内容简介：什么因素决定了服务业的全要素生产率的增长？是服务贸易还是服务贸易规制？我们使用了 1990～2005 年国际服务贸易的四个指标以回应上述问题，分别称作外商直接投资流入量、服务进口、外企分支机构的本国销售以及外商直接投资流入，以验证哪种服务贸易可构成一个直接的决定因素。继而，我们分析了哪种部门具体规制对服务业全要素生产率增长产生了抑制性效应。这一分析与先前的很多研究的结论相反，后者主要是用要素投入、放宽经济规制来解释全要素生产率。这篇论文提供了证据以证明，用来解释不同国家服务业全要素生产率增长差异的稳健因素既非贸易也非进入障碍；相反，对能够影响企业可变成本结构的操作过程上的规制，似乎在解释国家之间的全要素生产率的增长中发挥更重要的作用，而以那与信息与通信技术服务的资本相结合的规制尤甚。

Title：Research on the Problems and Countermeasures of China's Service Trade in the New Era

Author：Zhijun Sheng, Kuo Wang

Periodical：International Journal of Financial Research

Date：Oct. 2012

Abstract：Since the 21st century, global trade competitions focus point has shifted from commodity trade to service trade. International trade in services shows some new trends. Although China's service trade has obtained fast development in recent years, they also have many problems. To adapt to the new trend of the development of international service trade, China should take some countermeasures to promote China's service trade has a high level of development. These countermeasures include accelerating to develop the service industry, perfecting the legal system and management system of service trade, strengthening the personnel training work and so on.

题目：新时代下对中国服务贸易中的问题与对策研究

作者：盛志军，王廓

期刊：国际金融研究

日期：2012 年 10 月

内容简介：自 21 世纪开始，全球贸易竞争焦点已由货物贸易转至服务贸易。国际服务贸易显示出一些新趋势。近年来，中国服务贸易虽取得了快速发展，但也存在很多问题。为适应国际服务贸易发展的新趋势，中国应采取相应的对策，促进服务贸易的发展，使其具有更高的发展水平。这些对策包括加快发展服务业，完善服务贸易法律制度和管理体制，加强人员培训工作等。

Title：Services Trade in China and India

Author：Kwok Tong Soo

Periodical：International Journal of China Studies

Date：Apr. 2012

Abstract：This paper discusses international trade in commercial services in China and India，and is in two parts. The first part discusses in detail the data on services trade in both countries，while the second part considers the wider implications of the expansion of services trade. The future development of both countries depends heavily on services trade，hence a better understanding of the situation in both countries will help ensure that appropriate government policies are implemented.

题目：中国和印度的服务贸易

作者：郭东苏

期刊：国际中国研究

日期：2012 年 4 月

内容简介：这篇论文讨论了中国和印度关于商业服务的国际贸易，分为两个部分。第一部分细致地讨论了两个国家的服务贸易数据，第二部分考虑了服务贸易扩张产生的更广泛的影响。两个国家的未来发展均倚重于服务贸易，因此对两个国家发展服务贸易的当前情况的更好理解，有助于政府实行合适的政策。

Title：Measuring the Cost of International Trade in Services

Author：S. Miroudot，J. Sauvage，B. Shepherd

Periodical：World Trade Review

Date：Oct. 2013

Abstract：We present a new dataset of international trade costs in services sectors. Using a theory – based methodology combined with data on domestic shipments and cross – border trade，we find that trade costs in services are much higher than in goods sectors：a multiple of two to three times in many cases. Trade costs in services have remained relatively steady over the last ten years，whereas trade costs in goods have fallen overall at an impressive rate. We show that even in a regional grouping that has done much to promote a single market in services – the EU – there remains considerable heterogeneity in trade costs across countries. Our findings generally suggest an important role for future policy reforms to reduce the regulatory burdens facing services sectors and facilitate trade in services.

题目：衡量服务业国际贸易的成本

作者：塞巴斯蒂安·米鲁多，J. 索瓦热，B. 谢菲尔德

期刊：世界经济评论

日期：2013 年 10 月

内容简介：我们提出了一种新的服务业国际贸易成本数据。使用一种基于理论的方法，结合国内出货量和跨境贸易的数据，我们发现服务部门的贸易成本比货物部门更高，在很多情况下甚至是后者的 2~3 倍。在过去的 10 年中，服务业的贸易成本已相对稳定下来，而货物贸易成本却下降至令人吃惊的比率。我们研究展示，即使那些已经做出很多措施旨在促进服务贸易市场的区域联合体，比如欧盟，其内部不同国家间的贸易成本仍呈现很大的异质性。总体来说，我们的结论倾向于将旨在减少服务业面临的监管负担从而促进服务贸易发展的新政策放在重要的地位上。

Title：SMEs in Services Trade—A GATS Perspective

Author：Adlung，Rudolf，Soprana Marta

Periodical：Intereconomics

Date：Jan. 2013

Abstract：Unlike traditional （goods－only）trade agreements，the scope of the General Agreement on Trade in Services extends beyond the treatment of products（services）to cover that of suppliers as well. The trade interests of particular groups of suppliers，including SMEs，can thus be addressed directly under the Agreement. This paper provides an overview of potentially relevant policies and policy disciplines. It also seeks to identify the scope for further initiatives，from fostering compliance with existing transparency obligations to advancing the Agreement's liberalisation and rule－making mandates from an SME perspective.

题目：服务贸易中的中小企业——基于服务贸易总协定的视角

作者：阿德隆，鲁道夫，索普拉那·玛尔塔

期刊：国际经济

日期：2013 年 1 月

内容简介：不同于传统的只面向货物部门的贸易协定，服务贸易总协定的范围扩展至不但涵盖关于产品（或服务）的相关规定，还包括关于提供者的规定。包括中小企业在内的特定的提供商群体，他们的贸易诉求直接包含在这一协定当中。本篇论文概述了潜在相关的政策与执行条款，也试图明确未来进一步行动的范围，即从培养与现有的透明度义务的角度提升该协定的自由度和从中小企业的视角制定规则。

第三章 国际贸易学学科
2012~2013 年出版图书精选

第一节

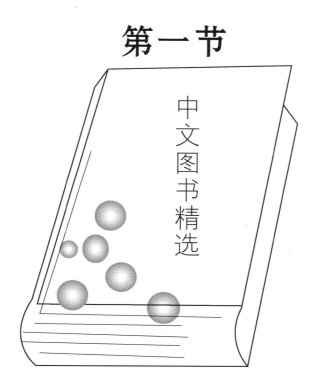

书名：加工贸易与中国企业生产率：企业异质性理论和实证
　　　研究

作者：余淼杰

出版社：北京大学出版社

出版时间：2013 年 7 月

Title：Processing Trade and China's Firm Productivity：Firm Heterogeneity and Theoretical and Empirical Research

Author：Miaojie Yu

Publisher：Peking University Press

Date：Jul. 2013

内容摘要：与新新贸易企业异质性理论的预测不同，中国规模以上工业制造业出口企业的生产率并没有显著地高出非出口企业的生产率。对于"企业的生产率之谜"，本书指出这是由于中国存在大量加工贸易。加工出口企业比一般出口企业生产率要低。剔除加工贸易后，出口企业生产率要高于一般贸易企业的生产率。全书分三部分。第一部分从宏观的角度探讨改革开放以来中国外贸概况和我国制造业的价值链升级情况。第二部分是全书的核心，首先介绍了 21 世纪以来国际贸易理论在企业生产率异质性上所取得的主要前沿研究成果，其次从不同的角度论证了我国的企业生产率和不断深化的贸易自由化如何影响企业的生产和出口行为，最后分析了企业生产率是如何影响企业的对外直接投资的。第三部分则是国际比较，通过分析中、印、东盟各制造业生产率的不同来理解三地之间的贸易模式。由于中美双边贸易是当前我国国际贸易的一个重要问题，本书也对人民币升值是否会降低我国对美国的出口提供了实证证据。

本书的特色之一是用中国规模以上工业企业和海关产品层面的最细化微观数据对我国的出口和企业生产率的行为进行研究。由于可以避免采用宏观行业数据研究可能产生的加总误差，因此做到研究结果可靠准确。据笔者所知，由于中国规模以上工业企业和海关产品层面的最细化微观数据是近年来才可得，目前国内学术界尚没有已出版的同类著作，本书的出版也在一定程度上填补了国际贸易中企业异质性中国实证研究的空白。

本书的特色之二是理论模型与实证研究相结合。先前关于我国生产率的研究多停留在行业水平上的简化式实证回归，尽管对我们理解中国工业行业的生产率和各工业行业的经济活动有所帮助，但由于缺乏必要的理论模型为引导，对于生产率如何影响各行业的销售、贸易和投资行为的渠道无法深入探讨。而本书的实证研究是建立在具有微观基础的一般均衡模型的企业异质性理论之上的。相对应地，计量实证研究也是建立在结构式估计上的，从而有利于我们更深入地探讨各个影响机制和渠道。

本书的特色之三是在全球经济一体化的框架下以中国经济为主要考察对象。本书前十章都是以中国经济为考察对象和研究背景的。中国作为最大的发展中国家，其贸易模式和企业生产行为对其他国家也有一定的参考意义，所以，本书的最后两章又分析了中印贸易的异同，探讨了中国、东盟、印度的不同生产率和贸易模式。

本书的特色之四是微观研究和宏观研究相结合。本书先从宏观视野入手梳理了改革开放 30 多年以来我国外贸的发展情况，然后着眼于我国的工业制造业的发展情况，理解改革开放 30 多年价值链升级所带来的比较优势的动态变化，接着再从微观企业层面甚至产品层面去探讨我国企业的出口、加工贸易和企业生产率之间的关系，进而研究不断深化的贸易自由化如何提高企业生产率，而企业生产率的提高又如何影响企业"走出去"对外直接投资。最后，本书又回到宏观层面探讨我国工业制造业的生产与贸易同其他东南亚国家有何不同。

书名： 东亚区域合作分析——中国信息通信技术产业发展与
东亚区域生产网络变迁

作者： 吴湘宁

出版社： 北京大学出版社

出版时间： 2013 年 2 月

Title： Analysis of Regional Cooperation in East Asia：China
Information and Communication Technology Industry

Author： Xiangning Wu

Publisher： Peking University Press

Date： Feb. 2013

　　内容摘要： 自 20 世纪 90 年代开始，舆论关于"中国威胁论"的声音就不绝于耳。目前多数研究集中在中国日益增强的军事实力、政治能量上，或者将中国的经济成就与日本的经济衰退进行对比。在一定程度上，可以说中国经济的飞速发展极大地受益于以信息通信技术（ICT）革命为代表的最近一次工业革命，同时信息通信技术产业发展本身印证着经济发展各个领域的巨大变迁。《东亚区域合作分析——中国信息通信技术产业发展与东亚区域生产网络变迁》旨在以中国信息通信技术产业的发展这样一个独特的视角，论述中国崛起对东亚区域生产网络（EARPNs）的影响，分析中国的崛起对周边环境的影响。

　　本书通过中国信息产业发展这一重要视角，分析其对东亚产业链结构的影响，实际上反映出了中国崛起对东亚秩序变革的影响。中国信息产业的发展在很大程度上带动了中国经济的跨越式发展，其与全球产业链的变迁密不可分，面临着各种机遇和挑战。随着中国信息产业制造业、软件研发以及通信企业的海外投资的不断扩张，中国信息产业领域在全球产业链特别是东亚产业链的份额和地位日趋上升。这种数量级的变化必然带来质的变化。如何在地区范围内理解由于中国信息产业的发展所带来的中国经济的巨大成就，东亚区域生产链结构是否因此发生了质的变化，同时东亚一体化进程是否因此而有所变动？本书以雁型模式以及跨国生产链理论为基础，在政府和企业两个层面，结合政府政策以及企业案例，在区域和全球的范畴内分析了中国信息产业的发展，以及因此带来的影响。

书名：贸易政策分析实用指南
作者：张磊，蔡会明，邵浩
出版社：对外经济贸易大学出版社
出版时间：2013 年 5 月
Title：Practical Guide to Trade Policy Analysis
Author：Lei Zhang，Huiming Cai，Hao Shao
Publisher：University of International Business and Economics Press
Date：May 2013

内容摘要：本书是由联合国贸易和发展会议与世界贸易组织秘书处合作的结晶，它的六个章节由这两个组织的学者和工作人员合作编写。本书的目标是帮助研究人员和决策者在贸易政策分析方面提升其经济定量分析和获得数据的能力。编写本书是基于这样一个信念：好的贸易政策需要好的分析，书中汇集了目前贸易政策分析使用最广泛的方法，可以让读者比较各种方法并且选择最适合的方法解决当今的问题。

本书最具创新性的特点是将分析技术的详细解释与进行分析的数据查找指南相结合，并附有各种形式的练习，这样读者就可以跟随书中内容一步一步掌握所介绍的分析过程。虽然本书的主要读者为初级研究人员，但也覆盖了当前定量分析方法的最新进展。

本书是应一些发展中国家的研究机构和大学对贸易政策分析培训的要求而撰写的。尽管数量经济学在决策中使用得越来越多，但没有一本书能够直接解决本书所涉及的全部实务问题，如最简单的包括到哪里可以找到最好的贸易和关税数据，如何建立一国贸易方面的基本统计。本书还提供方法解决更复杂的问题，比如如何选择最好的分析工具来回答加入世界贸易组织和优惠贸易协定的经济影响以及贸易将如何影响一个国家内部的收入分配等问题。

书名：金砖国家经贸合作发展报告（中国2013）

作者：对外经济贸易大学现代服务业研究中心

出版社：对外经济贸易大学出版社

出版时间：2013 年 7 月

Title：BRIC Countries Economic and Trade Cooperation Development Report

Publisher：University of International Business and Economics Press

Date：Jul. 2013

内容摘要：金砖国家是当今发展最快的经济体，具有巨大的发展潜力。金砖国家的合作体现了当今国际形势的发展变化，也反映了新兴国家合作的共同愿望和选择。当前，五国均面临调整经济结构，保持经济健康、稳定、可持续增长，实现社会包容性、公平性和绿色发展等相似的问题和挑战。金砖国家合作机制为五国共享发展经验、共同寻求解决发展难题提供了难得的合作平台。与此同时，金砖国家的互补性优势明显，在平等互利基础上开展密切合作、促进共同发展具有坚实的基础。金砖国家合作开展多年来，内涵不断丰富，层次不断拓展，成果不断涌现，逐步形成了多层次、宽领域的合作架构。实践证明，金砖国家合作不仅有利于五国经济社会发展，而且有利于世界和平与发展。以金砖国家为代表的新兴市场国家合作机制方兴未艾，是全球经济合作的新模式，是多边主义的重要实践，可以继续在促进新兴市场国家合作方面发挥积极作用。

本报告的撰写旨在使读者全面地了解金砖国家经济形势、经贸状况以及与中国近年来的经贸合作情况，理解金砖国家之间经济互补的关系，增强认识其合作的重要性，并通过建立"金砖五国"经济发展评价指标体系帮助读者更直观地观察"金砖五国"主要经济指标的增长态势，从而对预测经济未来走势和寻找经济下一步发展方向提供参考。

本报告共包括五个部分，前四个部分按国别划分，分别是中国—巴西、中国—俄罗斯、中国—南非和中国—印度四个经贸合作发展报告，第五部分是金砖五国经济发展评估。

书名：对外直接投资应对贸易保护的理论与实证研究

作者：仲鑫，张养志，马光明

出版社：对外经济贸易大学出版社

出版时间：2013 年 11 月

Title：Foreign Direct Investment to Deal with Trade Protection Theory and Empirical Research

Author：Xin Zhong，Yangzhi Zhang，Guangming Ma

Publisher：University of International Business and Economics Press

Date：Nov. 2013

内容摘要：国际贸易、对外直接投资这两个对外联系的主要渠道存在千丝万缕的联系。国际贸易、国际投资理论与日本 20 世纪 80 年代中后期的实践说明，中国不断增长的对外直接投资存在着向国外转移生产和出口能力以及在成本较低的前提下降低国内贸易顺差、缓解贸易摩擦的可能性和必要性。政府应当利用当前的世界经济环境机遇，一方面通过积极的财政支持扩大我国对外直接投资总体规模，另一方面做好对外直接投资区位结构和产业结构调整，发挥对外直接投资降低资本项目和经常项目顺差的作用，以应对近年来我国不断增长的对外贸易摩擦。

本书的结构安排如下：首先，介绍当前一轮贸易保护主义的表现形式、特点和成因，并考察该轮贸易保护主义对我国出口和宏观经济的影响。其次，介绍应对贸易摩擦的传统途径及其在中国经贸实践中的效果。再次，分别从理论和实证角度研究对外直接投资对降低贸易顺差、缓解贸易摩擦的作用。最后，总结全文，提出进一步推进我国对外直接投资应对贸易保护的政策建议和战略设计。

书名： 中国所涉自贸区原产地规则与相关问题研究

作者： 徐进亮，丁长影

出版社： 对外经济贸易大学出版社

出版时间： 2013 年 8 月

Title： Study on the Rules of Origin and Related Issues of China's Free Trade Zone

Author： Jinliang Xu，Changying Ding

Publisher： University of International Business and Economics Press

Date： Aug. 2013

内容摘要： 自由贸易区的特点是区内各成员之间减免关税，但各成员对外则保持各自独立的关税水平，此时就必须制定优惠性原产地规则，以防止非成员方货物以自贸区内对外关税税率最低的成员为跳板，再转口至区内其他拥有较高对外关税税率的成员方。例如 A、B 两国之间签订了自由贸易区协定，约定彼此之间的关税税率为零，同时两国对外保持独立的关税政策，A 国对某产品的最惠国关税税率为 30%，B 国则为 10%。此时如果没有制定相应的优惠性原产地规则，区外 C 国出口商就可先将该商品出口到 B 国，再以 B 国为跳板零关税转口到 A 国，从而规避 20% 的进口关税。因此，充分享受中国所涉自贸区带来的优惠，就需要认真研究相关自贸区原产地规则的具体规定以及现存问题，并提出相关对策建议。

本专著共分六章，分别就以下内容进行研究和论述：原产地规则；中国所涉自贸区原产地规则；中国所涉自贸区成员参加的其他自贸区原产地规则；中国所涉自贸区原产地规则的缺陷与完善建议；原产地相关问题研究；开放我国自贸区政府采购市场与本国产品原产地标准研究等。

书名：人民币升值的特征及对出口贸易的影响与对策研究
　　　　——兼论人民币国际化对出口的作用
作者：马光明
出版社：对外经济贸易大学出版社
出版时间：2012 年 9 月
Title：The Characteristics of RMB Appreciation and Its Impact on Export Trade and Countermeasures
Author：Guangming Ma
Publisher：University of International Business and Economics Press
Date：Sep. 2012

内容摘要：就人民币升值对出口贸易的影响而言，本书基于时间序列和面板数据的实证研究表明，从长期而言，1986～2009 年，在控制国外需求水平不变的前提下，人民币实际有效汇率升值对我国出口贸易总体抑制作用明显。同时升值对内资/外资企业的影响幅度不同，外资企业对升值影响较为敏感，而内资企业则对升值反应不大。从短期而言，2005～2010 年第 2 季度，较多种类对美出口产品对人民币升值的反应不显著，升值甚至增加了少数产品对美出口额。短期内的 J 曲线效应、盯市行为、产品特性和子母公司内部贸易造成的低需求价格弹性、中美贸易的互补性是该现象产生的可能原因。

就应对人民币升值对出口贸易影响的对策而言，本研究从国民经济和出口企业的利益出发，提出了基于实体经济、货币经济以及企业经济三个层面的应对措施：第一，实体经济层面上尽量在代价最小化前提下促进国际收支平衡，降低人民币升值幅度；第二，在货币经济层面上推进人民币国际化进程，减少人民币升值的不对称幅度；第三，在企业经济层面上减少人民币升值对出口产品竞争力的影响。

书名：博鳌亚洲论坛亚洲经济一体化进程 2012 年度报告

作者：林桂军

出版社：对外经济贸易大学出版社

出版时间：2012 年 3 月

Title：2012 Annual Report on the Process of Economic Integration in Asia

Author：Guijun Lin

Publisher：University of International Business and Economics Press

Date：Mar. 2012

内容摘要：2011 年是动荡的一年。尽管全球经济环境恶化，亚洲总体上仍然保持其增长的良好势头，2008 年全球金融危机之后，亚洲在世界贸易中的地位明显上升，2009 年亚洲占全球贸易的比重为 29%，2010 年升至 32%，而世界最大的贸易集团——欧盟占全球贸易的比重则从 2009 年的 41% 下降至 2010 年的 38%。生产网络的一体化是亚洲经济一体化的基础，亚洲作为世界最大的工厂，中间产品的年出口额超过 1 万亿美元，占世界总额的比重达到 47%，远远超出欧盟的 32% 和北美的 10.3%。与 20 世纪 90 年代不同，进入 21 世纪以来，亚洲区域内中间产品贸易（主要集中在东北亚和东南亚之间）的比重不断上升，而与北美和欧盟之间的跨区域中间产品贸易比重则降到较低的水平，今天，亚洲经济体对于亚洲工厂的依存度已经达到了 64%。然而亚洲经济一体化的不断加深不仅体现在生产网络方面，还体现在区域内游客的密集流动以及亚洲经济体在整体贸易上（不仅包括中间品，还包括制成品和原料）对亚洲依赖程度的稳步提高。2009 年，亚洲约 51% 的贸易是在亚洲经济体之间进行的，到 2010 年这一比例上升至 54%。这些现象显示，亚洲经济一体化有着其固有的内部自然动力。

面对 2012 年的挑战，亚洲经济体必须加强区域内和全球层面的合作。区域内的合作包括：在美国和欧盟经济增长缓慢的情况下，亚洲各经济体应进一步探索如何更多依靠内部市场需求的扩大来保持经济的增长；保持亚洲生产网络不因固有的治理缺陷而出现中断；降低日本自然灾害对区域经济增长的不利影响；协调彼此对区域一体化路径的观点，防止地区分裂成若干贸易集团。

书名：中国高进口依存度农产品的贸易行为及其影响研究

作者：王永刚

出版社：经济管理出版社

出版时间：2013 年 10 月

Title：Research on the Trade Behavior and Impact of High Import Dependence of Agricultural Products in China

Author：Yonggang Wang

Publisher：Economy & Management Publishing House

Date：Oct. 2013

　　内容摘要：《中国高进口依存度农产品的贸易行为及其影响研究》对 20 世纪 90 年代中期以来，尤其是加入 WTO 以后中国高进口依存度农产品供求关系、贸易行为的变动特征及其动因进行系统考察，揭示贸易对高进口依存度农产品及其相关产业影响的机制与后果，并提出相关的政策建议。首先，总结分析中国主要农产品的进口贸易与对外依存度变化，高进口依存度农产品的世界生产、贸易格局。其次，模拟不同政策目标对高进口依存度农产品供求关系及贸易行为的影响，检验贸易与高进口依存度农产品国内外市场的联动关系。最后，评判贸易对高进口依存度农产品及其相关产业的正面作用和负面影响，分析贸易对高进口依存度农产品加工业市场结构、空间结构的影响机制与后果。

　　全书共分 8 章，内容包括：第 1 章，中国农产品进口贸易的历史回顾与特征分析；第 2 章，高进口依存度农产品的世界生产、贸易格局分析；第 3 章，政策目标对高进口依存度农产品供求关系及贸易行为的影响；第 4 章，贸易与高进口依存度农产品国内外市场联动分析；第 5 章，贸易对高进口依存度农产品及其相关产业的综合影响；第 6 章，贸易对高进口依存度农产品加工业市场结构的影响；第 7 章，贸易对高进口依存度农产品加工业空间布局的影响；第 8 章，结论与建议。

书名：中印战略合作伙伴关系研究——兼论中印自由贸易区的建立与发展

作者：杨思录

出版社：中国社会科学出版社

出版时间：2013 年 7 月

Title：Research on the Strategic Partnership between China and India

Author：Silu Yang

Publisher：China Social Sciences Publishing House

Date：Jul. 2013

内容摘要：《中印战略合作伙伴关系研究——兼论中印自由贸易区的建立与发展》是在 2009 年度国家社科基金《发展中印战略合作伙伴关系的意义及面临的机遇与挑战及对策研究》的基础上形成的，主要对发展中印战略合作伙伴的意义、机遇、挑战进行了较为全面和详细的研究和梳理，并对如何促进两国战略合作伙伴关系的发展提出了一系列的对策建议。同时，鉴于经济合作在中印关系中处于非常重要的地位，《中印战略合作伙伴关系研究——兼论中印自由贸易区的建立与发展》也对发展中印自由贸易区进行了系统的研究。对于两个亚洲地区的发展中大国来说，建立自由贸易区不仅符合经济全球化的发展趋势，而且对于促进中印经济发展也有着非常重要的意义。

本书共分 11 章，内容包括：发展中印战略合作伙伴关系的意义；当代中印关系；发展中印战略合作伙伴关系的机遇；发展中印战略合作伙伴关系的挑战；发展中印战略合作伙伴关系的对策建议；发展中印战略合作伙伴的重要途径；中印参与自由贸易区的现状；建立中印自由贸易区的进展情况；中印两国参与自由贸易区比较研究；建立中印自由贸易区的经济效应；推进中印自由贸易区建立的总体构想。

书名：对外直接投资与母国经济利益——理论分析与实证研究
作者：古广东
出版社：中国社会科学出版社
出版时间：2013 年 12 月
Title：FDI and Economic Benefits：Theoretical Analysis and Empirical Research
Author：Guangdong Gu
Publisher：China Social Sciences Publishing House
Date：Dec. 2013

内容摘要：20 世纪 80 年代以来，全球对外直接投资（Foreign Direct Investment，FDI）流量与存量双双激增，成为当代最重要的国际经济现象之一，其对东道国经济、母国经济以及全球经济的影响越来越受到各方面的关注。世纪之交，中国政府提出了"走出去"战略，鼓励企业进行跨国投资与经营，由此正在促成中国企业的对外直接投资高潮，这个高潮势必对中国经济产生重大而深远的影响。基于国际国内政策环境的变化以及对外直接投资浪潮的蓬勃发展，古广东编著的《对外直接投资与母国经济利益——理论分析与实证研究》将对外直接投资与母国经济利益作为考察的视角，并进行相关理论与实证分析，为中国下一步促进对外直接投资发展提供相关政策建议。

《对外直接投资与母国经济利益——理论分析与实证研究》在系统梳理有关对外直接投资影响母国经济的相关文献基础上，采用实证分析与规范分析相结合的方法，就对外直接投资与母国经济这一论题展开了研究。在具体研究上，本书构建了一个对外直接投资影响母国经济利益的传导机制框架，就对外直接投资影响母国经济利益的微观机制进行了深入剖析，并将其纳入一个完整的框架之中予以分析，而这一传导机制也是其后进行经验检验与实证分析的理论框架。

具体而言，对外直接投资影响母国经济利益是通过对母国的产业结构施加影响、导致母国技术进步、促进母国出口贸易增加、改善母国国内就业以及影响母国国际收支平衡这五方面进行的。

通过对先行的对外直接投资大国美国和日本的实证分析，得出的主要结论是：无论是美国还是日本，其对外直接投资都对本国经济产生了重要影响。不同的是，美国的对外直接投资促进了本国产业结构的顺利升级，而日本却在对外直接投资过程中陷入"空心化"的趋势；美国和日本都注意在对外直接投资中汲取他国先进技术，尤其是日本通过对美国、西欧等技术先进国的大力投资，促进了日本国内技术的不断进步；美国和日本的对外直接投资都在一定程度上促进了本国出口贸易的发展，从计量结果来看，美国的对外直接投资与其出口贸易之间的线性关系更加明显，但日本的对外直接投资在更大程度上促进了其出口贸易的增长；在对外直接投资与母国的国内就业关系上，实证分析表明，美国与日本的对外直接投资都在一定程度上促进了本国就业的增长，而美国对外直接投资在更大程度上提高了其国内的就业质量；美国和日本的对外直接投资都对本国的国际收支产生了积极影响，改善了彼此的经常账户和资本账户，从而促进了本国国际收支的平稳发展。

通过对中国对外直接投资的实证分析，得出的主要结论是：中国的对外直接投资尚处于起步阶段，其对中国经济产生的影响还不明显，但随着中国对外直接投资的进一步发展，其对中国经济产生的影响也是重大而深远的。通过中国对外直接投资与中国出口贸易和技术进步的计量分析，得出的实证结论有二：其一，中国的对外直接投资是贸易创造性的，对外直接投资促进了中国出口贸易的进一步发展；其二，对外直接投资增加了中国来自国外的研发资本存量，且这些通过对外直接投资溢出的来自国外的研发存量与中国国内的技术进步有显著的正相关关系。虽然中国对外直接投资规模不大且由于统计制度的滞后，使得所采用的数据存在一定的误差，但无论如何，实证研究已表明，对外直接投资促进了中国产业结构的升级、技术进步、出口贸易发展、就业增加以及国际收支改善。因而，大力促进中国企业对外直接投资的发展，更好地参与国际竞争与合作，必将对中国经济产生积极而深远的影响。

书名：中国服务贸易研究报告 NO.2
作者：于立新，冯远
出版社：经济管理出版社
出版时间：2013 年 12 月
Title：China Service Trade Research Report
Author：Lixin Yu，Yuan Feng
Publisher：Economic Management Publishing House
Date：Dec. 2013

内容摘要：本研究课题从 2012 年 2 月立项，按计划通过文献梳理、实地调研、观点提炼、研究报告撰写四个阶段实施课题研究。主要选取了我国东部沿海经济发展较快的地区，及国外有代表性的发达国家与发展中国家进行实地考察，通过课题研究报告的写作和研究思想的提炼，课题组基本上按照课题立项预期完成了本课题的研究任务。于立新、冯远主编的《中国服务贸易研究报告 NO.2》由总论、六篇内容共 19 章组成。

其研究成果为：①本课题通过实证研究，客观梳理和研究了我国服务贸易区域发展的基本现状、区域布局与现行体制存在的弊端，我国服务贸易发展所面临的严峻国内改革与国际竞争趋势挑战，指出目前我国服务贸易发展滞后是由于缺少宏观管理制度层面的战略安排和政府政策支撑，而这种偏差则是由于缺少战略层面的一个完整的服务贸易促进框架体系，明确了深化服务贸易促进框架体系对于我国服务贸易与货物贸易协调发展的现实意义。②创新性地提出了我国服务贸易与货物贸易协调发展的战略路径，根据经济全球化和借鉴国际服务贸易发展经验，规划了我国新的包容性对外开放战略新模式，并提出了服务贸易与货物贸易协调发展的"小政府，大社会"新的制度安排的顶层设计，以及政府管理职能转变的理念，这在东部先行先试的中国（上海）自由贸易实验区、苏州工业园区等实验区产生了一定的积极反响。③研究报告在选取重点行业及重点领域，细化服务贸易行业发展创新促进体系研究的基础上，就如何建立有利于我国服务贸易与货物贸易协调发展的服务贸易发展的促进体系框架提出了具体措施与政策建议。

书名：中国自由贸易区战略的政治经济研究

作者：李艳丽

出版社：中国经济出版社

出版时间：2012 年 12 月

Title：A Study on the Political Economy of China's Free Trade Area

Author：Yanli Li

Publisher：China Economic Publishing House

Date：Dec. 2012

内容摘要：随着多边贸易体系对全球贸易自由化的推动作用逐渐减弱，尤其是多哈回合的失败，一些国家开始转向了双边或多边自由贸易区战略，中国即是在这样的国际环境下启动本国的自由贸易区战略的。中国作为一个自由贸易区战略启动较晚的新兴大国，在制定和执行自由贸易区战略的过程中出现了较显著的"非经济"因素考虑的特征，传统的单纯从福利角度分析自由贸易区参与国经济得失的分析方法已经无法满足现实需要。本文运用政治经济的分析方法对中国自由贸易区战略进行解析，并同时参照美国、日本等大国的战略实践，为完善中国自由贸易区战略提供政策建议。

自由贸易区战略作为一项国家战略，服务于一国多元化的战略意图。《中国自由贸易区战略的政治经济研究》从三个层面来研究中国自由贸易区战略的目标与执行效果。首先，研究中国自由贸易区战略的经济效应，并引用引力模型，将自由贸易区虚拟变量加入引力模型中，研究其对双边贸易量的影响。回归结果认为自由贸易区的经济效应逐年下降，自由贸易区战略中的"非经济"因素考虑占据越来越重要的地位。其次，研究中国自由贸易区战略与国际安全的关系，认为中国自由贸易区战略与石油安全以及反对国际恐怖主义密切相关。最后，研究自由贸易区战略对中国大国"和平崛起"战略的影响，认为中国充分运用了自由贸易区战略，为大国崛起战略的执行谋求了有利的国际环境。

《中国自由贸易区战略的政治经济研究》的创新首先主要体现在研究视角的创新。本书运用政治经济的分析方法，不但对自由贸易区的经济效应进行研究，而且将国际关系的相关理论也纳入分析中，研究自由贸易区战略在国际安全和大国战略中的重要作用。本书的创新还体现在观点的创新。《中国自由贸易区战略的政治经济研究》认为，自由贸易区战略可以运用到多个战略意图中去。对于促进国家石油安全、应对国际恐怖主义以及维护巩固大国地位等，自由贸易区战略都可以是比较有效的战略手段，为实现中国不同的国家战略意图做出贡献。

书名： 自主创新能力与经济增长——基于外商直接投资视角的研究

作者： 赵红

出版社： 经济管理出版社

出版时间： 2013 年 12 月

Title： Independent Innovation Ability and Economic Growth – Based on the Perspective of Foreign Direct Investment

Author： Hong Zhao

Publisher： Economic Management Publishing House

Date： Dec. 2013

内容摘要： 自主创新能力是一个国家长期经济发展的重要决定因素，也是一个国家保持经济可持续发展的重要动力和源泉。《自主创新能力与经济增长——基于外商直接投资视角的研究》以我国外商直接投资、自主创新能力、经济增长为研究对象，通过理论分析与实证研究，就外商直接投资影响我国自主创新能力及经济增长的机制、外商直接投资是否提高了我国自主创新能力及促进了我国经济增长、外商直接投资在提高我国自主创新能力及促进我国经济增长中还存在哪些问题等进行了探讨。

《自主创新能力与经济增长——基于外商直接投资视角的研究》以我国外商直接投资、自主创新能力、经济增长为研究对象，通过理论分析与实证研究，讨论了外商直接投资影响我国自主创新能力和经济增长的传导机制、外商直接投资对我国自主创新能力和经济增长的实际影响、外商直接投资在提高我国自主创新能力和经济增长中存在的问题和障碍，拟提供的政策建议。

书名：中国对外直接投资与全球价值链升级

作者：张宏等

出版社：中国人民大学出版社

出版时间：2013 年 3 月

Title：The Upgrading of China's Foreign Direct Investment and Global Value Chain

Author：Hong Zhang et al.

Publisher：Renmin University of China Press

Date：Mar. 2013

内容摘要：我国对外直接投资随着国内经济发展而发展，"走出去"战略的实施和对外直接投资管理体制的转变推动我国对外直接投资规模进入持续上升期，随之上升的是国内外对我国对外直接投资问题的争论和思考，多数研究从现状与前景、产业或区位、影响因素、发展路径、投资管理体制、贸易与资本形成、技术进步效应、投资动机等不同角度进行了局部分析，鲜有对我国对外直接投资活动进行系统的理论探讨和实证检验。本书解决了我国对外直接投资中的若干理论问题：①现有全球价值链和对外直接投资相关理论对我国对外直接投资活动的解释力；②我国在全球价值链中的地位和新时期我国对外直接投资的发展特点；③我国通过对外直接投资实现技术获取和价值链升级的一般原理和机制；④对外直接投资对我国技术进步的影响及其逆向溢出效应的强弱。

本书丰富了发展中国家对外直接投资的研究文献，传统对外直接投资理论主要解释了发达国家企业的对外直接投资活动，在规范的一般均衡分析框架内分析了像我国这样的劳动力丰富大国在全球价值链分工条件下实现分工地位升级所需的国家和行业层面的特征条件，从理论上解答了我国同时向发达国家和发展中国家进行的直接投资活动；在全球价值链分析框架内，运用两分法探讨了对外直接投资逆向溢出的微观机理；通过多种实证方法发现了我国对外直接投资活动对国内技术进步的显著正向影响，澄清了关于我国对外直接投资的技术逆向溢出效应的存在性的争议。

书名： 金融业外商直接投资对发展中东道国经济影响机制的
　　　　研究

作者： 刘兴凯

出版社： 人民出版社

出版时间： 2012 年 5 月

Title： Research on Impact of the Mechanism of FDI in Financial
　　　　Sector to the Economy of the Developing Mother Country

Author： Xingkai Liu

Publisher： People Press

Date： May 2012

内容摘要： 基于金融产业在一国经济系统中的战略地位和独特作用，刘兴凯编写的《金融业外商直接投资对发展中东道国经济影响机制的研究》探讨了金融业外商直接投资（FDI）对发展中东道国经济发展的影响及其影响机制问题。《金融业外商直接投资对发展中东道国经济影响机制的研究》把 FDI—增长和金融—增长两个研究领域的内容融合在同一个分析框架中，以金融业 FDI、金融体系发展与经济发展的内在因果链条为逻辑主线，构建了金融业 FDI 影响东道国宏观经济发展的机制框架，并在此基础上对金融业 FDI 影响东道国经济发展的各种作用机制进行了实证检验。《金融业外商直接投资对发展中东道国经济影响机制的研究》在一定程度上拓展了现有金融业 FDI 的研究内容，对于发展中东道国的政策评估以及我国金融业开放具有一定的参考和借鉴意义。

《金融业外商直接投资对发展中东道国经济影响机制的研究》试图从理论和经验层面系统研究金融业外商直接投资对发展中东道国宏观经济的影响及其影响机制，以此丰富这一领域的研究成果，弥补理论研究在这一方面的不足。本书的主要创新之处包括：构建金融业外商直接投资对东道国经济影响机制的分析框架，并使用面板数据模型进行了实证检验；分析了金融业外商直接投资对东道国宏观经济影响机制的区域性差异及其约束条件；对各类作用机制的重要性进行了识别，认为效率机制是金融业 FDI 促进东道国经济增长的最核心作用机制。

书名： 外商直接投资对中国收入分配的影响：基于1998~
2006年工业企业面板数据的动态计量分析

作者： 刘仕国

出版社： 社会科学文献出版社

出版时间： 2012年4月

Title： The Impact of Foreign Direct Investment on China's
Income Distribution

Author： Shiguo Liu

Publisher： Social Science Literature Press

Date： Apr. 2012

内容摘要： 目前，中国居民收入的基尼系数达到0.47以上，收入与财富分配的严重不公已经迅速成为中国重大的经济与社会问题。本书基于严谨的经济学理论，以企业为基本分析单位，运用动态面板计量方法，从外商直接投资介入收入创造——生产的过程着手，探究了外商直接投资影响东道国收入分配的理论机制，并从实证上对这种影响进行了评估，最后利用收入差距分解方法估算了外商直接投资对中国收入分配差距的贡献。

第二章对现有相关文献进行了综述，并澄清了外商直接投资、收入、收入分配差距测度等概念及其统计测度。综述发现，国内外研究"外商直接投资—收入分配关系"的文献偏少，研究结论不收敛，其实是有关该关系的理论尚未统一、实证模型设定和相关计量方法存在重大缺陷、相关数据严重不足以及研究空白尚未填补等诸多问题的综合反映。

第三章应用内生经济增长理论构造了一个开放经济体的一般均衡模型。该经济体由农业和非农现代产业两个部门组成，后者又分为内资和外资两个子部门。农业部门以内资和低技能劳动力为生产要素生产农产品；非农内资部门以低技能劳动力、高技能劳动力和国内资本为生产要素，非农外资部门以低技能劳动力、高技能劳动力和国外资本为生产要素，二者均生产非农产品。此外，低技能劳动力向高技能劳动力的升级由技能形成部门来实现，高技能劳动力是技能形成部门的最终产品。对各部门行为函数的上述设定，体现了外商直接投资作为内生增长要素的基本属性，如技术进步、固定成本的存在、竞争、劳动力分工、效率溢出等。论文导出了该经济体的一般均衡条件，即高技能劳动力之于低技能劳动力的相对需求等于二者的相对禀赋。本章还分析了一般均衡过程中资本与劳动力的关系、内资与外资的关系、人力资本培育和劳动力在部门间的转移过程，有效地模拟了外商直接投资在技术进步和东道国就业充分性等不同假设下，对工资率和就业的直接与间接作用机制，刻画了外商直接投资影响收入分配差距的过程和结果。该模型提供了宏观、中观与微观共三种角度来考察外商直接投资同东道国收入分配之间的关系。

第四章介绍了实证分析所用的动态面板分析方法。包括面板数据分析的基本内容，动态面板数据分析的一般模型、估计方法比较、广义矩法的矩条件、模型及矩条件的选择方法、个体间相依性的处理方法，以及Stata软件中进行动态面板估计的主要工具。根据第三章有关一般均衡模型的推论和第二章对现有文献相关研究成果的综述，论文在第五章和第六章分别设定了外商直接投资影响工资率和就业的实证模型，并应用动态面板分析方法进行了估计。第七章构建了外商直接投资影响企业工资率和就业的一个联立系统，应用三阶段二乘法对其进行了估计。第八章在计量估计结果的基础上，应用收入分配差距测度的分解方法，在严格控制了面板单位固定效应的条件下，估算了外商直接投资对中国居民收入分配差距的贡献及其动态变化。最后，论文从贫困、增长和收入差距三者之间的关系出发，评估外商直接投资对中国收入分配差距的影响。

书名：区域贸易安排原产地规则研究

作者：梁瑞

出版社：知识产权出版社

出版时间：2012 年 6 月

Title：A Study on the Rules of Origin of Regional Trade Arrangements

Author：Rui Liang

Publisher：Intellectual Property Press

Date：Jun. 2012

内容摘要：《区域贸易安排原产地规则研究》在较为全面地介绍当前全球区域贸易安排原产地规则主要实践的基础上，分别对区域贸易安排原产地规则的贸易效应、投资效应、福利效应和贸易政策工具效应的表现和作用机理进行了分析，并总结了原产地规则限制性的影响因素。同时，《区域贸易安排原产地规则研究》对区域贸易安排服务贸易原产地规则进行了较为全面的阐述。

自 20 世纪 90 年代以来，区域贸易安排在全球范围内迅猛发展，深刻地影响着国际贸易的前途与规模。与此同时，原产地规则作为一项贸易政策工具被广泛地应用到区域贸易安排中，在防止"贸易偏移"、促进区内贸易发展、引导外商投资流向、引进高新技术、促进区内产业结构调整等方面对区域贸易安排的发展起到重要作用，受到越来越强烈的关注。现阶段，我国把积极构建区域贸易安排作为参与经济全球化的重要战略选择，加强对区域贸易安排中的原产地规则的研究具有重要的现实意义。但是，我国在已参与的区域贸易安排中的原产地规则制定方面仍相对滞后，主要原因在于我国参与区域贸易安排起步晚、实践有限，缺乏相应立法经验。因此，就有必要研究和借鉴其他国家或地区参与区域贸易安排、制定原产地规则的先进经验，结合我国经贸发展的实际情况，制定符合我国贸易政策目标和利益需求的原产地规则，促进区域贸易安排的发展，提升我国的国际竞争力。本文的写作正是基于此落脚点而展开。本文由四个部分组成，共计三万余字，运用理论联系实际、比较分析、文本解读等方法，系统地阐释了区域贸易安排中的原产地规则，主要内容如下：第一部分，区域贸易安排与原产地规则。该部分从区域贸易安排成为当前国际贸易发展一大发展趋势，原产地规则在区域贸易安排中发挥重要作用出发，对区域贸易安排中原产地规则的功能和特点进行分析，指出原产地规则是区域贸易安排中的固有规则，离开原产地规则，区域贸易安排便失去存在的意义。第二部分，区域贸易安排中原产地规则的适用标准。该部分重点介绍了区域贸易安排中原产地规则的核心内容，即原产地认定标准问题，将其分为一般标准和补充标准两大类。分析和比较了税目改变标准、增值百分比标准、加工工序标准，阐释了累积规则、容忍规则、直运规则等辅助性标准的功能，得出原产地认定标准的宽严、繁简对原产地规则在区域贸易安排中功能的发挥起到重要作用。第三部分，区域贸易安排中原产地规则的发展模式。该部分探讨了泛欧累积模式和北美自由贸易区模式这两大区域贸易安排中原产地规则的典型发展模式。主要涉及它们的发展历程和内容解读，通过对两者的评价和比较，寻找出其中的先进立法经验，给我国今后参与区域贸易安排，制定"有效的"原产地规则以启示。第四部分，中国参与的区域安排中原产地规则的完善。该部分首先指出我国应顺应时代潮流，积极参与构建区域贸易安排，并在此基础上制定符合我国实际情况和利益需求的原产地规则。然后分析我国现阶段已参与的区域贸易安排中原产地规则的立法现状，寻找出我国在这方面的不足，进而提出完善建议，即制定协调、统一的原产地规则、建立科学的原产地认定标准体系等。

书名：中国加工贸易转型升级问题研究——基于产品内分工的视角

作者：王贺光

出版社：西南财经大学出版社

出版时间：2012 年 7 月

Title：Study on the Transformation and Upgrading of Processing Trade in China

Author：Heguang Wang

Publisher：Southwestern University of Finance and Economics Press

Date：Jul. 2012

内容摘要：改革开放 25 年来，我国加工贸易取得长足进步，然而，在肯定加工贸易促进对外贸易和国民经济发展的同时，我们也看到一些问题越来越突出，加工贸易增值率低，对国内产业的带动作用未充分发挥，加工贸易的主体和区域发展不平衡等，这些问题的解决，需要我国尽快促进加工贸易的转型升级。

本书具体内容分为六章。第一章是导论。第二章是关于产品内分工与加工贸易的理论分析，主要包括：国际分工格局演变的历程和基础、产品内分工的基础和福利效应以及产品内分工下加工贸易转型升级的结构和方向。第三章、第四章和第五章分别是关于中国加工贸易发展的总体情况分析、以广东省为例的中国加工贸易转型升级战略的区域分析和以信息通信技术产业为例的中国加工贸易转型升级的产业分析。其间，本书运用了大量的实证和统计数据分析论证了中国加工贸易发展的现状及其在全球分工价值链中所处的位置。第六章是中国加工贸易转型升级的影响因素与完善的对策措施。基于对中国（整体）、广东省（区域）和信息通信技术产业（特定产业）研究启示分析的基础上，就中国加工贸易转型升级的深层次影响因素进行了实证研究。最后提出了中国加工贸易转型升级的思路、方向和具体的策略选择。

书名：外商直接投资机理与效应——基于物流产业特征的研究

作者：王杨

出版社：中国人民大学出版社

出版时间：2012 年 9 月

Title：The Mechanism and Effect of Foreign Direct Investment—Based on the Characteristics of Logistics Industry

Author：Yang Wang

Publisher：Renmin University of China Press

Date：Sep. 2012

内容摘要：《外商直接投资机理与效应——基于物流产业特征的研究》由王杨著，本研究是基于物流产业特征的、对物流产业外商直接投资规律性的研究，是外商直接投资理论研究的深化和扩展。国际学术界的研究热点已由第二产业转向第三产业，而物流产业外商直接投资问题是第三产业外商直接投资研究领域中的一个重要课题。《外商直接投资机理与效应——基于物流产业特征的研究》以投资母国和投资东道国为外在约束条件，以"三优势"理论为研究工具，以投资动因、投资方式、投资区位为主要研究问题，构建了"2+3+3"研究模式，希望揭示物流产业外商直接投资所具有的特殊规律性，分析物流产业外商直接投资效应问题，判断中国物流产业外商直接投资理论研究趋势。

本课题的研究思路：第一步，对物流产业典型特征的求证。通过对物流产业边界的研究，并与工业产业特征和服务业特征进行比较分析，归纳出物流产业的特征。第二步，根据物流产业的典型特征，运用"2+3+3"的研究模式，对物流产业 FDI 在投资动因、投资方式、投资区位等方面的自有规律性进行研究，并对中国物流产业 FDI 在投资动因、投资方式、投资区位等方面存在的问题进行分析。第三步，对物流产业 FDI 效应进行分析，并分析存在的问题。第四步，分析物流 FDI 理论研究存在的问题的原因，并判断研究趋势。

第二节

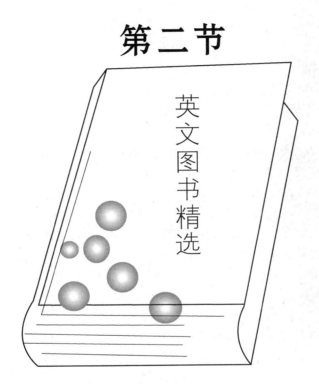

英文图书精选

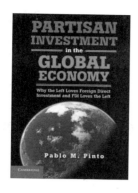

Title：Partisan Investment in the Global Economy：Why the Left Loves Foreign Direct Investment and FDI Loves the Left

Author：Pinto Pablo M.

Publisher：Cambridge University Press

Date：March 25ᵗʰ，2013

书名：党派在全球经济中的投资：为什么左派欢迎外国直接投资和外国直接投资喜欢左派

作者：皮托·帕布洛

出版社：剑桥大学出版社

出版时间：2013年3月25日

Contents：Pinto develops a partisan theory of foreign direct investment（FDI）arguing that left – wing governments choose policies that allow easier entry by foreign investors more than right – wing governments，and that foreign investors prefer to invest in countries governed by the left. To reach this determination，the book derives the conditions under which investment flows should be expected to affect the relative demand for the services supplied by economic actors in host countries.

Based on these expected distributive consequences，a political economy model of the regulation of FDI and changes in investment performance within countries and over time is developed. The theory is tested using both cross – national statistical analysis and two case studies exploring the development of the foreign investment regimes and their performance over the past century in Argentina and South Korea.

书籍简介：皮托开发了一个外国直接投资的党派理论，认为，左翼政府比右翼政府选择的政策更容易允许外国投资者进入，外国投资者更愿意投资于左翼政府的国家。为了验证这个观点，本书导出了一些条件，在这些条件下投资会影响东道国经济主体对提供的服务的相对需求。

基于这些预期的分配结果，作者开发了一个随时间变化的国家内的外国直接投资管制和投资绩效变化的政治经济学模型。使用跨国统计分析和两个案例研究检验了该理论，统计分析和案例研究探讨了20世纪阿根廷和韩国的外国投资体制及其绩效的发展。

Title：The Impact of International Trade and FDI on Economic Growth and Technological Change

Author：Hofmann Patricia

Publisher：Springer，Physica

Date：March 16th，2013

书名：国际贸易和对外直接投资对经济增长和技术变化的影响

作者：霍夫曼·帕特里夏

出版社：斯普林格出版社

出版时间：2013 年 3 月 16 日

Contents：Economic globalisation and technological change are the two issues that concerned people in the past，concern them today and will concern them in the future – all over the world，poor or rich. Traditionally，questions about allocative effects are asked：What are the labour market implications? Who loses? Who wins? What is the net aggregate welfare effect after an adjustment period? However，two points are rarely taken into consideration：How do globalisation and technological change interact and what are the potential long – run implications for economic growth?

This book addresses the interplay of these megatrends. It asks how economic globalisation may affect innovation and technology of individual firms and eventually the growth prospects of countries. Thereby it shows that protectionism not only harms static efficiency but might as well lead to dynamic losses. The book provides a systematic overview of the theoretical underpinnings of the openness – growth nexus and summarises the conceptual problems and important findings of the empirical analyses so far. The theoretical insights are supported by two empirical studies，the first dealing with the innovative behaviour and the "within – multinational" technology transfer of Spanish firms that were acquired by foreign companies and the second analysing productivity growth rate implications from exporting for German manufacturing firms.

书籍简介：经济全球化与技术变迁是世界上的穷人或富人过去、现在和未来关注的两个问题。传统上，关于资源配置的影响的问题会被问及：劳动力市场的影响是什么？谁输了？谁赢了？调整期后的净总福利效应是什么？然而，两个问题很少被考虑到：全球化和技术变革如何相互影响以及经济增长的潜在长期影响是什么？

本书分析了这些趋势的相互作用。该书问及经济全球化如何影响私人企业的创新和技术，并最终影响国家的增长前景。因此证明，贸易保护主义不仅损害了静态效率，而且还可能导致动态损失。本书为开放与经济增长关系的理论基础提供了一个系统性评论，总结了迄今为止实证分析的概念问题和重要发现。两个经验研究支持了理论见解，第一个分析了被外国公司收购的西班牙企业的创新行为和跨国企业内部的技术转移，第二个分析了德国制造业企业出口的生产率增长率影响。

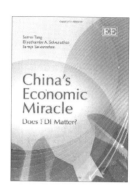

Title：China's Economic Miracle：Does FDI Matter?

Author：Sumei Tang，Selvanathan Eliyathamby A.，Selvanathan Saroja

Publisher：Edward Elgar Publishing Inc.

Date：September 30th，2012

书名：中国的经济奇迹：外国直接投资重要吗？

作者：唐素梅，塞尔凡纳森·艾丽娅萨比，塞尔凡纳森·萨罗嘉

出版社：爱德华埃尔加出版公司

出版时间：2012 年 9 月 30 日

Contents：This insightful book analyzes the impact of Foreign Direct Investment（FDI）in China as well as making valuable contributions to the theory of FDI more broadly. The authors provide empirical analysis of key factors including the location – specific determinants of FDI；the impact of FDI on domestic investment，income distribution，consumption and tourism；the relationship between FDI inflows and income inequality；causality between FDI，domestic investment and economic growth；and causality between FDI and tourism. The study concludes that FDI plays a crucial and positive role in the economic development of China. Rather than crowding out domestic investment，FDI is found to stimulate economic growth by complementing it.

China's Economic Miracle will be warmly welcomed by potential investors who are interested in investing in China. It will be highly useful for academics and postgraduate students with an interest in FDI or the Chinese economy. With strong policy – oriented analyses and discussions on implications the book will also prove invaluable to policymakers in various government and private sectors who have trade – links with China.

书籍简介：这本有见地的书分析了外国直接投资在中国的影响，并对外国直接投资理论做出了更广泛的有价值的贡献。作者提供了关键因素的经验分析，包括：外国直接投资的具体选址的决定因素；外国直接投资对国内投资、收入分配和旅游业的影响；外国直接投资流入与收入不平等之间的关系；外国直接投资、国内投资和经济增长之间的因果关系；外国直接投资与旅游业之间的关系。研究结论显示，外商直接投资对中国的经济发展起着至关重要的正向作用。外商直接投资并没有挤出国内投资，而是通过补充国内投资刺激了经济增长。

中国的经济奇迹将受到有兴趣在中国投资的潜在投资者的热烈欢迎。这将对对外国直接投资或中国经济具有兴趣的学者和研究生非常有用。这本书由于具有较强的政策导向的分析和讨论的意义，因此也将对与中国有贸易联系的各个政府和私人部门的政策制定者具有极大的价值。

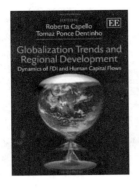

Title: Globalization Trends and Regional Development: Dynamics of FDI and Human Capital Flows

Author: Capello Roberta, Dentinho Tomaz Ponce, eds.

Publisher: Edward Elgar Publishing Inc.

Date: August 21th, 2012

书名：全球化趋势与区域发展：外国直接投资和人力资本流动的动态

作者：卡佩洛·罗伯塔，登蒂尼奥·托马兹·蓬塞等

出版社：爱德华埃尔加出版公司

出版时间：2012 年 8 月 21 日

Contents: This timely book investigates the challenges that emerge for local economies when faced with the new globalization trends that characterize today's world economy.

In this instance, globalization is interpreted as a process of internationalization of production and markets which can take various forms – such as increasing international trade or increasing foreign direct investments – all of which give rise to the growing integration and interdependency of European economies with regard to the other main world economies. The expert contributors use a fresh perspective in their analysis of globalization trends, emphasizing recent changes and providing an up – to – date picture of current developments in both foreign investments and the consequent migration of human capital. Qualitative rather than quantitative trends in human capital and financial capital flows are taken into account, with a particular focus on their impacts on regional growth perspectives.

Highlighting the European economy's strengths and weaknesses in facing the challenges of the new globalization trends, this book will provide a stimulating read for a wide – ranging audience encompassing scholars of regional science, regional economics, economic and regional geography, international economics and international business.

书籍简介：这本书适时地探讨了在面对体现当今世界经济的新全球化趋势时区域经济出现的挑战。

在这种情况下，全球化被阐释为一个可以采取多种形式的生产和交易国际化的过程，如越来越多的国际贸易或外国直接投资，这些导致了欧洲经济与其他世界主要经济体的一体化和相互依赖。专家在分析全球化趋势时使用了新的视角，强调了最近的变化，并提供了外国投资和由此产生的人力资本流动的最新情况，考虑了人力资本和金融资本流动的定性而非定量的趋势，特别侧重于它们对区域增长前景的影响。

本书强调了欧洲经济在面临新的全球化趋势的挑战时的优势和劣势，为广大读者，包括区域科学、区域经济、经济和区域地理、国际经济和国际商务的研究人员提供了一个令人兴奋的阅读领域。

Title：Firms in the International Economy：Firm Heterogeneity Meets International Business

Author：Beugelsdijk Sjoerd，Brakman Steven，van Ees Hans，Garretsen Harry，eds.

Publisher：The MIT Press

Date：December 13th，2012

书名：国际经济中的企业：企业异质性满足国际业务

作者：贝格里斯迪克·斯杰尔德，布雷克曼·史蒂文，万艾思·汉斯，加热提斯·哈利等

出版社：麻省理工学院出版社

出版时间：2012 年 12 月 13 日

Contents：Despite their common roots，international economics（IE）and international business（IB）have developed into two distinct fields of study. Economists have directed their efforts at formalizing the workings of international trade and investment at the macroeconomic level；business scholars have relied more on data – driven conceptual narratives than mathematical tools. But the recent focus of IE literature on firm heterogeneity suggests that IE would benefit from IB analyses of the behavior and organization of the internationalizing firm. The contributions to this volume investigate ways that insights from IB can enrich IE research in firm heterogeneity.

The contributors discuss firm – specific advantages in international trade and investment，considering the firm as the unit of analysis and managerial inputs as a variable in market entry decisions；analyze interactions between a firm and its external environment，including local corporate philanthropy and institutional settings；examine the boundaries of the firm and organizational choices such as the make – or – buy decision；and investigate technology transfer and innovation offshoring，discussing the role of subsidiaries，inventor employment，and other related topics.

Although IE and IB look at international firms from different perspectives，these contributions make it clear that there is a potential for a productive exchange of insights and information between the two disciplines.

书籍简介：尽管国际经济学和国际商务具有共同的根源，但是国际经济学和国际商务已经发展成为两个不同的研究领域。经济学家们组织力量以形式化宏观经济层面的国际贸易和国际投资的工作，国际商务学者们更多地依赖于数据驱动的概念上的叙述，而不是数学工具。然而，关于企业异质性的国际经济学文献的最新关注表明，国际经济学将受益于国际化企业的行为和组织的国际商务分析。

本书的贡献在于考察了国际商务的见解，扩展了企业异质性方面的国际经济学研究的方式。研究者讨论了在国际贸易和国际投资中企业特定的优势，将企业视为一种分析和管理投入的单位，作为市场进入决策的变量；分析企业与外部环境之间的相互作用，包括当地企业的慈善活动和制度环境；考察企业的边界和组织选择，如制造或购买决策；探讨技术转移和离岸创新，讨论子公司的作用、投资者就业和其他相关主题。

　　虽然国际经济学和国际商务从不同的角度研究跨国公司，但是这些分析明确了两个学科之间的见解和信息的有效交流存在可能性。

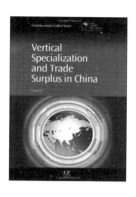

Title：Vertical Specialization and Trade Surplus in China

Author：Wei Wang

Publisher：Chandos Publishing

Date：March 23th，2013

书名：垂直专业化与中国的贸易顺差

作者：王伟

出版社：钱多斯出版社

出版时间：2013 年 3 月 23 日

Contents：The traditional flow of goods from primary production through to manufacturing and consumption has expanded across international borders conterminously with globalization. Vertical specialization（VS）in processing and manufacturing in China has driven export growth. In particular，intra – industry and intra – product trade between China，the US and East Asia has increased China's trade surplus over the long term.

Vertical Specialization and Trade Surplus in China aims to measure the level of VS in the Chinese manufacturing industry to provide a more accurate representation of China's trade surplus，and gives empirical analysis on provinces and products with important VS activities in order to assess China's trade value – added. Exploring the vertical division of labour，and foreign direct investment（FDI）driving China's import and export imbalance，the book is divided into eight chapters，each covering an aspect of VS in China.

The first chapter outlines the aims and method of the study. Chapter two covers VS trade pattern and trade surplus. Chapter three looks at FDI and the import and export imbalance，and chapter four covers the relationship between VS and import and export of foreign invested enterprises. The fifth chapter considers the causes and prospects for growth in China – US and China – Japan trade. Chapters six and seven give an empirical analysis of VS and trade surplus，and a breakdown of VS per industry in China's provinces. Finally，chapter eight considers rebalancing imports and exports in China.

Measures VS across China including the developed provinces based on the newest input – output table. Presents the main provinces and products closely related to VS. Gives evidence on global VS trade patterns from China's national data.

书籍简介：传统的商品流通从初级生产到生产和消费已经跨越国际边界连接全球化。在中国加工和制造的垂直专业化驱动了出口增长。特别地，中国、美国和东亚之间的产业内贸易和产品内贸易增加了中国的长期贸易顺差。中国的垂直专业化和贸易顺差旨在衡量中国制造业的垂直专业化水平，为中国的贸易顺差提供更准确的代表性，并对与重要的垂直专业化活动相关的省份和产品进行了经验分析，以评估中国的贸易增加值。本书探索了劳动的垂直分工以及外国直接投资推动我国进出口不平衡。本书分为八章，每一章都涉及中国的垂直专业化的一个方面。

第一章概述了研究的目的和方法。第二章涵盖垂直专业化贸易模式和贸易顺差。第三章着眼于外国直接投资与进出口不平衡。第四章主要涉及垂直专业化与外商投资企业进出口的关系。第五章考虑了中美和中日贸易增长的原因及发展前景。第六章和第七章对垂直专业化和贸易顺差进行了经验分析，并对中国各省的产业垂直专业化进行了分解。第八章考虑了中国的进出口再平衡。

本书测度包含发达省份的整个中国的垂直专业化，是基于最新的投入—产出表，并展示了与垂直专业化密切相关的主要省份和产品，给出了来自中国的国家数据的全球垂直专业化贸易模式的证据。

Title：OECD Statistics on International Trade in Services—Detailed Tables by Service Category 2007 – 2011

Author：Organisation for Economic Co – operation and Development

Publisher：Organisation for Economic Co – operation and Development

Date：December 20th, 2013

书名：经合组织关于国际服务贸易的统计数据，卷 2013：服务类别详细表 2007 – 2011

作者：经济合作与发展组织

出版社：经济合作与发展组织

出版时间：2013 年 12 月 20 日

Contents：This OECD publication provides statistics on international trade in services by partner country for 32 OECD countries plus the European Union（EU27）, the Euro area（EA17）, and the Russian Federation as well as links to definitions and methodological notes. The data concern trade between residents and non – residents of countries and are reported within the framework of the Manual on Statistics of International Trade in Services.

This book includes summary tables of trade patterns listing the main trading partners for each country and by broad service category. Series are shown in US dollars and cover the period 2007 – 2011.

书籍简介：经济合作与发展组织的出版物为 32 个 OECD 国家、欧盟（27 国）、欧元区和俄罗斯联邦提供了国际服务贸易统计以及链接的定义和方法注释。数据涉及国家的居民和非居民之间的贸易，并且是在国际服务贸易统计手册的框架内被报告的。

本书包括列出了每个国家的主要贸易伙伴和根据广义服务分类的贸易模式汇总表。数据序列以美元表示，且覆盖时期为 2007～2011 年。

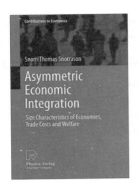

Title：Asymmetric Economic Integration：Size Characteristics of Economies，Trade Costs and Welfare

Author：Snorri Thomas Snorrason

Publisher：Physica – Verlag Heidelberg

Date：July 8th，2012

书名：不对称的经济一体化：经济规模特征，贸易成本和福利

作者：斯诺里·托马斯·斯诺拉松

出版社：海德堡体育出版社

出版时间：2012 年 7 月 8 日

Contents：This book investigates whether the effects of economic integration differ according to the size of countries. The analysis incorporates a classification of the size of countries，reflecting the key economic characteristics of economies in order to provide an appropriate benchmark for each size group in the empirical analysis of the effects of asymmetric economic integration. The formation or extension of Preferential Trade Areas（PTAs）leads to a reduction in trade costs. This poses a critical secondary question as to the extent to which trade costs differ according to the size of countries. The extent to which membership of PTAs has an asymmetric impact on trade flow according to the size of member countries is analyzed by employing econometric tools and general equilibrium analysis，estimating both the ex – post and ex – ante effects of economic integration on the size of countries，using a data set of 218 countries，45 of which are European.

　　书籍简介：本书考察了国家规模是否影响经济一体化的效果。该分析包含了国家规模的分类，其反映了经济体的主要经济特征，为在不对称的经济一体化的效应的经验分析中给每个规模组别提供一个合适的基准。特惠贸易区的形成或扩展导致了贸易成本的下降。这产生了另一个关键问题，即国家规模对贸易成本差异的影响程度。

　　根据成员国规模，特惠贸易区的成员国对贸易流量具有不对称的影响的程度是通过运用计量经济学工具和一般均衡分析来考察的。使用 218 个国家（其中 45 个欧洲国家）的数据，估计了经济一体化对国家规模的事前和事后的影响。

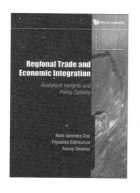

Title: Regional Trade and Economic Integration: Analytical Insights and Policy Options

Author: Ram Upendra Das, Piyadasa Edirisuriya, Anoop Swarup

Publisher: World Scientific Publishing

Date: March 21th, 2012

书名：区域贸易与经济一体化：分析见解和政策选择

作者：兰姆·犹彭达·达斯，比耶达萨·埃迪里苏里亚

出版社：世界科技出版社

出版时间：2012 年 3 月 21 日

Contents: The Asia – Pacific region has emerged as a dominant player in trade and will continue to be an influential pole of world trade and economics, with the center of gravity shifting to this region. This book presents analytical insights into the various regional and bilateral trade agreements (RTAs) and their beneficial effects on bilateral trade and development. It provides an incisive analysis and a roundup of all major RTAs and also presents an overview of all major agreements between the countries involved, which might propel their trade flows and influence future economic engagements. The book in a novel way also discusses possible obstacles that are encountered during the implementation of RTAs and circumvention routes, once those taken into account could ensure the successful execution of the agreements. The book dwells on the issue of regionalism and multilateralism with reference to General Agreements on Trade and Tariffs and World Trade Organization, which have revolutionized the trade dynamics by opening up new areas of trade – rules and formulating specific policy guidelines for the member countries to adhere to during trade negotiations. The book also provides new insights into some of the issues of negotiations such as sensitive lists, trade and investment cooperation, including trade in services, rules of origin, non – tariff barriers, anti – dumping etc. The book also focuses on policy instruments that could convert trade gains to development gains. The existing economic cooperation arrangements in the region as well as those that are at various stages of study and negotiations, empirical insights and policy suggestions are elucidated in detail.

书籍简介：随着区域重心的转移，亚太地区已经跻身为贸易的主导者，将继续是世界贸易和经济的一个有影响力的极地。本书介绍了对各个区域和双边的贸易协议及其对双边贸易和发展的有利影响的分析见解。它提供了一个精辟的分析和所有主要的区域贸易协定的一个综述，也给出了有关国家之间所有主要的区域贸易协议的一个概述，这可能会推动他们的贸易流量和影响未来的经济活动。本书还以一种新颖的方式讨论了区域贸易协定实施过程中可能遇到的障碍和规避路径，一旦这些被考虑进去就能够确保这些协议的成功执行。本书详述了关于关税贸易总协定和世界贸易组织的区域主义与多边主义的问题，通过开辟新的贸易规则领域以及为会员国制定在贸易谈判中遵循的具体的政策指导，彻底改变了贸易动态。本书还对一些诸如敏感清单、贸易和投资合作，包括贸易、服务贸易、原产地规则、非关税壁垒和反倾销等问题提供了新的见解。本书还关注了可以将贸易收益转化为发展收益的政策工具，详细阐述了区域中现有的经济合作协议以及那些处于不同阶段的研究和谈判的协议、经验研究的见解和政策建议。

Title：Competition Policy and Regional Integration in Developing Countries

Author：Josef Drexl，Mor Bakhoum，Eleanor Fox，Michal Gal，David Gerber

Publisher：Edward Elgar Publishing，Inc.

Date：October 31th，2012

书名：发展中国家的竞争政策与区域一体化

作者：约瑟夫·德雷克斯，摩尔·巴克豪姆，埃莉诺·福克斯，米歇尔·格奥，大卫·格尔伯

出版社：爱德华埃尔加出版公司

出版时间：2012 年 10 月 31 日

Contents：This book presents a detailed study of the interface between regional integration and competition policies of selected regional trade agreements（RTAs），and the potential of regional competition laws to help developing countries achieve their development goals.

The book provides insights on the regional integration experiences in developing countries，their potential for development and the role of competition law and policy in the process. Moreover，the book emphasizes the development dimension both of regional competition policies and of competition law. This timely book delivers concrete proposals that will help to unleash the potential of regional integration and regional competition policies，and also help developing countries to fully enjoy the benefits deriving from a regional market.

Bringing together analysis from well－known scholars in the developed world with practical insight from scholars in countries hoping to exploit the potential of competition law，this book will appeal to academics working in the field of competition law，practitioners，policymakers and officials from developing countries，as well as those in development organizations such as UNCTAD.

书籍简介：本书介绍了区域一体化与相关的区域贸易协定的竞争政策之间相互作用的详细的研究，以及帮助发展中国家实现发展目标的区域竞争法律的潜力。

本书提供了关于发展中国家区域一体化的经验、发展中国家的发展潜力以及在此过程中的竞争法和政策的作用的见解。此外，本书还强调区域竞争政策和竞争法的发展维度。这本适时的书提出了具体的建议，这些建议将有助于发挥区域一体化和区域竞争政策的潜力，也有利于发展中国家充分享受来自区域市场的利益。

本书汇集来自发达国家的知名学者的分析，以及来自希望利用竞争法的潜力的国家的学者的实践洞察。本书将吸引竞争法领域的学者、从业者、来自发展中国家的决策者和官员以及那些如贸发会议的发展组织的学术研究。

Title：The Trans – Pacific Partnership and Asia – Pacific Integration：A Quantitative Assessment

Author：Peter A. Petri，Michael G. Plummer，Fan Zhai

Publisher：Peterson Institute for International Economics

Date：December 1st，2012

书名：跨太平洋伙伴关系与亚太一体化：一个定量评估

作者：彼得·A. 佩特里，迈克尔·G. 普拉默，翟凡

出版社：彼得森国际经济研究所

出版时间：2012 年 12 月 1 日

Contents：While global trade negotiations remain stalled，two tracks of trade negotiations in the Asia – Pacific—the proposed Trans – Pacific Partnership（TPP）agreement and a parallel Asian track—could generate momentum for renewed liberalization and provide pathways to region – wide free trade. This book investigates what these trade negotiations could mean to the world economy. Petri，Plummer，and Zhai estimate that world income would rise by ＄295 billion per year on the TPP track，by ＄766 billion if both tracks are successful，and by ＄1. 9 trillion if the tracks ultimately combine to yield region – wide free trade. They find that the tracks are competitive initially but their strategic implications appear to be constructive：the agreements would generate incentives for enlargement and mutual progress and，over time，for region – wide consolidation. The authors conclude that the crucial importance of Asia – Pacific integration argues for an early conclusion of the TPP negotiations，but without jeopardizing the prospects for region – wide or even global agreements based on it in the future.

书籍简介：虽然全球贸易谈判停滞不前，亚太地区贸易谈判的两个协议可能会产生新的贸易自由化的势头，并提供区域范围内自由贸易的途径：跨太平洋伙伴关系（TPP）协议和一个并行的亚洲轨道。本书探讨了这些贸易谈判对世界经济意味着什么。佩特里、普拉默和翟凡估计，在 TPP 的影响下，全球收入每年将增加 2950 亿美元；如果两个协议都是成功的，则全球每年增加的收入达 7660 亿美元；如果两协议最终融合形成整个区域范围的自由贸易协议，则对全球每年收入增加的贡献将达到 1. 9 万亿美元。他们发现，在协议形成初始，彼此间存在竞争，但其战略意义似乎是建设性的：竞争将刺激协议范围的扩大和共同进步，并随着时间的推移，完成区域范围内的整合。笔者认为，TPP 谈判早日结束对亚太地区一体化至关重要，但不影响基于它在未来区域贸易协定甚至全球贸易协定的前景。

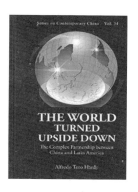

Title：The World Turned Upside Down：The Complex Partnership between China and Latin America

Author：Alfredo Toro Hardy

Publisher：World Scientific Publishing

Date：July 28th，2013

书名：世界震荡：中国与拉丁美洲之间复杂的伙伴关系

作者：阿尔弗雷多·托罗·哈迪

出版社：世界科技出版社

出版时间：2013 年 7 月 28 日

Contents：Acting as a Sorcerer's Apprentice，the West incorporated 1.3 billion Chinese and 1.2 billion Indians into the world's labor equation within a context of lower production costs. This resulted in erosion of its competitive capacity and social stability，while greatly benefiting developing economies，many of which were able to emerge with unprecedented speed. With China as the main engine，the developing economies have become increasingly integrated，sustaining in the process a fundamental part of the global trade growth. While this phenomenon took shape，excesses within Western economies generated a seismic crisis that dramatically accelerated a slow decline. As the ascendant and descendant curves of developing and developed economies are crossing each other，a decoupling tendency between both has become evident. The economic partnership between China and Latin America epitomizes well the growing integration between emerging economies. Even if mostly benefiting from it，Latin America is under the double sign of threat and opportunity due to this complex relation. For Latin America to succeed，it will need to reinvent itself.

The analyses and information contained in this book will be of interest to researchers，academics and policy – makers alike.

　　书籍简介：如同巫术一般，整个西方与 13 亿的中国人口和 12 亿的印度人口一道，进入了较低生产成本的世界劳动力体系当中。这种情况导致其竞争能力和社会稳定的衰退，同时大大有利于发展中国家，许多国家能够以前所未有的速度而崛起。随着中国作为主要引擎，发展中经济体日益一体化，在这个过程中维持全球贸易增长的基本组成部分。在这种现象渐具规模的同时，西方经济体面临的过剩所产生的强震危机大大加快缓慢下降。正因为发展中国家上升的经济增长曲线和发达国家下降的经济增长曲线的相互交叉，两者之间脱钩的趋势已经越来越明显。中国和拉美之间的经济伙伴关系，集中体现在两个新兴经济体之间日益密切的融合之上。即使整体上能从中受益，由于与中国所处的这种复杂的关系，拉美也处在威胁和机遇的双重标志下。为了拉丁美洲的成功，它需要重塑自我。

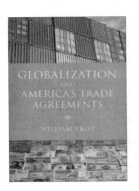

Title：Globalization and America's Trade Agreements
Author：William Krist
Publisher：Woodrow Wilson Center Press
Date：October 8th, 2013
书名：全球化与美国的贸易协定
作者：威廉·克里斯特
出版社：伍德罗·威尔逊国际中心出版社
出版时间：2013 年 10 月 8 日

Contents：Globalization and America's Trade Agreements reviews the theoretical framework as well as provides a historic context of impact of the United States' complex trade agreements of the past 25 years. William Krist analyzes the issues in the recent rounds of GATT/WTO negotiations and in numerous U. S. free trade agreements and discusses how economists have approached trade policy and how historical experience has affected economic theory. He assesses the effect of trade deals on the U. S. economy, the role of foreign policy in trade negotiations, how trade can affect the economies of developing countries, and how environmental and labor concerns affect trade agreements.

Trade has been an essential driver of global growth. Krist shows how trade policy has contributed to that growth and outlines what must be done to ensure it can continue to promote our national objectives. This book will serve as a valuable guide for those unfamiliar with trade policy and provides a challenging critique of trade policy for those already knowledgeable in the field.

书籍简介：《全球化与美国的贸易协定》回顾了之前的理论框架，并提供了过去 25 年的美国复杂的贸易协定所产生影响的历史背景。威廉·克里斯特分析了最近几轮GATT/WTO 的谈判，以及众多美国自由贸易协定中的议题，并讨论了经济学家会如何制定贸易政策，以及历史经验如何影响到经济理论。他评估了贸易协议对美国经济的影响，在贸易谈判中外交政策的重要性，贸易如何影响到发展中国家的经济，以及对环境和劳工问题的关心如何影响贸易协定。

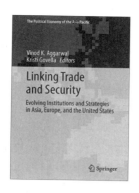

Title：Linking Trade and Security: Evolving Institutions and Strategies in Asia, Europe, and the United States

Author：Vinod K. Aggarwal, Kristi Govella

Publisher：Springer

Date：May 19th, 2013

书名：贸易连接与安全：亚洲、欧洲与美国演变中的机构和战略

作者：维诺德·K. 阿加沃尔，克里斯蒂·戈韦拉

出版社：斯普林格出版社

出版时间：2013 年 3 月 19 日

Contents：The connections between trade and security are hardly new. Analysts and practitioners have clearly recognized this interrelationship since the mercantilist arguments of the 16th and 17th centuries. Despite wishful economic liberal thinking that might prefer to separate the political from the economic, it is widely recognized that trade and security are fundamentally interconnected in the foreign policy of states. Over time, as new forms of trade policy have come into being and the international security environment has evolved, the nexus of these two spheres has grown more complex and scholars have struggled to understand their interconnection This edited volume addresses linkages between trade and security by examining the influence of security factors in driving trade policy measures and the corresponding implications of different types of trade arrangements for international security. Ultimately, the project shows that several elements — traditional economic factors, traditional security factors, and human security factors —can affect the development of trade agreements and unilateral policies, and that trade policies may have both a direct and an indirect effect on traditional and human security. The project focuses on Asia, a region where economics is increasingly important but many security issues still linger unresolved, as a primary setting to test trade linkage theories. It also provides a comparative perspective through examination of how the EU and US have used their trade policies to achieve non – economic goals and how these policies have influenced their security environment. Case studies in this project cover key trade institutions and agreements including the World Trade Organization, the Association of Southeast Asian Nations, ASEAN Plus Three, the East Asia Summit, the Asia – Pacific Economic Cooperation forum, the Shanghai Cooperation Organization, and bilateral preferential trade agreements.

书籍简介：贸易和安全之间的联系本不是什么新鲜事。自 16 世纪和 17 世纪重商主义的争论，分析师和从业者已认清二者的相互关系。尽管经济自由思想更一厢情愿地想将政治剥离出经济，但人们普遍认识到，在国家的外交政策上贸易和安全从根本上互联。随着时间的推移，随着贸易政策的新形式应运而生以及国际安全环境的演变，这两个领域的关系已变得更加复杂，学者一直在努力试图了解它们之间的内在关系。本书通过探讨安全因素在推动贸易政策实施方面的作用，以及不同类型的贸易安排对国际安全的深远意义，分析了贸易与安全之间的关系。最终，本研究显示出几个要素，包括传统的经济因素、传统安全因素和人类安全的因素，能够影响贸易协定和单边政策的发展，以及贸易政策对传统安全可能同时具有直接和间接的作用。该研究侧重于将亚洲作为主要的背景来测试贸易联系的理论，在那里经济正变得越来越重要，但许多安全问题仍萦绕而未解决。它还为探讨欧盟和美国如何利用他们的贸易政策来实现非经济目标，以及这些政策如何影响到了他们的安全环境提供了比较的视角。该研究覆盖主要的贸易机构和协议，包括世界贸易组织、东南亚国家协会、东盟与中日韩、东亚峰会、亚太经合组织论坛、上海合作组织，以及双边特惠贸易案例研究协议。

Title：Understanding the Trans – Pacific Partnership
Author：Jeffrey J. Schott，Barbara Kotschwar，Julia Muir
Publisher：Peterson Institute for International Economics
Date：January 1ˢᵗ，2013
书名：认识跨太平洋伙伴关系
作者：杰夫瑞·J. 肖特，巴巴拉·考茨瓦尔，朱丽亚·缪尔
出版社：彼得森国际经济研究所
出版时间：2013 年 1 月 1 日

Contents：The Trans – Pacific Partnership（TPP）is a big deal in the making. With the Doha Round of multilateral trade negotiations at an impasse，the TPP negotiations have taken center stage as the most significant trade initiative of the 21ˢᵗ century. As of December 2012，negotiators have made extensive progress in 15 negotiating rounds since the talks began in March 2010，though hard work remains to finish the deal in the coming year or so. Despite this effort，however，the TPP is not well understood. In part，the reason lies in the dynamism of the TPP initiative. Unlike other free trade pacts，the growing membership as the talks have proceeded and the broad range，complexity，and novelty of the issues on the agenda have made it difficult to track the substantive detail and progress of the talks. This Policy Analysis aims to remedy this problem by providing a reader's guide to the TPP initiative. It first assesses how much the TPP countries are alike and like – minded in their pursuit of a comprehensive trade deal. It then examines the current status of the talks，the major substantive sticking points，and the implications of Canada and Mexico joining the talks as well as prospective membership of other countries. The Policy Analysis then looks ahead to how the TPP could advance economic integration in the Asia – Pacific region and the implications for trade relations with China.

书籍简介：跨太平洋伙伴关系（TPP）是正在酝酿的一个大问题。随着多哈回合谈判中，多边贸易谈判陷入僵局，TPP 谈判作为 21 世纪最显著的贸易倡议，站上了中心舞台。会谈开始于 2010 年 3 月，而截至 2012 年 12 月，谈判在 15 轮谈判内已经取得广泛的进展，尽管要完成这笔交易仍然可能需要在未来一年左右的时间辛苦工作。尽管多方努力，但是 TPP 还不是很清楚地被认识，在某种程度上，原因在于 TPP 倡议的活力。不同于其他自由贸易协定，自从谈判开启，不断壮大的会员，谈判涉及的范围、复杂性和议程上的问题的新颖性使人们很难跟踪谈判的实质性细节和进展。这本《政策分析》旨在就 TPP 倡议对读者提供指导，从而解决上述问题。它首先评估了 TPP 的国家在追求一个全面的贸易协议上在多大程度上是相似的和志同道合的。然后它探讨了谈判各成员国的现实地位、主要的实质性的症结，以及加拿大和墨西哥加入谈判以及其他国家的准会员的影响。最后，本书展望 TPP 如何推进在亚太地区的经济一体化以及对中国的贸易关系的影响。

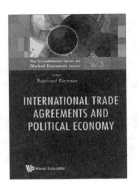

Title：International Trade Agreements and Political Economy

Author：Raymond Riezman（Author）

Publisher：World Scientific Pulishing

Date：May 25th，2013

书名：国际贸易协定与政治经济学

作者：雷蒙德·雷兹曼

出版社：世界科技出版社

出版时间：2013 年 5 月 25 日

Contents：This book presents a comprehensive view of recent developments in the theory of international trade agreements and political economy，by focusing on research by Raymond Riezman. This pioneering work introduced terms of trade effects and strategic behavior to the theory of international trade agreements. This is complemented by a careful analysis of how politics affects international trade agreements.

The book brings together work which focuses on the question of why international trade agreements occur and what forms they take.

书籍简介：这本书将重点集中在雷蒙德·雷兹曼主导的研究上，介绍了对国际贸易协定和政治经济学理论的最新发展的全面的看法。这项开创性的工作将贸易的影响和战略行为引入国际贸易协定的理论中，并补充对政治如何影响国际贸易协定这一问题的仔细分析。这本书以为什么国际贸易协定会出现，以及采取什么形式为重点。

Title：The Asia – Pacific, Regionalism and the Global System
Author：Christopher M. Dent, Jorn Dosch
Publisher：Edward Elgar Publishing Inc.
Date：August 29th, 2012
书名：亚太、区域主义与世界体系
作者：克里斯托弗·登特，乔恩·多施
出版社：爱德华·埃尔加出版公司
出版时间：2012 年 8 月 29 日

Contents：Ever since the Asia – Pacific transformed from an "institutional desert" into one of the most networked areas in the world, questions of the region's future and the future of the global system have become closely intertwined. This volume explores the key issues of regional co – operation, economic and political integration, security relations and international affairs within and across the Asia – Pacific.

The expert contributors shed critical light on how significant developments are impacting on the global system. In particular, they consider emerging forms of global governance, and how the Asia – Pacific as a region, individual countries such as China, Japan, South Korea and the US, and regional organizations and forums like APEC are shaping the world. Uniquely, the discussion is not limited to East Asia but also takes Latin America prominently into the equation.

This timely book will prove to be a stimulating read for academics, students, researchers and policy makers with an interest in Asian studies, development and agriculture, economics, international studies.

书籍简介：自亚太从"制度性沙漠"转变为世界上最具网络化的地区之一，该地区的未来和全球体系的未来的问题，已被严重关切。本书探讨了亚太内部与外部的区域合作，经济和政治一体化，安全关系和国际事务等关键问题。

本书作者对亚太地区显著发展如何影响全球系统进行了详细阐述。尤其是，他们探讨了新崛起的全球治理形式，以及亚太作为一个地区，个别国家如中国、日本、韩国和美国，以及区域组织和论坛如 APEC 正在怎样塑造着世界。与众不同的是，讨论并不局限于东亚，而是将拉丁美洲也显著地带入方程式中。

这本适时的书将被证明是一本对亚洲学术、发展与农业、经济、国际关系学科的学者、学生、研究人员和政策制定者产生震撼的著作。

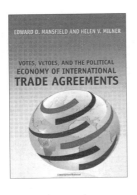

Title：Votes，Vetoes，and the Political Economy of International Trade Agreements

Author：Edward D. Mansfield，Helen V. Milner

Publisher：Princeton University Press

Date：May 27th，2012

书名：投票、否决权以及国际贸易协定的政治经济学

作者：爱德华·D. 曼斯菲尔德，海伦·V. 米尔纳

出版社：普林斯顿大学出版社

出版时间：2012 年 5 月 27 日

Contents：Preferential trading arrangements（PTAs）play an increasingly prominent role in the global political economy，two notable examples being the European Union and the North American Free Trade Agreement. These agreements foster economic integration among member states by enhancing their access to one another's markets. Yet despite the importance of PTAs to international trade and world politics，until now little attention has been focused on why governments choose to join them and how governments design them. This book offers valuable new insights into the political economy of PTA formation. Many economists have argued that the roots of these agreements lie in the promise they hold for improving the welfare of member states. Others have posited that trade agreements are a response to global political conditions. Edward Mansfield and Helen Milner argue that domestic politics provide a crucial impetus to the decision by governments to enter trade pacts. Drawing on this argument，they explain why democracies are more likely to enter PTAs than nondemocratic regimes，and why as the number of veto players—interest groups with the power to block policy change—increases in a prospective member state，the likelihood of the state entering a trade agreement is reduced. The book provides a novel view of the political foundations of trade agreements.

书籍简介：最惠国贸易协定（PTAs）在全球政治经济中发挥的作用日益突出，两个显著的例子是欧洲联盟和北美自由贸易协定。这些协议通过加强进入彼此市场的便利性，促进了成员国之间的经济一体化。然而，尽管最惠国贸易协定对国际贸易和世界政治具有重要性，到现在为止对各国政府为什么选择加入它们，政府如何设计它们这些问题却缺乏应有的关注。这本书为 PTA 形成的政治经济学提供了有价值的新见解。许多经济学家都认为，这些协议的根源在于它们对提高各成员国的福利保持的承诺。其他经济学家认为贸易协定是对全球政治条件（变化）的一种响应。爱德华·曼斯菲尔德和海伦·米尔纳认为，国内政治对政府决定进入贸易协定提供了一个重要推动力。基于这种说法，他们解释了相较于非民主政权，为什么民主国家更容易进入最惠国贸易协定，为什么在一个准会员国内，当作为持否决意见的人数——那些有能力阻止政策变化的利益集团的力量增加，其国家进入贸易协定的可能性就将降低。本书提供了对贸易协定的政治基础的一种新的看法。

Title：Economic and Political Change in Asia and Europe：Social Movement Analyses

Author：Bernadette Andreosso－O'Callaghan，Frédéric Royall

Publisher：Springer

Date：August 10th，2012

书名：亚洲与欧洲的经济与政治变局：社会变迁分析

作者：博尔纳黛特·安德鲁索·奥卡拉汉，弗雷德里克·罗亚尔

出版社：斯普林格出版社

出版时间：2012 年 8 月 10 日

Contents：Since the 1973 publication of Alain Peyrefitte's prophetic When China Awakens，developments in East Asia have outstripped even the wildest predictions. China has undergone the fastest industrialization and urbanization process in history，yet tensions there are rising as some realize how far they have been left behind. This volume explores the applicability of European economic and social models to our analysis of East Asia's and，in particular，China's situation. Though millions of Chinese and other Asian people have been lifted out of poverty，inequality is rising nonetheless，and contemporary Europe and Asia are both witnessing collective action against rampant economic neoliberalism in the former and the exclusion of minorities in the latter.

It is difficult to overstate the relevance of this assessment，which seeks answers to some central questions：Can events in Europe serve as a model for those in East Asia？Are there similarities or differences between the two regions？To what extent do political，economic or social systems stimulate or inhibit collective action？How culturally equivalent are the collective actions of marginalized/ disadvantaged people in the two locations，or are events in Europe symptomatic of specific cultural attributes？Comparing and contrasting the research tools and dominant paradigms in the social and economic sciences in East Asia and Europe，as this volume does，throws out some revealing results.

书籍简介：本书探讨了欧洲经济和社会模型对我们分析东亚工作的适用性，尤其是中国的情况。虽然成千上万的中国和其他亚洲人民已经摆脱了贫困，但不平等仍然是上升的，并且当代欧洲和亚洲都先是经历了为反对猖獗的新经济自由主义采取的种种集体行动，继而是对少数民族的排斥和根除。欧洲所发生的事件与那些在东亚发生的能归于一类吗？两个地区之间是否存在异同？政治、经济和社会制度在多大程度上刺激或抑制着本土的集体行动？这两个区域中，被边缘化的、处在弱势群体的人的集体活动在文化上占有多少公平性，或在欧洲的事件仅仅从属于特定的文化范畴？比较和对比东亚和欧洲的社会学和经济学的研究工具和主导模式，正如本书所做的，抛出了一些发人深省的结果。

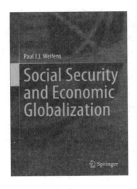

Title：Social Security and Economic Globalization

Author：Paul J. J. Welfens

Publisher：Springer

Date：December 11th，2013

书名：社会稳定与经济全球化

作者：保罗·J. J. 威尔芬斯

出版社：斯普林格出版社

出版时间：2013 年 12 月 11 日

Contents：Economic globalization is a complex phenomenon where the links between social security expenditures and globalization are not well understood so far. This study summarizes new key findings and highlights new theoretical insights in the field of social security systems，labor standards，taxation and economic globalization. Moreover，new thoughts on the links between social security systems and migration as well as between free trade areas and social market economy development are presented. The book analyzes the role of a changing age dependency using a Branson model and it derives implications for the stock market price index，the exchange rate and the interest rate. Economic globalization needs to be politically managed and through the Transatlantic Banking Crisis and the Euro Crisis the need to more carefully draw the rules of the game for financial globalization has been highlighted. Unstable financial markets have a large potential to undermine social market economies and social security systems. The rising income inequalities within countries raise more policy challenges for Europe than for the U. S.

书籍简介：经济全球化是一个复杂的现象，其中社会保障支出和全球化之间的联系，到目前为止没有得到很好的理解。这项研究总结了新的重要发现，并强调了在社会保障制度体系、劳动标准、税收和经济全球化领域下的新的理论见解，以及在社会保障制度和移民之间，以及自由贸易区和社会主义市场经济发展之间的联系的新思路。该书用 Branson 模型（资产组合模型）分析了不断变化的年龄依赖性的作用，故得其对于股市价格指数、汇率和利率的影响。经济全球化需进行政治管理安排，并且鉴于跨大西洋银行危机和欧债危机的教训，更仔细地绘制金融全球化的游戏规则的需要已经凸显。不稳定的金融市场有很大潜力来破坏社会主义市场经济和社会保障体系。相较于美国，国家内部日益扩大的收入不平等对欧洲提出了更多的政策挑战。

第四章 国际贸易学学科
2012～2013年大事记

第一节 国内年度大事记

（1）2012年1月14日，中国经济年会（2011～2012）在北京国际饭店会议中心举行。本届年会以"直面挑战 创新发展"为主题，深入剖析当前复杂多变的国际经济形势，科学研判我国经济社会发展中的新情况、新问题、新变化，为转变经济发展方式、推动我国经济社会发展实现"稳中求进"建言献策。

（2）2012年3月17～19日，2012年中国发展高层论坛在北京举行，本届年会主题为"中国和世界：宏观经济与结构调整"。时任国务院总理温家宝19日在人民大会堂会见出席中国发展高层论坛2012年会的90名境外代表，就中国的改革开放、中美经贸关系、知识产权保护、人民币国际化、外商在华投资、欧债危机等问题，同他们友好、坦诚交流。

（3）2012年4月1～3日，博鳌亚洲论坛2012年年会在海南举行。本届年会的主题是"变革世界中的亚洲：迈向健康与可持续发展"。博鳌亚洲论坛秘书长周文重认为，在这样一个深刻变化的世界中，经济秩序改革和经济结构调整，已成为时代潮流，转型、可持续发展已成为人们普遍关心的问题。

（4）2012年4月17日，商务部发布《国别贸易投资环境报告2012》。该报告涵盖了我16个主要贸易伙伴新出台或拟发布的820多项贸易投资政策和壁垒信息以及69起新立贸易救济措施的有关情况。

（5）2012年4月27日，商务部（国际贸易经济合作研究院）发布2012年春季中国对外贸易形势报告。报告回顾了2011年及2012年一季度中国外贸运行情况。2011年中国外贸总体保持稳定平衡发展，全年进出口规模再创新高，贸易大国地位进一步巩固，贸易结构进一步优化，贸易平衡状况进一步改善。2012年一季度，受国际市场需求萎缩、国内成本上升等因素制约，中国外贸增速明显放缓。

（6）2012年9月11～13日，第六届夏季达沃斯论坛在天津举办，本届夏季达沃斯论坛主题确定为"塑造未来经济"。约90个国家1500名全球成长型公司的首席执行官或高管、论坛基金会员企业高管、各国政要、媒体领袖、青年科学家等聚集天津，讨论如何通过科技创新及新商业模式实现全球经济与社会的可持续发展和优质增长。

（7）2012年9月21日，2012中国—东盟自贸区论坛于第九届中国—东盟博览会期间在广西南宁举行。时任国家副主席习近平出席开幕式并发表主旨演讲。时任商务部国际贸易谈判代表兼副部长高虎城出席开幕式并致辞，时任商务部部长助理仇鸿出席论坛并发表主旨演讲。论坛由商务部、东盟10国经贸主管部门、东盟秘书处和广西壮族自治区人民政府共同主办，来自我国与东盟各国的领导人和经贸部长、贸发会议等国际组织负责人、知名学者、工商团体和企业代表共约1000人参加。论坛以"深度合作、持续发展——迈向更高水平的一体化"为主题，围绕扩大双边贸易、促进双向投资、加强次区域合作等议题展开讨论。

（8）2012年10月20~21日，WTO法与中国论坛暨2012年中国法学会世界贸易组织法研究会年会在对外经济贸易大学和北京昆泰国际酒店举行。本次年会主题为"中国加入世界贸易组织第二个十年：新起点与新挑战"。参与本次年会的各界代表共140余人，包括中国商务部、国务院法制办、中国法学会等政府部门，国内40多所高等院校和科研机构的各位专家与法律实务界的WTO法业界精英人士。

（9）2012年11月2日，2012中国经济特区（喀什）论坛在喀什举办。论坛秉承中国经济特区研究中心以经济特区为出发点，围绕"新特区、新辉煌——后高速增长时代的中国经济特区"的主题，回顾总结了经济特区的发展历程、伟大成就和成功经验，探索展望了经济特区的发展思路和美好未来。

（10）2012年11月9日，中国对外经济贸易会计学会2012年学术年会在北京举行。本次年会受到高等院校和商务系统的积极响应，共150余人参会，参会人员从会计准则国际协调、金融与财务管理、对外经贸发展、企业内控与风险管理和审计与社会责任等方面展示研究成果，在交流中发现问题，在研讨中解决问题，为商务财会事业的可持续发展积极献言献策。会上颁发了2012年全国商务财会学术论文奖。

（11）2012年11月16~18日，2012中国国际贸易学会年会暨国际贸易发展论坛在上海隆重召开。论坛由中国国际贸易学会和上海对外贸易学院共同主办，上海对外贸易学院国际经贸学院、上海国际贸易学会承办。全国各地高校、科研院所专家学者就"巩固外贸大国地位，推动外贸强国进程"的主题展开研讨。时任市政协副主席、WTO事务中心总裁王新奎做了题为"经济全球化发展新趋势：长期视角"的专题演讲。

（12）2012年12月3日，2012中国国际商会年会在北京万豪酒店隆重举行，本次年会的主题是"大变革下的抉择：调整与攻坚"，重点围绕新形势下中国经济增长的动力，就坚持与深化改革开放、进一步推进结构调整、中国企业"走出去"的新策略等时下热点议题展开深度探讨。年会除中国国际商会会员企业外，还邀请了政府部门、非会员单位、商协会和学术界人士出席会议，总计约400人。本次年会对会员单位免费开放。

（13）2012年12月6日，第三届亚洲研究论坛"亚太新秩序：政治与经济的区域治理"国际研讨会在中国社会科学院学术报告厅举行，主办单位为中国社会科学院亚洲研究中心、中国社会科学院世界经济与政治研究所。

（14）2012 年 12 月 9 日，第十二届中国经济论坛在北京举行，时任人民日报社总编辑蔡名照、时任国务院国资委副主任邵宁、时任全国政协经济委副主任厉以宁、时任全国政协经济委副主任张国宝、时任中国国际经济交流中心副理事长兼秘书长魏建国等专家学者出席论坛并发言。此次论坛以"实体经济的回归与转型"为主题，探讨我国实体经济的现状和未来趋势，引领企业认清形势、把握机遇、科学发展。

（15）2012 年 12 月 17 日，第六届国际服务贸易论坛暨《国际贸易》创刊 30 周年学术年会"服务贸易：中国经济发展新引擎"在上海举行。论坛由中国国际贸易学会、北京第二外国语学院国家文化发展国际战略研究院、《国际贸易》杂志社联合主办，上海对外贸易学院承办。本次论坛是国内以服务贸易为主题的大型学术研讨会。

（16）2012 年 12 月 21～22 日，2012 中国国有经济发展论坛：深入推进国有经济战略性调整学术研讨会在北京举行。来自社科院、高等院校、有关媒体、国有企业、政府等部门的会议代表聚集一堂，围绕深入推进国有经济规模和产业布局战略性调整、深入推进国有企业战略性改组和产权结构调整、深入推进国有经济与市场经济相融合、深入推进国有经济战略性调整与中国特色发展道路等会议主题进行了深入的探讨和广泛的交流。

（17）2013 年 1 月 26 日，中国经济年会（2012～2013）在北京举行。年会由中国国际经济交流中心主办。年会主题是"经济发展新阶段——新机遇·新挑战·新发展"。该届年会旨在研究中国经济进入新阶段后面临的问题和挑战，把握经济发展新趋势，为正确制定宏观经济政策、加快转变经济发展方式、实现国民经济平稳健康发展提供决策参考。

（18）2013 年 4 月 6～8 日，2013 博鳌亚洲论坛在海南举行。本届论坛的主题为"革新责任　合作：亚洲寻求共同发展"。13 位国家元首、政府首脑出席；54 场专题讨论，议题立足亚洲、面向世界；1470 多名代表深入交流，达成重要共识。在年会开幕式上，中国国家主席习近平发表题为《共同创造亚洲和世界的美好未来》的主旨演讲，赢得国际社会广泛赞同。焦点议题集中在经贸方面，同时增加了对粮食安全等民生议题的关注。

（19）2013 年 4 月 18 日，商务部发布《国别贸易投资环境报告 2013》和《通信设备制造业分册》。《国别贸易投资环境报告 2013》着重介绍美国、欧盟、日本、巴西、俄罗斯等我国 13 个主要贸易伙伴的贸易管理体制及措施，分析其可能对我国对外贸易投资产生的壁垒，评估其贸易投资环境。

（20）2013 年 4 月 20 日，中国经济规律研究会第二十三届年会暨第二届全国马克思主义经济学论坛在福州市举行。本次会议以"体制改革、创新驱动与结构调整"为主题，我国经济学家刘国光教授、时任中国《资本论》研究会副会长卫兴华教授、中国社会科学院马克思主义研究院院长程恩富教授等做了重要报告，60 多位经济领域专业学者代表出席了本次年会。

（21）2013 年 4 月 28 日，商务部（国际贸易经济合作研究院）发布 2013 年春季中国对外贸易形势报告。报告回顾了 2012 年及 2013 年一季度中国外贸运行情况。2012 年，中国外贸发展面临外需低迷、成本升高、摩擦增多等多重困难和压力，进出口增速下滑至个位数。报告认为，2013 年，中国外贸发展面临的国内外环境有望比上年有所改善，但制约因素错综复杂，挑战和压力仍然较大。

（22）2013年5月23日，中国社会科学论坛·中国与中东欧国家：经济合作与展望国际研讨会在社会科学院举行。本次会议由中国社会科学院主办，中国社会科学院世界经济与政治研究所承办。中国社会科学院国际合作局局长王镭、前匈牙利驻华大使叶桐、中国社会科学院世界经济与政治研究所所长张宇燕分别致欢迎词。来自中国、捷克、匈牙利、罗马尼亚、波兰、塞尔维亚等国家的专家学者参与了本次研讨会，就中国和中东欧国家之间的关系和历史进行了回顾，并结合新的世界经济形势对中国与中东欧国家的未来经济合作进行了展望。

（23）2013年5月30日，京交会·第七届国际服务贸易论坛在北京举行，论坛由中国国际贸易学会、北京第二外国语学院、商务部研究院国际服务贸易研究所以及《国际贸易》杂志社共同主办，北京第二外国语学院国家文化发展国际战略研究院承办。全国各地服务贸易研究和实践领域的专家、学者以及经贸学术期刊主编百余名参加了论坛，以"全球价值链中的中国服务贸易"为主题，共同探讨分析中国服务贸易现状及问题，并对国际服务贸易的发展趋势做出展望。

（24）2013年9月2日，第十届中国—东盟博览会暨中国—东盟商务与投资峰会在南宁举行。中国国务院总理李克强在南宁分别会见前来出席第十届中国—东盟博览会暨中国—东盟商务与投资峰会的缅甸总统吴登盛、柬埔寨首相洪森、老挝总理通辛、时任泰国总理英拉、越南总理阮晋勇和新加坡副总理张志贤。

（25）2013年10月18～19日，第四届国际政治经济学论坛暨"新型大国关系与全球治理"研讨会在广东外语外贸大学国际会议厅举行。中国社会科学院、广东国际战略研究院和全国各地高校和科研机构的专家学者就"新型大国关系与全球治理"的主题发表演讲并展开讨论。

（26）2013年10月19日，中国对外经济贸易会计学会2013年学术年会在上海举办。本届年会由上海对外经贸大学会计学院承办，上海市对外经贸会计学会协办，学术界、实务界共160余人出席。对外经贸大学张新民副校长就财务报表分析新框架进行了讲解，商务部国际司杨正伟处长就上海自由贸易区相关政策进行了讲解；商务部财务司束珏婷副处长就当前国际经济形势与外经贸政策也进行了解读。

（27）2013年10月30日，商务部（国际贸易经济合作研究院）发布2013年秋季中国对外贸易形势报告。报告回顾了2013年前三季度中国外贸运行情况。2013年以来，国内外经济形势错综复杂，上半年进出口增速波动较大。中国政府及时出台了促进进出口稳增长、调结构的政策措施，提振了企业信心，推动外贸增速企稳和质量效益提高。报告指出，中国将多措并举稳定进出口增长，加快推动外贸转型升级。大力培育外贸竞争新优势，支持跨境电子商务等新型贸易方式和外贸综合服务企业发展，增强中小民营企业拓展国际市场的能力。鼓励企业加大技术创新投入，提高产品质量档次，打造国际知名品牌，建设国际营销网络。进一步扩大进口推动对外贸易平衡发展。

（28）2013年11月8～10日，2013中国国际贸易学会年会暨国际贸易发展论坛在北京陕西大厦召开。本次论坛的主题是"开放创新　深化改革　促进外经贸持续健康发展"。中国国际贸易学会副会长兼秘书长刘宝荣在主持中说，全国人民期待的中共十八届三中全会召开，将审议通过中共中央关于全面深化改革若干重大问题决定。必将开启中国改革开放进程当中的一个新阶段，必将引导着我们中国社会主义市场经济建设步入一个崭新的充满着生机活力、开放创新、务实发展，能够实现中国伟大复兴之梦的辉煌历程。

（29）2013年11月9日，第十二届WTO与中国学术年会在北京召开，与会学者在会上对中共十八届三中全会给予极大的期待和关注，并提出打造中国经济升级版的路径，即进一步扩大对外开放，以对外开放倒逼深化国内改革，释放巨大制度红利。新形成的比较优势为各类生产要素释放潜在创造力带来更大机会。中国市场经济向深度发展，激发出最大生产潜力，尤其是知识价值、人才价值、资源价值、生态价值将得以回归，中国更有可能集聚高端人才和知识资本，吸收更广泛的发达国家的知识外溢，拓展各类生产要素的知识内涵。

（30）2013年11月12日，"全球治理：制度设计与热点议题"研讨会在北京举办。此次会议由中国社会科学院世界经济与政治研究所主办，中国社会科学院世界经济与政治研究所全球治理研究室承办，新兴经济体研究会、《世界经济与政治》编辑部、《国际经济评论》编辑部、国际经济与战略研究中心协办。中国对外经济有关政府部门主管领导、中国金融机构代表、国内学者等80余人参加了本次会议。会议议题涉及全球治理理论进展、制度设计以及经济热点议题分析。

（31）2013年11月18日，东亚合作论坛2013——东亚区域合作：困境与出路在中国人民大学举行。本次论坛由中国人民大学国际关系学院东亚研究中心主办。中国、日本、韩国、蒙古、俄罗斯、英国等多国专家学者围绕当今东亚区域合作所面临的困境及未来应有的出路进行了探讨。为期一天的论坛，与会学者围绕东亚区域合作的历史与总结、东亚区域合作的现状与课题、东亚区域合作的前景展望等相关问题深入交换学术意见，进行研讨。

（32）2013年11月18～20日，2013年夏季达沃斯论坛在大连举行。本届论坛的主题是"创新势在必行"。论坛涉及移动经济的快速崛起、云计算和网络设备的广泛应用、隐私保护规则和监管环境的不断变化、发展贸易、增加投资、促进区域繁荣、发掘互利互惠的商业机会、开展艺术与文化交流等多个议题。

（33）2013年12月6～8日，中国亚洲太平洋学会年会在暨南大学召开。本届年会由中国亚洲太平洋学会、暨南大学共同主办，暨南大学国际关系学院/华侨华人研究院承办，来自全国的100多名专家学者围绕新时期的地区形势及大国关系变化进行了研讨交流。与会专家就新型大国关系、中日关系、中国的安全环境、亚太区域合作、中国的国际投资所面临的新情况以及策略等问题进行了积极讨论。

（34）2013年12月11日，中东经济发展的挑战与前景研讨会在北京召开。中国中东学会会长、中国社会科学院西亚非洲研究所所长杨光在研讨会开幕式上发表致辞，并对研讨会进行总结。中国前驻埃及大使安惠侯，前中国政府中东问题特使王世杰，商务部官员曹甲昌，来自国内有关机构和院校，以及土耳其、苏丹、俄罗斯、日本的专家学者等共计40余人。中外与会者围绕中东经济发展面临的主要问题，特别是"阿拉伯之春"运动发生以来备受关注的人口与就业、石油与发展、工业化、粮食安全、人力资源与发展、贫富悬殊、地区与跨地区经济一体化、外国投资、可持续发展和结构调整等突出问题，探讨了其产生的原因、当前的状况和可能的解决办法。

（35）2013年12月11日，2013中国国际商会年会在北京召开。本届年会主题是"中国经济的新突破——改革与创新"。中国贸促会、中国国际商会副会长张伟出席开幕式并致辞，中国国际经济交流中心副理事长兼秘书长魏建国、美国商务部前副部长弗朗西斯科·桑切斯、渣打银行大中华区首席经济学家王志浩分别就时局与前瞻发表主题演讲。在本次会议上，来自中国国际商会会员企业以及政府部门、商协会和学术界人士共400余人深度探讨了很多时下热点议题，如坚持与深化改革、创新驱动经济、中国经济增长的内生动力、改革新政以及提升地方经济的作用等。

（36）2013年12月19日，首届中国—中东欧国家高级别智库研讨会在北京举行，来自中国和中东欧16个国家的专家学者就中国与中东欧国家关系的新机遇展开了深入研讨。此次研讨会由中国—中东欧国家合作秘书处与中国国际问题研究基金会联合主办。与会专家一致认为，中国同中东欧国家关系面临新的机遇，双方在经贸、投资、能源、基建、农业、旅游等领域的合作前景广阔。

（37）2013年12月19日，中国亚非发展交流协会2013年年会在北京举行。年会共分理事大会和形势研讨会两大部分。中国亚非发展交流协会会长武东和在理事大会上发表讲话。中国亚非发展交流协会名誉会长钱永年出席了年会。中国亚非发展交流协会副会长兼秘书长徐伟在理事大会做年度工作报告。出席年会的还有中国亚非发展交流协会顾问、理事等共计100余人。

（38）2013年12月21日，由中国国际经济交流中心主办的"中国经济年会2013～2014年"在北京召开。会议以"改革新号角，发展新阶段"为主题，就贯彻落实中共十八届三中全会和中央经济工作会议精神以及改革发展重大问题展开深入探讨。国经中心理事长曾培炎出席并致辞。有关政府部门领导、专家学者和企业家代表200多人参加了会议。

（39）2013年12月24日，"走向共同繁荣的战略选择——中巴经济走廊学术研讨会"召开。研讨会由北京大学外国语学院、北京大学巴基斯坦研究中心主办。外交部亚洲司司长罗照辉，巴基斯坦驻华大使馆临时代办舒贾特·阿里·拉托尔出席了研讨会开幕式，并发表致辞。研讨会主要议题为中巴经济走廊战略意义、中巴经济走廊面临的挑战、中巴自贸区建设、中巴经贸合作前景、中巴战略合作伙伴关系。

（40）2013年12月28日，"2013中国国有经济发展论坛"学术研讨会在北京召开。本届论坛以"国有经济发展与完善市场经济体制"为主题，旨在搭建起决策和监管层、国有企业和相关机构进行交流沟通的平台，最终达到推动和促进中国国有经济可持续健康发展的目的。

第二节　国外年度大事记

1. 2012 International Conference on Economics Marketing and Management

January 5 – 6, 2012

Hong Kong, Hong Kong

ICEMM 2012, aims to bring together researchers, scientists, engineers, and scholar students to exchange and share their experiences, new ideas, and research results about all aspects of E – business, Management and Economics, and discuss the practical challenges encountered and the solutions adopted.

2. World Economic Forum Annual Meeting

January 25 – 29, 2012

Davos – Klosters, Switzerland

Co – chairs: Vikram Pandit, Paul Polman (Chief Executive Officer, Unileve) and Alejandro Ramírez (Chief Executive Officer, Cinepolis)

3. 5th Winter Conference on Financial Intermediation

February 27 – 29, 2012

Lenzerheide, Switzerland

Hosted By: Universität St Gallen With: European Banking Center

4. 2012 2nd International Conference on Economics and Finance Research

March 10 – 11, 2012

Chennai, India

The primary goal of the conference is to promote research and developmental activities in Economics and Finance Research. Another goal is to promote scientific information interchange between researchers, developers, engineers, students, and practitioners working all around the world.

5. Seventh Annual Workshop on Macroeconomics of Global Interdependence

March 16 – 17, 2012

Paris, France

Hosted By: Paris School of Economics

CEPR and Paris School of Economics are jointly organising a one and a half day workshop focusing on the macroeconomics of global interdependence.

6. International Trade and Investment

March 23 – 24, 2012

Organizer: Stephen J. Redding of Princeton University

7. The Multilateral Trade System in a Post – Doha World

March 30, 2012

Paris, France

Hosted By: OECD Development Centre

8. 2012 2nd International Conference on Economics, Trade and Development

April 7 – 8, 2012

Bangkok, Thailand

The conference will bring together leading researchers, engineers and scientists in the domain of interest from around the world.

9. The Crisis Aftermath: New Regulatory Paradigms

April 18, 2012

Madrid, Spain

Launch of a new CEPR book edited by Mathias Dewatripont and Xavier Freixas

Hosted By: IESE, Barcelona – Madrid

10. SCI FI GLOW Final Conference

April 19, 2012

Brussels, Belgium

This high – level, policy – oriented event, is being organised by the Centre for Economic Policy Research in collaboration with leading academics who have been involved in the European Commission – funded collaborative research programme "Science, Innovation, Firms and Markets in a Globalized World" (SCIFI – GLOW). The meeting will present and summarise critical areas of economic policy making around the main themes that have been studied during the course of the 3 – year project.

11. Twenty – seventh Annual Conference on Macroeconomics

April 20 – 21, 2012

Organizers: Daron Acemoglu of MIT, Jonathan Parker of Northwestern University, and Michael Woodford of Columbia University

12. The Final Meeting of Politics, Economics and Global Governance

April 23, 2012

Brussels, Belgium

Presentations by leading academics examined pressing areas in economic policy making, at both the European and global levels.

13. After the Fall: The Future of Global Cooperation

May 4, 2012

Geneva, Switzerland

Hosted By: International Center for Monetary and Banking Studies

14. 2012 International Conference on Economics, Business Innovation

May 5 – 6, 2012

Kuala Lumpur, Malaysia

2012 International Conference on Economics, Business Innovation – ICEBI 2012 is the premier forum for the presentation of new advances and research results in the fields of theoretical, experimental, and applied Economics, Business Innovation.

15. IEEE international Conference on Engineering Technology and Economic Management

May 21 –22, 2012

ICETEM 2012 is co – sponsored by IEEE and Shan' Xi University of science and Technology,

Zhengzhou Institute of Aeronautical Industry Management, co – sponsored by Henan University of Technology, University of Electronics Science and Technology of China, Sichuan Institute of Electronics.

16. European Summer Symposium in International Macroeconomics

May 22, 2012

Tarragona, Spain

Hosted By: Banco de España

ESSIM is an annual meeting that brings together about 60 economists from across Europe and key researchers from outside the region. It provides a unique opportunity for macroeconomists from different research institutions and countries to discuss research in a relaxed atmosphere and to develop long – term collaborative relationships. Another important aim of ESSIM is to provide young researchers with the opportunity to meet and discuss their work with senior economists.

17. European Research Workshop in International Trade held jointly with the Fourth EFIGE Scientific Workshop and Policy Conference

May 31 – June 2, 2012

Barcelona, Spain

Sessions on Saturday will focus on firm – level studies of trade issues and will constitute the Fourth EFIGE Scientific Workshop and Policy Conference. The rest of the programme will combine workshop sessions on any trade – related issue with time for collaboration and consultation. Everyone listed in the programme will be invited to attend the entire event.

18. 2012 International Conference on Innovation, Trade and Economics

June 2 –3, 2012

Hong Kong, Hong Kong

2012 International Conference on Innovation, Trade and Ecomomics – ICITE 2012 is the premier forum for the presentation of new advances and research results in the fields of theoretical, experimental, and applied Psychological Sciences and Behaviors.

19. 2012 International Conference on Arts, Social Sciences and Technology

June 12, −13, 2012

Jeju Island, South Korea

AAST 2012 will be the most comprehensive conference focused on the various aspects of advances in Arts, Social Sciences and Technology. Our Conference provides a chance for academic and industry professionals to discuss recent progress in the area of Arts, Social Sciences and Technology.

20. Trade Conference: The UK in a Global World

June 14, 2012

London, Britain

Hosted By: Department for Business, Innovation and Skills

The event aims to bring together representatives of academia, business and policy makers from across Europe to discuss recent developments in trade and industrial economics, focusing on value chains, trade in value added and their implications for 21st century trade and industrial policies.

21. 35th International Seminar on Macroeconomics

June 15 − 16, 2012

Organizers: Francesco Giavazzi, Bocconi University, and Kenneth West, University of Wisconsin

22. Twenty − third Annual EASE Conference

June 15 − 16, 2012

Organizers: Takatoshi Ito, University of Tokyo, and Andrew K. Rose, University of California, Berkeley

23. G20 2012 Los Cabos

June 18 − 19, 2012

Los Cabos, Mexico

Key outcomes of the summit are including the establishment of country − specific measures each G20 member would take to strengthen demand, growth, confidence and financial stability under the Los Cabos Growth and Jobs Action Plan, reaffirmation of G20 member pledges to increase International Monetary Fund (IMF) resources by US $ 456 billion and to implement the 2010 IMF quota and governance reforms and progress on the G20 development agenda, particularly on food security, financial inclusion, sustainable development and inclusive green growth

24. Fourth Conference of "Globalization, Investment and Services Trade": Globalization and Regulation in Services

June 20 – 23， 2012

University of Sassari， Italy

This workshop aims to bring together Early Stage and Experienced Researchers under the EC – funded GIST training network with more senior academics working on issues related to trade and investment in services. This includes both theory （firm choices of modes， interactions between goods and services， for example） as well as empirical evidence （impact of policy and regulation， gravity modelling， CGE modelling， firm level econometrics） .

25. Workshop on the Political Economy of Trade Policy

June 29， 2012

Geneva， Switzerland

With：The World Bank

The aim of this workshop is to bring together a small number of senior policymakers， advisors， academics and/or private sector representatives of BRICS countries and other emerging markets and discuss the objectives and drivers of trade – and investment related policies in their countries. The discussion will be informed by the recent monitoring efforts of the WTO and the Global Trade Alert initiative， as well as efforts by the ITC， UNCTAD and the World Bank to compile information on non – tariff policies.

26. World Economic Forum on East Asia

June 30 – 1， 2012

Bangkok， Thailand

27. European Summer Symposium in Financial Markets

July 16 – 27， 2012

Gerzensee， Switzerland

Organizers：Study Center Gerzensee， Dirk Niepelt （Study Center Gerzensee and CEPR）， Adriano Rampini （Duke University） and Tarun Ramadorai （University of Oxford and CEPR） .

28. 2012 2nd International Conference on Financial Management and Economics

July 23 – 24， 2012

Singapore

29. Exchange Rates and External Adjustment

August 23 – 24， 2012

Zurich， Switzerland

Organizers：Swiss National Bank， Raphael Auer （Swiss National Bank）， Andreas Fischer （Swiss National Bank and CEPR）， Philip Lane （Trinity College Dublin and CEPR）， Gian Maria Milesi – Ferretti （IMF and CEPR）， and Cédric Tille （Graduate Institute Geneva and CEPR） .

30. 15th Asean and China， Japan and South Korea Economic and Trade Ministers' Meeting

August 29， 2012

Siem Reap, Cambodia

31. 11th China – Asean Economic and Trade Ministers' Meeting

August 29, 2012

Siem Reap, Cambodia

32. 2012 APEC Ministerial Meeting

September 5 – 6, 2012

Vladivostok, Russia

33. 11th Macroeconomic Policy Research Workshop

September 5 – 6, 2012

Budapest, Hungary

Hosted By: Magyar Nemzeti Bank

Topics of the 2012 meeting include: Labour markets (labour flows, wages, hours, productivity), Firms (output, investment, pricing), Households (wealth, savings, redistribution), Trade (trade credit, export flows, supply chains), Macroeconomic implications of heterogeneity, Both empirical and theoretical contributions are welcome.

34. 2012 Leaders' Declaration: Vladivostok Declaration – Integrate to Grow, Innovate to Prosper

September 8 – 9, 2012

Vladivostok, Russia

35. Annual Meeting of the New Champions

September 11 – 13, 2012

Tianjin, People's Republic of China

36. 3rd TEMPO Conference on International Migration

October 4 – 5, 2012

Nuremberg, Germany

Hosted By: Institute for Employment Research

Topics of interest include: circular and return migration, the role of social networks and Diaspora externalities, remittances, migration and the pattern of trade/FDI, brain drain, migration and institutional change, immigrant integration and immigration policies.

37. International Conference on E – business, Management and Economics

October 27 – 28, 2012

Hong Kong

38. 2012 IEEE 19th International Conference on Industrial Engineering and Engineering Management

October 27 – 29, 2012

Changsha, China

39. The Ninth Asia – Europe Meeting

November 4 – 6, 2012

Vientiane, Laos

40. Growth in Mature Economies

November 9 – 10, 2012

Modena, Italy

Organizes: CEPR in collaboration with the Center for Economic Research (RECent) at the University of Modena and Reggio Emilia, and with the financial support of Fondazione Cassa di Risparmio di Modena.

41. Summit on the Global Agenda

November 12 – 14, 2012

Dubai, United Arab Emirates

42. The 19th east Asia summit meetings

November 19, 2012

Phnom penh, Cambodia

43. International Trade and Investment

November 30 – December 1, 2012

Organizer: Robert Feenstra of University of California, Davis

44. International Capital Flows and Spillovers in a Post – Crisis World

December 13 – 14, 2012

London, Britain

Organisers: Bank of England, Mick Devereux (UBC and CEPR), Emilio Fernandez – Corugedo (Bank of England), Pierre – Olivier Gourinchas (UC Berkeley, IMF – ER editor and CEPR), Robert Kollmann (ECARES and CEPR), Ayhan Kose (IMF, IMF – ER co – editor), Matthias Paustian (Bank of England) and Alan Sutherland (St. Andrews and CEPR).

45. International Conference on Economics, Business and Management

December 22 – 23, 2012

Kuala Lumpur, Malaysia

46. 2013 3rd International Conference on Applied Social Science

January 15 – 16, 2013

Taipei, Taiwan

This Conference provides a chance for academic and industry professionals to discuss recent progress in the area of Applied Social Science.

47. Causal Analysis in International Trade

January 17 – 18, 2013

Villars

Supported By: Swiss National Science Foundation (NCCR Trade Regulation)

48. 2013 International Conference on Economics and Social Science

January 21 – 22, 2013

Melbourne, Austrilia

ICESS 2013 will be the most comprehensive conference focused on the various aspects of advances in Economics and Social Science.

49. World Economic Forum Annual Meeting

January 23 – 27, 2013

Davos – Klosters, Switzerland

50. 2012 International Conference on Economics, Business and Marketing Management

February 24 – 25, 2013

Rome, Italy

2013 2nd International Conference on Economics Business and Marketing Management? CEBMM 2013 is the premier forum for the presentation of new advances and research results in the fields of theoretical, experimental, and applied Economics Business and Marketing Management.

51. 6th Winter Conference on Financial Intermediation

February 25 – 27, 2013

Lenzerheide, Switzerland

With: European Banking Center

Sponsored By: Swiss National Bank

Keynote speaker: David Thesmar (HEC Paris and CEPR)

52. Eighth Annual Workshop on Macroeconomics of Global Interdependence

March 1 – 2, 2013

Lausanne, Switzerland

Hosted By: Université de Lausanne

53. 2013 International Conference on Information, Business and Education Technology

March 14 – 15, 2013

Beijing, China

The aim objective of ICIBET 2013 is to provide a platform for researchers, engineers, academicians as well as industrial professionals from all over the world to present their research results and development activities in Information, Business and Education Technology.

54. 2nd International Conference on Social Science and Humanity

March 17 – 18, 2013

Macau

Organized by IEDRC

55. 2013 2nd International Conference on Economics and Finance Research

March 17 – 18, 2013

Macau, Macau

56. International Trade and Investment

March 22 – 23, 2013

Organizer: Robert Feenstra of University of California, Davis

57. Twenty – eighth Annual Conference on Macroeconomics

April 12 – 13, 2013

Organizers: Jonathan Parker or Northwestern University and Michael Woodford of Columbia University

58. Global Banks, International Capital Flows and Financial Integration

April 12 – 13, 2013

Organizers: Federal Reserve Bank of New York, London Business School

59. The 9th APEC Trade Ministers' Meeting

April 21 – 22, 2013

Surabaya, Indonesia

60. RCEP First Round of Negotiations

May 9, 2013

Brune

This round of negotiations consult issues such as goods, services and investment.

61. 2013 2nd International Conference on Economics, Business Innovation

May 19 – 20, 2013

Copenhagen, Denmark

2013 2nd International Conference on Economics, Business Innovation – ICEBI 2013 is the premier forum for the presentation of new advances and research results in the fields of theoretical, experimental, and applied Economics, Business Innovation.

62. 21st CEPR European Summer Symposium in International Macroeconomics

May 21 – 24, 2013

Izmir, Turkey

Hosted By: Central Bank of the Republic of Turkey

63. World Economic Forum on the Middle East and North Africa

May 24 – 26, 2013

Dead Sea, Jordan

64. Global Spillovers and Economic Cycles: A Euro Area Business Cycle Network (EABCN) Conference

May 30 – 31, 2013

Paris, France

Hosted By: Banque de France

This conference will focus on empirical and theoretical contributions providing an assessment of various spillover effects at a global level and new perspectives on structural analysis, forecasting and economic policy design and assessment. Possible topics include: The evaluation of changing trade and financial linkages across countries, The macroeconomic effects of swings in commodity prices, The cyclical relationships emerging – advanced countries, The integration of financial spillovers in global macro and econometric models, Theoretical and empirical analyses of the transmission of monetary and fiscal policy across countries.

65. World Economic Forum on East Asia

June 5 – 7, 2013

Nay Pyi Taw, Myanmar

66. European Research Workshop in International Trade

June 6 – 8, 2013

Rotterdam, Switzerland

Hosted By: Erasmus University Rotterdam

ERWIT is an annual workshop that brings together international economists from across Europe and key researchers from outside the region. The workshop disseminates the findings of recent research on international trade, and presentations often involve exploratory rather than finished papers. It provides a unique opportunity to discuss trade – related research in a relaxed atmosphere. Another important aim of ERWIT is to provide young researchers with the opportunity to meet and discuss their work with senior economists.

67. Twenty – Fourth Annual EASE Conference

June 21 – 22, 2013

Organizers: Takatoshi Ito, University of Tokyo, and Andrew Rose, University of California, Berkeley

68. Thirty – sixth International Seminar on Macroeconomics

June 21 – 22, 2013

Organizers: Richard Clarida, Columbia University, and Lucrezia Reichlin, London Business School

69. The 20th ARF Foreign Ministers' Meeting

July 2, 2013

Bandar seri begawan, Brunei

70. 2nd International Conference on Science and Social Research

July 13 – 14, 2013

Beijing, China

The 2013 2nd International Conference on Science and Social Research（ICSSR 2013）aims to provide an outstanding opportunity for both academic and industrial communities alike to address new trends and challenges and emerging technologies on topics relevant to today's fast moving areas of science and social research.

71. European Summer Symposium in Financial Markets

July 15 – 26, 2013

Gerzensee, Switzerland

Hosted By: Study Center Gerzensee

72. China – asean senior Forum

August 2, 2013

Bangkok, Thailand

73. Inflation Dynamics in a Post – Crisis Globalized Economy

August 22 – 23, 2013

Zurich, Switzerland

With: Bank for International Settlements（BIS）, Federal Reserve Bank of Dallas, Swiss National Bank

74. G20 2013 St Petersburg

September 5 – 6, 2013

St Petersburg, Russia

Key outcomes of the summit are including the St Petersburg Action Plan, which sets out reforms for achieving strong, sustainable and balanced growth, coupled with an Accountability Assessment describing progress made on past commitments, extending the G20's and a reaffirmed commitment to implementation of agreed financial regulatory reforms and International Monetary Fund reform.

75. 2013 International Conference on Education Culture and Science Management

September 9 – 10, 2013

Guam, USA

76. Annual Meeting of the New Champions

September 11 – 13, 2013

Dalian, People's Republic of China

77. Elfth Summer School in International and Development Economics: Gravity Rules in the Modern World Economy

September 11 – 14, 2013

Gargnano

Sponsored By: John Wiley & Sons Ltd.

78. 7th IFIP WG 5. 14 International Conference

September 18 – 20, 2013

Beijing, China

79. RCEP Second Round of Negotiations

September 23 – 27, 2013

Brisbane, Australia

The 10 asean countries, Australia, China, India, Japan, South Korea and New Zealand sent delegations to the negotiations.

80. Conference on Urban and Regional Economics

October 4 – 5, 2013

London, Britain

Organising Committee: Henry Overman (LSE and CEPR), Diego Puga (CEMFI and CEPR), Daniel Sturm (LSE and CEPR)

81. "APEC 2013 Leaders' Declaration: Bali Declaration – Resilient Asia – Pacific, Engine of Global Growth

October 8, 2013

Bali, Indonesia

The conference is 21th APEC (APEC) leaders' informal meeting

82. 16th China – Asean Leaders' Meeting

October 8, 2013

Bandar seri begawan, Brunei

Premier li keqiang and brunei sultan hassan, co – chaired the meeting. Conference on deepening china – asean relations has carried on the thorough discussion, puts forward cooperation framework and reached broad consensus.

83. 2013 APEC Ministerial Meeting : Joint Ministerial Statement

October 5, 2013

Bali, Indonesia

84. XI Euro – Latin Study Network on Integration and Trade (ELSNIT): Internationalization of Small and Medium Size

October 17 – 18, 2013

85. High Skill Immigration in the Global Economy

October 25, 2013

Organizes: William R. Kerr of Harvard University and Sarah Turner of University of Virginia

86. Summit on the Global Agenda

November 18 – 20, 2013

Abu Dhabi, United Arab Emirates

87. CEPR 30th Anniversary

November 21 – 22, 2013

London, Britain

hosted by: the Bank of England

There will be six themed sessions and two wide – ranging panel sessions. In each of the themed sessions, two academics will present short (10 – 15 pages) non – technical papers. Two or three senior current and former policymakers will act as discussants. It was a very important occasion for CEPR, emphasising its impact on economics in Europe and beyond, while helping to determine its next steps.

88. Ninth WTO Ministerial Conference

December 3 – 7, 2013

Bali, Indonesia

Ministers adopted the "Bali Package", a series of decisions aimed at streamlining trade, allowing developing countries more options for providing food security, boosting least – developed countries' trade and helping development more generally. They also adopted a number of more routine decisions and accepted Yemen as a new member of the WTO.

89. The Internationa Bureau of Economic Research : International Trade and Investment

December 6 – 7, 2013

Organizer: Robert Feenstra of University of California, Davis

90. Conference on Current Account Imbalances and International Financial Integration

December 6 – 7, 2013

Brussels, Belgium

Conference organisers: Joshua Aizenman (UC Santa Cruz, JIMF co – editor), Menzie Chinn (University of Wisconsin, JIMF co – editor), Mick Devereux (UBC and CEPR), Alexandr Hobza (European Commission), Kees Koedijk (Tilburg University and CEPR, JIMF editor), Robert Kollmann (ECARES and CEPR), João Nogueira Martins (European Commission), Stefan Zeugner (European Commission)

91. 11th International Paris Finance Meeting

December 19, 2013

Paris, France

92. 2013 3rd International Conference on Social Sciences and Society

December 27 – 28, 2013

Jeju Island, Korea

Sponsored by Information Engineering Research Institute, USA

The goal of this conference is to bring together the researchers from academia and industry as well as practitioners to share ideas, problems and solutions relating to the multifaceted aspects of Social Sciences and Society.

第五章 国际贸易学学科 2012～2013 年文献索引

第一节 中文期刊文献索引

［1］安虎森，皮亚彬，薄文广．市场规模、贸易成本与出口企业生产率"悖论"［J］.财经研究，2013（5）：41－50.

［2］鲍晓华，金毓．出口质量与生产率进步：收入分配的影响力［J］.财经研究，2013，39（8）：64－75.

［3］敖丽红，赵儒煜．关于中日韩自贸区建设的理论与实证分析［J］.东北亚论坛，2013（4）：73－82.

［4］蔡春林，姚远．美国推进第三次工业革命的战略及对中国借鉴［J］.国际贸易，2012（9）：17－22.

［5］蔡冬青，周经．东道国人力资本、研发投入与我国 OFDI 的反向技术溢出［J］.世界经济研究，2012（4）：76－82.

［6］蔡冬青，刘厚俊．中国 OFDI 反向技术溢出影响因素研究——基于东道国制度环境的视角［J］.财经研究，2012，38（5）：59－69.

［7］蔡鹏鸿．TPP 横向议题与下一代贸易规则及其对中国的影响［J］.世界经济研究，2013（7）：41－47.

［8］曹亮，蒋洪斌，陈小鸿．CAFTA 的贸易创造和贸易转移效应研究［J］.宏观经济研究，2013（6）：29－35.

［9］曹阳．俄罗斯加入 WTO 对中俄贸易的影响及对策［J］.东北亚论坛，2012（6）：27－32.

［10］曾文革，陈晓芳．构建中日韩自贸区农产品市场准入谈判分析［J］.东北亚论坛，2012（1）：12－19.

［11］柴庆春，胡添雨．中国对外直接投资的贸易效应研究——基于对东盟和欧盟投资的差异性的考察［J］.世界经济研究，2012（6）：64－70.

［12］陈波，贺超群. 出口与工资差距：基于我国工业企业的理论与实证分析［J］. 管理世界，2013（8）：6－15.

［13］陈超，张明杨. 禁止我国转基因大豆进口贸易的福利变动与虚拟耕地的分析——基于 Stackelberg 均衡［J］. 国际贸易问题，2013（9）：15－27.

［14］陈昊. 出口是否加剧了就业性别歧视？——基于倾向评分匹配的再估计［J］. 财经研究，2013，39（9）：109－119.

［15］陈琳，何欢浪，罗长远. 融资约束与中小企业的出口行为：广度和深度［J］. 财经研究，2012，38（10）：134－144.

［16］陈雯. 中国制成品出口复杂度分析——基于 2009 年国家、产业、产品层面的横向比较［J］. 厦门大学学报（哲学社会科学版），2012（5）：98－106.

［17］陈雯，李佳璐. 我国制造业出口的本地市场效应研究——基于引力模型的实证分析［J］. 世界经济研究，2012（2）：21－28.

［18］陈秀山，左言庆. 空间经济研究视角的贸易理论演进——地理政治经济学的分析框架［J］. 区域经济评论，2013（6）：5－12.

［19］陈怡，洪亮，姜德波. 贸易自由化、劳动要素流动与贫困［J］. 国际贸易问题，2013（4）：27－39.

［20］陈爱贞，钟国强. 中国装备制造业"为出口而进口"是否发生了演变［J］. 亚太经济，2012（5）：122－128.

［21］陈福中，刘向东. 开放经济条件下外资进入对中国流通企业的影响——基于批发和零售业企业省级面板数据的实证考察［J］. 财贸经济，2013（3）：103－111.

［22］陈俊聪，黄繁华. 对外直接投资与出口技术复杂度［J］. 世界经济研究，2013（11）：74－80.

［23］陈启斐，楚明钦. 扩大内需、工资上涨与对外出口——来自中国 228 个城市的面板数据［J］. 经济理论与经济管理，2013（11）：18－29.

［24］陈望远，李仲飞，蔡武. 汇率传递与出口商品策略定价能力研究——基于面板随机系数模型的分析［J］. 中国经济问题，2012（3）：69－79.

［25］陈文敬，米宏伟. 中国文化贸易发展现状、问题及对策［J］. 国际贸易，2013（1）：54－61.

［26］陈晓华，刘慧. 国际分散化生产约束了我国出口技术结构升级？——基于省级动态面板数据 GMM 方法［J］. 科学学研报，2013，31（8）：1178－1191.

［27］陈永强，徐成贤. 国际服务外包促进服务贸易的途径分析［J］. 国际贸易问题，2013（12）：108－116.

［28］陈勇兵，陈宇媚，周世民. 贸易成本、企业出口动态与出口增长的二元边际——基于中国出口企业微观数据：2000－2005［J］. 经济学（季刊），2012，11（4）：1477－1502.

［29］陈勇兵，李伟，蒋灵多. 中国出口产品的相对质量在提高吗？——来自欧盟

HS－6 位数进口产品的证据［J］．世界经济文汇，2012（4）：15－30．

［30］陈勇兵，李燕．贸易关系持续时间的研究进展［J］．国际贸易问题，2012（10）：28－42．

［31］陈勇兵，李燕，周世民．中国企业出口持续时间及其决定因素［J］．经济研究，2012（7）：48－61．

［32］陈勇兵，仇荣，曹亮．中间品进口会促进企业生产率增长吗——基于中国企业微观数据的分析［J］．财贸经济，2012（3）：76－86．

［33］成新轩，武琼，于艳芳．论优惠原产地规则对中国重叠式自由贸易区的经济影响［J］．世界经济研究，2012（5）：28－37．

［34］丛晓男，王铮，郭晓飞．全球贸易隐含碳的核算及其地缘结构分析［J］．财经研究，2013，39（1）：111－112．

［35］崔凡．美国 2012 年双边投资协定范本与中美双边投资协定谈判［J］．国际贸易问题，2013（2）：123－131．

［36］崔凡，赵忠秀．当前国际投资体制的新特点与中国的战略［J］．国际经济评论，2013（2）：108－118．

［37］崔日明，王磊．中国能源消耗国际转移的实证研究——基于对进出口产品内涵能源的四维度估算［J］．经济理论与经济管理，2013（4）：59－68．

［38］崔志伟，祖垒，李自然，张锦．自由贸易协定会影响 WTO 进程吗？——双边贸易与多边贸易关系国外研究综述［J］．管理评论，2012（5）：30－35．

［39］戴翔．中国企业"走出去"的生产率悖论及其解释——基于行业面板数据的实证分析［J］．南开经济研究，2013（2）：44－59．

［40］戴翔，金碚．服务贸易进口技术含量与中国工业经济发展方式转变［J］．管理世界，2013（9）：21－31．

［41］戴翔，张二震．发展差距、非对称要素流动与全球贸易失衡［J］．世界经济，2013（2）：3－22．

［42］党玉婷．中美贸易的内涵污染实证研究——基于投入产出技术矩阵的测算［J］．中国工业经济，2013（12）：18－20．

［43］邓明．制度距离"示范效应"与中国 OFDI 的区位分布［J］．国际贸易问题，2012（2）：123－134．

［44］邓娜，侯少夫．中国加工贸易的发展历程与政策演变［J］．开放导报，2012（6）：28－32．

［45］邓慧慧，孙铮．欧中贸易逆差中的 FDI 因素是否存在逆差转移和贸易替代［J］．国际商务——对外经济贸易大学学报，2013（6）：13－20．

［46］邓子梁，陈岩．外商直接投资对国有企业生存的影响：基于企业异质性的研究［J］．世界经济，2013（12）：53－69．

［47］邸玉娜，李月．跨越"中等收入陷阱"的国际经验分析——基于出口产品密度

的视角［J］. 经济科学，2012（4）：35 – 48.

［48］丁一兵，刘璐. 金融发展能否促进出口结构的优化——基于动态面板数据模型的考察［J］. 现代财经（天津大学学报），2013（6）：4 – 13.

［49］丁一兵，刘璐，傅缨捷. 中国在东亚区域贸易中的地位变化与其经济结构调整［J］. 国际商务——对外经济贸易大学学报，2013（4）：5 – 14.

［50］董向荣. 中韩经济关系：不对称依赖及其前景［J］. 国际经济评论，2013（2）：100 – 108.

［51］窦彬. 出口退税政策的节能减排效应研究［J］. 国际贸易问题，2012（6）：114 – 123.

［52］杜传忠，张丽. 中国工业制成品出口的国内技术复杂度测算——基于国际垂直专业化分工的视角［J］. 中国工业经济，2013（12）：52 – 64.

［53］杜运苏，谢正勤. 入世后中欧分工格局变化及其影响因素研究——基于产业内贸易视角［J］. 国际商务——对外经济贸易大学学报，2013（3）：56 – 64.

［54］段国蕊，方慧. 制造业"国际代工"模式对生产者服务业的影响分析［J］. 世界经济研究，2012（11）：56 – 61.

［55］樊瑛. 中国服务业开放度研究［J］. 国际贸易，2012（10）：10 – 17.

［56］范爱军，卞学字. 中国 FDI 与国内投资的贸易效应比较研究［J］. 南开经济研究，2013（5）：60 – 70.

［57］范爱军，常丽丽. 中国在东亚生产网络中的分工地位检验——基于贸易增长途径的视角［J］. 财贸研究，2012（2）：1 – 6.

［58］范爱军，刘馨遥. 中国机电产品出口增长的二元边际［J］. 世界经济研究，2012（5）：36 – 43.

［59］范爱军，卞学字. 服务贸易与货物贸易对我国收入差距扩大的影响及比较［J］. 国际贸易问题，2013（6）：98 – 107.

［60］范剑勇，冯猛. 中国制造业出口企业生产率悖论之谜：基于出口密度差别上的检验［J］. 管理世界，2013（8）：16 – 29.

［61］范晓波. "WTO 能解决汇率争端吗？"［J］. 世界贸易组织动态与研究，2012，19（6）：43 – 52.

［62］范志勇，毛学峰. 开放条件下中国收入增长的效率及结构特征：1981 – 2010［J］. 经济研究，2013（3）：30 – 55.

［63］方芳，徐化愚. 中国进出口贸易的内涵 CO_2 排放——基于多区域投入产出法的测算及分析［J］. 国际贸易问题，2013（9）：82 – 91.

［64］方慧，尚雅楠. 基于动态钻石模型的中国文化贸易竞争力研究［J］. 世界经济研究，2012（1）：44 – 51.

［65］方军雄. 企业投资决策趋同：羊群效应抑或"潮涌现象"［J］. 财经研究，2012，38（11）：92 – 102.

[66] 方晓丽，朱明侠．中国及东盟各国贸易便利化程度测算及对出口影响的实证研究 [J]．国际贸易问题，2013（9）：68-73．

[67] 方笑君，孙宇．新时期亚太经济一体化进程分析 [J]．国际贸易，2012（4）：54-57．

[68] 冯丹卿，钟昌标，黄远浙．外资进入速度对内资企业出口贸易的影响研究[J]．世界经济，2013（12）：29-52．

[69] 冯其云，朱彤．贸易开放与女性劳动参与率——基于省级面板数据的经验研究 [J]．南开经济研究，2013（4）：139-152．

[70] 傅京燕，裴前丽．中国对外贸易对碳排放量的影响及其驱动因素的实证分析 [J]．财贸经济，2012（5）：75-83．

[71] 高静，黄繁华．进口贸易与中国制造业全要素生产率——基于进口研发溢出的视角 [J]．世界经济研究，2013（11）：34-42．

[72] 高敬峰．中国出口价值链演化及其内在机理剖析 [J]．财贸经济，2013（4）：98-110．

[73] 高敬峰．进口贸易提高了中国制造行业出口技术含量吗？[J]．世界经济研究，2013（3）：29-35．

[74] 高静．专业化分工中的国家出口生产力的经验分析 [J]．财经研究，2012，38（1）：113-123．

[75] 高丽敏，兰宜生．环境所有权、贸易结构变迁与污染分布——基于超边际经济学框架的分析 [J]．财经研究，2012，38（5）：81-93．

[76] 高凌云，程敏．出口弹性估计：评判性回溯与未来方向 [J]．世界经济，2013（6）：108-125．

[77] 高凌云，王洛林，苏庆义．中国出口的专业化之路及其增长效应 [J]．经济研究，2012（5）：83-95．

[78] 高美玲．世界GDP考察域下我国出口波动的冲击因素实证研究 [J]．东南学术，2012（4）：64-71．

[79] 葛顺奇，罗伟．中国制造业企业对外直接投资和母公司竞争优势 [J]．管理世界，2013（6）：28-42．

[80] 龚柏华．TPP协定投资者、东道国争端解决机制评述 [J]．世界贸易组织动态与研究，2013，20（1）：59-67．

[81] 龚柏华．中国（上海）自由贸易试验区外资准入"负面清单"模式法律分析 [J]．世界贸易组织动态与研究，2013，20（6）：23-33．

[82] 龚向明，强永昌．经济规模、贸易成本与我国钢铁行业出口的二元边际分析 [J]．国际商务研究，2012，33（1）：5-11．

[83] 谷克鉴．新李嘉图模型：古典定律的当代复兴与拓展构想 [J]．数量经济技术经济研究，2012（3）．

［84］关权．东亚经济一体化和 TPP——中日之间的博弈［J］．东北亚论坛，2012（2）：3－10．

［85］郭峰，胡军，洪占卿．贸易进口和外商直接投资空间溢出效应研究［J］．国际贸易问题，2013（11）：125－135．

［86］郭国强，彭斌．我国进出口贸易偏价格弹性的研究及应用［J］．中国工业经济，2012（3）：17－29．

［87］郭红兵．扩大进口能否抑制我国的通货膨胀：理论和实证［J］．经济问题探索，2013（1）：15－21．

［88］郭亦玮，郭晶，杨艳．基于非竞争型投入占用产出模型的中国制造业出口复杂度测度分析［J］．管理世界，2012（5）：182－183．

［89］海闻，李晋，戴觅．中国加入《政府采购协定》国有企业出价策略研究［J］．国际贸易问题，2012（9）：3－25．

［90］韩冰．美国对外投资政策法律新进展——基于 2012 年美国双边投资协定范本的分析［J］．国际经济评论，2013（5）：119－131．

［91］韩秀云．美国量化宽松货币政策退出的基础、步骤与影响［J］．国际贸易，2013（7）：63－67．

［92］何帆．中国对外投资的特征与风险［J］．国际经济评论，2013（1）：34－52．

［93］何成杰，王晓伟，谭桑．中国参与东亚生产网络具有稳定性吗？——基于中国机电产品出口持续时间的分析［J］．宏观经济研究，2013（8）：30－38．

［94］何其春，孙萌．对外贸易、金融改革和经济增长：来自中国的证据［J］．经济学（季刊），2012，11（3）：833－852．

［95］贺平．地区主义还是多边主义：贸易自由化的路径之争［J］．当代亚太，2012（6）：129－153．

［96］洪联英，陈思．中国能源资源行业境外投资的组织方式选择——一个微观生产组织控制视角的分析［J］．财贸经济，2013（10）：89－99．

［97］洪联英，彭媛，张丽娟．FDI、外包与中国制造业升级陷阱——一个微观生产组织控制视角的分析［J］．产业经济研究，2013（5）：10－22．

［98］洪联英，刘建江．中国为什么难以转变外贸发展模式——一个微观生产组织控制视角的分析［J］．数量经济技术经济研究，2012（12）：3－20．

［99］洪世勤，刘厚俊，叶玲，程永文．拓展中国与主要新兴经济体国家的贸易关系——基于制成品出口技术结构的比较分析［J］．财贸经济，2012（10）：82－92．

［100］洪世勤，刘厚俊．出口技术结构变迁与内生经济增长：基于行业数据的研究［J］．世界经济，2013（6）：79－107．

［101］洪占卿，郭峰．国际贸易水平、省际贸易潜力和经济波动［J］．世界经济，2012（10）：44－65．

［102］华民．贸易、汇率与经济增长——对中国发展战略的理性思考［J］．复旦学报

（社会科学版），2012（5）：14－21.

［103］华广敏．高技术服务业 FDI 对东道国制造业效率影响的研究——基于中介效应分析［J］．世界经济研究，2012（12）：58－66.

［104］华广敏，荆林波．中日高技术服务业 FDI 对制造业效率影响的比较研究——基于中介效应分析［J］．世界经济研究，2013（11）：66－74.

［105］华晓红，周晋竹，宫毓雯．全球价值链与东亚生产网络［J］．国际贸易，2013（7）：12－17.

［106］黄玖立，吴敏，包群．经济特区、契约制度与比较优势［J］．管理世界，2013（11）：28－38.

［107］黄玖立，冼国明．企业异质性与区域间贸易：中国企业市场进入的微观证据［J］．世界经济，2012（4）：3－22.

［108］黄益平．对外直接投资的"中国故事"［J］．国际经济评论，2013（1）：20－34.

［109］霍景东，黄群慧．影响工业服务外包的因素分析——基于 22 个工业行业的面板数据分析［J］．中国工业经济，2012（12）：44－56.

［110］霍伟东，杨碧琴．自由贸易区战略助推人民币区域化——基于 CAFTA 的实证研究［J］．国际贸易问题，2013（2）：68－70.

［111］贾根良．扩大进口战略的隐忧与国民经济平衡增长新论［J］．当代经济研究，2012（12）：41－46.

［112］江波，李美云．生产服务业出口贸易、创新与生产率提升：理论与实证［J］．财经研究，2012，38（7）：68－78.

［113］姜鸿，梅雪松，张艺影．基于碳排放权价值的中美贸易利益评估［J］．财贸经济，2012（3）：87－93.

［114］姜鸿，张艺影．FTA 框架下中蒙矿产资源合作模式［J］．东北亚论坛，2012（1）：20－27.

［115］姜跃春．亚太区域合作的新变化与中日韩合作［J］．东北亚论坛，2013（2）：59－66.

［116］姜文学．TPP 在美国重塑国际贸易秩序中的双重功能［J］．财经问题研究，2012（12）：81－89.

［117］蒋冠宏，蒋殿春．中国企业对外直接投资的异质性检验——以服装、纺织和鞋帽类企业为例［J］．世界经济研究，2013（11）：61－67.

［118］蒋冠宏，蒋殿春．中国对外投资的区位选择：基于投资引力模型的面板数据检验［J］．世界经济，2012（9）：21－40.

［119］蒋仁爱，冯根福．贸易、FDI、无形技术外溢与中国技术进步［J］．管理世界，2012（9）：49－60.

［120］叫婷婷，赵永亮．我国出口企业集聚与贸易二元扩张［J］．产业经济研究，

2013 (1): 41 - 51.

[121] 揭水晶, 吉生保, 温晓慧. OFDI 逆向技术溢出与我国技术进步——研究动态及展望 [J]. 国际贸易问题, 2013 (8): 161 - 169.

[122] 金碚, 李鹏飞, 廖建辉. 中国产业国际竞争力现状及演变趋势——基于出口商品的分析 [J]. 中国工业经济, 2013 (5): 5 - 17.

[123] 金灿荣, 刘宣佑, 黄达. "美国亚太再平衡战略" 对中美关系的影响 [J]. 东北亚论坛, 2013 (5): 3 - 23.

[124] 金祥荣, 刘振兴, 于蔚. 企业出口之动态效应研究——来自中国制造业企业的经验: 2001 - 2007 [J]. 经济学 (季刊), 2012, 11 (3): 1097 - 1112.

[125] 金中夏. 中国的 "马歇尔计划" 探讨中国对外基础设施投资战略 [J]. 国际经济评论, 2012 (6): 57 - 65.

[126] 荆林波, 袁平红. 中国加快实施自由贸易区战略研究 [J]. 国际贸易, 2013 (7): 47 - 51.

[127] 鞠建东, 马弘, 魏自儒, 钱颖一, 刘庆. 中美贸易的反比较优势之谜 [J]. 经济学 (季刊), 2012, 11 (3): 805 - 832.

[128] 课题组. 加快转变外贸发展方式的理论与实践 [J]. 国际贸易, 2012 (6): 27 - 35.

[129] 孔庆峰, 祝明侠. 中国对欧出口影响因素分析——基于欧债危机以来的数据 [J]. 东岳论丛, 2013, 34 (11): 85 - 90.

[130] 孔淑红, 周甜甜. 我国出口贸易对环境污染的影响及对策 [J]. 国际贸易问题, 2012 (8): 108 - 120.

[131] 匡增杰. 全球区域经济一体化新趋势与中国的 FTA 策略选择 [J]. 东北亚论坛, 2013 (2): 89 - 98.

[132] 雷达, 李南. 国际财富转移对我国贸易条件的逆效应——兼论我国扩大内需的必要性与可行性 [J]. 世界经济与贸易, 2012 (2): 22 - 28.

[133] 李彬. 非理性投资行为、债务稳健性与资本结构动态调整 [J]. 经济科学, 2013 (4): 103 - 115.

[134] 李晨, 戴国平. 我国加工贸易的经济效应分析: 基于外贸发展方式转变的视角 [J]. 产业经济研究, 2013 (2): 103 - 110.

[135] 李钢, 刘吉超. 入世十年中国产业国际竞争力的实证分析 [J]. 财贸经济, 2012 (8): 88 - 96.

[136] 李静, 彭飞. 出口企业竞争强度是中国出口低价格的主要因素吗? [J]. 世界经济研究, 2012 (2): 39 - 45.

[137] 李静, 彭飞. 出口企业存在工资红利吗? ——基于 1998 - 2007 年中国工业企业微观数据的经验研究 [J]. 数量经济技术经济研究, 2012 (12): 20 - 37.

[138] 李磊, 刘斌, 郑昭阳, 朱彤. 地区专业化能否提高我国的出口贸易技术复杂

度？[J]．世界经济研究，2012（6）：30－38.

[139] 李梅，柳士昌．对外直接投资逆向技术溢出的地区差异和门槛效应——基于中国省际面板数据的门槛回归分析 [J]．管理世界，2012（1）：21－32.

[140] 李文韬．东盟区域经济一体化战略及其对 APEC 合作影响 [J]．南开学报（哲学社会科学版），2012（4）：85－94.

[141] 李昕，徐滇庆．中国外贸依存度和失衡度的重新估算——全球生产链中的增加值贸易 [J]．中国社会科学，2012（1）：29－55.

[142] 李杨，黄宁．东盟四国加入 TPP 的动因及中国的策略选择 [J]．当代亚太，2013（1）：101－124.

[143] 李真，黄达，刘文波．中国工业部门外商投资的环境规制约束度分析——基于1995－2011年数据分析 [J]．南开经济研究，2013（5）：21－32.

[144] 李逢春．对外直接投资的母国产业升级效应——来自中国省际面板的实证研究 [J]．国际贸易问题，2012（6）：124－134.

[145] 李国学．制度约束与对外直接投资模式 [J]．国际经济评论，2013（1）：160－173.

[146] 李计广．世界贸易组织多哈回合谈判与中国的选择 [J]．世界经济与政治，2013（5）：136－160.

[147] 李继峰，张亚雄．基于 CGE 模型定量分析国际贸易绿色壁垒对我国经济的影响——以发达国家对我国出口品征收碳关税为例 [J]．国际贸易问题，2012（5）：105－118.

[148] 李冀申．中国在全球生产网络中的转型路径与双边贸易失衡的定量分析——基于对垂直专业化和转口贸易修正后的双边贸易数据 [J]．世界经济研究，2012（10）：40－48.

[149] 李军林，姚东旻，许晓晨．东盟区域经济一体化——基于边境效应的实证分析 [J]．经济理论与经济管理，2012（4）：102－112.

[150] 李俊江，范硕．中朝经贸关系发展现状与前景展望 [J]．东北亚论坛，2012（2）：11－20.

[151] 李坤望，冯冰．对外贸易与劳动收入占比——基于省际工业面板数据的研究 [J]．国际贸易问题，2012（1）：26－37.

[152] 李坤望，王有鑫．FDI 促进了中国出口产品质量升级吗？——基于动态面板系统 GMM 方法的研究 [J]．世界经济研究，2013（5）：60－67.

[153] 李墨丝，彭羽，沈玉良．中国（上海）自由贸易试验区：实现国家战略的可复制和可推广 [J]．国际贸易，2013（12）：4－11.

[154] 李荣林，赵滨元．中国当前 FTA 贸易效应分析与比较 [J]．亚太经济，2012（3）：110－114.

[155] 李文秀．服务业 FDI 能促进服务业集聚吗 [J]．财贸经济，2012（3）：

112 – 119.

[156] 李向阳. 跨太平洋伙伴关系协定：中国崛起过程中的重大挑战 [J]. 国际经济评论，2012（2）：17 – 28.

[157] 李小平. 环境友好、资源节约型外贸发展模式的比较分析——基于各省（市、区）的因子分析法视角 [J]. 贵州财经学院学报，2012（4）：1 – 8.

[158] 李晓钟，何建莹. FDI 对我国高新技术产业技术溢出效应分析 [J]. 国际贸易问题，2012（7）：87 – 95.

[159] 李新，陈勇兵，王书飞. 进口、出口与生产率、基于中国制造业微观企业的实证分析 [J]. 财贸经济，2013（12）：101 – 112.

[160] 李秀娥，孔庆峰. 中国与南部非洲关税同盟建立自由贸易区的经济效应——基于 GTAP 的模拟分析 [J]. 商业经济与管理，2013（7）：65 – 72.

[161] 李雪平. 简析 WTO 协定下贸易权的绝对性与相对性 [J]. 世界贸易组织动态与研究，2012，19（5）：5 – 11.

[162] 李雪威，吴昊. 新贸易环境下中韩 FTA 促进战略评析 [J]. 东北亚论坛，2013（3）：62 – 72.

[163] 李燕萍，彭峰. 国际贸易、自主研发与高技术产业生产率增长 [J]. 经济评论，2012（1）：133 – 139.

[164] 李永，金珂，孟祥月. 中国出口贸易联系是否稳定 [J]. 数量经济技术经济研究，2013（12）：21 – 35.

[165] 李永刚. "金砖五国" 贸易竞争力的比较分析 [J]. 经济社会体制比较，2013（1）：51 – 61.

[166] 李玉楠，李廷. 环境规制、要素禀赋与出口贸易的动态关系——基于我国污染密集产业的动态面板数据 [J]. 国际经贸探索，2012，28（1）：34 – 42.

[167] 李豫新，郭颖慧. 边境贸易便利化水平对中国新疆维吾尔自治区边境贸易流量的影响——基于贸易引力模型的实证分析 [J]. 国际贸易问题，2013（10）：120 – 128.

[168] 李真，黄达. 出口贸易内嵌碳成本因素分解及影响效应研究 [J]. 数量经济技术经济研究，2013（11）：21 – 38.

[169] 李志鹏. 中国建设自由贸易园区内涵和发展模式探索 [J]. 国际贸易，2013（7）：4 – 7.

[170] 李志远，余淼杰. 生产率、信贷约束与企业出口——基于中国企业层面的分析 [J]. 经济研究，2013（6）：85 – 99.

[171] 李子豪，刘辉煌. FDI 对环境的影响存在门槛效应吗——基于中国 220 个城市的检验 [J]. 财贸经济，2012（9）：101 – 103.

[172] 林峰，占芬. 美国服务贸易摩擦的基本特征、内在成因与发展动态 [J]. 国际经贸探索，2013（9）：4 – 13.

[173] 林玲，余娟娟. 中国制造业出口贸易利益的测算及影响因素研究 [J]. 当代经

济科学，2012，34（5）：81－90.

［174］林桂军，黄灿. 出口产业向中西部地区转移了吗——基于省际面板数据的经验分析［J］. 国际贸易问题，2013（12）：3－14.

［175］林治洪，陈岩，秦学志. 中国对外投资决定因素——基于整合资源观与制度视角的实证分析［J］. 管理世界，2012（8）：165－166.

［176］凌江怀，李长洪. 国际资本流动和国际贸易对国内物价的冲击效应——基于不同汇率机制和宏观经济环境的研究［J］. 财经研究，2012，38（11）：124－133.

［177］刘斌，李磊. 贸易开放与性别工资差距［J］. 经济学（季刊），2012，11（2）：429－460.

［178］刘宏，李述晟. FDI 对我国经济增长、就业影响研究——基于 VAR 模型［J］. 国际贸易问题，2013（4）：105－114.

［179］刘娟，曹杰. 知识产权保护对中国高技术产品进口的影响路径研究——基于三元边际的实证考察［J］. 现代财经（天津财经大学学报），2013（2）：111－118.

［180］刘磊. 中日双边贸易中本地市场效应研究［J］. 现代日本经济，2013（4）：18－24.

［181］刘璐，丁一兵. 东亚区域产业内贸易的"新测度"及其影响因素——基于 SITC7 类产品的经验研究［J］. 南方经济，2013（7）：14－26.

［182］刘鸣. 2015 年东盟经济共同体：发展进程、机遇与存在的问题［J］. 世界经济研究，2012（10）：81－87.

［183］刘晴，张燕. 贸易成本、异质性企业与扩大内需：理论框架与中国经验［J］. 国际贸易问题，2013（2）：3－13.

［184］刘晴，郑基超. 贸易成本、技术选择和外资出口企业转型——基于异质性企业贸易理论的视角［J］. 财贸经济，2013（7）：79－86.

［185］刘晴，史青，徐蕾. 混合贸易企业形成机制及选择行为分析——基于异质性企业贸易理论的视角［J］. 财经研究，2013（6）：28－38.

［186］刘杨，曲如晓，曾燕萍. 哪些关键因素影响了文化产品贸易——来自 OECD 国家的经验证据［J］. 国际贸易问题，2013（11）：72－81.

［187］刘恩专，刘立军. 贸易边际与经济周期协同性——基于中国双边贸易数据的实证研究［J］. 南开经济研究，2012（3）：24－38.

［188］刘海洋，孔祥贞，谷宇. 中国企业通过什么途径缓解了出口融资约束［J］. 财贸经济，2013（6）：85－96.

［189］刘海洋，孔祥贞，宋巧. 融资约束与中国制造业企业出口——基于 Heckman 样本选择模型的经验检验［J］. 世界经济研究，2013（1）：29－36.

［190］刘金山，李宁. 我国区际贸易及其价格传导效应研究［J］. 财贸经济，2013（6）：97－108.

［191］刘磊，张猛. 日本反向进口与中日产业内贸易［J］. 首都经济贸易大学学报，

2013（2）：76－83.

［192］刘丽萍．全球价值链与贸易增加值的核算［J］．国际经济评论，2013（4）：110－116.

［193］刘清才，张海霞．中俄两国经贸关系发展现状及其广阔前景［J］．东北亚论坛，2012（3）：19－27.

［194］刘舜佳．进口贸易研发知识二次溢出的空间测度——基于 Coe－Helpman－Durbin 模型的检验［J］．南方经济，2013（8）：57－68.

［195］刘伟丽．世界贸易组织利益再平衡问题研究——以俄罗斯入世为例［J］．财经问题研究，2012（8）：78－85.

［196］刘伟丽，陈勇．中国制造业的产业质量阶梯研究［J］．中国工业经济，2012（11）：58－70.

［197］刘修岩，吴燕．出口专业化、出口多样化与地区经济增长——来自中国省级面板数据的实证研究［J］．管理世界，2013（8）：30－40.

［198］刘旭．"十二五"时期国际贸易保护主义发展趋势及其对中国的影响［J］．国际贸易，2012（1）：28－32.

［199］刘雪娇．中国与金砖国家农产品产业内贸易及影响因素［J］．国际贸易问题，2013（12）：87－95.

［200］刘再起，徐艳飞．对外贸易、市场整合与地区经济增长——基于 bootstrap 面板因果检验［J］．世界经济研究，2013（3）：22－29.

［201］刘志彪．新形势下全面提升我国开放型经济发展水平的战略及政策［J］．审计与经济研究，2012（4）：3－9.

［202］刘中伟，沈家文．美国亚太贸易战略新趋势——基于对《美韩自由贸易协定》的研究视角［J］．当代亚太，2013（1）：51－79.

［203］刘重力，杨宏．美国重返亚洲对中国东亚地区 FTA 战略的影响——基于 TPP 合作视角的分析［J］．东北亚论坛，2012（5）：48－58.

［204］龙云安．中国海外直接投资非市场能力与对策研究［J］．世界经济研究，2013（11）：56－62.

［205］龙云安．基于中国—东盟自由贸易区产业集聚与平衡效应研究［J］．世界经济研究，2013（1）：80－87.

［206］隆国强．我国服务贸易的结构演化与未来战略［J］．国际贸易，2012（10）：4－9.

［207］鲁晓东．中国与东亚其他经济体出口竞争模式、数量、质量还是多样性竞争［J］．财贸经济，2013（5）：85－96.

［208］鲁钊阳，廖杉杉．FDI 技术溢出与区域创新能力差异的双门槛效应［J］．数量经济技术经济研究，2012（5）：75－88.

［209］陆军，刘威，李伊珍．开放经济下中国通货膨胀的价格传递效应研究［J］．世

界经济，2012（3）：3-23.

［210］陆前进. 贸易结算货币的新选择：稳定的篮子货币——对"金砖五国"货币合作的探讨［J］. 财经研究，2012，38（1）：94-102.

［211］逯宇铎，于娇，刘海洋. 出口行为对企业生存时间的强心剂效应研究——基于1999-2008年中国企业面板数据的实证分析［J］. 经济理论与经济管理，2013（8）：60-71.

［212］罗伟，葛顺奇. 中国对外直接投资区位分布及其决定因素——基于水平型投资的研究［J］. 经济学（季刊），2013，12（4）：1443-1465.

［213］罗知，赵奇伟. 为什么中国高投资与低劳动收入占比并存——劳动生产率与工资增速差距的视角［J］. 世界经济文汇，2013（6）：1-13.

［214］罗立彬，孙俊新. 中国文化产品贸易与文化服务贸易竞争力：对比与趋势［J］. 财贸经济，2013（2）：91-101.

［215］罗长远，张军. 中国出口扩张的创新溢出效应：以泰国为例［J］. 中国社会科学，2012（11）：57-82.

［216］吕朝凤，黄梅波. 国际贸易、国际利率与中国实际经济周期——基于封闭经济和开放经济三部门RBC模型的比较分析［J］. 管理世界，2012（3）：34-49.

［217］马涛. 垂直分工下中国对外贸易中的内涵CO_2及其结构研究［J］. 世界经济，2012（10）：25-43.

［218］马涛，刘仕国. 全球价值链下的增加值贸易核算及其影响［J］. 国家经济评论，2013（4）：97-110.

［219］马风涛，吕智. 异质性企业、生产率与出口市场选择——基于中国汽车企业的实证分析［J］. 中南财经政法大学学报，2012（3）：134-140.

［220］马凌远. 中国与G-7的双边服务贸易成本的测度与决定因素——基于改进引力模型的应用［J］. 经济经纬，2012（3）：70-74.

［221］马淑琴，谢杰. 网络基础设施与制造业出口产品技术含量——跨国数据的动态面板系统GMM检验［J］. 中国工业经济，2013（2）：70-82.

［222］马述忠，陈颖，王笑笑. 农业FDI对中国粮食安全的动态影响研究——基于种业研发能力视角［J］. 管理世界，2013（7）：71-81.

［223］马章良. 中国进出口贸易对经济增长方式转变的影响分析［J］. 国际贸易问题，2012（4）：30-38.

［224］毛其淋. 国内市场一体化与中国出口技术水平——基于金融发展视角的理论与实证研究［J］. 世界经济文汇，2012（3）：14-40.

［225］毛其淋. 要素市场扭曲与中国工业企业生产率——基于贸易自由化视角的分析［J］. 金融研究，2013（2）：156-169.

［226］毛其淋，盛斌. 贸易自由化、企业异质性与出口动态——来自中国微观企业数据的证据［J］. 管理世界，2013（3）：48-68.

［227］茅锐，张斌．中国的出口竞争力：事实、原因与变化趋势［J］．世界经济，2013（12）：3－28.

［228］梅冬州，赵晓军，张梦云．贸易品类别与国际经济周期协动性［J］．经济研究，2012（8）：144－155.

［229］孟猛．中国在国际分工中的地位：基于出口最终品全部技术含量与国内技术含量的跨国比较［J］．世界经济研究，2012（3）：17－23.

［230］孟夏，陈磊．金融发展、FDI 与中国制造业出口绩效——基于新新贸易理论的实证分析［J］．经济评论，2012（1）：108－115.

［231］孟夏，宋丽丽．美国 TPP 战略解析：经济视角的分析［J］．亚太经济，2012（6）：3－8.

［232］倪月菊．日本的自由贸易区战略选择——中日韩 FTA 还是 TPP［J］．当代亚太，2013（1）：80－100.

［233］倪月菊．发达国家的稀土战略给中国的启示［J］．国际贸易，2012（10）：27－31.

［234］聂爱云，陆长平．制度约束、外商投资与产业结构升级调整——基于省际面板数据的实证研究［J］．国际贸易问题，2012（2）：136－145.

［235］庞明川，刘殿和，倪乃顺．欧债危机背景下中国对欧盟直接投资问题研究［J］．财贸经济，2012（7）：79－87.

［236］裴长洪．进口贸易结构与经济增长：规律与启示［J］．经济研究，2013（7）：4－19.

［237］裴长洪，杨志远．2000 年以来服务贸易与服务业增长速度的比较分析［J］．财贸经济，2012（11）：5－13.

［238］裴长洪，郑文．我国制成品出口规模的理论分析：1985～2030［J］．经济研究，2012（11）：18－33.

［239］彭徽，何永达，田满文，姜彬．产品内分工下新贸易理论的局限和发展——基于钢铁贸易的实证［J］．宏观经济研究，2013（5）：12－18.

［240］彭羽，刘慧．资产专用性、合约环境与企业出口模式的选择——一个新新贸易理论框架下的分析视角［J］．上海经济研究，2013（4）：50－58.

［241］彭国华，夏帆．中国多产品出口企业的二元边际及核心产品研究［J］．世界经济，2013（2）：42－63.

［242］彭支伟，张伯伟．TPP 和亚太自由贸易区的经济效应及中国的对策［J］．国际贸易问题，2013（4）：83－95.

［243］彭支伟，张伯伟．中日韩自由贸易区的经济效应及推进路径——基于 SMART 的模拟分析［J］．世界经济研究，2012（12）：65－72.

［244］齐军领，范爱军．东亚地区贸易时间与贸易持续优势研究［J］．亚太经济，2012（1）：59－63.

［245］钱学锋，王胜，陈勇兵．中国的多产品出口企业及其产品范围：事实与解释［J］．管理世界，2013（1）：9－28.

［246］乔晓楠，张欣．东道国的环境税与低碳技术跨国转让［J］．经济学（季刊），2012，11（3）：853－872.

［247］邱斌，刘修岩，赵伟．出口学习抑或自选择：基于中国制造业微观企业的倍差匹配检验［J］．世界经济，2012（4）：23－40.

［248］邱斌，许志新．出口产品多样性与中国制造业全要素生产率关系的研究——基于制造业行业面板数据的实证分析［J］．东南大学学报（哲学社会科学版），2013，15（1）：43－51.

［249］邱薇，张汉林．碳边界调节措施对中国出口产品影响评估［J］．国际经贸探索，2012，28（2）：90－102.

［250］曲凤杰，朱梦曳，牛桐．美国加入TPP的动因、挑战和影响：从美国视角分析［J］．国际贸易，2012（9）：31－37.

［251］桑百川，郑伟，杨立卓．新兴经济体引进外商直接投资潜力比较［J］．财贸经济，2013（11）：93－100.

［252］桑百川，郑伟，徐紫光．破解中国与其他金砖国家贸易摩擦难题［J］．国际贸易，2012（4）：8－12.

［253］沙文兵．对外直接投资、逆向技术溢出与国内创新能力——基于中国省际面板数据的实证研究［J］．世界经济研究，2012（3）：69－75.

［254］邵敏，包群．外资进入是否加剧中国国内工资扭曲：以国有工业企业为例［J］．世界经济，2012（10）：3－24.

［255］邵敏，包群．FDI对我国国内劳工权益的影响——改善抑或是恶化？［J］．管理世界，2013（9）：32－43.

［256］邵建春．我国对拉美新兴市场出口的影响因素研究——基于引力模型和变系数面板数据模型的实证分析［J］．国际贸易问题，2012（6）：61－68.

［257］沈国兵．显性比较优势与美国对中国产品反倾销的贸易效应［J］．世界经济，2012（12）：62－82.

［258］沈铭辉．论东亚地区自由贸易区优惠原产地规则的经济效应［J］．当代亚太，2012（6）：112－128.

［259］沈铭辉．美国的区域合作战略：区域还是全球——美国推动TPP的行为逻辑［J］．当代亚太，2013（6）：70－94.

［260］沈铭辉．跨太平洋伙伴关系协议（TPP）的成本收益分析：中国的视角［J］．当代亚太，2012（1）：5－34.

［261］盛丹，王永进．中国企业低价出口之谜——基于企业加成率的视角［J］．管理世界，2012（5）：8－23.

［262］盛龙，陆根尧．中国生产性服务业集聚及其影响因素研究——基于行业和地

区层面的分析 [J]．南开经济研究，2013（5）：115－129．

［263］盛丹．外资进入是否提高了劳动者的讨价还价能力 [J]．世界经济，2013（10）：54－78．

［264］盛九元．中日韩 FTA 的建构及其对两岸经贸关系的影响 [J]．世界经济研究，2013（12）：78－84．

［265］施炳展．补贴对中国企业出口行为的影响——基于配对倍差法的经验分析 [J]．财经研究，2012，38（5）：70－80．

［266］施炳展，王有鑫，李坤望．中国出口产品品质测度及其决定因素 [J]．世界经济，2013（9）：69－93．

［267］施炳展，冼国明．要素价格扭曲与中国工业企业出口行为 [J]．中国工业经济，2012（2）：47－56．

［268］史丹，白旻．美欧"双反"情形下中国光伏产业的危机与出路 [J]．国际贸易，2012（12）：15－20．

［269］史青．外商直接投资、环境规制与环境污染——基于政府廉洁度的视角 [J]．财贸经济，2013（1）：93－103．

［270］宋泓．对外开放与中国经济发展经验探析 [J]．国际贸易，2012（5）：19－27．

［271］宋立刚，杨继东，张永生．中国国有企业对外直接投资与体制改革 [J]．国际经济评论，2013（1）：75－87．

［272］宋明顺，张华．专利标准化对国际贸易作用的机理研究及实证——基于标准与国际贸易关系研究现状 [J]．国际贸易问题，2012（2）：92－100．

［273］苏庆义．贸易结构决定因素的分解：理论与经验研究 [J]．世界经济，2013（6）：36－58．

［274］苏振东，洪玉娟．中国出口企业是否存在"利润率溢价"？——基于随机占优和广义倾向指数匹配方法的经验研究 [J]．管理世界，2013（5）：12－35．

［275］苏振东，洪玉娟，刘璐瑶．政府生产性补贴是否促进了中国企业出口？——基于制造业企业面板数据的微观计量分析 [J]．管理世界，2012（5）：24－43．

［276］隋月红，赵振华．我国 OFDI 对贸易结构影响的机理与实证——兼论我国 OFDI 动机的拓展 [J]．财贸经济，2012（4）：81－89．

［277］随洪光．外资引入、贸易扩张与中国经济增长质量提升——基于省际动态面板模型的经验分析 [J]．财贸经济，2013（9）：85－94．

［278］孙林，倪卡卡．东盟贸易便利化对中国农产品出口影响及国际比较——基于面板数据模型的实证分析 [J]．国际贸易问题，2013（4）：139－147．

［279］孙莹，陈昊晴，陈一波．专利与中—欧高技术产品出口关系的研究 [J]．中国软科学，2012（12）：59－67．

［280］孙楚仁，沈玉良．生产控制模式对我国加工贸易企业生产率的影响——基于

六省（市）加工贸易企业水平调查数据的计量分析［J］．世界经济研究，2012（3）：46-53．

［281］孙楚仁，沈玉良，章韬，张卡．"全球生产网络"中国经济转型与国际贸易结构调整学术研讨会［J］．经济研究，2013（1）：155-158．

［282］孙楚仁，田国强，章韬．最低工资标准与中国企业的出口行为［J］．经济研究，2013（2）：42-54．

［283］孙楚仁，张卡，章韬．最低工资一定会减少企业的出口吗［J］．世界经济，2013（8）：100-124．

［284］孙浦阳，韩帅，靳舒晶．产业集聚对外商直接投资的影响分析——基于服务业与制造业的比较研究［J］．数量经济技术经济研究，2012（9）：40-57．

［285］孙溯源．美国TPP战略的三重效应［J］．当代亚太，2013（3）：4-22．

［286］孙文莉，伍晓光．汇率、贸易壁垒与企业"诱发性"对外投资决策［J］．财贸研究，2012（2）：67-75．

［287］孙晓华，王昀．对外贸易结构带动了产业结构升级吗？——基于半对数模型和结构效应的实证检验［J］．世界经济研究，2013（1）：15-22．

［288］孙晓华，王昀，郑辉．R&D溢出对中国制造业全要素生产率的影响——基于产业间、国际贸易和FDI三种溢出渠道的实证检验［J］．南开经济研究，2012（5）：18-35．

［289］孙晓蕾，杨玉英，吴登生．全球原油贸易网络拓扑结构与演化特征识别［J］．世界经济研究，2012（9）：11-18．

［290］孙亚轩．日本贸易结构动态演变特征及其原因分析［J］．世界经济研究，2013（12）：46-53．

［291］孙永强，巫和懋．出口结构、城市化与城乡居民收入差距［J］．世界经济，2012（9）：105-121．

［292］孙玉红．《美韩自由贸易协定》的新变化及其背后的动态博弈［J］．当代亚太，2012（1）：60-81．

［293］孙致陆，李先德．经济全球化背景下中国与印度农产品贸易发展研究——基于贸易互补性、竞争性和增长潜力的实证分析［J］．国际贸易问题，2013（12）：68-78．

［294］汤碧．基于产品内分工视角的我国贸易转型升级路径研究［J］．国际贸易问题，2012（9）：16-27．

［295］汤碧．中日韩高技术产品出口贸易技术特征和演变趋势研究——基于出口复杂度的实证研究［J］．财贸经济，2012（10）：93-101．

［296］汤婧，于立新．我国对外直接投资与产业结构调整的关联分析［J］．国际贸易问题，2012（11）：42-49．

［297］汤二子，刘海洋．基于中国经验重构新新贸易理论的分析框架［J］．财经研究，2012，38（4）：48-58．

[298] 唐东波. 垂直专业化贸易如何影响了中国的就业结构 [J]. 经济研究, 2012 (8): 118-131.

[299] 唐东波. 贸易开放、垂直专业化分工与产业升级 [J]. 世界经济, 2013 (4): 47-68.

[300] 唐东波. 贸易政策与产业发展: 基于全球价值链视角的分析 [J]. 管理世界, 2012 (12): 13-22.

[301] 唐宜红, 姚曦. 竞争中立: 国际市场新规则 [J]. 国际贸易, 2013 (3): 54-59.

[302] 陶爱萍, 李丽霞. 促进抑或阻碍——技术标准影响国际贸易的理论机制及实证分析 [J]. 经济理论与经济管理, 2013 (12): 91-100.

[303] 陶红军. 世界主要农产品进口国进口价格弹性及关税福利损失估算 [J]. 国际商务——对外经济贸易大学学报, 2013 (4): 27-40.

[304] 陶忠元, 马烈林. 标准化对我国出口贸易的影响 [J]. 经济经纬, 2012 (8): 118-124.

[305] 田海. TPP 背景下中国的选择策略思考——基于与 APEC 比较的分析 [J]. 亚太经济, 2012 (4): 16-21.

[306] 田晖, 蒋辰春. 国家文化距离对中国对外贸易的影响——基于 31 个国家和地区贸易数据的引力模型分析 [J]. 国际贸易问题, 2012 (3): 45-53.

[307] 田巍, 余淼杰. 企业生产率和企业"走出去"对外直接投资: 基于企业层面数据的实证研究 [J]. 经济学 (季刊), 2012, 11 (2): 383-408.

[308] 田巍, 余淼. 企业出口强度与进口中间品贸易自由化: 来自中国企业的实证研究 [J]. 管理世界, 2013 (1): 28-44.

[309] 田素华, 杨烨超. FDI 进入中国区位变动的决定因素——基于 D-G 模型的经验研究 [J]. 世界经济, 2012 (11): 59-87.

[310] 田素华, 张旭欣. FDI 对东道国本地投资有挤入效应吗?——基于中国事实的理论分析 [J]. 世界经济文汇, 2012 (4): 31-51.

[311] 田巍, 姚洋, 余淼杰, 周羿. 人口结构与国际贸易 [J]. 经济研究, 2013 (11): 88-100.

[312] 佟家栋, 余子良. 系统性企业外部融资冲击与美国出口波动 [J]. 世界经济, 2013 (8): 84-99.

[313] 童锦治, 赵川, 孙健. 出口退税、贸易盈余和外汇储备的一般均衡分析与中国的实证 [J]. 经济研究, 2012 (4): 124-136.

[314] 屠新泉, 张中宁. 跨大西洋贸易与投资伙伴关系协议谈判及中国的战略选择 [J]. 国际贸易, 2013 (7): 29-34.

[315] 万红先. 我国服务贸易增长方式转变的实证分析 [J]. 世界经济研究, 2012 (11): 62-67.

［316］汪琳，刘海云．我国出口企业依市定价能力研究——基于典型行业层面的数据［J］．当代财经，2012（7）：89－97．

［317］汪伟．人口结构变化与中国贸易顺差：理论与实证研究［J］．财经研究，2012，38（8）：26－37．

［318］汪占熬，张彬．中国—东盟自贸区对产业集聚与发展不平衡的影响研究［J］．世界经济与政治论坛，2013（4）：111－128．

［319］王达，白大范．美国的出口管制政策及其对美中贸易的影响［J］．东北亚论坛，2012（5）：65－71．

［320］王冬，孔庆峰．开放条件下能实现技术赶超吗？［J］．世界经济研究，2012（2）：3－10．

［321］王飞，王一智．我国纺织和服装业增加值出口能力分析［J］．国际贸易问题，2013（11）：54－62．

［322］王静，张西征．高科技产品进口溢出、创新能力和生产效率［J］．数量经济技术经济研究，2012（9）：22－39．

［323］王俊．跨国外包体系中的技术溢出与承接国技术创新［J］．中国社会科学，2013（9）：108－127．

［324］王开，靳玉英．全球 FTA 网络形成机制研究［J］．财贸经济，2013（9）：103－111．

［325］王岚．全球价值链分工背景下的附加值贸易：框架、测度和应用［J］．经济评论，2013（3）：150－160．

［326］王岚，盛斌．中国对美制成品出口竞争优势：本土市场效应与比较优势——基于倍差引力模型的经验分析［J］．世界经济文汇，2013（2）：67－89．

［327］王琳．中韩自由贸易协定经济效应的再分析——基于 GTAP 模型研究［J］．国际商务研究，2013（5）：68－77．

［328］王鹏，张剑波．外商直接投资、官产学研合作与区域创新产出——基于我国十三省市面板数据的实证研究［J］．经济学家，2013（1）：58－66．

［329］王瑞，王丽萍．我国农产品贸易流量现状与影响因素：基于引力模型的实证研究［J］．国际贸易问题，2012（4）：39－48．

［330］王胜，田涛．中国对外直接投资区位选择的影响因素研究——基于国别差异的视角［J］．世界经济研究，2013（12）：60－67．

［331］王威．美中贸易协调性的实证分析：垂直专业化视角［J］．东北亚论坛，2013（2）：80－89．

［332］王碧捃．中美直接投资：挑战与破局［J］．国际经济评论，2013（5）：109－119．

［333］王方方，赵永亮．企业异质性与对外直接投资区位选择——基于广东省企业层面数据的考察［J］．世界经济研究，2012（2）：64－70．

[334] 王方方，扶涛. 中国对外直接投资的贸易因素——基于出口引致与出口平台的双重考察 [J]. 财经研究，2013，39（4）：90 - 100.

[335] 王凤彬，杨阳. 跨国企业对外直接投资行为的分化与整合——基于上市公司市场价值的实证研究 [J]. 管理世界，2013（3）：148 - 171.

[336] 王晶晶，陈启斐. 扩大内需、人力资本积累与 FDI 结构性转变 [J]. 财经研究，2013，39（9）：120 - 133.

[337] 王丽丽. 门槛效应、制造业地区集聚与全要素生产率增长——基于贸易开放的视角 [J]. 财经论丛，2012（3）：3 - 8.

[338] 王明益. 内外资技术差距与中国出口产品质量升级研究——基于中国 7 个制造业行业数据的经验研究 [J]. 经济评论，2013（6）：59 - 69.

[339] 王受文. 转变外贸发展方式，推动对外贸易稳定平衡发展 [J]. 国际贸易，2012（1）：4 - 7.

[340] 王舒鸿. FDI、劳动异质性与我国劳动收入份额 [J]. 财经研究，2012，38（4）：59 - 68.

[341] 王恕立，胡宗彪. 服务业双向 FDI 的生产率效应研究——基于人力资本的面板门槛模型估计 [J]. 财经研究，2013，39（11）：90 - 101.

[342] 王涛生. 中国出口竞争新优势的测度与分析 [J]. 管理世界，2013（2）：172 - 173.

[343] 王文治，陆建明，李菁. 环境外包与中国制造业的贸易竞争力——基于微观贸易数据的 GMM 估计 [J]. 世界经济研究，2013（11）：42 - 49.

[344] 王孝松，谢申祥. 发展中大国间贸易摩擦的微观形成机制——以印度对华反倾销为例 [J]. 中国社会科学，2013（9）：86 - 108.

[345] 王孝松，谢申祥. 对外贸易差额结构与中国新经济增长模式 [J]. 经济理论与经济管理，2012（12）：15 - 28.

[346] 王永进. 关系与民营企业的出口行为：基于声誉机制的分析 [J]. 世界经济，2012（2）：98 - 119.

[347] 王正明，温桂梅. 国际贸易和投资因素的动态碳排放效应 [J]. 中国人口·资源与环境，2013，23（5）：143 - 148.

[348] 王中美. 特惠贸易协定与多边贸易协定：一致或侵蚀 [J]. 国际经贸探索，2013，29（3）：91 - 100.

[349] 王中昭. 国际贸易商品价格的进出口国议价能力评析——以中国和东盟为例 [J]. 当代财经，2012（12）：92 - 103.

[350] 王子先. 服务贸易新角色：经济增长、技术进步和产业升级的综合性引擎 [J]. 国际贸易，2012（6）：47 - 53.

[351] 魏浩，金晓祺，项松林. 对外贸易与我国的劳动力需求弹性 [J]. 国际贸易问题，2013（9）：3 - 14.

［352］魏浩，赵春明．对外贸易对我国城乡收入差距影响的实证分析［J］．财贸经济，2012（1）：78－86．

［353］魏浩，黄皓骥．服务外包与国内就业：基于全球15个国家25个行业的实证分析［J］．国际贸易问题，2012（5）：64－73．

［354］魏自儒，李子奈．进入顺序对企业出口持续时间的影响［J］．财经研究，2013，39（8）：51－63．

［355］文东伟．贸易、制度变迁与中国的经济增长［J］．数量经济技术经济研究，2013（7）：51－65．

［356］文东伟．亚洲三角贸易模式与中国的贸易增长［J］．国际经贸探索，2012，28（7）：4－14．

［357］文东伟．中国制造业出口贸易的技术结构分布及其国际比较［J］．世界经济研究，2012（10）：29－35．

［358］文余源．FDI溢出对高经济产出区的增长影响［J］．数量经济技术经济研究，2013（12）：3－20．

［359］吴钢，许和连．国际贸易区位选择偏好网络、等级划分及其结构特征分析［J］．现代财经，2013（11）：19－32．

［360］吴敏，黄玖立．"一揽子"政策优惠与地区出口——开发区与区外地区的比较［J］．南方经济，2012（7）：87－102．

［361］伍业君，张其仔，徐娟．产品空间与比较优势演化述评［J］．经济评论，2012（4）：145－152．

［362］夏飞，袁洁．中国—东盟自由贸易区交通运输发展的区位熵分析［J］．管理世界，2012（1）：180－181．

［363］夏玮．TTIP：美国推行"新生代"自由贸易协定的新发展［J］．世界贸易组织动态与研究，2013，20（6）：48－56．

［364］向一波．中国装备制造业的出口依存度及对外市场的需求弹性研究——基于行业面板数据的分析［J］．财经研究，2012，38（2）：102－111．

［365］肖德，杨弘，唐威．贸易自由化对中国地区经济发展差异影响的理论分析与实证检验［J］．管理世界，2013（5）：169－170．

［366］谢建国，徐婷．产出波动、需求转移与出口退税的出口激励效果——一个基于中国出口面板数据的研究［J］．世界经济研究，2012（6）：38－45．

［367］邢凯旋，邓光娅．自主创新、进口和FDI的动态互动研究［J］．江苏大学学报（社会科学版），2012，14（3）：37－41．

［368］熊灵，魏伟，杨勇．贸易开放对中国区域增长的空间效应研究：1987－2009［J］．经济学（季刊），2012，11（3）：1037－1058．

［369］徐梅．中日韩FTA的进展、影响及前景探析［J］．日本学刊，2012（5）：109－126．

[370] 徐久香，方齐云．基于非竞争型投入产出表的我国出口增加值核算 [J]．国际贸易问题，2013（11）：34 – 44．

[371] 徐元国．工业设计、ODM 与我国出口产品价值提升：作用机理与实证检验 [J]．国际贸易问题，2013（1）：146 – 157．

[372] 徐长文．建立中日韩自贸区促进亚洲一体化进程 [J]．国际贸易，2013（4）：35 – 39．

[373] 许和连，赵德昭．外商直接投资、劳动力异质性与农村剩余劳动力转移——基于新古典一般均衡拓展模型的分析 [J]．财贸经济，2013（1）：82 – 92．

[374] 许和连，邓玉萍．外商直接投资导致了中国的环境污染吗？——基于中国省际面板数据的空间计量研究 [J]．管理世界，2012（2）：30 – 43．

[375] 许和连，吴钢．人文差异与外商直接投资的区位选择偏好 [J]．财经研究，2013，39（1）：122 – 133．

[376] 许祥云，张为付．后发国家贸易中本币使用的影响因素分析——基于日本出口贸易的实证研究 [J]．南开经济研究，2013（4）：127 – 138．

[377] 薛漫天，赵曙东．在华外资企业的出口倾向与出口强度研究 [J]．经济与管理研究，2012（1）：62 – 68．

[378] 薛荣久．"金砖国家"货物贸易特点与合作发展愿景 [J]．国际贸易，2012（7）：4 – 8．

[379] 薛荣久，杨凤鸣．跨太平洋伙伴关系协定的特点、困境与结局 [J]．国际贸易，2013（5）：49 – 53．

[380] 闫云凤，赵忠秀．中国对外贸易隐含碳的测度研究——基于碳排放责任界定的视角 [J]．国际贸易问题，2012（1）：131 – 142．

[381] 闫云凤，赵忠秀，王苒．基于 MRIO 模型的中国对外贸易隐含碳及排放责任研究 [J]．世界经济研究，2013（6）：54 – 61．

[382] 阎大颖．中国企业对外直接投资的区位选择及其决定因素 [J]．国际贸易问题，2013（7）：128 – 135．

[383] 杨丹，张宝仁．中美货物贸易互补性的实证研究 [J]．东北亚论坛，2012（2）：21 – 37．

[384] 杨威，王甘．加工贸易贫困化增长的黑箱：对中国贸易条件不断恶化的一种试探性解释 [J]．经济学研究，2012，10（4）：38 – 45．

[385] 杨碧云．进出口贸易弹性与中国贸易方式结构调整——基于加工贸易与一般贸易比较视角 [J]．世界经济研究，2013（12）：39 – 46．

[386] 杨春艳．贸易开放与工资差距——基于中国制造业行业面板数据的实证研究 [J]．世界经济研究，2012（7）：41 – 46．

[387] 杨恺钧，胡树丽．经济发展、制度特征与对外直接投资的决定因素——基于"金砖四国"面板数据的实证研究 [J]．国际贸易问题，2013（11）：63 – 71．

［388］杨立强，鲁淑．TPP 与中日韩 FTA 经济影响的 GTAP 模拟分析 ［J］．东北亚论坛，2013（4）：39－48.

［389］杨丽娟．技术标准对中美双边贸易的影响——基于 ICS 分类的实证研究 ［J］．国际经贸探索，2013（2）：4－11.

［390］杨盼盼．从中美战略与经济对话看中美在新型贸易体系下的合作 ［J］．国际经济评论，2013（5）：142－149.

［391］杨青龙．论比较优势的成本基础——从生产成本向"全成本"的拓展 ［J］．财经科学，2012（5）：43－52.

［392］杨仁发，刘纯彬．中国生产性服务业 FDI 影响因素实证研究 ［J］．国际贸易问题，2012（11）：107－116.

［393］杨汝岱，李艳．区位地理与企业出口产品价格差异研究 ［J］．管理世界，2013（7）：21－30.

［394］杨汝岱，朱诗娥．企业、地理与出口产品价格——中国的典型事实 ［J］．经济学（季刊），2013，12（4）：1347－1369.

［395］杨晓云．进口中间产品多样性与企业产品创新能力——基于中国制造业微观数据的分析 ［J］．国际贸易问题，2013（10）：23－33.

［396］杨志远，谭文君，张廷海．中国（上海）自由贸易试验区服务业开放研究 ［J］．经济学动态，2013（11）：58－67.

［397］姚凯，张萍．中国企业对外投资的政治风险及量化评估模型 ［J］．经济理论与经济管理，2012（5）：103－112.

［398］姚海棠，方晓丽．金砖五国服务部门竞争力及影响因素实证分析 ［J］．国际贸易问题，2013（2）：100－110.

［399］姚战琪．服务业外商直接投资与经济增长——基于中国的实证研究 ［J］．财贸经济，2012（6）：89－96.

［400］姚枝仲．如何应对中美双边投资协定的实质性谈判 ［J］．国际经济评论，2013（6）：60－69.

［401］易靖韬，乌云其其克．中国贸易扩张的二元边际结构及其影响因素研究 ［J］．国际贸易问题，2013（10）：53－64.

［402］尹国君，刘建江．中美服务贸易国际竞争力比较研究 ［J］．国际贸易问题，2012（7）：58－66.

［403］于瀚，肖玲诺．基于产业集群化的加工贸易转型升级研究 ［J］．国际贸易，2013（12）：48－52.

［404］于左，易福欢．中国稀土出口定价权缺失的形成机制分析 ［J］．财贸经济，2013（5）：97－104.

［405］于春海，张胜满．市场进入成本与我国出口企业生产率之谜 ［J］．中国人民大学学报，2013（2）：53－61.

［406］于建勋．生产补贴对出口的促进作用［J］．统计研究，2012，29（10）：85－90．

［407］余泳泽．FDI 技术外溢是否存在"门槛条件"——来自我国高技术产业的面板门限回归分析［J］．数量经济技术经济研究，2012（8）：49－63．

［408］余官胜．贸易增长、劳动力市场刚性与产业间劳动力转移——基于面板数据门槛效应模型的实证研究［J］．经济评论，2012（1）：116－122．

［409］余官胜，林俐．我国海外投资对劳务输出的促进效应——基于跨国面板数据的实证研究［J］．财贸经济，2012（10）：78－84．

［410］喻美辞．资本品进口、资本技能互补与中国的相对工资差距［J］．商业经济与管理，2013（3）：23－34．

［411］袁鹏，程施，刘海洋．国际贸易对我国 CO_2 排放增长的影响——基于 SDA 与 LMDI 结合的分解法［J］．经济评论，2012（1）：122－132．

［412］原小能．省际贸易、国际贸易与经济增长——基于长三角制造业数据的经验分析［J］．财贸经济，2013（3）：95－102．

［413］臧新，林竹，邵军．文化亲近、经济发展与文化产品的出口——基于中国文化产品出口的实证研究［J］．财贸经济，2012（10）：102－110．

［414］张斌．外部基准：另一种替代国价格［J］．世界经济研究，2013（9）：29－42．

［415］张冰，冉光和．金融发展视角下外商直接投资的减贫效应分析［J］．管理世界，2013（12）：176－177．

［416］张超．地理和禀赋的梯度变化与出口产业集聚的空间调整［J］．财经研究，2012，38（9）：81－91．

［417］张春萍．中国对外直接投资的贸易效应研究［J］．数量经济技术经济研究，2012（6）：74－85．

［418］张凤，孔庆峰．出口固定投入成本与扩展边际理论研究述评及展望［J］．经济评论，2013（6）：151－158．

［419］张慧，黄建忠．服务贸易的货物贸易条件效应研究——基于伯格斯模型的分析与扩展［J］．财经研究，2012，38（5）：49－58．

［420］张杰，陈志远，刘元春．中国出口国内附加值的测算与变化机制［J］．经济研究，2013（10）：124－137．

［421］张杰，郑文平，束兰根．融资约束如何影响中国企业出口的二元边际？［J］．世界经济文汇，2013（4）：60－81．

［422］张杰，陈志远，周晓艳．出口对劳动收入份额抑制效应研究——基于微观视角的经验证据［J］．数量经济技术经济研究，2012（7）：44－60．

［423］张捷，张媛媛，莫扬．对外贸易对中国产业结构向服务化演进的影响——基于制造—服务国际分工形态的视角［J］．财经研究，2013，39（6）：16－27．

［424］张娟，刘钻石．中国对非洲直接投资与资源寻求战略［J］．世界经济研究，2012（3）：75－81．

［425］张坤．东亚新贸易模式的形成与转型——基于中国地位及作用的考察［J］．世界经济研究，2013（10）：75－81．

［426］张莉，李捷瑜，徐现祥．国际贸易、偏向型技术进步与要素收入分配［J］．经济学（季刊），2012，11（2）：409－428．

［427］张猛，丁振辉．上海合作组织自由贸易区：构想及其意义［J］．国际经贸探索，2013，29（2）：22－33．

［428］张平，余宇新．出口贸易影响了中国服务业占比吗？［J］．数量经济技术经济研究，2012（4）：64－79．

［429］张勤，李海勇．入世以来我国在国际贸易中角色地位变化的实证研究——以社会网络分析为方法［J］．财经研究，2012，38（10）：79－89．

［430］张微微．中韩农业贸易中的政治性贸易保护问题研究［J］．东北亚论坛，2012（1）：28－35．

［431］张玮，张文婷．中美、中日、中欧贸易差额研究——基于所有权视角［J］．管理世界，2013（11）：170－171．

［432］张燕，谢建国．出口还是对外直接投资：中国企业"走出去"影响因素研究［J］．世界经济研究，2012（3）：63－69．

［433］张蕴岭．中国参与和推动东北亚区域经济合作的战略［J］．东北亚论坛，2013（1）：3－18．

［434］张碧琼，田晓明．中国对外直接投资环境评估：综合评分法及应用［J］．财贸经济，2012（2）：73－80．

［435］张兵兵．进出口贸易与经济增长的协动性关系研究——基于1952－2011年中国数据的经验分析［J］．国际贸易问题，2013（4）：51－61．

［436］张二震，戴翔．关于比较成本说几个问题的理论探讨［J］．政治经济学评论，2012，3（4）：104－119．

［437］张海燕．基于附加值贸易测算法对中国出口地位的重新分析［J］．国际贸易问题，2013（10）：65－76．

［438］张会清，唐海燕．中国的出口潜力：总量测算、地区分布于前景展望——基于扩展引力模型的实证研究［J］．国际贸易问题，2012（1）：12－25．

［439］张会清，唐海燕．人民币升值、企业行为与出口贸易——基于大样本数据的实证研究：2005－2009［J］．管理世界，2012（12）：23－36．

［440］张建清，孙元元．进口贸易技术溢出、技术的空间扩散与地区技术差距［J］．南方经济，2012（10）：146－161．

［441］张杰，吴润生，杨连星．中国出口增长的二元边际分解与区域差异［J］．数量经济技术经济研究，2013（10）：3－18．

[442] 张庆昌，蒋殿春，张宇. 美国跨国公司服务中国市场——为什么偏爱出口贸易？[J]. 经济学（季刊），2012，12（1）：203-222.

[443] 张少军. 外包造成了经济波动吗？来自中国省级面板的实证研究 [J]. 经济学（季刊），2013，12（2）：621-648.

[444] 张少军. 贸易的本地偏好之谜：中国悖论与实证分析 [J]. 管理世界，2013（11）：39-49.

[445] 张少军，李善同. 中国省际贸易的演变趋势、特征与展望：1987-2007 [J]. 财贸经济，2013（10）：100-107.

[446] 张少军，刘志彪. 国内价值链是否对接了全球价值链——基于联立方程模型的经验分析 [J]. 国际贸易问题，2013（2）：14-27.

[447] 张少军，刘志彪. 国际贸易与内资企业的产业升级——来自全球价值链的组织和治理力量 [J]. 财贸经济，2013（2）：68-79.

[448] 张世伟，吕世斌. 贸易自由化、技术进步与工资不平等上升 [J]. 吉林大学社会科学学报，2013，53（5）：21-29.

[449] 张天桂. 碳贸易保护和WTO在应对气候变化全球合作中的作用 [J]. 世界贸易组织动态与研究，2012，19（2）：61-66.

[450] 张文武. 集聚与扩散、异质性劳动力和多样化贸易成本的空间经济效应 [J]. 财经研究，2012，38（7）：14-25.

[451] 张相文，向鹏飞. 负面清单：中国对外开放的新挑战 [J]. 国际贸易，2013（11）：19-22.

[452] 张向晨，徐清军. 国内外贸易增加值问题研究的进展 [J]. 国际经济评论，2013（4）：128-140.

[453] 张晓京，于渤. 开放经济条件下基于NTB指数的中国专利质量研究 [J]. 财经研究，2012，38（12）：108-119.

[454] 张晓涛. 我国出口产品遭受反补贴措施原因的实证分析——以美国为例 [J]. 管理世界，2012（2）：177-178.

[455] 张晓涛. 国外对华反补贴发展趋势与应对策略 [J]. 国际贸易，2012（1）：54-57.

[456] 张艳，唐宜红，周默涵. 服务贸易自由化是否提高了制造业企业生产效率 [J]. 世界经济，2013（11）：51-71.

[457] 张燕，谢建国，刘晴. 贸易自由化与中国国内工业行业的生产利润 [J]. 数量经济技术经济研究，2013（6）：77-91.

[458] 张燕生. 新一轮高标准改革开放应如何先行先试——中国（上海）自由贸易试验区的改革重点和未来方向 [J]. 学术月报，2013，45（10）：74-78.

[459] 张咏华. 中国制造业增加值出口与中美贸易失衡 [J]. 财经研究，2013，39（2）：15-25.

［460］张宇，蒋殿春．FDI、环境监管与能源消耗——基于能耗强度分解的经验检验［J］.世界经济，2013（3）：103－123.

［461］张昭利，朱保华，任荣明，朱晓明．贸易对我国二氧化硫污染的影响——基于投入产出的分析［J］.经济理论与经济管理，2012（4）：66－75.

［462］张中元，赵国庆．FDI、环境规制与技术进步——基于中国省级数据的实证分析［J］.数量经济技术经济研究，2012（4）：19－32.

［463］章韬，孙楚仁．贸易开放、生产率形态与企业规模［J］.世界经济，2012（8）：40－66.

［464］章秀琴，张敏新．环境规制对我国环境敏感性产业出口竞争力影响的实证分析［J］.国际贸易问题，2012（5）：128－135.

［465］赵金龙．美国TPP战略的动机及其对东北亚经济一体化的影响研究［J］.东北亚论坛，2012（6）：18－26.

［466］赵亮，穆月英．FTA的关税效应对东亚国家农业影响的比较分析——基于纵向关联市场的均衡分析［J］.国际贸易问题，2013（12）：96－107.

［467］赵伟，韩媛媛，赵金亮．异质性、出口与中国企业技术创新［J］.经济理论与经济管理，2012（4）：5－15.

［468］赵伟，钟建军．劳动成本与进口中间产品质量——来自多国（地区）产品－行业层面的证据［J］.经济理论与经济管理，2013（11）：30－41.

［469］赵勇，徐光耀．外资出口企业如何影响国内企业的市场进入——来自细分类高技术产品出口的证据［J］.理论探索，2013（7）：76－80.

［470］赵春明，李宏兵．工序分工、生产率异质性与中美中间品贸易失衡［J］.北京师范大学学报（社会科学版），2013（6）：97－106.

［471］赵果庆，罗宏翔．中国FDI空间集聚与趋势面［J］.世界经济研究，2012（1）：3－10.

［472］赵红军．WTO成员资格是否有效地降低了成员的关税水平？——来自1991－2010年WTO153个成员和62个非成员的经验证据［J］.世界经济研究，2012（6）：45－53.

［473］赵金龙，程轩，高钟焕．中日韩FTA的潜在经济影响研究——基于动态递归式CGE模型的研究［J］.国际贸易问题，2013（2）：58－67.

［474］赵进文，丁林涛．贸易开放度、外部冲击与通货膨胀——基于非线性STR模型的分析［J］.世界经济，2012（9）：61－83.

［475］赵秋运，魏下海，张建武．国际贸易、工资刚性和劳动收入份额［J］.南开经济研究，2012（4）：37－52.

［476］赵文军，于津平．贸易开放、FDI与中国工业经济增长方式——基于30个工业行业数据的实证研究［J］.经济研究，2012（8）：18－31.

［477］赵晓霞．全球生产网络中的社会升级——一个制度视角的阐释［J］.国际经贸

探索，2013，29（11）：81 – 89.

[478] 赵永亮，张光南. 贸易同盟、二元扩张与中国出口的双重优势——基于全球贸易 GTAP 模型的 CEPA 效应分析 [J]. 数量经济技术经济研究，2013（2）：19 – 32.

[479] 赵勇，雷达. 金融发展、出口边际与"汇率不相关之谜" [J]. 世界经济，2013（10）：3 – 26.

[480] 赵玉焕，常润岭. 全球价值链和增加值视角下国际贸易统计方法研究 [J]. 国际贸易，2012（12）：25 – 28.

[481] 赵玉敏. 国际投资体系中的准入前国民待遇——从日韩投资国民待遇看国际投资规则的发展趋势 [J]. 国际贸易，2012（3）：46 – 51.

[482] 郑辛迎，聂辉华. 制度质量对国际贸易的影响——新制度经济学的视角 [J]. 政治经济学评论，2013，4（3）：129 – 143.

[483] 中国社会科学. 中国出口贸易隐含碳排放增长因素分析：基于 LMDI [J]. 世界经济研究，2012（11）：44 – 50.

[484] 中国社会科学. 中国出口贸易关系的生存分析：1995 – 2010 [J]. 国际贸易问题，2013（11）：14 – 23.

[485] 周丹. 金砖国家间双边贸易成本弹性的测度与分析——基于超越对数引力模型 [J]. 数量经济技术经济研究，2013（3）：66 – 81.

[486] 周申，曾罡，庄子罐. 开放经济下的中国经济增长核算——考虑贸易条件变动因素的分解 [J]. 世界经济文汇，2012（2）：18 – 27.

[487] 周申，李可爱，鞠然. 贸易结构与就业结构：基于中国工业部门的分析 [J]. 数量经济技术经济研究，2012（3）：61 – 75.

[488] 周燕，佟家栋. "刘易斯拐点"开放经济与中国二元经济转型 [J]. 南开经济研究，2012（5）：3 – 17.

[489] 周念利. 区域服务贸易安排"特惠实质"的政治经济分析 [J]. 财贸经济，2012（6）：82 – 88.

[490] 周念利. 区域贸易安排的"双边服务贸易效应"经验研究——基于扩展引力模型的 2000 – 2009 年面板数据分析 [J]. 财经研究，2012，38（5）：105 – 113.

[491] 周念利. 缔结"区域贸易安排"能否有效促进发展中经济体的服务出口 [J]. 世界经济，2012（11）：88 – 111.

[492] 周念利，张苗苗，屠新泉. 区域服务贸易安排的"GATS – "特征及其成因的政治经济分析 [J]. 国际贸易问题，2013（10）：102 – 111.

[493] 周念利，王颖然，姚远. 区域服务贸易自由化发展的 GATS + 特征分析 [J]. 经济经纬，2013（4）：60 – 65.

[494] 周升起，兰珍先. 中国创意服务贸易及国际竞争力演进分析 [J]. 财贸经济，2012（1）：87 – 94.

[495] 周世民，孙瑾，陈勇兵. 中国企业出口生存率估计：2000 – 2005 [J]. 财贸经

济，2013（2）：80-90.

［496］周世民，王书飞，陈勇兵. 出口能缓解民营企业融资约束吗？——基于匹配的倍差法之经验分析［J］. 南开经济研究，2013（3）：95-109.

［497］周长富，杜宇玮. 代工企业转型升级的影响因素研究——基于昆山制造业企业的问卷调查［J］. 世界经济研究，2012（7）：23-31.

［498］朱彤，崔昊. 对外直接投资、逆向技术溢出与中国技术进步［J］. 世界经济研究，2012（10）：60-69.

［499］朱彤，刘斌，李磊. 外资进入对城镇居民收入的影响及差异——基于中国城镇家庭住户收入调查数据（CHIP）的经验研究［J］. 南开经济研究，2012（2）：33-54.

［500］朱江丽，刘厚俊. FDI 对人力资本积累的影响研究——基于我国部分省级面板数据的实证分析［J］. 国际贸易问题，2013（11）：136-144.

［501］朱亚培. 开放经济下国际收支对中国货币政策独立性的影响［J］. 世界经济研究，2013（11）：21-27.

［502］朱延福，宋勇超. FDI 对国内投资挤入还是挤出——以技术差距为视角［J］. 产业经济研究，2012（3）：33-40.

［503］祝坤福，陈锡康，杨翠红. 中国出口的国内增加值及其影响因素分析［J］. 国际经济评论，2013（4）：116-128.

［504］庄芮，郑学党. 中日韩 FTA 货物贸易谈判策略研究——基于日韩产品在中国市场的贸易竞争关系分析［J］. 国际经贸探索，2013，29（7）：25-35.

［505］宗芳宇，路江涌，武常岐. 双边投资协定、制度环境和企业对外直接投资区位选择［J］. 经济研究，2012（5）：71-82.

［506］宗毅君. 中国制造业的出口增长边际与贸易条件——基于中国 1996-2009 年微观贸易数据的实证研究［J］. 产业经济研究，2012（1）：17-25.

第二节　英文期刊文献索引

［1］Accetturo A，Bugamelli M，Lamorgese A R. Skill upgrading and exports［J］. Economics Letters，2013，121（3）：417-420.

［2］Afonso O，Gil P M. Effects of North-South trade on wage inequality and on human-capital accumulation［J］. Economic Modelling，2013，35：481-492.

［3］Aisen A，Álvarez R，Sagner A，et al. Credit contraction and international trade：evidence from chilean exporters［J］. World Development，2013（44）：212-224.

［4］Aizenman J，Edwards S，Riera-Crichton D. Adjustment patterns to commodity terms of trade shocks：the role of exchange rate and international reserves policies［J］. Journal of

International Money and Finance, 2012, 31 (8): 1990 – 2016.

[5] Akarım Y D. The impact of financial factors on export decisions: the evidence from Turkey [J]. Economic Modelling, 2013 (35): 305 – 308.

[6] Al – Abri A. Real exchange rate volatility, terms – of – trade shocks, and financial integration in primary – commodity exporting economies [J]. Economics Letters, 2013, 120 (1): 126 – 129.

[7] Alessandria G, Kaboski J, Midrigan V. Trade wedges, inventories, and international business cycles [J]. Journal of Monetary Economics, 2013, 60 (1): 1 – 20.

[8] Amador J. Energy content in manufacturing exports: A cross – country analysis [J]. Energy Economics, 2012, 34 (4): 1074 – 1081.

[9] Amador M, Bagwell K. Tariff revenue and tariff caps [J]. The American Economic Review, 2012, 102 (3): 459 – 465.

[10] Amador M, Bagwell K. The theory of optimal delegation with an application to tariff caps [J]. Econometrica, 2013, 81 (4): 1541 – 1599.

[11] Amiti M, Cameron L. Trade liberalization and the wage skill premium: Evidence from Indonesia [J]. Journal of International Economics, 2012, 87 (2): 277 – 287.

[12] Amiti M, Davis D R. Trade, firms, and wages: Theory and evidence [J]. The Review of economic studies, 2012, 79 (1): 1 – 36.

[13] Amiti M, Khandelwal A K. Import competition and quality upgrading [J]. Review of Economics and Statistics, 2013, 95 (2): 476 – 490.

[14] Anand A, Irvine P, Puckett A, et al. Performance of institutional trading desks: An analysis of persistence in trading costs [J]. Review of Financial Studies, 2012, 25 (2): 557 – 598.

[15] Anderson K, Nelgen S. Trade barrier volatility and agricultural price stabilization [J]. World Development, 2012, 40 (1): 36 – 48.

[16] Antonakakis N. The great synchronization of international trade collapse [J]. Economics Letters, 2012, 117 (3): 608 – 614.

[17] Antràs P, Chor D, Fally T, et al. Measuring the upstreamness of production and trade flows [J]. The American Economic Review, 2012, 102 (3): 412 – 416.

[18] Antràs P, Chor D. Organizing the global value chain [J]. Econometrica, 2013, 81 (6): 2127 – 2204.

[19] Antràs P, Staiger R W. Trade agreements and the nature of price determination [J]. The American Economic Review, 2012, 102 (3): 470 – 476.

[20] Anwar S, Sun S, Valadkhani A. International outsourcing of skill intensive tasks and wage inequality [J]. Economic Modelling, 2013 (31): 590 – 597.

[21] Arkolakis C, Costinot A, Rodríguez – Clare A. New trade models, same old gains?

［J］. American Economic Review, 2012, 102 （1）: 94 – 130.

［22］ Artopoulos A, Friel D, Hallak J C. Export emergence of differentiated goods from developing countries: Export pioneers and business practices in Argentina ［J］. Journal of Development Economics, 2013 （105）: 19 – 35.

［23］ Atkin D. Trade, tastes, and nutrition in India ［J］. The American Economic Review, 2013, 103 （5）: 1629 – 1663.

［24］ Auray S, Eyquem A, Poutineau J C. The effect of a common currency on the volatility of the extensive margin of trade ［J］. Journal of International Money and Finance, 2012, 31 （5）: 1156 – 1179.

［25］ Baghdadi L, Martinez – Zarzoso I, Zitouna H. Are RTA agreements with environmental provisions reducing emissions? ［J］. Journal of International Economics, 2013, 90 （2）: 378 – 390.

［26］ Bagwell K, Staiger R W. Profit shifting and trade agreements in imperfectly competitive markets ［J］. International Economic Review, 2012, 53 （4）: 1067 – 1104.

［27］ Bagwell K, Staiger R W. The economics of trade agreements in the linear cournot delocation model ［J］. Journal of International Economics, 2012, 88 （1）: 32 – 46.

［28］ Baldwin R, Jaimovich D. Are free trade agreements contagious? ［J］. Journal of international Economics, 2012, 88 （1）: 1 – 16.

［29］ Baldwin R, Venables A J. Spiders and snakes: Offshoring and agglomeration in the global economy ［J］. Journal of International Economics, 2013, 90 （2）: 245 – 254.

［30］ Balistreri E J, Rutherford T F. Subglobal carbon policy and the competitive selection of heterogeneous firms ［J］. Energy Economics, 2012 （34）: S190 – S197.

［31］ Bas M. Input – trade liberalization and firm export decisions: Evidence from Argentina ［J］. Journal of Development Economics, 2012, 97 （2）: 481 – 493.

［32］ Basco S, Mestieri M. Heterogeneous trade costs and wage inequality: A model of two globalizations ［J］. Journal of International Economics, 2013, 89 （2）: 393 – 406.

［33］ Bashir M F, Xu C, Zaman K, et al. RETRACTED: Impact of foreign political instability on Chinese exports ［J］. Economic Modelling, 2013 （33）: 802 – 807.

［34］ Bastos P, Silva J. Networks, firms, and trade ［J］. Journal of International Economics, 2012, 87 （2）: 352 – 364.

［35］ Bastos P, Straume O R, Urrego J A. Rain, agriculture, and tariffs ［J］. Journal of International Economics, 2013, 90 （2）: 364 – 377.

［36］ Baumgarten D. Exporters and the rise in wage inequality: Evidence from German linked employer – employee data ［J］. Journal of International Economics, 2013, 90 （1）: 201 – 217.

［37］ Becker S O, Ekholm K, Muendler M A. Offshoring and the onshore composition of tasks and skills [J]. Journal of International Economics, 2013, 90 (1): 91 – 106.

[38] Behrens K, Corcos G, Mion G. Trade crisis? What trade crisis? [J]. Review of Economics and Statistics, 2013, 95 (2): 702 – 709.

[39] Behrens K, Murata Y. Globalization and individual gains from trade [J]. Journal of Monetary Economics, 2012, 59 (8): 703 – 720.

[40] Behrens K, Murata Y. Trade, competition, and efficiency [J]. Journal of International Economics, 2012, 87 (1): 1 – 17.

[41] Békés G, Muraközy B. Temporary trade and heterogeneous firms [J]. Journal of International Economics, 2012, 87 (2): 232 – 246.

[42] Bems R, Johnson R C, Yi K M. The great trade collapse [J]. Annual Review of Economics, 2013, 5 (1): 375 – 400.

[43] Berger D, Pukthuanthong K. Market fragility and international market crashes [J]. Journal of Financial Economics, 2012, 105 (3): 565 – 580.

[44] Bergstrand J H, Egger P, Larch M. Gravity Redux: Estimation of gravity – equation coefficients, elasticities of substitution, and general equilibrium comparative statics under asymmetric bilateral trade costs [J]. Journal of International Economics, 2013, 89 (1): 110 – 121.

[45] Bergstrand J H, Egger P. What determines BITs? [J]. Journal of International Economics, 2013, 90 (1): 107 – 122.

[46] Berman N, Martin P, Mayer T. How do different exporters react to exchange rate changes? [J]. The Quarterly Journal of Economics, 2012, 127 (1): 437 – 492.

[47] Bernard A, Jensen J, Redding S, et al. The empirics of firm heterogeneity and international trade [J]. Annual Review of Economics, 2012, 4 (1): 283 – 313.

[48] Blonigen B A, Liebman B H, Pierce J R, et al. Are all trade protection policies created equal? empirical evidence for nonequivalent market power effects of tariffs and quotas [J]. Journal of International Economics, 2013, 89 (2): 369 – 378.

[49] Blum B S, Claro S, Horstmann I J. Occasional and perennial exporters [J]. Journal of International Economics, 2013, 90 (1): 65 – 74.

[50] Böhringer C, Bye B, Fœhn T, et al. Alternative designs for tariffs on embodied carbon: A global cost – effectiveness analysis [J]. Energy Economics, 2012 (34): S143 – S153.

[51] Bombarda P, Gamberoni E. Firm heterogeneity, rules of origin, and rules of cumulation [J]. International Economic Review, 2013, 54 (1): 307 – 328.

[52] Bombardini M, Trebbi F. Competition and political organization: Together or alone in lobbying for trade policy? [J]. Journal of International Economics, 2012, 87 (1): 18 – 26.

[53] Bond E W, Iwasa K, Nishimura K. The dynamic Heckscher – Ohlin model: A

diagrammatic analysis ［J］. International Journal of Economic Theory, 2012, 8（2）: 197 – 211.

［54］ Bonfatti R, Ghatak M. Trade and the allocation of talent with capital market imperfections ［J］. Journal of International Economics, 2013, 89（1）: 187 – 201.

［55］ Borensztein E, Jeanne O, Sandri D. Macro – hedging for commodity exporters ［J］. Journal of Development Economics, 2013（101）: 105 – 116.

［56］ Borota T. Innovation and imitation in a model of North – South trade ［J］. Journal of International Economics, 2012, 87（2）: 365 – 376.

［57］ Bouët A, Cassagnard P. Strategic trade policy under asymmetric information with screening ［J］. Economic Modelling, 2013（32）: 286 – 293.

［58］ Bougheas S, Nelson D. On the political economy of high skilled migration and international trade ［J］. European Economic Review, 2013（63）: 206 – 224.

［59］ Bourgeon J M, Ollivier H. Is bioenergy trade good for the environment? ［J］. European Economic Review, 2012, 56（3）: 411 – 421.

［60］ Bown C P, Crowley M A. Import protection, business cycles, and exchange rates: evidence from the Great Recession ［J］. Journal of International Economics, 2013, 90（1）: 50 – 64.

［61］ Bown C P, Crowley M A. Self – enforcing trade agreements: evidence from time – varying trade policy ［J］. The American Economic Review, 2013, 103（2）: 1071 – 1090.

［62］ Brakman S, Van Marrewijk C. Lumpy countries, urbanization, and trade ［J］. Journal of International Economics, 2013, 89（1）: 252 – 261.

［63］ Brambilla I, Lederman D, Porto G. Exports, export destinations, and skills ［J］. American Economic Review, 2012, 102（7）: 3406 – 3438.

［64］ Brambilla I, Porto G, Tarozzi A. Adjusting to trade policy: evidence from US antidumping duties on Vietnamese catfish ［J］. Review of Economics and Statistics, 2012, 94（1）: 304 – 319.

［65］ Bricongne J C, Fontagné L, Gaulier G, et al. Firms and the global crisis: French exports in the turmoil ［J］. Journal of international Economics, 2012, 87（1）: 134 – 146.

［66］ Bridgman B. The rise of vertical specialization trade ［J］. Journal of International Economics, 2012, 86（1）: 133 – 140.

［67］ Brown D. Odd couple: International trade and labor standards in history ［J］. Journal of Economic Literature, 2013, 51（2）: 560 – 561.

［68］ Brülhart M, Carrère C, Trionfetti F. How wages and employment adjust to trade liberalization: Quasi – experimental evidence from Austria ［J］. Journal of International Economics, 2012, 86（1）: 68 – 81.

［69］ Bruno R L, Bytchkova M, Estrin S. Institutional determinants of new firm entry in

Russia: a cross - regional analysis [J]. Review of Economics and Statistics, 2013, 95 (5): 1740 - 1749.

[70] Buettner T, Overesch M, Schreiber U, et al. The impact of thin - capitalization rules on the capital structure of multinational firms [J]. Journal of Public Economics, 2012, 96 (11): 930 - 938.

[71] Buono I, Lalanne G. The effect of the Uruguay Round on the intensive and extensive margins of trade [J]. Journal of International Economics, 2012, 86 (2): 269 - 283.

[72] Bussiere M, Callegari G, Ghironi F, et al. Estimating trade elasticities: Demand composition and the trade collapse of 2008 - 2009 [J]. American Economic Journal: Macroeconomics, 2013, 5 (3): 118 - 151.

[73] Bussière M, Imbs J, Kollmann R, et al. The financial crisis: Lessons for international macroeconomics [J]. American Economic Journal: Macroeconomics, 2013, 5 (3): 75 - 84.

[74] Cadot O, Iacovone L, Pierola M D, et al. Success and failure of African exporters [J]. Journal of Development Economics, 2013 (101): 284 - 296.

[75] Cai Y, Riezman R, Whalley J. International trade and the negotiability of global climate change agreements [J]. Economic Modelling, 2013 (33): 421 - 427.

[76] Caliendo L, Rossi - Hansberg E. The impact of trade on organization and productivity [J]. The Quarterly Journal of Economics, 2012 (1393): 1467.

[77] Carluccio J, Fally T. Foreign entry and spillovers with technological incompatibilities in the supply chain [J]. Journal of International Economics, 2013, 90 (1): 123 - 135.

[78] Carrière - Swallow Y, Céspedes L F. The impact of uncertainty shocks in emerging economies [J]. Journal of International Economics, 2013, 90 (2): 316 - 325.

[79] Carrieri F, Chaieb I, Errunza V. Do implicit barriers matter for globalization? [J]. Review of Financial Studies, 2013, 26 (7): 1694 - 1739.

[80] Celik L, Karabay B, McLaren J. Trade policy - making in a model of legislative bargaining [J]. Journal of International Economics, 2013, 91 (2): 179 - 190.

[81] Chandra P, Long C. VAT rebates and export performance in China: Firm - level evidence [J]. Journal of Public Economics, 2013 (102): 13 - 22.

[82] Chang P L, Lu C H. Risk and the technology content of FDI: A dynamic model [J]. Journal of International Economics, 2012, 86 (2): 306 - 317.

[83] Chatterjee P, Shukayev M. A stochastic dynamic model of trade and growth: Convergence and diversification [J]. Journal of Economic Dynamics and Control, 2012, 36 (3): 416 - 432.

[84] Chaudhuri S, Bandopadhyay T K. Job - search and foreign capital inflow—A three - sector general equilibrium analysis [J]. Economic Modelling, 2013 (35): 159 - 169.

［85］ Chen B, Jacks D S. Trade, variety, and immigration ［J］. Economics Letters, 2012, 117 (1): 243 – 246.

［86］ Chen S S, Hsu K W. Reverse globalization: Does high oil price volatility discourage international trade? ［J］. Energy Economics, 2012, 34 (5): 1634 – 1643.

［87］ Chen S, Chien C C, Chang M J. Order flow, bid – ask spread and trading density in foreign exchange markets ［J］. Journal of Banking & Finance, 2012, 36 (2): 597 – 612.

［88］ Cheng W, Zhang D. A monetary model of China – US trade relations ［J］. Economic Modelling, 2012, 29 (2): 233 – 238.

［89］ Cheung Y W, Chinn M D, Qian X W. Are Chinese trade flows different? ［J］. Journal of International Money and Finance, 2012, 31 (8): 2127 – 2146.

［90］ Chevassus – Lozza E, Gaigné C, Le Mener L. Does input trade liberalization boost downstream firms' exports? Theory and firm – level evidence ［J］. Journal of International Economics, 2013, 90 (2): 391 – 402.

［91］ Chihi F, Normandin M. External and budget deficits in some developing countries ［J］. Journal of International Money and Finance, 2013 (32): 77 – 98.

［92］ Chinazzi M, Fagiolo G, Reyes J A, et al. Post – mortem examination of the international financial network ［J］. Journal of Economic Dynamics and Control, 2013, 37 (8): 1692 – 1713.

［93］ Chisik R. Trade disputes, quality choice, and economic integration ［J］. Journal of International Economics, 2012, 88 (1): 47 – 61.

［94］ Choi J Y, Yu E S H. Market imperfection and international trade in a dynamic economy ［J］. International Journal of Economic Theory, 2013, 9 (4): 319 – 336.

［95］ Chor D, Manova K. Off the cliff and back? Credit conditions and international trade during the global financial crisis ［J］. Journal of international economics, 2012, 87 (1): 117 – 133.

［96］ Colliard J E, Foucault T. Trading fees and efficiency in limit order markets ［J］. Review of Financial Studies, 2012, 25 (11): 3389 – 3421.

［97］ Conconi P, Legros P, Newman A F. Trade liberalization and organizational change ［J］. Journal of international economics, 2012, 86 (2): 197 – 208.

［98］ Coricelli F, Driffield N, Pal S, et al. When does leverage hurt productivity growth? A firm – level analysis ［J］. Journal of international Money and Finance, 2012, 31 (6): 1674 – 1694.

［99］ Costinot A, Donaldson D, Komunjer I. What goods do countries trade? A quantitative exploration of Ricardo's ideas ［J］. Review of Economic Studies, 2012, 79 (2): 581 – 608.

［100］ Costinot A, Donaldson D. Ricardo's theory of comparative advantage: Old idea, new evidence [J]. The American Economic Review, 2012, 102 (3): 453 – 458.

[101] Costinot A, Vogel J, Wang S. An elementary theory of global supply chains [J]. The Review of Economic Studies, 2012: rds023.

[102] Costinot A, Vogel J, Wang S. Global supply chains and wage inequality [J]. The American Economic Review, 2012, 102 (3): 396 – 401.

[103] Crafts N. Book review feature: Trade and poverty: When the third world fell behind by Williamson (Jeffrey G.) (Cambridge, MA: MIT Press. 2011, p. 320, $35. ISBN: 978 – 0 – 262 – 01515 – 8) [J]. Economic Journal, 2013.

[104] Crinò R, Epifani P. Productivity, quality and export behaviour [J]. The Economic Journal, 2012, 122 (565): 1206 – 1243.

[105] Crozet M, Head K, Mayer T. Quality sorting and trade: Firm – level evidence for French wine [J]. The Review of Economic Studies, 2012, 79 (2): 609 – 644.

[106] Crozet M, Lalanne G, Poncet S. Wholesalers in international trade [J]. European Economic Review, 2013 (58): 1 – 17.

[107] Crozet M, Trionfetti F. Firm – level comparative advantage [J]. Journal of International Economics, 2013, 91 (2): 321 – 328.

[108] Dasgupta K. Learning and knowledge diffusion in a global economy [J]. Journal of International Economics, 2012, 87 (2): 323 – 336.

[109] David H, Dorn D, Hanson G H. The China syndrome: Local labor market effects of import competition in the United States [J]. The American Economic Review, 2013, 103 (6): 2121 – 2168.

[110] David H, Dorn D, Hanson G H. The geography of trade and technology shocks in the United States [J]. The American Economic Review, 2013, 103 (3): 220 – 225.

[111] Davidson C, Heyman F, Matusz S, et al. Liberalized trade and worker – firm matching [J]. The American Economic Review, 2012, 102 (3): 429 – 434.

[112] De Loecker J, Warzynski F. Markups and firm – level export status [J]. The American Economic Review, 2012, 102 (6): 2437 – 2471.

[113] De Moor L, Sercu P. The smallest firm effect: An international study [J]. Journal of International Money and Finance, 2013 (32): 129 – 155.

[114] Dedeoğlu D, Kaya H. Energy use, exports, imports and GDP: New evidence from the OECD countries [J]. Energy Policy, 2013 (57): 469 – 476.

[115] Defever F, Toubal F. Productivity, relationship – specific inputs and the sourcing modes of multinationals [J]. Journal of Economic Behavior & Organization, 2013 (94): 345 – 357.

[116] Demidova S, Kee H L, Krishna K. Do trade policy differences induce sorting? Theory and evidence from Bangladeshi apparel exporters [J]. Journal of International Economics,

2012, 87（2）: 247－261.

［117］Demmou L. how product innovation in the North may immiserize the South: a new look at the Ricardian model with a continuum of goods ［J］. Journal of Development Economics, 2012, 97（2）: 293－304.

［118］Di Giovanni J, Levchenko A A. Country size, international trade, and aggregate fluctuations in granular economies ［J］. Journal of Political Economy, 2012, 120（6）: 1083－1132.

［119］Dinopoulos E, Unel B. A simple model of quality heterogeneity and international trade ［J］. Journal of Economic Dynamics and Control, 2013, 37（1）: 68－83.

［120］Dmitriev A, Roberts I. The cost of adjustment: On comovement between the trade balance and the terms of trade ［J］. Economic Modelling, 2013（35）: 689－700.

［121］Donado A. How trade unions increase welfare ［J］. The Economic Journal, 2012, 122（563）: 990－1009.

［122］Douglas S, Nishioka S. International differences in emissions intensity and emissions content of global trade ［J］. Journal of Development Economics, 2012, 99（2）: 415－427.

［123］Doukas J A, Zhang H. The performance of NDF carry trades ［J］. Journal of International Money and Finance, 2013（36）: 172－190.

［124］D'Souza A. The OECD anti－bribery convention: changing the currents of trade ［J］. Journal of Development Economics, 2012, 97（1）: 73－87.

［125］Durceylan E. Relative efficiency of specific and ad－valorem tariffs in a model of monopolistic competition ［J］. Economics Letters, 2012, 117（3）: 874－877.

［126］Dutt P, Mihov I, Van Zandt T. The effect of WTO on the extensive and the intensive margins of trade ［J］. Journal of international Economics, 2013, 91（2）: 204－219.

［127］Ederington J, McCalman P. Technology adoption, government policy and tariffication ［J］. Journal of International Economics, 2013, 90（2）: 337－347.

［128］Egger H, Egger P, Kreickemeier U. Trade, wages, and profits ［J］. European Economic Review, 2013, 64: 332－350.

［129］Egger H, Kreickemeier U. Fairness, trade, and inequality ［J］. Journal of International Economics, 2012, 86（2）: 184－196.

［130］Egger P H, Larch M. Tariff evasion effects in quantitative general equilibrium ［J］. Economics Letters, 2012, 116（2）: 262－264.

［131］Egger P H, Larch M. Time zone differences as trade barriers ［J］. Economics Letters, 2013, 119（2）: 172－175.

［132］Egger P H, Lassmann A. The language effect in international trade: A meta－analysis ［J］. Economics Letters, 2012, 116（2）: 221－224.

［133］Egger P, Seidel T. Corporate taxes and intra－firm trade ［J］. European Economic

Review, 2013, 63: 225 - 242.

[134] Eicher T S, Henn C, Papageorgiou C. Trade creation and diversion revisited: Accounting for model uncertainty and natural trading partner effects [J]. Journal of Applied Econometrics, 2012, 27 (2): 296 - 321.

[135] Eslava M, Haltiwanger J, Kugler A, et al. Trade and market selection: Evidence from manufacturing plants in Colombia [J]. Review of Economic Dynamics, 2013, 16 (1): 135 - 158.

[136] Fabling R, Sanderson L. Exporting and firm performance: Market entry, investment and expansion [J]. Journal of International Economics, 2013, 89 (2): 422 - 431.

[137] Falvey R, Foster N, Greenaway D. Trade liberalization, economic crises, and growth [J]. World Development, 2012, 40 (11): 2177 - 2193.

[138] Feenstra R C, Mandel B R, Reinsdorf M B, et al. Effects of terms of trade gains and tariff changes on the measurement of US productivity growth [J]. American Economic Journal: Economic Policy, 2013, 5 (1): 59 - 93.

[139] Feinberg R M. Multimarket contact and export entry [J]. Economics Letters, 2013, 121 (1): 82 - 84.

[140] Ferguson S, Formai S. Institution - driven comparative advantage and organizational choice [J]. Journal of International Economics, 2013, 90 (1): 193 - 200.

[141] Fernandes A M, Paunov C. Foreign direct investment in services and manufacturing productivity: Evidence for Chile [J]. Journal of Development Economics, 2012, 97 (2): 305 - 321.

[142] Fernandes A P, Tang H. Determinants of vertical integration in export processing: Theory and evidence from China [J]. Journal of Development Economics, 2012, 99 (2): 396 - 414.

[143] Fernández - Blanco J. A directed search model of intermediated trade [J]. European Economic Review, 2012, 56 (8): 1481 - 1494.

[144] Ferrantino M J, Liu X, Wang Z. Evasion behaviors of exporters and importers: Evidence from the US - China trade data discrepancy [J]. Journal of International Economics, 2012, 86 (1): 141 - 157.

[145] Ferreira F, Waldfogel J. Pop internationalism: has half a century of world music trade displaced local culture? [J]. The Economic Journal, 2013, 123 (569): 634 - 664.

[146] Ferrucci G, Jiménez - Rodríguez R, Onorante L. Food price pass - through in the Euro area: Non - linearities and the role of the common agricultural policy [J]. International Journal of Central Banking, 2012, 8 (1): 179 - 217.

[147] Feyrer J, Shambaugh J. Global savings and global investment: The transmission of identified fiscal shocks: Dataset [J]. American Economic Journal: Economic Policy.

［148］ Fidrmuc J, Ikeda T, Iwatsubo K. International transmission of business cycles: Evidence from dynamic correlations ［J］. Economics Letters, 2012, 114（3）: 252–255.

［149］ Finus M, Pintassilgo P. The role of uncertainty and learning for the success of international climate agreements ［J］. Journal of Public Economics, 2013, 103: 29–43.

［150］ Fitzgerald D. Trade costs, asset market frictions, and risk sharing ［J］. The American Economic Review, 2012, 102（6）: 2700–2733.

［151］ Frías J A, Kaplan D S, Verhoogen E. Exports and within – Plant wage distributions: Evidence from Mexico ［J］. The American Economic Review, 2012, 102（3）: 435–440.

［152］ Gaitan B, Roe T L. International trade, exhaustible – resource abundance and economic growth ［J］. Review of Economic Dynamics, 2012, 15（1）: 72–93.

［153］ Galstyan V, Lane P R. Bilateral portfolio dynamics during the global financial crisis ［J］. European Economic Review, 2013, 57: 63–74.

［154］ Gawande B K, Krishna P, Olarreaga M. Lobbying competition over trade policy ［J］. International Economic Review, 2012, 53（1）: 115–132.

［155］ Georges P, Lisenkova K, Mérette M. Can the ageing North benefit from expanding trade with the South? ［J］. Economic Modelling, 2013, 35: 990–998.

［156］ Giri R. Local costs of distribution, international trade costs and micro evidence on the law of one price ［J］. Journal of International Economics, 2012, 86（1）: 82–100.

［157］ Goksel T. Financial constraints and international trade patterns ［J］. Economic Modelling, 2012, 29（6）: 2222–2225.

［158］ Goodhart C A E, Peiris M U, Tsomocosc D P. Global imbalances and taxing capital flows ［J］. International Journal of Central Banking, 2013.

［159］ Grether J M, Mathys N A. The pollution terms of trade and its five components ［J］. Journal of Development Economics, 2013, 100（1）: 19–31.

［160］ Grier K B, Smallwood A D. Exchange rate shocks and trade: A multivariate GARCH – M approach ［J］. Journal of International Money and Finance, 2013, 37: 282–305.

［161］ Grossman G M, Rossi – Hansberg E. Task trade between similar countries ［J］. Econometrica, 2012, 80（2）: 593–629.

［162］ Guerron – Quintana P A. Common and idiosyncratic disturbances in developed small open economies ［J］. Journal of International Economics, 2013, 90（1）: 33–49.

［163］ Guha P. Macroeconomic effects of international remittances: The case of developing economies ［J］. Economic Modelling, 2013, 33: 292–305.

［164］ Gundlach E, de Vaal A. Technology differences in empirical studies of international trade ［J］. Economics Letters, 2012, 117（1）: 18–20.

［165］ Guo M, Li Z, Tu Z. A unique "T + 1 trading rule" in China: Theory and evidence [J]. Journal of Banking & Finance, 2012, 36 (2): 575 – 583.

[166] Haeck C, Verboven F. The internal economics of a university: Evidence from personnel Data [J]. Journal of Labor Economics, 2012, 30 (3): 591 – 626.

[167] Haidar J I. Currency crisis transmission through international trade [J]. Economic Modelling, 2012, 29 (2): 151 – 157.

[168] Haidar J I. Trade and productivity: Self – selection or learning – by – exporting in India [J]. Economic Modelling, 2012, 29 (5): 1766 – 1773.

[169] Han J, Liu R, Zhang J. Globalization and wage inequality: Evidence from urban China [J]. Journal of International Economics, 2012, 87 (2): 288 – 297.

[170] Hanson G H, Xiang C. Exporting Christianity: Governance and doctrine in the globalization of US denominations [J]. Journal of International Economics, 2013, 91 (2): 301 – 320.

[171] Hanson G H. The rise of middle kingdoms: Emerging economies in global trade[J]. Journal of Economic Perspectives, 2012, 26 (2): 41 – 64.

[172] Harding T, Javorcik B S. Foreign direct investment and export upgrading [J]. Review of Economics and Statistics, 2012, 94 (4): 964 – 980.

[173] Harris R G, Robertson P E. Trade, wages and skill accumulation in the emerging giants [J]. Journal of International Economics, 2013, 89 (2): 407 – 421.

[174] Hasan R, Mitra D, Ranjan P, et al. Trade liberalization and unemployment: Theory and evidence from India [J]. Journal of Development Economics, 2012, 97 (2): 269 – 280.

[175] Haskel J, Lawrence R Z, Leamer E E, et al. Globalization and US wages: Modifying classic theory to explain recent facts [J]. The Journal of Economic Perspectives, 2012, 26 (2): 119 – 139.

[176] Hatfield J W, Kominers S D, Nichifor A, et al. Stability and competitive equilibrium in trading networks [J]. Journal of Political Economy, 2013, 121 (5): 966 – 1005.

[177] Herwartz H, Weber H. The role of cross – sectional heterogeneity for magnitude and timing of the euro's trade effect [J]. Journal of International Money and Finance, 2013, 37: 48 – 74.

[178] Herweg F, Mierendorff K. Uncertain demand, consumer loss aversion, and flat – Rate tariffs [J]. Journal of the European Economic Association, 2013, 11 (2): 399 – 432.

[179] Hisali E. Trade policy reform and international trade tax revenue in Uganda [J]. Economic Modelling, 2012, 29 (6): 2144 – 2154.

[180] Ho C Y, Wang W, Yu J. Growth spillover through trade: A spatial dynamic panel data approach [J]. Economics Letters, 2013, 120 (3): 450 – 453.

［181］Ho L S. Globalization, exports, and effective exchange rate indices ［J］. Journal of International Money and Finance, 2012, 31 （5）: 996 – 1007.

［182］Holmes T J, Stevens J J. Exports, borders, distance, and plant size ［J］. Journal of International Economics, 2012, 88 （1）: 91 – 103.

［183］Holtsmark B, Sommervoll D E. International emissions trading: Good or bad? ［J］. Economics Letters, 2012, 117 （1）: 362 – 364.

［184］Hong F, Karp L. International environmental agreements with mixed strategies and investment ［J］. Journal of Public Economics, 2012, 96 （9）: 685 – 697.

［185］Hu Y, Mino K. Trade structure and belief – driven fluctuations in a global economy ［J］. Journal of International Economics, 2013, 90 （2）: 414 – 424.

［186］Huang Y, Jin L, Qian Y. Does ethnicity pay? Evidence from overseas Chinese FDI in China ［J］. Review of Economics and Statistics, 2013, 95 （3）: 868 – 883.

［187］Hummels D L, Schaur G. Time as a trade barrier ［J］. The American Economic Review, 2013, 103 （7）: 2935 – 2959.

［188］Hummels D, Munch J R, Skipper L, et al. Offshoring, transition, and training: Evidence from danish matched worker – firm data ［J］. The American Economic Review, 2012, 102 （3）: 424 – 428.

［189］Iacovone L, Rauch F, Winters L A. Trade as an engine of creative destruction: Mexican experience with Chinese competition ［J］. Journal of International Economics, 2013, 89 （2）: 379 – 392.

［190］Impullitti G, Irarrazabal A A, Opromolla L D. A theory of entry into and exit from export markets ［J］. Journal of International Economics, 2013, 90 （1）: 75 – 90.

［191］Irarrazabal A, Moxnes A, Opromolla L D. The margins of multinational production and the role of intrafirm trade ［J］. Journal of Political Economy, 2013, 121 （1）: 74 – 126.

［192］Irarrazabal A, Moxnes A, Ulltveit – Moe K H. Heterogeneous firms or heterogeneous workers? Implications for exporter premiums and the gains from trade ［J］. Review of Economics and Statistics, 2013, 95 （3）: 839 – 849.

［193］Jacob P, Peersman G. Dissecting the dynamics of the US trade balance in an estimated equilibrium model ［J］. Journal of International Economics, 2013, 90 （2）: 302 – 315.

［194］Javorcik B S, Li Y. Do the biggest aisles serve a brighter future? Global retail chains and their implications for Romania ［J］. Journal of International Economics, 2013, 90 （2）: 348 – 363.

［195］Jayanthakumaran K, Liu Y. Openness and the environmental Kuznets curve: evidence from China ［J］. Economic Modelling, 2012, 29 （3）: 566 – 576.

［196］Johannesen N. Optimal fiscal barriers to international economic integration in the presence of tax havens [J]. Journal of Public Economics, 2012, 96 (3): 400 – 416.

[197] Johnson R C. Trade and prices with heterogeneous firms [J]. Journal of International Economics, 2012, 86 (1): 43 – 56.

[198] Jones R W. General equilibrium theory and competitive trade models [J]. International Journal of Economic Theory, 2012, 8 (2): 149 – 164.

[199] Jotikasthira C, Lundblad C, Ramadorai T. How do foreign investors impact domestic economic activity? Evidence from India and China [J]. Journal of International Money and Finance, 2013, 39: 89 – 110.

[200] Juhn C, Ujhelyi G, Villegas – Sanchez C. Trade liberalization and gender inequality [J]. The American Economic Review, 2013, 103 (3): 269 – 273.

[201] Jung B. Gradualism and dynamic trade adjustment: Revisiting the pro – trade effect of free trade agreements [J]. Economics Letters, 2012, 115 (1): 63 – 66.

[202] Kabundi A, De Simone F N. Recent French relative export performance: Is there a competitiveness problem? [J]. Economic Modelling, 2012, 29 (4): 1408 – 1435.

[203] Kahane L, Longley N, Simmons R. The effects of coworker heterogeneity on firm – level output: assessing the impacts of cultural and language diversity in the National Hockey League [J]. Review of Economics and Statistics, 2013, 95 (1): 302 – 314.

[204] Kasahara H, Lapham B. Productivity and the decision to import and export: Theory and evidence [J]. Journal of International Economics, 2013, 89 (2): 297 – 316.

[205] Kazi I A, Wagan H, Akbar F. The changing international transmission of US monetary policy shocks: Is there evidence of contagion effect on OECD countries [J]. Economic Modelling, 2013, 30: 90 – 116.

[206] Kehoe T J, Ruhl K J. How important is the new goods margin in international trade? [J]. Journal of Political Economy, 2013, 121 (2): 358 – 392.

[207] Kempf H, Rossignol S. National politics and international agreements [J]. Journal of Public Economics, 2013, 100: 93 – 105.

[208] Keuschnigg C, Devereux M P. The arm's length principle and distortions to multinational firm organization [J]. Journal of International Economics, 2013, 89 (2): 432 – 440.

[209] Khandelwal A K, Schott P K, Wei S J. Trade liberalization and embedded institutional reform: Evidence from chinese exporters [J]. American Economic Review, 2013, 103 (6): 2169 – 2195.

[210] King M R, Osler C L, Rime D. The market microstructure approach to foreign exchange: Looking back and looking forward [J]. Journal of International Money and Finance, 2013, 38: 95 – 119.

[211] Kohler M. CO_2 emissions, energy consumption, income and foreign trade: a South

African perspective [J]. Energy Policy, 2013, 63: 1042 – 1050.

[212] Kondo H. International R&D subsidy competition, industrial agglomeration and growth [J]. Journal of International Economics, 2013, 89 (1): 233 – 251.

[213] Koopman R, Wang Z, Wei S J. Estimating domestic content in exports when processing trade is pervasive [J]. Journal of development economics, 2012, 99 (1): 178 – 189.

[214] Kortum S. Trade wedges, inventories, and international business cycles [J]. Journal of Monetary Economics, 2013, 60 (1): 21 – 24.

[215] Kovak B K. Regional effects of trade reform: What is the correct measure of liberalization? [J]. The American Economic Review, 2013, 103 (5): 1960 – 1976.

[216] Kräkel M, Schöttner A. Internal labor markets and worker rents [J]. Journal of Economic Behavior & Organization, 2012, 84 (2): 491 – 509.

[217] Krautheim S. Heterogeneous firms, exporter networks and the effect of distance on international trade [J]. Journal of International Economics, 2012, 87 (1): 27 – 35.

[218] Krishna P. Votes, Vetoes, and the Political Economy of International Trade Agreements [J]. Journal of Economic Literature, 2013, 51 (2): 552 – 553.

[219] Kroencke T A, Schindler F. International diversification with securitized real estate and the veiling glare from currency risk [J]. Journal of International Money and Finance, 2012, 31 (7): 1851 – 1866.

[220] Kucheryavyy K. Continuity of a model with a nested CES utility function and Bertrand competition [J]. Economics Letters, 2012, 117 (2): 473 – 476.

[221] Laganà G, Sgro P M. North American trade and US monetary policy [J]. Economic Modelling, 2013, 30: 698 – 705.

[222] Lai E L C, Yan I K M. Would global patent protection be too weak without international coordination? [J]. Journal of International Economics, 2013, 89 (1): 42 – 54.

[223] Lamers P, Junginger M, Hamelinck C, et al. Developments in international solid biofuel trade—An analysis of volumes, policies, and market factors [J]. Renewable and Sustainable Energy Reviews, 2012, 16 (5): 3176 – 3199.

[224] Larch M, Lechthaler W. Whom to send to Doha? The shortsighted ones! [J]. Review of Economic Dynamics, 2013, 16 (4): 634 – 649.

[225] Lee J. Network effects on international trade [J]. Economics Letters, 2012, 116 (2): 199 – 201.

[226] Levinson M. Good green jobs in a global economy: Making and keeping new industries in the United States [J]. Journal of Economic Literature, 2013, 51 (3): 914 – 915.

[227] Limão N, Saggi K. Size inequality, coordination externalities and international trade

agreements [J]. European Economic Review, 2013, 63: 10 - 27.

[228] Lin F, Sim N C S. Trade, income and the baltic dry index [J]. European Economic Review, 2013, 59: 1 - 18.

[229] Lincoln W F. Global trade in services: fear, Facts, and offshoring [J]. Journal of Economic Literature, 2012, 50 (2): 524 - 525.

[230] Lipinska A, Millard S. Tailwinds and headwinds: how does growth in the BRICs affect inflation in the G - 7? [J]. International Journal of Central Banking, 2012, 8 (1): 227 - 266.

[231] Liu D. International trade and wage inequality: A non - monotonic relationship [J]. Economics Letters, 2013, 121 (2): 244 - 246.

[232] Liu J, Timmermann A. Optimal convergence trade strategies [J]. Review of Financial Studies, 2013, 26 (4): 1048 - 1086.

[233] Liu R, Rosell C. Import competition, multi - product firms, and basic innovation [J]. Journal of International Economics, 2013, 91 (2): 220 - 234.

[234] Liu X. Tax avoidance through re - imports: The case of redundant trade [J]. Journal of Development Economics, 2013, 104: 152 - 164.

[235] Lombardo G, Ravenna F. The size of the tradable and non - tradable sectors: evidence from input - output tables for 25 countries [J]. Economics letters, 2012, 116 (3): 558 - 561.

[236] Lu C H, Peng S K, Wang P. The organization of production and trade [J]. International Journal of Economic Theory, 2012, 8 (2): 179 - 195.

[237] Lu Y, Ng T. Import competition and skill content in US manufacturing industries [J]. Review of Economics and Statistics, 2013, 95 (4): 1404 - 1417.

[238] Lu Y, Tao Z, Zhang Y. How do exporters respond to antidumping investigations? [J]. Journal of International Economics, 2013, 91 (2): 290 - 300.

[239] Ludema R D, Mayda A M. Do terms - of - trade effects matter for trade agreements? Theory and evidence from WTO Countries [J]. The Quarterly Journal of Economics, 2013, 128 (4): 1837 - 1893.

[240] Lyn G, Rodríguez - Clare A. External economies and international trade redux: Comment [J]. The Quarterly Journal of Economics, 2013.

[241] Mah J S. Globalization, decentralization and income inequality: The case of China [J]. Economic Modelling, 2013, 31: 653 - 658.

[242] Mallick S, Marques H. Pricing to market with trade liberalization: The role of market heterogeneity and product differentiation in India's exports [J]. Journal of International Money and Finance, 2012, 31 (2): 310 - 336.

[243] Mandal B, Marjit S. Trade reform, intermediation and corruption [J]. Economic

Modelling, 2013, 33: 741 –746.

［244］Manova K, Zhang Z. Export prices across firms and destinations ［J］. The Quarterly Journal of Economics, 2012, 127: 379 –436.

［245］Manova K. Credit constraints, heterogeneous firms, and international trade ［J］. The Review of Economic Studies, 2012.

［246］Maravalle A. The role of the trade channel in the propagation of oil supply shocks ［J］. Energy Economics, 2012, 34 （6）: 2135 –2147.

［247］Marchand B U. Tariff pass – through and the distributional effects of trade liberalization ［J］. Journal of Development Economics, 2012, 99 （2）: 265 –281.

［248］Marin D, Verdier T. Globalization and the empowerment of talent ［J］. Journal of International Economics, 2012, 86 （2）: 209 –223.

［249］Marinovic I. Internal control system, earnings quality, and the dynamics of financial reporting ［J］. The RAND Journal of Economics, 2013, 44 （1）: 145 –167.

［250］Marjit S, Mandal B. Domestic trading costs and pure theory of international trade ［J］. International Journal of Economic Theory, 2012, 8 （2）: 165 –178.

［251］Markusen J R. Expansion of trade at the extensive margin: A general gains – from – trade result and illustrative examples ［J］. Journal of International Economics, 2013, 89 （1）: 262 –270.

［252］Markusen J R. Putting per – capita income back into trade theory ［J］. Journal of International Economics, 2013, 90 （2）: 255 –265.

［253］Marshall K G. International productivity and factor price comparisons ［J］. Journal of International Economics, 2012, 87 （2）: 386 –390.

［254］Martimort D, Verdier T. Optimal domestic regulation under asymmetric information and international trade: a simple general equilibrium approach ［J］. The RAND Journal of Economics, 2012, 43 （4）: 650 –676.

［255］Martin P, Mayer T, Thoenig M. The geography of conflicts and regional trade agreements ［J］. American Economic Journal: Macroeconomics, 2012: 1 –35.

［256］Martincus C V, Blyde J. Shaky roads and trembling exports: Assessing the trade effects of domestic infrastructure using a natural experiment ［J］. Journal of International Economics, 2013, 90 （1）: 148 –161.

［257］McGrattan E R. Transition to FDI openness: Reconciling theory and evidence ［J］. Review of Economic Dynamics, 2012, 15 （4）: 437 –458.

［258］Melitz M J, Trefler D. Gains from trade when firms matter ［J］. The Journal of Economic Perspectives, 2012, 26 （2）: 91 –118.

［259］Mion G, Zhu L. Import competition from and offshoring to China: A curse or blessing for firms? ［J］. Journal of International Economics, 2013, 89 （1）: 202 –215.

［260］Miroudot S, Sauvage J, Shepherd B. Trade costs and productivity in services sectors ［J］. Economics Letters, 2012, 114 (1): 36 – 38.

［261］Mrázová M, Vines D, Zissimos B. Is the GATT/WTO's Article XXIV bad? ［J］. Journal of International Economics, 2013, 89 (1): 216 – 232.

［262］Muhammad A, D'Souza A, Amponsah W. Violence, instability, and trade: evidence from Kenya's cut flower sector ［J］. World Development, 2013, 51: 20 – 31.

［263］Mukherji A. The second fundamental theorem of positive economics ［J］. International Journal of Economic Theory, 2012, 8 (2): 125 – 138.

［264］Naito T. A Ricardian model of trade and growth with endogenous trade status ［J］. Journal of International Economics, 2012, 87 (1): 80 – 88.

［265］Neary J P, Tharakan J. International trade with endogenous mode of competition in general equilibrium ［J］. Journal of International Economics, 2012, 86 (1): 118 – 132.

［266］Nguyen D X. Demand uncertainty: Exporting delays and exporting failures ［J］. Journal of International Economics, 2012, 86 (2): 336 – 344.

［267］Nishioka S, Ripoll M. Productivity, trade and the R&D content of intermediate inputs ［J］. European Economic Review, 2012, 56 (8): 1573 – 1592.

［268］Nishioka S. International differences in production techniques: Implications for the factor content of trade ［J］. Journal of International Economics, 2012, 87 (1): 98 – 104.

［269］Novy D. International trade without CES: Estimating translog gravity ［J］. Journal of International Economics, 2013, 89 (2): 271 – 282.

［270］Oldenski L. Export versus FDI and the communication of complex information ［J］. Journal of International Economics, 2012, 87 (2): 312 – 322.

［271］Olney W W. A race to the bottom? Employment protection and foreign direct investment ［J］. Journal of International Economics, 2013, 91 (2): 191 – 203.

［272］Ossa R. Profits in the "New Trade" approach to trade negotiations ［J］. The American Economic Review, 2012, 102 (3): 466 – 469.

［273］Papell D H. Flexible exchange rates for a stable world economy ［J］. Journal of Economic Literature, 2012, 50 (4): 1114 – 1115.

［274］Peter K S, Svejnar J, Terrell K. Foreign investment, corporate ownership, and development: Are firms in emerging markets catching up to the world standard? ［J］. Review of Economics and Statistics, 2012, 94 (4): 981 – 999.

［275］Pflüger M, Südekum J. Subsidizing firm entry in open economies ［J］. Journal of Public Economics, 2013, 97: 258 – 271.

［276］Poelhekke S, van der Ploeg F. Do natural resources attract nonresource FDI? ［J］. Review of Economics and Statistics, 2013, 95 (3): 1047 – 1065.

［277］Puzzello L. A proportionality assumption and measurement biases in the factor content of trade〔J〕. Journal of International Economics, 2012, 87（1）: 105－111.

〔278〕 Qureshi M S. Trade and thy neighbor's war〔J〕. Journal of Development Economics, 2013, 105: 178－195.

〔279〕 Rabitsch K. The role of financial market structure and the trade elasticity for monetary policy in open economies〔J〕. Journal of Money, Credit and Banking, 2012, 44（4）: 603－629.

〔280〕 Ramondo N, s Rodrlguez－Clare A. Trade, multinational production, and the gains from openness〔J〕. Journal of Political Economy, 2013, 121（2）.

〔281〕 RattsøJ, Stokke H E. Trade policy in a growth model with technology gap dynamics and simulations for South Africa〔J〕. Journal of Economic Dynamics and Control, 2012, 36（7）: 1042－1056.

〔282〕 Regolo J. Export diversification: How much does the choice of the trading partner matter?〔J〕. Journal of International Economics, 2013, 91（2）: 329－342.

〔283〕 Roeger W, Herz B. Traditional versus new keynesian phillips curves: Evidence from output effects〔J〕. International Journal of Central Banking, 2012, 8（2）: 87－109.

〔284〕 Rohner D, Thoenig M, Zilibotti F. War signals: A theory of trade, trust, and conflict〔J〕. The Review of Economic Studies, 2013, 80（3）: 1114－1147.

〔285〕 Rotunno L, Vézina P L, Wang Z. The rise and fall of（Chinese）African apparel exports〔J〕. Journal of development Economics, 2013, 105: 152－163.

〔286〕 Saggi K. Market power in the global economy: The exhaustion and protection of intellectual property〔J〕. The Economic Journal, 2013, 123（567）: 131－161.

〔287〕 Schmeiser K N. Learning to export: Export growth and the destination decision of firms〔J〕. Journal of International Economics, 2012, 87（1）: 89－97.

〔288〕 Shahbaz M, Hye Q M A, Tiwari A K, et al. Economic growth, energy consumption, financial development, international trade and CO_2 emissions in Indonesia〔J〕. Renewable and Sustainable Energy Reviews, 2013, 25: 109－121.

〔289〕 Shahbaz M, Khan S, Tahir M I. The dynamic links between energy consumption, economic growth, financial development and trade in China: fresh evidence from multivariate framework analysis〔J〕. Energy economics, 2013, 40: 8－21.

〔290〕 Sly N. Labor matching behavior and trade adjustment〔J〕. European Economic Review, 2012, 56（3）: 592－604.

〔291〕 Smeets V, Warzynski F. Estimating productivity with multi－product firms, pricing heterogeneity and the role of international trade〔J〕. Journal of International Economics, 2013, 90（2）: 237－244.

〔292〕 Spearot A C. Market access, investment, and heterogeneous firms〔J〕. International Economic Review, 2013, 54（2）: 601－627.

［293］ Spearot A C. Variable demand elasticities and tariff liberalization ［J］. Journal of International Economics, 2013, 89 （1）: 26 – 41.

［294］ Staiger R W. Offshoring and the role of trade agreements ［J］. American Economic Review, 2012, 102 （7）: 3140 – 3183.

［295］ Streimikiene D. The impact of international GHG trading regimes on penetration of new energy technologies and feasibility to implement EU Energy and Climate Package targets ［J］. Renewable and Sustainable Energy Reviews, 2012, 16 （4）: 2172 – 2177.

［296］ Tarasov A. Per capita income, market access costs, and trade volumes ［J］. Journal of International Economics, 2012, 86 （2）: 284 – 294.

［297］ Towbin P, Weber S. Limits of floating exchange rates: The role of foreign currency debt and import structure ［J］. Journal of Development Economics, 2013, 101: 179 – 194.

［298］ Tran N, Bailey C, Wilson N, et al. Governance of global value chains in response to food safety and certification standards: The case of shrimp from Vietnam ［J］. World development, 2013, 45: 325 – 336.

［299］ Utar H, Ruiz L B T. International competition and industrial evolution: Evidence from the impact of Chinese competition on Mexican maquiladoras ［J］. Journal of Development Economics, 2013, 105: 267 – 287.

［300］ Vannoorenberghe G. Firm – level volatility and exports ［J］. Journal of International Economics, 2012, 86 （1）: 57 – 67.

［301］ Vicard V. Trade, conflict, and political integration: Explaining the heterogeneity of regional trade agreements ［J］. European Economic Review, 2012, 56 （1）: 54 – 71.

［302］ Wang M, Wong M C S. International R&D transfer and technical efficiency: evidence from panel study using stochastic frontier analysis ［J］. World Development, 2012, 40 （10）: 1982 – 1998.

［303］ Wang T C. The interactive trade decision – making research: An application case of novel hybrid MCDM model ［J］. Economic Modelling, 2012, 29 （3）: 926 – 935.

［304］ Wang Y. Fiscal decentralization, endogenous policies, and foreign direct investment: Theory and evidence from China and India ［J］. Journal of Development Economics, 2013, 103: 107 – 123.

［305］ Wu J Y, Hsu C C. Foreign direct investment and income inequality: Does the relationship vary with absorptive capacity? ［J］. Economic Modelling, 2012, 29 （6）: 2183 – 2189.

［306］ Wu W, Rui O M, Wu C. Trade credit, cash holdings, and financial deepening: evidence from a transitional economy ［J］. Journal of Banking & Finance, 2012, 36 （11）: 2868 – 2883.

［307］ Xue Y, Gençay R. Trading frequency and volatility clustering ［J］. Journal of

Banking & Finance, 2012, 36 (3): 760 –773.

[308] Yanase A, Tawada M. History – dependent Paths and Trade Gains in a Small Open Economy with a Public Intermediate Good [J]. International Economic Review, 2012, 53 (1): 303 –314.

[309] Yeaple S R. The multinational firm [J]. Annual Review of Economics, 2013, 5 (1): 193 –217.

[310] Yilmazkuday H. Business cycles through international shocks: A structural investigation [J]. Economics Letters, 2012, 115 (3): 329 –333.

[311] Yotov Y V. A simple solution to the distance puzzle in international trade [J]. Economics Letters, 2012, 117 (3): 794 –798.

[312] Zhang J. Factor mobility and skilled – unskilled wage inequality in the presence of internationally traded product varieties [J]. Economic Modelling, 2013, 30: 579 –585.

[313] Zhou X, Yano T, Kojima S. Proposal for a national inventory adjustment for trade in the presence of border carbon adjustment: Assessing carbon tax policy in Japan [J]. Energy Policy, 2013, 63: 1098 –1110.

后　记

　　一部著作的完成需要许多人的默默奉献，闪耀着的是集体的智慧，其中铭刻着许多艰辛的付出，凝结着许多辛勤的劳动和汗水。

　　本书在编写过程中，借鉴和参考了大量的文献和作品，从中得到了不少启悟，也汲取了其中的智慧菁华，谨向各位专家、学者表示崇高的敬意——因为有了大家的努力，才有了本书的诞生。凡被本书选用的材料，我们都将按相关规定向原作者支付稿酬，但因为有的作者通信地址不详或者变更，尚未取得联系。敬请您见到本书后及时函告您的详细信息，我们会尽快办理相关事宜。

　　由于编写时间仓促以及编者水平有限，书中不足之处在所难免，诚请广大读者指正，特驰惠意。